J'attends un enfant

Laurence
PERNOUD

J'attends un enfant

édition 2024

Mis à jour sous la direction d'Agnès Grison

Albin Michel

Avertissement

Les conseils présentés dans ce livre ne sauraient remplacer une consultation médicale.

Du même auteur, chez le même éditeur :

J'élève mon enfant

édition 2024

Sommaire

8. Comment préparer son accouchement

9. L'accouchement et la naissance

10. Après la naissance : votre bébé et vous

Chère lectrice, Cher lecteur,

Voici l'édition 2024 de *J'attends un enfant*, le « Laurence Pernoud », riche de l'expérience des années, des compétences d'aujourd'hui, des échanges avec les lecteurs.

Ce livre s'adresse à tous les futurs parents, quelles que soient les situations familiales, parents biologiques, femmes seules, couple homoparentaux… Il a été écrit pour répondre à toutes les questions qui jaillissent dès le premier jour de grossesse, parfois dès le désir d'enfant.

Comment un œuf, dont on peut à peine imaginer la taille, deviendra-t-il en neuf mois un bébé de 3 kg ? Quelles sont les grandes étapes de cette croissance prodigieuse ? Quelles précautions prendre pour assurer à l'enfant le meilleur développement ? Faut-il changer de mode de vie ? De façon de se nourrir ? Comment se déroule une grossesse ? Quand passer la première échographie ? La péridurale est-elle incontournable ? Comment être sûre que l'accouchement a bien commencé ? Et si notre bébé naissait prématurément ?

Les questions affluent, parfois aussi les inquiétudes. *J'attends un enfant* est là pour vous informer, vous rassurer, vous donner confiance en vos capacités à attendre un enfant, à le mettre au monde, à devenir parent.

Laurence Pernoud était déjà très connue lorsque je l'ai rencontrée. Avoir eu l'idée d'écrire un livre s'adressant directement aux futurs parents, le faire dans un langage clair et chaleureux, tout en donnant une information rigoureuse, lui avait rapidement fait connaître le succès. *J'attends un enfant* puis *J'élève mon enfant* sont vite devenus la référence pour les parents. Ils le restent aujourd'hui.

Rencontrer Laurence Pernoud a été pour moi un grand événement. Lorsqu'elle m'a proposé de travailler avec elle, j'ai accepté sans hésiter. Ensemble, chaque année, nous mettions sur pied la nouvelle édition de ces ouvrages, discutions et décidions des sujets à traiter. Nous choisissions les spécialistes de notre équipe qui, au fil des années, s'est étoffée. Nous répondions à l'abondant courrier des lectrices et lecteurs, dont les témoignages et les suggestions ont enrichi notre expérience. Lorsqu'elle s'est peu à peu mise en retrait, Laurence Pernoud a souhaité que je poursuive son œuvre, celle de toute une vie. Je continue aujourd'hui ce travail avec le même enthousiasme, le même plaisir, fidèle aux principes de qualité et de rigueur qui nous ont toujours animées.

Agnès **GRISON**

Une équipe

La mise à jour annuelle de *J'attends un enfant* représente un travail permanent, nourri de rencontres, de contacts, de lectures. Elle nécessite également le concours d'une équipe de spécialistes. Chacun d'entre eux apporte sa pratique, ses connaissances, son dynamisme. Voici l'équipe qui m'entoure et que je remercie.

PHILIPPE DERUELLE, professeur de gynécologie et d'obstétrique au CHU de Montpellier, ancien secrétaire général du CNGOF (Collège national des gynécologues-obstétriciens français), est le gynécologue-obstétricien de *J'attends un enfant*. Il nous fait bénéficier de ses connaissances scientifiques et de sa pratique hospitalière. Son souci constant de la bientraitance des futures mères et de l'importance de leur délivrer une information facilitée et éclairée nous est particulièrement précieux.

ANDRÉ BENBASSA, gynécologue-obstétricien, fait profiter nos lecteurs de son expérience et de sa compétence. Nous apprécions qu'il sache allier la confiance envers la médecine et une certaine réserve face à une trop grande médicalisation de la grossesse et de l'accouchement.

DANIELLE RAPOPORT, psychologue, ancienne titulaire de l'Assistance Publique-Hôpitaux de Paris, est Presidente d'honneur de l'association « Bien-traitance, formation et recherches ». Elle sait parler des situations psychologiques les plus délicates avec finesse et clarté.

ANNE-SOPHIE BEUDAERT, sage-femme et puéricultrice, a longtemps exercé en milieu hospitalier. Elle suit et accompagne les futures mères et leurs conjoints dès le début de la grossesse : en les préparant à la naissance et à la parentalité, en les soutenant dans leur décision d'allaiter ou de donner le biberon, en les assistant lors du retour à la maison, etc.

SYLVIE MORIETTE est psychologue clinicienne en maternité. Son implication dans l'accompagnement des femmes, de leur conjoint, de leur famille nous fait apprécier ses éclairages pertinents sur de nombreux sujets : le vécu émotionnel de la grossesse, les ressentis après une AMP, le soutien parental dans des situations difficiles, les évolutions du couple.

DOMINIQUE FAVIER, ancien cadre socio-éducatif à l'Assistance Publique-Hôpitaux de Paris, s'occupe avec rigueur et efficacité du « Guide pratique », chapitre si utile aux lecteurs.

BRIGITTE COUDRAY, diététicienne-nutritionniste, sait concilier les bons principes alimentaires avec le plaisir de manger.

Je remercie également pour leurs avis :

Dr ALAIN DE BROCA, neuropédiatre, pour ses remarques sur les premiers jours du bébé.
Dr NADIA BRUSCHWEILER-STERN, pédiatre et pédopsychiatre, spécialiste des relations précoces parents-enfants.
MARIE-NOËLLE BABEL, sage-femme, qui participe à un groupe d'accueil parents-enfants.
Dr ODILE COTELLE, spécialiste en uro-dynamique et en rééducation périnéale.
ANNICK DAMOND-TROUILLER, sophrologue.
SABINE DUFLO, psychologue clinicienne, co-fondatrice du CoSE (Collectif surexposition écrans).
ÉMILIE DELBAYS, de WECF France.

Enfin, je suis heureuse de terminer ces remerciements en rendant hommage au **Pr T. BERRY BRAZELTON**, pédiatre mondialement reconnu pour ses travaux sur la compétence du nouveau-né, les interactions parents-enfants et l'attachement. Grâce à Laurence Pernoud, j'ai eu la chance de le rencontrer et il a toujours porté un regard bienveillant et chaleureux sur *J'attends un enfant* et *J'élève mon enfant*.

1

De l'espoir à la certitude

Deux, trois jours se sont déjà glissés depuis la date régulière. Suis-je vraiment enceinte ? Vous vivez ce moment d'incertitude avec intensité. Lorsque le désir sera devenu réalité, vous allez sûrement commencer à calculer la date de votre accouchement. Puis vous imaginerez votre bébé et penserez aux mois à venir : à 4 semaines, son cœur se mettra à battre ; à 12 semaines, vous le verrez à l'échographie ; à 4 mois, ses mouvements vous réveilleront. Voici comment chiffres et émotions se mettent à dialoguer !

D'autres interrogations surgiront : est-ce une fille, est-ce un garçon ? Et si c'était des jumeaux ? Faut-il déjà s'inscrire à la maternité ? Mais revenons à votre espoir de grossesse.

Suis-je enceinte ?

Comment savoir si vous êtes vraiment enceinte ? Certains signes accompagnent le début de la grossesse. Vous pouvez aussi faire un test qui vous donnera une réponse rapide.

Les signes de la grossesse

Le plus important, et en général le premier, est l'arrêt des règles, ou aménorrhée en terme médical. Mais ce signe n'a pas de valeur absolue. Même si vos règles ont un retard de deux ou trois jours, vous ne pouvez pas en conclure que vous êtes enceinte, vous pouvez seulement le présumer, à condition que :

- vous ayez un cycle régulier, tout en sachant qu'un retard de quelques jours peut se produire en dehors de toute grossesse ;
- vous soyez en bonne santé. En effet, certaines perturbations psychologiques ou médicales suffisent parfois à provoquer un retard de règles, simplement parce qu'il y a eu un retard d'ovulation ;
- vous ne soyez pas dans des circonstances particulières telles que voyage, changement de climat, vacances, ou bien choc émotionnel, qui peuvent également perturber le cycle ;
- vous soyez loin de la puberté et de la ménopause, périodes où les cycles sont souvent irréguliers.

Vous pourrez aussi remarquer certains symptômes ou malaises qui peuvent être présents et que l'on appelle les « signes sympathiques de grossesse » :

- simples nausées s'accompagnant parfois de vomissements bilieux au réveil, ou alimentaires dans la journée ;
- envie de dormir, notamment après les repas, envie de sieste, besoin de se coucher tôt ;
- manque d'appétit pour tous les aliments ou dégoût pour certains ;
- parfois, au contraire, augmentation de l'appétit ou goût très prononcé pour quelques aliments ;
- modification de l'odorat : certaines odeurs deviennent insupportables, même s'il s'agit du parfum le plus raffiné ;
- sécrétion inhabituelle de salive ;
- aigreurs d'estomac, lourdeurs après les repas ;
- constipation ;
- envies fréquentes d'uriner ;
- augmentation précoce du volume des seins qui deviennent lourds, tendus, et souvent sensibles. L'aréole, partie brune et concentrique qui entoure le bout du sein, gonfle.

La présence de ces signes fait penser que le début de grossesse se passe bien. Et s'ils sont très accentués, ils font évoquer une grossesse gémellaire que confirmera parfois l'échographie. Mais ces signes varient d'une femme à l'autre et la grossesse peut aussi débuter et se poursuivre sans qu'aucun de ces petits malaises n'apparaisse ; ou bien ceux-ci peuvent être si atténués qu'ils passeront inaperçus. Ce qui compte, c'est l'absence de règles à la date prévue.

À signaler

Une femme enceinte n'a pas de règles. C'est vrai. Mais il peut arriver que des saignements apparaissent après ou même avant la date théorique des règles : ils doivent alerter. Ils peuvent être bénins mais aussi être le signe de complications (fausse couche ou grossesse extra-utérine, voir ces mots, chapitre 7). Il est préférable de consulter le médecin ou la sage-femme.

La certitude : les tests de grossesse

Ces tests reposent sur la recherche d'une hormone sécrétée par l'œuf (donc caractéristique de la grossesse), hormone appelée gonadotrophine chorionique (ou Béta HCG). Le procédé de recherche est dit immunologique car il fait appel à des anticorps qui réagissent à la présence de cette hormone.

Les tests à faire soi-même

Ces tests recherchent l'hormone Béta HCG dans les urines. Ils sont vendus sous forme de coffrets très complets. Ils ne peuvent servir qu'une seule fois ; mais certains sont proposés par boîte de deux, ce qui permet de recommencer le test quelques jours plus tard, en cas de doute. Ils peuvent être faits dès les premiers jours de retard.

Différentes marques existent. Le mode d'emploi, très clair, est donné dans chaque coffret. Les prix varient entre 3 et 12 €. Certains tests donnent des réponses sous forme de traits colorés, d'autres affichent le résultat en toutes lettres « enceinte » et apportent parfois une estimation du nombre de semaines de grossesse.

- **Si votre test est positif**, vous pouvez considérer avec quasi-certitude que vous êtes enceinte. Les fausses réponses positives sont très rares.

- **Si le test est négatif**, et surtout s'il a été effectué précocement, avec un retard de quelques jours seulement, attendez une semaine pour le refaire. Si après ce délai le test est toujours négatif, et si votre retard de règles se prolonge, il est préférable de consulter un médecin ou une sage-femme qui fera probablement faire un examen de laboratoire.

Les tests ou dosages faits par les laboratoires

Ces tests, pratiqués sur le sang, permettent non seulement de détecter la présence d'hormone Béta HCG (comme les tests précédents pour les urines), mais aussi d'en doser la quantité. Ainsi, ils sont plus fiables que les tests à faire soi-même et donnent des résultats plus précoces. En plus, ils permettent, en comparant les chiffres à des moyennes, de préciser l'évolution normale ou non de la grossesse.
Ces tests pratiqués par les laboratoires sont remboursés par la Sécurité sociale quand ils sont prescrits par un médecin ou une sage-femme. Cette prescription doit être médicalement justifiée sinon elle ne sera pas remboursée.
Il y a enfin un moyen plus simple et plus rapide de connaître une grossesse à son début, mais il n'est possible que pour les femmes qui font très régulièrement leur courbe de température (p. 10). En effet, lorsqu'il y a grossesse, au lieu de baisser, la température reste haute. Et la persistance de la température haute au-delà de 15 à 20 jours, en l'absence de règles, est un signe précoce de grossesse. Ce phénomène est lié à la sécrétion de progestérone par le corps jaune, qui apparaît dans l'ovaire après l'ovulation (chapitre 4).

À noter

L'hormone Béta HCG

Elle apparaît au tout début de la grossesse, sécrétée par le trophoblaste – le futur placenta – dès que l'œuf s'implante dans la muqueuse utérine. C'est sa présence qui rend positifs les tests de grossesse. Son taux augmente jusqu'à 13 semaines – ce qui explique les nausées – pour diminuer ensuite.

Il est important d'être fixée rapidement

Il est mieux de savoir de bonne heure si vous êtes enceinte : il y a en effet des précautions à prendre pendant les trois premiers mois, ceux où l'embryon a le plus besoin d'être protégé car il est le plus vulnérable. Tous les organes de votre bébé vont se former dans ces premiers mois de la grossesse. Il faut donc être particulièrement prudente pendant cette période, notamment vis-à-vis de la prise de produits toxiques (alcool notamment) et de médicaments : **tout ce qui n'est pas formellement indiqué est contre-indiqué.**
Si vous suivez un traitement, demandez au médecin si vous devez le poursuivre. C'est d'ailleurs une question que vous avez peut-être abordée avec lui avant d'être enceinte. Évitez de voir un malade contagieux. Ne faites pas de vaccination sans savoir si elle est permise. Si vous devez voyager, renseignez-vous sur d'éventuelles précautions sanitaires à prendre. Au cas où une radiographie vous serait prescrite, signalez que vous êtes peut-être enceinte. Ne mangez pas de viande crue ou peu cuite. Lavez bien les salades et les fruits. Évitez les fromages au lait cru. Vous verrez au cours des chapitres suivants les raisons de ces différentes recommandations.

Attention

Pas d'alcool, pas de tabac dès que la grossesse est évoquée (p. 34 et 35).

Une consultation avant la conception est parfois nécessaire

Le désir d'enfant est un souhait personnel, intime, qui appartient à chacun. Le projet de grossesse, son espoir de réalisation font partie des événements naturels d'une vie. Certains soignants conseillent une consultation préconceptionnelle à toutes les personnes ayant un projet de grossesse. La HAS (Haute Autorité de Santé) recommande cette consultation dans une démarche d'information et de prévention. Cependant, pour certaines, consulter un médecin à ce sujet ne leur apparaît pas nécessaire et il convient de respecter ce choix. Une consultation avant la conception pourra cependant être utile à certaines femmes souhaitant être enceintes ; elle sera l'occasion de s'assurer que la grossesse espérée ne va pas poser de problème pour leur santé et celle de leur futur bébé.

Dans quelles situations médicales est-il raisonnable de demander un avis, et à qui s'adresser ? Si vous êtes atteinte d'une affection qui impose un traitement continu, avertissez votre médecin traitant de votre désir d'enfant. S'il ne vous en parle pas, ce n'est pas parce qu'il pense qu'une grossesse serait néfaste pour vous, c'est probablement qu'il n'anticipe pas ce projet à votre place. Il vous orientera ensuite vers le professionnel le plus adapté.

Le gynécologue-obstétricien est le mieux placé pour donner un avis. Vous pouvez d'ailleurs le consulter sans courrier de votre médecin traitant. Dans certains cas particuliers, le gynécologue-obstétricien prendra l'avis de confrères spécialistes, comme un cardiologue, un diabétologue, un neurologue, un psychiatre, notamment si vous êtes hypertendue, diabétique, ou bien soignée pour épilepsie ou pour des troubles psychiatriques.

Si vous souffrez d'une de ces maladies, vous êtes sûrement au courant des risques que peut constituer la grossesse et il est particulièrement important de contrôler ou de modifier le traitement en cours ; il en est de même en cas de maladie cardiaque.

Ne modifiez pas ou n'interrompez pas votre traitement sans avis médical : c'est ce que font pourtant certaines femmes, craignant que leur traitement soit néfaste pour leur bébé si une grossesse survient. Ainsi, en cas de diabète, il est important que la glycémie soit la plus équilibrée possible plusieurs mois avant la fécondation. Cela réduit les risques de complications.

Il existe d'autres situations dans lesquelles il est vivement recommandé d'avoir un avis médical, ce que les femmes ne savent pas toujours :

- c'est le cas de l'asthme, des antécédents de thrombose, des affections de la glande thyroïde ou des maladies auto-immunes comme le lupus ;
- si vous avez déjà été enceinte et si vous avez eu des complications comme des fausses couches à répétition, la perte d'un bébé au cours de la grossesse ou au moment de la naissance, un accouchement prématuré, si vous avez eu une césarienne, notamment à cause d'une prééclampsie : là encore, il est souhaitable de consulter un obstétricien ; il en est de même si vous savez que vous avez une malformation utérine, ou si votre mère a pris du Distilbène ;
- la consultation préconceptionnelle est conseillée, en dehors de toute pathologie, si vous avez 45 ans et plus. Le médecin effectuera un examen général, et notamment cardiologique, plus complet ;
- il existe des consultations de génétique dans les grands centres hospitaliers, et chaque fois qu'un risque génétique est connu dans la famille, il vous sera précisé le niveau de risque d'avoir la même maladie et si celle-ci peut être dépistée avant la naissance ;
- si vous fumez (tabac ou cannabis), s'il vous est difficile de ne pas boire d'alcool, n'hésitez pas à prendre contact avec un service de tabacologie ou d'addictologie au sein de la maternité où vous avez prévu d'accoucher. Il y a toujours un professionnel susceptible de vous aider ;
- en dehors de toute question médicale, la perspective d'une grossesse vous inquiète peut-être. Vous et votre conjoint souhaitez un enfant mais vous n'arrivez pas à vous décider : les transformations du corps, les éventuelles complications, sentir un bébé se développer dans son ventre, accoucher… Tout cela vous préoccupe et vous fait hésiter. La consultation préconceptionnelle vous permettra de discuter avec votre médecin ou votre sage-femme afin d'y voir plus clair.

À noter

Tous ces motifs de consultation avant la conception sont traités dans ce livre à chaque maladie ou trouble évoqué ici.

37,9 % des femmes ont consulté en **prévision d'une grossesse** (enquête périnatale 2021).

À noter

Lors de la consultation préconceptionnelle, il vous sera proposé une supplémentation par acide folique (vitamine B9) à prendre au moins un mois avant la conception et pendant tout le premier trimestre (p. 57).

Si la grossesse tarde à venir

Vous venez d'apprendre que vous n'êtes pas enceinte. Le retard de règles qui vous avait fait croire à une grossesse avait une autre cause, le plus souvent une ovulation tardive ou un cycle sans ovulation. Ceci est fréquent et banal et vos cycles, après ce petit incident, devraient normalement reprendre leur régularité.
Si vous êtes déçue de ne pas être enceinte, sachez que la survenue d'une grossesse est moins facile ou se fait attendre plus longtemps chez certaines femmes que chez d'autres. Faire enlever son stérilet, arrêter de prendre la pilule ne veut pas dire qu'on sera enceinte dès le cycle suivant. Cela signifie simplement que l'on se donne la possibilité de concevoir.
Quand l'attente dure, elle devient vite incompréhensible car elle va à l'encontre de l'idée souvent répandue qu'une naissance se programme facilement. « Un enfant si je veux quand je veux », ce slogan qui a eu son heure de célébrité peut induire les couples en erreur et les déstabiliser.
Lorsque le projet d'attendre un enfant arrive tardivement, il peut devenir un objectif prioritaire dans l'existence de la femme. Comment surmonter le sentiment d'injustice quand ses amies proches attendent leur premier ou parfois même leur second enfant ? Comment supporter la frustration de l'attente devant une horloge biologique qui avance ? Comment rester sereins, l'un et l'autre, face à des doutes sur ses capacités à devenir parents ? Une grossesse qui se fait attendre peut devenir une véritable mise à l'épreuve pour chacun et pour le couple lui-même.

Quand et qui consulter ?

Lorsque la grossesse tarde à venir, il est conseillé de consulter un(e) gynécologue après un an – un an et demi chez les femmes ayant moins de 30 ans, et après un an chez celles qui ont plus de 30 ans. Au cours de cette consultation, à laquelle vous vous rendrez accompagnée de votre conjoint, vous serez informés des facteurs possibles d'infertilité et des moyens et traitements pouvant y remédier. Si besoin, le gynécologue vous orientera vers un centre de PMA.

Quelles sont les conditions pour qu'une grossesse survienne ?

Des rapports sexuels

Cette première condition est évidente mais encore faut-il en avoir « régulièrement », ce qui avec le mode de vie actuel n'est pas toujours facile. Les conjoints sont parfois séparés professionnellement et la grossesse peut tarder à venir. C'est ce que l'on appelle

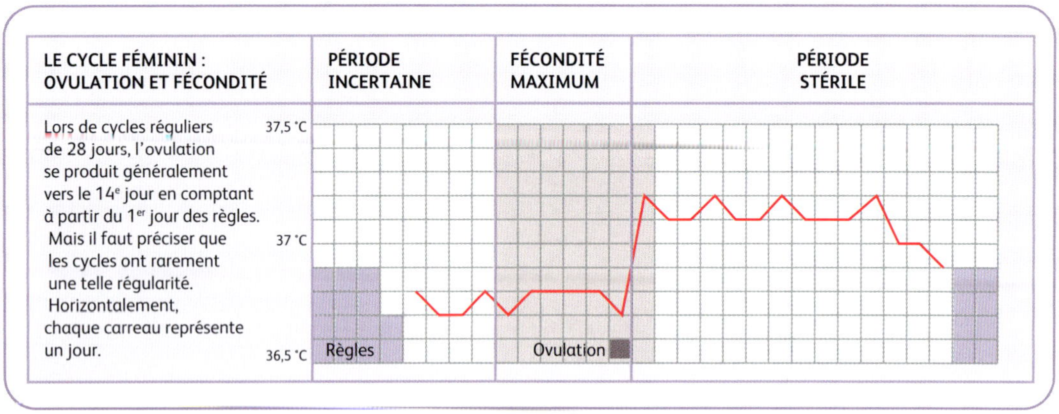

des inféconditès « sociales », par opposition aux inféconditès « médicales » relevant, elles, d'une intervention médicale.
Que veut dire « régulièrement » ? Certainement pas une fois par mois, mais pas non plus plusieurs fois par jour ! Car cette obsession de la grossesse qui tarde à venir et qui impose des rapports sexuels trop fréquents peut finir par lasser les conjoints et perturber la vie affective du couple. Disons qu'une sexualité « normale » – c'est toutefois bien difficile de parler de norme dans ce domaine – devrait aboutir à une grossesse dans les 6 mois à venir pour au moins un quart des couples de moins de 30 ans. Il n'est cependant pas rare de devoir attendre un peu plus.
Il faut également savoir qu'une fausse couche est possible et celle-ci est d'autant plus mal vécue que la grossesse était très attendue (chapitre 7).

Une ovulation régulière

Cette condition est en général simple à vérifier. Si les règles surviennent régulièrement, par exemple entre 26/28 et 30/32 jours, il est pratiquement certain que l'ovulation fonctionne bien ; il n'est pas nécessaire de s'astreindre à faire des courbes de température pendant des mois ou de coûteux tests d'ovulation. En effet, **lorsque les cycles sont réguliers, l'ovulation est le plus souvent régulière.**
Certaines femmes se rendent compte très naturellement du moment de l'ovulation : quelques heures, voire une journée avant, elles sentent nettement une douleur au moment où le follicule se rompt et où l'ovule est expulsé. La douleur peut être importante mais elle est toujours brève : c'est **le syndrome ovulatoire**, parfois accompagné d'une goutte de sang.
En cas de cycles irréguliers, les troubles de l'ovulation sont probables.

- En cas de cycles peu réguliers, le médecin vous conseillera peut-être de faire une **courbe de température** pour préciser s'il y a une ovulation et à quel moment elle se produit. Au cours du cycle, il y a une période de température basse puis une période de température haute : l'ovulation se produit au moment du décalage de la température (schéma ci-dessus).

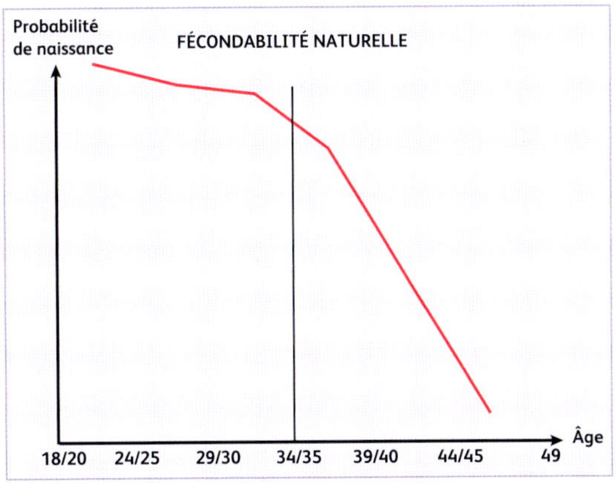

Comme le montre cette courbe, la fécondabilité (c'est-à-dire la probabilité de naissance) de la femme diminue après 30 ans et la baisse s'accentue après 35 ans.

- En cas de trouble évident de l'ovulation, c'est-à-dire de cycles irréguliers, le médecin prescrira des **dosages hormonaux** ; puis, selon les résultats, un traitement médical adapté.
- **Les tests d'ovulation** : il existe des tests qui permettent de repérer soi-même l'ovulation. Leur principe est de déceler l'apparition dans les urines d'une hormone (appelée en abrégé LH), chargée de déclencher l'ovulation qui a lieu 24 à 36 heures plus tard. Cela implique de faire un test chaque jour dans la période précédant l'ovulation, un test positif pouvant indiquer que l'ovulation aura lieu dans les 24 à 36 heures. Cette méthode n'a pas fait preuve de sa fiabilité. Elle peut aussi être une source de stress, ce qui diminue la fertilité. En effet, à vouloir trop surveiller l'ovulation, on risque de la perturber car elle n'est pas indépendante du psychisme.

• Une notion méconnue : la fécondabilité

C'est la probabilité que l'ovule qui est « libéré » soit fécondable. Or, cette probabilité diminue avec l'âge. Voyez la courbe ci-dessus : la fécondabilité est stable jusqu'à 30 ans puis diminue légèrement après 30 ans pour chuter fortement après 35 ans.
Plus on est jeune, plus on a des rapports sexuels réguliers, et plus ils ont lieu en période fertile, c'est-à-dire avant l'ovulation, plus il y a de chances de grossesse. On considère qu'en l'absence d'intervention médicale, la majorité des femmes de moins de 30 ans auront dans l'année la grossesse désirée. Après 35 ans, ce sera moins facile.
Et pourtant le nombre de femmes désirant avoir un enfant au-delà de 30 ans augmente régulièrement. Elles sont alors confrontées à la force, presque à l'urgence de leur désir et à la difficulté à le réaliser.
Si vous avez dépassé la trentaine et que vous souhaitez être enceinte, n'oubliez pas que **plus l'âge avance**, **plus la fécondité diminue**.

Il faut aussi que l'utérus et les trompes soient fonctionnels

En l'absence de grossesse antérieure, cela est plus difficile à savoir sans un examen gynécologique complet, suivi le plus souvent d'une échographie pour apprécier l'état de l'utérus et des ovaires.

D'autres examens peuvent être ensuite demandés en fonction des résultats :

- L'**hystérographie** ou l'**hystérosonographie :** ces examens consistent à injecter un produit permettant d'apprécier la cavité utérine et la perméabilité des trompes – c'est-à-dire la possibilité de laisser pénétrer les spermatozoïdes. Si celles-ci sont obstruées ou peu perméables, à la suite par exemple d'infections gynécologiques ou d'une infection avec péritonite, comme une appendicite, la grossesse se fera attendre.
- L'**hystéroscopie** permet de visionner l'intérieur de l'utérus.
- La **cœlioscopie** donne une vision complète de l'intérieur du ventre et du périnée. En cas d'anomalies sur les trompes, par exemple des adhérences, la cœlioscopie pourra en faire le diagnostic et en même temps les ôter. Cet examen ne se justifie que si l'infécondité ne relève pas des deux notions dont nous avons parlé précédemment (rapports sexuels et ovulation) ; et, surtout, cette cœlioscopie sera indiquée si le sperme ne présente pas d'anomalie.

Enfin, seule la cœlioscopie pourra révéler une **endométriose**, qui semble de plus en plus fréquemment responsable d'une infertilité. L'endométriose est provoquée par la migration de fragments de la muqueuse utérine qui peuvent se fixer dans le bassin maternel, notamment au niveau des ovaires. À chaque cycle ensuite se développent des nodules, parfois des adhérences, qui entraînent des douleurs persistantes qui ne sont pas celles de l'ovulation, surtout au moment des règles, et des difficultés à devenir enceinte. En cas d'endométriose prouvée et d'une perturbation de la fécondité, il sera souvent préférable de consulter un gynécologue spécialisé en troubles de la reproduction.

Enfin, le sperme doit être normal

Ce n'est pas toujours le cas et c'est d'ailleurs aujourd'hui une des premières causes d'infertilité du couple, d'où la nécessité de consulter à deux. En effet, toutes les études consacrées au sperme sont concordantes et montrent que le nombre de spermatozoïdes et leur qualité se sont dégradés depuis 50 ans. Probablement à cause d'un ensemble de facteurs : tabac, alcool, drogues, environnement (pollution industrielle, perturbateurs endocriniens, pesticides…), etc. Pour ces raisons, le bilan d'une infertilité doit débuter par un spermogramme, bien avant de faire subir à la femme des examens complémentaires désagréables à supporter comme ceux évoqués plus haut. En cas d'anomalie du sperme, il n'y a malheureusement pas de traitement efficace et il faudra avoir recours à un médecin spécialiste de la reproduction.

Les conditions pour qu'une grossesse survienne sont remplies.
Le bilan complet a montré que tout était normal : rapports sexuels, ovulation, utérus et trompes, sperme. Mais la grossesse continue à se faire attendre (2 ans, voire 3 ans) et l'âge avance. Certains couples choisissent alors de se tourner vers la PMA, tout en sachant que le recours à la médecine pour attendre un enfant est un long parcours (p. 125 et suiv.).

À savoir

Hystérographie, hystérosonographie, hystéroscopie et cœlioscopie ne sont pas des examens anodins et peuvent être désagréables voire douloureux ou nécessiter une anesthésie. Ils ne sont proposés qu'en cas d'absolue nécessité. N'hésitez pas à parler de vos craintes à votre professionnel de santé pour qu'il accompagne au mieux ces situations ; une prémédication peut vous être proposée pour vous détendre.

C'est oui et tout va changer dans votre vie

« J'attends un enfant » : il est peu de mots qui ont autant de résonance dans l'esprit d'une femme. Dès le moment où celle-ci découvre sa grossesse, des sentiments nombreux et contradictoires l'envahissent.
Ce n'est jamais tout simplement : « Je suis très heureuse » ou bien « Vraiment, ce n'était pas le moment. » À la joie se mêle la crainte devant l'inconnu ; à une éventuelle surprise, ou déception, se mêle la satisfaction de devenir mère.
Et à ces différents sentiments s'ajoutent : le plaisir d'avoir un enfant de la personne qu'on aime, l'émotion d'être en face d'un événement lourd de conséquences, l'enthousiasme, car l'on devine que l'on ira de découverte en découverte, parfois le désarroi devant une situation inconnue si c'est un premier enfant, la curiosité de vivre à son tour l'aventure de la maternité, l'inquiétude de voir son corps changer. Mais, dans tous les cas, domine une certitude : rien ne sera plus comme avant.
« J'attends un enfant » : en entendant ces mots, le conjoint – ou la conjointe – se sent ému et bouleversé. Il est soudainement confronté à un événement exceptionnel, sans avoir eu le temps de se préparer, sans avoir vécu dans son corps les signes annonciateurs de la grossesse. Cette forte émotion provoque souvent des sentiments mélangés : plaisir et déception, excitation et trouble, fierté et incertitude. Et lui aussi sait que maintenant une nouvelle vie l'attend. Voyez le chapitre 3 qui évoque le cheminement psychologique des futurs parents.

Il est difficile, même avec beaucoup d'imagination, de prévoir le bouleversement qu'apportera dans la vie d'une femme, dans la vie d'un couple, l'attente d'un enfant. Tout dépendra du caractère de chacun, de sa personnalité, de ses préoccupations particulières. Les changements concerneront aussi la vie quotidienne. C'est le moment où tous les couples se posent la question : « Qu'est-ce qui va changer dans la vie de tous les jours, qu'est-ce qui devrait changer ? » À cette question, nous répondons dans le chapitre suivant, où nous parlons travail, déplacements, sport, etc.

La grossesse n'est pas une maladie

Pendant ces 9 mois, vous allez vous rendre régulièrement à une consultation médicale, passer des échographies, faire des examens de laboratoire. Tout cela est fait pour s'assurer que votre grossesse évolue de façon naturelle, ce qui est le plus souvent le cas. Vous serez informée des quelques précautions à prendre dans la vie de tous les jours pour protéger au mieux votre santé et celle de votre bébé.
Bien que cette surveillance soit nécessaire et indispensable, vous n'êtes pas « malade » parce que vous attendez un enfant.
Il s'agit de prévenir des risques possibles, mais non certains, et de repérer des facteurs de vulnérabilité psychologique. Entourée d'appareils et bénéficiant de soins de plus en plus sophistiqués, la future maman pourrait se croire patiente d'un nouveau type : saine mais à soigner.
Non, la grossesse n'est pas une maladie, elle est un **état normal**, **physiologique**, auquel l'organisme se prépare tous les mois. Vous le lirez au chapitre 4 : chaque mois, un ovule s'attend à rencontrer un spermatozoïde pour former l'œuf, la première cellule d'un nouvel être humain. Et dès le moment où l'œuf est formé, où la conception a eu lieu, l'organisme se modifie ; mois après mois, le corps s'adapte à son nouvel état et se prépare à l'accouchement. Voyez le chapitre 2 concernant la vie quotidienne : il y a certes des précautions à prendre, vous serez parfois fatiguée, vous pourrez avoir envie de vous coucher plus tôt ; mais la vie ne s'arrête pas lorsqu'on est enceinte : on peut travailler, se déplacer, se divertir, faire du sport, etc.
Et si au cours des différents examens, le médecin, ou la sage-femme, constatait la présence ou la survenue d'éléments susceptibles d'avoir un retentissement sur vous-même ou votre bébé, il prendrait toutes les mesures qui conviennent afin que la grossesse se poursuive dans les meilleures conditions : échographies supplémentaires, examens particuliers, voire brève hospitalisation. Vous seriez alors surveillée plus étroitement et bénéficieriez d'une prise en charge particulière. Nous parlons de tout cela en détail au chapitre 6 concernant la surveillance médicale de la grossesse.

Soyez rassurée

Sachez que la très grande majorité des grossesses évoluent naturellement, sans incident particulier et se poursuivent heureusement jusqu'au terme.

Si vous êtes inquiète

Passés l'effet de surprise et la première émotion, cette affirmation : « J'attends un enfant » va peu à peu se révéler comme une évidence, surtout lorsque vous sentirez les mouvements de votre bébé.
Ces sensations particulières, votre ventre qui s'arrondit, vont vous pousser à imaginer votre enfant bien avant la réalité de sa naissance. Sera-t-il blond ou brun, aura-t-il les yeux bleus ou gris, à qui ressemblera-t-il ? Vous le verrez déjà dans vos bras, entouré de toute votre tendresse.
Lorsque la grossesse est désirée, la femme n'a aucune peine à se projeter quelques mois en avant, à s'imaginer dans son nouvel état de future maman. Ce qui peut entraîner des inquiétudes liées à la responsabilité d'attendre un enfant, au désir de faire le mieux possible pour lui. C'est légitime car dès le commencement de la grossesse, votre bébé a besoin de votre attention et de vos soins. Il va se développer progressivement, édifier son système neurologique, ses organes vitaux, ses os, ses muscles. C'est votre corps, par l'intermédiaire du placenta, qui lui fournit la nourriture et l'oxygène dont il a besoin. Mais certains microbes, certaines toxines peuvent traverser la barrière placentaire. C'est pour cela qu'il est important de savoir rapidement si on est enceinte afin de protéger au mieux son bébé.
Voici quelques-unes des préoccupations dont font souvent part les futures mères, surtout si c'est la première fois qu'elles sont enceintes :

- « j'ai été enceinte le premier mois après l'arrêt de la pilule » ;
- « j'ai continué de faire de l'aérobic sans savoir que j'étais enceinte » ;
- « j'ai, au cours d'une ou deux soirées, bu de l'alcool » ;
- « j'ai continué de fumer pendant quelques jours » ;
- « j'ai pris de l'aspirine pour un mal de tête ou de dos… ».

Vous avez peut-être d'autres craintes : quelle place votre enfant va-t-il prendre dans votre vie de tous les jours ? Ne va-t-il pas empêcher toute vie de couple, sociale, relationnelle ? Et ces craintes peuvent être renforcées par l'entourage qui prévient : « Tu vas voir, ta vie va complètement changer. » C'est vrai et c'est faux. Oui, au début, les tâches matérielles vont être envahissantes, mais après la période d'organisation, peu à peu, vous saurez les dominer ; et les progrès rapides et spectaculaires de votre bébé empêcheront toute routine de s'installer.
Grâce à ce livre, nous l'espérons et le souhaitons, vous serez bien informée, alertée si nécessaire, rassurée à bon escient. C'est ainsi que vous aurez confiance en vous, en votre capacité à mener à bien cette tâche exceptionnelle : porter votre bébé et le mettre au monde.
Profitez de vos mois de grossesse. Attendre un enfant est une étape de maturité dans l'histoire d'une femme, dans une vie. C'est une attente riche de sensations nouvelles, de surprises, de projets, de rêveries. Votre vie émotionnelle et celle de votre conjoint évoluent, se transforment, avec des questionnements, des doutes, des joies : c'est une aventure à deux.

À noter

Aucune des préoccupations évoquées ci-contre n'est dangereuse en soi. Par contre, maintenant que vous vous savez enceinte, prenez les précautions dont nous parlons dans ce livre, écrit pour vous informer et vous rassurer. Nous vous signalerons, bien sûr, les symptômes vraiment inquiétants et nous vous alerterons, le cas échéant, face à un signe *a priori* anodin, pour que vous consultiez le médecin ou la sage-femme. En revanche, chaque fois que vos craintes seront infondées, nous vous rassurerons.

Quand accoucherai-je ?

La date prévue

Maintenant que vous êtes enceinte, vous souhaitez des précisions sur la durée de la grossesse : à partir de quelle date faut-il faire le calcul, et est-ce 9 mois tout juste ? Parle-t-on de mois de grossesse ou de semaines d'aménorrhée ?

Mois de grossesse

On fait le calcul à partir de la **date de la conception** ou **date de début de grossesse**. Elle ne correspond pas à la date de l'ovulation car celle-ci peut être variable ; de plus, l'ovule « vit » 12 à 24 heures après son expulsion de l'ovaire (p. 114). Elle ne correspond pas non plus à la date du rapport fécondant car le spermatozoïde peut être fécondant pendant 3 jours.
C'est l'**échographie** en fin de premier trimestre (celle où se mesure la clarté nucale, p. 199) qui permet de dater la conception, et donc détermine la date théorique de l'accouchement, avec une précision de plus ou moins 3 jours.
En cas de fécondation *in vitro* (FIV), c'est la date de ponction qui est choisie pour dater la grossesse.

Une fois la date de la conception connue, il suffit de lui ajouter 9 mois du calendrier pour connaître la date théorique de l'accouchement. Par exemple, si la conception date du 14 janvier, l'accouchement sera prévu le 14 octobre (14 janvier + 9 mois = 14 octobre). Si elle date du 14 février, l'accouchement sera prévu le 14 novembre, etc. On compte alors en **mois de grossesse**.

Semaines d'aménorrhée

Vous entendrez votre médecin ou votre sage-femme parler non pas de mois de grossesse mais de **semaines d'aménorrhée** (SA en abréviation), l'aménorrhée étant l'absence de règles. Cela peut être perturbant car, dans ce cas, le calcul ne se fait pas à partir de la date des dernières règles mais en ajoutant 2 semaines à la date de début de grossesse. Ce calcul suppose que la date de la fécondation coïncide avec l'ovulation et que l'ovulation a lieu 14 jours après le premier jour des règles, mais ce sont des notions très théoriques.
Cette méthode un peu compliquée, et dont l'utilité n'est pas très claire, même pour les soignants, a néanmoins été choisie internationalement. Selon ce mode de calcul, en France, l'accouchement se situe en principe à 41 semaines. Ce chiffre de 41 semaines peut vous étonner puisque 9 mois de grossesse devraient faire 36 semaines. En fait, les 2 semaines dont nous venons de parler sont ajoutées et les mois du calendrier n'ont pas 4 semaines pile mais 4 semaines plus 2 ou 3 jours.
Les examens médicaux se comptent également en semaines d'aménorrhée : par exemple, la deuxième échographie se fait vers 22 SA, la troisième vers 32 SA. Les futures mamans parlent plus souvent en mois de grossesse : « Je suis enceinte de trois mois », « Je suis au début du neuvième mois ».

Date prévue : en pratique

Pour connaître la date théorique de l'accouchement, le moyen le plus sûr est d'ajouter 9 mois du calendrier à la date de la conception définie :

- soit par l'échographie du 1er trimestre ;
- soit par la date de ponction en cas de FIV.

CORRESPONDANCE MOIS DE GROSSESSE / SEMAINES D'AMÉNORRHÉE

Par exemple, la 1re échographie est pratiquée vers 12 semaines d'aménorrhée (SA), c'est-à-dire au cours du 3e mois.

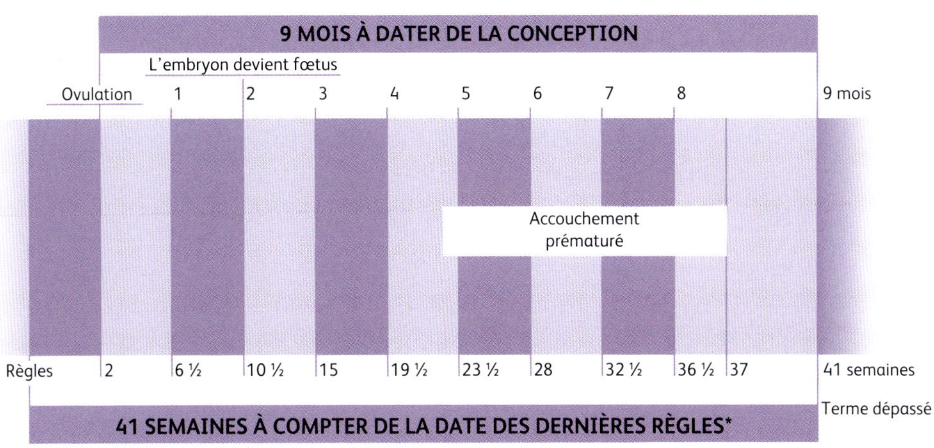

*En considérant un cycle avec une fécondation le 14e jour après le 1er jour des règles.

La durée de la grossesse

Une grossesse dure en principe 9 mois. Mais ce n'est pas 9 mois tout juste : vous l'avez lu ci-dessus, la date de la conception n'est pas toujours connue précisément et la grossesse n'a pas une durée fixe mais une durée statistique moyenne : de 266 à 273 jours à partir de la conception, ou de 280 à 287 jours à partir de la date des dernières règles pour des cycles réguliers de 28 jours.
Il semble illusoire de penser prédire *LA* date d'accouchement.
D'après les observations de Monique Bydlowski, qui a collaboré avec de nombreux obstétriciens, cette date prévue pour la naissance peut être commémorative d'un événement du passé : événements douloureux, comme la perte d'un enfant avant la naissance, ou le décès d'un être proche ; ou encore d'événements heureux : l'anniversaire de la mère elle-même, ou celui d'un être aimé. Ce calcul inconscient de la date de naissance fait partie des observations rapportées dans le livre cité page 88.
Pourquoi alors déterminer une date de terme puisque, de toute façon, il est impossible d'indiquer cette date avec précision ? La date théorique de l'accouchement est en réalité utilisée pour définir à partir de quelle date la surveillance débutera pour « grossesse prolongée » et à partir de quelle date un déclenchement pourrait être envisagé si le terme est dépassé. En France, on parle de grossesse prolongée à partir de 41 SA et de terme dépassé à partir de 42 SA. Dans d'autres pays, comme la Suisse, c'est à partir de 40 SA.
En France, en droit, la durée maximale de la grossesse est de 300 jours mais il ne s'agit là que d'une simple présomption.

À quelle saison naissent les bébés ? La réponse a évolué avec le temps, c'est ce qu'ont étudié en 2011 des chercheurs de l'INED (Institut National d'Études Démographiques). En France, au XVIIe siècle, les naissances, et donc la conception, sont très liées aux périodes traditionnelles de mariage et aux interdits religieux (pas de mariages ni de rapports sexuels pendant le carême et l'Avent) : les bébés naissent principalement entre janvier et avril. Au cours des siècles suivants, le caractère saisonnier des naissances diminue et leur pic se décale vers le printemps.
Dans les années 1970, ce pic se situe en avril-mai : la conception pendant l'été peut s'expliquer par la généralisation des vacances en juillet-août, la possibilité de choisir le moment où avoir un enfant, la préférence du printemps pour les premiers mois de bébé ; on note aussi un pic fin septembre, correspondant à une conception au moment des fêtes de fin d'année.
« En 2019, juillet est, comme chaque année depuis 2013, le mois où il y a le plus de naissances. La répartition des naissances selon les jours de la semaine s'est aussi modifiée. Entre la fin des années 1960 et les années 1990, avec leur médicalisation, de moins en moins d'accouchements ont eu lieu le week-end. Depuis 1997, la part des naissances le week-end repart à la hausse mais les samedis et dimanches restent les jours où il naît le moins d'enfants » (Sylvain Papon, Insee).

Comment choisir la maternité et quand s'inscrire ?

Le choix va bien sûr s'avérer différent selon l'endroit où vous habitez, en ville ou en milieu rural. La durée du trajet et la facilité d'accès à la maternité seront à prendre en compte. Quant à l'inscription, elle est conseillée le plus tôt possible, surtout dans les grandes villes.

L'organisation des maternités

Au cours de ces dernières années, les maternités ont été réorganisées selon leurs niveaux d'équipements afin de permettre à toutes les femmes d'accoucher dans les meilleures conditions de sécurité et d'offrir à chaque nouveau-né les soins adaptés à son état. Des établissements qui n'avaient pas les critères de sécurité requis ont dû fermer. Les récentes enquêtes INSERM ont montré que la concentration des maternités, qui a résulté de ces fermetures, a sans doute favorisé une meilleure organisation des équipes de garde (gynécologue-obstétricien, anesthésiste, pédiatre) avec une présence accrue dans les services ; et cela a probablement amélioré la sécurité de la naissance, avec le risque parfois dénoncé « d'usines à bébés ».

Les maternités sont désormais classées en trois niveaux selon leur équipement :

- les **maternités de type I** ont une unité d'obstétrique et pratiquent les actes pédiatriques courants. Ces maternités prennent en charge les femmes ayant une grossesse que l'on considère sans facteur de risque particulier, c'est-à-dire 90 % des grossesses ;
- les **maternités de type II A** comprennent une unité d'obstétrique et une unité de néonatalogie (soins spécialisés pour les nouveau-nés). Dans les **maternités de type II B**, l'unité de néonatalogie comprend des soins intensifs pour les bébés ;
- les **maternités de type III** disposent d'une unité de réanimation néonatale, en plus d'une unité d'obstétrique et d'une unité de néonatalogie. Ces maternités accueillent les femmes chez lesquelles de grandes difficultés sont redoutées ; elles peuvent prendre en charge des nouveau-nés très prématurés ou présentant un risque important, et notamment proposer une prise en charge chirurgicale en cas de malformation décelée. Ces maternités sont généralement situées dans les CHU (Centres Hospitaliers Universitaires) ;
- les **centres périnataux de proximité** (CPP) sont des structures où s'effectuent le suivi de la grossesse, le suivi postnatal et gynécologique et la préparation à la naissance, mais qui ne pratiquent pas les accouchements. Ils adressent ensuite la future mère vers la maternité de son choix. La fermeture des maternités de petite taille a amené à créer ces CPP pour permettre le suivi de grossesse sans imposer des déplacements importants. Vous y trouverez toutes les compétences utiles à une bonne prise en charge et à un bon suivi. Pour l'accouchement, une organisation est mise en place pour accompagner les couples (organisation des transports, hôtels-relais, suivi à domicile) ;
- lorsque vous entrez dans une maternité, en réalité vous entrez dans un **réseau périnatal**. Les maternités sont en effet organisées en réseaux attachés à un territoire donné. Ces réseaux sont des structures qui permettent aux professionnels de partager leurs compétences et d'harmoniser leurs pratiques ; cela assure une meilleure prise en charge des femmes enceintes et des nouveau-nés en leur procurant un niveau de soins adaptés à leurs besoins. Renseignez-vous sur ce qui est fait dans votre région : les réseaux ont souvent un site internet informant des actions qu'ils mènent et des aides mises en place pour mieux accompagner les couples et les familles pendant la grossesse et après l'arrivée de leur bébé.

Si vous souhaitez accoucher dans une **maison de naissance**, renseignez-vous sans tarder car ces maisons sont encore peu nombreuses et le suivi médical est effectué dans ce lieu dès le début de la grossesse (p. 344).

Rappelez-vous ceci

La très grande majorité des grossesses sont normales et aboutissent à la naissance d'un enfant qui va bien.

Comment choisir ?

Vous êtes suivie par un médecin ou une sage-femme. Le praticien vous donnera des informations sur les maternités où vous pourrez accoucher. Vous en discuterez et vous choisirez ensemble l'établissement qui vous convient le mieux, selon votre état de santé et selon vos désirs personnels.

Vous désirez accoucher dans une maternité précise ; dans ce cas, inscrivez-vous sans tarder. Selon l'équipement technique de cette maternité, et selon la manière dont votre grossesse évoluera, vous serez suivie dans cet établissement, ou bien l'équipe médicale vous dirigera vers un autre établissement, une maternité de type II ou III, si votre état de santé ou celui du bébé le justifient. En effet, aujourd'hui, les maternités travaillent en réseau : en cas de nécessité, des transferts *in utero* ou postnataux (avant ou après la naissance) sont organisés vers la maternité la plus adaptée pour la prise en charge de la maman, du bébé à naître ou du nouveau-né présentant un risque.
La maternité **la plus proche de votre domicile** sera souvent le choix le plus simple et le plus sage :

- vous vous y rendrez plus rapidement si nécessaire ;
- si vous arrivez en début de travail, et si celui-ci n'est pas suffisamment avancé, il sera peut-être plus facile de rentrer chez vous et de revenir un peu plus tard ;
- avec l'organisation en réseau, les décisions concernant les soins (par exemple la conduite à tenir si le bébé se présente en siège, ou la prise en charge du nouveau-né en cas de diabète maternel, etc.) sont assez uniformes d'une maternité à l'autre.

À l'hôpital, la sage-femme suit le travail et pratique l'accouchement, le médecin intervient en cas de pathologie ; dans une maternité privée, la sage-femme prévient le médecin de votre arrivée pour qu'il soit présent à la naissance du bébé. Dans tous les cas, un anesthésiste est de garde et peut poser une péridurale à votre demande ou à celle de la sage-femme ou du médecin.

Soyez rassurée

En raison de **votre situation géographique**, vous êtes peut-être éloignée de la maternité. Tout sera discuté et organisé pendant votre suivi de grossesse pour que tout se passe bien lors de votre accouchement. Certaines structures proposent des lieux d'accueil à proximité (comme des hôtels hospitel, c'est-à-dire des hôtels hospitaliers, p. 408), ou acceptent de programmer l'accouchement pour les mamans les plus inquiètes qui le souhaitent.

Des critères personnels

Vous avez peut-être des désirs personnels dans le choix de la maternité. Voici quelques informations et questions que vous pouvez souhaiter connaître ou poser au moment de votre inscription :

- quel est le taux d'**épisiotomie**, de **césarienne** ou de **péridurale** ? Ce sont de bons indicateurs des pratiques de l'établissement ;

- quel type de **préparation à la naissance** fait-on ? Est-elle uniquement théorique ou s'accompagne-t-elle de séances de relaxation et d'exercices corporels ? Peut-on accoucher avec une **péridurale** ? Et sans péridurale ? Quelles sont les alternatives pour soulager la douleur ?
- pendant la dilatation, est-il possible d'aller et venir ? Y a-t-il une baignoire permettant, si on le souhaite, de se détendre ? L'expulsion se passe-t-elle nécessairement en position gynécologique ou peut-on choisir sa position ? Existe-t-il une **salle de naissance physiologique** pour permettre un accouchement moins médicalisé ?
- **qui sera présent à l'accouchement ?** Toutes les maternités respectent l'intimité de la femme pendant l'accouchement et le séjour mais il peut y avoir des différences entre ce qui est important pour vous et les habitudes de l'équipe. Par exemple, les CHU forment les étudiants qui doivent assister à des accouchements et faire des visites au lit du patient (p. 332). Demandez si votre choix d'être seule avec la sage-femme sera respecté, si c'est ce que vous souhaitez ;
- comment la **bientraitance** est-elle considérée ? Le CNGOF (Collège national des gynécologues-obstétriciens français) propose de distinguer les maternités et praticiens qui s'engagent à améliorer la bientraitance des femmes enceintes. Sur une plateforme (www.maternys.org), les futures mamans peuvent réagir à la façon dont elles ont été prises en charge et suivies pour leur grossesse et leur accouchement. Un **label** est décerné aux maternités qui respectent certains critères (affichage des taux de césarienne, d'épisiotomie, de péridurale, présence d'une salle nature, enquêtes de satisfaction, etc.) et il évolue constamment en tenant compte des réactions et suggestions des femmes, des praticiens et des établissements ;
- pouvez-vous être suivie par une **sage-femme en ville** qui peut venir faire l'accouchement à la maternité ? Certains établissements permettent en effet à des sages-femmes libérales d'accéder à leur plateau technique (p. 344) ;
- à la naissance, peut-on garder son bébé contre soi, bien au chaud, pour qu'il découvre entre ses parents le monde qui l'entoure ?
- l'**allaitement** est-il encouragé si la maman désire nourrir au sein ?
- comment est accueilli le **père**, ou le coparent : peut-il être présent à l'accouchement ? Peut-il être là en cas de césarienne ? Au cours des premiers soins pour le bébé ? Peut-il rester dormir s'il le désire ? S'il ne souhaite pas assister à l'accouchement, la sage-femme sera-t-elle plus présente pendant les contractions ?
- comment sont organisées les **visites** ? Les aînés peuvent-ils venir ? Y a-t-il une pièce pour recevoir des visites si vous êtes dans une chambre à deux lits ?
- quelle est la **durée du séjour** ? Si la sortie de la maternité est précoce, est-elle organisée ?
- serez-vous accompagnée lors de votre **retour à domicile** par la visite d'une sage-femme ou d'une puéricultrice ? Etc.

> Que vous posiez toutes ces questions, ou seulement certaines, vous les évoquerez à nouveau avec les sages-femmes lors de l'établissement de votre **projet de naissance** (p. 271). Ainsi vos souhaits seront bien compris par l'équipe qui vous accueillera.

Quand s'inscrire ?

Il est conseillé de choisir sa maternité **le plus tôt possible**. En effet si un petit incident survient au cours de la grossesse et vous oblige à consulter, c'est mieux que vous soyez connue et déjà inscrite dans cet établissement. Votre dossier médical sera enregistré et le médecin de garde pourra vous prendre en charge dans les meilleures conditions. En cas d'urgence, toutes les maternités doivent vous accepter ou à tout le moins garantir votre transfert vers un établissement assurant votre accouchement.

La question du budget

Pensez-y au moment de votre inscription car il peut y avoir de grandes différences dans les frais à régler à la sortie :

- dans une maternité publique, l'accouchement est pris en charge intégralement par l'assurance maladie ;
- dans une maternité privée conventionnée, il peut y avoir des dépassements d'honoraires ;
- dans une clinique non conventionnée – elles sont rares aujourd'hui –, la somme peut être plus ou moins importante : l'assurance maladie ne rembourse qu'un forfait pour les soins, l'accouchement et le séjour (pour plus de détails sur les remboursements, voyez p. 409).

Au moment de votre inscription, il est donc nécessaire de bien vous renseigner. Demandez ce que vous aurez exactement à régler ; si les honoraires du médecin accoucheur et de l'anesthésiste sont compris dans le prix qui vous sera indiqué (car cela dépend des cas). Cette précaution vous permettra d'établir votre budget et vous épargnera la surprise d'une note plus élevée que prévu. Et pensez que pourront s'ajouter à celle-ci tous les suppléments (boissons, communications téléphoniques, télévision, chambre seule, etc.). Renseignez-vous avant l'accouchement auprès de votre mutuelle pour vérifier les frais (ou la partie des frais) qui peuvent être couverts.

Comment s'inscrire ?

Lors de votre inscription, vous devez vous munir de : votre pièce d'identité, votre carte Vitale, votre carte de mutuelle. Un livret sur l'organisation de votre séjour vous sera remis.
Dans certaines maternités, vous aurez à remplir une fiche d'inscription à compléter avec le professionnel qui suivra votre grossesse.
La plupart des établissements possèdent un site Internet qui donne toutes les informations sur les démarches à effectuer, sur les différentes pratiques (par exemple consultations d'hypnose ou d'acupuncture), sur l'organisation (comme la visite des locaux), etc.

2

Votre vie quotidienne

Qu'est-ce qui va changer dans votre vie quotidienne ? Travail, rythme de vie, alimentation, déplacements, sports, beauté… ? Vous allez voir que les changements seront le plus souvent progressifs. Ils dépendront de votre état de santé, de vos activités, de vos goûts. Ils dépendront aussi de votre bébé : il va se développer, prendre plus de place. Il est normal que vous deviez changer un peu votre façon de vivre. Quant aux modifications corporelles entraînées par la grossesse, elles peuvent provoquer quelques troubles parfois désagréables mais, vous verrez, bien souvent des solutions existent pour vous soulager.

Une adaptation progressive

Votre travail

Parlons d'abord du travail. Quelle incidence peut-il avoir sur l'avenir de la grossesse, donc sur celui de l'enfant ? Voici ce que l'on peut dire aujourd'hui :

- effectué dans des conditions normales, le travail, qu'il soit fait à l'extérieur ou à domicile, ne nuit pas à la grossesse ;
- lorsqu'une femme travaille, elle est souvent plus à même de prendre sa santé en charge car, dans son milieu professionnel, elle est mieux informée ;
- mais il y a certains facteurs qui augmentent les risques de prématurité, par exemple des conditions de travail particulièrement pénibles physiquement. C'est pourquoi de nombreuses dispositions ont été prises pour la protection des futures mères.

Si votre métier est fatigant, consultez le médecin du travail : celui-ci pourra demander à votre employeur un aménagement de poste, un passage en télétravail, ou un changement temporaire, et/ou une réduction de la durée du travail. Si cela n'a pas été possible, adressez-vous à votre médecin traitant. Les médecins connaissent les risques que représentent des travaux particulièrement pénibles ; et, s'ils le jugent nécessaire, ils prescrivent un arrêt. Il en est de même pour le travail fait chez soi : son incidence sur le déroulement de la grossesse dépend des conditions dans lesquelles vit la future mère. Si elle est bien informée, bien suivie et, s'il le faut, aidée, tout ira bien. Toutefois, si elle vit dans de mauvaises conditions socio-économiques, elle risque d'avoir des difficultés à mener sa grossesse à terme. Mais regardons les choses de plus près.

Si vous avez une activité professionnelle

Si vous êtes salariée, vous savez probablement que la loi prévoit que vous pouvez prendre six semaines de repos avant la date prévue pour l'accouchement, et dix semaines après (p. 412). Plus qu'une possibilité, ce repos est d'ailleurs une obligation pour recevoir les indemnités journalières. Vous pouvez vous reposer moins longtemps, mais pour les recevoir, il faut vous arrêter au moins huit semaines en tout.

Ce temps de repos peut paraître court mais il est en général suffisant si votre grossesse se déroule bien et si votre travail est physiquement peu fatigant. Par contre, six semaines de repos avant l'accouchement sont insuffisantes dans certains cas et il appartiendra à votre médecin de prescrire un repos prénatal supplémentaire de deux semaines en cas d'état pathologique, ou même plus si votre état de santé le justifie.

Nous vous signalons dès maintenant (vous trouverez les détails chapitre 11) que si vous étiez malade et obligée d'interrompre votre travail, vous ne pourriez pas être licenciée, et vous seriez indemnisée par la Sécurité sociale au tarif maladie pour le temps de votre absence.

D'autres raisons indépendantes de la fatigue causée par un travail pénible entraînent un changement de poste pour tout ou partie de la grossesse :

- dès le début de la grossesse pour les femmes travaillant dans un laboratoire de radiologie médicale ou industrielle, à cause de l'exposition aux rayonnements ;
- également dès le début de la grossesse pour les femmes amenées à manipuler des produits chimiques ou toxiques ou des solvants ; la réglementation prévoit l'interdiction d'utiliser certains produits chimiques par les femmes enceintes. En outre, dans des situations de travail exposant à des substances cancérogènes, mutagènes ou toxiques pour la reproduction, il existe une obligation d'informer des effets que peuvent avoir ces substances : sur la fertilité, l'embryon, le fœtus et l'enfant (en cas d'allaitement) ;
- pendant les trois premiers mois de la grossesse, en cas d'épidémie de rubéole, pour les femmes que leur métier met en rapport avec des enfants, enseignantes par exemple, si elles ont un sérodiagnostic négatif (c'est-à-dire si elles ne sont pas protégées contre la rubéole).

Si vous travaillez, vous trouverez d'autres précisions et renseignements pages 410-411.

Quelques mouvements de détente. Si vous travaillez de longs moments assise ou de longs moments debout, il est bien de prendre l'habitude, le plus souvent possible, de « casser » les tensions musculaires liées aux positions gardées un peu trop longtemps : station assise devant un ordinateur, station debout avec le bras en l'air, pour écrire au tableau. Pour vous détendre, faites le mouvement

Questions pratiques

- Quand déclarer sa grossesse ?
- Quand prévenir son employeur ?
- Quand inscrire votre bébé à la crèche ? Voyez le chapitre 11.

À noter

Les pères salariés sont protégés contre le licenciement durant les dix semaines qui suivent la naissance de leur enfant (sauf en cas de faute grave ou si l'employeur ne peut maintenir le contrat de travail pour un motif étranger à la naissance).

Congé de maternité

Il est possible de reporter une partie du congé prénatal sur le congé postnatal. Au chapitre 11, vous trouverez tous les renseignements concernant les congés avant et après la naissance.

qu'on fait spontanément le matin au réveil : étirez haut les bras au-dessus de la tête, ou bien, si cela n'est pas possible socialement, voici quelques exercices plus discrets :

- haussez les épaules en inspirant, tenez quelques secondes, puis relâchez en soupirant ;
- faites 2 ou 3 mouvements des épaules en rotation avant et arrière ou roulez « des mécaniques » 2 ou 3 fois ;
- faites 2 ou 3 « cercles de chevilles » ou flexions-extensions des chevilles pour faire circuler le sang dans les membres inférieurs.

Ce ne sont pas des exercices à faire en série de 10 ou de 20, mais simplement des mouvements de détente à faire de temps en temps.

À la maison

Vous aurez, comme toutes les femmes qui attendent un enfant, l'envie de tout préparer, ce qui est nécessaire comme ce qui l'est moins. C'est normal. Mais évitez les efforts excessifs. D'ailleurs, vous vous rendrez bien compte de vos limites. Et ne remuez pas vous-même la grosse commode aux tiroirs pleins à craquer, ne décidez pas à un mois de votre accouchement qu'il est indispensable de tapisser tout l'appartement (sur les travaux de bricolage et de peinture, p. 32 et suiv.). Pensez à ces recommandations si vous êtes obligée de déménager, ce qui peut arriver quand on attend un enfant. Essayez de le faire au milieu de votre grossesse, c'est-à-dire pendant la meilleure période, plutôt qu'à la fin.
Au cas où le médecin vous aurait prescrit de vous reposer, mais que vous n'avez pas les moyens de vous faire aider pour les travaux ménagers ou les soins de vos enfants, et si votre conjoint ne peut pas prendre le relais, demandez à l'assistante sociale de votre mairie si vous ne pouvez pas bénéficier d'une aide familiale ; elle vous donnera également la liste des associations qui pourraient vous accompagner.

Votre sommeil

Les premiers mois, une future maman a de grands besoins de sommeil. Cela est lié à l'arrivée massive des hormones de grossesse.
Au 2e trimestre, vous vous sentirez probablement moins fatiguée. Au 3e trimestre, votre sommeil sera plus souvent fractionné (envie d'uriner, difficultés à trouver une position confortable) et vous éprouverez peut-être le besoin de vous reposer pendant la journée.
Si vous êtes chez vous ou si, sur votre lieu de travail, vous avez la possibilité de vous reposer après le déjeuner : ôtez vos chaussures, posez vos pieds sur un coussin pour soulever vos jambes, et détendez-vous. Si vous êtes allongée, installez le coussin sous les pieds et les jambes, c'est plus confortable. Vous sentirez vous-même le bienfait de ce repos, de cette détente au milieu de la journée, surtout si vous avez de la peine à digérer, ou si vous avez une mauvaise circulation.
Vous pouvez dormir dans n'importe quelle position sans crainte d'écraser ou de gêner votre enfant. Il est bien à l'abri.

Si vous avez des insomnies en fin de grossesse, reportez-vous à la partie « Les troubles du sommeil » (p. 82).

Les relations sexuelles

L'une des questions que se posent en général les couples est la suivante : peut-on continuer à avoir des relations sexuelles pendant la grossesse ? C'est sans raison valable que l'on a, pendant longtemps, recommandé de s'en abstenir. Rien n'a jamais justifié ce conseil, si ce n'est les mythes qui entouraient la grossesse et plaçaient la femme enceinte en dehors de la vie.
Sauf contre-indications médicales précisées (p. 31), il est normal de continuer à avoir des relations sexuelles pendant la grossesse, même si la sexualité est naturellement transformée pendant cette période.
En ce qui concerne les positions les plus confortables à ce moment de la vie, chaque couple trouvera lui-même celle qui convient le mieux à chaque âge de la grossesse, à la transformation du corps féminin, au désir de chacun.
Quant à la fréquence des rapports amoureux, là non plus il n'y a pas de règles, c'est une question vraiment personnelle, chaque couple y répondra selon son désir.
La visualisation régulière du bébé sur l'écran de l'échographie rend peut-être plus fréquente la crainte de lui faire mal, de le heurter lors d'un rapport sexuel. Que les parents se rassurent, le bébé ne risque rien. Redouter que le pénis puisse toucher l'enfant, craindre que des rapports fougueux puissent provoquer une fausse couche ou un accouchement, est une peur répandue, compréhensible, mais non fondée : le bébé est bien protégé, entouré du liquide amniotique qui l'isole du monde extérieur.
Certains parents sont mal à l'aise face à la présence de ce bébé dont on leur a dit qu'il était déjà capable, avant la naissance, d'éprouver tant de sensations. Quel effet peut avoir sur l'enfant la relation amoureuse de ses parents ? Vous comprendrez que personne ne peut vraiment répondre à cette question. Certains couples espacent naturellement leurs relations sexuelles lorsqu'ils ont constaté que

le bébé semblait réagir fortement et que cela provoquait des contractions utérines, surtout au moment de l'orgasme. Ce qui semble essentiel, au-delà de la préoccupation pour le bébé, c'est que les relations se passent dans la douceur et le respect du corps maternel.

Les variations du désir

Les premiers mois, le corps s'adapte à son nouvel état. Certaines femmes enceintes se sentent aussitôt épanouies et elles vont vivre leur grossesse d'une façon sensuelle. D'autres ressentent une baisse de désir sexuel tant les sensations qu'elles éprouvent sont nouvelles ; le désir peut aussi diminuer si elles se sentent envahies par les malaises du début de grossesse (nausées, vomissements, fatigue).
Si la femme ressent une baisse de désir et n'ose pas en parler à son compagnon, cela peut créer des tensions, selon le climat d'entente et d'amour du couple.
Pour le père, une fois passée la joie de l'annonce de sa paternité, commence en général une période de doute. Il peut s'inquiéter de cette baisse de désir chez sa femme : est-ce l'amorce d'un changement définitif dans leurs relations ? Certains se sentent frustrés, en évaluant mal à l'avance la place que le bébé va prendre dans leur vie. L'homme peut également ressentir une baisse ou une absence de désir : blocage en face de ce corps différent, inquiétude devant les changements à venir…
Au deuxième trimestre, le bonheur à deux est en général retrouvé. Cet enfant qui va naître est le symbole de l'harmonie de leur couple. La féminité, la virilité sont comblés. Il y a aussi des couples qui apprécient cette période de leur vie sexuelle où ils n'ont pas à se préoccuper d'un moyen de contraception, quel qu'il soit. Le temps d'adaptation du début est passé, l'inquiétude qui parfois apparaît au troisième trimestre n'est pas encore présente. Cette période peut créer des liens très forts entre l'homme et la femme.
Certains hommes sont éblouis et impressionnés par la transformation du corps féminin : ils le trouvent beau, mystérieux, fascinant.
Puis arrive **le dernier trimestre**, l'enfant prend plus de place, il bouge beaucoup ; l'activité sexuelle se ralentit en général, peut-être parce que la future mère est davantage centrée sur ce qu'elle vit à l'intérieur de son corps, attentive aux réactions de son bébé ; elle est parfois tout simplement fatiguée.
Les couples amoureux trouvent alors d'autres mots, d'autres gestes qu'ils connaissaient déjà ou qu'ils découvrent ensemble. « Avec ma femme, nous réinventons le flirt », écrit un lecteur. Cela devient souvent le temps des conversations amoureuses, des gestes tendres, de nouveaux rapports empreints de délicatesse.
Les femmes ne sont pas toutes épanouies pendant leur grossesse, certaines assument mal de voir leur corps se transformer. Elles craignent d'être moins désirables avec leur « gros ventre », que leur compagnon s'éloigne d'elles. Cela arrive parfois, c'est une situation plus fréquente qu'on ne croit. N'hésitez pas à en parler en consultation avec la personne qui suit votre grossesse.

Important

Les bouts de seins sont souvent plus sensibles, certaines caresses peuvent devenir désagréables ; les seins augmentent de volume et peuvent gêner certains mouvements, certaines postures, s'ils sont comprimés.

Si vous éprouvez dans les seins des sensations inattendues, ou des impressions inhabituelles, parlez-en entre vous : le dialogue est essentiel pour que votre compagnon comprenne ce qui se passe dans votre corps.

Heureusement, l'expérience montre que dans la plupart des cas le couple retrouve après la naissance un équilibre affectif et sexuel. Mais il faut parfois un peu de temps.

Y a-t-il des contre-indications aux rapports sexuels ?

Voici les cas où les médecins conseillent la diminution ou même la suppression des rapports sexuels :
- au début de la grossesse, quand il y a eu des petits saignements (une échographie a sûrement été faite) ;
- en cas de placenta *prævia* (placenta bas inséré) et de saignements répétés ;
- en cas de menace d'accouchement prématuré avérée.

Il est fréquent que des rapports sexuels, avec orgasme, provoquent des douleurs (comme celles des règles) qui sont en fait des contractions. Il n'y a pas à s'inquiéter.
Il peut arriver qu'après un rapport sexuel vous constatiez l'apparition de quelques gouttes de sang. Ceci est habituellement dû au fait que la grossesse rend le col de l'utérus plus fragile ; parlez-en au médecin, surtout si la perte de sang se prolonge ou se répète.
Une idée répandue est que l'activité sexuelle en fin de grossesse favorise le déclenchement du travail de l'accouchement. Des études montrent qu'il n'en est rien.

« Plus la grossesse avance, plus il s'éloigne. C'est injuste, je porte notre enfant et il s'écarte de moi »,

écrit Florence.

La toilette

Bains et douches

Pendant la grossesse, la transpiration est nettement augmentée. Un cinquième de l'élimination de l'eau se fait par les glandes sudoripares, celles qui sécrètent la sueur. Elles aident les reins qui ont fort à faire pour éliminer les déchets rejetés par la mère et l'enfant. Les bains ne sont pas contre-indiqués pendant la grossesse. Au contraire, ils ont une action sédative générale. Si vous avez de la peine à vous endormir, prenez le vôtre le soir. La douche est plus stimulante qu'un bain.

À noter

Pensez à mettre un petit tapis antidérapant dans le fond de la douche : ce n'est pas le moment de tomber.

La toilette intime

Les sécrétions vaginales sont souvent augmentées au cours de la grossesse, et les hémorroïdes ne sont pas rares ; il est conseillé dans ces cas de faire des toilettes locales à l'eau et au savon ordinaire, ou avec un savon gynécologique (savon liquide ou poudre à diluer, vendus en pharmacie).
Les gels intimes ne sont pas indispensables. Si vous en utilisez, choisissez-les sans parfum et de préférence bio. N'utilisez pas des produits acides qui sont trop agressifs pour la muqueuse vaginale. Toujours pour respecter celle-ci, vous ferez une toilette externe, sans pénétrer à l'intérieur du vagin.
Les pertes blanches abondantes sont fréquentes. Si elles sont malodorantes, ou s'accompagnent de démangeaisons ou de brûlures, parlez-en au médecin (p. 77).

Un environnement sain

On parle beaucoup aujourd'hui des risques pour notre santé liés à l'environnement, qu'il s'agisse de l'alimentation, des produits de beauté, d'hygiène ou d'entretien, des plastiques, des appareils d'usage courant comme les téléphones mobiles, ordinateurs ou autres moyens électroniques de communication.
Quels sont les effets sur le développement de l'enfant de l'exposition à des éléments physiques ou chimiques pendant la grossesse et l'allaitement ? Les futurs parents se posent la question et les études sur ce sujet sont nombreuses, souvent contradictoires, parfois inquiétantes. Que faire dans ce contexte pour préserver au mieux la santé de votre bébé à venir ? Certaines substances sont néfastes pour le développement du bébé, c'est aujourd'hui prouvé.

Quelles sont les substances mises en cause ?

Les plus connues sont le **tabac**, l'**alcool**, les **drogues** et certains médicaments mais c'est notre environnement le plus proche qui est peut-être le plus problématique : air pollué par les métaux lourds, perturbateurs endocriniens (bisphénol, phtalates, parabène, pesticides). Près de 800 substances chimiques environnementales sont connues ou suspectées de dérégler le système hormonal, d'où le terme de **perturbateurs endocriniens**. Ceux-ci peuvent avoir un impact sur la fertilité et la grossesse (malformation des organes génitaux externes par exemple). Ces notions peuvent vite devenir anxiogènes pour les futurs parents mais, comme nous le verrons ci-dessous, des actions simples permettent d'améliorer notre environnement.
Si vous avez peur d'être exposée malgré vous (par exemple en raison de la proximité de champs cultivés, d'une antenne relais, etc.), il est possible de faire intervenir à votre domicile un ingénieur spécialisé en pollution environnementale. Pour savoir où vous adresser, rapprochez-vous d'associations comme le réseau environnement santé (adresse ci-contre). Ce type d'intervention n'est toutefois pas encore financé.
Si vous avez des inquiétudes concernant votre activité professionnelle, vous pouvez solliciter le médecin du travail.

Dans la maison

Pour vivre dans un environnement sain, un geste simple, conseillé pour tous, est d'aérer son logement pendant 10 à 15 minutes au moins une fois et si possible deux fois par jour pour évacuer les odeurs, les polluants et l'humidité. Si vous résidez à proximité d'axes routiers, n'aérez pas pendant les pics de trafic. De nombreux polluants se multiplient dans les logements en raison de l'utilisation de nouveaux matériaux de construction, de nouvelles classes de détergents, et du fait de l'isolation de plus en plus efficace des bâtiments qui réduit la pénétration de l'air. Évitez autant que possible les aérosols, désodorisants d'ambiance, insecticides, prises anti-moustiques.

Les soins de beauté

Réduisez autant que possible l'usage de lotions et de crèmes sur des plages de peau très étendues, ce qui augmente les doses de substances susceptibles de passer dans le sang, et donc du côté du bébé ou dans le lait maternel (p. 48).

Environnement et santé

Quelques sites qui peuvent vous intéresser :

- WECF France www.wecf-france.org
- Agence de l'Environnement et de la Maîtrise de l'Énergie (ADEME) www.agirpourlatransition.adme.fr
- www.1000-premiers-jours.fr (onglet « *Agir sur son environnement* »).
- Agence nationale de sécurité sanitaire de l'alimentation, de l'environnement et du travail www.anses.fr
- Réseau Environnement Santé : www.reseau-environnement-sante.fr

Pour les produits d'entretien, respectez les doses d'utilisation prescrites et privilégiez les produits ayant les labels « Nature et progrès », « Écolabel européen », « NF environnement », « Écocert ».
Au-delà des labels, il existe aussi des alternatives aux produits industriels prêts à l'emploi. Ce sont les recettes traditionnelles, un peu oubliées et de nouveau appréciées ; elles sont basées sur l'utilisation d'ingrédients qui, bien utilisés, sont également moins nocifs pour l'environnement, et souvent moins onéreux : le vinaigre blanc est un excellent détartrant et désodorisant et un bon fongicide mais, attention, il ne contient pas assez d'alcool pour une action virucide ; le savon noir dégraisse ; le bicarbonate de soude nettoie et désodorise ; il y a aussi le savon de Marseille pour la lessive de la layette, etc. Bien que naturels, certains de ces produits sont à manier avec précaution : utilisez des gants, évitez les mélanges, et n'utilisez pas de trop grandes quantités.
Pour vous occuper de vos plantes d'intérieur ou de votre jardin, n'ayez pas recours à des pesticides.

Travaux de rénovation

Vous êtes enceinte, ne faites pas vous-même des travaux de rénovation, éloignez-vous des peintures, vernis, colles et solvants. Ceci est encore plus important si vous décapez des peintures anciennes, susceptibles de contenir du plomb.
Recherchez des informations sur les produits de décoration et de rénovation : classement A + pour ceux contenant moins de COV (Composés Organiques Volatils), et pictogrammes de danger reconnaissables à leur losange rouge.
Les revêtements des murs, des sols (parquets, papiers peints, lambris…), le bois prétraité, l'aggloméré ou le contreplaqué, présents dans les meubles ou les revêtements, les matériaux d'isolation (mousses isolantes, laines minérales…) peuvent diffuser des substances chimiques, parfois pendant plusieurs mois. Pour les panneaux en bois, privilégiez des panneaux de classe E1, voire si possible E0, indiquant l'absence ou la faible présence de formaldéhyde, un solvant susceptible de passer dans la circulation générale lorsqu'il est inhalé.

À noter

Nous vous conseillons, par prudence, d'utiliser des gants et d'aérer lorsque vous employez des produits ménagers. C'est d'ailleurs recommandé que vous soyez enceinte ou non.

À savoir

Pour la lutte contre les virus, si vous jugez nécessaire de désinfecter les surfaces avec un virucide, pensez à les nettoyer au préalable.

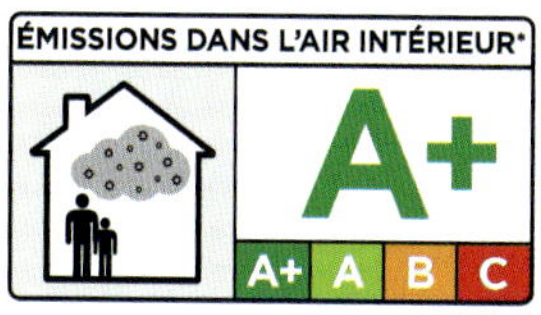

Émissions réduites de polluants de l'air intérieur

Pour tous ces matériaux, prenez conseil auprès de votre fournisseur et préférez les produits labellisés. En l'absence de recommandation, il est préférable de ne pas appliquer le produit. Aérez au maximum les jours suivant la mise en place du produit choisi ou de l'installation de nouveaux meubles qui rejettent du formaldéhyde les premières semaines, sans pénétrer vous-même dans les pièces.

Équipements électriques et électroniques

Les ondes et champs électromagnétiques produits par les appareils et technologies dont nous sommes entourés quotidiennement – téléphones mobiles avec leurs antennes relais, ordinateurs et réseaux wifi, téléviseurs, fours à micro-ondes et plaques de cuisson à induction – ont fait l'objet d'études et de débats souvent passionnés.
Aucun effet indésirable des champs électromagnétiques sur la grossesse n'a été mis en évidence. Le conseil dans ce domaine relève de la précaution en situation d'incertitude, et il est le même que pour la population dans son ensemble : évitez les excès. De façon générale, et plus particulièrement pendant la grossesse, limitez l'utilisation du téléphone mobile ou des réseaux wifi. Afin de protéger l'enfant à naître des ondes électromagnétiques – dont les effets restent difficiles à évaluer –, utilisez un kit mains libres, ou le haut-parleur. Ne placez pas le téléphone près de votre ventre. La nuit, ne le laissez pas allumé près de votre chevet et coupez le wifi.

Le point sur les conseils pour un environnement sain pendant la grossesse

- **Aérez** tous les jours votre logement et évitez aérosols, désodorisants d'ambiance, insecticides.
- Sélectionnez vos **produits ménagers** : privilégiez les produits naturels ou écolabellisés.
- **Soins de beauté** : utilisez le moins possible de produits cosmétiques, préférez ceux qui sont écolabellisés.
- **Rénovation :** ne faites pas vous-même les travaux, aérez les jours suivant la mise en place du produit ou l'installation de meubles neufs, sans pénétrer dans les pièces rénovées.
- **Champs électromagnétiques** : limitez l'utilisation du téléphone mobile et du wifi, ne le placez pas près de votre ventre.
- **Alimentation :** préférez les produits locaux, de saison et si possible bio.
- **Jardinage, soin des animaux et lutte contre les insectes nuisibles :** n'utilisez pas de pesticides, d'insecticides.

Un fréquent **lavage des mains** est une précaution simple pour limiter la transmission des virus.

Le tabac

Il est important de s'arrêter de fumer lorsqu'on attend un enfant. L'Académie de médecine recommande cet arrêt dès que la grossesse est constatée. Les statistiques montrent en effet qu'il y a un rapport entre le poids de l'enfant à la naissance et la consommation de tabac ; le placenta fonctionne moins bien et la croissance du bébé en pâtit. Les fausses couches, les grossesses extra-utérines, les accouchements prématurés sont plus fréquents.

C'est le bon moment pour suggérer à votre compagnon de s'arrêter lui aussi de fumer… Vous vous encouragerez mutuellement et votre bébé en profitera. Demandez également à votre entourage de ne pas fumer : la fumée des autres est nocive pour vous et votre bébé.
Il n'est pas toujours facile d'arrêter de fumer et, en cas d'échec, vous pouvez ressentir une grande culpabilité. Il existe des consultations de tabacologie dans les maternités : elles sont là pour vous accompagner, augmenter votre motivation et trouver ensemble des solutions. Si la dépendance physique est importante, il est possible d'avoir recours à la substitution nicotinique (patches ou gommes). Sachez que l'arrêt est toujours profitable quel que soit le stade de la grossesse : il ne faut pas renoncer à s'arrêter en pensant que cela ne sert plus à rien.
En cas de « rechute », osez en parler au professionnel qui vous suit : il est là pour vous aider et pas vous juger. Si l'arrêt est trop difficile, et que vous arrivez à diminuer, c'est mieux que rien.
Si vous avez cessé de fumer pendant votre grossesse, il serait dommage de reprendre après la naissance. Vous avez fait le plus difficile ! Nous vous conseillons d'évoquer ce sujet, par exemple lors de la consultation postnatale, pour prévenir les risques de reprise du tabac : les chiffres montrent en effet que ce risque existe après la naissance.
L'arrêt du tabac est également recommandé pendant l'**allaitement** : on trouve de la nicotine dans le sang des bébés allaités par des mères qui fument et le tabagisme passif est nocif pour le bébé.
La substitution nicotinique est également possible pendant l'allaitement. Si vous ne pouvez vraiment pas vous arrêter, ne renoncez pas pour autant à allaiter, parlez-en à votre médecin, à votre sage-femme ou à un tabacologue.

La **substitution nicotinique** est remboursée à 65 %, sur ordonnance. Le ticket modérateur peut être pris en charge par la mutuelle. Les sages-femmes peuvent aussi la prescrire à l'entourage de la femme enceinte ou accouchée.

La cigarette électronique : les produits de vapotage sont déconseillés pendant la grossesse mais comporteraient moins de composés nocifs que la cigarette. C'est toujours mieux que la cigarette si vous ne parvenez pas à arrêter de fumer.

Le cannabis

La consommation de cannabis est étroitement liée à celle du tabac sous forme de mélange de tabac et d'« herbe », ou mélange de tabac et résine de cannabis (haschich). Elle augmente et est de l'ordre de 3 % des femmes enceintes.
La consommation de cannabis entraîne des effets similaires au tabac mais majorés en terme de risques : diminution de la croissance, accouchement prématuré. Le bébé peut avoir un syndrome de sevrage (excitabilité). Plus tard, les troubles du comportement, de l'hyperactivité ou de l'anxiété sont plus fréquents. Il est à noter que le cannabis passif provoque une pollution de l'air et des maladies respiratoires chez les enfants.
La dépendance est la plus souvent psychologique et un accompagnement par un professionnel bienveillant va permettre à la future maman d'arrêter rapidement sa consommation. Comme en ce qui concerne le tabac, l'arrêt du cannabis est recommandé chez le conjoint.

À savoir

Pour vous faire aider dans l'arrêt du tabac, vous pouvez également contacter Tabac-info-service, par téléphone (39 89) ou Internet : www.tabac-info-service.fr. Et pour l'arrêt du cannabis : Drogues-info-service, par téléphone (0800 23 13 13) ou internet : www.drogues-info-info-service.fr.

Et l'alcool

L'alcool, comme le tabac, passe très vite dans le sang. Il passe aussi dans le sang du bébé car le placenta ne lui fait pas barrage. Vous comprendrez qu'on ne doit pas boire d'alcool lorsqu'on attend

un enfant. Dès que la grossesse est évoquée, il faut supprimer toute boisson alcoolisée, y compris le vin, le cidre, la bière.
Certaines femmes ont de la peine à accepter cette recommandation. Il n'y a pas si longtemps, la bière était conseillée aux mamans qui allaitaient pour augmenter la production de lait (ce qui est faux), et les femmes enceintes aujourd'hui ont eu une mère qui pouvait boire de l'alcool sans que cela n'inquiète personne. Tout cela laisse bien sûr des traces. L'entourage est parfois peu encourageant : « De mon temps, je buvais un peu de vin régulièrement et mes enfants ont tous été en bonne santé » ; « C'est mon anniversaire, tu ne vas pas refuser de boire un verre avec moi ? »
Vous êtes inquiète d'avoir bu une coupe de champagne alors que vous ne saviez pas que vous étiez enceinte ? Rassurez-vous mais, à partir de maintenant, il est raisonnable de ne plus consommer d'alcool, même de façon occasionnelle, car on ne connaît pas la dose minimale qui est toxique pour le bébé. L'alcool est toxique pour le bébé jusqu'à la fin de la grossesse, en particulier pour son cerveau. Nous ne parlons pas ici de l'alcoolisation fœtale. C'est un sujet différent qui est traité page 256.

Ce logo – ou une phrase d'information sur le risque encouru à consommer de l'alcool pendant la grossesse – figure sur les bouteilles de boissons alcoolisées (vin, bière, whisky, etc.).

Autres précautions

Voici quelques précautions supplémentaires à prendre :
- évitez toute source de contamination éventuelle, c'est-à-dire abstenez-vous de rendre visite à des malades ayant une **affection contagieuse** ; les gestes barrières sont importants à respecter pour se protéger des maladies virales (p. 247) ;
- méfiez-vous des **chats** qui peuvent transmettre la toxoplasmose (p. 244). Si vous n'êtes pas immunisée contre cette maladie, vous n'êtes pas obligée de vous séparer de votre chat, mais demandez à quelqu'un de votre entourage de changer sa litière ou mettez des gants pour le faire ; le bac sera lavé à l'eau chaude avec un peu de Javel ;
- respectez bien les **précautions alimentaires** de base (lavage des mains, consommation ou conservation de certains aliments, etc., p. 66).

Les déplacements et les voyages

Pendant longtemps, on a déconseillé aux femmes enceintes tout déplacement et tout voyage, notamment en voiture : celle-ci, disait-on, favorisait les fausses couches et autres accidents de la grossesse. Cela n'a pas été démontré. Cependant, il est bon de rappeler certains conseils.
Premier principe, de simple bon sens : on ne doit pas voyager en cas de grossesse « à problèmes » car il vaut mieux ne pas trop s'éloigner de la maternité qu'on a choisie.

Second principe : il concerne le choix du moyen de transport. Ce ne sont pas tant les secousses – du train ou de la voiture – qui sont à craindre, que la fatigue. D'ailleurs les trains n'ont plus de secousses, et de toute manière, votre enfant est solidement accroché, vous ne risquez pas de le faire naître en le secouant. En revanche, tout voyage fatigue (mal au dos, notamment). Il faut donc prendre le moyen de transport le moins fatigant : pour un long trajet, choisissez plutôt le train ou l'avion.
De toute manière, après la 32e semaine, il faut éviter de voyager, ce qui ne veut pas dire qu'il est impossible de se déplacer. Évitez toutefois de vous éloigner à plus d'une heure de votre maternité afin d'avoir le temps de vous y rendre en cas de signes de début de travail ou de problème.

Le risque de **phlébite** (p. 74) est augmenté pendant la grossesse. Quel que soit le moyen de transport, levez-vous et marchez régulièrement. Si votre voyage dure plusieurs heures, le port de chaussettes ou de bas de contention est recommandé.

Voiture

Pour éviter la fatigue et les douleurs lombaires, si fréquentes, placez un coussin au creux du dos, faites des étapes courtes de 200 à 300 km, et arrêtez-vous de temps en temps cinq à dix minutes pour marcher et vous dégourdir les jambes. À part la fatigue que l'on peut diminuer en prenant ces précautions, la voiture présente un vrai danger : celui de l'accident. N'oubliez pas de mettre votre ceinture de sécurité. Encore faut-il, pour qu'elle soit efficace :

- qu'elle soit correctement placée comme indiqué sur le dessin ci-contre ;
- qu'il n'y ait aucun espace entre la ceinture et le corps, que la ceinture soit tendue en permanence.

Les statistiques montrent que la sécurité du passager est plus grande à l'arrière de la voiture, et bien sûr avec une ceinture.
Si vous conduisez, prenez ces éléments en considération :

- d'abord que les réflexes sont souvent un peu ralentis et l'attention émoussée au cours de la grossesse ;
- ensuite que, au moins dans les derniers mois, votre ventre vous gênera et rendra difficiles les mouvements rapides parfois nécessaires à la conduite.

Bien mettre sa ceinture de sécurité

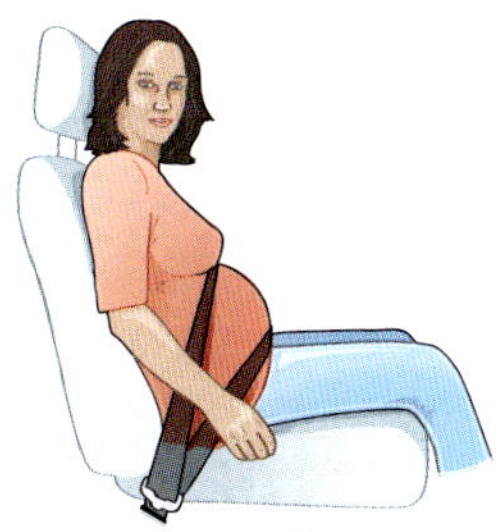
Bonne position

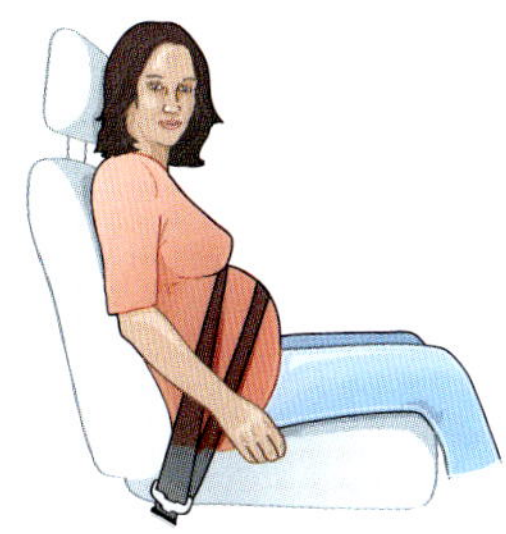
Mauvaise position

Bateau

Naviguer lorsqu'on est enceinte pose plusieurs problèmes pratiques : le risque d'une moins bonne tolérance des sensations de roulis, la possibilité d'une chute dans l'eau… Soyez prudente. Si vous êtes familière des sports nautiques, votre expérience vous permettra de connaître vos limites. En revanche, tenter une première expérience pendant la grossesse n'est sûrement pas une bonne idée.

Avion

Jusqu'à quel moment est-il possible de voyager en avion lorsqu'on est enceinte ?
Si la grossesse se déroule sans complications, les médecins autorisent en général l'avion jusqu'à la 37e semaine. Au-delà, la période de prématurité est dépassée et l'accouchement peut débuter à tout moment, donc pendant le voyage. De plus, la maman risque d'accoucher dans un lieu insuffisamment équipé et qui lui est étranger ;

ou bien avec une équipe qui peut être mal à l'aise de prendre en charge une future maman qu'elle ne connaît pas, ou dont elle ne comprend pas la langue. Par ailleurs, le risque d'une thrombophlébite est augmenté par la position assise prolongée.
En cas de grossesse gémellaire, il vaut mieux ne pas prendre l'avion après la 32e semaine.
Le voyage en avion est fortement déconseillé si la future maman a des antécédents d'accouchement prématuré, si elle souffre de maladie pulmonaire ou cardiaque, si elle a eu des saignements vaginaux.
Toutes les compagnies aériennes n'ont pas les mêmes exigences vis-à-vis des femmes enceintes : certaines ne demandent aucun accord médical, d'autres exigent un certificat médical pour pouvoir voyager le mois précédant l'accouchement.

Voyager à l'étranger

Si vous vous rendez dans un pays où il faut prendre des précautions sanitaires, la plus grande prudence s'impose. Demandez conseil à votre médecin, ou au centre de vaccinations situé dans l'hôpital le plus proche de votre domicile. En effet, les vaccinations, parfois nécessaires, peuvent être contre-indiquées (p. 206). Ensuite, le risque d'y contracter certaines maladies infectieuses ou parasitaires est augmenté, ce risque se doublant du fait que leur traitement peut nécessiter la prise de médicaments contre-indiqués chez une femme enceinte.
Il s'agit en particulier du **paludisme** auquel les femmes enceintes sont particulièrement sensibles, et le restent d'ailleurs pendant deux à trois mois après l'accouchement : les médicaments préventifs varient selon les endroits où sévit la maladie, et certains sont tout à fait déconseillés pendant la grossesse. Si vous devez partir malgré tout, demandez conseil à l'équipe qui vous suit. Une fois sur place, n'hésitez pas à prendre un surcroît de précautions ; utilisez tous les moyens pour lutter contre les piqûres de moustiques : portez des vêtements amples, serrés aux poignets et aux chevilles, appliquez sur la peau un produit qui repousse les moustiques, utilisez une moustiquaire imbibée d'un produit insecticide, etc. Renseignez-vous auprès du médecin sur les produits que vous pouvez utiliser.
Contre les autres maladies infectieuses et parasitaires. Prenez régulièrement des douches. Ne marchez jamais pieds nus sur un sol humide. Évitez les baignades en eau douce. Lavez-vous les mains avant les repas. Évitez glaçons, glaces, et préférez toujours eau en bouteille et lait capsulé. Pelez les fruits. Évitez crudités et coquillages. Mangez viandes et poissons bien cuits.

Pour conclure, quel que soit le moyen de transport utilisé, on peut dire ceci :
- vous allez très bien, mais vous voulez aller loin : ne partez pas sans demander l'avis du médecin ;
- votre grossesse ne se déroule pas tout à fait normalement : parlez-en au médecin avant tout déplacement.

Pendant le voyage en avion

- Pour favoriser la circulation du sang dans les jambes, promenez-vous de temps en temps dans la cabine et portez des chaussettes de contention.
- Pour votre confort, choisissez des vêtements amples et prévoyez un châle ou une grande écharpe.
- Pensez à boire suffisamment car le degré d'humidité est faible à l'intérieur de l'avion.

Important

Plus on s'approche du terme de la grossesse, moins on doit s'éloigner de la maternité.

Les bienfaits de l'activité physique

Vous êtes peut-être de ces femmes qui ne font aucun sport, jamais de gymnastique, et qui n'ont pas l'habitude de marcher. Maintenant que vous êtes enceinte, c'est le moment de prendre l'habitude de faire un peu d'activité physique et peut-être, ayant découvert le plaisir que cela procure, continuerez-vous après la naissance de votre enfant.
L'activité physique, ce n'est pas nécessairement faire du sport. C'est bouger un peu plus (marcher, faire son jardin…) chaque jour. Bouger pendant la grossesse est bénéfique pour la maman : elle a moins d'hypertension artérielle, contrôle mieux sa prise de poids, éprouve moins de douleurs lombaires et son bien-être est amélioré.

Marcher, c'est toujours une bonne idée

La marche n'est jamais dangereuse, elle active la circulation, particulièrement dans les jambes, la respiration, le fonctionnement de l'intestin, souvent paresseux ; elle renforce la sangle abdominale. En l'absence de contre-indication médicale, qui est exceptionnelle, l'idéal est de pouvoir marcher tous les jours une bonne demi-heure, dans un endroit bien aéré, ce qui permet d'absorber plus facilement les 25 % d'oxygène supplémentaire dont la future mère a besoin. D'ailleurs, marcher tous les jours est une recommandation faite aujourd'hui à tous, quel que soit l'âge. Il n'est pas forcément nécessaire de marcher

30 minutes en continu : 5 minutes par-ci, 10 minutes par-là, attachez une attention plus particulière à vos pas et vous ferez vos 30 minutes par jour.
Si la marche est excellente pendant la grossesse, elle n'a pas d'action sur le déclenchement de l'accouchement ; il ne sert à rien de vous forcer à marcher pour accoucher plus tôt, cela vous fatiguerait inutilement.

À noter

Pendant la grossesse, la HAS (Haute Autorité de Santé) recommande une activité physique régulière de 150 minutes par semaine, d'intensité modérée, répartie sur un minimum de trois jours par semaine : par exemple 30 minutes, 5 fois par semaine.

www.has-sante.fr

www.sports.gouv.fr/MG/pdf/guide-apsetmaternite.pdf

Les exercices conseillés pendant la grossesse

Ces exercices, proposés dans le cadre de la préparation à la naissance, présentent un triple avantage.

- Tout d'abord, ils facilitent le bon déroulement de la grossesse : circulation activée ; meilleure oxygénation ; bonne position du corps qui permet de porter l'enfant sans fatigue ; meilleur équilibre nerveux.
- Ensuite, ils préparent un accouchement plus facile et plus rapide par le raffermissement des muscles appelés à jouer un rôle important au cours de l'accouchement, et par l'assouplissement des articulations du bassin.
- Enfin, ils permettent aux différentes parties du corps de retrouver leur état normal plus rapidement après l'accouchement : ventre plat, taille fine, seins bien soutenus, etc.

Les exercices recommandés se divisent en trois catégories : exercices respiratoires, exercices proprement musculaires, exercices de relaxation (chapitre 8). Vous comprendrez mieux l'utilité de ceux qui sont destinés à préparer l'accouchement quand vous saurez comment il se déroule. Si vous le souhaitez, vous pouvez commencer ces exercices dès le début de votre grossesse.
Tenez-vous-en aux exercices décrits ou proposés par la sage-femme. Ils sont tout à fait suffisants. Il ne s'agit pas de vous transformer en athlète ni de faire de la musculation, mais de faciliter votre grossesse et votre accouchement par quelques mouvements simples. En fin d'exercice, pensez à consacrer quelques minutes à la relaxation pour bien vous détendre. Il y a peu de contre-indications à cette activité physique modérée et adaptée à la grossesse.

Vous pouvez faire les exercices chez vous. Vous pouvez aussi les faire dans un groupe de préparation à la naissance ; c'est toujours intéressant et agréable de rencontrer d'autres futures mères.

Peut-on continuer à pratiquer un sport pendant la grossesse ?

Cela dépend du sport envisagé, de votre entraînement, de la manière dont vous le pratiquez (avec mesure et pour le plaisir, ou bien intensément) et de votre état de santé. Il faut aussi tenir compte du fait qu'une femme enceinte est moins agile, moins stable, et peut tomber plus facilement. En cas de blessure (entorse, fracture), ces lésions mettent plus longtemps à se consolider pendant la grossesse ; et l'immobilisation d'un membre (bras ou jambe) peut compliquer la vie quotidienne.
Néanmoins, les blessures liées à une activité physique adaptée à la grossesse sont rares.

Votre grossesse est normale, vous êtes sportive et entraînée : continuez à pratiquer un sport, sauf s'il est contre-indiqué pendant la grossesse (voir p. 43) mais faites-le avec modération, en adaptant vos limites.

D'une certaine manière, une femme enceinte se **fatigue** vite. En effet, la tolérance à l'effort durant la grossesse est diminuée.

Dès les premières semaines, l'activité de base de l'organisme s'accroît de 10 % : le cœur augmente ses pulsations cardiaques, la femme consomme plus d'oxygène. La grossesse peut être assimilée à une activité sportive d'endurance. Tout surcroît d'activité physique s'ajoutera à cette augmentation de base et sera d'autant plus fatigant.

À cause de cette fatigue, et des risques qu'elle entraîne, les exercices et sports violents, notamment de compétition, seront interdits.

D'une façon générale, les sports collectifs (volley, basket, etc.) sont contre-indiqués car il est difficile de limiter son effort quand on est au milieu d'un groupe.

Une activité physique est possible tout au long de la grossesse. En fin de grossesse, privilégiez la marche, la gymnastique douce ou en milieu aquatique, la natation. Le dernier mois, le volume du ventre et la descente du bébé dans le bassin limitent tout de même la mobilité et les capacités physiques.

En cas de **grossesse pathologique**, le sport est déconseillé dans certaines situations : saignements, placenta inséré bas, menace d'accouchement prématuré. Dans d'autres situations, le sport est au contraire très recommandé. Ainsi, dans le cas du diabète gestationnel, l'activité physique fait baisser la glycémie ; en cas d'obésité, le sport permet de stabiliser le poids et diminue l'hypertension.

Les sports conseillés

Aquagym

Elle est tout à fait bénéfique pour les femmes enceintes ; elle comporte des exercices de respiration, de marche dans l'eau, des jeux de groupe (avec un ballon par exemple). Même les femmes qui ne savent pas nager peuvent pratiquer l'aquagym.

Course à pied

Elle est possible mais beaucoup de femmes qui la pratiquaient avant la grossesse ne l'apprécient plus lorsqu'elle sont enceintes en raison des sensations désagréables éprouvées au niveau du ventre ou du périnée.

Danse, exercices en salle

Ils sont possibles mais il vous faudra être attentive à ce que vous ressentez, savoir vous arrêter lorsque vous êtes essoufflée ou fatiguée, et vous adapter aux changements de votre corps tout au long de la grossesse.

Golf

C'est un excellent sport puisqu'il concilie grand air et marche. Mais vous serez vite gênée par votre ventre.

À noter

Le risque de chutes au cours de l'activité physique est faible et le bébé est protégé si la chute est peu violente. Néanmoins, en cas de chute, il est conseillé de consulter à la maternité.

Marche

Nous en avons parlé plus haut : elle est un excellent sport pendant la grossesse. La **marche rapide** (nordique) est possible.

Natation

C'est, avec la marche, le meilleur sport pour la femme enceinte. Une femme sportive obligée de renoncer à un sport incompatible avec la grossesse aura, en nageant, la faculté de s'adonner à une activité physique, à la fois agréable et utile. Dans l'eau, une femme enceinte se sent plus légère. Plus légère, elle se détend plus facilement. Par ailleurs, la natation est un excellent exercice musculaire et respiratoire.
Certaines séances de préparation à l'accouchement se font en piscine. Les futures mères qui ont eu l'occasion de participer à une telle préparation n'y ont trouvé que des avantages, notamment l'agrément de pratiquer dans l'eau plutôt que dans une salle les exercices de détente et de respiration (p. 290). Si la natation est bonne, comme pour les autres sports, pas d'excès, pas de compétition, pas de plongeon. Et préférez la natation sur le dos ou le crawl qui ne provoquent pas de douleurs lombaires.

Ski de fond

S'il s'agit de ski de fond de promenade, sa pratique ne pose pas de problème. En revanche, le ski de fond pratiqué intensément et de façon sportive est déconseillé.

Vélo

Le vélo est un sport actif qui fait travailler de nombreux muscles et qui est bon pour le muscle cardiaque. Mais quand on parle de vélo, on pense à deux aspects complètement différents : d'un côté le vélo-tourisme pour se promener. Vous devez cependant être prudente car les pertes d'équilibre ne sont pas rares et la chute peut arriver. Et, de l'autre côté, le vélo-moyen de transport quotidien, au milieu des encombrements, qui comporte des risques à cause de la fréquence des accidents.
Quant au VTT, il est naturellement déconseillé : c'est un vélo qui est fait pour les terrains accidentés, il y a donc trop de risques de chute.

Yoga

C'est à la fois un sport et une excellente préparation à l'accouchement (p. 284).

Le sport en pratique

- Pour les sportives : la modération est recommandée, pas d'effort maximum.
- Pour les non-sportives : 150 minutes d'activité physique par semaine, bouger deux à trois fois par semaine, est souhaitable (marche, natation, assouplissements, yoga...),

Les sports à éviter

Certaines activités sportives sont à éviter et/ou nécessitent des précautions.

Le vélo sur route

En raison du risque de chute.

La randonnée

Si elle est prévue dans un endroit où il y a un risque de chute.

À noter
Les activités sportives pratiquées dans une ambiance chaude, et encore plus en **milieu chaud et humide** sont à éviter car elles peuvent provoquer des malaises. C'est pourquoi les exercices physiques et les sports sont déconseillés en période de canicule.

Les sports contre-indiqués

Certaines activités sportives comportent un risque important pendant la grossesse et sont contre-indiquées.

La plongée sous-marine

Le bébé n'est pas protégé contre le mal de décompression et les embolies gazeuses qui sont des accidents pouvant survenir dans ces pratiques.

Les sports en altitude élevée

Une altitude égale ou supérieure à 2 500 mètres peut diminuer l'apport de sang au placenta. Ceci ne concerne pas les femmes qui résident habituellement à ces hauteurs car leur organisme s'est bien adapté au manque d'oxygène.

Les sports à risque de chute

Ils sont donc à risque de traumatisme fœtal : équitation, ski alpin, ski nautique, escalade, patinage, VTT, roller, hockey sur glace ou gymnastique rythmique.

Les sports de contact

Les sports collectifs, comme le basket, le volley, etc.

Les sports de combat

Ce sont des sports violents, avec des risques de chute brutale.

Exposition au soleil, sauna

- Chaque année, les dermatologues mettent en garde contre les méfaits d'un excès de soleil. Les futures mères ont des raisons supplémentaires de se méfier du soleil car il risque de faire apparaître le masque de grossesse et autres taches brunes (p. 47 et suiv.).
  De plus, il a une action néfaste sur les veines et peut accentuer d'éventuelles varices.
- Le sauna : l'élévation de température du corps qu'il provoque n'est bonne ni pour une femme enceinte, ni pour le bébé. En plus, une température très élevée est souvent inconfortable et mal supportée.

Se sentir bien dans son corps

Aujourd'hui, la plupart des futures mamans sont à l'aise dans leur corps : elles ne prennent pas trop de poids, elles font de l'exercice physique. Elles ne cherchent pas à dissimuler leur ventre, elles aiment au contraire le mettre en valeur en portant des vêtements ajustés. Mais d'autres femmes sont préoccupées par l'image que leur renvoie la glace. Elles ne s'y habituent pas. Elles n'arrivent pas à admettre ce corps qui change, changement qu'elles vivent comme une agression. Certaines ont peur que ce changement n'écarte leur compagnon.
Pour commencer ce chapitre, nous vous dirons quelques mots sur votre nouvelle silhouette et les vêtements qui s'y adapteront le mieux. Puis nous parlerons peau, visage, cheveux, etc., et de certaines précautions à prendre.

Des vêtements confortables

Au début, vous n'éprouverez peut-être pas le besoin de changer vos tenues habituelles : vous prendrez peu de poids, votre silhouette se modifiera peu. Seuls vos seins se développeront, et souvent d'une façon importante (voyez page suivante).
Bientôt, vous chercherez dans votre garde-robe les tee-shirts les plus larges et les grands pulls confortables ; si vous achetez un chemisier, un haut, choisissez dès maintenant une ou deux tailles au-dessus de la vôtre. Les tuniques sont agréables à porter ainsi que les

pulls ou robes avec petites fronces sous les seins. Les cache-cœurs s'ajustent bien grâce à leur nœud plus ou moins serré. Ces vêtements auront l'avantage d'accompagner au jour le jour l'arrondi de votre ventre.
Dès la fin du premier trimestre, vous aurez envie d'aisance au niveau de la taille. Les jupes et pantalons à taille élastique s'adapteront facilement, ainsi que ceux dont la partie supérieure est faite dans un tissu souple, comme le stretch.
Vous souhaiterez peut-être aller dans des magasins qui vendent des vêtements adaptés à votre nouvelle silhouette.
En fin de grossesse, s'il fait froid et humide, pensez à vous couvrir le ventre. Prévoyez un vêtement bien enveloppant. En demi-saison, un grand châle ou un poncho feront l'affaire.
Les chaussures. Si vous avez l'habitude des talons, vous pouvez continuer à les porter, à condition qu'ils ne soient pas trop hauts et surtout qu'ils soient suffisamment larges (les talons fins, même peu élevés, sont mauvais pour le dos). Les chaussures à talons compensés sont agréables à porter, mais avec une semelle trop haute, l'équilibre est instable. Bien souvent, à partir du 5e mois, les futures mamans abandonnent les talons – ils leur font mal au dos – et préfèrent les chaussures plates.
Ce qu'il faut, c'est que les chaussures soient confortables, car les jambes et le dos sont souvent fatigués par le poids de l'enfant ; elles doivent vous donner un bon équilibre, car la grossesse prédispose aux chutes ; être assez larges, car, en fin de grossesse, les pieds ont tendance à gonfler. Choisissez des chaussures faciles à enfiler : les derniers mois, le ventre gêne et prive de souplesse, il peut être difficile de nouer des lacets ou d'attacher des brides. Des ballerines, ou des petites bottes à talon plat, sont souvent agréables à porter.

Pensez aux boutiques et aux sites de **seconde main** qui proposent une grande variété de vêtements.

Les seins

Est-il conseillé de porter un soutien-gorge lorsqu'on est enceinte ?

- Si vous en avez l'habitude, la question ne se pose sans doute pas. Pour que votre soutien-gorge s'adapte au développement des seins, vers le 4e-5e mois vous éprouverez le besoin de choisir un modèle de plus grande taille. S'il a une armature, veillez à ce qu'elle soit assez large, ou bien adaptée à la forme du sein, pour ne pas comprimer la glande mammaire.
- Et si vous ne portez habituellement pas de soutien-gorge ? Médecins et sages-femmes en recommandent souvent le port si les seins grossissent beaucoup. En plus du confort apporté, il est mieux que les seins soient alors soutenus parce que l'augmentation de volume s'accompagne d'une augmentation de leur poids qui peut être source de douleurs cervicales ou lombaires. Le maintien des seins pourrait ainsi les limiter. Choisir un soutien-gorge sans armatures, ou une brassière, vous conviendra probablement mieux car le maintien est plus souple.

Quelques exercices

Dans les seins, il n'y a aucun muscle qui puisse limiter leur augmentation de volume, ou les soutenir lorsqu'ils deviennent trop lourds. Cela explique l'inconfort provoqué par ces modifications. Les muscles qui soutiennent les seins sont les pectoraux. Mettez vous de profil devant une glace ; appuyez vos mains ouvertes l'une contre l'autre et pressez-les très fort : vous verrez vos seins remonter sous l'effet de la contraction des pectoraux. Plus ces muscles seront fermes, moins votre poitrine aura tendance à tomber. Vous trouverez au chapitre 8 des exercices à faire et, page 160, un schéma sur le sein.

Lors de la pratique du **sport**, un maintien des seins peut être utile pour diminuer d'éventuelles sensations désagréables, voire douloureuses.

Peut-on, pendant la grossesse, préparer le bout des seins à l'allaitement ?

Ce n'est pas utile, disent les professionnels de l'allaitement : les bouts des seins s'adapteront à la succion du bébé. Il est déconseillé de les durcir par des applications d'alcool, cela dessécherait trop la peau. Certaines mamans sont déroutées par les sensations particulières qu'elles éprouvent lors des premières tétées. Leurs bouts de seins, habituellement bien au chaud, à l'abri dans un soutien-gorge, se trouvent d'un jour à l'autre confrontés à la succion, c'est-à-dire aux tiraillements, aux étirements, à l'humidité. À cause de cela, des mamans arrêtent l'allaitement et le regrettent par la suite. Pour vous habituer à ces nouvelles sensations, vous pouvez tout simplement, pendant le dernier trimestre de la grossesse, ôter votre soutien-gorge une à deux heures par jour. Ainsi, vous sentirez vos bouts de sein au contact du vêtement.
Vers la fin de la grossesse, les seins sécrètent parfois du colostrum, c'est-à-dire un liquide blanchâtre ou transparent, précurseur du lait. C'est normal et il n'y a rien de particulier à faire.

Comment bien se tenir ?

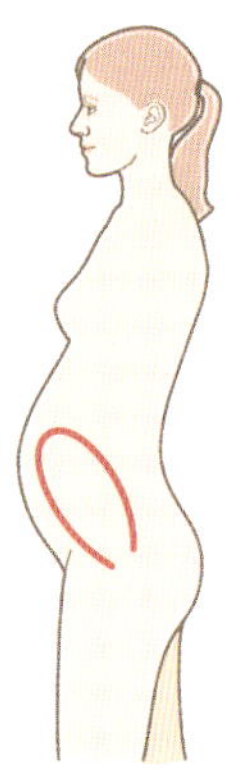

Figure 1 : la femme se tient cambrée. Le ventre est projeté en avant, les abdominaux et la peau du ventre sont très distendus.

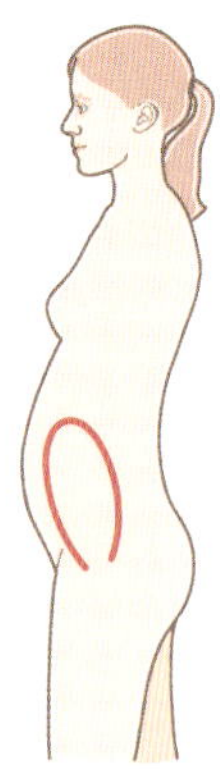

Figure 2 : la femme se tient droite. En basculant le bassin, la cambrure des reins est supprimée.

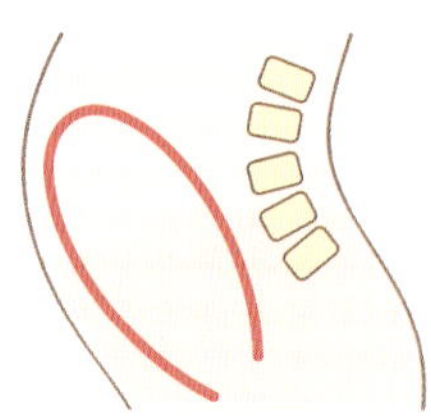

Figure 3 : la femme se tient cambrée. Risque de douleurs lombaires.

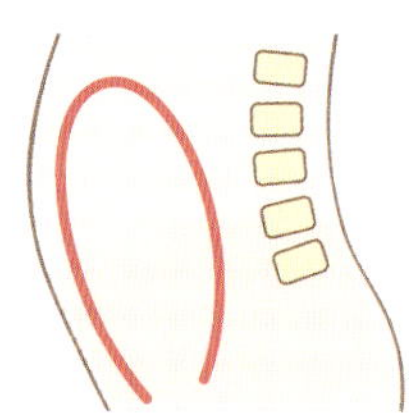

Figure 4 : la femme se tient droite. Les disques sont bien séparés les uns des autres.

Le ventre et la silhouette

De nombreuses futures mamans sont fières de montrer leur ventre – certaines sont déçues si on ne remarque pas qu'il s'arrondit. Mais elles se demandent aussi comment il va pouvoir redevenir plat et musclé, comment hanches, cuisses et fesses vont retrouver leurs formes.

- Un premier conseil est d'acheter une balance, si on n'en a pas déjà une. Une prise de poids raisonnable est la meilleure manière de retrouver rapidement sa taille et ses formes.
- Le deuxième, c'est de faire régulièrement des exercices ou de garder une activité physique adaptée à votre grossesse (p. 39 et suiv.) ; c'est en plus bon pour le moral.
- La troisième, c'est de prendre – ou de garder – l'habitude de bien se tenir, ce qui d'ailleurs est aussi efficace pour le confort que pour la silhouette.

Regardez la différence entre les figures 3 et 4 ci-contre pour comprendre comment le confort dépend de la manière de se tenir. Dans la figure 4, la femme se tient droite (comme en figure 2) ; les disques entre les vertèbres de la colonne vertébrale sont bien séparés les uns des autres. Alors que dans les figures 1 et 3, les reins sont cambrés et provoquent un pincement de la partie postérieure des disques intervertébraux, ce qui est source de douleurs lombaires et risque même de provoquer une sciatique. Basculer le bassin supprime la cambrure des reins. Voyez les exercices proposés au chapitre 8 pour prendre l'habitude de basculer le bassin. La préparation en piscine est bien adaptée aux exercices pour assouplir le dos.

En cas de douleurs, le port d'une **ceinture de soutien lombaire** (à acheter en pharmacie) est parfois conseillé par le médecin ou la sage-femme. Elle est remboursée sur prescription d'un médecin. Cette ceinture s'attache facilement au moyen d'une fermeture adhésive ; elle ne doit pas être portée en permanence, mais chaque fois que vous risquez de surmener votre colonne vertébrale : voyages en voiture ou en avion, travaux ménagers, port d'objets lourds, etc. Elle peut se porter au-dessus des vêtements ; elle est donc facile à ôter et remettre plusieurs fois par jour sans se déshabiller.

En revanche, une ceinture de maintien **abdominal** (type gaine) n'est en général pas conseillée, sauf aux femmes qui ont eu plusieurs enfants et dont le ventre est relâché. En effet, les muscles qui ne sont plus sollicités risquent de s'affaiblir. Il en est de même après l'accouchement.

Une ceinture de maintien du **bassin**, moins large, peut vous être conseillée en cas de douleurs au niveau des articulations du bassin.

Un coussin de relaxation

Il est très pratique, à la fois ferme et confortable, comme un polochon. Pendant la grossesse, ce coussin permet de s'installer au mieux, en position assise ou couchée. Lors de l'allaitement, il aide à bien caler le dos. Certaines sages-femmes le conseillent même pendant l'accouchement.

Votre visage, votre corps

Une femme soucieuse de l'image qu'elle donne sera plus réceptive aux « on-dit » ; et c'est curieux comme dans le domaine de la beauté les préjugés sont restés tenaces. D'après eux, chez la future mère, « les dents se carient, les ongles se cassent, les taches marquent la peau du visage et du corps, les cheveux sont secs et, après la naissance, ils tombent » ! Il y a vraiment de quoi faire peur ! Vrai ? Faux ? Qui croire et que faire ? Parlons d'abord du visage.

Le visage

Les futures mères ont souvent un éclat particulier : une belle mine, des yeux brillants. C'est probablement dû à l'épanouissement intérieur, au bonheur, au plaisir d'attendre un enfant. Cela vient aussi du régime et du mode de vie conseillés pendant la grossesse : de bonnes nuits, de l'exercice, un régime alimentaire très sain, des vitamines, pas de cigarettes, pas d'alcool. C'est ce que l'on conseille en général à une femme qui veut avoir une peau saine.

Une peau normale, c'est-à-dire ferme, souple, fine de grain, veloutée au toucher, ne change pas au cours d'une grossesse normale. Et, contrairement à une opinion répandue, la peau ne montre pas de tendance particulière à se dessécher.

Le masque de grossesse. Parfois, vers le 4e ou le 6e mois, apparaissent sur le visage de petites taches brunes, qui peuvent être assez nombreuses pour former comme un masque : c'est le masque de grossesse. En général, ces taches disparaissent après la naissance. Mais ce n'est pas toujours vrai.

Une seule et indispensable précaution est à prendre : ne pas exposer son visage au **soleil** car le masque de grossesse ne se développe qu'à la faveur de modifications hormonales qui se produisent sous l'influence du soleil. Donc, en été comme en hiver, protégez-vous du soleil.

Les soins de beauté

Prudence pendant la grossesse pour les cosmétiques ! Les effets indésirables, voire nocifs, de différents produits sur notre organisme, sont régulièrement évoqués. Les futures mamans savent qu'il faut prendre des précautions pour protéger leur bébé en train de se développer : pas de médicaments sans avis médical, pas d'alcool, pas de tabac, pas de prise de poids excessive.

Aujourd'hui, de nombreuses études scientifiques attirent l'attention sur le risque possible provoqué par la présence de substances chimiques dans les cosmétiques, ces produits qu'on se met sur la peau ou les cheveux : certaines de ces substances peuvent être des « perturbateurs endocriniens », c'est-à-dire qu'elles peuvent avoir des effets indésirables sur le développement du futur bébé, notamment sur ses différentes glandes endocrines (par exemple thyroïde, ovaire ou testicule).

Pour limiter votre exposition, et donc celle de votre bébé, à ces substances, voici quelques conseils. Ils s'adressent aux futures mamans mais aussi à celles qui allaitent car ces toxiques peuvent être présents dans le lait maternel.

Par précaution :

- utilisez le moins possible de produits cosmétiques, de lotions ;
- préférez des produits cosmétiques écolabellisés Cosmébio, Écocert, BDIH ou Nature et progrès par exemple, pour éviter certains composés tels que des traces de nickel dans le mascara, d'aluminium ou de plomb dans les rouges à lèvres ;

- choisissez des produits solaires éco-labellisés et sans nanoparticules (indiquées par [nano] sur l'étiquette) ;
- évitez le parfum et les produits parfumés ;
- ne vous colorez pas les cheveux ;
- ne vous faites pas faire de tatouages ;
- évitez les produits en sprays (déodorants par exemple) ;
- évitez les déodorants contenant de l'aluminium ;
- évitez les produits contenant des huiles essentielles même naturelles ;
- aidez-vous de guides pour faire vos choix : guides *Nesting* de Wecf, études de *Que choisir* et *60 millions de consommateurs*, etc.

Vous le voyez, pendant la grossesse et l'allaitement, la prudence est recommandée car il est souvent difficile de connaître la composition exacte des préparations et leur incidence sur le bébé en pleine construction.
La grossesse peut aussi être une période appropriée pour modifier vos habitudes à long terme.

Même s'ils sont en vente libre en pharmacie, certains produits (**huiles essentielles, compléments alimentaires**) ne sont pas anodins. Ne les utilisez pas sans avis médical ou sans avis du pharmacien.

La peau du corps

Parfois, des taches comme celles qui constituent le masque de grossesse font leur apparition, notamment chez les femmes brunes à peau mate. Cette **pigmentation** peut se fixer sur l'abdomen sous forme d'une raie brune médiane qui s'étend du nombril jusqu'à la région pubienne. Elle peut se localiser aussi sur les aréoles des mamelons. Cette pigmentation disparaîtra progressivement, mais parfois très lentement, après l'accouchement. Comme pour le masque de grossesse, il faut éviter le soleil. À signaler : l'apparition fréquente de grains de beauté ; certains disparaîtront après l'accouchement.
Les cicatrices peuvent se modifier : tantôt elles se pigmentent de façon anormale, tantôt elles deviennent épaisses, rougeâtres et plus ou moins sensibles. Ces modifications disparaissent peu à peu après l'accouchement.
Pendant la grossesse, la production d'une hormone, l'œstradiol, augmente considérablement. Or, cette hormone a la propriété de dilater les vaisseaux sanguins. Il peut en résulter des poussées congestives du visage, des varicosités des jambes accompagnées de varices, ou encore de petites dilatations capillaires rouge vif, à disposition étoilée et dénommées, pour cette raison, *angiomes stellaires*. Ces angiomes apparaissent entre le 2e et le 5e mois. Il ne faut pas essayer d'intervenir car leur régression spontanée est habituelle dans les trois mois qui suivent l'accouchement.

Les peaux à problèmes

Chez les femmes à peau grasse ou franchement acnéique, l'évolution au cours de la grossesse est imprévisible. On peut assister à une amélioration, voire à une disparition totale de l'acné mais aussi à une aggravation. Le problème est que beaucoup des médicaments efficaces sont interdits ou déconseillés pendant la grossesse. Il y a toutefois des traitements possibles, notamment externes. Le soleil est un faux ami de l'acné (rebond d'une poussée après une amélioration

transitoire). Aucun régime alimentaire n'a d'efficacité. Heureusement, l'acné elle-même ne peut avoir d'action sur le fœtus.
La séborrhée et l'acné sont des affections d'origine génétique ; certains **eczémas** commençant dans l'enfance, et qu'on appelle atopiques ou constitutionnels, le sont également. Tout comme la peau grasse, ces eczémas peuvent, imprévisiblement, s'améliorer ou s'aggraver pendant la grossesse. Il en va de même d'une autre affection de la peau, le **psoriasis**, qui peut aussi bien s'étendre que disparaître subitement et dont les traitements les plus actifs (dérivés de la vitamine A, rayons ultraviolets, Puva-thérapie) sont formellement contre-indiqués pendant la grossesse.

Les vergetures

Ce sont de petites stries en forme de flammèches, de couleur rosée. Elles peuvent apparaître à partir du 5e mois de la grossesse, sur le ventre, les hanches et les cuisses, mais parfois aussi sur les seins. Après l'accouchement, elles deviennent peu à peu blanc nacré.
Les vergetures sont dues à une destruction des fibres élastiques de la peau. On croit en général qu'elles ne surviennent que chez les femmes, et que cette perte d'élasticité de l'épiderme est due à la distension mécanique de la peau pendant la grossesse.
Or, les vergetures ne sont pas rares chez les hommes, et la peau d'un adolescent ou d'une adolescente peut être distendue à l'extrême sans qu'apparaissent de vergetures.
On a donc tout lieu de croire que les vergetures sont dues à l'action de la cortisone sécrétée par les glandes surrénales, particulièrement actives au troisième trimestre de la grossesse. Mais connaître le mécanisme probable de la formation des vergetures ne permet pas de les empêcher. Tout ce qu'on peut conseiller pour éviter leur développement, c'est de ne pas prendre trop de poids. En effet, l'action de la cortisone, responsable des vergetures, semble facilitée par la trop grande distension des tissus due à une prise de poids excessive.
Vous entendrez peut-être dire qu'on peut prévenir les vergetures en massant la peau avec différentes crèmes. Malheureusement, il n'y a guère de résultat à en attendre. Souvenez-vous qu'il est conseillé pendant la grossesse de réduire autant que possible l'usage de lotions et de crèmes sur des plages de peau très étendues. Quant à supprimer les vergetures constituées, on ne peut, hélas, être plus optimiste : il est difficile de les faire disparaître, même par la chirurgie esthétique.
Pour les vergetures, il semble raisonnable de retenir ceci : on ne peut les empêcher, ni les supprimer ; mais il y a quand même une certitude, c'est qu'une trop grosse prise de poids favorise leur développement.

Les cheveux

Contrairement à ce que l'on croit parfois, la grossesse n'abîme pas les cheveux, au contraire : les femmes qui ont des cheveux ternes et un peu mous les voient devenir plus souples et plus brillants. Quant à la

séborrhée, elle s'atténue ou disparaît souvent pendant la grossesse : les cheveux sont moins gras et vous aurez besoin de les laver moins souvent.
Les soins des cheveux pendant la grossesse ne sont pas différents de ceux qu'on leur donne en général. Ainsi est-il recommandé d'employer des shampooings doux qui évitent de dégraisser trop brutalement le cuir chevelu ou de le dessécher au risque d'entraîner la formation de pellicules. C'est-à-dire que même si vous avez les cheveux gras, vous utiliserez des shampooings pour cheveux secs et fragiles. Par précaution, il est déconseillé de les colorer (p. 49).
Durant la grossesse, les influences hormonales se font également sentir au niveau de la chevelure. Pendant cette période, la phase de croissance des cheveux (dite « anagène ») s'allonge au détriment de la phase qui précède la chute (dite « télogène »). Il y a donc beaucoup moins de cheveux qui tombent et le volume de la chevelure augmente. Mais dès l'accouchement, les taux élevés d'œstradiol circulant dans le sang s'effondrent, déterminant un passage brutal des cheveux anagènes en cheveux télogènes. Ce phénomène, qui peut concerner jusqu'à 50 % de la chevelure, provoque trois mois plus tard une chute de cheveux importante. Aucun traitement n'y peut rien. Dans les six mois qui vont suivre, tout va s'arranger spontanément, la chute s'arrêtera et la repousse s'effectuera. Mais comme un cheveu ne croît que d'un centimètre à un centimètre et demi par mois, il faut s'armer de patience.
Ayant perdu beaucoup de cheveux, des mamans nous ont signalé en avoir profité pour les faire couper. Cela a été du temps gagné (pas de séchage, facilité de coiffage) dans la période bien occupée de l'après-naissance, et cela leur a permis d'attendre plus sereinement de retrouver le volume de leur chevelure.
La pousse des poils est accélérée pendant la grossesse (toujours à cause des modifications hormonales). Il peut même parfois se constituer une hyperpilosité, notamment au niveau du visage. Si cela vous gêne, ne l'épilez pas vous-même mais consultez un dermatologue qui vous donnera des conseils appropriés à votre cas. Et sachez que cette hyperpilosité régresse spontanément après l'accouchement.

Les dents

La grossesse ne cause pas systématiquement de caries comme on le croit parfois mais elle peut fragiliser les dents. Elle entraîne un bouleversement hormonal et le parodonte – c'est-à-dire les gencives, les ligaments et les os qui entourent les dents – est particulièrement touché et devient plus sujet à l'inflammation. Les gencives saignent et gonflent plus facilement qu'à l'accoutumée en cas de brossage insuffisant : c'est la **gingivite de la grossesse**. Celle-ci peut s'aggraver et devenir une parodontite et s'accompagner d'abcès, de « déchaussement », de dents qui bougent.
Une élimination régulière de la plaque dentaire par le brossage permet de réduire l'action des bactéries responsables de l'inflammation. On observe parfois le développement de lésions plus

impressionnantes, les **épulis** : ces tuméfactions rouges, siégeant entre deux dents, disparaîtront après la naissance ou pourront être éliminées par le chirurgien-dentiste si elles s'avèrent trop gênantes. En cas de **soins dentaires**, il convient d'informer le chirurgien-dentiste de votre grossesse ; il pourra, par précaution, retarder un traitement non urgent ou une radiographie. Si une intervention importante était nécessaire, parlez-en à l'obstétricien. La période la plus adéquate pour réaliser les soins est le deuxième trimestre de grossesse. Le chirurgien-dentiste veillera à limiter les douleurs (anesthésie locale et antalgiques adaptés à votre état) et à éliminer tout foyer infectieux (soin des caries, du parodonte, voire extraction des dents trop abîmées). Si vous allaitez, vous le signalerez à votre praticien. La dépose des amalgames dentaires doit être évitée chez la femme enceinte et chez celle qui allaite.

Quelques conseils pour garder de bonnes et belles dents

Une bonne hygiène de la bouche et des dents pendant la grossesse diminue les risques de carie et de gingivite de la maman et prévient la transmission de bactéries nocives à son bébé.

- Adoptez une alimentation saine et équilibrée, peu sucrée. Sans sucre, pas de carie ! Limitez les boissons sucrées (soda, thé glacé, jus de fruits) car elles sont également acides. Sucre et acidité provoquent une déminéralisation des dents et augmentent le risque de carie.
- En cas de reflux ou vomissements, ne vous brossez pas les dents immédiatement après, au risque d'éliminer l'émail touché par les acides. Rincez-vous la bouche à l'eau, ou à l'aide d'un bain de bouche fluoré, ou mâchez une gomme sans sucre.
- Il est important de bien se brosser dents et gencives après chaque repas, au minimum 3 fois par jour, pendant 2 minutes. Choisissez une brosse à poils souples, un dentifrice à haute teneur en fluor (1 500 ppm) et à faible pouvoir abrasif (RDA 30-40) ; cette dernière mention n'est pas toujours indiquée sur l'étiquette. N'utilisez pas de dentifrice blanchissant car il est très abrasif.
- Consultez un chirurgien-dentiste **au moins une fois** pendant votre grossesse, de préférence au début.

À noter

L'examen de prévention bucco-dentaire chez la femme enceinte est pris en charge à 100 % à compter du 4e mois de grossesse et jusqu'au 12e jour après l'accouchement, sans avance de frais (ameli-sante.fr).

Les ongles

Les ongles friables et cassants sont souvent dus aux vernis, qu'ils soient colorés ou incolores. Pour savoir si c'est le vernis qui est responsable de la fragilité de l'ongle, il suffit d'en supprimer les applications pendant six mois, temps qu'il faut pour que l'ongle entier se renouvelle. Si au bout de cette période l'ongle a retrouvé sa vigueur, c'était bien la laque qui était responsable de la détérioration de l'ongle. D'ailleurs, toujours par précaution, il est conseillé de ne pas mettre de vernis pendant la grossesse car ils peuvent contenir certains composants à éviter, comme des phtalates, du formaldéhyde ou des solvants. Si vous souhaitez en mettre occasionnellement, choisissez des vernis labellisés écologiques. De toute façon, le jour de l'accouchement, il vous sera demandé de ne pas en porter au cas où une anesthésie serait nécessaire.

Bien se nourrir

À la naissance, un bébé pèse environ 3,3 kg, il mesure aux alentours de 50 cm. Jamais plus, l'être humain ne connaîtra de croissance aussi prodigieuse. Or, ce qu'il lui faut pour prendre ces kilos et ces centimètres, pour bâtir ses os et ses muscles, l'enfant le puise dans le sang de sa mère : le calcium, les protéines, le fer, les vitamines, les graisses, le phosphore, etc. Il a des besoins précis qu'il faut satisfaire, la future mère également. Porter un enfant représente pour son organisme un travail auquel participent tous ses organes. En outre, certaines parties de son corps se développent considérablement : les seins et l'utérus. Enfin, l'alimentation va contribuer à préparer l'allaitement. Pour toutes ces raisons, vous comprenez pourquoi il est important de bien se nourrir lorsqu'on attend un bébé.

Faut-il manger plus ?

C'est la première question que se posent, en général, les futures mères. Des générations ont vécu dans l'idée qu'il fallait manger pour deux ; aussitôt enceintes, les femmes mettaient les bouchées doubles au risque de prendre trop de poids, ce qui était inutile et même dangereux. Puis on a tellement attiré l'attention sur les dangers de cette suralimentation systématique qu'aujourd'hui certaines futures mères mangent très peu pour ne pas prendre trop de poids. Où est l'équilibre ?
Avant de vous répondre, voici quelques précisions. Notre corps a besoin, pour fonctionner, d'un apport d'énergie. Pour les voitures, l'énergie c'est l'essence ; pour le corps humain, ce sont les **calories** apportées par les aliments. Certains aliments apportent peu de kilocalories (en abrégé : kcal), d'autres dix ou cent fois plus (tableau p. 68). Nous avons tous besoin de calories pour assurer les fonctions vitales de notre corps (respiration, activité du cerveau, battements cardiaques…), la digestion, le maintien de la température du corps à 37 °C et l'activité physique.
Les besoins énergétiques varient en fonction de l'âge, du sexe, de la corpulence, de l'activité physique. Par exemple, par jour : 1 900 kcal pour une femme sédentaire, 4 000 kcal pour un sportif de haut niveau. Si un individu ne consomme pas assez de calories pour couvrir ses besoins, il puise dans ses réserves de graisse puis de muscle et maigrit. S'il mange plus que ses besoins, il stocke l'excédent de calories et grossit.

Que se passe-t-il chez la femme enceinte ?

Avant la grossesse, une femme d'activité moyenne a des besoins énergétiques d'environ 2 000 kcal par jour. Au cours de la grossesse, les besoins quotidiens augmentent progressivement :

Dépense calorique horaire d'une femme de 60 kg, mesurant 1,65 m

- Dormir : 50 kcal
- Rester assise : 70 kcal
- Taper sur un clavier : 85 kcal
- Marcher à vitesse modérée : 190 kcal
- Marcher à vitesse rapide : 260 kcal
- Faire du yoga : 240 kcal
- Jardiner : 285 kcal
- Faire du vélo (en se promenant) : 340 kcal
- Nager : 460 kcal

(Source : Les apports nutritionnels conseillés pour la population française).

- de 70 kcal par jour au 1er trimestre, soit l'équivalent d'un yaourt ;
- de 260 kcal par jour au 2e trimestre, soit l'équivalent d'un yaourt, un fruit et une tranche de pain ;
- puis de 500 kcal par jour au dernier trimestre, soit l'équivalent d'un yaourt, un fruit, 3 tranches de pain, 1 œuf ou 50 g de viande, 150 g de légumes et féculents.

Les besoins énergétiques sont variables d'une femme à l'autre : le mieux est de vous fier à votre appétit et de n'intervenir qu'en cas de prise de poids insuffisante ou excessive.

Quelques cas particuliers

S'il n'est pas nécessaire à une femme enceinte de manger beaucoup plus que d'habitude, il y a quelques cas où cela sera indispensable :

- les besoins d'une **adolescente enceinte** sont plus élevés car elle doit aussi faire face à ses propres besoins nutritionnels liés à sa croissance ; et c'est chez elle que le poids de naissance de l'enfant est le plus en rapport avec la prise de poids maternelle. Par ailleurs, l'apport supplémentaire de calcium, fer, folates et vitamine D sera systématique. Enfin, un aliment à base de lait sera consommé à chaque repas ;
- une femme attendant des **jumeaux** devra, à partir de la deuxième moitié de la grossesse, consommer un peu plus d'aliments énergétiques et d'aliments riches en minéraux et vitamines ;
- en cas de **grossesses rapprochées**, les réserves en vitamine D, en fer et en folates sont encore déficitaires. Le médecin vous donnera des conseils alimentaires adaptés et vous prescrira des suppléments médicamenteux.

Que faut-il manger ?

Vous pouvez manger de *presque* tout (quelques aliments sont contre-indiqués, d'autres sont à éviter), en quantité raisonnable, c'est-à-dire ni trop ni trop peu. Si manger pour deux n'est pas vrai sur le plan de la quantité, c'est vrai sur celui de la qualité. Autrement dit, manger pour deux, ce n'est pas manger deux fois plus mais deux fois mieux. Une alimentation variée et suffisante vous apportera ce qui est indispensable à votre bébé pour se développer, et vous permettra de faire face aux besoins liés aux transformations corporelles de la grossesse. Voyons maintenant plus en détail les propriétés nutritionnelles des aliments.

Les aliments contenant des protéines (protides)

Les protéines fournissent le matériau de construction et d'entretien de l'organisme. Au quotidien, vous trouverez les protéines dans la viande, ou le poisson, ou les œufs, ou un mélange de légumes secs et céréales et dans les produits laitiers. Au 3e trimestre de grossesse, en cas de petit appétit, pensez à consommer des aliments riches en protéines à chaque repas. Il est important de varier les sources de protéines.

Aliments riches en protéines

Exemples de portions à consommer dans une journée et à répartir entre les différents repas :

- 120 à 130 g de poisson ou de viande ou de volaille ou 2 gros œufs ou une assiette pleine de céréales et légumes secs.
- 1 verre de lait à boire ou à utiliser dans une recette (riz au lait, purée…).
- 1 yaourt.
- une part de fromage de 20 à 30 g.

Le lait peut être remplacé par du fromage blanc ou du fromage râpé.

Le fromage peut être remplacé par un laitage.

Les aliments contenant des lipides (ou graisses)

Les graisses « transportent » certaines vitamines (A, D, E, K) et elles fournissent de l'énergie et des acides gras essentiels au développement du cerveau et des cellules nerveuses du bébé (les acides gras oméga 3). Il n'y a pas de bonnes ou de mauvaises graisses. En effet, les acides gras saturés, réputés mauvais, peuvent exercer un rôle bénéfique pour la santé. Quant aux acides insaturés, les enquêtes montrent que l'alimentation est généralement déficitaire en acides gras oméga 3.
Les principales sources de lipides sont les huiles, le beurre, les sauces, les charcuteries, les fruits oléagineux (noix, noisettes, cacahuètes, amandes), certains plats cuisinés et les pâtisseries. Les huiles apportent de la vitamine E, le beurre de la vitamine A. Il est donc nécessaire de varier les sources de lipides.
Pour assurer des apports suffisants en acides gras oméga 3, il faut utiliser tous les jours de l'huile de colza, ou consommer une petite poignée de noix, et manger du poisson deux fois par semaine, dont un poisson gras (saumon, sardine, maquereau, hareng).

Les aliments contenant des glucides (ou sucres)

Les aliments sucrés sont à consommer pour le plaisir et avec modération : sucre, confitures, boissons sucrées, gâteaux et biscuits, etc. D'autres sucres, appelés **complexes**, fournissent de l'énergie à la maman et au bébé : pain, pâtes, riz, légumes secs, pommes de terre, maïs. Ils sont à consommer à chaque repas tout au long de la grossesse.
Que penser des **édulcorants**, tels que l'aspartame, qui donnent un goût sucré aux aliments sans apporter les calories du sucre ? Aucune étude ne permet de dire que les édulcorants, consommés en quantité limitée, sont nocifs pour le bébé à naître. Mais il est préférable d'essayer de se déshabituer du goût sucré en diminuant la quantité de sucre ajouté dans le thé ou le yaourt.

Minéraux et oligoéléments de la grossesse

Le calcium

Le rôle du calcium dans la formation du squelette et des dents du bébé est bien connu. En cas d'apports alimentaires insuffisants, ce sont vos os qui fourniront le calcium au bébé avec le risque d'une décalcification pour vous-même. Les aliments les plus riches sont le **lait**, les **fromages**, les **yaourts**. Pour satisfaire les besoins en calcium, consommez, au choix, un de ces 3 produits laitiers par jour, soit un à chaque repas. Si vous ne prenez pas de lait, vous pouvez le remplacer par des laitages et des fromages. D'autres aliments apportent du calcium mais en quantité bien moindre à la portion.

Le fer

Les aliments riches en fer sont les viandes (surtout le boudin noir bien cuit et le bœuf), les poissons, les volailles mais aussi les œufs

Le calcium des végétaux

De nombreux légumes et certains fruits secs apportent du calcium mais en concentration bien moindre que les produits laitiers. Par exemple, il faudra 2 portions d'amandes (2 petites poignées) avec un apport en graisses nettement plus élevé, ou 3 portions (3 petites assiettes) de chou, pour obtenir la même quantité de calcium qu'un verre de lait. Les légumes complètent les apports en calcium mais les produits laitiers en restent la source principale.

et les légumes secs. Il est nécessaire de manger chaque jour un de ces aliments car les besoins en fer sont fortement accrus pendant la grossesse, surtout les six derniers mois. Par ailleurs, une alimentation riche en vitamine C (fruits et légumes) augmente l'assimilation du fer ; et, au contraire, boire du thé pendant le repas empêche son absorption. En cas d'alimentation restrictive (végétalisme), de petit appétit, de grossesses rapprochées ou multiples, le risque de carence en fer est augmenté. En fonction des résultats d'analyses sanguines, le médecin prescrira une **supplémentation** en fer dès le début de la grossesse.

L'iode

La grossesse augmente les besoins en iode. Cet oligoélément – qui est un élément minéral nécessaire à l'organisme à l'état de traces, c'est-à-dire en très petites quantités – est indispensable au bon fonctionnement de la thyroïde et au développement du cerveau du bébé. On le trouve dans les poissons de mer, crustacés bien cuits, lait, yaourts et fromages blancs. Vous pouvez aussi cuisiner avec du sel enrichi en iode (voyez l'étiquette). Une **supplémentation** médicamenteuse en iode est souvent recommandée pendant la grossesse.

Les vitamines de la grossesse

Avec une alimentation variée et équilibrée, vos besoins en vitamines seront couverts. En effet, ils ne sont pas augmentés pendant la grossesse, sauf pour deux d'entre elles : la B9 (ou acide folique) et la D.

Les folates (ou vitamine B9 ou acide folique)

Les folates interviennent notamment dans le développement du système nerveux et cérébral. Pendant la grossesse, les besoins en folates sont augmentés d'un tiers. Une carence en acide folique peut être responsable de diverses complications : anémie, retard de croissance intra-utérin, prématurité, et surtout malformations fœtales, notamment neurologiques. Une grossesse gémellaire, une grossesse rapprochée, l'adolescence, l'alcoolisme, le tabagisme augmentent le risque de carence.

On trouve l'acide folique dans les légumes verts (salades, mâche, épinards, cresson, endives, choux, haricots verts, petits pois…), les fruits (melons, fraises, framboises…), les lentilles, les noix, le germe de blé, la levure.

Une **supplémentation** par acide folique est vivement conseillée au moins un mois avant la conception, donc en pratique beaucoup plus – le temps que bébé soit conçu – puis les trois premiers mois de la grossesse. Sans cas d'antécédent, la dose est de 0,4 mg par jour, et en cas d'antécédent elle est de 5 mg par jour. En cas de FIV, l'acide folique est prescrit dès que le processus de FIV commence.

La vitamine D

Cette vitamine permet au calcium d'être absorbé et de se fixer sur les os. Des apports suffisants en vitamine D permettent au bébé de se constituer des réserves nécessaires pour les premiers mois de vie et d'assurer une croissance harmonieuse. Or, les aliments ne contiennent que de très petites quantités de vitamine D ; on la trouve notamment dans les poissons gras, les laitages non écrémés, le jaune d'œuf. C'est principalement l'organisme qui fabrique lui-même cette vitamine sous l'action des rayons solaires sur la peau. La meilleure source de vitamine D est donc le grand air et le soleil (avec modération !). La carence en vitamine D est très fréquente chez les femmes enceintes. C'est pourquoi les médecins prescrivent volontiers de la vitamine D, sous forme de médicament, notamment si l'accouchement est prévu au printemps.

Le point sur les suppléments et compléments alimentaires pendant la grossesse

De nombreux compléments alimentaires sont disponibles dans le commerce. Pendant la grossesse, leur prise doit être médicalement justifiée. En effet, le risque de consommation excessive est réel et peut nuire au bon développement du bébé. Faites confiance à votre médecin et ne prenez que ce qu'il vous aura prescrit.

L'acide folique (B9)

Une supplémentation est vivement conseillée au moins un mois avant la conception, puis les trois premiers mois de la grossesse.

La vitamine D

Un complément est recommandé car l'alimentation n'est en général pas suffisante pour couvrir les besoins pendant la grossesse, surtout si elle se déroule en hiver.

Le fer

La supplémentation sera donnée selon votre numération sanguine si elle a été demandée par le médecin.

L'iode

La supplémentation est souvent recommandée.

À noter

Si vous avez subi une intervention chirurgicale pour perdre du poids (**chirurgie bariatrique**), le médecin vous prescrira une supplémentation en multi vitamines et minéraux après un bilan sanguin.

Comment choisir ses aliments ?

Pour favoriser une alimentation durable – qui privilégie notamment la santé, la qualité, le respect de l'environnement, la réduction du gaspillage – il est conseillé d'acheter si possible des aliments produits localement et de saison, d'équilibrer ses repas entre ceux d'origine végétale (les augmenter) et animale (sans trop les diminuer).

L'étiquetage

Les étiquettes des produits alimentaires comportent obligatoirement une liste des ingrédients (du plus important en quantité au moins important) qui permet d'éviter ceux contenant beaucoup d'additifs, ce qu'on appelle les **aliments « ultra transformés »** et de les comparer entre eux : pizzas, biscuits, plats cuisinés (lasagnes…), nuggets.
Par ailleurs, de plus en plus d'emballages portent un label qui renseigne sur la composition nutritionnelle de l'aliment : le **Nutri-Score,** avec des couleurs et des lettres. Le principe de ce label est qu'une alimentation équilibrée est faite de toutes les couleurs et avec une majorité de produits étiquetés Nutri-Score vert. Quant à ceux marqués orange ou rouge, ils doivent être consommés en petites quantités. Le Nutri-score est particulièrement utile pour choisir une pizza ou des lasagnes ou tout autre plat cuisiné dont les recettes peuvent être très différentes et influencer les apports nutritionnels.
Il existe aujourd'hui de nombreuses **applications nutritionnelles,** consultables sur les téléphones portables. À ce jour, aucune ne repose sur des données scientifiques prouvées. En attendant une application agréée, la lecture des étiquettes est une bonne aide à l'achat.

NUTRI-SCORE
A B C D E

L'agriculture biologique

L'agriculture biologique est un mode de production visant à respecter la nature, l'environnement, les équilibres écologiques suivant un cahier des charges rigoureux (non-utilisation de produits chimiques de synthèse, respect du bien-être des animaux…). Un règlement européen en définit les principes. Le logo européen (une feuille sur fond vert) ou le logo AB (français), mentionnés sur l'étiquette, garantissent que le produit alimentaire transformé contient au moins 95 % d'ingrédients issus de l'agriculture bio. Les analyses réalisées sur ces produits montrent qu'ils apportent moins de résidus de pesticides que les produits non bio. Favoriser une alimentation biologique pendant la grossesse permet de limiter le nombre de résidus de pesticides consommés et de réduire ainsi l'exposition indirecte du bébé. En revanche, les produits bio ne sont globalement pas plus riches en vitamines ou en minéraux. Un produit bio ne garantit pas un équilibre alimentaire, il peut être sucré, gras et salé, et donc à consommer avec modération même s'il est bio. Acheter bio demande un budget un peu plus élevé, on peut choisir de ne prendre que certains aliments de base en bio, comme les fruits ou les œufs ou les céréales complètes.

AB
AGRICULTURE BIOLOGIQUE

Combien de repas par jour ?

Certaines femmes ont des périodes de fringales, d'autres au contraire manquent d'appétit, ont des nausées. Voici ce qui en général convient le mieux aux futures mères : prendre trois repas principaux (matin, midi et soir) et éventuellement un goûter. Cette répartition peut diminuer les nausées en début de grossesse, ainsi que les sensations de pesanteur ou de gonflement après les repas. Le goûter évite les fringales et les grignotages, le petit déjeuner évite de souffrir d'hypoglycémie en fin de matinée et il est généralement riche en vitamines et minéraux. Même si on travaille, on peut emporter un yaourt ou un fruit, l'important est que la quantité et l'équilibre de la journée soient respectés.

Déjeuner au travail

De plus en plus de femmes, et donc de futures mères, déjeunent en dehors de chez elles et souvent en moins d'une demi-heure. Supprimer ou trop réduire la pause-déjeuner est déconseillé. Voici quelques exemples pour arriver à manger équilibré et éviter quelques erreurs.

Déjeuner d'un sandwich

Préférez le pain aux céréales ou semi-complet plutôt que le pain blanc ou viennois ; le jambon, le poulet, le thon, le fromage, le bœuf, les œufs plutôt que la charcuterie. N'oubliez pas les légumes : tomates, salade, carottes, concombre, poivrons marinés… Pour finir, mangez un laitage et une compote sans sucres ajoutés ou un fruit, éventuellement une pâtisserie de temps en temps. Buvez de l'eau ou du lait si vous ne prenez pas de laitage. Le dîner à base de céréales complètes – si vous les supportez – ou de légumes secs, de légumes, fruits et yaourt compensera le déjeuner.

Pâtes ou pizza ?

La pâte à pizza et les tagliatelles contiennent des glucides qui vont permettre de passer l'après-midi sans avoir faim. Choisissez les garnitures composées de légumes (tomates, poivrons, aubergines, oignons…) et de fromage (comté, emmental, beaufort, gruyère). Viande et poisson ne sont pas indispensables si la pizza est au parmesan ou à l'œuf. À éviter : l'excès de sauce de certaines préparations de pâtes et trop d'huile pimentée car même l'huile d'olive est riche en graisse.

À savoir

Plus les fruits et légumes sont colorés, plus ils sont riches en vitamines.

Le froid ne détruit pas les vitamines.

Une salade composée

Elle peut ne pas suffire : tout dépend de la taille de la salade et de sa composition. Elle doit contenir des féculents (pâtes, riz, pommes de terre, lentilles) pour être nourrissante et vous éviter d'avoir faim trop vite ; sinon, accompagnez-la de pain. Ajoutez-y des légumes, du fromage et de la viande ou du poisson, et quelques noix ou noisettes, le tout assaisonné d'une vinaigrette à l'huile de colza ou de noix. Après la salade, le fromage peut être remplacé par un yaourt ou du fromage blanc. Finissez le repas avec un fruit ou gardez-le pour l'après-midi.

Manger une pomme et un yaourt

Un fruit et un laitage composent le menu d'un goûter, pas celui d'un déjeuner, surtout pendant la grossesse. N'oubliez pas que vous devez nourrir aussi votre bébé. Un seul moyen : manger en quantité suffisante.

Le restaurant d'entreprise

C'est bien sûr la meilleure solution qui permet de déjeuner bien et relativement vite, en choisissant par exemple un plat accompagné d'une entrée ou d'un dessert. Privilégiez les crudités en entrée, le fruit ou le laitage en dessert, et mélangez légumes et féculents pour accompagner la viande ou le poisson.

Varier, c'est facile...

Avec une nourriture variée et suffisante, comprenant toutes les catégories d'aliments, ni votre bébé ni vous ne manquerez de rien.
Ne faites pas des repas du genre : sardines, œufs, bifteck, fromage (trop riche), ou un repas du type : pamplemousse, épinards, poire (trop maigre) ; ou encore : salade de riz, gratin de spaghetti et banane (déséquilibré).
Mangez de tout régulièrement, chaque jour : du poisson, des œufs, de la viande, des laitages (fromages, yaourts, lait), des féculents, des fruits et des légumes, etc.
Les futures mamans ont parfois de la peine à digérer un plat de poisson, viande ou œuf au repas du soir. Si tel est votre cas, remplacez-les de temps en temps par un plat de légumes secs et céréales, et une portion de laitage ; vous aurez ainsi votre ration de protéines et de calcium.

À noter

Voyez les menus p. 62 et 63 : ils apportent, en quantité et en qualité, tout ce qui est nécessaire. Inspirez-vous-en pour composer d'autres menus qui soient bien équilibrés.

Les boissons

Pendant la grossesse, il faut boire suffisamment : environ 1,5 litre par jour. Vous-même et votre enfant avez besoin de liquide. Boire abondamment joue également un rôle dans la prévention des infections urinaires, si fréquentes pendant la grossesse. N'ayez pas peur de boire et de « faire de la rétention d'eau ». Une prise de poids excessive pendant la grossesse correspond plus souvent à un stockage de graisses qu'à une rétention d'eau.

Que boire ?

- **L'eau.** Privilégiez l'eau du robinet. Dans certaines villes, elle peut toutefois contenir trop de nitrates et est déconseillée aux femmes enceintes : renseignez-vous à la mairie car l'eau est régulièrement analysée. Si l'eau de votre ville a un goût désagréable, pour la rendre plus agréable à boire, laissez-la reposer ou ajoutez quelques gouttes de citron.
- **Les eaux minérales** sont toutes recommandables, à l'exception de certaines, trop riches en sodium. L'Hépar est riche en magnésium et facilite le transit intestinal. Au début de la grossesse, quand existent des troubles digestifs, les eaux pétillantes peuvent aider à la digestion.
- **Les boissons caféinées (thé, café, boissons énergisantes, certains sodas)** sont des excitants pour vous et votre bébé, bien

que leur tolérance varie beaucoup d'un individu à l'autre. N'en abusez pas et buvez-les « légers » : 3 tasses de café ou 1 litre de thé maximum par jour. Évitez les boissons énergisantes.

- **Les infusions** auraient, selon leur composition, certaines vertus. La menthe et la verveine facilitent la digestion. Mais la menthe n'est pas recommandée à celles qui ont de la peine à s'endormir. Au contraire, le tilleul et la camomille facilitent le sommeil.
- **Les jus de fruits** apportent de l'eau, des glucides, pour certains des substances minérales et de la vitamine C. Toutefois, ils contiennent plus de sucre que les jus de fruits pressés, ils sont donc à consommer avec modération : pas plus d'un verre par jour.
- **Les boissons pétillantes** aromatisées aux fruits contiennent généralement peu de fruits et beaucoup de sucre. Elles sont déconseillées aux futures mères qui prennent trop de poids. Il en est de même de la limonade et des sodas.
- **Les jus de légumes** sont riches en vitamines. Le bouillon de légumes apporte des sels minéraux.

Les envies

Vous aurez peut-être des envies. Il n'y a pas de raison de ne pas les satisfaire, à moins qu'elles ne concernent des aliments contre-indiqués ou impossibles à se procurer. Ces soudaines envies ne sont pas des « caprices de femme enceinte », comme on l'entend parfois. Elles traduisent un besoin de réconfort et viennent apaiser quelques angoisses. « Je savais que j'avais pris un peu trop de poids mais je ne pouvais m'empêcher de m'acheter une viennoiserie avant chaque consultation », dit une maman.

La femme vit au cours de sa grossesse un vrai bouleversement hormonal qui influe sur certains sens, notamment l'odorat et le goût. Cela peut expliquer une envie irrésistible à des moments incongrus : un poulet rôti au petit matin… Les nausées et le dégoût provoqués par certains aliments parfois difficiles à digérer orientent naturellement vers ceux qui procurent une sensation agréable : « Depuis un mois, je raffole des club-sandwiches sous toutes les formes – pain, salade, tomates, poulet, thon… mais je reste raisonnable ! »

La place donnée aux envies alimentaires pendant la grossesse diffère selon les pays. Dans certaines cultures, il est important d'y répondre positivement, sinon cela pourrait avoir une conséquence néfaste pour le bébé. Rassurez-vous, ces croyances correspondent à des mythes qui peuvent entourer la grossesse et non pas à la réalité.

Quoi qu'il en soit, l'entourage d'une femme enceinte souhaite en général la gâter, la choyer, désire qu'elle soit bien, heureuse, afin que l'enfant, lui aussi, soit bien. De son côté, la future maman a également envie de se faire plaisir, pour elle-même et pour son bébé.

Certaines envies peuvent se transformer en **pulsions** incontrôlables, en quantité, en fréquence, et sans faim. Il est alors recommandé de se tourner vers la sage-femme ou le médecin pour trouver un soutien adapté et non culpabilisant.

Des menus bien équilibrés

	Menu à 2 000 kcal	Menu à 2 500 kcal
Petit déjeuner	1 fruit de saison Bol de thé Pain aux céréales Beurre Fromage blanc et miel	Bol de café au lait Compote de fruits Fromage blanc + noix ou noisettes 1 madeleine
Calories	410 kcal	490 kcal
Déjeuner	Crudités en salade avec vinaigrette à l'huile Lieu sauce crème Lentilles et carottes 1 tranche de pain Yaourt aux fruits	Poulet rôti Petits pois et fèves 1 tranche de pain Semoule au lait Fruit cuit
Calories	590 kcal	650 kcal
Goûter	1 verre de lait 1 ou 2 tranches de pain d'épices	Yaourt à boire Fruit
Calories	140 kcal	220 kcal
Dîner	Omelette au fromage Épinards et pommes de terre au four Fruit 2 tranches de pain	Pizza tomates et thon Salade verte avec vinaigrette à l'huile Comté 2 tranches de pain
Calories	530 kcal	700 kcal
Pour la journée	35 g de matières grasses 3 morceaux de sucre (20 g)	40 g de matières grasses 4 morceaux de sucre (25 g)
Calories	330 kcal	440 kcal

… pour les quatre saisons

	Déjeuner	Dîner
Printemps	Avocat vinaigrette Dorade au four Pommes de terre et chou-fleur persillés Fromage blanc aux fruits rouges frais	Asperges vinaigrette Aubergines farcies et riz Gruyère Fraises
Été	Tomates mozzarella Aiguillettes de canard Purée Petits-suisses Cerises	Gaspacho Pain aux céréales grillé et sardines à l'huile Tarte aux mirabelles
Automne	Coleslaw Saumon à la crème Semoule et pois chiches Cantal Prunes	Tarte aux champignons Salade de mâche Fromage frais aux herbes Poire cuite
Hiver	Poireaux vinaigrette Chili con carne Crème au chocolat	Velouté de légumes Endives au jambon gratinées au fromage Clémentines

+ pain et eau à chaque repas

Régimes végétariens, végétaliens

Il existe différentes pratiques de **régime végétarien** entraînant l'exclusion plus ou moins importante d'aliments d'origine animale.

- Si vous supprimez uniquement la viande, il faudra veiller à consommer chaque jour du poisson et des œufs pour assurer les apports en protéines et surtout en fer, en acides gras oméga 3 et en vitamine B12.
- Si vous avez exclu de votre alimentation la viande et le poisson, vous trouverez les protéines animales dans les œufs, le lait et ses dérivés (1 à 2 portions par repas) et, chaque jour, vous compléterez avec des protéines végétales en associant à la fois des légumes secs (lentilles, haricots, pois chiches, fèves…) et des céréales (blé, pâtes, riz…) pour améliorer la qualité des apports protéiques. En revanche, les apports en fer, en zinc, en vitamine B12 et en DHA (acide gras oméga 3 indispensable apporté par les poissons) risquent d'être insuffisants. Vous demanderez à votre médecin si vous avez besoin d'une supplémentation ; vous pouvez aussi consulter un diététicien nutritionniste pour des conseils alimentaires.
- En revanche, les **régimes végétaliens** sont à proscrire, car ils excluent non seulement la viande et le poisson, mais également tous les produits d'origine animale indispensables à la croissance, comme le lait, les œufs, le fromage. Ils ne sont pas adaptés aux besoins nutritionnels et ils sont vraiment dangereux. Ils provoquent inévitablement des carences nutritionnelles susceptibles de compromettre la santé de la maman et du bébé. Il faudrait, au moins le temps de la grossesse et de l'allaitement, adopter un régime végétarien (avec œufs et produits laitiers) ou prendre obligatoirement des compléments en vitamines, minéraux et DHA, sur avis médical.

Une journée d'un menu végétarien

Petit déjeuner :

- Thé, 1 yaourt + flocons d'avoine, fruit

Déjeuner :

- Crudités en salade (huile de colza)
- Curry de haricots blancs et riz à la sauce tomate
- Fromage blanc à la confiture
- Figues sèches

Goûter :

- Crêpe
- Fruit pressé

Dîner :

- Omelette aux champignons et aux pommes de terre
- Salade verte
- Beaufort
- Compote de fruits de saison

Pain et eau à chaque repas

Que faire en cas de troubles digestifs ?

Au début de la grossesse, les futures mères souffrent souvent de divers troubles digestifs : nausées, vomissements, maux d'estomac, etc., ou alors, elles n'ont pas faim ; parfois, au contraire, elles sont atteintes de boulimie. Ces divers troubles risquent d'empêcher un bon équilibre de l'alimentation. Ainsi, certaines femmes sujettes aux nausées, pour les éviter, suppriment les repas et grignotent des biscuits ou du chocolat. Le résultat, c'est qu'elles grossissent sans s'être nourries convenablement.

Les divers troubles digestifs disparaissent le plus souvent, passé le premier trimestre. C'est cela qui explique que, au cours de ces trois premiers mois, certaines femmes aient pris 3 kg alors que d'autres en ont perdu autant.

En attendant :

- si vous avez peu d'appétit, mangez au moins des aliments vous apportant des protéines, du calcium et des vitamines, et faites 5 ou 6 petits repas dans la journée ;

- si vous avez toujours faim, peut-être ne mangez-vous pas assez aux repas ? Si c'est le cas, augmentez les quantités de féculents (pommes de terre, pâtes, riz, semoule, légumes secs) ou faites de petites collations avec un laitage ou un œuf dur, une tranche de pain complet ou un fruit. Essayez de résister aux grignotages entre les repas, avec bonbons, gâteaux ou biscuits ;
- si vous avez des nausées, reportez-vous aux conseils donnés page 71.

Les précautions à prendre pendant 9 mois

Les aliments à éviter

- Aliments et margarines enrichis au stérol ou stanol (pour faire baisser le cholestérol).
- Certains poissons : espadon, marlin, siki, requin et lamproie car ces poissons accumulent davantage de toxiques ; les poissons crus (sushis par exemple) ou insuffisamment cuits et les poissons fumés.
- Foie.
- Crustacés, moules, huîtres : il est parfois difficile d'être sûr de leur fraîcheur et ils risquent de transmettre le virus de l'hépatite A (p. 247).
- Lait cru (non pasteurisé), fromages au lait cru (à l'exception des fromages à pâte pressée cuite : gruyère, emmental, comté, beaufort), fromages à pâte molle (brie, camembert, reblochon, etc.), fromages vendus râpés. Ôtez la croûte des fromages (« La listériose », p. 248).
- Rillettes, pâtés, foie gras et produits en gelée. Préférez les charcuteries préemballées et consommez-les rapidement après ouverture.
- Les œufs crus ou les produits à base d'œufs crus ou peu cuits (mousses, mayonnaise maison).
- Les boissons énergisantes.
- Les graines germées crues (soja…).
- Les aliments dérivés du soja (jus de soja, desserts, tofu…) sont à éviter car leur richesse en phyto-œstrogènes pourrait avoir des conséquences néfastes sur la maturation sexuelle du bébé.
- Les algues et compléments alimentaires à base d'algues (sauf avis médical).

> Nous en avons parlé au début de ce chapitre : pendant la grossesse, les **boissons alcoolisées** sont à supprimer (p. 35).

Les aliments à limiter

- Les poissons prédateurs sauvages : thon, lotte (baudroie), loup (bar), bonite, empereur, grenadier, flétan, brochet, dorade, raie, sabre, etc. Ils sont également plus susceptibles d'accumuler des contaminants. Les poissons d'eau douce : anguille, barbeau, brème, carpe et silure sont limités à une fois tous les 2 mois.
- Les boissons contenant de la caféine : café, thé. Pas plus de 3 tasses de café par jour.

Consultez ce tableau si vous prenez trop de poids

	Portions d'aliments	*Calories*
Aliments à consommer en quantités raisonnables 	1 bol de lait demi-écrémé	115
	200 g de légumes (carottes, tomates, courgettes, choux, haricots verts…)	60
	1 yaourt nature	65
	100 g de fromage blanc à 20 % MG	80
	1 fruit moyen ou 2 petits fruits	50 à 80
	120 g de poisson maigre (cabillaud, carrelet, colin, lieu, limande, raie, merlu, merlan, lotte, truite, flétan)	75 à 130
	120 g de poisson gras (anguille, hareng, maquereau, sardine, flétan, saumon)	150 à 220
	200 g de pommes de terre (au four, en purée, à la vapeur)	180
	120 g de poulet	150
	2 œufs	150
	120 g de viande (bœuf, veau, filet de porc, jambon blanc)	220
	160 g de pâtes cuites ou riz cuit	215
	1/4 de baguette (50 g)	140
	1 cuillère à soupe d'huile	90
	1 noisette de beurre	37
	1 part de fromage (30 g)	80 à 120
	40 g de céréales petit déjeuner	100 à 160
Aliments les plus caloriques 	150 g de poisson pané	350
	150 g de frites	400
	50 g de chips	210
	1 cuillère à soupe de mayonnaise	105
	1 tablette de chocolat (100 g)	550
	1 cuillère à soupe de confiture	75
	1 poignée de fruits secs (raisins, figues…)	130 (250 kcal pour 100 g)
	1 poignée d'amandes, noisettes, noix	200 (600-700 kcal pour 100 g)
	1 part de tarte aux fruits	360
	1 muffin au chocolat	250
	1 part de quiche	340
	1 part de pizza	200 à 300
	1 barre chocolatée (60 g)	300
	1 grand verre de soda, jus de fruit (200 ml)	90
	1 sandwich saucisson-beurre	530
	1 cuillère à soupe rase de sucre	40
	100 g de biscuits au chocolat	450

Pour celles qui ne prennent pas assez de poids

Il n'y a pas que des femmes qui mangent trop pendant leur grossesse. Certaines sont au contraire sous-alimentées. Ainsi, certaines femmes minces, voire maigres, ne prennent que 6 kg pendant toute leur grossesse, même moins. Or des restrictions alimentaires importantes entraînent une insuffisance d'apport en énergie, des risques de carences en minéraux (calcium, fer, magnésium…), en vitamines et même en protéines. Cette sous-alimentation est dangereuse pour le bébé, qui risque de naître trop tôt, avec un retard de croissance, ou à terme avec un petit poids de naissance.

Tout régime restrictif est déconseillé. Avant d'être enceinte, vous suiviez un régime pour perdre du poids. Ce genre de régime peut être déséquilibré (cure d'ananas, régime de protéines, etc.) et est donc contre-indiqué pendant la grossesse. Pour ne pas prendre trop de poids (p. 67), vous privilégierez les viandes maigres, les poissons et les œufs, les produits laitiers partiellement écrémés, les fruits (pas plus de 2 à 3 par jour car ils peuvent apporter trop de sucre et donc de calories) et les légumes, les crudités assaisonnées avec de l'huile de colza ou noix ou soja. Pour faire face aux besoins en énergie, en vitamines B, en fibres, pensez aux céréales complètes et aux légumes secs.

Donc, **pas de sous-alimentation systématique pour rester mince**. Aujourd'hui, pour votre enfant, il faut vous nourrir suffisamment.

Si vous prenez peu de poids parce que vous avez un petit appétit, pensez à faire plusieurs petits repas dans la journée en multipliant les collations avec des laitages, des fruits, du pain et du fromage, du lait et des céréales enrichies, des flans aux œufs. N'hésitez pas à consulter un diététicien pour vous aider.

À savoir

La suppression du sel n'est pas justifiée. Il faut simplement éviter de trop saler : vous pouvez mettre du sel dans l'eau de cuisson mais il est inutile d'en rajouter à table.

Le point sur une bonne alimentation

Bien se nourrir pendant la grossesse (et en dehors), c'est avoir une alimentation équilibrée, répartie en 4 repas quotidiens.

Privilégiez :

- viande (volaille), poisson, œufs pour les protéines, le fer et la vitamine B12 : 1 à 2 fois par jour ; du poisson 2 fois par semaine dont un gras (saumon, sardine, maquereau, hareng) ;
- lait, yaourts, fromages à pâte cuite pour les protéines, le calcium, l'iode et les vitamines : 3 portions par jour ;
- tous les fruits et légumes pour les fibres, les vitamines et les folates : au moins 5 par jour ;
- quelques noix, noisettes, pistaches chaque jour pour les acides gras oméga 3 ;
- céréales (pain, pâtes, riz), en version complète si vous les tolérez, légumes secs pour les glucides et les fibres : à chaque repas ;
- eau à volonté ;
- et aussi beurre, huile, pour les lipides et les vitamines : avec modération.

Les maux et petits désagréments de la grossesse

Certaines femmes disent ne jamais si bien se porter que lorsqu'elles attendent un enfant ; elles découvrent qu'elles sont enceintes seulement parce que leurs règles s'arrêtent et leur grossesse se poursuit sans trouble ni malaise jusqu'à l'accouchement. Mais dans d'autres cas, les modifications que la grossesse impose à l'organisme s'accompagnent de maux, d'ennuis ou de malaises divers. Il est préférable d'en être avertie pour ne pas s'alarmer inutilement.

Les troubles varient en nature et en intensité avec le stade de la grossesse : ils apparaissent surtout au début et à la fin. De ce point de vue, la grossesse se divise en trois trimestres qui correspondent à ceux de l'évolution psychologique.

La première période est celle de l'adaptation. Cette période dure les trois premiers mois : la grossesse « s'installe », l'organisme s'adapte. Il réagit plus ou moins vivement. Des troubles peuvent apparaître, puis disparaîtront complètement vers le 3e mois dans la plupart des cas, mais ils rendent parfois le début de la grossesse un peu pénible. Les nausées et les vomissements en sont l'exemple le plus fréquent.

La deuxième période est celle de l'équilibre. Elle s'étend jusqu'au 7e mois : les corps de la mère et de l'enfant semblent parfaitement adaptés l'un à l'autre. Les troubles ont

généralement cessé. L'utérus n'est pas encore assez volumineux pour être gênant. C'est la période la plus agréable de la grossesse.
La troisième période de la grossesse, qui correspond au troisième trimestre, voit apparaître des troubles dus à deux causes : d'abord au fait que l'enfant, en se développant, prend de plus en plus de place dans l'utérus, ce qui peut entraîner, par exemple, fatigue et varices ; ensuite au fait que l'organisme se prépare à l'accouchement : ainsi, par exemple, les modifications du bassin et de la colonne vertébrale sont souvent douloureuses. Cette troisième période est celle de la lassitude, celle où l'on éprouve vraiment le besoin de se reposer.

Les nausées et les vomissements

Bien des futures mamans croient que grossesse et nausées sont synonymes. En effet, les nausées, parfois accompagnées de vomissements, sont fréquentes et se produisent dans la moitié des cas. Mais, heureusement, vous pouvez très bien être enceinte et n'avoir jamais mal au cœur. Les nausées apparaissent en général vers la 3e semaine, elles persistent rarement au-delà du 4e mois.
Elles surviennent souvent le matin à jeun, et disparaissent après le petit déjeuner ; mais elles peuvent persister pendant la matinée, ou même toute la journée. Parfois, elles se manifestent sans raison ; parfois, au contraire, elles sont dues à des odeurs précises (tabac ou certains aliments), odeurs qui deviennent insupportables. Il arrive aussi que certains aliments, sans provoquer de nausées, inspirent seulement du dégoût.

Que faire lorsqu'on a des nausées ?

Chaque femme réagissant différemment, le mieux est que vous trouviez vous-même les aliments qui « passent » bien. Mais il est possible de conseiller de :

- faire des repas moins abondants, plus fréquents, manger lentement ;
- manger quelques biscottes au lever ;
- prendre des gélules de gingembre (on en trouve en pharmacie) ; elles diminueraient les nausées mais sont moins efficaces sur les vomissements ;
- privilégier une alimentation riche en glucides (toast, banane, müesli et autres céréales complètes pour le petit déjeuner, du riz, des pâtes) ;
- manger des yaourts ;
- boire du thé à la menthe, au citron, au gingembre ;
- boire de l'eau citronnée ;
- limiter la consommation de café ;
- éviter les fritures et la cuisine à base d'aliments gras, épicés, ou d'ail ;
- éviter les odeurs fortes ;
- ne pas fumer ni boire d'alcool.

Le Donormyl®, médicament utilisé pour traiter les insomnies pendant la grossesse, est souvent efficace sur les nausées et vomissements. Ce médicament est disponible en pharmacie sans ordonnance.

Si, malgré ces précautions, les nausées et vomissements persistent, il faut voir le médecin. Il existe d'autres médicaments efficaces, mais qu'il ne faut pas prendre sans prescription.
Les nausées et vomissements disparaissent spontanément vers la fin du 3e mois. Lorsqu'ils persistent au delà de cette date, ce n'est pas normal et le médecin pourra poursuivre le traitement et chercher une cause indépendante de la grossesse. En fin de grossesse, nausées et vomissements peuvent réapparaître, mais pas plus qu'au début, ils ne doivent vous inquiéter.
Bien que le cas soit exceptionnel, signalons que les vomissements deviennent parfois très fréquents et très intenses avec un retentissement majeur autant physique que psychique. On parle alors d'**hyperémèse gravidique**. Dans ce cas, la future mère ne peut plus avaler aucun aliment, ni solide ni liquide. Elle perd du poids et se déshydrate (elle a la langue et la peau sèche). Il est important de consulter le médecin. Celui-ci peut prescrire une hospitalisation qui permet d'appliquer des traitements efficaces, tels que perfusions diverses par voie intraveineuse, pour soulager la maman.
On sait aujourd'hui que les causes de ces vomissements ne sont pas psychologiques mais hormonales, impliquant plus particulièrement une hormone (GDF15).

À noter

Si vous en ressentez le besoin, vous pouvez vous rapprocher de l'association de lutte contre l'hyperémèse gravidique.

www.associationhg.fr

L'aérophagie, les douleurs et brûlures d'estomac

La grossesse entraîne une certaine paresse de tous les muscles de l'appareil digestif, qu'il s'agisse de l'estomac, de l'intestin ou de la vésicule biliaire. En même temps, les sécrétions de certaines glandes dont le rôle est important dans la digestion (foie et pancréas) sont modifiées. Le résultat est que, très souvent, la future mère a des digestions lentes et difficiles, qu'elle se sent lourde après les repas, victime de ballonnements. À ces malaises s'ajoutent souvent des sensations d'aigreurs, de brûlures, de douleurs au niveau de l'estomac, ou des remontées acides. Tout cela est évidemment peu confortable, souvent même désagréable, mais il y a certaines précautions efficaces à prendre pour atténuer ces différents malaises.
D'abord, il ne faut pas trop manger. Puis, il faut éviter :

- les aliments trop gras ;
- les aliments acides ou pimentés ;
- les aliments qui fermentent (chou-fleur, chou, légumes secs, haricots, asperges, fritures) ;
- les aliments difficiles à digérer, comme tous les plats en sauce ;
- les grands volumes liquides (soupe, tisane, etc.) juste avant d'aller se coucher.

Alors que manger ? Des grillades, des légumes verts cuits à l'eau ou à la vapeur, assaisonnés de beurre ou d'huile non cuits, des laitages et des fruits. Faire plusieurs petits repas plutôt que les deux repas traditionnels, et manger lentement.

Si ces brûlures d'estomac vous font vraiment souffrir, demandez conseil au médecin qui vous prescrira un médicament approprié.
Il arrive que certaines femmes se plaignent de régurgitations acides, de brûlures qui remontent de l'estomac vers la gorge et la bouche, le long de l'œsophage. Dans ce cas, certaines positions sont défavorables : se pencher en avant ou être complètement allongée ; il faut donc éviter de s'allonger après les repas. Lorsque vous êtes au lit, mettez deux oreillers supplémentaires, pour dormir presque assise.

La constipation

Au cours de la grossesse, la constipation est fréquente, même chez les femmes qui n'en ont jamais souffert auparavant. Contrairement à ce qu'on croit en général, elle n'est pas due au fait que l'utérus, en augmentant de volume, comprime l'intestin ; la meilleure preuve en est que la constipation apparaît souvent très tôt, avant que l'utérus ne soit assez développé pour exercer une compression quelconque.
La constipation est vraisemblablement due à une paresse des intestins. Il est nécessaire de lutter contre elle : outre l'inconfort qu'elle entraîne, elle peut parfois provoquer une infection urinaire.
Il y a plusieurs moyens de la combattre :

- d'abord, faire de l'exercice physique ; souvent, une demi-heure de marche par jour suffit à régulariser les fonctions intestinales ;
- ensuite, veiller à l'alimentation, manger suffisamment de légumes verts, de fruits (en particulier prunes, raisins et poires), prendre des laitages (tels que fromage blanc et yaourts), manger du pain de son ou complet (il y a aussi des biscottes au son vendues en pharmacie), des céréales complètes, remplacer le sucre par du miel ; les pruneaux crus, ou cuits sans ajouter de sucre, sont aussi recommandés ;
- ce qui est souvent efficace, c'est simplement de boire le matin au réveil un verre de jus de fruit frais – orange en hiver, raisin en été –, ou simplement un verre d'eau, et un quart d'heure après, de prendre au petit déjeuner un mélange de café et de chicorée ;
- boire plusieurs fois par jour de grands verres d'eau : en particulier le matin à jeun, et entre les repas. Essayer une eau minérale riche en magnésium (supérieure à 50 mg/l).

Et les médicaments ? Vous pouvez essayer les suppositoires à la glycérine ou le Microlax®, également en usage externe. Quant aux laxatifs, n'en prenez pas sans prescription : certains sont très puissants et risquent d'irriter l'intestin, notamment ceux qui contiennent une plante, la bourdaine. Le meilleur traitement, ce sont les mucilages (extraits de végétaux vendus en pharmacie) donnés au repas du soir. Ce traitement, prescrit par le médecin, peut être prolongé autant que nécessaire.

L'homéopathie

Cette thérapeutique est basée sur la constatation qu'une même substance qui, chez une personne saine, entraîne certains symptômes, pourrait guérir les mêmes symptômes chez une personne malade. Les substances utilisées agiraient en quantités faibles, très diluées. L'homéopathie pourrait apporter un soulagement à des troubles fonctionnels présents au cours de la grossesse : digestifs (nausées, constipation…), veineux (varices, jambes lourdes, hémorroïdes), anxiété, etc., et lors de l'allaitement (par exemple pour éviter les engorgements). Faites-vous conseiller par votre médecin ou votre sage-femme.

Les hémorroïdes

Ce sont des varices des veines du rectum et de l'anus. Elles forment des excroissances douloureuses, plus ou moins tendues, qui peuvent donner une pénible impression de démangeaison. Elles apparaissent

surtout pendant la deuxième moitié de la grossesse. Lors de l'émission des selles, il est possible que les hémorroïdes saignent.
Si vous avez des hémorroïdes, il faut les signaler au médecin : il vous donnera un traitement simple qui évitera qu'elles ne s'aggravent. Et si nécessaire, il vous enverra chez un spécialiste, soit un proctologue, soit un gastro-entérologue.
Ce traitement comprend habituellement :

- la lutte contre la constipation qui aggrave les hémorroïdes ;
- des soins locaux pouvant comprendre des bains de siège avec une eau très froide ;
- des applications locales de pommade et des suppositoires ;
- éventuellement des médicaments par voie orale (veinotoniques).

Les hémorroïdes sont généralement assez douloureuses et gênantes car elles touchent une zone très sensible. Si la douleur devient intense, pouvant empêcher de s'asseoir, il faut penser à une thrombose. Il s'agit de caillots qui vont obstruer la veine dilatée. Il faut consulter sans tarder.
Même avec un bon traitement, les hémorroïdes risquent de s'aggraver dans les jours qui suivent l'accouchement. Puis elles disparaissent, du moins en grande partie.
Les fissures anales n'ont rien à voir avec les hémorroïdes si ce n'est qu'elles concernent la même région, l'anus, et qu'elles sont souvent très douloureuses. Il s'agit d'une érosion de la muqueuse anale qui est fortement plissée à ce niveau. Les fissures anales sont difficiles à soigner car elles sont peu accessibles à une hygiène, étant constamment en contact avec les selles. Votre médecin généraliste pourra vous aider à vous en débarrasser par des soins locaux. Il devra parfois faire appel à un médecin proctologue spécialiste de la région anale.

Les varices

Les varices sont la conséquence d'une dilatation anormale des parois des veines. Elles apparaissent surtout dans la deuxième moitié de la grossesse, et elles ont – hélas ! – tendance à s'aggraver à chaque grossesse.
Les varices peuvent s'accompagner de troubles variés : sensation de pesanteur, de chaleur, de gonflement, de tension plus ou moins douloureuse des jambes. Elles donnent parfois des fourmillements ou des crampes. Ces troubles sont accentués par la station debout, par la fatigue, par la chaleur.
Il est rare que les varices se compliquent au cours de la grossesse.
Les modifications de la pigmentation (couleur) de la peau, de même que le classique ulcère variqueux, ne se voient que dans les varices très anciennes et sont exceptionnelles chez les femmes en âge d'être enceintes. Si la phlébite superficielle, au niveau d'une varice, reste peu fréquente, le risque est cependant augmenté pendant la grossesse.
La **phlébite** désigne la présence d'un caillot dans une veine. En cas de douleur dans un mollet, de rougeur ou d'œdème (surtout d'un seul côté), consultez rapidement votre médecin.
En règle générale, on peut donc dire que, hormis le souci esthétique immédiat – et plus encore lointain –, les varices n'ont pas de caractère

de gravité. Après l'accouchement, elles disparaissent, au moins en partie. Mais elles ont tendance à réapparaître, et surtout à disparaître de moins en moins lors des grossesses suivantes.

Peut-on prévenir les varices ?

Dans une certaine mesure, on peut prévenir l'apparition des varices en prenant diverses précautions, qui ont toutes le même but : faciliter la circulation du sang dans les veines des jambes.

- Évitez de rester debout trop longtemps. Avec un certificat médical, il faut que vous obteniez de pouvoir vous asseoir de temps en temps. Chez vous, dans toute la mesure du possible, faites assise les travaux que vous aviez l'habitude de faire debout. Si vous ne pouvez éviter la station debout, il est recommandé de porter, à titre préventif, des collants de contention.
- Prenez l'habitude de marcher souvent, bien chaussée, en évitant les talons trop hauts.
- Évitez ce qui peut comprimer les veines, chaussettes ou bottes trop serrées par exemple.
- Dormez les jambes un peu surélevées, en mettant sous les pieds du lit deux cales en bois. Vous pouvez aussi placer sous les pieds un oreiller ou un coussin.
- Si vous en avez la possibilité, il est conseillé également de vous étendre dans la journée quand vous avez un moment, avec les jambes surélevées.

Toutes ces précautions sont destinées à prévenir les varices. Elles deviennent d'autant plus nécessaires si des varices sont déjà apparues. En ce cas, il est recommandé, en plus :

- d'éviter de se tenir près d'une source de chaleur, radiateur, poêle ou cheminée, car cela gonfle les veines ; pour la même raison, les bains de soleil sont contre-indiqués ainsi que les épilations à la cire chaude ;
- d'éviter les bains trop chauds ou trop froids : l'idéal est l'eau à la température du corps (37 °C)
- de porter des collants ou des bas de contention. Il est recommandé de mettre ses collants – et de les ôter – en étant allongée, car dans cette position, les veines sont moins gonflées. Et si vous vous reposez dans la journée, il vaut mieux que vous retiriez les bas ou collants tant que vous restez étendue.

Et les médicaments ? Ils ont peu d'action sur la constitution des varices elles-mêmes. En revanche, ils peuvent être efficaces contre les troubles entraînés par les varices : pesanteur, chaleur, lourdeur, etc. Ces médicaments sont à base de vitamine P et d'extrait de marron d'Inde. Quant aux traitements plus actifs, destinés à supprimer les varices (par injections locales ou intervention chirurgicale), il ne saurait en être question pendant la grossesse. D'abord parce que ces traitements risquent d'être dangereux. Ensuite, parce que, spontanément, les varices disparaissent plus ou moins complètement après l'accouchement. C'est à ce moment-là que vous verrez avec le médecin ce qu'il y a lieu de faire. Les interventions se font en général entre trois et six mois après le retour de couches.

Collants de contention

En pharmacie, vous trouverez chaussettes, bas et collants de contention (il existe différents degrés de maintien), remboursés partiellement par la Sécurité sociale sur prescription médicale.

Au cours de la grossesse, il n'est pas rare de voir, associées aux varices ou précédant leur venue, des **dilatations** beaucoup plus fines, rosées, rouges, ou bleu-violet, dues à la dilatation de vaisseaux capillaires.
Ces dilatations qui forment un fin réseau voire une véritable plaque, disparaîtront au moins en grande partie après l'accouchement.

Les varices vulvaires

Chez certaines femmes, des varices peuvent apparaître au niveau des organes génitaux externes. Souvent très importantes, ces varices vulvaires peuvent être cause de douleurs à la marche ou lors des rapports sexuels. Elles disparaissent complètement après l'accouchement sans jamais laisser de séquelles. En attendant, il n'y a pas de traitement à suivre, seuls des soins locaux peuvent apporter un certain soulagement : bains de siège froids (sécher en tapotant et sans frotter, puis talquer modérément à sec) ; application de crème à l'oxyde de zinc.

Le gonflement des mains et des pieds

Dans la seconde moitié de la grossesse, il est fréquent d'avoir les mains gonflées, surtout le matin au réveil. Ce gonflement serait dû à une mauvaise circulation liée à la position allongée pendant le sommeil. Certains médecins conseillent de dormir sur le côté, allongée à moitié assise sur deux oreillers. Quant au gonflement des pieds, il peut être lié à des problèmes veineux car il est plus fréquent chez les femmes souffrant de varices. Il peut aussi être le signe d'un mauvais fonctionnement rénal : il serait dû à une rétention d'eau, ou œdème. Ce gonflement serait alors le premier signe d'une complication de la grossesse, la toxémie gravidique ou prééclampsie (p. 233 et suiv. ; p. 235). N'hésitez pas à en parler à votre médecin.

Les troubles urinaires

Pendant la grossesse, il est important de faire à intervalles réguliers et répétés des analyses d'urines, d'autant que les infections urinaires sont plus fréquentes (p. 248).
Quant à la vessie, elle manifeste souvent sa présence d'une manière tyrannique, surtout au début et à la fin de la grossesse, et la femme enceinte ressent une envie fréquente d'uriner. Ce phénomène s'explique au début parce que la vessie subit l'influence des hormones sécrétées en quantité importante ; à la fin, parce que la tête de l'enfant appuie sur la vessie.
Pour éviter ces envies fréquentes d'uriner, la future mère a tendance à boire moins, surtout le soir pour ne pas être dérangée la nuit. C'est une réaction naturelle mais, en fait, il faut boire environ 1,5 l d'eau (ou de liquide) par jour ; en effet, boire est la meilleure prévention des infections urinaires. Si l'envie fréquente d'uriner devenait vraiment trop gênante, parlez-en au médecin : il vous donnera des médicaments antispasmodiques, souvent efficaces.

Incontinence urinaire. Elle apparaît parfois pendant la grossesse. Elle peut être modérée : difficulté à retenir les urines ; ou plus importante : impossibilité de se retenir dès que l'envie survient, ou lors d'une toux, d'un éternuement, d'un effort.
Si cette incontinence apparaît pendant les six premiers mois, une rééducation du périnée, dite rééducation périnéale, peut être commencée. Elle est pratiquée par un kinésithérapeute, une sage-femme ou un médecin. Demandez conseil à l'obstétricien ou à la sage-femme.
Si cette incontinence apparaît pendant les trois derniers mois, c'est simplement que le bébé comprime très fort la vessie, et cela ne veut pas dire que vous aurez nécessairement besoin d'une rééducation. Il vous suffira probablement de faire les exercices recommandés pour raffermir le périnée et le sphincter urinaire (p. 279).
Il n'est pas facile de faire la différence entre des petites pertes urinaires liées à la compression de la vessie par la tête du bébé, des pertes vaginales blanches, quelquefois abondantes, sans gravité, et du liquide provenant d'une fissure de la poche des eaux. Vous consulterez le médecin ou la sage-femme qui feront un test pour vérifier qu'il ne s'agit pas d'un écoulement de la poche des eaux.

L'incontinence urinaire **après l'accouchement** est traitée p. 380.

Les démangeaisons ou prurit gravidique

Certaines femmes souffrent dans la deuxième moitié de la grossesse, et surtout à partir du 8ᵉ mois, de démangeaisons, parfois sur tout le corps mais, plus souvent, au niveau de l'abdomen. En général, elles ne sont pas accompagnées d'éruptions, mais peuvent être très intenses et entraîner des lésions dues au grattage quand la femme ne peut pas s'empêcher de se gratter. Si ces démangeaisons sont trop importantes et s'il y a des lésions de grattage, il est vivement conseillé de consulter un médecin. Dans certains cas, il s'agit simplement d'une affection dermatologique liée à la grossesse pour laquelle un traitement approprié sera prescrit. Dans d'autres cas, il peut s'agir d'une anomalie du fonctionnement hépatique et ces démangeaisons sont un des symptômes de ce que l'on nomme la **cholestase gravidique**. Des mesures appropriées doivent être prises (p. 249).

Les pertes blanches

La muqueuse du vagin est faite comme la peau : sans cesse, des cellules se détachent et sont éliminées. Mais pendant la grossesse, sous l'influence des hormones sécrétées en grande quantité par les ovaires et le placenta, la desquamation des cellules devient beaucoup plus importante. Elles forment un enduit blanchâtre, sans odeur déplaisante, grumeleux, qui est tout à fait normal, et ne doit donc pas vous inquiéter. Il arrive même, chez certaines femmes, que ces pertes blanches, ou sécrétions vaginales, soient particulièrement abondantes et liquides. Cette hypersécrétion vaginale est sans danger. Elle témoigne simplement d'une exagération d'un processus normal.

Ces pertes blanches banales sont différentes des pertes généralement plus abondantes, souvent de couleur différente (jaunâtres ou verdâtres), et accompagnées de démangeaisons ou de brûlures locales : celles-ci sont les témoins d'une infection (**vaginite** ou vulvo-vaginite). Le diagnostic sera fait par le médecin qui s'aidera parfois d'un prélèvement. Si celui-ci montre la présence d'un champignon (candida albicans), il s'agit d'une **mycose**. S'il montre un déséquilibre de la flore, on parle alors de **vaginose**.

Le traitement des vaginites, assez fréquentes et sans gravité, est essentiellement local (ovules ou comprimés gynécologiques). Les récidives ne sont malheureusement pas rares au cours de la grossesse. Ces vaginites ou irritations peuvent parfois être dues aux substances contenues dans les protections féminines (tampons, serviettes). L'utilisation de protections en coton peut améliorer le confort. En revanche, les mycoses et les vaginoses réclament le plus souvent un traitement adapté aux parasites ou microbes identifiés.

L'infection vaginale à streptocoque B est d'un tout autre ordre, car elle peut être source de complications (méningite-septicémie) pour le nouveau-né qui risque d'être contaminé au moment de l'accouchement. Le diagnostic est difficile à faire car cette infection ne donne que peu ou pas de symptômes maternels. C'est pourquoi les médecins font pratiquer un examen systématique des sécrétions cervico-vaginales au 8e mois de grossesse, pour rechercher le streptocoque B. Un résultat positif conduit à administrer des antibiotiques au cours de l'accouchement et à surveiller particulièrement le bébé.

La tendance aux syncopes et aux malaises

Pendant la grossesse, certains malaises peuvent se produire. Cela va de la simple sensation de « tête qui tourne » au grand malaise profond et très désagréable : sensation de perte imminente de connaissance, accompagnée de sueurs froides.

Ces troubles n'ont pas de caractère de gravité. Ils ne sont pas d'origine cardiaque, ils seraient plutôt d'origine vasculaire car la grossesse retentit toujours plus ou moins sur l'état du système vasculaire (le sang remonte alors en moindre quantité vers le cœur). Ce genre de malaise peut survenir si vous passez trop rapidement de la position assise à la position debout (il faut donc se relever doucement), ou après une station debout prolongée et immobile (par exemple une attente à la caisse d'un magasin).

Pour prévenir ce genre de troubles, ne restez pas à jeun le matin, ni trop longtemps debout sans bouger, évitez les brusques variations de température, ou le séjour dans un local trop chauffé. Si ces malaises sont fréquents et que vous conduisiez une voiture, arrêtez-vous dès que vous les sentez venir, c'est plus prudent.

À la fin de la grossesse, certaines femmes, lorsqu'elles sont couchées sur le dos, se sentent au bord de la syncope. Pour faire disparaître ce malaise impressionnant, mais sans gravité, il suffit de se coucher sur le

À savoir

Si vous ressentez la venue d'un malaise, asseyez-vous ; si vous êtes chez vous, allongez-vous, les pieds surélevés de manière que le sang afflue vers la tête.

côté gauche, ou de s'asseoir à moitié en se calant par des oreillers. Ce malaise très particulier est dû à la compression par l'utérus de la veine cave inférieure, gros vaisseau qui ramène au cœur le sang veineux de toute la partie inférieure du corps. On peut aussi placer un coussin sous les genoux : le bassin bascule vers l'arrière, les reins reposent sur le sol, et la veine cave n'est plus comprimée.

Pour désagréables et impressionnants qu'ils soient parfois, ces troubles n'ont aucune conséquence ; mais, s'ils se reproduisent trop souvent, il faut en parler au médecin.

Le malaise hypoglycémique. Il survient presque toujours en fin de matinée. Il se traduit par des nausées et une sensation de faim accompagnées de transpiration. Ce malaise se produit si on a pris un petit déjeuner peu consistant : simple tasse de café ou de thé ; ou si on a mangé surtout des sucres à absorption rapide : sucre, confiture, miel. Ils provoquent une sécrétion d'insuline et cette sécrétion d'insuline va à son tour, environ deux heures plus tard, provoquer une hypoglycémie, c'est-à-dire une diminution du taux de glucose sanguin. Les femmes sensibles à ce malaise ont intérêt à fractionner leurs repas, à prendre au petit déjeuner un peu de pain, un œuf, du fromage maigre ou un peu de viande ; éventuellement à manger vers 10 heures une pomme ou un yaourt sucré. De même, il est bon de manger à nouveau quelque chose vers 16-17 heures.

Les troubles de la vision

De petits troubles de la vision peuvent apparaître au cours de la grossesse : baisse de l'acuité visuelle, aggravation d'une myopie préexistante. Ils sont en règle générale sans gravité et transitoires. Il n'est pas rare que les lentilles de contact ne soient plus supportées en raison des modifications d'hydratation de la cornée. Il faut alors les remplacer par des lunettes. Chez les femmes ayant une très forte myopie, il est conseillé d'éviter les efforts expulsifs lors de l'accouchement (risque de décollement de la rétine). L'anesthésie péridurale, et éventuellement une aide à l'expulsion par le médecin, éviteront ce risque.

L'essoufflement

Souvent, dans la deuxième moitié de la grossesse, la future mère est vite essoufflée. Monter un étage est une épreuve. Cette difficulté à respirer s'explique par le fait que l'utérus, en augmentant de volume, repousse la masse abdominale vers le haut et diminue ainsi le volume de la cage thoracique : la future mère a donc moins de place pour respirer. Elle a l'impression d'étouffer. Cette sensation disparaîtra d'ailleurs lorsque l'enfant descendra pour s'engager dans le bassin. Pour ne pas souffrir de ce malaise, qui s'accentue surtout au cours des deux derniers mois, il faut réduire le plus possible les efforts physiques. Si cette difficulté à respirer devenait trop grande, il faudrait consulter le médecin.

Si vous avez la sensation d'étouffer

Voici un bon exercice : couchée sur le dos, jambes pliées, inspirez en levant les bras au-dessus de la tête. Ce mouvement amène une extension de la cage thoracique. Puis expirez en ramenant les bras le long du corps. Faites ainsi plusieurs respirations lentes et régulières jusqu'à ce que vous ayez retrouvé votre souffle.

Les maux de tête

Des maux de tête (céphalées) peuvent survenir pendant la grossesse. Ils sont plus fréquents en raison des bouleversements hormonaux induits par la grossesse, en particulier au premier trimestre. Ils le sont aussi pendant les dernières semaines, souvent en raison de troubles du sommeil. Ne prenez pas d'anti-inflammatoires non stéroïdiens, ils sont dangereux pour le bébé. Préférez le paracétamol. Si les céphalées ne sont pas calmées par le paracétamol et qu'elles s'associent à des mouches devant les yeux, des bourdonnements d'oreille et des œdèmes, consultez rapidement. Ces signes peuvent être liés à une hypertension de la grossesse.

Les douleurs

La grossesse, par les modifications qu'elle entraîne dans tout l'organisme, peut provoquer des douleurs se produisant à différents moments suivant le stade de développement du bébé et l'avancement de la grossesse. Il est normal que, le corps s'adaptant à la grossesse, puis se préparant à l'accouchement, tout ce travail ne puisse se faire en silence et que vous en ressentiez souvent les effets.

Parlons d'abord du ventre et du bassin

Au début de la grossesse, certaines femmes éprouvent une sensation de tiraillement ou de pesanteur au niveau du bassin et du bas-ventre, sensations qu'elles comparent à celles des règles, et qui sont plus intenses lorsque l'utérus est rétroversé (c'est-à-dire lorsqu'il est basculé en arrière vers le rectum). Ces douleurs inquiètent souvent les femmes parce qu'elles craignent une fausse couche ; en fait, ces douleurs correspondent au début de l'adaptation de l'utérus, à la « mise en place » ; elles sont très fréquentes.
En revanche, des douleurs très violentes situées dans la même région, et se produisant également au début de la grossesse, peuvent être le signe d'une menace d'avortement ou d'une grossesse extra-utérine : les signaler au médecin aussitôt surtout si elles s'accompagnent de pertes de sang.
Par la suite, le développement de l'utérus peut entraîner des douleurs dues à la distension des ligaments ; c'est ce qu'on appelle le syndrome ostéo-musculo-ligamentaire. Ces douleurs sont situées au niveau de l'aine et elles irradient vers la cuisse. Le ventre grossissant, le centre de gravité du corps se déplace vers l'avant, accentuant les courbures et surmenant ainsi les articulations vertébrales, le bassin et les membres inférieurs.
À la fin de la grossesse, lorsque le bassin se prépare à l'accouchement, ses articulations se relâchent peu à peu. Ce relâchement est parfois douloureux. La femme le ressent surtout lorsqu'elle fait des efforts, ou lorsqu'elle marche. La douleur peut s'étendre de façon désagréable jusqu'à la vessie et au rectum. Pour la soulager, il n'y a guère que le repos, ou un antalgique prescrit par le médecin.

Il existe de petites **ceintures de maintien** du bassin. Parlez-en à la sage-femme.

Des douleurs peuvent être ressenties au niveau du thorax : soit en arrière, le long de la colonne vertébrale, soit entre les côtes, comme des névralgies, soit enfin dans la région du foie.
La future maman peut aussi ressentir des douleurs :
- au niveau de l'estomac : à cause de la compression provoquée par le développement du bébé ;
- au niveau du côté droit, sous les côtes, à cause de la compression de la vésicule biliaire.

Toutes ces douleurs peuvent être atténuées avec des antalgiques prescrits par le médecin.

Et le « mal aux reins » ?

De nombreuses femmes enceintes se plaignent d'avoir « mal aux reins ». En fait, il s'agit de douleurs de la colonne vertébrale qui sont habituellement en rapport avec une exagération de sa courbure normale (vous avez pu remarquer que, surtout à la fin de la grossesse, les femmes enceintes sont très cambrées). Pour la même raison, il peut y avoir des douleurs de type **sciatique**. Ces douleurs sont plus intenses le soir, ou lorsque la femme est fatiguée, ou, enfin, après une station debout prolongée, d'où leur plus grande fréquence dans certaines professions. Ces douleurs sont sans gravité. Elles peuvent être atténuées par les exercices indiqués au chapitre 8, également par les activités aquatiques prénatales – en particulier la nage sur le dos – et par l'haptonomie.
On peut aussi consulter un kinésithérapeute ou un ostéopathe. Parlez-en quand même au médecin car ces douleurs peuvent être des contractions utérines (dans ce cas, le ventre devient dur).

Parlons maintenant des jambes

Les douleurs dans les jambes sont fréquentes. Elles sont évidemment plus importantes lorsqu'il y a des varices. Parfois, la douleur est ressentie comme une sciatique, c'est-à-dire qu'elle se manifeste à la face postérieure des jambes et des cuisses. Cette douleur est souvent tenace, elle est difficile à soulager. Un traitement à base de vitamine B et aussi de magnésium est parfois efficace.

L'ostéopathie

C'est une thérapie manuelle. L'ostéopathe peut agir sur quelques désordres fonctionnels entraînés par la grossesse : lombalgies, sciatiques, cervicalgies, pubalgies, etc. Dans le post-partum, il peut soulager des douleurs du bassin, et en particulier du coccyx, dont la partie la plus basse a pu être déplacée par le passage de la tête du bébé.

- Des **crampes** peuvent survenir à partir du 5e mois, dans les jambes et les cuisses, mais presque exclusivement la nuit. Ces crampes sont parfois si intenses qu'elles réveillent la future mère. Que faire ? Levez-vous et massez votre jambe. Si vous avez quelqu'un auprès de vous, demandez-lui de la soulever et de la lever assez haut. Vous essaierez de tendre votre pied dans le prolongement de la jambe, pendant que la personne qui vous tient la jambe forcera en sens inverse pour maintenir le pied perpendiculaire à la jambe. La crampe passée, faites quelques pas.
Les crampes sont souvent dues à un manque de vitamine B. Voyez au chapitre 2 quels aliments en contiennent. Le médecin pourra également vous prescrire une préparation à base de magnésium.
- Les femmes éprouvent parfois des sensations bizarres d'inconfort qui provoquent un besoin de bouger les jambes. C'est le **syndrome des « jambes sans repos ».** Il peut être source d'insomnie et il se traite comme les crampes.

Passons aux bras

Dans les bras aussi, mais en fin de grossesse, des douleurs peuvent être ressenties : le bras semble lourd et contracté, ou plein de fourmillements. Ces douleurs apparaissent surtout à la fin de la nuit, lorsqu'on dort les bras sous la tête ou sous l'oreiller.
Voici deux mesures efficaces pour vous soulager :
- la nuit, dormez les épaules surélevées par deux oreillers ;
- le jour, évitez les gestes qui tirent sur les épaules, comme porter des objets très lourds.

Ces douleurs sont la conséquence de compressions nerveuses dues aux modifications de la colonne vertébrale qu'entraîne la grossesse. Un antalgique indiqué par le médecin peut soulager les douleurs trop fortes.

Le syndrome du canal carpien

Il s'agit des fourmillements de la paume de la main qui surviennent souvent la nuit et peuvent être intenses. Ils sont dus à une compression des nerfs au niveau d'un canal qui se trouve au poignet. Lorsqu'ils sont trop intenses, le rhumatologue peut faire une injection locale de corticoïdes.

Les troubles du sommeil

Le sommeil peut être perturbé pendant la grossesse. Au début, la future mère ressent souvent un irrésistible besoin de dormir qui peut même la gêner pendant la journée. À la fin, au contraire, elle perd le sommeil durant la seconde partie de la nuit. Cette insomnie est due au fait que le bébé remue de plus en plus et à l'augmentation des crampes et douleurs variées fréquentes à cette époque. Le sommeil fractionné en fin de grossesse est probablement une adaptation aux rythmes des nuits après la naissance.
Comment lutter contre cette insomnie qui risque d'accentuer la fatigue ressentie à la fin de la grossesse ? Quelques moyens simples sont souvent efficaces :
- faire le soir un repas léger ;
- éviter les excitants tels que thé et café ;
- prendre un bain tiède avant de se coucher ;
- boire au moment de se mettre au lit une tasse de lait sucré ou de tilleul, ou prendre un verre d'eau sucrée auquel vous ajouterez trois cuillerées d'eau de fleur d'oranger ;
- vous pouvez essayer aussi des sédatifs légers à base de plantes.

Si vous dormez mal et si aucun des moyens indiqués ci-dessus n'est efficace, demandez au médecin un médicament pour dormir. Quant aux tranquillisants, dont certains agissent dans les cas de troubles du sommeil, n'en prenez pas sans avis médical, ils ne sont pas tous compatibles avec la grossesse.
L'insomnie est parfois due à la crainte de l'accouchement qui approche. Parlez-en avec ceux qui vous entourent. Parler est toujours bon, garder pour soi ses inquiétudes ne fait que les renforcer. Alors que la tranquillité d'esprit, le calme, c'est ce qui permet d'arriver détendue à l'accouchement.

Les professionnels de santé, qu'ils soient libéraux ou en maternité, proposent de nombreuses solutions alternatives, en plus ou à la place des médicaments, pour vous soulager : homéopathie, hypnose, acupuncture, etc.

À vous de trouver celle qui convient.

Les changements d'humeur

De nombreuses femmes voient leur caractère changer pendant la grossesse : elles deviennent irritables, anxieuses ou très émotives. Même lorsqu'elles sont heureuses d'attendre un enfant, elles ont parfois des idées moroses qui les étonnent. Il peut y avoir de nombreuses raisons à ces modifications du caractère qui sont accentuées par les modifications hormonales de la grossesse : peur des changements qu'entraîne dans toute famille une naissance, de l'accouchement, angoisse sur la santé du bébé. Ces inquiétudes peuvent également perturber le sommeil. Dans le chapitre 3, nous évoquons les remaniements psychiques et les fragilités émotionnelles que peut entraîner la grossesse.
Sachez, si vous éprouvez de telles craintes, qu'elles sont compréhensibles, surtout si c'est la première fois que vous attendez un enfant. Tout est encore inconnu pour vous, tout vous semble mystérieux dans ce qui se passe et dans votre corps et dans votre esprit. Parlez-en avec votre compagnon : ensemble, vous surmonterez vos inquiétudes. Confiez-vous à une amie ou une sœur et vous découvrirez avec soulagement que vos craintes ont été les leurs. Si vos angoisses persistent, il faut en parler au médecin, à la sage-femme.

Voici terminée la liste des malaises courants que peut provoquer une grossesse. Cette énumération vous semblera peut-être longue mais rien ne dit que vous éprouviez un ou plusieurs de ces troubles. Et si cela vous arrivait, vous sauriez dans quels cas le médecin peut vous soulager et dans quels cas il n'y a rien d'autre à faire que d'attendre que le temps passe. En effet, certains troubles sont liés à un certain stade de la grossesse et disparaissent sans autre intervention lorsque ce stade est dépassé. Nombre de ces malaises peuvent être réduits simplement par une meilleure manière de vivre. Vous avez vu tout au long de ce chapitre que nous vous suggérons une nourriture adaptée aux circonstances, des exercices physiques réguliers, un sommeil suffisant.

À savoir si vous avez déjà été enceinte

Chaque grossesse est différente et les troubles éprouvés lors d'une grossesse précédente ne se reproduisent pas nécessairement.

3

Devenir parents Émotions et ressentis

« J'attends un enfant »… Vous vous posez aussitôt des questions pratiques et médicales. Mais, vous allez vite vous en rendre compte, c'est toute votre vie émotionnelle et celle de votre conjoint qui vont être modifiées, voire bousculées. Les relations avec sa famille, ses amis évoluent. Les liens à l'intérieur du couple se transforment. Le désir de vivre ensemble et celui de devenir parents sont en effet très différents, tout en s'influençant fortement l'un l'autre. Ce chapitre souhaite vous accompagner dans ce cheminement psychologique si singulier.

Attendre à deux

S'il est vrai que la future mère porte l'enfant dans son corps, psychologiquement, affectivement, intellectuellement, un enfant s'attend à deux. D'ailleurs, les femmes souhaitent souvent partager ce projet d'enfant avec leur conjoint : la décision d'accueillir un enfant, l'investissement de la grossesse et de son suivi, puis l'accouchement et les soins du bébé dès la naissance.
La plupart des pères se sentent aujourd'hui très concernés et beaucoup sont présents aux échographies, parfois aux consultations mensuelles, aux séances de préparation à la parentalité. Ils assistent à la naissance et sont, comme leur femme, assaillis de vives émotions.
L'attente d'un enfant provoque chez la femme, comme chez l'autre parent, des **questionnements**, des **remaniements psychiques**. Contrairement aux idées reçues, la grossesse n'est pas seulement un moment de pur bonheur. Des souvenirs enfouis ressurgissent, des émotions peuvent être sources de tristesse, les liens à ses propres parents peuvent se modifier. L'équilibre du couple en est parfois perturbé. Il n'est pas toujours facile de se comprendre : ce que chacun éprouve, désire, n'est plus en harmonie, cela peut créer des tensions et des doutes. Dès le début de la grossesse, il est important de prendre le temps de parler, d'être attentif aux ressentis de l'autre.
Les modèles familiaux évoluent et il arrive que l'enfant soit attendu par **une femme et sa compagne**. Tout ce que nous disons sur l'implication du conjoint et le nouvel équilibre du couple peut s'appliquer à la compagne de la future mère et à leur couple. Si vous êtes dans cette situation, vous remplacerez peut-être plus ou moins naturellement le mot « compagnon » ou « conjoint » par celui de « compagne » ou « conjointe » – ce que certaines femmes disent faire facilement. Tout au long du livre, pour que vous vous sentiez partie prenante de cette belle aventure d'une attente à deux, nous évoquerons de temps à autre la compagne de la future maman.

Devenir mère

Certaines femmes changent complètement. Chez d'autres, ni le caractère ni le comportement ne semblent apparemment modifiés. La psychologie n'est pas une science exacte ; chaque femme a sa manière à elle de devenir mère, chacune vit une expérience singulière et unique qui dépend de son histoire, de son entourage, de sa capacité à accueillir des émotions, des doutes, de sa possibilité à vivre un passage important de son existence.
D'une manière générale, la future mère traverse des états psychiques changeants au fil des mois. Cette évolution est intimement liée aux transformations physiques et s'étale, elle aussi, sur trois trimestres.

Le premier trimestre : incertitude et ambivalence des sentiments

La période d'incertitude se réduit de plus en plus avec la précocité et la rapidité des tests. Dès les premiers jours de retard, il suffit de quelques heures, parfois de quelques minutes, pour savoir si on est enceinte. Pourtant, même si le test est positif, la femme a de la peine à y croire (« Est-ce bien moi, est-ce bien vrai ? ») et souvent n'est vraiment convaincue de sa grossesse qu'à la première échographie. C'est d'ailleurs le moment que le couple choisit pour annoncer la nouvelle et partager avec ses aînés, ses parents, ses proches la joie d'attendre un enfant. Puis, lorsque la future mère sent son enfant bouger, le projet de devenir parent devient encore plus concret.

Au début c'était la joie d'être enceinte. Puis j'ai eu quelques saignements. Une échographie m'a heureusement montré que le bébé était bien vivant, je me suis sentie apaisée. J'avais l'impression que rien ne pourrait me sortir du bien-être que j'éprouvais ,

nous dit cette future maman.

Des sentiments contradictoires

Dans les premiers temps de la grossesse, même chez les femmes très heureuses d'être enceintes, la joie peut alterner avec des moments d'anxiété. Ce n'est pas encore la crainte de l'accouchement mais une sensation diffuse faite de plusieurs éléments : peur de l'inconnu (surtout pour un premier enfant), ignorance de « ce qui se passe et va se passer », de cette vie intra-utérine, peur d'avoir un enfant malformé, inquiétude liée aux changements qui s'annoncent, interrogations sur ses capacités à devenir mère, crainte de ne pas être à la hauteur, de décevoir et que le conjoint ne s'éloigne pendant ces quelques mois, etc.
Désir de grossesse et désir d'enfant ne coïncident pas toujours. Une femme peut chercher avant tout à se prouver qu'elle peut devenir mère, se rassurer sur sa fertilité, son pouvoir de procréation, sans penser nécessairement à l'enfant. Et même si le désir d'enfant a été très présent, la grossesse peut être perturbante : attendre un enfant diffère de la volonté d'avoir un enfant. Cela explique les sentiments plus ou moins ambivalents que les futures mères éprouvent à l'égard du bébé qu'elles portent.

Une autre crainte peut dominer le premier trimestre : celle d'un arrêt de la grossesse car les femmes savent que les fausses couches se produisent surtout au cours des trois premiers mois (c'est souvent pour cette raison que le couple attend pour annoncer la nouvelle à l'entourage).
Ambivalence du désir d'enfant et du sentiment maternel, sensibilité et vulnérabilité des femmes enceintes, complexité du lien mère-fille, crise maturative de la grossesse, etc. : à travers ces différents thèmes, ce livre apporte un éclairage sur les transformations vécues par les futures mères.

À celles qui sont intéressées par l'expérience intérieure de la maternité, nous recommandons le livre de Monique Bydlowski, psychiatre, psychanalyste : *Je rêve un enfant* (Odile Jacob, coll. « Poche »).

Un temps particulier

La période de la grossesse est parfois comparée à celle de l'adolescence, ce passage entre l'enfance et l'âge adulte. Devenir mère est une transition majeure dans une histoire personnelle, entre un « avant » (fille-femme) et un « après » (femme-mère). Voir son corps se transformer, prendre du poids, avoir des nausées, se sentir fatiguée peut déstabiliser. Certaines femmes peuvent ne pas s'aimer enceinte, être mal dans leur corps et ne pas s'épanouir pendant leur grossesse. Les proches sont surpris, voire inquiets des émotions et des humeurs qui surviennent sans raison apparente.
On peut comprendre qu'attendre un enfant soit un enjeu personnel, familial, social et devienne par là même une source de fragilité. Il ne faut pas s'inquiéter, cet état est passager et se transforme le plus souvent en une expérience enrichissante qui fait mûrir et prépare le couple à devenir parents.

« Je porte un enfant, je devrais être heureuse, et je ressens comme un malaise ; je ne sais pas ce qui m'arrive »,

s'interroge Hélène.

Entre mère et fille

Lorsqu'elle attend un enfant, surtout au cours de la première grossesse, la femme est entraînée dans un mouvement d'**identification** à sa propre mère ; les vécus émotionnels, les échanges qu'elle a eus avec elle dans sa petite enfance, la chaleur, la tendresse, le dévouement dont elle a bénéficié remontent plus ou moins à la conscience. Lorsque mère et fille s'entendent bien, leurs relations s'enrichissent mutuellement. C'est en s'appuyant sur son histoire personnelle, sur ces relations précoces, que la future mère va développer les premiers liens avec son enfant.
Les femmes qui n'ont pas bénéficié de cette transmission maternelle aimante, ou qui n'ont plus leur mère, s'inquiètent souvent de ne pas pouvoir être à la hauteur dans leur nouveau rôle. Si vous êtes dans cette situation, n'hésitez pas à demander de l'aide aux professionnels qui vous accompagnent si vous en ressentez le besoin. Devenir parent est parfois déstabilisant, mais c'est très rarement un événement insurmontable ! Sachez aussi que les mères disent souvent que les doutes éprouvés pendant la grossesse disparaissent après la naissance, lorsqu'elles s'occupent de leur bébé et prennent soin de lui.
Devenir mère, c'est aussi pour la femme **se détacher** de sa propre mère pour assumer les responsabilités qui découlent de son nouveau statut. Certaines grands-mères acceptent difficilement de s'effacer et maintiennent avec leur fille des rapports de proximité, voire de domination ou de rivalité, ce qui peut provoquer des tensions…

Les mères, ou belles-mères, trop interventionnistes sont souvent mal supportées par les futurs parents. Ainsi, cette jeune femme agacée par tous les achats que sa mère fait pour le bébé, ou cette belle-mère qui s'oppose au choix du prénom de son petit-fils et qui cherche à imposer sa préférence.
Lorsqu'une mère voit sa fille devenir mère, il arrive que ce soit un passage pour elle aussi. Elle peut se sentir vieillir d'un coup. Elle prend pleinement conscience de la force des liens qui unissent sa fille et son compagnon et elle peut éprouver un sentiment d'abandon, d'exclusion. Cela d'autant plus fortement qu'elle sait que, pour elle, le temps de la maternité est dépassé. Remarquer ces comportements et attitudes quelque peu intrusifs permet à la future mère de prendre de la distance et de protéger son couple.
Bien souvent, heureusement, la perspective d'une naissance **rapproche mère et fille** : plaisir d'avoir un petit-enfant, plaisir que sa fille puisse être mère à son tour, dans la continuité des générations. Les futures grands-mères savent aussi se rendre disponibles et trouver leur place auprès de leur fille, de leur gendre. De leur côté, les filles en éprouvent un sentiment de gratitude, rassurées à l'idée de pouvoir compter sur l'expérience et la bienveillance de leurs mères.

Entre père et fille

La grossesse, avec la force des mouvements psychiques qu'elle suscite, fait souvent s'interroger la future mère sur les relations qu'elle a entretenues avec son père étant enfant, puis adolescente, qu'il se soit agi d'une expérience de confiance ou au contraire de liens insuffisants.
Le **regard du père** – valorisant ou peu gratifiant – occupe une place importante dans la construction psychique de sa fille et dans le passage de petite fille à jeune fille, puis de femme à mère. Il semble qu'il existe un lien entre la qualité de ce regard paternel et l'accomplissement de la féminité. Une relation bienveillante entre père et fille fera souvent du père une référence idéale plus ou moins consciente dans les choix amoureux de sa fille. Le père pourra au contraire représenter l'image de l'homme à éviter.
Reconnaître que sa fille grandit, admettre qu'un homme puisse l'aimer, la trouver séduisante, attende un enfant avec elle n'est pas facile pour certains pères. C'est accepter de voir leur fille s'éloigner, c'est se rendre compte que leur rôle protecteur s'atténue, c'est aussi vieillir…
Chez certains, les liens entre père et fille sont naturellement simples et affectueux. Chez d'autres, la relation peut s'apaiser, voire se bonifier. Le fort vécu émotionnel de la grossesse et de la naissance fait dépasser l'animosité, les ressentiments. Le père peut alors exprimer à sa fille la fierté et la joie d'avoir grâce à elle un petit-enfant. De nombreux pères, qui n'ont pas pris le temps de s'occuper suffisamment de leurs propres enfants, souhaitent profiter plus et mieux de leurs petits-enfants. Quant à la future mère, elle se sent confortée dans ce nouveau statut qui consiste à ne plus être seulement la fille de ses parents mais à devenir parent à son tour. C'est parfois en s'accordant avec l'homme qui partage sa vie que l'on se met à mieux comprendre son père et qu'on peut avoir avec lui un échange vraiment authentique.

Si vous voulez en savoir plus sur ce sujet, nous vous conseillons le livre d'Alain Braconnier : *Les Filles et les Pères* (Éditions Odile Jacob, coll. « Poche »).

La première échographie

Cet examen révèle à la femme l'existence d'un être qui vit en elle et qui se développe alors qu'elle se sent à peine enceinte. Il peut être vécu comme une intrusion. En voyant à l'intérieur de son corps la présence d'un enfant, même si c'est une « image virtuelle » (comme le dit Sylvain Missonnier), la mère éprouve un sentiment d'étrangeté. « J'ai eu l'impression d'être transparente et d'exposer ce que j'ai de plus intime », dit Céline.

En même temps, cette échographie marque une étape importante dans la construction de la parentalité. Elle confirme une vie intra-utérine et elle inscrit la grossesse dans la réalité. La femme prend conscience qu'elle peut sentir son bébé bouger. Les premiers liens entre les parents et leur enfant se tissent.

Être enceinte après un parcours de PMA

Lorsque leur désir d'enfant ne se concrétise pas par une grossesse spontanée, des couples, et des femmes célibataires, ont recours à la PMA (Procréation Médicalement Assistée). Loin de l'intimité conjugale, ils doivent suivre un protocole médicalisé, indispensable à la réalisation de leur projet. Au fur et à mesure des tentatives, le corps de la femme, exposé aux traitements et aux gestes gynécologiques, sort de sa sphère privée pour se conformer aux exigences de la PMA. Ce parcours nécessaire a des répercussions psychiques, la grossesse espérée devenant parfois au fil du temps une manière de se rassurer et de vérifier le bon fonctionnement du corps (p. 130).

Lorsque la grossesse survient, c'est une vraie victoire, un soulagement, un moment de grand bonheur. Certains couples ont envie de partager très tôt la nouvelle, parfois trop tôt, dès le premier mois, alors que les risques de fausse couche sont réels. Il n'est pas toujours aisé de trouver le bon tempo après un parcours de PMA. Les mêmes doutes et inquiétudes que chez tous les futurs parents surgissent, certaines fois plus accentués. Après une si longue attente et un désir si fort d'avoir un enfant, la femme ne prend pas forcément un temps pour aborder les ressentis de sa grossesse et de ses liens avec l'enfant qu'elle porte en elle. Le couple, la mère seule, se sent prêt à accueillir le bébé et à prendre soin de lui. Mais la rencontre est parfois idéalisée et, après la naissance, le ou les parents se trouvent brusquement ramenés à la réalité des pleurs, des rythmes de sommeil, de la mise en place de l'alimentation, de la fatigue ; ils n'osent s'autoriser à dire, après avoir tellement attendu ces moments, qu'ils traversent une période difficile.

Rassurez-vous, les professionnels de la périnatalité et de la petite enfance (médecins, sages-femmes, psychologues, puéricultrices) sont là pour vous recevoir, évaluer vos besoins, vous accompagner sans jugement et vous aider à vous préparer le plus sereinement possible à votre nouveau rôle, non pas de parents parfaits mais de parents capables de s'adapter aux besoins de leur enfant.

L'échographie, examen trimestriel de la grossesse, a un rôle important dans le cheminement psychologique des parents. Néanmoins, **trop d'échographies** – de plus en plus sophistiquées, comme celles en 3D – peuvent appauvrir le mystère de l'attente, la rêverie nécessaire à l'imaginaire, essentiels dans l'établissement des premiers liens avec le bébé.

Parler à son enfant de sa naissance à la suite d'une PMA n'est pas simple disent les parents. Et pourtant les spécialistes s'accordent à dire que ces paroles sont importantes pour les enfants et font partie intégrante de leur vie.
Lorsque le parcours de PMA débute, les parents sont soulagés mais ils éprouvent souvent une certaine contrariété d'avoir dû s'en remettre à la médecine de la procréation. Ils se sentent atteints dans leurs compétences d'homme et de femme, en particulier en cas de don de sperme ou d'ovocyte. Si cette blessure persiste, elle pourra rendre difficile la communication avec l'enfant sur les circonstances de sa naissance.
La grossesse est la période favorable pour réfléchir à la place de la PMA dans la conception, au désir d'enfant contrarié, à la durée du parcours, à la répétition des examens… Dans le cadre du suivi médical, un soutien psychologique est possible ; il permet de mettre des mots sur son vécu et ses ressentis de frustration, d'injustice, voire de colère.
N'hésitez pas à solliciter ce soutien auprès des professionnels de santé. Plus vous arriverez à composer avec la façon dont votre enfant a été conçu, avec le fait que sans l'intervention médicale, il ne serait peut-être pas là, plus vous pourrez simplement aborder le sujet avec lui, vers 5-6 ans – qui est sûrement la période idéale pour le faire – et moins vous vous sentirez en difficulté pour répondre à ses questions.

Le deuxième trimestre : le bonheur d'être enceinte

« J'ai vu battre son cœur, je l'ai entendu, j'étais émue mais un seul petit mouvement de son pied dans mon ventre m'a bouleversée »,

nous a écrit une lectrice.

Il est possible d'essayer d'expliquer à un homme l'état d'esprit d'une future mère, mais il est difficile de lui décrire les sentiments d'une femme qui, pour la première fois, sent vivre en elle son enfant. L'émotion est forte, profonde.

Avec ces premiers mouvements commence entre la mère et son enfant une relation qui se prolongera bien au-delà de la naissance ; un lien singulier et mystérieux s'établit entre eux.
Ces premiers mouvements font prendre conscience de l'existence d'un être ayant une vie propre. Ils ont une grande importance pour toutes les femmes. Celles qui n'osaient montrer leur plaisir s'y abandonnent maintenant qu'elles sont sûres d'une présence. Et pour celles qui ont eu de la peine à accepter leur grossesse, la période des premiers mouvements est capitale. Souvent ce signal, venu de l'enfant lui-même, apaise leurs appréhensions.

Bébé imaginaire, bébé imaginé

Selon les cultures et les familles, tout futur parent a un bébé imaginaire lié à son histoire socioculturelle, par exemple celui auquel on a pensé lorsqu'on était adolescent, celui qui est montré par les magazines, la publicité, etc. Petit à petit, ce bébé imaginaire va faire place au bébé imaginé par chacun des parents, en référence à leur propre histoire ; il s'agira de leur enfant, unique et singulier.
Avec les premiers mouvements, l'échographie, la connaissance – ou non – du sexe, la future mère imagine son bébé. Elle le fait ainsi exister et lui donne une place avant la naissance. Elle se concentre sur la grossesse, l'intérieur du nid utérin et son bébé. Elle apprécie souvent la compagnie de femmes enceintes ou de mères avec qui elle peut partager émotions et préoccupations. La rêverie maternelle, paternelle, les interrogations sur le sexe de l'enfant, son prénom, son caractère, ses ressemblances, illustrent vraiment cette période.

Épanouissement

Ce deuxième trimestre s'ouvre sous les meilleurs auspices. Les nausées disparaissent généralement, le sommeil et l'appétit reviennent.
Vers 4-5 mois, la grossesse commence à se voir, sans être gênante. C'est souvent le moment que les femmes choisissent pour acheter quelques vêtements adaptés et ainsi se sentir plus à l'aise. Selon leurs goûts, leur personnalité, certaines chercheront à cacher leur ventre, d'autres aimeront le mettre en valeur.
Pendant la grossesse, c'est tout le corps qui s'adapte au développement du bébé : le ventre s'arrondit, le poids change, les seins gonflent et deviennent fermes. Beaucoup de femmes craignent de n'être plus désirables aux yeux de leur conjoint. Arriver à s'accepter telle que l'on est pour le bien-être de son bébé aide à mieux vivre ces transformations corporelles. En plus, il s'avère que beaucoup d'hommes trouvent leur femme attirante pendant la grossesse avec quelques rondeurs. Ils sont attendris par la beauté de ce corps qui porte leur enfant.
Certaines femmes, bien qu'émues de se savoir enceintes, n'éprouvent pas ce sentiment de bonheur, d'épanouissement, et acceptent difficilement leur grossesse ; elles sont inquiètes des responsabilités à venir, surtout si celle-ci survient à un moment de grandes difficultés (financières, de logement, tensions dans le couple, etc.), parfois aussi sans raison apparente. Vous pouvez vous entretenir de ce qui vous

« J'ai vécu pleinement ma grossesse. Attendre un enfant tellement désiré, ne faire qu'un avec lui, c'est une expérience merveilleuse et unique. »

Pauline

L'entretien prénatal précoce (EPP)

L'EPP (p. 194), est un entretien particulier qui vous donne le temps de parler de différents sujets avec un professionnel de santé : vos attentes, vos besoins, votre projet de naissance, les questions qui vous préoccupent, etc.

« Quand je regarde un film, je peux pleurer même quand ce n'est pas triste… c'est incontrôlable. Ensuite nous en rions avec mon mari tellement c'est ridicule… »,

nous confie Florine.

préoccupe avec une personne de votre choix : médecin traitant, sage-femme, psychologue, assistante sociale. Vous vous sentirez moins seule. Parler est un acte difficile mais c'est souvent le moyen privilégié pour comprendre ce qui se passe, pour soulager un malaise et, du coup, avoir accès à l'émerveillement de cette prochaine naissance.

… Et hypersensibilité

La grossesse est une période de grande sensibilité qui peut se traduire par des humeurs changeantes, une irritabilité, de l'émotivité : les moindres gestes ou comportements, remarques ou questions autour de leur corps peuvent être mal interprétés ou susciter des émotions inhabituelles chez les femmes enceintes. Certaines supportent mal qu'une personne, pourtant de leur entourage, s'autorise à toucher leur ventre ; elles trouvent ce geste indélicat, une intrusion dans une intimité que l'on ne veut pas nécessairement partager. Le regard des autres sur ses rondeurs peut produire une certaine gêne chez la future mère. Mais les regards peuvent aussi être chaleureux et empathiques. Aude vient d'annoncer sa toute nouvelle grossesse à ses collègues. Elle est étonnée, et touchée, de voir que dès le lendemain son siège habituel a été remplacé par un fauteuil très confortable.
À la fin du second trimestre, le bébé commence à réagir au monde extérieur : il perçoit son environnement, la voix de ses parents, les sons, les émotions de sa mère, les caresses sur le ventre. La mère se sent disponible pour accueillir les premiers signes de vie de son bébé, c'est un temps propice à une rencontre intime prénatale.

Il peut arriver que cette rencontre avec votre bébé soit difficile, pour différentes raisons (grossesse compliquée, soucis personnels, etc.). Osez demander de l'aide aux professionnels qui vous accompagnent.

Le troisième trimestre : du bébé imaginé au bébé réel

Au premier trimestre, l'enfant était un espoir, puis une certitude ; au deuxième, il est devenu présence ; au troisième trimestre, la date de l'accouchement se rapproche, l'enfant monopolise les pensées, les centres d'intérêt, les préoccupations de la mère.
Tandis que les événements qui font la trame de la vie quotidienne paraissent la toucher de moins en moins au fur et à mesure que passent les semaines, la mère est attentive au moindre signe de développement de son bébé, à sa croissance, à sa position, à ses périodes de calme ou d'agitation. À partir de ses rêveries, de ses pensées, de la perception des mouvements, des images échographiques, la femme a peu à peu imaginé son bébé. Maintenant, elle l'intègre dans le cadre familial, fait des projets pour lui. Avec la naissance qui s'approche, l'enfant réel prend progressivement la place de l'enfant imaginé. La mère, le père se préparent à accueillir leur bébé.
Les séances de préparation à la parentalité et à la naissance sont également utiles pour vous guider dans vos préoccupations maternelles, pour aider votre conjoint à les comprendre, éventuellement pour vous aider à dialoguer. Elles permettent aussi

de faire le lien entre les modifications corporelles, le développement du bébé et l'approche de l'accouchement. Vous pourrez également vous préparer à l'allaitement si c'est votre intention, ou vous informer sur l'arrêt de la lactation si vous ne souhaitez pas allaiter.
La sage-femme ou le médecin remarquent parfois que la future mère reste très loin des préoccupations de l'accouchement, de l'arrivée du bébé, ou est au contraire envahie par des angoisses s'y rapportant. Ils lui proposeront éventuellement de rencontrer un(e) psychologue de la maternité pour l'aider à mieux reconnaître la réalité de son enfant, ou apaiser ses inquiétudes.
Au cours du troisième trimestre, certaines mères ont de la peine à s'intéresser à leur travail, elles sont moins attentives, elles ont des défaillances de mémoire. Elles craignent de ne plus avoir les mêmes capacités lorsqu'elles reprendront leur travail. Qu'elles se rassurent : ces modifications n'ont rien à voir avec des pensées dépressives, ni avec une perte de compétence ; elles sont une adaptation transitoire aux soins nécessaires pour elle-même pendant la grossesse et pour leur bébé ensuite. Le congé de maternité sert à se laisser aller à cette saine « préoccupation maternelle primaire » décrite par le psychanalyste D. W. Winnicott.

Les aînés

Le bébé bouge de plus en plus, même et surtout pendant le sommeil de sa mère et, par ses mouvements, il attire chaque jour un peu plus son attention. Cette présence rappelle les préparatifs à terminer : un petit lit à acheter, une layette à compléter, une préparation à l'accouchement à suivre. On dirait parfois que la future mère désire s'isoler, même de ceux qu'elle aime, ce que sentent bien les aînés. Tout enfant sachant que sa mère est enceinte est habité par des sentiments ambivalents, à la fois positifs et agressifs. Il est heureux de cette future naissance (« Ma maman va avoir un bébé » annonce fièrement Kevin à son enseignante). Mais en même temps il désire rester le seul, l'unique, pour ses parents. Les signes de régression de l'aîné traduisent cette inquiétude de perdre sa place privilégiée. Certains enfants cherchent à provoquer l'attention et le contact avec leur mère ; ils refusent de s'habiller, de manger seuls, ils exigent leur maman au coucher, ils l'appellent au cours de la nuit. C'est aux parents de les rassurer en leur montrant l'attachement qu'ils leur portent, tout en parlant du bébé qui va naître comme d'un événement familial naturel. Nous en parlons en détail dans *J'élève mon enfant*.

Dans une famille recomposée

C'est peut-être votre premier enfant, mais il y a un ou des aînés du côté de votre conjoint. Ou au contraire, vous avez déjà fait l'expérience d'une grossesse, d'un accouchement, mais c'est le premier enfant de votre mari. Dans une famille recomposée, les **aînés** ont besoin, dans certains cas, d'être rassurés sur l'amour que chacun des parents leur porte et sur le fait qu'ils ne sont pas responsables de la séparation. Ils peuvent se poser la question de leur place dans la famille avec l'arrivée du nouveau

À noter

Venez aux échographies seule ou en couple, ou accompagnée d'une personne adulte. Mais venez sans vos enfants. L'échographie est un examen médical qui requiert toute l'attention du médecin. Et vous, vous avez besoin de vivre pleinement cette rencontre avec votre bébé. De plus, la salle d'examen et les appareils peuvent être impressionnants pour un jeune enfant.

bébé et s'inquiéter de la transformation des liens qu'ils ont tissés avec leur beau-parent. Celui-ci a parfois une place délicate en renforçant la nostalgie du couple parental. Il peut aussi apporter de la stabilité.
L'organisation de la vie matérielle avec les enfants d'un conjoint n'est pas toujours simple. Une femme enceinte a besoin de se reposer et le couple doit s'organiser pour que cela soit possible. La présence intermittente des enfants aînés peut être fatigante pour la mère et aussi stressante pour le père ou le beau-parent. Mais les moments où ils sont absents donnent au couple l'impression d'attendre son premier enfant, dans le calme et la disponibilité…
Cela peut être très rassurant pour celui qui découvre la grossesse de s'appuyer sur l'expérience de celui qui la connaît. Même pour une femme qui attend son premier enfant. Mais il peut aussi y avoir des craintes par rapport à cette expérience.
« L'accouchement de sa première femme a été facile. J'ai peur qu'une complication survienne pour moi et qu'il m'en veuille. »
Cette comparaison témoigne du besoin de réconfort de cette maman.

Rêves et cauchemars

Lorsqu'on attend un enfant, on rêve beaucoup, souvent d'une manière très intense. Des rêves de plénitude, d'enveloppement, d'eau… mais qui se transforment parfois en violents cauchemars. Nous le signalons car c'est fréquent et cela inquiète. Il y a des mères qui craignent que ces rêves ne soient prémonitoires ; nous pouvons vraiment les rassurer, ce qui se passe est normal. Cette activité onirique est due à l'important remaniement psychologique de la grossesse ; il se passe la même chose dans toutes les périodes décisives de la vie, vous l'avez certainement observé : on rêve davantage. Ces rêves s'expliquent par ce que Monique Bydlowski appelle la **transparence psychique** de la femme enceinte (p. 88). Pendant cette période, la mère revit avec intensité des événements qui ont traversé son enfance ; des souvenirs très anciens jusque-là refoulés se mettent à affleurer à la conscience, émergeant avec une facilité inhabituelle pour se manifester dans les rêves et cauchemars.

À savoir

Dans certaines maternités, les femmes enceintes peuvent avoir quelques entretiens avec un psychologue pour parler de ce qui les préoccupe : angoisses, phobies, cauchemars, etc., et y trouver un sens.

Les dernières semaines

Le début du troisième trimestre est souvent un moment où les mères portent leur bébé avec un bonheur manifeste. Puis, à mesure qu'il pèse de plus en plus lourd, que la future mère dort moins bien, est moins alerte, une certaine lassitude apparaît et, avec elle, le désir que maintenant les événements se précipitent.
Dans ces dernières semaines, les préoccupations, les pensées de la future mère tournent autour de son enfant : en peaufinant les derniers préparatifs, en s'évadant dans des rêveries. Toutes les femmes essaient de se préparer mentalement à la naissance, en imaginant ce qui peut se passer, même s'il est bien sûr impossible de le savoir vraiment. Ces pensées sont utiles pour apaiser les appréhensions, les angoisses, ainsi que d'en parler autour de soi. Mais ne vous contentez pas des récits, des expériences de vos proches. Posez aussi des questions aux professionnels qui vous entourent, les sages-femmes,

les obstétriciens. « On me dit que mon bébé est gros. Va-t-il pouvoir passer ? » ; « Mon bébé ne s'est pas retourné, le médecin parle d'une césarienne. Et moi qui voulais accoucher par voie basse. Je vais passer au bloc… » Ne restez pas seule avec ces inquiétudes.
On peut se demander pourquoi cette **crainte de l'accouchement** demeure si souvent présente aujourd'hui alors que les progrès médicaux devraient rassurer. Cette peur est sans doute liée à l'inconnu, à cette expérience singulière vécue comme un passage initiatique. Il faut ajouter que l'hypermédicalisation qui entoure souvent la naissance, les informations véhiculées par certaines émissions de télévision ne rassurent pas les parents.
Accoucher, c'est mettre au monde un enfant, c'est devenir parent un bouleversement dans votre vie. C'est aussi un bébé qui passe dans votre bassin, dans votre filière génitale, qui sort de votre sexe. Il est bien normal que cela génère de l'inquiétude. « Vais-je savoir accoucher ? J'ai peur de ne pas y arriver. Cela va-t-il bien se passer ? Serons-nous de « bons parents » ?… » Faites-vous confiance, vous avez en vous des ressources que vous n'imaginez pas. Ne vous inquiétez pas, lorsque vous serez à la maternité, vous ne serez pas seule mais entourée d'une équipe qui veillera sur vous et votre bébé, sans oublier le futur père.

« J'avais peur de l'accouchement mais, curieusement, au fur et à mesure que la date approchait, l'envie de rencontrer mon bébé s'est imposée et m'a apaisée. »

Katia

Des choix à faire, des décisions à prendre

En plusieurs occasions, la future maman peut avoir à entendre les conseils et expériences des uns et des autres : le médecin ou la sage-femme auréolés d'expérience, de technique et de pouvoir ; l'amie, la sœur qui a déjà eu des enfants…
Ces conseils sont utiles. Avoir une famille, un entourage, qui vous soutient est un confort appréciable à tous points de vue. Mais ce souci de protection peut devenir pesant. Certaines femmes se disent fatiguées de ces bonnes intentions. Il est souhaitable que la société, la famille, les amis gardent une bonne distance et n'exercent pas une forme de domination.
Lorsque vous serez bien renseignée sur ce qui se passe dans votre corps, bien au courant du développement de votre enfant, bien suivie par le médecin ou la sage-femme, c'est-à-dire assurée que, côté santé, tout va bien, faites-vous confiance pour les décisions à prendre ; c'est d'abord vous qu'elles concernent. Qu'il s'agisse de votre désir – ou non – de connaître le sexe de l'enfant avant la naissance, de votre souhait – ou non – que votre conjoint assiste à l'accouchement, de votre désir – ou non – d'allaiter, de votre désir – ou non – de péridurale, renseignez-vous, écoutez les autres, discutez-en, mais qu'en dernier ressort ce soit votre choix qui l'emporte. Et c'est avec votre mari, votre femme, votre compagnon ou votre compagne que vous aurez envie de partager les décisions.
C'est vous qui êtes la plus impliquée dans cet événement, c'est de votre corps qu'il s'agit, c'est donc normal que ce soit d'abord à vous

de choisir. De la même façon, au cours de votre suivi, vous pouvez avoir le sentiment d'être « dépossédée » de votre corps et être choquée par certains gestes en rapport avec votre intimité (palpation du ventre, toucher vaginal, spéculum). N'hésitez pas à faire part de votre ressenti lors des consultations (voir *Lorsque des soins, des paroles, des gestes sont inappropriés*, p. 197).

Les mille et une façons de devenir mère. Le manque de confiance en soi et d'expérience, le besoin de partager et de recevoir des conseils, la peur de s'affirmer, la crainte du regard des autres peuvent fragiliser et rendre certains choix difficiles. Pourtant, chaque contexte est unique, propre à chacun et chacune. Pourquoi se laisser influencer par certaines collègues ou amies qui, par exemple, affirment qu'avoir un seul enfant sera de toute façon triste pour lui ? Ou que ne pas allaiter, c'est vraiment privilégier son confort et ne pas choisir le meilleur pour son bébé ? Être un couple homoparental et attendre un enfant suscite parfois des réactions peu bienveillantes, disent des futures mères.

Il n'y a pas un modèle de mère comme il n'y a plus un modèle de famille. Ce qui importe dans toutes ces situations, c'est la disponibilité pour son enfant, le plaisir de la rencontre et de l'échange, la qualité des liens tissés avec son bébé, la joie de concrétiser et de vivre son projet de famille.

Les couples au féminin

Les regards changent et s'ouvrent aux réalités homoparentales. On admet plus facilement que les compétences parentales sont indépendantes de l'orientation sexuelle. « Nos couples et nos familles, bien que minoritaires, existent et c'est important pour nous qu'on tienne compte de notre présence, qu'on ne soit pas constamment passées sous silence », nous écrit Camilla.

« *Lorsque nous nous sommes rencontrées, nous avons très vite évoqué avec ma compagne notre souhait d'avoir un enfant.* »

Aurélie

Être un couple de femmes et attendre un enfant concrétise le désir de fonder une famille, comme chez tous les futurs parents. Pendant la grossesse, le partage des ressentis et des émotions aide chacune à trouver sa place ; il favorise la constitution du couple parental. La « deuxième maman » – comme nous l'ont écrit certaines lectrices – est heureuse de voir sa compagne enceinte. Même si elle ne porte pas l'enfant, elle se prépare mentalement à être parent. D'autres femmes peuvent toutefois se sentir frustrées de ne pas vivre la grossesse alors que leur corps le pourrait, ou l'a déjà vécu. En parler entre vous, éventuellement avec la sage-femme lors de l'entretien prénatal, pourra vous aider à voir plus clair dans ce que vous éprouvez confusément, et vous préparer au « devenir mère » avec votre compagne et à l'accueil de votre enfant.

Un trop-plein d'émotions

Attendre un enfant est porteur de mouvements psychiques contradictoires, joie, tristesse, bonheur, surprise. Devenir mère amène aussi à se poser des questions sur ses capacités à assumer de nouvelles responsabilités, notamment lors d'une première grossesse. Cet événement entraîne des émotions, des sensations qui peuvent être constructives mais aussi sources d'angoisse, de doutes. Durant la grossesse, les femmes ressentent plus ou moins fortement diverses formes de manifestations anxieuses voire dépressives. D'autant plus qu'il est quasiment impossible de ne pas se sentir sensible, vulnérable, lorsqu'on attend un enfant.

Au premier trimestre, cette fragilité se manifeste par des changements rapides d'humeur, la femme enceinte passe par des moments d'anxiété, d'irritabilité qui peuvent exprimer la peur d'une fausse couche ou d'un souci de santé pour son enfant. Au cours du deuxième trimestre, l'instabilité émotionnelle diminue souvent grâce aux mouvements du bébé et aux échographies qui rassurent la future mère. Au troisième trimestre, l'angoisse se fonde principalement sur la proximité de l'accouchement.

Différents états

Tout ce vécu émotionnel peut fragiliser les futures mères ; il existe différents états :

- la **« dépressivité »** est une situation transitoire, c'est une adaptation provoquée par la grossesse et qui prépare mentalement la femme à l'accueil de son futur bébé ;
- un **état dépressif** peut être favorisé par des circonstances psychologiques ou un contexte médico-social (difficultés conjugales ou matérielles, rupture sociale ou familiale, événement survenu brutalement, grossesse à risque, isolement, complication de la grossesse…) ;
- la **dépression** sévère témoigne d'un ensemble de défaillances et de grandes fragilités tant chez la femme que parfois dans son entourage.

Le risque est qu'une dépression pendant la grossesse puisse se poursuivre après la naissance et affecter les relations avec le bébé.

À noter

Il est courant que la grossesse fasse ressurgir des événements de son histoire, de son enfance (expériences du passé, liens avec sa mère, son père…) et confronte la femme avec l'étrangeté de la transformation de son corps et avec les nouvelles sensations provoquées par les mouvements de son bébé.

À savoir

Il est possible, sur prescription médicale, de consulter un psychologue référencé sur la plateforme « *Mon psy* » et d'être remboursé (p. 409).

Partagez vos ressentis

Beaucoup de femmes s'inquiètent d'être angoissées pendant leur grossesse, elles ont peur que cela ait une influence sur la santé de leur bébé. Elles se demandent comment elles vont arriver à sortir de cet état de malaise, d'autant plus que les proches ne savent pas toujours comment les aider et prodiguent des conseils souvent inadaptés : « Prends sur toi, pense à ton bébé, tu as tout pour être heureuse. »
Les soucis, les contrariétés, les chagrins font partie de la vie quotidienne, comme les moments de joie et de plaisir. Il est difficile d'éviter toutes les causes de stress mais il est possible de se soulager des tensions, de l'inconfort qu'il provoque en prenant conscience de la nécessité de trouver des solutions, un remède à son mal-être.
Ne restez pas seule, envahie par vos difficultés, demandez de l'aide à vos proches, voyez comment vous organiser pour être déchargée de différentes tâches. Certaines mamans nous ont dit être apaisées d'avoir parlé à leur bébé de ce qu'elles ressentaient.
L'entretien prénatal précoce peut être l'occasion d'évoquer avec la sage-femme ce que vous éprouvez. Les sages-femmes sont aujourd'hui très présentes dans la vie des futures mères et ont souvent avec elles une relation de proximité. Les femmes se confient facilement et nombreuses sont celles qui gardent des liens avec leur sage-femme après la naissance.
S'il s'agit de tensions dans votre vie professionnelle, parlez-en à votre médecin. La relaxation – par la gymnastique aquatique, le yoga, la sophrologie, la méditation, l'auto-hypnose, etc. – peut apporter une réelle détente. Enfin, n'oubliez pas que la crainte face à une nouvelle expérience comme la grossesse et l'accouchement est légitime et peut cacher une préoccupation saine, celle du bébé à naître.
La solitude de la femme enceinte est parfois renforcée par l'**isolement du couple**. Attendre un enfant est aujourd'hui plus une histoire de couple qu'une histoire familiale. Certains futurs parents ont quitté leur région d'origine, d'autres se sont expatriés ; leurs propres parents travaillent et sont peu disponibles. Ils ne peuvent partager leur ressenti, leurs émotions avec leurs proches, les contacts physiques leur manquent. En période de pandémie, les restrictions ont accentué cet isolement. Une recherche récente en psychologie (thèse de doctorat en psychologie de Delphine Vennat) a montré que le défaut de soutien familial dans l'après-naissance immédiat avait une incidence non négligeable dans l'apparition des dépressions du post-partum.
Si votre état d'anxiété persiste, si d'autres troubles apparaissent – grande irritabilité, palpitations, fatigue, sommeil perturbé, perte de l'appétit, cauchemars –, ne vous sentez ni honteuse ni coupable et ne tardez pas à demander de l'aide à l'équipe qui vous suit : assistée de psychologues, de psychiatres (si besoin), elle est formée pour vous épauler, soulager votre souffrance. Lorsque ces difficultés seront dépassées, vous vous sentirez mieux, plus sereine et plus disponible pour vous occuper de votre enfant.

La naissance d'un père

Nous attendons un enfant… Même lorsque la grossesse est prévue et attendue, l'homme est souvent surpris de l'annonce. « J'ai appris cela un soir en rentrant. J'étais stupéfait. J'avais du mal à y croire… bien que nous attendions ce moment avec impatience », dit Benjamin.

Les émotions du futur père

Chez l'homme, le désir d'enfant s'exprime rarement spontanément. C'est souvent sa compagne qui en parle en premier et, s'il se sent prêt, l'homme adhère à ce projet d'enfant. C'est parfois la femme qui hésite et finalement, notamment à cause de son âge qui avance, accepte le souhait de son conjoint.
L'idée qu'il va avoir un enfant suscite chez l'homme de nombreux sentiments, souvent contradictoires, tant en ce qui le concerne que vis-à-vis de sa femme.
Tout d'abord il est heureux, très ému, même s'il ne le montre pas. Puis il est fier de savoir qu'il peut procréer. Il se sent renforcé dans sa valeur d'homme.
Futur père, il se rapproche de son propre père, il va lui donner une nouvelle place, celle de grand-père. Veut-il lui ressembler ou s'éloigner de cette « figure paternelle » ? Une image valorisante lui donnera envie de s'en rapprocher. Mais il pourra aussi s'appuyer sur d'autres figures paternelles : oncle, frère aîné, amis, etc. « Mon père était rigide, autoritaire. Lorsque nous avons attendu un enfant, j'ai aussitôt pensé à la famille d'un ami proche, à son père si chaleureux et si drôle », nous confie Paul.

Homme et bientôt père

La joie d'un homme à l'idée d'avoir un enfant lui fait éprouver pour sa compagne de l'admiration, de la reconnaissance, de la tendresse. Par pudeur, les futurs pères n'osent pas toujours exprimer ce qu'ils ressentent. Pourtant, rares sont ceux qui restent indifférents au moment de l'annonce de la grossesse.

Ils sont conscients des transformations à venir. L'entourage et les amis préviennent parfois : « Tu vas voir comme c'est difficile d'élever un enfant » ; « La liberté c'est bien fini, adieu les sorties à l'improviste. » Mais d'autres trouvent les mots qui rassurent, savent transmettre les émotions éprouvées lors de la naissance de leur bébé et le plaisir qu'ils ont à s'occuper de leurs enfants.

La paternité ne naît pas un jour précis, elle résulte d'un cheminement allant du désir puis de la survenue d'une grossesse jusqu'à la naissance et à la construction du lien avec son enfant. Le futur père ne vit pas la grossesse dans son corps mais dans sa tête et dans son cœur ; ne pas sentir l'enfant se développer dans sa chair, mois après mois, ne l'empêche pas de se préparer à la paternité.

« J'ai mis une semaine à réaliser. Je ne cessais de dire à ma femme : en es-tu bien sûre ? »

Grégoire

« J'ai été le premier à savoir. Ma femme était trop émue, elle m'a demandé de lire le résultat du test. »

Erwan

Un temps d'adaptation

Les liens amoureux se modifient, le désir sexuel change. Les hommes peuvent se sentir frustrés pour le présent et inquiets pour l'avenir. D'autres ont peur de faire mal au bébé lors de relations sexuelles. C'est pourtant une crainte non fondée (p. 29 et suiv.). Certains sentent leur compagne plus distante et ne comprennent pas pourquoi. Pendant la grossesse, la femme peut avoir moins de désir, ou assumer plus ou moins bien les transformations de son corps. Il est important que le couple prenne le temps d'en parler, de s'exprimer sur l'évolution des relations amoureuses. **Chacun doit être à l'écoute de l'autre.**

Le père est parfois troublé par le lien privilégié qui se noue entre sa femme et le bébé à naître, il craint de se sentir exclu. Certains hommes se réfugient dans leur vie professionnelle, un endroit où leur compétence est reconnue, où ils se sentent à l'aise et qui leur permet d'oublier un peu la grossesse et le bébé. Les futures mères ont le plus souvent l'intuition de ce sentiment et laissent leur compagnon prendre la place qu'il souhaite occuper.

Certains hommes s'inquiètent pour la santé de leur femme, parfois plus qu'elle-même, dont toutes les préoccupations sont tournées en direction du bébé. Ils se sentent soit responsables, soit impuissants de ce qui pourrait lui arriver.

Même s'il ne ressent pas ces craintes, le père se rend compte que, matériellement, la vie va changer : les projets ne seront plus à faire pour deux mais pour trois, certains deviendront même impossibles – au moins au début. Et il se sent d'autant plus responsable de cette nouvelle organisation que, souvent, sa femme a besoin de son soutien, de son empathie, qu'il prenne des initiatives.

Les sentiments d'un futur père sont donc variés, et contradictoires en apparence : il a le sens de ses obligations nouvelles et il craint d'être mis à l'écart ; il se sent renforcé dans sa valeur d'homme en même temps qu'il a une impression d'inutilité vis-à-vis de sa femme ; il s'inquiète pour la santé de sa compagne et parfois a envie d'oublier qu'elle est enceinte ; devant elle, il est comme intimidé tout en sentant qu'il prend de l'assurance, qu'il mûrit.
Ces réactions sont d'autant plus fortes qu'il s'agit d'un premier enfant, puisque tout est nouveau, tout est à découvrir. Au deuxième, au troisième enfant… les pères se sentent tout aussi concernés mais ils vivent cette période avec plus de sérénité.

Une période de vulnérabilité chez certains pères

Attendre un enfant est un tel bouleversement que certains hommes manifestent leur fragilité de différentes façons : troubles du sommeil, troubles digestifs, prise de poids. On sait aujourd'hui en écoutant les pères, notamment dans des groupes de parole, que ce qu'ils ressentent est souvent méconnu car ils n'en font que rarement état spontanément. La plupart du temps, ces troubles sont transitoires et tout rentre dans l'ordre lorsque le couple peut en parler et que chacun trouve sa place. Mais, s'ils deviennent gênants pour la vie quotidienne, il ne faut pas hésiter à en faire part à un professionnel.

La détresse de certains hommes

L'annonce de la grossesse fait parfois « éclater » le couple et provoque chez l'homme un départ soudain et précipité du domicile conjugal. Certains hommes peuvent plus tard dire qu'ils n'étaient pas prêts, ou qu'ils se sont sentis piégés et ont paniqué. D'autres ont des histoires d'enfance douloureuses, les souvenirs d'un père violent, pas affectueux ou peu présent, et ils ont peur de reproduire les mêmes gestes, les mêmes comportements que leur propre père.

L'accompagnement de la grossesse par les futurs pères

L'annonce de la grossesse est le premier moment fort pour le futur père. Rapidement arrivent les rendez-vous médicaux, les recommandations des professionnels de santé qu'il va partager avec sa compagne, quelques précautions à prendre qui modifient un peu la vie quotidienne.
Le premier et le début du deuxième trimestre semblent peu marquants pour certains pères, en dehors des échographies. La fin du deuxième trimestre, avec l'apparition des mouvements fœtaux, est plus significative. Les pères sont heureux de parler du contact physique qu'ils ont avec leur bébé en posant la main sur le ventre de leur femme. Ceux qui pratiquent l'haptonomie (p. 286) ressentent encore plus cette relation particulière.

À quel moment l'homme se sent-il père ?

Il y a des hommes qui se sentent pères dès le test positif de grossesse.

Il y en a pour qui la révélation se produit lorsqu'ils entendent les battements du cœur de leur bébé lors de l'échographie.

Il y en a qui découvrent la paternité en prenant pour la première fois leur enfant dans leurs bras.

Il y en a enfin qui s'investissent dans leur rôle de père plusieurs mois après la naissance.

À savoir

Dans certaines maternités, les psychologues reçoivent également les futurs pères, avec ou sans leur compagne.

Au troisième trimestre, l'aspect matériel implique concrètement les pères : préparer la chambre, prendre plus en charge les tâches ménagères, organiser différemment la vie sociale, voir comment il sera possible d'emmener sa femme à la maternité, préparer le congé de paternité…

L'échographie

La première est souvent la plus importante pour l'homme, elle apporte du concret : « À la première échographie, le bébé devient plus visible, plus réel, donc plus présent… et j'ai mieux compris son évolution et les réactions de ma compagne. Enfin voir son bébé pour de vrai ! Le premier regard sur mon enfant… Je suis encore plus heureux… On connaît désormais les mensurations et franchement, je ne l'imaginais pas si développé pour 12 semaines ! Il vit déjà avec nous ! »
Découverte, satisfaction, étonnement, soulagement, joie, émerveillement sont les mots qui reviennent lorsque les pères parlent des échographies.

Aller aux séances de préparation à la naissance ? aux consultations ?

Les futurs pères ne participent pas tous de la même manière à la grossesse de leur femme. Certains la vivent vraiment avec elles. Ceux-là vont souvent aux séances de préparation à la naissance. Ils apprécient la visite de la maternité, ils aiment connaître le chemin de la salle de naissance, ils ont besoin de visualiser l'endroit.
D'autres pères suivent la préparation par femme interposée. « Ma femme me racontait en rentrant, comme ça j'étais prêt pour l'accouchement. »
De plus en plus de maternités s'adressent aux hommes et proposent aux futurs pères des **séances de préparation à la parentalité**. Il n'est en effet pas toujours aisé de poser des questions à une sage-femme entourée de femmes, ni à sa propre compagne. Certaines futures mères préfèrent d'ailleurs aller seules aux séances, rester entre elles. Un espace dédié aux pères leur donne la possibilité d'exprimer leurs interrogations ou leurs inquiétudes liées à la paternité : l'arrivée d'un premier enfant, ou d'un bébé né de l'union avec une nouvelle compagne, ou une naissance très espacée de la précédente, ou encore les changements de vie à venir. Ils sont soulagés de partager leurs ressentis avec des professionnels, avec d'autres futurs pères.
Certains pères, peu nombreux, s'arrangent pour être présents aux consultations mensuelles. Ils apprécient ce moment avec leur femme autour du bébé à naître, ils viennent prendre de ses nouvelles. Ils se renseignent sur son développement : quand vont-ils percevoir les premiers mouvements ? Quand le bébé va-t-il entendre ? Pourquoi ne s'est-il pas encore retourné ? Mais d'autres pères sont gênés d'être spectateur de l'examen vaginal, trop intime.
Les échographies, les consultations prénatales, les séances de préparation, l'haptonomie, aident l'homme à se représenter son enfant, à lui donner une réalité, à se sentir proche de lui, à se préparer à son nouveau rôle : il se sent père avant la naissance.

« J'ai manqué quelques séances et je l'ai regretté. Les pères posent des questions pratiques que les mamans n'osent pas poser : quand aller à la maternité ? Faut-il appeler une ambulance ? Vers la fin de la grossesse, des parents sont venus nous raconter comment cela s'était passé pour eux, ce que nous avons fait par la suite. »

Jean

Les pères et l'accouchement

La question de la présence à l'accouchement se pose très tôt dans la grossesse chez certains hommes. Chez d'autres, ce sera un épisode de contractions au troisième trimestre qui les fera s'interroger. Et il y a les récits des amis, des collègues, qui parlent de la longueur de l'attente, de la sensation d'impuissance pendant les contractions, du sentiment d'être dépassé par la force montrée par leur femme, du bouleversement lors de l'arrivée du bébé. Mais qui témoignent aussi de leur fierté, de leur immense joie, d'avoir été là, tout simplement.
Lorsque le conjoint ne peut pas rester au côté de sa femme qui va accoucher par césarienne il se sent très seul, souvent contraint d'attendre à l'extérieur du bloc chirurgical. Les équipes sont conscientes de ce moment de solitude et s'efforcent de lui donner le plus tôt possible les premières nouvelles, puis de lui présenter son bébé.
La présence du père en salle de naissance n'est ni une évidence ni une obligation (p. 329). Vivre la période du travail, puis l'expulsion, avec la douleur, la vue du sang, peut heurter la sensibilité de certains. C'est pourquoi le conjoint a parfois besoin d'être aidé pour préciser ses souhaits (présence en salle d'accouchement, coupe du cordon). Certaines femmes, quant à elles, n'ont pas envie que leur compagnon assiste à l'accouchement. Elles veulent préserver leur intimité. C'est une pudeur compréhensible.

« Le soir, j'aimais câliner son ventre. La première fois que je l'ai fait, j'ai senti que cet enfant était à nous deux. »

Théo

Pour aider votre compagne pendant ces neuf mois

- Dès le début de la grossesse, la future mère doit prendre des précautions alimentaires pour éviter la listériose (p. 248) et la toxoplasmose (p. 244) si elle n'est pas immunisée. Elle ne doit pas boire d'alcool, ni fumer, ni être dans une atmosphère enfumée. Cela signifie que les repas doivent être adaptés, ainsi que les achats et l'hygiène du réfrigérateur. C'est plus agréable lorsque le conjoint accepte les restrictions alimentaires, les anticipe quand il fait les courses et soutient sa femme dans les sorties pour éviter tabac et alcool.
- Lorsque le déroulement de la grossesse impose du repos, une nouvelle organisation est à mettre en place pour s'occuper de la maison. « Avant 6 mois, j'étais spectateur ; quand Anne s'est retrouvée au lit avec des contractions, j'ai été tout à coup très impliqué, devant materner Anne pour qu'elle puisse materner le bébé. Je faisais tout. Cela faisait beaucoup. Mais c'était mon nouveau rôle », dit Philippe. La famille et les amis seront sollicités pour un peu d'aide.
- Il y a aussi la chambre à préparer, le matériel à acheter, à installer. La future mère préfère souvent que tout soit prêt très tôt, alors que le futur père, plus objectif, est moins pressé. Sachez que ce que vous préparez sera vécu par votre compagne comme un témoignage de l'intérêt que vous portez à l'arrivée de votre enfant.

Au troisième trimestre, la future mère est facilement essoufflée et la station debout peut être très désagréable pour les jambes et le dos. Il vaut mieux éviter les grandes marches, les visites au musée ou les expositions. Et pensez que la quasi-totalité de ses préoccupations sont tournées vers l'arrivée du bébé et que c'est normal. Si elle s'intéresse moins à vos activités, ce n'est pas qu'elle s'intéresse moins à vous. Au contraire, elle a besoin de vous, de votre attention. Elle peut craindre que vous vous détourniez d'elle maintenant et après la naissance. Certaines femmes se sentent belles enceintes, d'autres se trouvent presque difformes ; le décalage du rythme de vie, des intérêts, leur fait redouter d'être délaissées.
Si votre compagne vit dans cette crainte, une personne peut la réconforter : c'est vous. Quand on doute de soi, il suffit souvent de quelques mots pour reprendre confiance.
En ce moment, chez la future mère, une force prodigieuse s'exerce : celle incomparable de faire se développer et naître un enfant. Cela demande beaucoup d'énergie. Certaines femmes deviennent particulièrement sensibles ; une phrase mal comprise ou mal interprétée peut les émouvoir.
Écoutez votre compagne, rassurez-la. Les mots ont un pouvoir magique : ils peuvent inquiéter lorsque, par exemple, une amie raconte un accouchement difficile ; mais ils peuvent aussi rassurer. Ces paroles, vous saurez les trouver. Si ses craintes persistent, demandez-lui d'en parler au médecin ou à la sage-femme qui suivent la grossesse.

Du couple à la famille

La perspective de la naissance modifie l'équilibre du couple : le bébé prend de plus en plus de place dans les pensées et les préoccupations de ses parents. La naissance accentue bien sûr cette évolution. Les premières semaines, les premiers mois, la vie va tourner autour de votre bébé et vous vous adapterez à son rythme, à ses besoins ; vous n'aurez plus beaucoup de temps à passer à deux, il va falloir s'organiser autrement.
Ce passage sera facilité par l'implication, la proximité du père dans la vie de la famille, dans l'organisation de la maison. Le congé de paternité aide le papa, ou le coparent, à prendre une part active dans la mise en place d'un nouvel équilibre familial. Il lui permet de profiter pleinement de l'enfant, de sa compagne, sans oublier les aînés. Plus le père sera présent, plus la mère aura du temps pour elle, plus elle pourra retrouver sa place de femme et exprimer ses besoins et ses envies. Cela l'aidera aussi à sortir de cette « préoccupation maternelle primaire » (selon l'expression de D. W. Winnicott déjà citée) qui la concentre exclusivement sur son bébé. Une naissance renforce les liens à l'intérieur du couple, lui donne une autre dimension, un autre avenir.

Parents vulnérables

La façon dont un couple vit l'attente de son enfant dépend aussi d'événements extérieurs qui peuvent le fragiliser (deuil, perte d'emploi, problèmes de logement ou financiers, tensions…). Dans ces situations d'instabilité, il est important de ne pas rester seul, d'en parler, de partager avec un professionnel de santé, médecin, sage-femme de la maternité ou de la PMI, assistant(e) social(e), psychologue.

Si vous êtes seule

Certaines futures mamans se retrouvent seules de façon inattendue, par exemple à la suite d'une rupture conjugale ou de l'éloignement temporaire ou définitif du conjoint. D'autres choisissent de se lancer seule dans l'aventure de la maternité et de la parentalité et se tournent, le plus souvent, vers la PMA.

Vous vous retrouvez seule

Lire le début de ce chapitre vous aura peut-être donné un pincement au cœur. Attendre à deux ? Vous voudriez bien, mais vous vous retrouvez seule à vivre votre grossesse.

- Céline partage la vie d'un homme nettement plus âgé qu'elle ; elle aimerait un bébé ; son ami ne le souhaite pas : « Ce n'est plus de mon âge », lui dit-il chaque fois qu'ils abordent la question. Néanmoins, Céline attend un enfant mais ne révèle sa grossesse qu'au 4e mois afin d'être sûre de pouvoir garder le bébé. Son compagnon ne se résout pas à changer d'avis et la quitte.
- Suzy est enceinte de 6 mois et le futur père l'a quittée du jour au lendemain. Elle est bien déterminée à surmonter cette épreuve mais redoute de se retrouver seule lors de l'accouchement.
- Christine se sent seule malgré la présence de son conjoint. Depuis l'annonce de la grossesse, celui-ci est distant et s'exprime peu. A-t-il peur de revivre la fausse couche tardive survenue l'année précédente ? Christine espère le retrouver à ses côtés lorsque la date qui les inquiète sera dépassée.

- « Mon compagnon est parti au 4e mois de grossesse alors que nous avions désiré ensemble notre bébé. Je me sens coupable de me retrouver seule, de ne pas être en couple, d'être si malheureuse ».

Lors d'une rupture survenant pendant la grossesse, les femmes ont avant tout besoin d'être entourées pour arriver à dépasser le choc de la séparation et à se projeter le mieux possible dans les mois à venir.

Vivre seule ne signifie pas vivre isolée

Ces histoires de mamans seules sont nombreuses. Quelles que soient les circonstances, ces mères vont parfois devoir assumer seules leur grossesse et la naissance de leur enfant.
Vivre seule, c'est ne pas vivre en couple mais cela ne veut pas forcément dire être isolée ou sans entourage. Pour écarter le risque de repli sur soi, la « maman solo » s'entourera, autant que faire se peut, de membres de sa famille, d'amis, de voisins. Si vous redoutez d'être seule au moment de l'accouchement, peut-être pouvez-vous compter sur un proche pour vous accompagner ? Certains d'entre eux seront heureux de vous apporter l'aide que vous leur aurez demandé.
Les **professionnels** qui suivent votre grossesse (sage-femme, psychologue, médecin) sont également là pour vous procurer le soutien dont vous pourriez avoir besoin. Osez vous confier à eux. L'entretien prénatal précoce (p. 194) est un moment propice pour aborder vos difficultés, vos ressentis et bénéficier d'un accompagnement adapté avant et après la naissance.
Les séances de préparation à la naissance, les associations, les réseaux sociaux sont des occasions de partage. Bien des femmes disent faire l'expérience de la solidarité, de l'entraide féminine lors de ces événements si particuliers que sont la grossesse et la naissance. D'ailleurs, que l'on vive seule ou en couple, cette ouverture aux autres est essentielle à tous les stades de la parentalité.
Être seule pour attendre un bébé ne signifie pas nécessairement faire le deuil d'une vie de couple ; une rencontre est toujours possible.

Voici un livre qui évoque **la multitude des maternités solos** : *Maman solo – Entre solitude et liberté, bien vivre sa monoparentalité*, de Shane Love (Larousse). Il est accompagné de nombreux témoignages.

Le père de l'enfant

Lors d'une séparation conjugale au cours de la grossesse ou à la naissance, le père ne sera peut-être pas auprès de vous et de votre enfant comme vous l'aviez imaginé. Malgré ce que vous éprouvez, essayez d'épargner à votre enfant votre vécu d'adulte. En le préservant des circonstances de la séparation, vous favoriserez son développement. Il est important de ne pas inventer une histoire, de ne pas mentir, de rester au plus près des faits, en tenant compte bien sûr de l'âge de votre enfant, de ce qu'il est en mesure de comprendre : « Ton papa et moi avons décidé de ne plus (ou de ne pas) vivre ensemble », « Je souhaitais un bébé mais ton papa n'était pas prêt… ». Essayez de ne pas créer une rupture de la filiation ; votre enfant pourrait avoir besoin de rechercher ses origines, de se rapprocher de son père. Gardez une photo afin que l'enfant puisse, s'il le désire un jour, mettre un visage sur son père.

Vous avez choisi d'attendre seule votre enfant

- Tania a vécu plusieurs histoires amoureuses « mais ce n'était jamais le bon moment pour concrétiser ensemble un projet d'enfant ». Elle vient d'entamer les démarches pour bénéficier d'une PMA. « Je me sens prête à accueillir un bébé et à l'élever. »
- Florence décide à 37 ans d'avoir un enfant. Elle rencontre un homme qui comble ce désir mais elle ne souhaite pas vivre avec lui. « J'ai vécu ma grossesse "en solo". Le jour de l'accouchement, j'ai préféré être seule malgré l'insistance de ma mère qui voulait être présente. Tout s'est bien déroulé et la vie avec mon bébé me comble. »

Lorsque les femmes décident d'attendre seules un enfant, elles peuvent, à certaines conditions, se tourner vers la PMA. Cette décision n'a pas été facile à prendre, disent-elles. Le temps qui passe, une ou plusieurs ruptures, la peur de ne pas être mère... sont autant de raisons invoquées pour expliquer leur choix. Rencontrer un homme, avoir des sentiments amoureux, construire une relation de couple requiert du temps alors que l'horloge biologique avance. L'âge est souvent l'élément déclencheur du projet de maternité qui emporte toutes les interrogations et les éventuelles réticences. Les femmes qui s'engagent dans cette démarche expriment leur profond désir de maternité, leur souhait d'entourer leur enfant d'affection et d'attention.

L'attente qui précède le premier rendez-vous pour demander un don de spermatozoïdes est longue, de 6 mois à un an. Ensuite il faut passer par toutes les étapes de la PMA, les tentatives, les échecs, l'espoir, la réussite. Pendant tout ce temps, les femmes ont pu s'interroger sur leur désir d'être seule pour attendre un enfant, se préparer à la grossesse, à l'accouchement, à l'accueil du bébé, en s'entourant des conseils de l'équipe qui les suit, en partageant leurs ressentis avec leurs proches, comme les femmes qui se retrouvent seules malgré elles (voir plus haut). Cette anticipation permet d'affronter les doutes (« Était-ce la bonne décision ? »), la culpabilité et les commentaires parfois négatifs (« C'est un choix égoïste »). Elle leur donne confiance dans leur capacité à être des mamans solos et, en général, elle les conforte dans leur décision.

Si votre enfant naît d'un don de spermatozoïdes, votre place de mère seule l'amènera certainement à vous poser un jour la question de sa conception. Plus vous serez à l'aise avec votre histoire, votre choix de maternité, plus vous pourrez lui en parler sans gêne et sans détour.

Quelle que soit votre situation, prévoyez, si cela est possible, d'être entourée après la naissance car assumer seule les nuits, la fatigue, les questionnements, sans le père ou la compagne est parfois difficile.

Depuis la dernière **loi sur la bioéthique** (2 août 2021) les femmes non mariées ont accès à la PMA (p. 439).

Des situations particulières

Être enceinte après une fausse couche, une IMG, la perte d'un enfant

Après la perte d'un bébé, la question d'une nouvelle grossesse se pose souvent rapidement. Parfois très vite, comme une urgence, parfois avec plus de retenue. Il semble qu'il n'y ait pas de « bon délai » à conseiller. Pour chaque femme, pour chaque couple, le temps du deuil et la relation à l'enfant à naître dépendront de leur vécu (Voyez pages 262 et suivantes *La perte du bébé qu'on attendait*).
Lorsqu'elle apprend qu'elle est à nouveau enceinte, la femme peut avoir de la peine à vivre pleinement sa grossesse. Les couples sont heureux de cette nouvelle mais en même temps craignent un nouveau drame. Ils attendent souvent plusieurs mois avant d'informer leur entourage tant le projet de paternité et de maternité a été contrarié.
La femme ne veut pas totalement croire à sa grossesse, comme pour se protéger au cas où l'histoire se répéterait. Elle parle peu de son bébé, hésite à penser à lui, à se projeter avec lui. Les mouvements du bébé sont moins une source de rêverie qu'un marqueur de la vitalité de l'enfant. Le calendrier de la nouvelle grossesse se calque sur celui de la précédente et cela peut accentuer l'inquiétude.
Les couples craignent de ne pas être capables de mettre au monde un enfant bien portant. Le plus souvent, ils ne seront soulagés que lorsqu'ils verront à la naissance leur bébé en bonne santé.
La participation à des groupes de parole ou à des associations peut être un excellent soutien pour échanger avec d'autres femmes, d'autres couples, passés par la même épreuve. Chercher à se sentir moins seuls et compris permet de relancer les processus de pensée – restés figés sur la perte périnatale – et favorise un meilleur vécu de la nouvelle grossesse.
L'écoute attentive et compréhensive de l'événement survenu est nécessaire pour apaiser les angoisses qui pourraient émerger.
Pour rassurer la future mère, l'aider à se représenter cette grossesse comme singulière et différente de la précédente, le soutien de l'équipe de la maternité est particulièrement important. Vous pouvez compter sur l'accompagnement des soignants lors des consultations et des échographies, sur la présence de psychologues pour vous permettre de mettre des mots sur ce que vous ressentez et pour profiter des mois à venir et de la présence de votre bébé.

« Nous avons perdu notre premier bébé à 8 mois de grossesse. Maintenant, quand je ne le sens plus bouger, je panique. »

Clémence

« J'ai fait une fausse couche tardive à 22 semaines, je pense souvent à cette date. »

Anaïs

Après une IVG

Une IVG (Interruption Volontaire de Grossesse) n'est pas anodine et peut laisser des traces dans un parcours de vie. Elle plonge les femmes dans une certaine solitude. La demande d'IVG arrive à une période où les effets physiologiques de la grossesse débutante (besoin de sommeil, nausées…) peuvent être ressentis. Le plus souvent, les femmes ne parlent pas de leur grossesse, elles se concentrent plutôt sur les motifs de leur demande, qu'il s'agisse du contexte social, familial, psychologique, de précarité matérielle… Elles viennent rarement en couple pour une demande d'IVG. Parfois leur mère, une amie proche leur apportent du soutien mais la peur, l'ambivalence peuvent être présentes. Pouvoir en parler à des professionnels permet de se dégager un peu de la culpabilité et des angoisses éprouvées. Le sens de la décision peut alors s'inscrire dans l'histoire de celle qui s'y trouve confrontée, lui permettre de reprendre sa vie de femme avec plus de sérénité. Une grossesse qui tarde à venir, ou une nouvelle grossesse, parfois des années après une IVG, pourra raviver des souvenirs douloureux mais laissera en général la place à la joie de ce bébé désiré.

Les violences conjugales

Les violences dans le couple peuvent s'intensifier pendant la grossesse, observent les équipes de maternité. Certains hommes supportent difficilement de devenir père, ou bien craignent de perdre le rôle qu'ils avaient auparavant, ou sont fragilisés par des souvenirs anciens qui resurgissent, etc.

De nombreuses femmes pensent que s'il y a eu des violences avant qu'elles soient enceintes, celles-ci cesseront pendant la grossesse ou après la naissance. Il est fréquent d'entendre : « C'est ma faute… », « Il va faire une thérapie… », « Une fois notre enfant là, il va se calmer… ». Hélas, le plus souvent, ce n'est pas le cas.

Les violences peuvent être psychologiques (harcèlement, insultes, menaces, humiliations, vexations), physiques (coups et blessures), sexuelles (viols, attouchements) ou économiques (privation de ressources financières). Elles sont punies par la loi. Si vous en êtes victime, agissez avant qu'il ne soit trop tard. **Rien ne peut justifier la violence**.

Ne laissez pas la violence s'installer et se répéter. Il est en effet établi que les violences ou antécédents de tels comportements peuvent entraîner des complications de la grossesse. Sachez aussi que les violences conjugales ont un impact négatif sur votre futur enfant et qu'en vous protégeant, vous le protégez.

Surmontez votre peur et sortez de votre silence pour ne pas rester seule dans une situation potentiellement dangereuse. Ce n'est pas facile, il est vrai, d'évoquer une telle situation, par peur de représailles, par peur de se retrouver seule, dans la précarité, de devoir trouver refuge chez un parent, d'être jugée…

De nombreux professionnels sont là pour vous aider, vous conseiller. Ne tardez pas à en parler à votre médecin, à votre sage-femme, à la PMI. Contactez les services nationaux et les associations spécialisées dans ce domaine (encadré ci-contre). Le juge aux affaires familiales peut délivrer une ordonnance de protection, notamment afin de tenir éloigné le conjoint violent. La loi du 28 février 2023 a prévu la création d'une aide universelle d'urgence pour les victimes de violences conjugales. Si vous êtes en situation de danger imminent, appelez la police ou la gendarmerie. Si vous avez besoin de soins médicaux urgents, alertez le Samu ou les pompiers.

Pour trouver de l'aide

Violences Femmes Info : 3919, appel anonyme et gratuit (voir aussi p. 441).

www.stop-violences-femmes.gouv.fr
Ce site indique tous les numéros utiles et recense les associations les plus proches géographiquement de la victime.

Voir « Violence conjugale » sur le site www.service-public.fr.

En cas d'urgence : Police-secours (appel 17), Samu (appel 15).

De plus en plus de soignants en maternité – et de professionnels de santé en général – sont aujourd'hui sensibilisés aux violences faites aux femmes. Que ce soit aux urgences gynécologiques et obstétricales, lors des consultations prénatales ou de l'entretien prénatal précoce, les professionnels tentent de dépister ces situations, de soutenir les femmes et de les encourager à en parler.

Le déni de grossesse

On connaît un peu mieux aujourd'hui cette absence de conscience de la grossesse au-delà du premier trimestre. Le déni de grossesse s'interrompt le plus souvent au milieu du deuxième trimestre ou au troisième mais il peut exceptionnellement se prolonger jusqu'à l'accouchement.

Comment une femme peut-elle porter un enfant sans le sentir dans sa chair ? Comment ces grossesses peuvent-elles ne pas être repérées par les proches et les professionnels ? Comment une femme peut-elle accoucher et devenir mère sans avoir été consciente de sa grossesse ? Cela paraît impensable et pourtant… Ce phénomène correspond à une « organisation » psychique très complexe qui ne permet pas à ces mères de faire de place à l'enfant ; l'enfant est « oublié » et se développe dans le corps sans qu'on le voie, certains parlent de petit « passager clandestin ».

Les professionnels de santé sont de plus en plus sensibilisés à l'importance d'accueillir ces mères, ces pères sans jugement et avec la plus grande bienveillance. Au-delà de l'exploration du contexte qui a conduit au déni de grossesse, c'est le devenir de la relation mère-enfant qui est en jeu et qu'il convient de soutenir.

Un livre – à travers des histoires surprenantes et des réflexions et interrogations autour de la grossesse, la maternité, le couple, etc. – est consacré à ce phénomène : *Elles accouchent et ne sont pas enceintes. Le déni de grossesse*, de Sophie Marinopoulos et Israël Nisand, Les liens qui libèrent (poche).

L'accouchement sous secret (autrefois dit sous « X »)

L'accouchement sous secret donne la possibilité à la mère de mettre au monde son enfant sans donner son identité. La femme peut faire ce choix au cours de son suivi de grossesse ou lors de son accouchement. Le secret de son admission en maternité et de son identité seront préservés.

Il est en effet des situations où une mère est confrontée à une détresse si grande, à un isolement si profond, qu'elle se sent dans l'impossibilité matérielle et psychologique de s'occuper de son enfant.

Il est important que la femme parle le plus tôt possible de sa décision avec un médecin, une sage-femme, un(e) psychologue, un(e) assistant(e) social(e). Ces professionnels l'accompagneront dans son choix et lui donneront les informations adaptées à sa situation.

L'accouchement sous secret préserve l'anonymat de la femme mais cet anonymat peut être préjudiciable à l'enfant en l'empêchant plus tard de connaître ses origines. Si elles le souhaitent, les mères peuvent laisser des renseignements dans le dossier de l'enfant, par exemple une lettre, un message enregistré, leur nom dans une enveloppe scellée, des précisions sur le père… Ainsi, l'enfant pourra avoir accès dès sa majorité, s'il en fait la demande, à des informations sur ses origines. Certains adultes nés « anonymement » ressentent le besoin d'avoir des informations sur leurs parents biologiques. Cela peut leur permettre de donner un sens au geste de leur mère.

À savoir

La loi cherche à concilier le droit des enfants à connaître leurs origines et celui des femmes à mettre leur enfant au monde dans l'anonymat (p. 440).

4

Avant la naissance : votre bébé et vous

Ce chapitre raconte l'histoire de deux minuscules cellules, à l'aube de la vie. Il fait le récit, mois après mois, du développement de l'enfant et montre comment l'organisme maternel s'adapte et se transforme pour accueillir le bébé et lui permettre de se développer. Il parle de cette vie mystérieuse et secrète que nous avons tous vécue mais dont nous n'avons plus de souvenirs.

Fille ou garçon ? À qui ressemblera notre enfant ? Tous les parents se posent ces questions avant la naissance et, qu'ils connaissent ou non son sexe, ils se laissent aller à des rêveries, parlent de leur bébé, l'imaginent, lui donnent déjà sa place dans la famille.

À l'aube de la vie

Le début de la vie, ce sont des cellules qui se multiplient et se transforment mais, au départ, il y a le plus souvent une histoire d'amour. Cette histoire est multiple, variée, changeante, unique pour chaque couple tandis que la rencontre de deux cellules et ce qu'il en advient sont les mêmes, à quelques variantes près, pour tous. Et elle intéresse tous les futurs parents. La voici.

Pour que la vie se transmette, pour qu'un nouvel être soit formé, il faut que deux cellules, l'une venant de l'homme, le spermatozoïde, l'autre de la femme, l'ovule, se rencontrent. L'union de ces deux cellules forme un œuf de quelques centièmes de millimètre : l'œuf humain (ou embryon).

Cela semble simple aujourd'hui mais il a fallu des millénaires pour savoir ce que nous allons maintenant raconter : comment l'ovule et le spermatozoïde s'unissent pour former l'œuf humain : la conception ; comment cet œuf trouve dans l'organisme maternel un endroit confortable où il pourra se loger : la nidation ; et enfin comment, pendant ces 9 mois, la grossesse, l'œuf se développera peu à peu, se nourrira, deviendra embryon, puis fœtus, puis nouveau-né, votre bébé.

Pour parler de l'aube de la vie, il faut entrer dans quelques précisions techniques, quelques détails scientifiques. C'est un chapitre à lire tranquillement mais nous pensons que cela vous intéressera et vous étonnera de connaître ces prémices de la vie.

L'ovule

Cette histoire se passe dans ce qu'il y a de plus petit en nous : l'infiniment petit des cellules. Tout ce qui est vivant est composé de cellules de quelques millièmes de millimètre. Parmi ces milliards de cellules, certaines ont une fonction particulière : transmettre la vie. Ce sont les cellules reproductives, ou gamètes. Le gamète féminin est l'ovule (schéma 4). Le gamète masculin est le spermatozoïde (schéma 6).
L'ovule provient des ovaires qui sont les glandes sexuelles de la femme. Les ovaires sont situés dans le petit bassin, de part et d'autre de l'utérus (schémas 1 et 3). Les ovaires ont deux fonctions essentielles. La première est la sécrétion des hormones caractéristiques de la femme : les œstrogènes et la progestérone. La seconde est de produire, au cours de chaque cycle de 28 jours, un ovule : c'est l'ovulation. À la naissance, chaque petite fille possède un énorme stock d'ovules (environ 300 000). Seuls 400 à 500 seront utilisés (un par cycle) entre la puberté et la ménopause.
Les deux ovaires ont la taille de grosses amandes et sous l'épaisseur de leur « écorce » se trouvent des petites structures : les follicules. Chaque mois, une hormone (l'hormone FSH) provoque le développement d'un follicule. La FSH agit sous l'effet d'une information qui part du cerveau et qui est transmise à l'ovaire, *via* l'hypophyse. L'hypophyse est cette glande située à la base du cerveau et qui commande toute l'activité hormonale (schéma 3). Ceci explique que les troubles de l'ovulation soient souvent liés à un dysfonctionnement temporaire plutôt qu'à une maladie ; en effet, de nombreux facteurs (environnement, stress, etc.) peuvent perturber les bonnes relations cerveau-hypophyse-ovaire.
Revenons au follicule qui mûrit. On l'appelle le follicule « dominant » (puisqu'il a dominé les autres follicules qui vont arrêter leur croissance et régresser) ; c'est celui qui contient l'ovule qui va être « pondu ». Ce mûrissement s'accompagne de la sécrétion d'**œstrogènes**.
Juste avant la « ponte » de l'ovule, le follicule a atteint sa taille maximum de 25 mm. Il est bien visible à l'échographie sous forme d'un petit « kyste ». C'est alors que, sous l'effet d'une autre hormone, la LH, le follicule « dominant » va s'ouvrir à la surface de l'ovaire et libérer son contenu : le liquide folliculaire et l'ovule qui s'y trouvent. C'est **l'ovulation** qui se situe normalement entre le 13e et le 15e jour du cycle.
Le follicule va ensuite se transformer en un « corps jaune » (parce que sa couleur est jaune) et produire l'autre hormone féminine : la **progestérone**. Cette hormone augmente de quelques dixièmes de degrés la température du corps : c'est ce qui explique le décalage de température après l'ovulation (p. 10).

Ovocyte, ovule

L'ovocyte devient ovule quand il est fécondé mais dans le langage courant le mot « ovule » est souvent employé à la place du mot « ovocyte ».

1. L'APPAREIL GÉNITAL DE LA FEMME

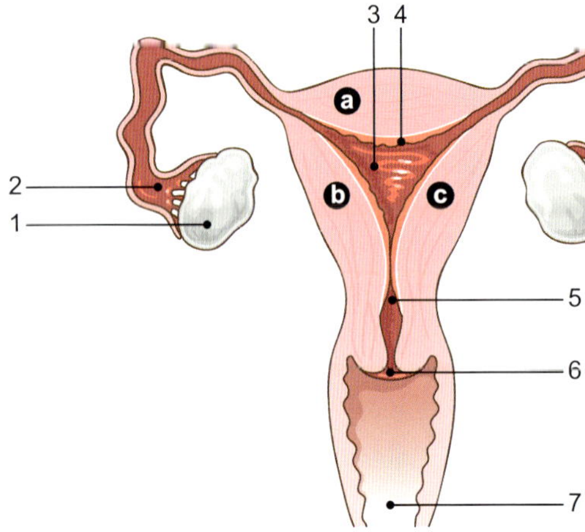

Les deux ovaires (1) (glandes de la taille d'une grosse amande), les deux trompes (2) aboutissant à la cavité utérine (3). En regardant ce schéma, on réalise que l'utérus est un muscle creux avec, au centre, cette cavité dont les parois (a, b, c) ont la propriété de se contracter. La face intérieure de l'utérus est tapissée par l'endomètre (4) qui desquame à chaque fin de cycle, ce sont les règles. Plus bas, le col de l'utérus et ses deux orifices, interne (5) et externe (6), se trouvent au fond du vagin (7).

2. L'APPAREIL GÉNITAL VU DE PROFIL

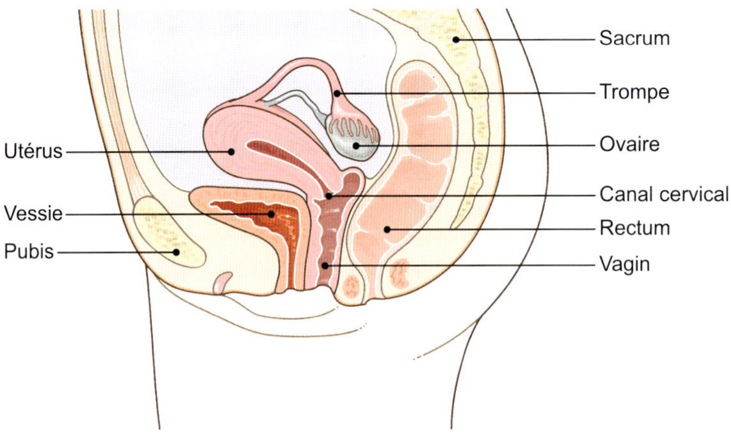

Sur ce schéma, on voit bien que les trompes et les ovaires sont situés derrière l'utérus

3. LES HORMONES FÉMININES

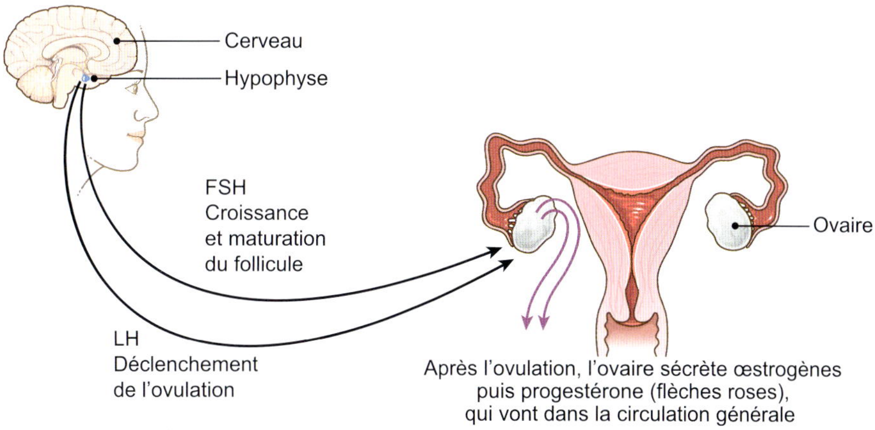

La FSH provoque la croissance et la maturation du follicule, lequel sécrète des œstrogènes.
La LH provoque l'ovulation, celle-ci est suivie de la sécrétion de progestérone par le corps jaune.

La conception

Une fois libéré, l'ovule est comme « happé » par les franges du pavillon de la trompe. Les trompes et les ovaires sont proches les unes des autres et se situent derrière l'utérus, dans ce que certains appellent « le puits de la fertilité » (schéma 2). Cela veut dire que la trompe gauche peut happer un ovule libéré par l'ovaire droit et inversement. Pour qu'il y ait fécondation naturelle, peu importe le côté où l'ovulation a lieu : ce qu'il faut, c'est au moins un ovaire et une trompe qui fonctionnent. Savoir cela peut rassurer sur leur fécondité les femmes dont un ovaire ou une trompe est lésé.

Voici le premier acte achevé. Un ovule a été pondu ; il est prêt pour le deuxième acte, la **fécondation** (schéma 4). Engagé dans la trompe, l'ovule a devant lui au maximum 24 heures pour être fécondé par un spermatozoïde. Au-delà de ce délai, l'ovule dégénère et disparaît dans l'organisme.

4. L'OVULE PRÊT À LA FÉCONDATION

Au centre, le noyau entouré du cytoplasme. Autour, la zone pellucide entourée de quelques cellules qui restent du follicule.

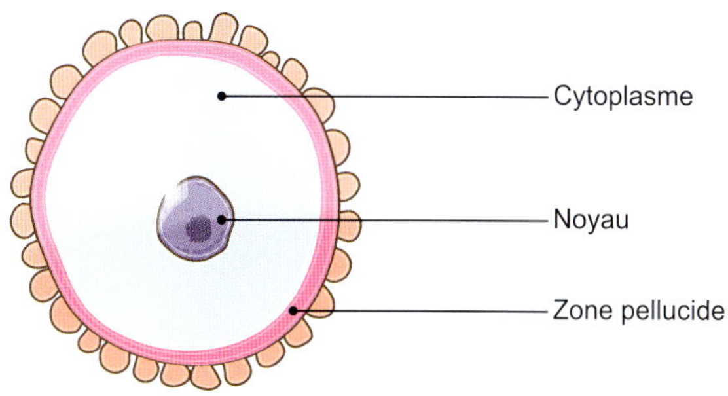

5. L'APPAREIL GÉNITAL DE L'HOMME

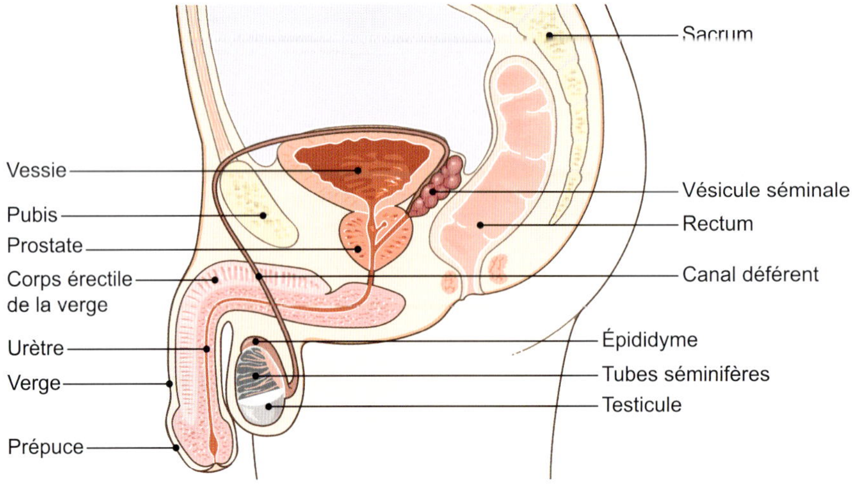

Le spermatozoïde à la rencontre de l'ovule

Pour qu'il y ait fécondation, il faut qu'un spermatozoïde, et un seul, pénètre l'ovule.
Le spermatozoïde provient des glandes sexuelles de l'homme : les testicules (schéma 5). Alors que la femme naît avec sa réserve d'ovules, chez l'homme le testicule ne commence à fabriquer les spermatozoïdes qu'à l'âge de la puberté. Cette production durera toute la vie et ne diminuera vraiment qu'à la vieillesse.
Le spermatozoïde est une des plus petites cellules humaines (schéma 6). Il se développe dans les tubes séminifères : des cellules vont subir une série de transformations successives pour devenir des spermatozoïdes aptes à féconder un ovule. Cette période de transformation s'étale sur 75 jours environ mais elle est ininterrompue, contrairement à la maturation de l'ovule qui a lieu une fois par mois.
Après leur formation dans les tubes séminifères, les spermatozoïdes vont parcourir un long trajet pour se masser ensuite dans les vésicules séminales situées de part et d'autre de la prostate.
Pendant ce trajet, le spermatozoïde a acquis ses deux caractères les plus importants : sa mobilité et son pouvoir fécondant. Lors de l'éjaculation, les spermatozoïdes sont dilués dans le sperme, sécrété par la prostate et les vésicules séminales. Ce liquide est indispensable à la survie des spermatozoïdes et il en facilite le transport.
Dans certains cas, la survie des spermatozoïdes peut atteindre plusieurs jours. Cela explique qu'un rapport sexuel ayant lieu avant l'ovulation puisse être à l'origine d'une grossesse.

6. LE SPERMATOZOÏDE

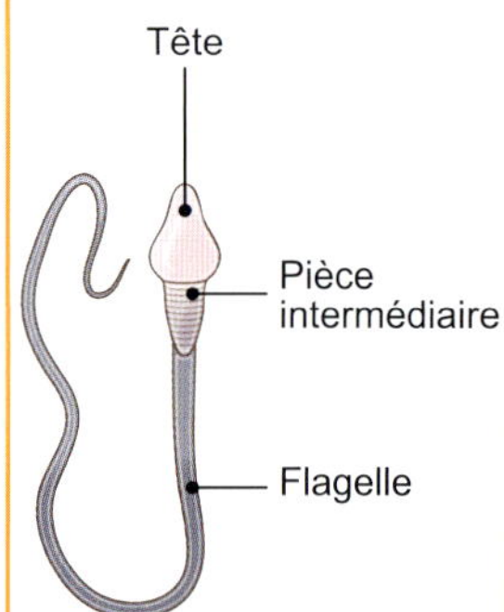

Voici un spermatozoïde, avec sa tête contenant son noyau et son flagelle qui lui permet de se déplacer. Ici, le spermatozoïde est considérablement grossi par rapport à l'ovule (schéma 4).

7. LES SPERMATOZOÏDES À LA RENCONTRE DE L'OVULE

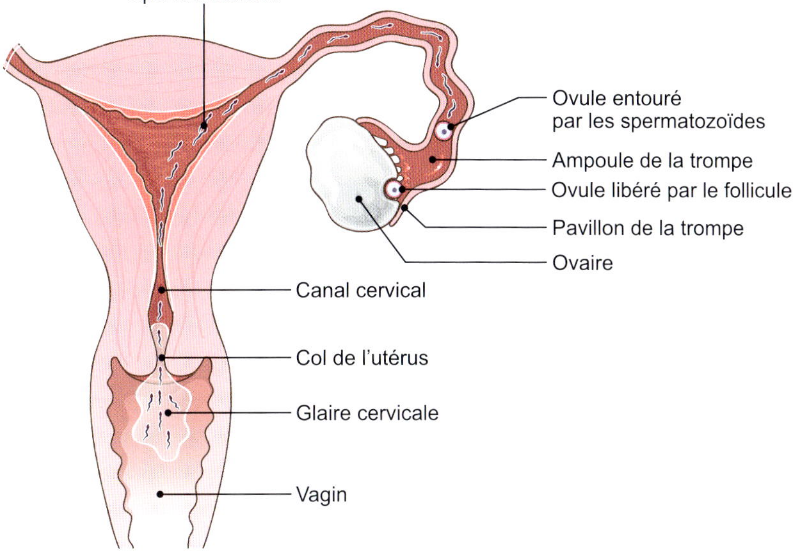

Une fois déposés dans le fond du vagin, les spermatozoïdes ont un long chemin à faire avant de rencontrer l'ovule : 25 cm, soit 5 000 fois leur longueur. Par le col de l'utérus, et grâce à la glaire que sécrète le canal cervical, les spermatozoïdes vont remonter dans l'utérus, le traverser et s'engager dans les trompes.
C'est au niveau de l'ampoule de la trompe (schéma 7) que l'ovule et le spermatozoïde, ces deux cellules si différentes, et pourtant chargées de la même mission, vont pouvoir se rencontrer. Notons au passage que sur les 50 millions de spermatozoïdes produits lors de l'éjaculation, il n'en reste que quelques milliers pour se regrouper autour de l'ovule, et qu'un seul le fécondera.

Un spermatozoïde pénètre dans l'ovule : un œuf est né

L'ovule se trouve dans la trompe, les spermatozoïdes l'entourent, comme attirés par un aimant ; frétillant, agitant leur flagelle, ils se collent contre l'ovule. Un seul va le pénétrer. C'est celui-là qui nous intéresse.
Il réussit à percer la membrane qui entoure l'ovule – la zone pellucide – en sécrétant des substances qui détruisent les tissus qu'il trouve devant lui. Quand il a pénétré dans l'ovule, le spermatozoïde perd son flagelle. Il ne reste plus que la tête qui gonfle et augmente de volume.

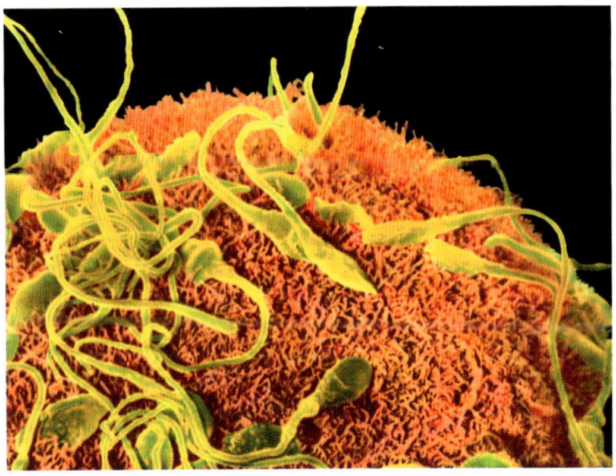

Dès ce moment, aucun des autres spermatozoïdes qui se trouvaient autour de l'ovule ne peut y pénétrer. Ils meurent progressivement sur place. Mais on verra plus loin que, parfois, deux spermatozoïdes fécondent deux ovules, ce qui donne naissance à des jumeaux ; ce sont des « faux jumeaux » (chapitre 5).
Pour sa part, l'ovule réagit à la pénétration du spermatozoïde. Il se rétracte en même temps que son noyau augmente de volume. Les deux noyaux vont à la rencontre l'un de l'autre. Cette rencontre se fait dans la région centrale de l'ovule. L'instant est décisif : les deux noyaux s'approchent, ils se touchent, ils fusionnent. L'œuf est formé, la première cellule d'un nouvel être humain est née. C'est le début de la vie.

Le voyage de l'œuf

La fécondation accomplie dans la trompe, l'œuf est entraîné lentement vers l'utérus où il va être accueilli, protégé, nourri. Il va faire en somme, en sens inverse, une partie du chemin parcouru par les spermatozoïdes (schéma 8).
Cette migration est assurée par un liquide sécrété par la trompe et par les cils vibratiles de la muqueuse, qui poussent l'œuf dans la bonne direction ; enfin, par les contractions de la trompe. Ce voyage dure 3 à 4 jours.
Arrivé dans l'utérus, l'œuf ne se nide pas immédiatement : il va rester libre dans la cavité utérine pendant 3 jours, durant lesquels il subira d'importantes modifications. La nidation n'aura lieu qu'au 7e jour après la fécondation, c'est-à-dire 21 ou 22 jours après le début des dernières règles. Pendant cette période, l'œuf survivra grâce aux réserves accumulées dans l'ovule et surtout grâce aux sécrétions de la trompe et de l'utérus.
Ce voyage de l'œuf est parfois interrompu en cours de route. L'œuf se fixe dans la trompe elle-même. C'est une grossesse tubaire ou extra-utérine. Elle ne peut évoluer sans complication. Un traitement chirurgical, ou parfois médical, est alors nécessaire (p. 232).

8. LE VOYAGE DE L'ŒUF

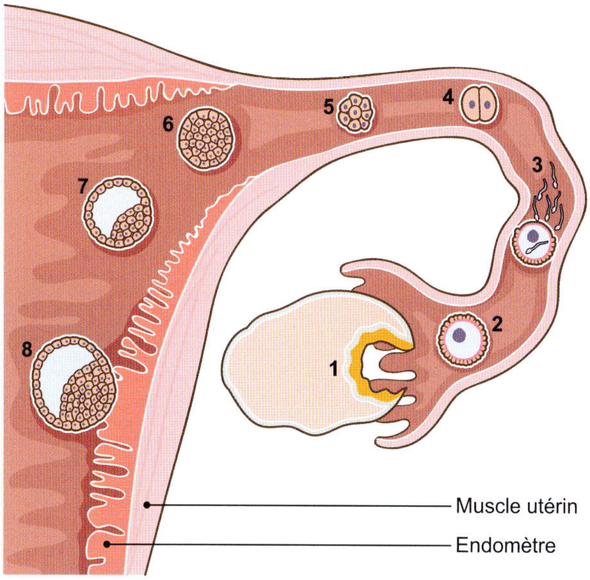

1-Follicule rompu. Ébauche de formation du corps jaune.
2-Ovule entouré des cellules folliculeuses.
3-Ovule fécondé par un spermatozoïde. Les cellules folliculeuses sont éliminées.
4-Début de la division de l'œuf. Stade à 2 cellules.
5-Stade à 8 cellules.
6-Stade à 16 cellules (morula).
7-L'œuf se creuse d'une cavité (blastocyste).
8-Implantation dans la muqueuse utérine ou nidation.

La multiplication des cellules

Pendant ces 7 jours de liberté, l'œuf se modifie considérablement.
La cellule initiale, née de l'union de l'ovule et du spermatozoïde, se divise en 2 à la 30e heure. Ces deux cellules en produisent 4 à la 50e heure, puis 8 à la 60e heure, et ainsi de suite suivant une progression géométrique.
À son arrivée dans l'utérus, l'œuf en est au stade de 16 cellules. Vu au microscope, il a l'aspect d'une masse arrondie ressemblant à une mûre, d'où son nom de *morula* (« mûre » en latin).
Va alors se produire un phénomène très important pour la suite des événements. La division cellulaire se poursuit, mais alors que jusque-là toutes les cellules étaient semblables, elles commencent à se différencier. À la période de simple division va maintenant succéder la période d'organisation. Voici comment elle commence.
À l'intérieur de l'œuf, les cellules du centre deviennent beaucoup plus grosses, elles se réunissent en une petite masse que l'on appelle le **bouton embryonnaire** parce que c'est lui qui va devenir embryon, nom que portera le futur bébé jusqu'à 2 mois révolus (après, on parlera de fœtus). Les cellules les plus externes s'aplatissent et

sont refoulées à la périphérie de l'œuf. Un vide sépare le bouton embryonnaire de la couche extérieure sauf en un point où les deux parties restent soudées. Le vide va bientôt s'agrandir et former une cavité remplie de liquide.
Le plan du futur édifice est définitivement tracé ; il ne changera plus. Du bouton embryonnaire naîtra l'**embryon** ; des cellules extérieures, l'enveloppe qui entourera et protégera cet embryon. Cette enveloppe, c'est le trophoblaste qui deviendra le **placenta** grâce auquel l'enfant pourra se développer.
À ce stade, l'œuf mesure 0,25 mm. Il est maintenant capable de se nider. Mais voyons d'abord comment le « nid » s'est préparé à l'accueillir.

La nidation se prépare

Après l'ovulation, le follicule qui contenait l'ovule s'est transformé en **corps jaune**. Son rôle est fondamental : il va continuer à fabriquer des œstrogènes, comme avant l'ovulation, mais également l'autre hormone, la progestérone. C'est celle-ci qui, associée aux œstrogènes, permet le développement du tissu qui tapisse l'intérieur de l'utérus ; ce tissu, c'est la muqueuse utérine ou endomètre. Très mince avant l'ovulation, la muqueuse s'épaissit considérablement dans la deuxième moitié du cycle, passant de 1 mm à 1 cm. Elle se creuse de nombreux replis. Ses vaisseaux sanguins sont beaucoup plus nombreux ; et les glandes qu'elle contient fabriquent en grande quantité un sucre, le glycogène, dont le rôle nutritif est important. Cette muqueuse, désormais appelée **caduque**, est maintenant prête à recevoir et nourrir l'œuf.
Si l'ovule n'a pas été fécondé, il dégénère. S'il a été fécondé mais que l'embryon arrête de se diviser, car son matériel génétique n'est pas adéquat, il ne peut y avoir de nidation, donc de grossesse. Le corps jaune régresse, la quantité d'hormones diminue, l'utérus se contracte, la muqueuse se détache de la paroi utérine dont les petits vaisseaux sanguins se rompent et saignent. L'ensemble s'évacue à travers l'utérus, dans le vagin, ce sont les règles. Aussitôt, la nature amorce un nouveau cycle de 28 jours.
Entre les règles et la grossesse, le lien apparaît : les règles signifient qu'il n'y a pas eu de grossesse, ou du moins que, malgré la fécondation, l'embryon n'avait pas toutes les qualités pour se nider et se développer. Seulement un faible pourcentage des ovulations donne lieu à une fécondation réussie, c'est-à-dire à une grossesse. Le plus souvent, soit l'ovule n'a pas été fécondé, soit l'embryon n'avait pas d'avenir et donc la nidation ne s'est pas faite. Au contraire, l'absence des règles signifie qu'il y a une grossesse.
Pendant ce temps, que s'est-il passé dans l'ovaire depuis l'ovulation ? Le corps jaune, qui s'est édifié sur la cicatrice laissée après le départ de l'ovule, s'est rapidement développé. Produisant une quantité considérable de progestérone, le corps jaune est le grand protecteur des premiers jours de l'œuf. C'est en effet la progestérone qui a empêché l'utérus de se contracter comme il le fait au moment des

règles, ce qui aurait eu pour résultat d'expulser l'œuf qui vient de se nider. C'est la même hormone qui a subvenu en partie à la nutrition de l'œuf. Vers 2 mois, lorsque le corps jaune aura terminé son temps, le relais sera pris par le placenta, vous le verrez plus loin.
Une conclusion s'impose : le corps jaune de l'ovaire est indispensable à la survie de l'œuf. Pour maintenir en activité le corps jaune, le trophoblaste – futur placenta – sécrète une hormone appelée **hormone gonadotrophine chorionique** (ou βHCG) au moins pendant les premières semaines de grossesse. C'est la présence de cette hormone dans les urines et dans le sang qui rend positifs les tests de grossesse.

L'œuf se nide

C'est donc au 7e jour après la fécondation que l'œuf est prêt à se nider et que la muqueuse utérine est prête à le recevoir. L'œuf s'implante dans la muqueuse utérine, puis il y adhère fortement.
À ce moment entre en jeu le **trophoblaste** ; il sécrète des ferments qui détruisent les cellules tapissant la cavité de l'utérus et creuse une sorte de nid dans la muqueuse. On peut dire alors que l'œuf « fait son nid ». Il s'engage dans l'espace ainsi creusé et se loge de plus en plus profondément dans l'épaisseur de la muqueuse. Au-dessus de lui, les tissus se rejoignent, la brèche se referme.

9. DE L'ŒUF À L'ENFANT

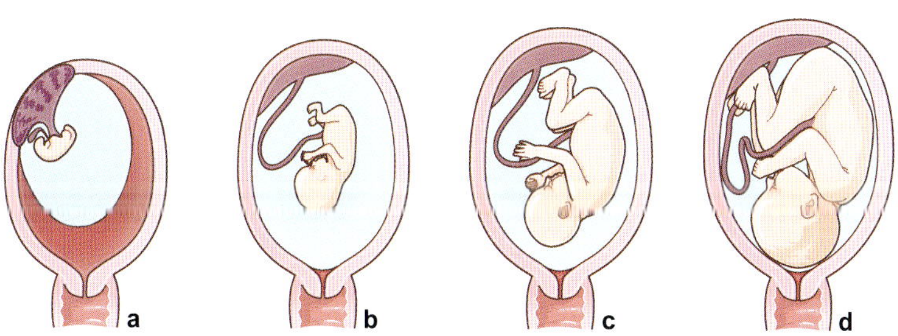

Sur ces quatre schémas, nous pouvons suivre la croissance de cet œuf que nous avons vu se nider en schéma 8. Le voici d'abord embryon à 6 semaines (a). Puis fœtus à 3 mois (b), 6 mois (c) et 9 mois (d). L'enfant est toujours représenté dans la même position. En réalité, il bouge fréquemment. Mais à 9 mois, à la veille de l'accouchement, il se présente, dans la majorité des cas, la tête en bas.

À la fin du 9e jour, l'œuf est logé, entièrement entouré par la muqueuse utérine dans laquelle il s'est enfoui. On appelle cette muqueuse caduque car, après l'accouchement, elle sera éliminée avec le placenta.
Il faut maintenant que l'œuf se nourrisse. Le trophoblaste projette de petits filaments qui s'enfoncent dans la muqueuse utérine comme une plante envoie ses racines dans une bonne terre. Ces filaments envoient à l'embryon ce dont il a besoin.
L'œuf est maintenant fixé comme une greffe à l'organisme maternel. C'est là qu'il va se développer 9 mois durant (schéma 9 – a, b, c, d).

La grossesse ne commence véritablement qu'au moment de la nidation, celui où pour la première fois la mère protège et nourrit son enfant. Au centre de l'œuf, l'embryon va croître à un rythme vertigineux. Cette croissance ne sera possible que parce que tout un système va se développer. Ce système comprendra ce qu'on appelle les annexes, c'est-à-dire les membranes qui entourent l'œuf : l'amnios, le chorion et le trophoblaste, qui est le futur placenta.

L'œuf, une greffe très spéciale. Toute greffe est normalement rejetée au bout d'un certain temps. En effet, l'organisme receveur met en jeu un système de défense, qui a pour but d'éliminer ce corps étranger. Or, pour l'organisme maternel, l'œuf peut être considéré comme une greffe étrangère puisqu'il contient, pour moitié, des cellules qui proviennent du père. L'œuf devrait donc être rejeté, d'autant qu'il se nide au plus intime des tissus maternels, et aucune grossesse ne devrait être possible. Il n'en est rien, évidemment. Mieux encore, l'organisme maternel offre à l'œuf les meilleures conditions de protection et de développement. C'est donc une « tolérance paradoxale », il n'y a pas de rejet de cette greffe très spéciale. Dans certaines situations, il arrive néanmoins que le mécanisme de tolérance de cette greffe ne fonctionne pas. L'œuf va alors être rejeté très rapidement. On parle de **fausse couche d'origine immunologique** dont la caractéristique est de se reproduire chez certains couples à chaque grossesse, créant ainsi une véritable maladie abortive. On n'a malheureusement pas encore trouvé de traitement efficace pour prévenir ces échecs répétés, qui désespèrent les femmes qui y sont confrontées.
Le bon fonctionnement des mécanismes d'**implantation de l'œuf** est nécessaire à son développement et à sa croissance ultérieure. C'est ainsi que certaines maladies de la grossesse, comme la toxémie gravidique, ou certains troubles de la croissance, comme le retard de croissance intra-utérin, peuvent trouver leur origine dans ces anomalies de l'implantation.

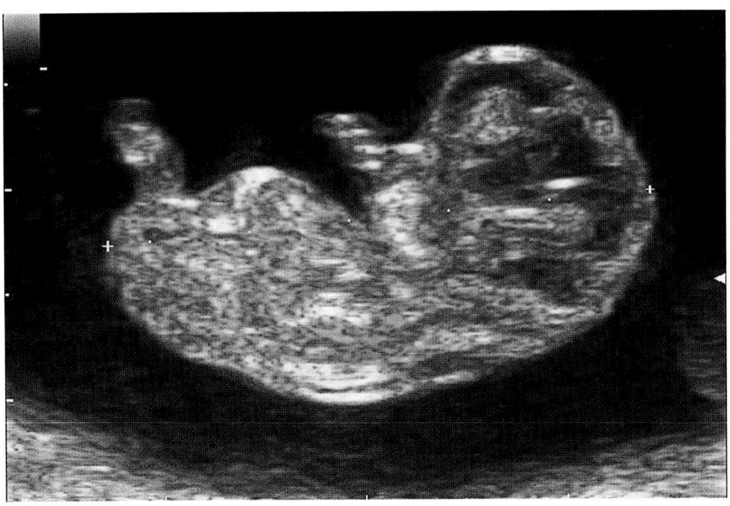

Embryon de 1 mois et 3 semaines – 9 SA.

Les techniques de procréation médicalement assistée (PMA)

Lorsque la fécondation ne parvient pas à se faire naturellement, le couple peut avoir recours à la médecine, c'est-à-dire la PMA (Procréation Médicalement Assistée), appelée aussi AMP (Assistance médicale à la procréation). Aujourd'hui, en France, environ 3 % des femmes qui accouchent ont eu recours à ce type de traitement. Ce chiffre, qui augmente (1 enfant sur 30), est en partie dû au recul de l'âge du désir d'enfant. Les années passent, la fécondité diminue (chapitre 1) ; le couple peut avoir des difficultés à concevoir et il se tourne vers des pratiques médicales.

La pratique de la PMA est strictement encadrée. La dernière **loi bioéthique** du 2 août 2021 élargit notamment l'accès à la PMA aux couples de femmes et aux femmes célibataires. Jusqu'à présent, la PMA était réservée, sur indication médicale, aux couples hétérosexuels (voyez page 439).

Les inséminations

L'insémination avec sperme du conjoint

Elle a pour but de déposer le sperme directement dans l'utérus pour augmenter les chances de rencontre entre le spermatozoïde et l'ovocyte. Cette technique est proposée dans certaines situations : anomalie de la qualité du sperme ou problèmes d'éjaculation ; anomalie de la glaire sécrétée par le col de l'utérus et pouvant faire obstacle au passage des spermatozoïdes ; certains problèmes de stérilité inexpliquée. Ce traitement est souvent associé à une légère stimulation de l'ovulation, de façon à augmenter les chances de succès (plus il y a d'ovocytes produits en même temps, plus il y a de chances de grossesse). En revanche, le risque de grossesse multiple en est le corollaire, d'où un traitement qui doit être rigoureusement contrôlé. La surveillance du traitement se fait par des dosages hormonaux et des échographies. L'insémination est un geste simple et indolore.

L'insémination avec sperme de donneur (ou IAD)

Le recours à un **don de spermatozoïdes** est envisagé lorsque le sperme du conjoint est insuffisant. La demande du couple receveur doit être signée devant la justice (tribunal, notaire). La gestion du don de sperme est confiée au Cecos (Centre d'étude et de conservation du sperme) ; il en existe dans chaque grande ville ayant un centre hospitalier universitaire (CHU). Le sperme, qui a été congelé puis décongelé, est inséminé dans le col de l'utérus par le médecin gynécologue au moment de l'ovulation. Ce geste est simple à effectuer. Les femmes seules et les couples de femmes peuvent recourir à un don de spermatozoïdes.

La fécondation *in vitro* (FIV)

Cette technique a connu depuis ses débuts dans les années 1980 un extraordinaire développement. D'abord destinée aux femmes ayant des trompes définitivement bouchées, son application s'est progressivement étendue. On y a recours dans d'autres causes d'infertilité des couples, qu'elles soient féminines (endométriose, stérilité inexpliquée, anomalies de l'ovulation) ou masculines (sperme de qualité ou de quantité insuffisante). Les indications de FIV pour anomalies masculines ont aujourd'hui dépassé les indications pour anomalies féminines.

La fécondation *in vitro* a pour but d'assurer la rencontre entre l'ovocyte et le spermatozoïde en dehors de l'organisme. Elle se pratique dans des laboratoires agréés et en milieu hospitalier public ou privé. Voyons maintenant le détail de cette méthode. Au-delà du langage froid de la technique, la fécondation *in vitro* est un moment intense dans la vie d'un couple. Avant de se lancer dans cette aventure, la femme et l'homme ont besoin de connaître le détail des différentes étapes ; ils savent que leur désir d'enfant les aidera à les franchir.

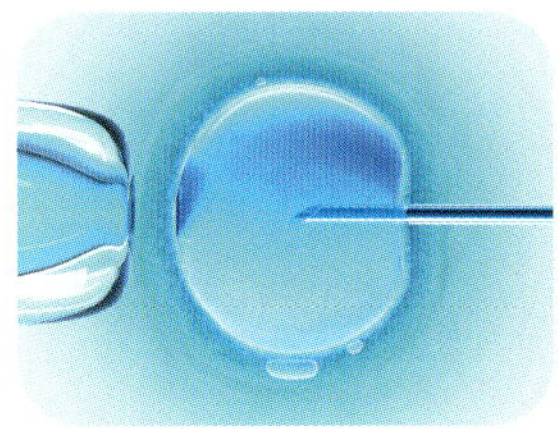

Bilan et traitement

Avant que ne débute la fécondation *in vitro* proprement dite, le médecin prescrit au couple un bilan complet.

Chez la femme, ce bilan comprend :

- un examen clinique ;
- une prise de sang pour connaître l'état hormonal (en particulier la « réserve ovarienne » pour vérifier que les ovaires fonctionneront bien lors de leur stimulation) et dépister certaines maladies ;
- une échographie de l'utérus et des ovaires ;
- une hystérosalpingographie, c'est-à-dire une radiographie permettant de contrôler l'état de l'utérus et des trompes et parfois une cœlioscopie (examen par caméra vidéo de l'abdomen et du petit bassin à l'aide d'une optique introduite par l'ombilic), ou une hystérosonographie qui donne les mêmes éléments mais utilise l'échographie.

Chez l'homme, le bilan comprend :

- une analyse du sperme (spermogramme et spermoculture) ; celle-ci permet de déterminer si le sperme est *a priori* apte à féconder un ovocyte et de vérifier qu'il ne présente pas d'infection ;
- plus rarement une prise de sang pour connaître l'état hormonal et dépister certaines maladies.

Pensez à parler au médecin de tout incident de santé ayant pu survenir dans les trois mois précédant la FIV (fièvre, asthénie générale, prise de médicaments…) car ils peuvent retentir sur la qualité du sperme.

Après ce bilan médical, le médecin va procéder à la **stimulation des ovaires**. Elle a pour but d'assurer le développement simultané de plusieurs follicules, et donc de permettre de disposer de plusieurs ovocytes. La stimulation proprement dite est assurée par un traitement hormonal : des injections de gonadotrophine. Ce

traitement est contrôlé par des échographies et par des dosages hormonaux dans le sang, pour surveiller, entre autres, l'évolution du taux d'œstradiol (qui est l'œstrogène le plus important).
Il est possible que l'ovaire réponde de façon excessive à cette stimulation. C'est le **syndrome d'hyperstimulation ovarienne**. Les premiers signes sont des douleurs dans le ventre, une augmentation du volume de l'abdomen avec parfois des nausées, des vomissements. Il est nécessaire de consulter rapidement le médecin. Une hospitalisation de quelques jours est parfois nécessaire. Parfois, au contraire, l'ovaire répond mal à la stimulation et, dans ce cas, il est préférable d'annuler cette dernière et de recommencer quelque temps après.
Lorsque les follicules ont atteint une taille suffisante et que le taux d'œstradiol est jugé satisfaisant, **l'ovulation est déclenchée** par une injection d'hormone gonadotrophine chronique (HCG). L'heure de l'injection est importante à respecter car elle va déterminer celle de la ponction des follicules. Cette ponction est en effet réalisée environ 36 heures plus tard afin de recueillir les ovocytes contenus dans le liquide folliculaire que l'on aspire. Elle se fait par voie vaginale, sous contrôle échographique, avec anesthésie générale ou locale, ou même sous hypnose. En effet, l'introduction d'une aiguille jusqu'à l'ovaire serait trop douloureuse sans ces techniques.

Au laboratoire

Les différentes étapes de la FIV se déroulent sur plusieurs jours. Le matin de la ponction des ovocytes, un échantillon de sperme est collecté par masturbation ; il est traité en laboratoire afin de sélectionner les spermatozoïdes les plus résistants et les plus actifs. Ovocytes et spermatozoïdes sont alors mis en contact dans un incubateur. Si la fécondation a lieu, les ovocytes fécondés, ou embryons, seront transférés dans l'utérus après un temps de maturation de 2 à 3 jours (parfois 5 à 6 jours).
Le nombre d'embryons à transférer est décidé après discussion entre le médecin, le biologiste et le couple. Il est en général question de deux embryons, mais la tendance est de ne **transférer qu'un seul embryon** pour éviter les grossesses multiples qui exposent au risque de prématurité. Lorsque la procédure a abouti à créer plusieurs embryons de bonne qualité, ces embryons pourront être congelés et transférés ultérieurement avec l'accord du couple.
L'embryon est transféré dans l'utérus à l'aide d'un cathéter fin et flexible le contenant. L'intervention est indolore et ne nécessite ni anesthésie, ni hospitalisation.
Vous resterez allongée une petite heure pour éviter d'éventuelles contractions utérines et vous pourrez ensuite reprendre vos activités habituelles. Il n'y a pas de précautions particulières à prendre par la suite.
Un dosage sanguin de HCG est réalisé environ 14 jours après le transfert pour détecter un début de grossesse. S'il y a grossesse, des dosages ultérieurs seront effectués de façon à en suivre l'évolution. La grossesse sera vraiment confirmée par une échographie réalisée environ un mois après le transfert.

Des jours éprouvants

Cette étape est souvent la plus stressante du traitement en raison de l'attente. La femme est à l'affût des signes de grossesse, même si elle sait que maintenant le processus lui échappe.

Malgré l'omniprésence de la technique, l'émotion est là, très forte, lorsque le couple apprend qu'il va peut-être transmettre la vie.

Après la fécondation *in vitro*

Les grossesses extra-utérines, les fausses couches spontanées et les malformations ne sont pas plus nombreuses que lors d'une grossesse naturelle. Par contre, le risque de grossesse gémellaire est réel si l'on transfère deux embryons.
Aujourd'hui, la seule solution pour limiter ces grossesses multiples consiste à ne transférer qu'un seul embryon, au prix évidemment d'une légère diminution du taux de grossesses obtenues. Tous les spécialistes des centres de FIV ont cet objectif de limiter les grossesses multiples dont le premier risque est la prématurité du bébé. Plus l'accouchement est prématuré, plus la mortalité périnatale est élevée et plus les risques de séquelles de l'enfant sont importants. Une grossesse multiple est une grossesse à risque. Il est important que la future maman soit bien suivie et qu'elle accouche dans une maternité équipée pour que les bébés puissent être pris en charge dans les meilleures conditions possibles (type II ou III) s'ils venaient à naître prématurément (chapitre 7).

À savoir

Le taux de succès pour obtenir une grossesse après une fécondation *in vitro* est d'environ 40 % et le taux d'accouchement est d'environ 30 % ; l'écart entre les deux chiffres s'explique par le fait que certaines grossesses s'interrompent spontanément.

L'ICSI

Dans cette technique de fécondation *in vitro*, un seul spermatozoïde est injecté directement dans l'ovocyte en traversant la membrane pellucide. L'ICSI (*Intra Cytoplasmic Sperm Injection*) est en général proposée lorsque le nombre et la mobilité des spermatozoïdes ne permettent pas d'assurer une fécondation *in vitro* par la technique classique. L'ICSI est devenue aujourd'hui la méthode la plus utilisée en PMA car l'infertilité du couple est le plus souvent liée à une insuffisance du sperme. Elle peut également être utilisée en cas d'échec inexpliqué de la fécondation.
L'ICSI représente une avancée considérable dans la prise en charge des stérilités masculines qui auparavant, et dans les formes les plus sévères d'insuffisance de sperme, ne relevaient que du don de sperme, avec tout ce que cela comporte de difficultés psychologiques.

L'IMSI

Plus sélective que l'ICSI, l'IMSI (*Intracytoplasmic Morphologically Selected sperm Injection*) consiste à choisir les spermatozoïdes ne présentant aucune anomalie. Cette technique se pratique dans quelques centres.

La congélation embryonnaire

Les embryons de bonne qualité sont congelés (**cryopréservation**), ce qui permet au couple de faire d'autres essais d'AMP sans repasser par toutes les étapes de la FIV évoquées plus haut (stimulation, ponction, fécondation, etc.).

Ces associations proposent informations et conseils concernant **l'infertilité** :
www.bamp.fr
www.lescigognesdelespoir.com

Le don d'ovocytes

Dans ce cas, le don d'un ovocyte d'une femme pour une autre femme s'associe à la FIV. Cela n'est pas simple car la femme qui donne ses ovules, de façon anonyme et gratuite, doit subir tout le parcours, de la FIV jusqu'à la ponction des ovocytes, ce qui est loin d'être anodin. C'est donc un esprit généreux qui préside à une telle décision, à ce « cadeau » à une femme inconnue. Cette technique reste encore, en France, longue à mettre en œuvre en raison de ces contraintes et de son caractère anonyme et gratuit qui limite le nombre de donneuses. Aussi est-ce la raison pour laquelle bon nombre de couples se rendent à l'étranger, en Espagne ou en Belgique notamment, pays où les lois sont moins exigeantes qu'en France.

L'autoconservation des ovocytes

La conservation – par congélation – des ovocytes est possible. En France, cette possibilité a longtemps été réservée aux femmes astreintes à des traitements susceptibles de les rendre infertiles (une chimiothérapie par exemple), ou bien à celles dont la réserve d'ovules pourrait diminuer rapidement (notamment en raison d'une maladie génétique). En 2015, la loi a autorisé les femmes faisant un don d'ovocytes à en conserver une partie pour elles-mêmes si elles devaient plus tard recourir à la PMA. Mis à part ces cas, la conservation ne pouvait être pratiquée pour convenance personnelle, pour anticiper la diminution de la fécondité liée à l'âge.
Depuis de nombreuses années, cette conservation de convenance, ou sociétale – qui était possible dans plusieurs pays européens – était demandée par des femmes : celles-ci, voyant leur âge avancer, savaient que leur fertilité diminuait mais n'avaient pu encore, pour différentes raisons, réaliser leur projet d'enfant.
La dernière loi bioéthique autorise désormais l'autoconservation des ovocytes pour raison sociétale. Cette conservation en vue d'une grossesse ultérieure n'est plus subordonnée à un don ni à un motif médical. De même, pour la conservation des gamètes de l'homme.
C'est un fait connu aujourd'hui, l'âge de la première grossesse recule et l'horloge biologique ne s'est pas adaptée à cette évolution. L'autoconservation offre alors à la femme une possibilité d'être enceinte et elle permet d'éviter le recours à un don d'ovocytes. Il faut toutefois avoir conscience que le prélèvement d'ovocytes nécessite la prise de médicaments et une intervention chirurgicale. En outre, l'autoconservation ne doit pas entretenir une illusion, donner l'assurance d'avoir un enfant plus tard. La réussite – c'est à dire la grossesse – n'est pas automatique.

La dernière loi bioéthique a fixé des **conditions d'âge :**

- pour bénéficier d'un prélèvement ou recueil de gamètes (ovocytes ou spermatozoïdes) ;
- pour l'autoconservation des gamètes ;
- pour la réalisation de la PMA.

Voir page 439.

Le couple et la PMA : un parcours émotionnel

Il faut souvent de longues années, difficiles physiquement et psychologiquement, pour accéder à la parentalité quand on franchit les portes d'un service de procréation médicalement assistée. Débuter un parcours de PMA est généralement vécu comme une épreuve assez déstabilisante qui confronte les couples à un sentiment d'échec, d'impuissance, de culpabilité devant l'incapacité de concevoir un enfant naturellement. À ceci s'ajoute la pression du temps qui passe : les couples qui consultent ont en moyenne autour de 35 ans et ils savent qu'au-delà la fertilité va diminuer rapidement. Mais pour réaliser leur rêve d'avoir un enfant, ils n'ont pas d'autre choix que de découvrir l'univers médical de la PMA.

La pratique de la FIV existe depuis plus de 30 ans et elle a toujours été très médiatisée. Cela peut donner l'impression que la technique s'est simplifiée et que les résultats sont toujours au rendez-vous. Mais lorsqu'ils recourent à la FIV, les couples se heurtent vite à la réalité. Les contraintes sont lourdes : examens à répétition, parfois pénibles, avec des dates imposées, exposition à des doses élevées d'hormones. Avant de se lancer dans une démarche de FIV, il est préférable de bien comprendre ce qu'elle permet et ses limites. Quand les mois passent sans grossesse l'inquiétude s'installe avec ses doutes.

Selma, heureuse maman aujourd'hui, témoigne : « Je peux dire que ce voyage de 4 ans en PMA m'a fait embarquer dans un gigantesque ascenseur émotionnel ! Je suis passée de la crainte à l'espoir, de la déception à la joie. Mais quand je vois notre fille, je n'ai aucun regret. »

Il est important de se préparer au fait que l'homme et la femme ne vivent pas physiquement et psychologiquement de la même façon un parcours de PMA. Chacun fait face de façon différente et inégale aux difficultés de conception. En prendre conscience permet d'éviter les malentendus, d'aborder les étapes ensemble, de se rapprocher et de renforcer son couple. Le dialogue est indispensable pour que chacun ne s'isole pas dans des non-dits préjudiciables à l'équilibre de la relation dans ces moments délicats. Un soutien psychologique peut aider à mettre des mots sur un cheminement souvent long, parfois décourageant, et à le vivre comme une expérience nécessaire, riche d'émotions vécues à deux.

Un bébé si je peux, de Marie Dubois, Massot Éditions : cette bande dessinée est un « voyage en infertilité », traité avec humour et pédagogie ; elle peut aider à mieux se représenter un parcours de PMA.

Mois par mois, l'histoire de votre enfant

Voici maintenant l'étonnante histoire de l'enfant pendant les neuf mois de sa vie intra-utérine. Période à nulle autre pareille car, à aucun moment de sa vie, un être humain ne subit de telles transformations. Les pages qui suivent vous racontent les grandes étapes du développement de votre bébé. Elles font également le point sur votre santé, les examens à passer et formalités à accomplir, les préparatifs à faire.

Mois et semaines

Dans ce récit de la vie de l'enfant avant la naissance, vous verrez deux séries de dates qui correspondent aux deux façons de calculer la durée de la grossesse :

- soit en mois : on compte à partir de la date de la conception. On parle de **mois de grossesse** ;
- soit en semaines : on ajoute deux semaines à la date de la conception. On parle de **semaines d'aménorrhée** (ou SA).

Ces deux modes de calcul et un tableau sur la correspondance mois-semaines sont expliqués page 17.

À noter

Chaque mois est illustré par des échographies mais lorsque la grossesse se déroule bien, les trois échographies recommandées sont suffisantes.

Le premier mois de votre bébé :

au tout début de la vie

Jusqu'à 6 semaines ½ d'aménorrhée

L'œuf commence par voyager de la trompe jusqu'à l'utérus, tout en se divisant, pour arriver au stade « morula » (comme une « petite mûre »). Il s'enfonce dans la muqueuse utérine, y fait son nid – c'est la nidation – pour devenir un embryon. Nous en avons parlé au début de ce chapitre.
L'embryon est un disque minuscule (diamètre : 0,2 mm). Il se trouve au centre des grosses cellules de l'œuf qui ont formé ce que l'on nomme le bouton embryonnaire. Les cellules qui constituent ce disque vont se répartir en trois couches – ectoderme, mésoderme, endoderme – qui, chacune, donnera naissance à un tissu spécifique d'où naîtront tous les organes de l'enfant.
En même temps, une petite cavité, qui va s'agrandir progressivement et qui occupera ultérieurement tout le volume de l'œuf, devient visible : c'est la cavité amniotique où, dans quelque temps, flottera véritablement l'embryon. Le trophoblaste, futur placenta, se développe autour de la zone de nidation. Dès le 20e jour apparaît le tube cardiaque (ébauche du futur cœur) constitué par la fusion de deux vaisseaux sanguins ; s'il n'a pas encore la forme du cœur, il est déjà animé de contractions spasmodiques. Une circulation s'ébauche, déjà visible à l'échographie.

L'embryon commence à prendre forme : le disque s'enroule sur lui-même, comme un tube dont les deux extrémités se rapprochent l'une de l'autre. À l'une d'elles se dessine un renflement : c'est la future tête où va s'installer un rudimentaire cerveau. À l'autre bout, un deuxième renflement plus petit – le bourgeon caudal – correspondant au coccyx. Enfin, à la partie postérieure de l'embryon apparaissent les premières cellules sexuelles.

Premier mois, premier bilan

L'embryon mesure environ 5 mm. En avant, le renflement de la future tête fait un angle droit avec la partie dorsale. La place des yeux et des oreilles n'est encore marquée que par de simples épaississements. Sur le dos, on note l'alignement régulier des somites, futures vertèbres et côtes. La partie ventrale est partagée entre la volumineuse saillie de l'ébauche du cœur et la zone ombilicale par où l'embryon communique avec l'organisme maternel. En arrière, on voit un petit appendice. Mais dans ce minuscule embryon, **le cœur bat déjà.**

2 semaines (SA)
Ovulation, fécondation, l'œuf migre dans la trompe

3 semaines (SA)
Nidation dans l'utérus, l'œuf devient un embryon

4 semaines (SA)
L'embryon comporte près de 150 cellules

5 semaines (SA)
Il a une tête et un bourgeon caudal

6 semaines (SA)
Son cœur bat, ses organes s'ébauchent

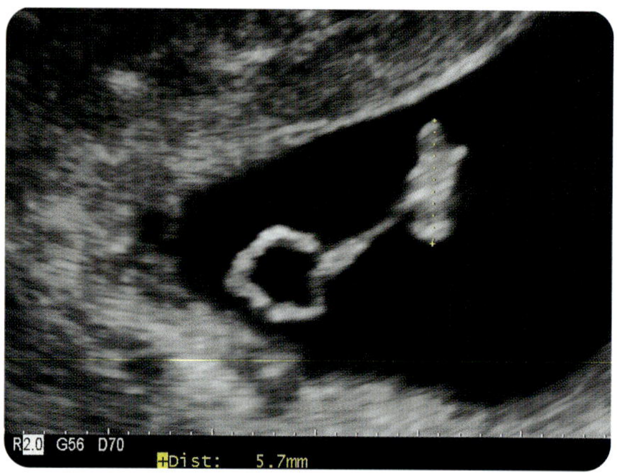

Profil, 1 mois-6,5 SA. L'embryon mesure 5,7 mm.

Du côté de la maman

Dès que l'œuf se nide, l'utérus change de forme. Il ne grossit pas encore mais s'arrondit et les seins commencent à augmenter de volume. Des nausées peuvent apparaître et la tension artérielle se modifie, elle devient plus basse. Des modifications de l'humeur sont parfois perceptibles. Certaines femmes se rendent donc compte très tôt de ce début de grossesse. D'autres ne ressentent aucun signe. La révélation sera souvent une surprise, surtout si un semblant de règles s'est maintenu, ce qui peut arriver.

Votre santé

- Après quelques jours de retard, un test de grossesse permet de faire le diagnostic.
- Si vous prenez des médicaments, dès que vous souhaitez être enceinte, il est préférable de voir votre médecin pour adapter votre traitement. Ne le modifiez pas sans avis médical.

Consultations et échographies

- La première consultation prénatale a lieu dans les 3 premiers mois de la grossesse. Elle comporte :
  - un interrogatoire médical et un examen général ;
  - une évaluation des facteurs de risques ;
  - une information sur la grossesse et son suivi ;
  - les prescriptions des examens de laboratoires obligatoires pour toute la grossesse ;
  - un dépistage de l'anémie et d'un diabète en cas de facteur de risque ;
  - vous discuterez du choix de la maternité avec le médecin ou la sage-femme, ce qui est important si un problème survient en cours de grossesse.
- La première échographie est en général faite à 12 semaines.
- Un carnet de santé maternité vous est en général envoyé par votre département.

Formalités entre le 1er et le 3e mois

- Déclaration de la grossesse par le médecin ou la sage-femme et fixation de la date présumée de l'accouchement :
  - envoyez le feuillet rose à votre organisme d'assurance maladie ;
  - envoyez les 2 feuillets bleus à la CAF avant la fin de la 14e semaine ;
  - la déclaration peut être faite directement sur Internet par le praticien pendant la consultation, avec votre carte Vitale. Dans ce cas, vous n'avez pas d'envoi à faire ;
  - si vous n'êtes pas mariés, votre compagnon peut dès maintenant reconnaître l'enfant auprès du service de l'état civil de votre domicile.
- Quand déclarer sa grossesse à l'employeur ? Cette déclaration doit être faite avant de partir en congé maternité (p. 410).

Le deuxième mois :
tous les organes s'ébauchent

De 6 semaines ½ à 10 semaines ½

Au début du deuxième mois apparaissent les membres : les bras, ensuite les jambes. Puis **le visage se dessine**, d'abord ce ne sont que des emplacements : deux petites saillies pour les yeux, deux fossettes pour les oreilles, une seule ouverture pour la bouche et le nez.
Pendant ce temps, le système nerveux se développe. En avant, trois vésicules ébauchent le futur cerveau. L'appareil urinaire commence sa croissance. Le cœur et la circulation poursuivent la leur.
L'embryon a toujours la tête repliée en avant vers la grosse saillie que forme le cœur au milieu du ventre. Plus bas, pour la première fois, on voit le cordon ombilical.
La tête augmente de volume, plus rapidement que le reste du corps. Les yeux qui étaient très écartés l'un de l'autre, presque sur les côtés de la tête, se rapprochent ; ils paraissent immenses car ils n'ont pas de paupières. Le front est bombé. Le nez est aplati. Les lèvres se dessinent. Dans les gencives naissent les germes des dents de lait.
Au cours de ce mois, l'embryon modifie son allure. La tête se redresse sur le tronc. Mais surtout les membres commencent à prendre forme. Ils s'allongent, ils s'élargissent, on peut les reconnaître. À leur extrémité, mains et pieds apparaissent comme de petites palettes où se voient cinq rayons, les futurs doigts et orteils. Les lignes de la paume des mains, de la plante des pieds sont déjà dessinées. Les membres, qui ont toujours l'air de gros bourgeons, s'allongent et s'élargissent. Les bras sont aussi longs que les jambes. On devine maintenant les plis du coude et du genou.
À l'intérieur de l'organisme, les transformations ne sont pas moins importantes. L'estomac et l'intestin prennent leur forme et leur disposition définitives. L'appareil respiratoire augmente de volume mais il reste encore à ce stade sans activité. Le cœur prend lui aussi sa forme définitive et la circulation embryonnaire se complète.
Le cerveau commence à ressembler à celui de l'adulte avec ses sillons et ses saillies (les circonvolutions). Dans tout le corps, des muscles se développent.
À la fin de ce mois, un événement important se produit : l'**ossification du squelette** s'amorce. Elle se poursuivra pendant des années et ne s'achèvera qu'après la puberté.

7 semaines (SA)
Le cerveau, les yeux, les oreilles sont en formation

9 semaines (SA)
L'appareil digestif est en place

8 semaines (SA)
Des sillons apparaissent au niveau ses orteils. Le cartilage évolue en os

10 semaines (SA)
Le système nerveux et la moelle épinière se structurent

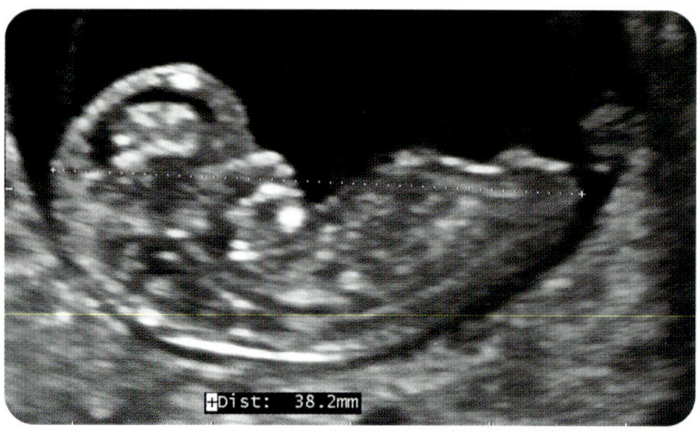

Profil, 2 mois-10,5 SA. L'embryon mesure 38,2 mm.

Deux mois pour le gros œuvre, sept mois pour le perfectionnement des ébauches, voilà pourquoi nous avons tant insisté pour que vous ayez le plus tôt possible la certitude que vous étiez enceinte : cette période de deux mois – celle de l'**embryogenèse** – est particulièrement importante. En effet, c'est celle où l'embryon est spécialement sensible aux agressions (tabac, alcool, infections, médicaments, par exemple) qui risquent de perturber les processus normaux de formation des différents organes, et donc d'entraîner des malformations. Elles restent d'ailleurs dangereuses jusqu'à la fin du troisième mois, au cours duquel certains organes achèvent leur formation.

Bilan du deuxième mois

L'embryon mesure environ 30 mm. Il pèse 11 g, moins qu'une lettre, et pourtant, dans ce minuscule corps dont la future mère ne soupçonne peut-être même pas encore l'existence, l'ébauche de tous les organes est formée. En deux mois, l'embryon a acquis tout ce qui lui donne sa qualité d'être humain. Le cœur est bien visible à l'échographie et l'on peut entendre ses battements. L'enfant va consacrer les sept mois qu'il a devant lui à fignoler le travail énorme qui vient de s'accomplir.

Du côté de la maman

L'utérus a la taille d'une orange et comprime légèrement la vessie : vous pouvez éprouver plus fréquemment le besoin d'uriner.

Ressentir les signes de la grossesse (nausées, lourdeurs d'estomac…) est désagréable mais fait penser que celle-ci démarre bien. Lorsqu'ils sont très accentués, cela peut faire évoquer une grossesse gémellaire.

Votre santé

- Dès que vous savez que vous êtes enceinte, il est important de cesser de fumer et de boire de l'alcool.
- Mettez-vous au régime alimentaire « future maman ».
- Gardez votre activité physique (marche, natation…), mais plus de compétition sportive !

Vos préparatifs

- Pensez à vous inscrire rapidement dans une maternité ; en effet, au cas où il y aurait un problème au cours des prochains mois, c'est là que vous consulterez.
- Si vous avez l'intention de mettre votre enfant dans une crèche, il faudra peut-être l'inscrire dès maintenant : renseignez-vous car cela dépend des villes et de la crèche choisie.
- Dès le début de la grossesse, bannissez les pesticides de votre environnement et du jardin, évitez les autres perturbateurs endocriniens, et minimisez les expositions aux substances chimiques présentes dans les produits du quotidien (cosmétiques, produits ménagers, etc., p. 32 et suiv.).

Formalités

- Dès la déclaration de grossesse, les frais de santé, en rapport avec la grossesse, sont pris en charge au tarif habituel jusqu'au 5e mois puis à 100 % à partir du 1er jour du 6e mois et jusqu'au 12e jour après la naissance.
- Les frais sont également exonérés de la participation forfaitaire de 1 € et de la franchise médicale.
- Les informations sur vos droits maternité et dates d'exonération sont inscrites dans votre carte Vitale dès la déclaration de grossesse et sur l'attestation papier qui vous est adressée.

Le troisième mois :
la vie devient réalité

De 10 semaines ½ à 15 semaines

Fille ou garçon ? Dès la fécondation, l'œuf est programmé pour être un garçon ou une fille (« Fille ou garçon ? » à la fin de ce chapitre). Mais au cœur du noyau, le secret est bien gardé : à l'extérieur, rien ne se voit. Ce n'est qu'au début du troisième mois que les organes sexuels se différencient et que l'appareil génital devient celui d'une fille ou celui d'un garçon.
L'œuf prend maintenant toute la place dans la cavité utérine ; les membranes adhèrent aux parois de l'utérus : amnios à l'intérieur, chorion à l'extérieur et ce qui devient le placenta continue de s'épaissir pour augmenter encore la surface d'échange avec le sang maternel. Le placenta se développe en même temps que le bébé, il devient mature puis vieillit jusqu'à ce que la naissance arrive.
Le visage de votre enfant continue de se dessiner. C'est au cours du troisième mois qu'apparaissent les cordes vocales. Pendant les six mois qui suivent, elles vont acquérir la consistance qui leur donnera la possibilité de vibrer et permettra à votre bébé de pousser son premier cri.
Dans le reste du corps, tout s'allonge mais les bras plus vite que les jambes ; on distingue nettement l'avant-bras, le coude, les doigts dont l'extrémité se durcit pour former les ongles.
À l'intérieur de l'organisme, le foie, les reins se sont considérablement développés. L'intestin s'enroule. L'ossification du squelette se poursuit par celle de la colonne vertébrale. Les muscles et articulations se fortifient. Le fœtus se met à bouger, bien faiblement, si peu même que sa mère ne s'en rend pas compte. Pourtant, il agite déjà légèrement bras et jambes, serre les poings, tourne la tête, ouvre la bouche, avale, et s'exerce même à pratiquer les mouvements de la tétée !
La **première échographie** se pratique au cours de ce mois. Elle permet de préciser l'âge de la grossesse et donc d'évaluer la date théorique de l'accouchement. Elle permet également de faire un éventuel diagnostic de jumeaux.
Pour tous les parents, c'est un grand moment. Ils sont étonnés et émus de « surprendre le bébé dans son petit monde intérieur, secret et paisible », comme l'a écrit une lectrice. Ils ont imaginé cet enfant, puis entendu son cœur, et tout d'un coup ils le « voient » bouger.
Ils savent également que cette première échographie, avec la mesure de la clarté nucale, sera un des éléments de base du **diagnostic prénatal**, ce qui accroît l'émotion.

11 semaines (SA)
Le visage de votre bébé se transforme. Ses organes génitaux sont formés

12 semaines (SA)
Ses muscles se développent, il commence à bouger les bras et les jambes. Ses viscères abdominaux évoluent

13 semaines (SA)
Les os du bassin et les côtes se forment

14 semaines (SA)
Son sexe est identifiable

15 semaines (SA)
Son squelette s'ossifie et ses membres s'allongent

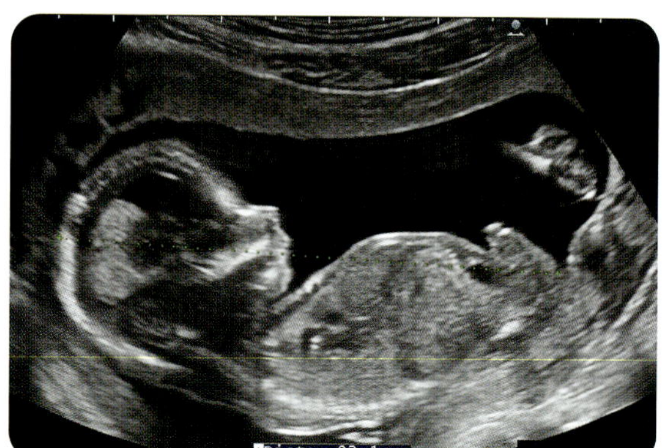

Profil, 3 mois-15 SA. Longueur du fœtus : 92,1 mm.

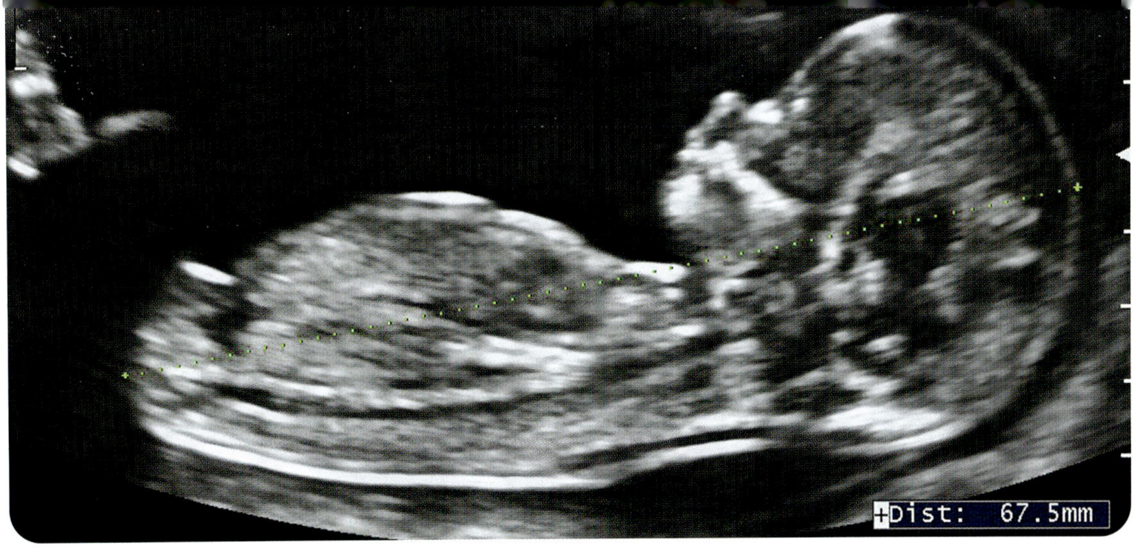

Profil, 2 mois ½ -12 SA. Longueur du fœtus : 67,5 mm.

Lors d'une échographie, les mots ont une place spéciale. Ce que dit ou ne dit pas l'échographiste aura tendance à être plus ou moins bien interprété. « Il est petit » est entendu comme : « Il est trop petit ». « Il a une grosse tête » sera perçu comme : « Il a une anomalie. » Et si l'échographiste fait la grimace, simplement parce qu'il a de la peine à régler son appareil, ou à fixer un détail, les parents sont persuadés que cette mimique est en relation avec la santé de leur bébé.
Une séance d'échographie se passe en deux temps. Le premier est celui de l'investigation médicale : le médecin est entièrement concentré sur ce qu'il voit, mesure, évalue. Dans un deuxième temps, il rend compte aux parents de ce qu'il a observé.
Il est préférable que les futurs parents soient avertis pour ne pas s'angoisser inutilement, et lorsqu'ils ont une inquiétude, qu'ils n'hésitent pas à l'exprimer.

Bilan du troisième mois

L'embryon change de nom et devient fœtus. Il pèse 45 g et mesure près de 100 mm. La longueur du fœtus est calculée du sommet du crâne jusqu'à ses fesses. En quatre semaines, sa taille a triplé, son poids quadruplé ! Son visage, ses bras, ses mains, ses jambes, ses pieds sont bien visibles, reconnaissables. Il tient tout entier sur l'écran.
Au cours des mois qui vont suivre, ce sont ses os qui subiront les modifications les plus importantes. Tout en se développant considérablement, le bébé changera peu dans son aspect extérieur.

Du côté de la maman

L'utérus grossit et, à 12 semaines, il dépasse un peu la taille d'un pamplemousse.
Le système digestif devient quelquefois paresseux, les intestins sont vite irrités et peuvent vous obliger à modifier votre alimentation.
Certains désagréments, comme les nausées, cesseront en général à la fin du mois.
Les seins peuvent être sensibles, parfois le siège d'élancements. Cela dure en général quelques semaines.

Votre santé

- Prenez l'habitude de vous peser régulièrement.
- Observez un régime alimentaire équilibré.
- Attention si vous avez un sérodiagnostic négatif de toxoplasmose.

Échographie et diagnostic prénatal

Prenez rendez-vous à temps de façon à pouvoir passer la première échographie vers la 12e semaine.
C'est également le moment de faire la prise de sang pour évaluer le risque de trisomie 21 (« Les marqueurs sériques », p. 213).

Vos préparatifs

Voyez les mois précédents.

Le quatrième mois :
votre bébé prend forme

De 15 semaines à 19 semaines ½

Au quatrième mois, les risques de fausse couche ont pratiquement disparu. C'est sans doute un bon moment pour annoncer à l'aîné qu'il va avoir un petit frère ou une petite sœur, si ce n'est déjà fait. Dites-le-lui simplement, tranquillement, sans trop de détails ni d'explications et, bien sûr, en associant le papa à cette information.

Certains parents hésitent à en parler trop tôt, craignant que l'enfant soit impatient et ne comprenne pas l'attente. Un jeune enfant peut très bien concevoir qu'un bébé mette du temps à grandir.

Souvent les parents remarquent que l'aîné change d'attitude, devient agressif avec sa mère, ou n'arrive plus à s'en séparer. Expliquer les changements, mettre des mots sur les émotions, calme les tensions.

La croissance du bébé est moins spectaculaire. La peau est si fine qu'elle laisse transparaître les petits vaisseaux. Elle est entièrement recouverte d'un fin duvet, le lanugo. Le cœur bat très vite, deux fois plus vite que chez l'adulte et cela continuera quelque temps après la naissance.

Le foie commence à fonctionner. Les autres organes du tube digestif également – vésicule, estomac – et, dans l'intestin, s'accumule une substance verte, le méconium, principalement formée par la bile que rejette la vésicule. Les reins fonctionnent aussi, les urines se déversent dans le liquide amniotique qui s'épure au fur et à mesure. Sur la tête poussent les premiers cheveux.

Bilan du quatrième mois

Votre bébé mesure environ 150 mm et pèse 225 g.
Il prend peu à peu des proportions nouvelles : l'abdomen s'étant considérablement développé, la tête a l'air moins disproportionnée par rapport au reste du corps.

Du côté de la maman

L'utérus arrive entre le pubis et l'ombilic. Il est possible que vous ayez de la peine à fermer votre pantalon ou votre jupe : le bassin s'est déjà élargi alors que vous n'avez pas encore pris de poids ou très peu.
Les seins se préparent à allaiter, les vaisseaux sanguins s'élargissent, c'est pourquoi les veines peuvent devenir très apparentes.
Le quatrième mois est un mois calme : le corps s'est adapté à la grossesse, aux changements hormonaux. Vous n'êtes pas gênée par les modifications de volume,

16 semaines (SA)
Le cerveau de votre bébé possède ses principales structures et l'architecture de son visage est achevée

18 semaines (SA)
Ses yeux se dessinent, les phalanges sont distinctes

17 semaines (SA)
Il urine dans le liquide amniotique

19 semaines (SA)
Il bouge mais vous ne le sentez peut-être pas encore

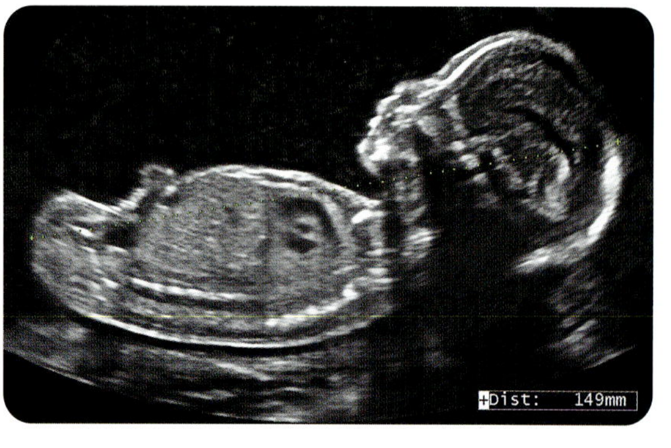

Profil, 4 mois-19 SA. Longueur du fœtus : 149 mm.

vous vous déplacez facilement, vous oubliez parfois que vous êtes enceinte…

Votre santé

- Surveillez votre poids, ce qui est fait à chaque consultation mensuelle.
- Continuez votre activité physique d'entretien : marche, natation, relaxation musculaire.
- Nausées et vomissements disparaissent.
- Vous pouvez ressentir des malaises hypoglycémiques.

Consultations

- 2e consultation prénatale :
  – examen général et obstétrical
  – toxoplasmose (si négativité)
  – détermination du rhésus fœtal si la mère est rhésus négatif
  – albuminurie
- Proposition d'une consultation dite « **entretien prénatal précoce** » (EPP). Cet entretien permet d'adapter votre suivi prénatal et postnatal à vos besoins, de préciser ce qui est important pour vous, pour la naissance de votre enfant. Que vous souhaitiez ou non suivre une préparation à la naisance par la suite, il est important d'aller à cette consultation. Si on ne vous l'a pas proposée, n'hésitez pas à demander à la sage-femme comment en bénéficier (p. 194).
- C'est aussi la première séance de préparation à la naissance et à la parentalité qui fait le point sur vos besoins et les ressources locales pouvant y répondre.

Pied et orteils, 4 mois ½ -21 SA.

Le cinquième mois :

vous sentez votre bébé bouger

De 19 semaines ½ à 23 semaines ½

Le cinquième mois a pour les parents une signification particulière. Pour la mère tout d'abord car elle sent bouger son enfant : ces mouvements qu'elle attendait avec impatience, curiosité, ou même appréhension mais qui étaient jusqu'alors rarement perceptibles tant le bébé avait de place, la mère les ressent enfin (au début du 5e mois pour un premier enfant, au cours du 4e pour un deuxième). Elle fait parfois le lien entre les sensations de « bulles » qu'elle ressent et les mouvements qu'elle voit à l'écran pendant l'échographie.

Pour le père, posant la main sur le ventre de sa compagne, c'est le premier contact physique, charnel, avec son bébé. La perception des mouvements est une étape importante dans la découverte de son enfant et dans l'attachement qui peu à peu va le lier à lui.

Le bébé commence par donner une petite bourrade bien timide. Puis il s'enhardit, lançant bras et jambes, surtout lorsque sa mère est au repos. Progressivement, ces mouvements se coordonnent et sont la preuve d'une bonne vitalité. Les mères se rendent vite compte que leur bébé bouge plus facilement la nuit, lorsqu'elles se reposent : l'utérus étant plus détendu, les mouvements de l'enfant sont plus aisés.

C'est en général au cours de la **deuxième échographie** que le médecin peut révéler le sexe du bébé. Fille ou garçon ? C'est aussi votre droit de garder la surprise pour le jour de l'accouchement. Encore faut-il en parler avant à l'échographiste afin qu'il ne divulgue pas le sexe durant son examen…

Au 5e mois, la peau de l'enfant est toujours très fine. Sur le crâne, les cheveux sont plus abondants. Au bout des doigts, les ongles sont là. Le bébé s'exerce au mouvement de déglutition en absorbant du liquide amniotique qui l'entoure. On le voit parfois à l'échographie.

De leur côté, les poumons poursuivent leur développement ; d'abord irréguliers, les « mouvements respiratoires » deviendront réguliers à partir de 8 mois environ. Comment expliquer ces mouvements du fœtus alors que ceux-ci mobilisent du liquide et non de l'air ? On suppose – mais ce n'est qu'une hypothèse – qu'il s'agit d'un simple entraînement à la vie aérienne.

20 semaines (SA)

La quantité de liquide amniotique est en moyenne de 400 cm³ ; elle était de 20 cm³ à 7 semaines et sera de 1 litre à terme

21 semaines (SA)

Le bébé grossit en moyenne de 10 g par jour

De 20 à 23 semaines (SA)

Son cerveau se développe, il est sensible aux bruits extérieurs, aux sons, aux petites pressions abdominales

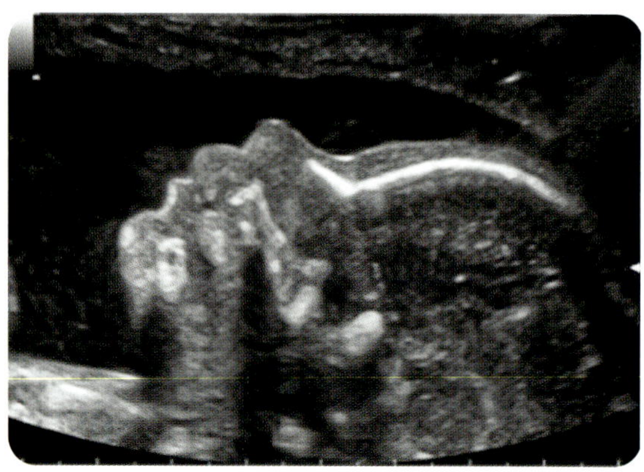

Profil, 5 mois-23 SA.

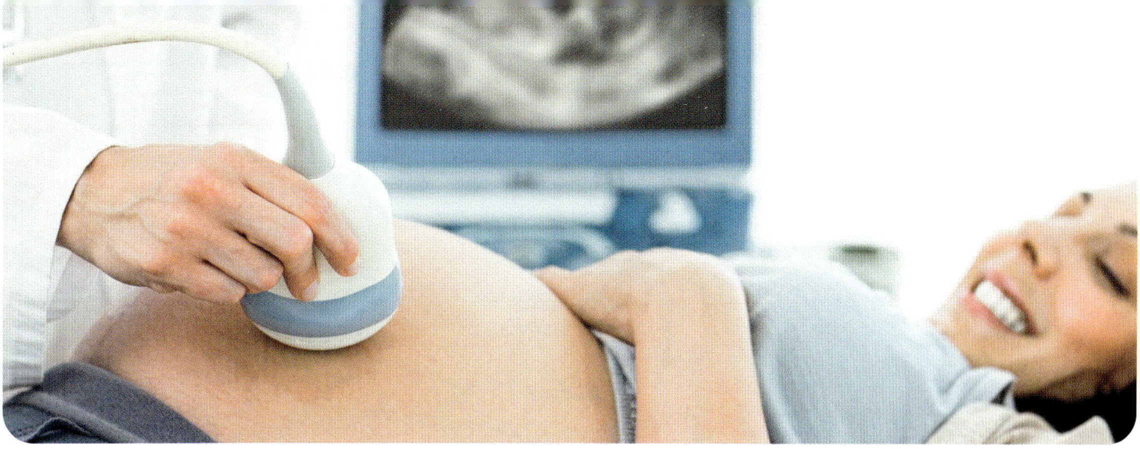

Bilan du cinquième mois

Le bébé mesure maintenant 25 cm mais la grande période de croissance est terminée. Sa taille ne va que doubler jusqu'à la naissance. En revanche, dans le même temps, le poids va sextupler, puisqu'il passera des 500 g actuels aux 3 kg que pèse en général le bébé à terme.

Du côté de la maman

Vous êtes à mi-parcours de votre grossesse, votre bébé est de plus en plus présent. L'utérus continue de grossir, il s'élargit surtout. Votre silhouette commence à changer. Les articulations se relâchent, ce qui peut provoquer des douleurs articulaires.
Quelques petits désagréments sont parfois ressentis : envies fréquentes d'uriner, sécrétions vaginales abondantes.

Votre santé

Tout au long de votre grossesse, minimisez les expositions aux substances chimiques présentes dans les produits du quotidien (cosmétiques, produits ménagers…).
Quelques maternités organisent des séances d'information sur l'environnement de la femme enceinte et du bébé.

Consultations et échographies

- 3e consultation prénatale :
  - examen général et obstétrical ;
  - toxoplasmose (si négativité) ;
  - albuminurie.
- La 2e échographie est en général faite à la 22e semaine.

Vos préparatifs

Pensez à vous inscrire aux séances de préparation à la naissance et à la parentalité. Huit séances sont remboursées à 100 % à condition qu'elles soient effectuées par un médecin ou une sage-femme et qu'elles ne dépassent pas les tarifs de la Sécurité sociale. Attention, toutes les méthodes ne sont pas remboursées : renseignez-vous auprès de votre caisse d'Assurance maladie.

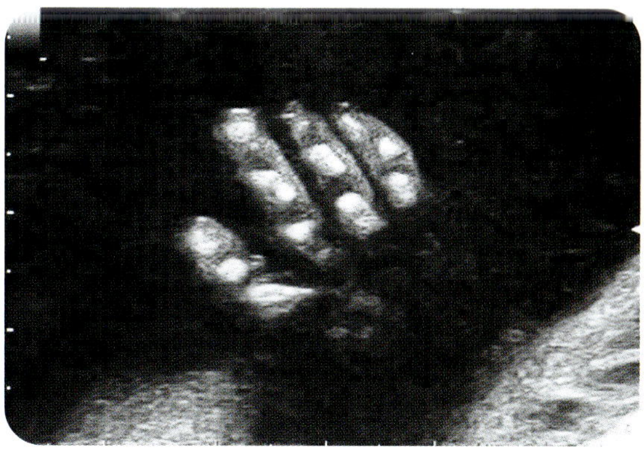

Main, doigts, 4 mois ½ -21 SA.

Le sixième mois :
le mois du mouvement

De 23 semaines ½ à 28 semaines

Le sixième mois est vraiment celui du mouvement, comme si le bébé exerçait ses forces. Il y a des variations au cours de la journée : il semble remuer plus le soir quand la mère se repose. Certaines positions peuvent parfois déclencher les mouvements, par exemple jambes serrées ou genoux croisés. Certains bébés sont calmes et bougent peu. D'autres sont plus remuants. Cependant, rien ne permet d'établir un rapport entre la fréquence des mouvements avant la naissance et le « caractère » ultérieur de l'enfant après la naissance. Un fœtus « agité » ne sera pas forcément un enfant « nerveux ». Enfin, le bébé a ses phases de sommeil durant lesquelles il bouge moins ou pas du tout.
La fréquence des mouvements varie aussi avec l'avancée de la grossesse. Elle est plus élevée entre la 22ᵉ et la 38ᵉ semaine et a tendance à diminuer 2 à 4 semaines avant l'accouchement, en partie parce que l'enfant a moins de place.
Elle est également influencée par l'état psychologique de la maman. On a pu constater qu'une forte émotion, provoquant une brusque décharge d'hormones, faisait aussitôt réagir le bébé. De même qu'une forte absorption de sucre.

Étudier les mouvements de l'enfant sert à se rendre compte de sa vitalité ; toute diminution nette et prolongée doit conduire à consulter.
Le cerveau, quant à lui, continue à se développer. Le visage s'affine, les sourcils sont apparents, le dessin du nez plus net, les oreilles plus grandes, le cou plus dégagé.
Le bébé dort 16 à 20 heures par jour. Lorsqu'il dort profondément, il est parfois difficile de le réveiller, que ce soit par le bruit ou par la palpation de l'abdomen maternel. Le **sommeil** est organisé en différents cycles : sommeil calme ou agité, veille calme ou agitée. La plus grande partie du temps, le bébé est en phase de sommeil agité. Petit à petit, la part de sommeil agité diminue et la part de sommeil calme augmente. À la naissance, on observe encore de longues plages de sommeil agité qui alternent rapidement avec des périodes de sommeil calme et d'éveil calme ou plus agité. C'est seulement à la fin du premier mois de vie que les cycles de veille-sommeil se structurent davantage et se stabilisent.
Le diaphragme s'agite avec des mouvements un peu brusques et sporadiques donnant à la mère l'impression que l'enfant a le hoquet. Au début, ce

24-25 semaines (SA)

Les dents de lait se mettent en place dans la mâchoire

27 semaines (SA)

Votre bébé effectue en moyenne 20 à 60 mouvements (bras, jambes, torsion du buste, etc.) par ½ heure quand il est éveillé

26 semaines (SA)

Les alvéoles pulmonaires sont formées mais pleines de liquide amniotique

28 semaines (SA)

Ses yeux s'ouvrent. Le liquide amniotique est renouvelé toutes les 3 heures

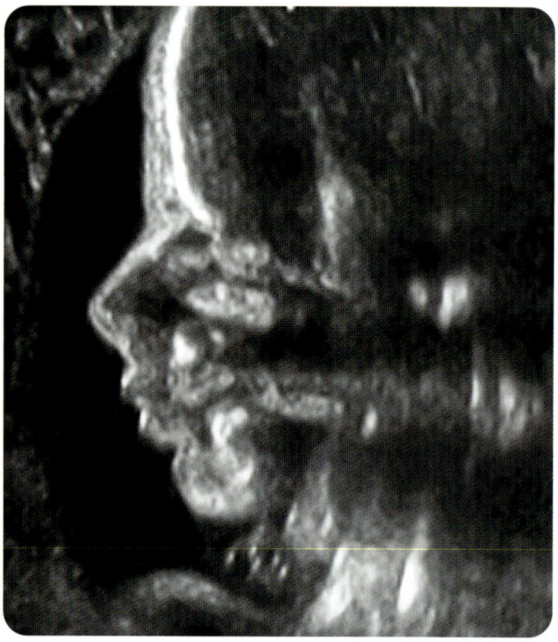

Profil, 6 mois-28 SA.

phénomène tout à fait normal – qui apparaît vers 6 mois – inquiète souvent la future mère.
Avec la fréquence et la régularité des mouvements, la présence de votre bébé se fait plus forte. Vous imaginez l'avenir proche et, si vous devez reprendre votre travail à la fin du congé maternité, vous pensez à la façon dont votre enfant va être accueilli.
Dès que vous aurez la confirmation de l'inscription à la crèche, celle-ci organisera un rendez-vous. Cette « **visite prénatale** » permet aux parents de tisser des premiers liens avec ceux qui vont s'occuper de leur bébé. Elle permet aussi d'atténuer l'anxiété, souvent teintée de culpabilité, lors de la première séparation. S'il y a eu une première rencontre, lorsque les parents viendront après la naissance pour confier leur bébé, un grand pas pour une adaptation apaisée aura été franchi. Pour les mêmes raisons, ne tardez pas trop pour chercher une assistante maternelle.

Bilan du sixième mois

L'enfant se tient les bras repliés sur la poitrine et les genoux remontés sur le ventre. Il mesure environ 30 cm et pèse 1 000 g. Il bouge de plus en plus.

Du côté de la maman

Le développement de l'utérus est important au cours de ce mois, il atteint le bord des côtes et vos mouvements demandent une adaptation. Les séances de préparation comportent un travail corporel qui aide à celle-ci.

Votre santé

- Gardez votre activité physique de loisir et pensez aux exercices de préparation.
- Petits désagréments possibles : digestion ralentie, constipation fréquente.
- Buvez beaucoup d'eau et prenez des aliments riches en fibres.
- L'essoufflement est lié à l'augmentation du volume de l'utérus.
- Vous pouvez avoir mal au dos ou dans la région lombaire.

Consultations

- 4e consultation prénatale :
  – examen général et obstétrical ;
  – toxoplasmose (si négativité) ;
  – albuminurie ;
  – dépistage de l'anémie ;
  dépistage de l'antigène HBS de l'hépatite ;
  – dépistage du diabète (par des prises de sang horaires en cas de risque) ;
  – recherche d'agglutinines irrégulières chez les femmes rhésus négatif. Une vaccination vous sera proposée si vous êtes rhésus négatif et votre conjoint rhésus positif (mais ce n'est pas obligatoire).

Vos préparatifs

- Notez les achats que vous voulez faire : établissez une liste. Voyez avec votre famille, vos amis, ce qu'on pourrait vous prêter.
- Pensez aux gros achats à anticiper, type poussette.
- Si vous avez choisi de faire garder votre enfant par une assistante maternelle, il est grand temps de commencer votre recherche.

Le septième mois :
l'éveil des sens

De 28 semaines à 32 semaines ½

Le septième mois est celui de l'éveil des sens : avant la naissance, le bébé entend, il perçoit le goût du liquide amniotique, il ressent avec sa peau.

L'audition

Selon la majorité des études, c'est entre 5 mois ½ et 6 mois qu'on peut situer le début des réactions à une stimulation auditive. Cette constatation des perceptions sensorielles du bébé est pour le père un nouveau moyen d'entrer en relation avec lui, de communiquer avec lui avant la naissance : en lui parlant, en lui chantant des chansons.
Qu'entend le bébé avant la naissance ? Toute une gamme de bruits et de sons. Mais, évidemment, les bruits lui arrivent quelque peu assourdis, filtrés par le liquide amniotique dans lequel il baigne. De plus, il entend de nombreux bruits intérieurs (« borborygmes » intestinaux, battements cardiaques) qui traversent le placenta ou le cordon ombilical. En revanche, les bruits extérieurs sont bien perçus et représentent une riche stimulation. Le bébé réagit à la plupart des *stimuli* venant de l'extérieur. Comme l'a observé cette maman qui, se trouvant dans une discothèque bruyante, au bout d'un moment a été obligée de sortir : « Il bougeait tellement… Ce n'était pas moi qui me sentais mal, c'était lui. »

29 semaines (SA)
Ses ongles commencent à pousser. Il grossit en moyenne de 20 g par jour

30 semaines (SA)
Il est sensible à la palpation, à vos caresses à travers la paroi abdominale

31 semaines (SA)
Dans les os, le cartilage de croissance qui se constitue permettra à l'enfant de grandir

32 semaines (SA)
Ses reins et son intestin fonctionnent. Ses poumons ne sont pas encore matures

Des chercheurs ont démontré que le bébé différencie une voix féminine d'une voix masculine, une syllabe d'une autre et même deux mélodies différentes. Ils ont également prouvé que, dès 8 mois, le bébé réagit différemment à une comptine plusieurs fois répétée par la mère, et à une comptine inconnue. Il en est de même pour des morceaux de musique. Et, après la naissance, le nouveau-né exprimera une préférence pour les bruits (musique ou voix) qu'il a entendus *in utero*.
Comment sait-on que le fœtus entend ? Grâce au cardiotocographe (c'est l'appareil qui mesure le rythme cardiaque du fœtus), par les mains posées sur le ventre, et par l'échographie. On observe qu'à l'écoute de ces différents bruits, le cœur du bébé bat plus vite, que l'enfant sursaute, qu'il s'agite, qu'il change de position.

La vue

Ce qu'on a du mal à croire, c'est que le bébé puisse être sensible à une impression visuelle. Pourtant, si après avoir repéré la tête de l'enfant par échographie, on dirige une forte lumière sur le ventre de la mère, le bébé sursaute, ou simplement, son rythme cardiaque s'accélère. Seules de rares observations de réactions visuelles ont été effectuées avec une lumière froide, c'est-à-dire excluant les effets de la chaleur associés

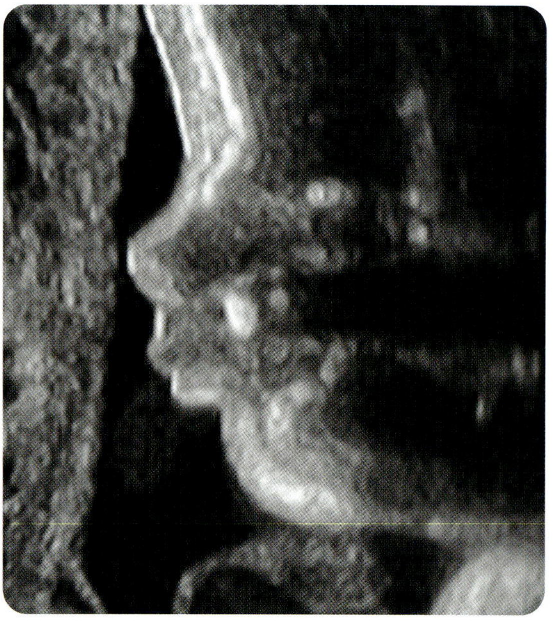

Profil, 7 mois-32 SA.

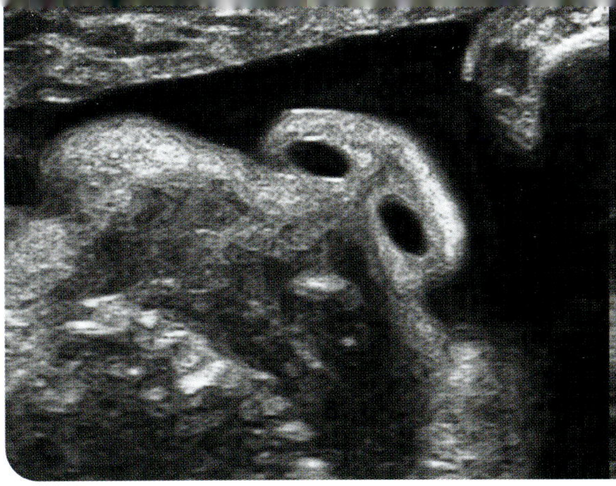

Narines, 32 SA.

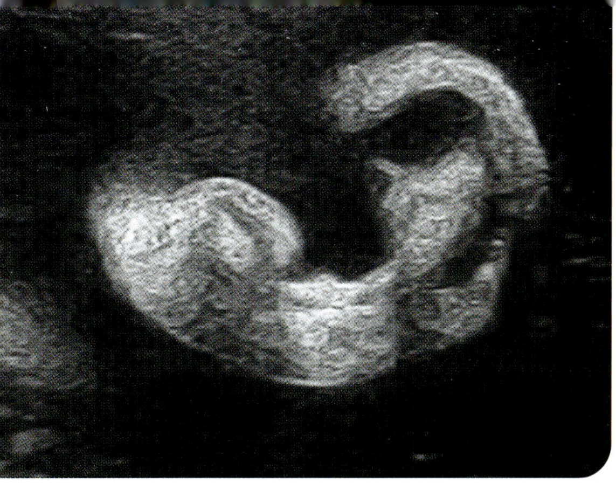

Oreille, 32 SA.

aux sources lumineuses habituelles. Une accélération du cœur du fœtus a été remarquée à l'allumage d'une lumière introduite *in vitro* lors d'une amnioscopie.

Les goûts et les odeurs

Les goûts et les odeurs, étroitement liés, se développent dès la vie intra-utérine. D'après des observations chez les bébés prématurés, on sait que le système gustatif est fonctionnel avant la naissance.
C'est l'alimentation de la mère qui parfume le liquide amniotique. Le bébé est capable de garder en mémoire des expériences de saveurs et d'odeurs du temps où il était dans l'utérus. C'est ainsi qu'il reconnaîtra et sera attiré par l'odeur du lait maternel à la naissance, également influencé par l'alimentation de sa maman. Les stimulations olfactives et gustatives répétées pendant la grossesse contribuent à la familiarisation des odeurs et des saveurs par le bébé à naître et au développement des goûts chez l'enfant.
Ainsi, les sens du bébé se mettent peu à peu tous en place à partir du 6e mois et sont efficaces dès le 8e mois. Ils vont continuer à s'affiner après la naissance.

Le toucher

L'échographie montre également la continuité entre la vie avant et après la naissance. Dans le ventre maternel, le bébé s'exerce à différents gestes : resserrer le pouce et l'index, bouger les mains et les orteils, toucher le cordon. Si on a la chance d'être là au bon moment, on peut voir le bébé sucer son pouce. Et bien des nouveau-nés arrivent au monde avec un pouce tout irrité d'avoir été sucé.
C'est à la fin de ce mois qu'est, en général, pratiquée la **troisième échographie**.

Bilan du septième mois

En moyenne, le bébé pèse 1 700 g et mesure 40 cm. Les vaisseaux sanguins ainsi que la peau s'épaississent. Le bébé émet plus d'urine, ce qui participe à l'alimentation du liquide amniotique. Le cerveau continue à se plisser.

Du côté de la maman

L'utérus grossit proportionnellement moins que le mois précédent mais le bébé le remplit de plus en plus et monter les escaliers devient un véritable exercice physique. Vous vous essoufflez rapidement, c'est normal. Vous ressentez facilement un malaise si vous restez allongée sur le dos : allongez-vous sur le côté, vous serez mieux.

Votre santé

- Reposez-vous mais vous pouvez continuer à nager si vous aimez cela.
- Buvez de l'eau abondamment pour éviter les infections urinaires.

Consultations et échographies

- 5e consultation prénatale :
  - examen général et obstétrical ;
  - toxoplasmose (si négativité) ;
  - albuminurie.
- La 3e échographie est faite vers la 32e semaine

Vos préparatifs

- Pensez au lit ou au berceau de votre bébé.
- Commencez à préparer sa chambre.

Formalités

Si vous êtes suivie à l'extérieur de votre maternité, pensez à demander votre dossier médical pour le cas où il ne vous aurait pas été donné à chaque consultation. Vous le transmettrez à la maternité en cas de consultation en urgence ou lorsqu'elle prendra le relais de votre prise en charge.

Le huitième mois :

votre bébé se fait une beauté

De 32 semaines ½ à 36 semaines ½

Votre bébé dort, s'agite, répond à vos sollicitations, à la voix de son père ; il prend de plus en plus de place dans vos pensées, vos projets et dans les préoccupations du quotidien.
C'est seulement vers le huitième mois que s'achève la maturation des poumons. Ceux-ci sont formés de multiples petites alvéoles où circulera l'air que nous respirons. Elles sont entourées de tout un réseau de vaisseaux et sont prêtes à fonctionner. C'est à cette époque qu'apparaît une substance graisseuse (appelée surfactant) qui enduit chacune de ces alvéoles et empêche le poumon de se rétracter complètement après chaque inspiration. En l'absence de surfactant, le bébé a de quoi respirer, mais pas parfaitement, et ceci d'autant plus qu'on est loin du terme de la grossesse. C'est ce qui explique les problèmes respiratoires de certains prématurés.
Le cœur continue de battre à un rythme élevé : 120 à 140 battements par minute. Il a sa forme et son aspect définitifs mais la circulation ne s'y fait pas encore tout à fait comme après la naissance. En effet, le sang fœtal ne s'oxygène pas au niveau des poumons, mais grâce à l'oxygène apporté par le cordon ombilical. Certaines communications existent encore (par exemple entre les parties droite et gauche du cœur) ; elles ne se fermeront qu'après la naissance.
La naissance approche, votre enfant se fait une beauté : les rides disparaissent, les contours s'arrondissent, la peau devient plus épaisse, le fin duvet qui la recouvrait disparaît peu à peu pour être remplacé par un enduit, le *vernix caseosa*.
C'est généralement au cours du 8e mois (parfois avant) que l'enfant prend sa **position** définitive pour l'accouchement. L'utérus ayant la forme d'une poire renversée, l'enfant cherche à s'adapter le mieux possible à l'espace dont il dispose. C'est pourquoi, dans la plupart des cas (95 % au moins), il va se placer de façon que la partie la plus volumineuse de son corps, c'est-à-dire le siège, se retrouve dans le fond de l'utérus. L'enfant sera donc tête en bas et le dos plus souvent à gauche qu'à droite. Ainsi, lors de la naissance, c'est la tête qui va se présenter la première. On dit qu'il s'agit d'une présentation du sommet.
Dans certains cas, notamment lorsque l'utérus manque d'ampleur, la tête se cale dans le fond de l'utérus. C'est alors le siège qui sort le premier lors de l'accouchement : on parle de « présentation du siège ».
C'est au cours de l'examen du 8e mois que le médecin sera en mesure d'établir un pronostic sur l'accouchement et d'évaluer si l'accouchement pourra avoir lieu *a priori* naturellement ou s'il faut envisager une césarienne avant le début du travail et, dans ce cas, en programmer la date.

33 semaines (SA)
Ses organes et ses membres prennent de plus en plus d'importance

35 semaines (SA)
Il oriente sa tête vers le bas, si ce n'était déjà pas le cas

34 semaines (SA)
La maturation pulmonaire est presque atteinte

36 semaines (SA)
Votre bébé a pris du poids, sa maturité est acquise

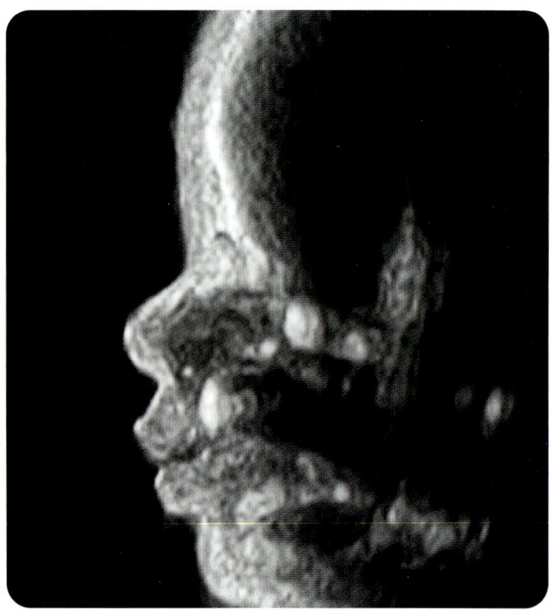

Profil, 36 SA.

Bilan du huitième mois

L'enfant pèse en moyenne 2 400 g et mesure 45 cm. C'est le mois du « fignolage ». Ses mouvements deviennent plus coordonnés et plus doux.
En cas de naissance prématurée en dessous de 35 semaines, le bébé sera transféré avec sa maman dans une maternité de type II comportant une unité de néonatalogie, ou directement dans une unité de néonatalogie. Au-delà de la 35/36ᵉ semaine, il est généralement peu exposé. Dans un grand nombre de cas, il est simplement plus fragile mais il peut rester sur place, sous la surveillance du pédiatre de la maternité.

Du côté de la maman

Vous êtes le plus souvent en congé de maternité.
Si votre grossesse se déroule sans fatigue importante et si votre état de santé et le développement du bébé le permettent, vous pouvez continuer de travailler une, deux ou trois semaines – une attestation du médecin ou de la sage-femme est nécessaire – et reporter ce congé prénatal non pris après l'accouchement.
Cependant, le congé de maternité est aussi un temps qui permet de rêver, de s'imprégner des sensations de la présence du bébé et de la fin de la grossesse.

Votre santé

- Votre congé maternité commence 6 semaines avant la date prévue pour l'accouchement. Il existe aussi un congé pathologique, prescrit par votre médecin : ce sont 14 jours (consécutifs ou non) à prendre à partir de la déclaration de grossesse et avant le début du congé prénatal.
- Profitez de votre congé pour bien vous reposer : ce sont des forces, de l'énergie que vous engrangez pour l'après-naissance.

Consultations

- 6ᵉ consultation prénatale. Elle est faite en général sur le lieu de l'accouchement :
  - examen du bassin et pronostic de l'accouchement ;
  - toujours les mêmes examens biologiques (toxoplasmose, rhésus) ;
  - contrôle plus fréquent de l'albumine dans les urines (en général tous les 10 jours) pour dépistage de la toxémie gravidique ;
  - recherche du streptocoque B par prélèvement vaginal.

Vos préparatifs

- Préparez votre valise et celle de votre bébé.
- Terminez l'installation de la chambre : si vous avez fait faire des peintures, si vous avez installé des meubles neufs, il faut bien aérer plusieurs semaines avant la naissance. À noter que les premiers mois il est conseillé que le bébé dorme dans la chambre de ses parents (p. 403).
- Organisez le retour à la maison. C'est la période où les questions concernant l'accouchement, les soins au bébé et les premiers jours chez vous se posent. Les séances de préparation à la naissance et à la parentalité vous aideront à y répondre et à organiser les contacts pour l'après-naissance. Les caisses de Sécurité sociale développent le Prado, qui est une prise en charge lors du retour précoce à domicile. Certains services de maternité et de PMI organisent des rencontres avant la naissance, par exemple sur les soins au bébé, l'allaitement. N'hésitez pas à vous renseigner.

Formalités

- La déclaration de grossesse à l'employeur doit être faite avant de partir en congé maternité (p. 410).
- Il est possible de demander le report d'une partie du congé prénatal, dans la limite de 3 semaines, sur le congé postnatal, soit directement les 3 semaines, soit de semaine en semaine.

Le neuvième mois :

le jour se lève

De 36 semaines ½ à 41 semaines

L'enfant va consacrer les dernières semaines à **grandir** en prenant des forces et du poids. Sa tête grossit peu. C'est surtout son ventre, ses cuisses, ses bras qui s'étoffent. Rassurez-vous : ce sont des parties molles et elles ne gêneront pas la progression du bébé hors du bassin maternel lors de l'accouchement.
Il remue encore beaucoup au début du mois mais il n'est pas rare que ces **mouvements** soient moins perceptibles dans les semaines qui précèdent la naissance, tout simplement par ce qu'il manque de place. Malgré cela, il continue plus ou moins à bouger et vous devez toujours sentir ses mouvements.
Le fin duvet qui recouvrait le bébé est maintenant presque entièrement tombé mais il peut persister après la naissance, notamment sur la nuque et les épaules. L'enduit sébacé (vernix) qui recouvrait la peau est également en train de disparaître. S'il est encore présent à la naissance, il sera absorbé par la peau dans les premières heures de vie.
Le crâne n'est pas entièrement ossifié. Entre les os persistent des espaces fibreux que l'on appelle les fontanelles. Il en existe deux : l'une en forme de losange, en avant, au-dessus du front, l'autre, triangulaire, en arrière, au niveau de l'occiput. Ce sont des espaces souples qui permettent à la tête du bébé de se modeler et de s'adapter au bassin de sa mère lors de l'accouchement. Elles servent aussi de points de repère à la sage-femme pour reconnaître la position du bébé.
Tout au long du neuvième mois, chaque organe évolue vers encore plus de maturité. Le système nerveux évolue aussi : il y a plus de sommeil calme, plus d'éveil calme.

Bilan du 9e mois

L'enfant est prêt à naître, le plus souvent tête en bas, bras et jambes repliés sur le ventre. En moyenne, il pèse de 3 000 à 3 300 g, et mesure 50 cm. Il est maintenant prêt à aborder le monde extérieur.

Du côté de la maman

Les articulations qui relient les os du bassin se relâchent, ce qui élargit le bassin de quelques millimètres et facilitera l'accouchement. Cela est parfois désagréable (p. 80 et 307).
L'utérus mesure 32 à 33 cm et les positions deviennent difficiles à trouver pour dormir comme pour se déplacer. Les jambes peuvent être lourdes et la station debout est pénible. Vous vous sentez moins disponible pour les tâches quotidiennes et le travail intellectuel. C'est un signe d'adaptation à l'arrivée du bébé. Vous retrouverez toutes vos facultés quelques mois après

37 semaines
Le vernix caseosa et le duvet (lanugo) disparaissent ; votre bébé grossit en moyenne de 35 g par jour

38 semaines
Il bouge un peu moins par manque de place mais vous percevez ses mouvements

39 semaines
La maturation pulmonaire de votre bébé est acquise et va lui permettre de respirer sans difficultés à la naissance

40 semaines
Vous êtes à terme et devriez accoucher

41 semaines
Vous êtes sur le point d'accoucher

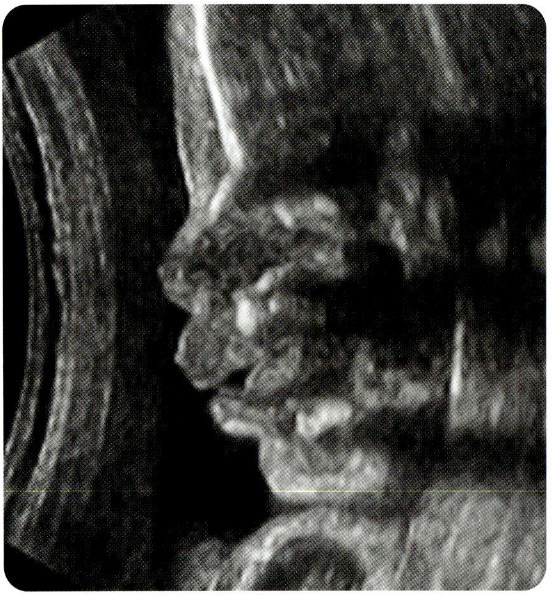

Profil, 40 SA.

l'accouchement, lorsque vous serez prête pour la reprise du travail.
Les futures mamans sont partagées entre l'impatience de voir leur bébé, de s'en occuper et la crainte de l'accouchement, l'appréhension de la première rencontre, l'organisation à mettre en place après la naissance. C'est souvent dans ce dernier mois que le stress apparaît, que les questions sur le moment de partir à la maternité, sur l'épisiotomie, la péridurale se posent concrètement. Le papa peut aussi être inquiet à l'approche de l'accouchement. Il est donc important de rester en contact avec le médecin et/ou la sage-femme qui vous suit ou vous prépare.
Au chapitre 10, vous verrez quelles sont les premières réactions du nouveau-né. Quand il vient au monde, des modifications importantes s'opèrent en quelques heures dans l'organisme de l'enfant pour qu'il puisse s'adapter au milieu dans lequel il est brusquement plongé.

Votre santé

- Les contractions sont plus fréquentes mais encore irrégulières.
- Vous pouvez perdre le bouchon muqueux.
- Le plus important au cours de ce dernier mois est de vous reposer.
- Si vous n'avez pas accouché à la date prévue, rendez-vous à la maternité.

Consultations

- 7e consultation prénatale :
  - consultation à la maternité et décision du mode d'accouchement, notamment si le bébé est en siège ;
  - les informations concernant votre séjour à la maternité et votre retour à domicile vous ont été données lors des séances de préparation à la naissance. Mais informez-vous de nouveau lors de cette dernière consultation sur les spécificités propres au service où vous serez admise. Lorsqu'une sortie précoce de la maternité a été envisagée par vous ou votre couple, sachez que vous restez libre d'exprimer vos souhaits après l'accouchement : le projet est révisable et une sortie précoce ne pourra pas vous être imposée.
- Consultation avec l'anesthésiste (fin de 8e ou tout début du 9e mois). Elle est obligatoire même si vous ne souhaitez pas d'anesthésie péridurale car elle peut se montrer nécessaire lors de l'accouchement.

Vos préparatifs

- Votre valise et celle du bébé sont prêtes. Mais ne vérifiez pas tout le contenu lorsque le moment s'annonce de partir à la maternité : votre compagnon, votre mère, des amis auront le temps d'apporter ce qui aura été éventuellement oublié.
- Si vous ne l'avez pas encore prévue, envisagez avec votre conjoint la garde des plus grands pour le jour J.

Formalités

Préparez tous les documents qui vous seront nécessaires :

- carte d'identité ;
- livret de famille ;
- carte Vitale ;
- carte de mutuelle ;
- carte de groupe sanguin ;
- résultats d'examens de laboratoire ;
- échographies ;
- dossier médical de grossesse s'il est en votre possession.

Comment votre enfant vit en vous

Nous mangeons par la bouche, nous respirons par le nez et les poumons. Pour des raisons évidentes, le fœtus ne peut en faire autant. Il devra attendre de naître pour s'alimenter et respirer à notre manière. Pour le moment, c'est de sa mère qu'il reçoit la nourriture et l'oxygène dont il a besoin pour se développer. Ces échanges mère-enfant sont possibles grâce à un système relativement complexe que l'on appelle les « annexes » de l'œuf. Ces organes annexes sont transitoires. Ils n'existent que pendant la grossesse et seront éliminés après la naissance.

Ces annexes comprennent le placenta, le cordon ombilical, les membranes de l'œuf. Placenta et cordon se complètent, mais chacun a son rôle bien précis. Le premier puise dans le sang maternel les matières premières et l'oxygène nécessaires au fœtus, le deuxième les lui apporte. Après la naissance, le placenta est expulsé, c'est la délivrance. Quant aux membranes, ce sont elles qui forment le sac à l'intérieur duquel se trouvent l'œuf et le liquide amniotique.

Pour mieux vous faire comprendre ce que sont les annexes, il est nécessaire de faire un bref retour en arrière. Lors de la nidation, vous l'avez vu (p. 122 et suiv.), l'œuf a complètement pénétré dans la muqueuse utérine. Celle-ci prend alors le nom de caduque car elle sera éliminée après l'accouchement. Sur les schémas 10 et 12 vous pouvez voir que la caduque tapisse toute la cavité utérine, y compris la zone où va se nider l'œuf.

Au niveau de la zone où l'œuf s'est implanté, le trophoblaste (schéma 10) comprend deux régions distinctes. L'une, profonde, qui, pénétrant dans la muqueuse utérine et érodant ses vaisseaux, établit un contact avec la circulation maternelle pour y puiser les aliments nécessaires au développement de l'embryon.

10. PLACENTA, CHORION, AMNIOS

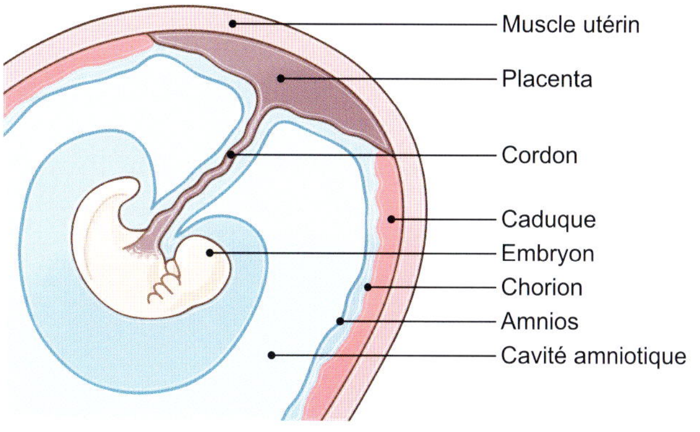

Le trophoblaste va former le placenta en profondeur et dans l'épaisseur de la paroi utérine. À la périphérie de l'œuf, il va prendre le nom de chorion.
La cavité amniotique, où « flotte » l'embryon, va occuper peu à peu toute la cavité de l'utérus.

C'est l'ébauche du **placenta**. L'autre partie du trophoblaste se trouve à la périphérie de l'œuf et prend le nom de **chorion**. L'œuf qui, en se développant, fait de plus en plus saillie dans la cavité de l'utérus, se trouve alors recouvert de deux couches de tissu : la caduque et le chorion.
Parallèlement est apparue dans le bouton embryonnaire une cavité remplie d'un peu de liquide : la cavité amniotique qui est limitée par une membrane appelée **amnios**.
Rapidement, cette cavité va se remplir de liquide. Elle va augmenter de volume et prendre une place de plus en plus grande dans la cavité utérine qu'elle va finir par occuper complètement vers la 10e semaine. La membrane qui la limite, l'amnios, va donc s'accoler au chorion et à la caduque. Ils vont former ce que l'on appelle les membranes de l'œuf (schéma 12, p. 155).
En même temps, l'embryon, qui augmente de volume, s'est écarté de la zone d'implantation. Il s'éloigne progressivement de la paroi utérine et ne lui reste attaché, au niveau du placenta, que par un pédicule entouré par l'amnios : c'est le futur **cordon ombilical**.
Voyons maintenant ces organes annexes les uns après les autres.

Le placenta

Placenta, rites et symboles

Dans les sociétés traditionnelles, les coutumes faisaient une place à part aux organes éliminés lors de l'accouchement. Alors que le cordon ombilical et les membranes amniotiques étaient précieusement conservés pour accompagner l'enfant comme porte-bonheur, le placenta était éliminé, caché, ou transformé pour servir ailleurs. On l'enterrait pour fertiliser le sol, on le jetait à l'eau pour nourrir les poissons (comme en Allemagne au XVIe siècle) ; dans les pays nordiques, on le brûlait et sa cendre était considérée comme médicament ou poison, selon les cas. Parfois, on gardait le placenta tel quel et, placé sous le lit d'un couple stérile, ou trempé dans le bain d'une femme stérile, il était censé rompre la malédiction.

Le placenta : l'interface mère-bébé

En latin, *placenta* veut dire « gâteau ». À la fin de la grossesse le placenta ressemble en effet à une sorte de gros gâteau spongieux. Lorsque l'œuf se nide (p. 122 et suiv.), son enveloppe extérieure – qui est le trophoblaste – s'insinue dans la muqueuse utérine et infiltre la paroi des vaisseaux maternels pour les transformer et leur permettre de répondre aux besoins du bébé tout au long de la grossesse. Très vite, cette machinerie élémentaire devient insuffisante pour les besoins de l'embryon qui se développe à grande vitesse. L'organisme maternel et l'œuf se mettent alors à édifier une sorte de « petite centrale » : ce sera le placenta.

Le trophoblaste, futur placenta, envoie de multiples petits filaments dans la muqueuse qui grossissent, s'organisent, et forment ce que l'on appelle les villosités choriales (schéma 11). Vous pouvez les imaginer comme des arbres dont le tronc se divise en branches principales, elles-mêmes divisées en branches secondaires. Celles-ci se hérissent de bourgeons multiples où les villosités se terminent comme des touffes qui, par divisions successives, vont aboutir à des milliers de villosités terminales. C'est au niveau de ces dernières que vont se faire les échanges entre la mère et l'enfant.

Ces villosités baignent, au niveau de l'utérus, dans une sorte de petit lac sanguin qui représente la partie maternelle du placenta. Dans ce lac sanguin circule le sang de la mère qui est projeté de façon très puissante pour créer du mouvement et favoriser les échanges, fonctionnant comme un tambour de machine à laver. Dans les villosités circule le sang de l'enfant, apporté par le cordon ombilical. Le sang de la mère et celui de l'enfant ne se rencontrent jamais au niveau du placenta. Ils sont séparés par la paroi de la villosité à travers laquelle vont se faire les échanges mère-enfant. Cette paroi est d'ailleurs de plus en plus mince au cours de la grossesse afin de favoriser les échanges au fur et à mesure que les besoins du fœtus augmentent. Jusqu'à récemment, on considérait comme impossible le passage de cellules au travers de la paroi des villosités. On sait maintenant que des cellules fœtales passent naturellement dans la circulation maternelle.

11. ÉCHANGES MÈRE-ENFANT AU NIVEAU DU PLACENTA

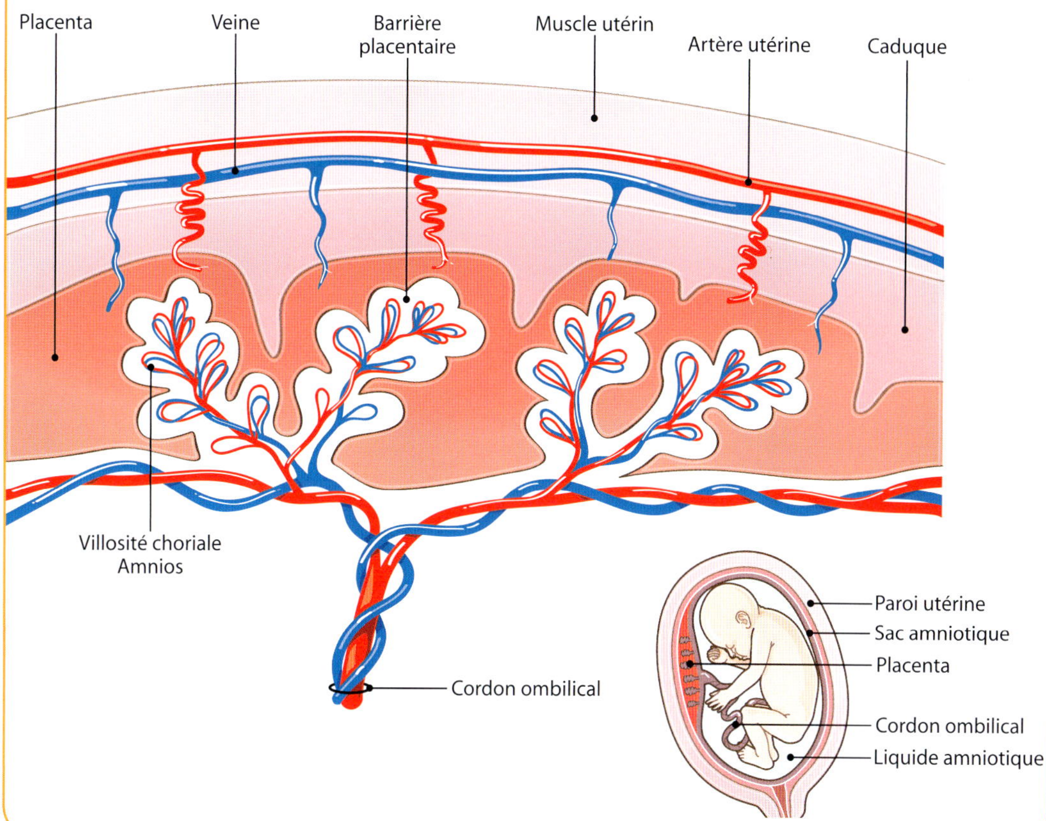

De même, des cellules maternelles passent dans la circulation fœtale. La recherche de l'ADN issu de ces cellules fœtales est d'ailleurs à la base du diagnostic préimplantatoire non invasif (DPNI, p. 213).

- Le premier rôle du placenta est donc celui d'une **usine nutritive**. C'est à travers la membrane qui limite les villosités que le sang fœtal puise son oxygène. Le placenta joue d'une certaine manière le **rôle de poumon** du foetus. L'eau passe facilement à travers le placenta ainsi que la plupart des sels minéraux. Les « matières premières », glucides, lipides, protides passent également facilement.
- L'autre rôle du placenta est celui d'une **barrière protectrice** qui arrête certains éléments. Certains médicaments, des virus ou des parasites, tel le toxoplasme, peuvent traverser le placenta, ainsi que l'alcool, le tabac et toutes les drogues, ce qui peut avoir des conséquences négatives pour le bébé.
- Usine nutritive, filtre, poumon, le placenta est aussi une source très importante d'**hormones**. Tout d'abord, il sécrète l'hormone gonadotrophine chorionique (Béta HCG) dont la présence dans le sang maternel signe la grossesse (p. 6). La production de Béta HCG augmente rapidement jusqu'à 13 semaines pour décroître ensuite

et rester en plateau tout au long de la grossesse. Cette hormone est indispensable au bon déroulement de la grossesse mais c'est aussi elle qui est responsable des vomissements de la femme enceinte. Le placenta fabrique également de nombreuses autres hormones : œstrogènes, progestérone, hormones de croissance, hormone lactogène, hormone PAPPA, etc… qui jouent des rôles importants pour la maman comme pour le bébé.

Le cordon ombilical

Le placenta est relié au fœtus par le cordon ombilical. Ce cordon est une sorte de tuyau gélatineux, arrondi, blanchâtre, luisant, qui unit le fœtus au placenta. Il mesure 50 à 60 cm, mais il existe des cordons plus courts ou plus longs. L'épaisseur du cordon est de 1,5 à 2 cm.

Composition et rôle

Le cordon ombilical est formé en grande partie par les cellules de l'amnios, l'une des membranes qui recouvrent l'enfant. À chaque extrémité du cordon, l'amnios, qui forme la gaine (ou la paroi) du cordon, se confond du côté fœtal avec la peau de l'abdomen, et du côté placentaire avec l'amnios qui recouvre le placenta. Le cordon est un vrai *pipeline*. Il contient une veine et deux artères ; la veine apporte au fœtus la nourriture et l'oxygène prélevés et transformés par le placenta dans le sang maternel. Les artères rapportent les déchets (gaz carbonique, urée, etc.) au placenta, lequel les déverse dans la circulation générale maternelle.
Le cordon est solide et élastique et il se laisse difficilement comprimer. Heureusement, car sinon le transport sanguin risquerait d'être perturbé. Le cordon est très souple, ce qui permet au fœtus tous les mouvements possibles.
Après la naissance de l'enfant, la section du cordon (qui est indolore pour la mère et pour l'enfant) rompt définitivement les liens entre la circulation maternelle et celle de l'enfant qui devient complètement autonome.
Ce qui reste du cordon au niveau de l'abdomen de l'enfant tombe quelques jours après la naissance, et laisse une cicatrice qui persistera toute la vie : le nombril ou ombilic.

« Il n'a pas coupé le cordon » ; « Elle se regarde le nombril » ; « Il se prend pour le nombril du monde. » Comme le placenta, le cordon et le nombril sont devenus des symboles, au-delà du rôle qu'ils ont joué pendant la grossesse.

Cordon ombilical, cellules-souches et sang placentaire

Le sang placentaire est issu du placenta. Il est prélevé au niveau du cordon ombilical, d'où l'appellation souvent rencontrée de « sang du cordon ». Ce sang a la caractéristique d'être riche en cellules-souches dont certaines peuvent traiter des maladies sanguines, comme les leucémies, mais également des maladies génétiques, comme les drépanocytoses, et peut-être même d'autres maladies plus rares, qui sont actuellement objets de recherches. Ces cellules-souches ont en effet la capacité de régénérer le système sanguin et immunitaire contenu dans la moelle osseuse.

En France, **le don de sang placentaire** est anonyme et gratuit, comme d'ailleurs tous les dons dans notre pays (organes, sang, sperme, etc.) et n'est autorisé que pour soigner d'autres patients. Les femmes qui acceptent de faire ce don le font de manière altruiste afin d'aider des patients qu'elles ne connaissent pas, atteints de graves maladies du sang. Seuls quelques centres sont habilités à procéder au recueil et à la conservation du « sang du cordon » (www.agence-de-biomedecine.fr). Après accord de la maman, le sang est prélevé à la suite de l'accouchement (80 à 100 ml) et avant la délivrance. Ce recueil ne modifie en rien le déroulement naturel de l'accouchement.
Il existe, en Europe et ailleurs, des sociétés privées, dont certaines sont reconnues par les autorités de santé de ces pays, qui conservent du sang placentaire dans la perspective d'une utilisation future. Or le bénéfice pour l'enfant d'un recours à ce type de greffe n'est pas avéré scientifiquement : aucune étude ne démontre à ce jour l'efficacité thérapeutique des greffes effectuées à partir de son propre sang de cordon. Ce recueil à des fins privées n'est ni gratuit ni anonyme et ces banques privées sont en France interdites par la loi.

12. LES MEMBRANES DE L'ŒUF

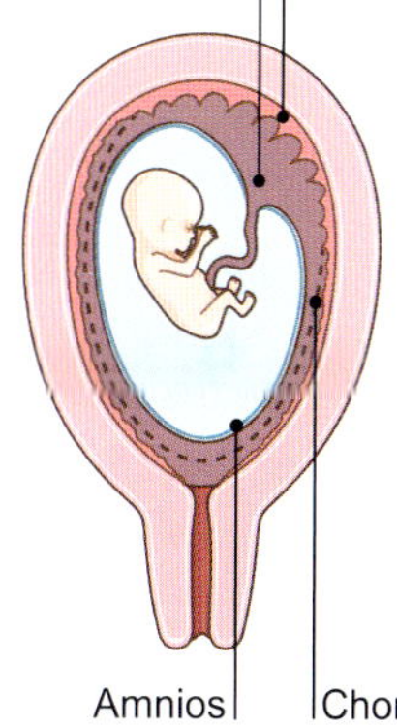

Le liquide amniotique et les enveloppes de l'œuf

Nourri par le placenta, ravitaillé par le cordon ombilical, le fœtus est protégé par ses enveloppes : au milieu, il flotte dans le liquide amniotique comme un poisson dans l'eau.

Origine et composition du liquide amniotique

Nous avons déjà évoqué les enveloppes, appelées aussi membranes (le **chorion**, la **caduque**, l'**amnios**), et la façon dont elles s'étaient constituées (p. 150-151). Leur place respective apparaît sur le schéma 12.
Du liquide amniotique, il y a peu et beaucoup à dire. Sur ses origines, on sait peu de chose, mais on pense qu'il a plusieurs sources. Tout d'abord, c'est le fœtus lui-même qui le sécrète par la peau (jusqu'à 20 semaines), par le cordon (à partir de 18 semaines), par les poumons, enfin et surtout par la vessie. Une autre partie du liquide semble venir de l'organisme maternel en passant à travers les membranes de l'œuf. Ces dernières en sécrètent d'ailleurs elles-mêmes.
La quantité de liquide amniotique varie tout au long de la grossesse. Elle augmente jusqu'au 3e trimestre puis diminue progressivement, en particulier après le terme. Le liquide amniotique est clair, d'odeur fade. Il est composé d'eau, à 97 %. Il contient toutes les substances que l'on trouve dans le sang. On y trouve aussi des cellules éliminées par la peau et les muqueuses du bébé, des poils et des fragments de matière sébacée qui forment des grumeaux blanchâtres.
Le liquide amniotique n'est pas une eau stagnante, comme celle d'une mare. Il est perpétuellement renouvelé et, à la fin de la

grossesse, il l'est toutes les 3 heures. Ceci veut dire que, non seulement du liquide est sécrété en permanence, mais également qu'il est absorbé en permanence pour être remplacé. Le bébé absorbe du liquide par la peau, il en avale beaucoup : au voisinage du terme, en moyenne 450 à 500 cm³ par jour. Une partie de ce liquide filtre à travers les reins et reforme de l'urine fœtale que le bébé rejette régulièrement. Une autre partie est absorbée par l'intestin, gagne la circulation fœtale et, par l'intermédiaire du placenta, retourne à l'organisme maternel.

À quoi sert le liquide amniotique ?

D'abord, il protège le bébé contre les traumatismes extérieurs en formant autour de lui une sorte de matelas. Il lui permet de se mouvoir facilement à l'intérieur de l'utérus et maintient une température égale. Au cours de l'accouchement, le liquide amniotique forme la poche des eaux qui aide le col à se dilater (schéma 2 p. 305). Après la rupture des membranes (qu'elle soit spontanée – c'est la perte des eaux – ou provoquée), le liquide amniotique s'écoule à l'extérieur et accentue les contractions. Nos connaissances sur son rôle sont incomplètes. Ainsi, on pense que le liquide contient des substances utiles à la croissance fœtale et à la lutte contre certains microbes.
Ce qui est certain, c'est que le liquide amniotique est un lieu bien vivant, une zone permanente d'échanges entre la mère et l'enfant. Enfin, et ce n'est pas son moindre intérêt, le liquide amniotique permet des examens dans la surveillance médicale de certaines grossesses : il s'agit essentiellement de l'amniocentèse (p. 214).

Trop ou pas assez de liquide amniotique

- Liquide amniotique en excès : c'est l'**hydramnios**, d'origine maternelle (diabète, incompatibilité sanguine) ou fœtale (malformation, grossesse gémellaire). Il peut être aigu, obligeant à interrompre la grossesse ; ou chronique : avec risque d'accouchement prématuré.
- Liquide amniotique insuffisant : c'est **l'oligoamnios**, souvent associé à une anomalie du développement ou à une malformation fœtale (notamment de l'appareil urinaire).

Le bébé avant la naissance et son milieu

Comme vous l'avez vu, c'est dans un milieu particulier que se développe l'enfant : il est bien à l'abri dans l'organisme de sa mère, il est protégé contre les chocs par la double enveloppe de l'utérus maternel et du liquide amniotique. Pour combler ses besoins qui sont considérables puisque sa croissance se fait à un rythme qui ne sera plus jamais atteint au cours de sa vie, l'usine placentaire travaille pour lui en permanence en filtrant, en transformant, en stockant les aliments indispensables. Le bébé reçoit ces aliments, de même que l'oxygène, par l'intermédiaire de ce véritable *pipeline* qu'est le cordon ombilical. C'est également le placenta qui forme une barrière protectrice (malheureusement incomplète) contre certaines agressions chimiques et infectieuses.
Est-ce à dire que le bébé est un être totalement passif, subissant sa croissance sans y participer activement ? C'est ce que l'on a cru pendant longtemps. Or nous savons maintenant qu'il n'en est rien, et que l'enfant est capable de « traiter » lui-même un certain nombre de matériaux fournis par l'organisme maternel. Il le fait selon un **programme de développement génétique très précis**,

Courbe de poids du bébé avant la naissance

L'augmentation moyenne quotidienne du poids est de 5 g à la 2e semaine, 10 g à la 21e, 20 g à la 29e et 35 g à la 37e semaine.

en s'équipant progressivement d'un certain nombre de substances nécessaires.

C'est le cas des **enzymes**. Ce sont des substances chimiques (plus exactement des protéines) qui sont chargées de provoquer, de permettre ou d'entretenir les milliers de réactions chimiques qui se produisent dans l'organisme et sans lesquelles la vie ne pourrait se poursuivre. À chaque réaction correspond un enzyme particulier. Les milliers d'enzymes nécessaires, le bébé va les produire lui-même et les utiliser au fur et à mesure de ses besoins.

C'est ainsi, par exemple, que, grâce à ses propres enzymes, l'enfant va utiliser le **sucre** (le glucose) que lui fournit le placenta à partir de la circulation maternelle. Ce sucre constitue sa nourriture essentielle, mais il va s'en servir un peu différemment de ce que fait un adulte. Il n'a pas à dépenser d'énergie pour maintenir sa température constante ou pour faire fonctionner ses muscles (il fait peu d'efforts et il dépense peu d'énergie puisque ses mouvements se font dans l'eau). Ainsi, le bébé va utiliser le sucre pour la croissance et sous forme de stockage en fin de grossesse afin de constituer les réserves qui serviront, après la naissance, pendant la période d'adaptation à l'alimentation.

De même qu'il a ses propres enzymes, l'enfant a ses propres **hormones**, ces substances fabriquées par des glandes (dites glandes endocrines). Elles transmettent des ordres à certains organes (différents selon l'hormone) possédant des récepteurs sensibles à l'hormone en question et chargés d'exécuter les ordres transmis. Par exemple, l'hypophyse sécrète des hormones qui commandent l'activité de l'ovaire. Chez le bébé, le rôle principal de ces hormones est de faciliter la croissance des tissus (muscles, peau) et l'ossification du squelette.

Enfin, même s'il est encore vulnérable, comme en témoignent les agressions dont il peut être victime, qu'elles soient chimiques ou infectieuses, l'enfant commence à élaborer ses moyens de défense, son « **système immunitaire** ».

Pour résumer, produire ses enzymes et ses propres hormones, transformer du sucre en protéines et le stocker en partie pour l'après-naissance, élaborer son système immunitaire, voici le « travail » propre au bébé.

Avant de conclure, nous voudrions vous faire remarquer les difficultés évidentes qu'il y a à étudier les différents métabolismes de l'enfant avant la naissance. Dans ce complexe qui associe mère-enfant-placenta, il est souvent difficile de préciser ce qui revient à l'un ou aux autres. Ceci explique que nous sachions encore peu de chose dans ce domaine. Pourtant, nous en savons suffisamment pour affirmer que l'enfant ne subit pas sa croissance de façon passive. Parler d'autonomie serait exagéré, il est étroitement dépendant de sa mère pour l'apport de tous les matériaux nécessaires, et les difficultés rencontrées par certains prématurés prouvent que l'indépendance ne doit pas survenir trop tôt. En revanche, dire que l'enfant collabore à sa propre croissance selon un programme précis est tout à fait conforme à la réalité.

Nous venons de voir le cas le plus fréquent, celui où un spermatozoïde féconde un ovule. Parfois, il arrive que deux ou plusieurs enfants se développent ensemble dans l'utérus. Au sujet des jumeaux et des naissances multiples, reportez-vous au chapitre 5.

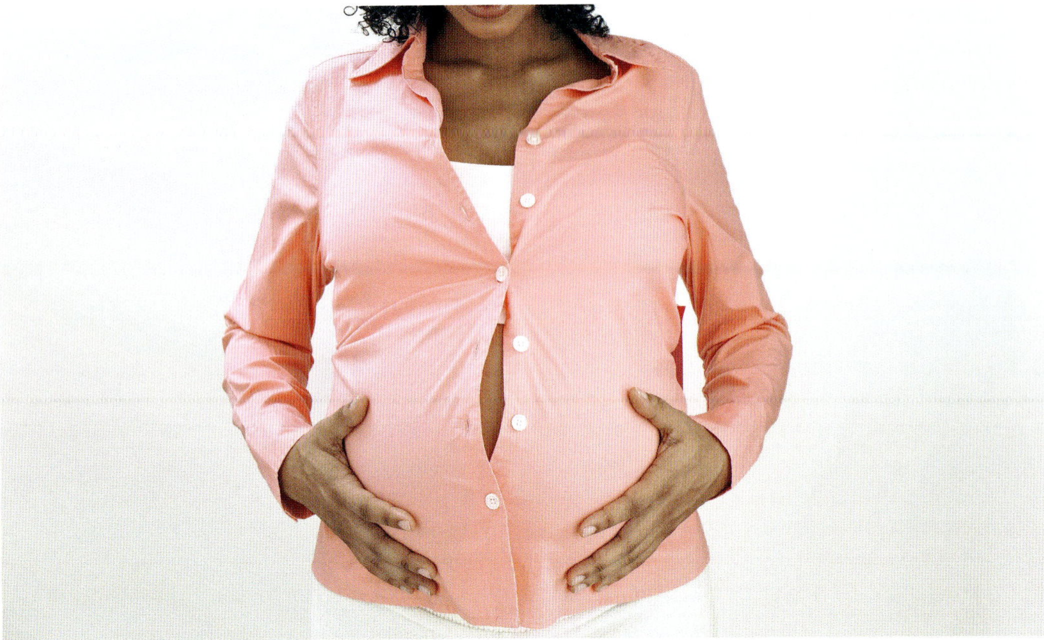

Comment votre corps devient maternel

Vous avez vu par quelles étapes un point invisible à l'œil nu devenait, en neuf mois, un enfant de plus de 3 kg, votre bébé. Vous allez lire maintenant comment, pendant ce temps, votre corps se transforme jour après jour.

Pour une femme, voir son ventre se tendre et se gonfler, et sentir sous sa main cette vie qui naît est émouvant. Mais découvrir ce qui se passe en elle est aussi impressionnant. D'abord se produit ce phénomène étonnant : non seulement la mère ne rejette pas cet œuf, mais elle va le protéger, le nourrir, fournir tous les matériaux nécessaires à son développement. Puis elle va organiser la vie à deux, faire face à la nécessité d'alimenter deux cœurs, etc.

Pour remplir ces tâches, le corps maternel subit des modifications : anatomiques, physiologiques ou chimiques, visibles et invisibles, majeures ou mineures. La grossesse a une répercussion sur tous les organes, toutes les fonctions, tous les tissus de la mère, sans parler des répercussions sur son état psychologique et sur son moral.

Cette adaptation de l'organisme se fait selon quatre grands axes :

- tout d'abord l'enfant grandit, d'où l'augmentation du volume de l'utérus avec ses conséquences ;
- en même temps les seins se développent : ils se préparent pour l'allaitement ;
- la future mère assurant pendant la grossesse la nutrition de deux êtres, elle-même et le bébé, la plupart de ses fonctions physiologiques en sont modifiées ;
- puis, surtout en fin de grossesse, l'organisme maternel se prépare pour l'accouchement.

Augmentation du volume de l'utérus

13. HAUTEUR DE L'UTÉRUS SUIVANT L'ÂGE DE LA GROSSESSE

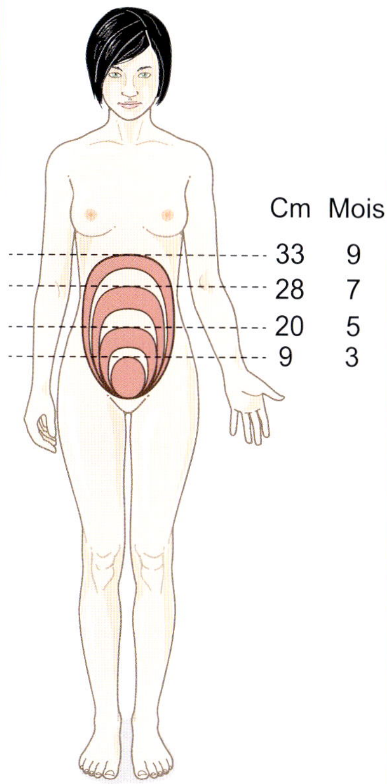

Avant la conception, l'utérus, qu'on peut comparer à une figue fraîche, pèse 50 g, mesure 65 mm de haut, 45 mm de large et a une capacité de 2 à 3 cm^3.
Dès le début de la grossesse, il commence à augmenter de volume (schéma 13), mais cette augmentation ne devient visible de l'extérieur qu'entre le 4e et le 5e mois, selon les femmes.

- Au **2e mois**, l'utérus a la grosseur d'une orange.
- Au **3e mois**, on peut le sentir au-dessus du pubis.
- Au **4e mois**, sa hauteur atteint le milieu de la distance qui sépare l'ombilic (ou nombril) du pubis.
- Au **5e mois ½**, il atteint l'ombilic.
- Au **7e mois**, il le dépasse de 4 ou 5 cm et monte de plus en plus dans la cavité abdominale.
- Au **8e mois**, il est situé entre la pointe du sternum et l'ombilic.

L'utérus atteint son point culminant **à terme**. Parfois, cependant, vous pourrez avoir l'impression, 2 à 3 semaines avant l'accouchement, qu'il se met à redescendre.
La pression abdominale est diminuée, la respiration plus facile, vous vous sentez comme allégée. C'est le signe que l'enfant « descend » et que la naissance approche.
À terme, l'utérus pèse 1 200 à 1 500 g. Il a une capacité de 4 à 5 l. Sa hauteur est de 32 à 33 cm et sa largeur de 24 à 25 cm. Ces chiffres sont évidemment des moyennes qui peuvent varier suivant les femmes, et d'une grossesse à l'autre chez une même femme. Cependant ils servent de points de repère pour apprécier l'âge d'une grossesse et surveiller son évolution.
La place qu'il lui faut, l'utérus la gagne sur l'extérieur, comme c'est visible, mais en même temps sur l'intérieur, où, en augmentant de volume, il refoule et comprime les organes qui l'entourent : estomac, intestins, vessie, etc. En général, l'augmentation du volume de l'utérus se poursuit sans inconvénient grâce à l'élasticité des parois abdominales qui se laissent distendre, et les organes s'adaptent bien à leur nouvelle situation. On a cru longtemps que beaucoup de troubles de la grossesse (difficulté à respirer, constipation, nausées et varices) étaient dus à la compression. Celle-ci n'explique pas tout car beaucoup de ces troubles apparaissent dès le début de la grossesse alors que l'utérus est encore peu développé.
Aussi pense-t-on aujourd'hui que ces troubles sont dus, en grande partie, à l'action des hormones de grossesse sur certains organes.
Il faut mettre à part les envies fréquentes d'uriner (surtout à la fin de la grossesse) qui paraissent bien en rapport avec une compression de la vessie. De même, les malaises de type syncope qu'éprouvent

certaines femmes quand elles se couchent sur le dos sont en rapport avec une compression de la veine cave. Il suffit alors de s'étendre sur le côté gauche (la veine cave est à droite) pour que le malaise disparaisse.
L'attitude de la future mère se modifie au fur et à mesure que l'utérus augmente de volume : ses reins se creusent, sa taille se cambre. Elle a tendance à se rejeter en arrière pour contrebalancer le poids qui la tire en avant. Sa silhouette est d'ailleurs différente suivant l'état de sa paroi abdominale : si ses muscles sont fermes, ils forment une bonne sangle qui soutient l'utérus et l'empêche de tomber en avant. Si ses muscles sont relâchés, la paroi abdominale distendue n'offre qu'une faible résistance à la pression de l'utérus qui tombe en avant. On peut lutter contre cette tendance en basculant le bassin (exercices p. 280-281) de façon à se tenir le moins cambrée possible. Cela soulagera les muscles abdominaux qui seront moins distendus ; cela soulagera aussi le dos à la hauteur des reins (p. 46).

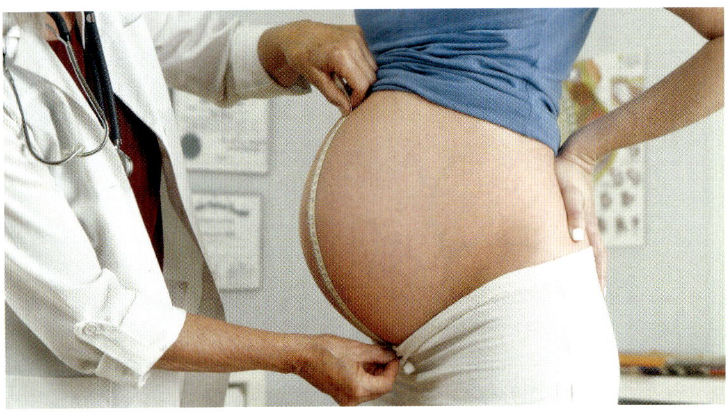

Préparation à l'allaitement

Tout au long de la grossesse, les seins se préparent à remplir leur fonction, qui est de sécréter le lait dont se nourrira le nouveau-né. Dès le premier mois, ils se mettent à gonfler, ils augmentent de volume et deviennent plus lourds. Ils sont parfois le siège de picotements et d'élancements douloureux. Quelques semaines plus tard, le mamelon devient plus saillant : la région plus foncée, pigmentée, qui l'entoure – l'aréole primitive – est bombée. Sur cette aréole apparaissent, vers la 8e semaine, de petites saillies : les tubercules de Montgomery. Ce sont des glandes sébacées qui s'hypertrophient et constituent des glandes mammaires rudimentaires. Ces modifications des seins permettent d'étayer un diagnostic de grossesse.
À partir du 4e mois, on pourrait faire jaillir du mamelon un liquide jaune orangé, épais, précurseur du lait, le **colostrum**. Vers le 5e mois, autour de l'aréole primitive apparaissent quelquefois des taches brunes qui forment une aréole secondaire. À l'intérieur des seins, les

Sein ou biberon :
Comment se décider ? Voyez page 351.

glandes (acini), qui fabriquent le lait, qui sont presque inexistantes en dehors de la grossesse, se multiplient et augmentent de volume, de même que le réseau des canaux galactophores qui conduiront le lait des glandes vers le mamelon (schéma 14). Pour alimenter cette région en pleine activité, les vaisseaux sanguins s'élargissent : c'est pourquoi les veines sont parfois très apparentes au cours de la grossesse.

14. SEIN ET ALLAITEMENT

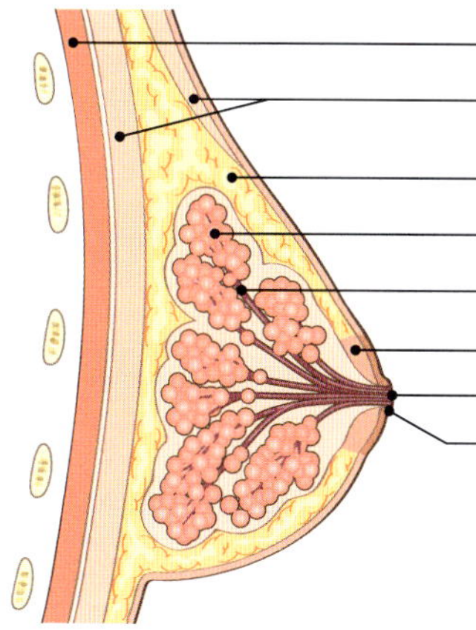

1 – Le lait est fabriqué dans les acini glandulaires.
2 – Le lait est évacué par les canaux galactophores.

En même temps, les mamelons augmentent de volume. Les seins sont prêts à allaiter dès le début du deuxième trimestre. Dès la première tétée, le bébé profite du colostrum qui, en quelques jours, se transforme et devient du lait. La sécrétion du colostrum et du lait dépend d'une hormone hypophysaire, la prolactine. La prolactine est sécrétée tout au long de la grossesse mais elle reste inactive tant que le placenta est en place. L'expulsion du placenta après l'accouchement et la stimulation du mamelon déclenchent son action.

Modifications des fonctions de l'organisme

L'augmentation de volume de l'utérus et des seins est la modification la plus visible de l'organisme durant la grossesse. Il y en a d'autres qui, pour n'être pas aussi évidentes, n'en sont pas moins importantes. Ce sont celles qui concernent les fonctions essentielles de l'organisme : **digestion, circulation, respiration**.
Le cœur et la circulation sont les premiers concernés. Ils doivent faire face au travail supplémentaire créé par l'apparition de la circulation mère-enfant au niveau du placenta ; il y a ainsi une augmentation de

40 % de la quantité totale de sang circulant ; le cœur bat plus vite (15 pulsations en moyenne de plus par minute) ; il débite davantage : presque 5,5 l au lieu de 4 par minute. En un mot, le cœur travaille plus. Une femme enceinte ne respire pas plus vite qu'une autre mais elle fait passer, à chaque respiration, une quantité plus importante d'air dans ses poumons et elle consomme plus d'oxygène (10 à 15 %). Ceci, joint au déplacement du diaphragme, qui est repoussé progressivement vers le haut par l'utérus, peut expliquer la sensation d'essoufflement que ressentent certaines femmes à la fin de la grossesse. Les reins, dont le rôle est de filtrer le sang pour en éliminer dans les urines les éléments inutiles et certains déchets, voient leur travail s'accroître puisque la quantité de sang circulant chez la femme enceinte est notablement augmentée.
Par contre, les hormones de grossesse – notamment la progestérone – ont pour effet de ralentir certaines fonctions, ce qui est bénéfique au niveau de l'utérus, puisqu'ainsi, elles l'empêchent de se contracter. C'est moins bénéfique quand il s'agit de l'appareil digestif, estomac, intestin, vésicule, mais cela explique des troubles fréquents : lenteurs et difficultés de digestion, constipation, etc. Il se passe la même chose au niveau de la vessie et des uretères, qui conduisent l'urine des reins à la vessie, ce qui explique en partie la relative fréquence des infections urinaires.

Le corps se prépare à l'accouchement

Pour que l'enfant puisse naître, il faudra que l'utérus, qui est un muscle, se contracte, et que l'enfant franchisse successivement le col de l'utérus qui, en temps normal, est un canal filiforme, puis le vagin. Ce chemin que suivra le bébé pour naître traverse le bassin de part en part, bassin constitué par des os naturellement rigides mais aussi par des articulations et des ligaments qui vont s'assouplir. Vous lirez d'ailleurs au chapitre 9 le mécanisme de l'accouchement. Tout au long de la grossesse, ces différents organes vont se préparer à l'accouchement.

Le bassin

Les articulations qui relient les os se relâchent, ce qui élargit le bassin de quelques millimètres ; cela peut être douloureux en fin de grossesse (schémas du bassin p. 306 et suiv.).

L'utérus

Ses fibres deviennent quinze à vingt fois plus longues. En même temps, elles deviennent plus larges. Ces modifications rendront l'utérus plus élastique, elles lui permettront de se contracter plus facilement et donc de mieux jouer son rôle de « moteur » pour ouvrir le col et pousser l'enfant en avant. La circulation sanguine au niveau de l'utérus augmente considérablement. Le col de l'utérus, qui, avant la grossesse, était dur et fibreux, s'amollit et devient souple. À terme, on dit qu'il est « mûr ». Il pourra ainsi s'ouvrir sans difficulté.

Le vagin

Au cours de la grossesse, il se transforme complètement. À la fin, il n'a rien à voir avec un vagin de femme qui n'est pas enceinte. Il s'allonge, s'élargit, ses parois deviennent de plus en plus souples et extensibles, plissées comme un accordéon.
En même temps, les sécrétions vaginales sont nettement augmentées ainsi que l'acidité du vagin. Les sécrétions favorisent le développement des champignons responsables de fréquentes vaginites chez la femme enceinte, mais cette hyperacidité représente un excellent barrage contre de nombreux microbes. Le bouchon muqueux qui apparaît en fin de grossesse au niveau du col en forme un second, et les membranes de l'œuf un troisième.

Important

En fin de grossesse, le vagin est prêt à laisser passer la tête de l'enfant, alors qu'il n'en serait pas question neuf mois plus tôt. C'est un point important à signaler pour rassurer les futures mères car presque toutes craignent que la tête et le corps de l'enfant ne puissent pas passer par le vagin « qui est trop petit ».

Le rôle des hormones

L'évolution de la grossesse est dominée par l'action des hormones qui, pendant neuf mois, ont une activité intense. Après avoir, comme chaque mois, provoqué l'ovulation et préparé l'utérus à accueillir l'œuf, les hormones ovariennes vont permettre le transport de l'œuf et son implantation ; elles empêcheront aussi l'utérus de l'expulser lorsqu'il sera nidé.
Au début de la grossesse, les hormones sont produites par le corps jaune. Ensuite, lorsque des quantités de plus en plus importantes deviennent nécessaires, elles sont fabriquées par le placenta, véritable usine hormonale de la grossesse, qui va la prendre en charge jusqu'à son terme.
Ce ne sont pas seulement les glandes endocrines sexuelles qui ont une activité accrue durant la grossesse : les autres, le pancréas, la thyroïde, les surrénales, fonctionnent également davantage. Enfin, au cours de la grossesse, de nouvelles hormones apparaissent : l'ocytocine, qui joue un rôle dans le déclenchement de l'accouchement, et la prolactine, qui déterminera la lactation.
L'action conjuguée de ces différentes hormones, ordonnatrices des grands événements de la grossesse, règle la plupart des changements qui surviennent pendant ces neuf mois. En particulier, elles stimulent l'édification des tissus de l'utérus en pleine croissance, elles président à la mobilisation des réserves de la mère auxquelles fait appel le bébé, elles règlent la délicate chimie des échanges nutritifs si importants pour la croissance de l'enfant, elles sont responsables de l'augmentation du poids de la mère, elles permettent aux glandes mammaires de se développer, etc.

Un peu de génétique

Fille ou garçon ? À qui ressemblera notre enfant ? Tous les futurs parents se posent ces deux questions en lien avec la génétique.

Fille ou garçon ?

Depuis les temps les plus anciens, on a cherché à connaître le sexe de l'enfant avant la naissance. Pour trouver une réponse, les Grecs, avec Hippocrate, tenaient compte de la coloration du visage ou de l'importance du développement utérin. Puis, au fil des siècles, on a tenté d'accorder une valeur à différents critères, par exemple au rythme cardiaque de l'enfant (on disait que le cœur battait plus ou moins vite selon qu'il s'agissait d'un garçon ou d'une fille), ou bien à la manière de porter son enfant (on pensait que si l'enfant « montait » très haut, ce serait un garçon, et que s'il « descendait » très bas, ce serait une fille). Aujourd'hui, grâce à l'échographie, le mystère peut être levé pendant la grossesse, si les parents le souhaitent bien sûr.
La plupart des parents désirent connaître le sexe de leur bébé avant la naissance : cela leur permet de parler de l'enfant avec le prénom choisi, de faire des projets plus personnalisés, d'acheter une layette en conséquence. D'autres parents souhaitent connaître le sexe du bébé à naître mais ils ne veulent pas l'annoncer à l'entourage ; ils gardent le secret pour eux et réservent la surprise aux autres. Cela se passe souvent ainsi pour le choix du prénom : les parents annoncent avec plaisir qu'il s'agit d'un garçon ou d'une fille mais ne dévoilent pas le prénom, même à leur entourage proche. « Ainsi, on évite les commentaires, conseils, éventuelles critiques », disent-ils.

Certains parents veulent avoir le plaisir de la découverte au moment de la naissance, notamment ceux qui ont déjà plusieurs enfants du même sexe. David et Sophie attendent un troisième enfant, après deux garçons. « Nous souhaitions une fille et, de façon totalement irrationnelle, nous ne voulions pas savoir le sexe du bébé, comme si cela nous donnait une chance de plus… Nous avons eu un troisième petit garçon ! »

Les moyens médicaux permettant de connaître le sexe de l'enfant avant la naissance

Le moyen le plus simple est évidemment l'**échographie** du deuxième trimestre (p. 140 et p. 200), et parfois plus tôt. À ce moment-là, il est possible de voir le sexe sans se tromper. La marge d'erreur est très faible. Il peut néanmoins exister des cas où la position du bébé gêne la vision de son anatomie. Dans cette hypothèse, l'échographiste donnera une réponse avec réserve. Pour avoir une certitude, il faudra attendre la prochaine échographie, vers la 31/32e semaine. Vous pouvez aussi décider d'attendre jusqu'à la naissance du bébé… Si vous ne souhaitez pas connaître le sexe de votre enfant, précisez-le bien à l'échographiste avant qu'il ne vous le dise ! Et ne regardez pas l'écran…
De façon exceptionnelle, il est possible de connaître le sexe de l'enfant avant la naissance à l'occasion d'un **diagnostic prénatal**, soit par la biopsie du throphoblaste (p. 215), soit par l'amniocentèse (p. 214). Ces deux techniques permettent avant tout de savoir si l'enfant à venir est porteur d'une anomalie chromosomique ; elles ne sont jamais utilisées pour connaître uniquement le sexe de l'enfant, sauf cas exceptionnel.

Le mécanisme de la détermination du sexe

Pour comprendre selon quels mécanismes, quelles lois de la biologie, le sexe d'un enfant est déterminé dès la conception, il convient de faire une incursion dans le domaine de l'infiniment petit, et de donner quelques explications un peu techniques qui vous rappelleront peut-être les cours du collège et du lycée.

La cellule

L'organisme est composé de différents tissus, eux-mêmes faits de cellules. Chaque être humain en possède une dizaine de milliards environ. La cellule est l'élément de base de tout être vivant.
Chaque cellule, en fonction du rôle qu'elle joue dans l'organisme, a une forme ou un aspect particulier. Le globule rouge a la forme d'un disque, alors que les cellules des nerfs ou de la peau ont la forme d'une sorte de cube ou de parallélépipède aplati, et la cellule de l'os a celle d'une étoile, etc.
Chaque cellule comprend, entre autres, une partie plus dense que l'on appelle le noyau et qui est la plus importante, on serait tenté de dire : la plus noble.

Les chromosomes

Ce noyau est fait d'une substance appelée chromatine parce qu'elle a la faculté d'absorber certaines matières colorantes (du grec

chromos : couleur). Quand les cellules se divisent pour se multiplier et se renouveler, la chromatine du noyau prend un aspect particulier. Elle se fragmente en corpuscules appelés chromosomes. L'aspect et le nombre des chromosomes varient selon les espèces animales.
Dans l'espèce humaine, il y a 46 chromosomes par cellule. Ils sont groupés en 23 paires ; dans chaque paire, l'un des chromosomes est hérité du père et l'autre de la mère.

15. LES CHROMOSOMES SEXUELS

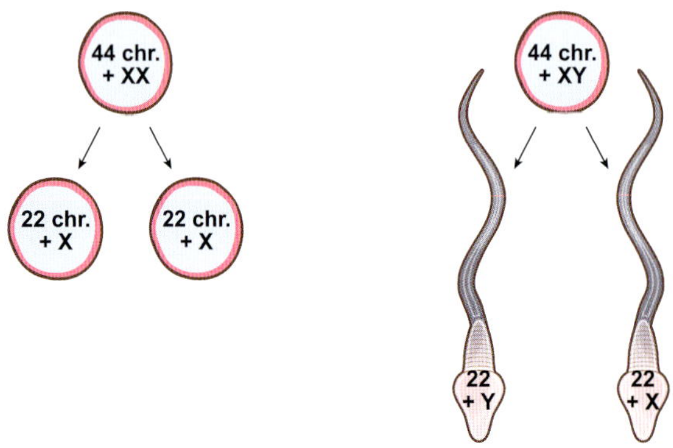

Chez la femme, tous les chromosomes sexuels sont X.

Chez l'homme, les chromosomes sexuels sont tantôt X, tantôt Y.

X et Y

22 paires de chromosomes sont identiques chez l'un et l'autre sexe. La 23e, au contraire, est différente chez l'homme et chez la femme. Il s'agit de la paire de **chromosomes sexuels** (schéma 15).
Chez la femme, cette paire est faite de 2 chromosomes semblables appelés chromosomes X. Chez l'homme, les 2 chromosomes sont différents : l'un est appelé X et l'autre Y. Dans le sexe féminin, les cellules sont donc composées de 22 paires + 1 paire XX. Dans le sexe masculin, les cellules comportent 22 paires + 1 paire XY.

La division des cellules

Toutes les cellules de l'organisme se renouvellent. Cette reproduction se fait par simple division. Chaque cellule se divise en deux cellules filles contenant le même nombre de chromosomes que la cellule mère dont elles sont issues (soit 46 dans l'espèce humaine).

Les cellules sexuelles, ou germinales, ou gamètes

Les cellules sexuelles (schéma 16) échappent à cette règle de la division. Lors de la fabrication des ovules chez la femme et des spermatozoïdes chez l'homme, la division des cellules prend un caractère un peu particulier et les cellules sexuelles adultes (ovule ou spermatozoïde) qui vont assurer la fécondation ne contiennent plus que la moitié des chromosomes, soit 23 au lieu de 46. Ainsi, lors de la fusion du spermatozoïde et de l'ovule, sera reconstituée une cellule (l'œuf) qui comportera 46 chromosomes, nombre caractéristique de l'espèce humaine.

16. FILLE OU GARÇON ?

Ce sera une fille.
Un ovule est fécondé par un spermatozoïde à chromosome X.

Ce sera un garçon.
Un ovule est fécondé par un spermatozoïde à chromosome Y.

Pourquoi garçon ? Pourquoi fille ?

Jusqu'à nouvel ordre, il faut admettre qu'il s'agit là d'un pur hasard, mais qui mérite une explication.

Lors de la fabrication des ovules dans l'ovaire, les deux chromosomes sexuels étant identiques chez la femme (X et X), tous les ovules recevront 22 chromosomes ordinaires + 1 chromosome X.

Cela équivaut à dire que tous les ovules auront une formule chromosomique identique.

Chez l'homme, au contraire, la cellule mère qui donne naissance aux spermatozoïdes comprend 44 chromosomes + 2 chromosomes sexuels différents X et Y. Lors de la division, 50 % des spermatozoïdes recevront 22 chromosomes ordinaires + 1 chromosome X alors que 50 % recevront 22 chromosomes ordinaires + 1 chromosome Y. Cela revient par conséquent à dire que tous les spermatozoïdes n'ont pas la même formule chromosomique. Lors de la fécondation, c'est-à-dire lors de l'union d'un ovule et d'un spermatozoïde, deux possibilités apparaissent donc.

L'ovule est fécondé par un spermatozoïde à chromosome X : il va en résulter, par réunion des chromosomes, un œuf contenant 44 chromosomes + X + X (soit XX). Cette formule est celle du sexe féminin. **Cet œuf donnera naissance à une fille.**

L'ovule est fécondé par un spermatozoïde à chromosome Y : la reconstitution du capital chromosomique aboutira à la formule : 44 chromosomes + X + Y (soit XY). Cette formule est celle du sexe masculin. **Cet œuf donnera naissance à un garçon.**

C'est donc le spermatozoïde qui détermine le sexe de l'enfant : c'est une fille lorsqu'il est à chromosome X, c'est un garçon lorsqu'il est à chromosome Y.

Est-il possible de choisir le sexe de l'enfant ?

La réponse est non. Pourtant, avoir à volonté une fille ou un garçon est un rêve vieux comme l'humanité. Dans certains pays, notamment d'Asie, ce rêve devient une obsession et conduit à des pratiques condamnables comme l'avortement sélectif. Cette pratique des avortements sélectifs concerne plus couramment les fœtus féminins que ceux masculins.

Comme pour la prédiction du sexe, le choix du sexe a donné lieu à des conseils et des méthodes tous plus fantaisistes et surtout inefficaces les uns que les autres. En revanche, il est un domaine où ce choix est médicalement justifié. C'est celui des **maladies génétiques**, maladies dont certaines sont portées par un sexe et pas par l'autre.
Où en sont actuellement les recherches et les avancées médicales dans ce domaine ? Une première série de techniques consiste à identifier, en laboratoire, les spermatozoïdes Y, ceux qui déterminent les garçons, et les spermatozoïdes X, ceux qui déterminent les filles. Cette technique donne des résultats variables ; elle nécessite d'abord de recueillir le sperme et de séparer les spermatozoïdes X des Y ; puis, pour assurer la fécondation, il faut procéder soit à une insémination par les voies naturelles avec les spermatozoïdes sélectionnés, soit réaliser une fécondation *in vitro*, cette dernière méthode étant plus sûre.
En réalité, la technique la plus efficace est de procéder non pas à une sélection des spermatozoïdes mais à une sélection des embryons dont on cherche à connaître le sexe. Cela n'est possible que dans un cadre légal, réservé à des cas précis et effectué uniquement par des laboratoires spécialisés et agréés dans le domaine de la reproduction et de la génétique. C'est ce que l'on appelle le **diagnostic préimplantatoire (DPI)**. Voici en quoi il consiste.
On procède tout d'abord à une fécondation *in vitro* pour obtenir des embryons, puis on prélève sur chaque embryon une cellule sur laquelle on va rechercher le sexe. Si un de ces embryons est d'un sexe qui n'est pas porteur de la maladie héréditaire considérée, il pourra alors être transféré sans risque. Actuellement, le DPI va encore plus loin que l'établissement du caryotype et donc la détermination du sexe. Il peut rechercher si l'embryon possède ou non le gène de la maladie héréditaire.
Le diagnostic préimplantatoire va probablement remplacer peu à peu le diagnostic prénatal dans les situations où les couples ont un haut risque de transmettre une maladie héréditaire gravement invalidante, et donc un haut risque d'avoir un recours à une interruption médicale de grossesse. Les conséquences médicales et psychologiques de celles-ci sont toujours dramatiques, comme on peut aisément l'imaginer (p. 216).

Vous le voyez, il n'existe pas de méthode simple pour choisir le sexe de l'enfant à naître. Nous aurions tendance à dire « Heureusement ! ». Si le choix était possible, il y aurait probablement plus de garçons que de filles. Cela entraînerait un déséquilibre entre les sexes, et une chute de la démographie, car pour le moment ce sont les femmes qui enfantent et accouchent…

Des **régimes alimentaires**, également proposés sous forme d'application, prétendent permettre aux femmes de choisir le sexe de leur futur enfant. Il nous semble utile de rappeler que leur efficacité n'a jamais été prouvée.

À qui ressemblera notre enfant ?

C'est une question que se posent les futurs parents : ils se demandent comment, d'une génération à l'autre, se transmettent les dons et caractéristiques physiques et intellectuels.

Les ressemblances physiques

Les agents de transmission de l'hérédité, ce sont les chromosomes, et surtout les gènes : les chromosomes transmettent le sexe ; ils portent les gènes qui, eux, transmettent les caractéristiques de l'individu.
Lors de la fécondation (p. 118 et suiv.), l'union des chromosomes maternels et paternels, et la combinaison des gènes entre eux, apportent au futur enfant des caractères physiques et psychologiques qu'il tiendra pour partie de son père, et pour partie de sa mère.
En ce qui concerne les caractères physiques, on pourrait logiquement s'attendre à ce que l'enfant ressemble pour moitié à son père et pour moitié à sa mère : avoir, par exemple, la couleur des yeux de l'un et la forme du nez de l'autre. Cela n'est pas le plus fréquent, l'enfant n'apparaît pas habituellement comme composé d'une mosaïque dont les éléments reproduiraient fidèlement pour moitié les traits du père et pour moitié ceux de la mère. Ces faits s'expliquent par ce que l'on appelle les lois de l'hérédité, infiniment complexes, et dont voici les grandes lignes.
Nous avons vu précédemment (p. 118 et suiv.) que, lors de la fécondation, l'œuf reçoit 23 chromosomes du père et 23 chromosomes de la mère qui transmettent une copie de leur patrimoine génétique afin de créer un nouvel individu issu de cette fusion des gènes.

Des gènes dominants et récessifs

Lors de sa conception, l'enfant va recevoir, pour chaque caractère physique, un gène de son père et un gène de sa mère. Prenons, par exemple, la couleur des yeux et supposons qu'il hérite sur le gène paternel de la couleur marron, et sur le gène maternel de la couleur bleue. Ses yeux ne seront pas moitié marron et moitié bleu, mais marron, car cette couleur l'emporte sur le bleu. On dit que le gène qui porte la couleur marron est « dominant » et que l'autre est « récessif ».
Mais il faut savoir également que cet enfant aux yeux marron garde dans son capital héréditaire, sur un gène de ses chromosomes, le caractère « yeux bleus », bien que celui-ci n'apparaisse pas chez lui puisque dominé par le caractère « yeux marron ». Imaginons maintenant cet enfant aux yeux marron devenu adulte. Il peut transmettre à sa propre descendance le caractère « yeux bleus » puisqu'il l'a gardé sur un de ses gènes. S'il en est de même pour sa femme, leur enfant pourra avoir les yeux bleus même si son père et sa mère ont les yeux marron.
Ainsi, bien que tenant de ses parents tout son patrimoine, un enfant peut parfaitement ne pas leur ressembler. En revanche, il tient forcément tous ses caractères des générations précédentes.
Les caractères physiques sont donc héréditaires et un individu ne peut posséder que ceux qu'avaient déjà les générations qui l'ont précédé. Il existe toutefois des exceptions à ces lois générales.

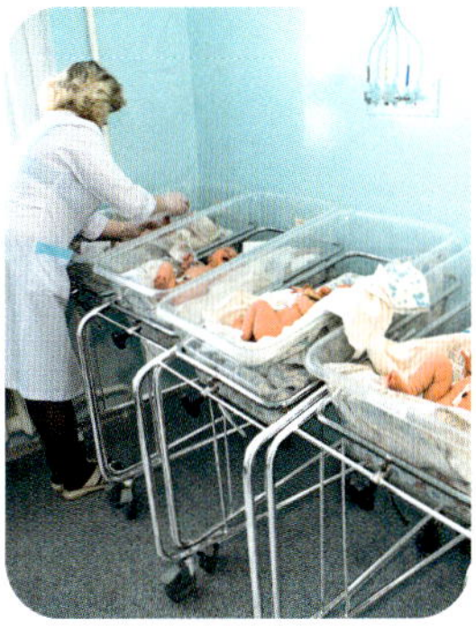

L'environnement

La première exception est représentée par l'influence éventuelle d'éléments extérieurs à l'hérédité. En voici quelques exemples.

- **Le poids :** la prédisposition à prendre du poids est héréditaire. Mais il est évident que le poids d'un individu dépendra aussi de ses conditions d'alimentation : abondance ou famine, surconsommation de sucre par exemple.
- **La taille :** on a constaté que les descendants des Asiatiques émigrés aux États-Unis avaient une taille moyenne supérieure à celle de leurs ancêtres. On ne voit pas d'autre explication à ce phénomène que l'action du mode de vie et, plus particulièrement, de l'alimentation.
- **La couleur de la peau :** bien que déterminée par l'hérédité, la peau pourra être plus ou moins foncée selon que l'on aura été souvent ou jamais exposé au soleil.

L'épigénétique

C'est l'étude des changements d'activité des gènes. L'épigénétique cherche à expliquer comment certains facteurs environnementaux (chimiques par exemple) ou comportementaux (habitudes alimentaires, sédentarité, stress, etc.) modifient, de manière réversible, l'activité de nos gènes sans altérer le gène lui-même. L'épigénétique recouvre un champ de recherches en plein essor.

Des études épidémiologiques suggèrent en outre l'existence de liens entre diverses expositions au cours de la vie intra-utérine et la petite enfance et la survenue de maladies chroniques à l'âge adulte. C'est la théorie de la programmation fœtale de maladies à l'âge adulte. On considère en effet que la période de la grossesse et des deux premières années de vie (les 1 000 premiers jours) est capitale pour la santé future.

Les 1 000 premiers jours

Ce concept a été au départ développé par l'UNICEF. Au cours de ces 1 000 jours, le bébé et l'enfant se construisent. C'est également une période pendant laquelle l'enfant est particulièrement vulnérable non seulement en raison de sa fragilité naturelle et de sa dépendance aux adultes mais aussi parce que l'environnement qui l'entoure, et parfois l'agresse, va influencer sa santé.

Une alimentation excessive, ou mauvaise, de la future mère va augmenter le risque d'obésité, de diabète, de maladies cardiovasculaires à l'âge adulte ; une exposition du fœtus ou du bébé à des perturbateurs endocriniens peut avoir des effets indésirables sur son développement ; des liens entre le stress psychologique *in utero* et dans la petite enfance et la survenue de maladies ultérieures ont été montrés. Le père n'est pas épargné par cette question et tout ne repose pas sur la maman. On sait en effet que la malnutrition ou la consommation excessive d'alcool par le futur père en période préconceptionnelle ont un effet sur la santé future de l'enfant. Alors légumes, fruits et alimentation équilibrée sont également conseillés à l'homme qui souhaite avoir un bébé !

Il peut être angoissant de se dire que ce que l'on fait, ce que l'on ressent, ou encore des paramètres que l'on ne peut pas contrôler, peuvent avoir une influence sur la santé du bébé et sur son futur développement. Cette période des 1 000 premiers jours doit être vue comme une véritable **fenêtre d'opportunité** au cours de laquelle des actions simples dans la vie quotidienne – bonne alimentation, activité physique, pas de tabac ni d'alcool, bien-être – vont avoir des effets positifs durables pour toute la vie. Le corps humain, même *in utero*, est heureusement programmé

Pour en savoir plus

sur les sources d'exposition, les gestes quotidiens, etc. :

www.1000-premiers-jours.fr

pour se protéger contre d'éventuelles agressions et il faut des actions fortes et durables pour que les effets soient négatifs. Par exemple, on sait qu'être exposée à une guerre ou à des violences répétées augmente la probabilité ultérieure de troubles psychiques chez l'enfant. À l'inverse, s'inquiéter, se sentir stressée n'a pas d'effet négatif. Si ces notions vous questionnent ou vous pèsent, n'hésitez pas à en parler avec le professionnel qui vous suit, il saura vous rassurer.

Les mutations génétiques

Elles représentent la seconde exception aux lois de l'hérédité. Lorsque l'individu se construit, les cellules se divisent et le patrimoine génétique (les chromosomes donc l'ADN) se recopie à la manière d'une photocopieuse. De la même manière qu'une photocopieuse peut avoir un raté, ce phénomène de recopiage peut être altéré induisant une mutation de l'ADN. Celle-ci peut survenir spontanément ou sous l'effet d'agents dits « mutagènes » comme les rayons ionisants, les rayons cosmiques ou de nombreux produits chimiques. La mutation peut être neutre (sans aucune conséquence), altérer l'individu en induisant des malformations ou encore l'améliorer, ce qui est le principe même de l'évolution des espèces.

Les ressemblances psychologiques ou intellectuelles

Comme les caractères physiques, certains traits intellectuels ou psychologiques se transmettent selon les lois de l'hérédité. On pense néanmoins que cette transmission héréditaire est moindre que pour les caractères physiques. Il est vraisemblable que l'environnement joue un rôle plus important sur le développement psychologique et intellectuel. En effet, tout ce qui va constituer la structure intellectuelle et surtout psychologique d'un individu est soumis à des influences multiples : mode de vie et comportement de ses ascendants, mode d'éducation, appartenance sociale, etc. C'est d'ailleurs un des mérites de la psychologie d'aujourd'hui que d'avoir mis en évidence l'influence de l'entourage sur la structure psychologique d'un être. Ainsi, bien que l'enfant tienne de ses parents certains traits psychologiques et intellectuels, sa personnalité sera plus ou moins fortement modifiée par les influences extérieures.

En conclusion, vous voyez que si votre enfant a des chances de vous ressembler, il pourra tout aussi bien avoir la couleur des yeux de sa grand-mère ou la nature des cheveux de son arrière-grand-père. Mais en tout cas, c'est vous, ses parents, qui aurez été le maillon indispensable dans la chaîne de l'hérédité.
Quant à son caractère et à ses goûts, l'enfant pourra certes hériter sur ses chromosomes de vos dispositions pour un art : la musique par exemple. Il pourra, par réaction, l'avoir en horreur. Il pourra surtout l'aimer parce que vous lui en aurez donné le goût.

5

Si vous attendez des jumeaux

« Est-ce que j'attends des jumeaux ? » C'est une question souvent posée par les futures mamans lors de la première échographie. L'annonce d'une grossesse gémellaire est généralement reçue comme un choc par les futurs parents. Elle les expose à des sentiments intenses, la stupéfaction, l'incrédulité, une certaine anxiété. Mais, les premières émotions passées, les couples éprouvent finalement une certaine fierté de cette situation originale. Comment sont conçus vrais et faux jumeaux ? Quels sont les différents types de grossesses gémellaires ? Y-a-t-il des précautions particulières à prendre ? Comment se passe la naissance ? Ce chapitre répond à ces questions.

La conception des jumeaux

On peut dire schématiquement qu'il existe deux grandes variétés de grossesses gémellaires. C'est lors de la première échographie de 11/12 semaines – celle au cours de laquelle vous avez appris que vous attendiez des jumeaux – que l'on peut déterminer par l'examen du placenta de quel type il s'agit : grossesse bichoriale avec deux placentas (qui peut être mono- ou dizygote, « vrais ou faux jumeaux »), ou grossesse monochoriale avec un seul et même placenta (toujours des « vrais jumeaux »). Cette distinction est fondamentale car elle conditionne la surveillance. Les grossesses gémellaires sont de toute façon très surveillées, notamment à cause du risque de prématurité ; mais en cas de grossesse monochoriale, la surveillance sera encore plus étroite, nous vous expliquerons pourquoi.

Les « faux jumeaux » (la grossesse dizygote)

« Dizygote » est un terme compliqué en apparence qui devient simple lorsqu'on connaît le sens du mot *zygote* qui signifie « œuf » ; et *di* parce qu'il y a deux œufs. Les grossesses dizygotes sont dues à la fécondation de deux ovules différents par deux spermatozoïdes différents au cours d'un même cycle, ce qui donne deux œufs. Elles aboutissent toujours à des grossesses bichoriales et à la naissance de jumeaux dizygotes ou « faux jumeaux » (schéma 1).

Différents facteurs peuvent jouer sur la fréquence des grossesses dizygotes

- La fréquence varie avec l'âge maternel atteignant un pic à 37 ans, puis diminuant ensuite.
- Il y a des facteurs génétiques : les jumelles ont plus de jumeaux que la population générale et, par ailleurs, il existe des familles où on retrouve des jumeaux à toutes les générations.
- L'origine ethnique joue un rôle. La gémellité est rare en Asie, plus fréquente en Afrique, au sud du Sahara ; les Européens occupent une place intermédiaire.
- La nutrition peut avoir une influence : dans les situations extrêmes, telles que les famines, le taux de jumeaux dizygotes peut décroître.
- Enfin, on assiste depuis 40 ans à une **forte augmentation** du nombre de grossesses gémellaires qui a presque doublé (1,6 % en 2021 – Ined). Cela est dû pour un tiers à l'augmentation de l'âge des femmes lors de la première grossesse (autour de 30 ans aujourd'hui) ; les deux autres tiers sont liés aux traitements de l'infertilité (induction d'ovulation ou fécondation *in vitro*).

1. « FAUX JUMEAUX » (JUMEAUX DIZYGOTES)

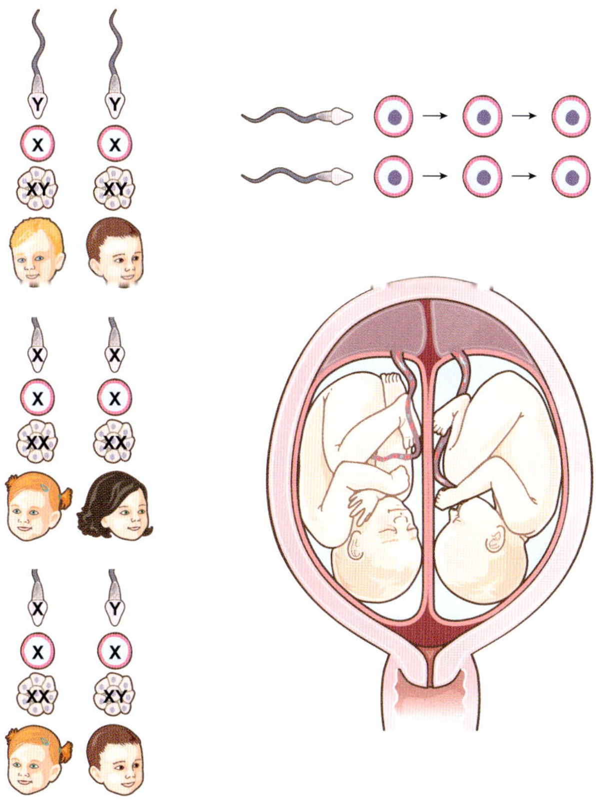

Deux spermatozoïdes fécondent deux ovules. Les jumeaux dizygotes peuvent être soit deux garçons, soit deux filles, soit un garçon et une fille, mais dans les trois cas, ils ne se ressemblent pas plus que des frères et sœurs.

Ces traitements sont basés le plus souvent sur la maturation simultanée de plusieurs ovules et deux ou trois ovules peuvent alors être fécondés par des spermatozoïdes.

La nidation des grossesses gémellaires dizygotes ne diffère pas de ce qu'elle est pour les grossesses uniques. Chaque œuf a ses propres annexes : les membranes (amnios et chorion) et le placenta sont distincts. Il n'y a pas de communication entre les vaisseaux des deux fœtus. Chacun a sa propre circulation. Les jumeaux dizygotes vont donc se développer ensemble, mais séparément.

À la naissance, les deux bébés peuvent se ressembler, mais pas plus que les frères et sœurs habituels. Ils peuvent être de sexes différents. Ceci est tout à fait normal puisque les jumeaux dizygotes, issus de deux œufs distincts, ont reçu un patrimoine héréditaire aussi différent que celui de frères et de sœurs nés à plusieurs années d'écart.

Les « vrais jumeaux » (la grossesse monozygote)

Dans ce cas, un seul ovule est fécondé par un seul spermatozoïde donnant un œuf unique (monozygote : *mono* pour « un » et *zygote* pour « œuf »). Cet œuf unique va se diviser ensuite en deux œufs qui vont se développer, donnant deux fœtus génétiquement identiques :

2. « VRAIS JUMEAUX » (JUMEAUX MONOZYGOTES)

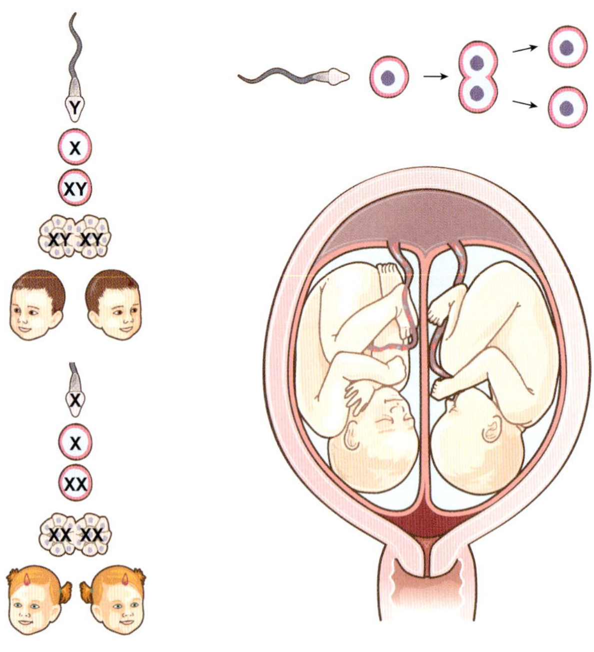

Un spermatozoïde féconde un ovule, cet œuf unique se partage en deux. C'est ainsi que sont conçus les jumeaux monozygotes, toujours du même sexe, soit deux garçons, soit deux filles, d'une grande ressemblance.

ils ont les mêmes chromosomes et les mêmes gènes. Par définition, ils ont toujours le même sexe. Ce sont des jumeaux monozygotes ou « vrais jumeaux » (schéma 2). Ces jumeaux peuvent donner une grossesse bichoriale lorsque la division se fait avant l'implantation, ou monochoriale lorsque la division se fait après l'implantation (voyez ci-dessous « *Le type placentaire* »).

À la naissance, les jumeaux monozygotes sont, selon la formule classique, « le même individu tiré à deux exemplaires », ou encore « copié-collé ». En fait, ce n'est pas tout à fait juste. Bien souvent, ils ont plusieurs centaines de grammes d'écart et leur position dans l'utérus a pu apporter des petites modifications à la forme de leur corps ou de leur tête, qui les rendent faciles à différencier. Même si au début les parents peuvent avoir une légère hésitation, à partir d'un mois de vie, ils feront toujours la différence entre leurs deux enfants ; mais il est possible que l'entourage (amis, grands-parents) éprouve des difficultés à les distinguer.

La **fréquence** des jumeaux monozygotes est remarquablement stable : 0,3 à 0,5 % des naissances. Elle ne varie ni avec l'origine ethnique, ni avec le nombre d'enfants, ni avec l'hérédité. L'âge joue un rôle inversé par rapport aux grossesses dizygotes. C'est aux âges extrêmes, chez les très jeunes femmes et les femmes au-delà de 40 ans que la fréquence des grossesses monozygotes augmente.

Un point important : le type placentaire

Il nous faut donner une explication un peu technique et employer des mots qui peuvent paraître abstraits (bichoriale, monochoriale, biamniotique, monoamniotique). Mais, si vous attendez des jumeaux, ce sont des expressions que vous lirez fréquemment sur les comptes-rendus d'examen. De plus, vous allez voir que ce sont des notions assez faciles à comprendre.

Le type placentaire désigne la façon dont sont organisées les annexes du fœtus (placenta, chorion, amnios, p. 151). Pour une bonne surveillance de la grossesse, il est important de savoir à quel type placentaire (*chorionicité* en terme médical) elle appartient : certaines grossesses ont besoin d'un suivi plus attentif, à la fois sur le plan clinique et échographique. La surveillance clinique, c'est tout d'abord un interrogatoire sur votre état actuel (« Comment allez-vous ? », demande le praticien), puis la pesée, la prise de la tension artérielle, la mesure de la hauteur utérine, etc.

- Le cas le plus fréquent (70 %) est celui des grossesses bichoriales-biamniotiques (BCBA), ce sont les « faux jumeaux ». La cloison qui sépare les jumeaux est épaisse (il existe un signe du lambda, schéma ci-contre) car elle est composée de quatre feuillets : deux de ces feuillets s'appellent amnios, deux s'appellent chorion ; bichoriale-biamniotique signifie qu'il y a deux chorions et deux amnios.

LE SIGNE DU LAMBDA

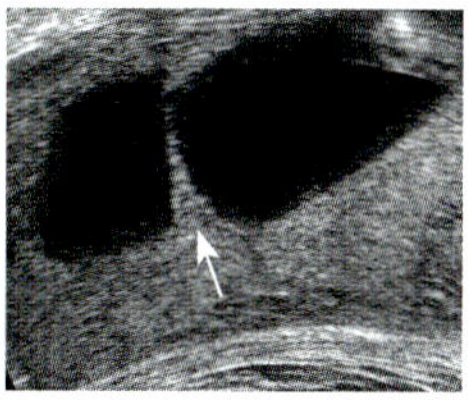

Ce signe, marqué par la flèche blanche, a la forme de la lettre grecque lambda (λ). Il est visible lors de l'échographie de la 12e semaine.

- Dans 28 % des cas, il y a un seul placenta et la cloison est fine car constituée de deux feuillets (deux amnios) : il s'agit d'une grossesse monochoriale-biamniotique (MCBA).
- Dans 2 % des cas, il y a un seul placenta et pas de cloison : c'est une grossesse monochoriale-monoamniotique (MCMA).

Les grossesses monochoriales (qu'elles soient biamniotiques ou monoamniotiques) sont des grossesses monozygotes (vrais jumeaux) ; les enfants sont donc toujours du même sexe.

Pourquoi cette distinction est-elle importante ?

Parce que la grossesse monochoriale doit être surveillée plus particulièrement. En effet, dans ce cas, il peut y avoir une communication entre les deux circulations placentaires. La survenue d'un déséquilibre circulatoire au niveau des vaisseaux sanguins peut être à l'origine du **syndrome transfuseur-transfusé** : un des jumeaux reçoit alors du sang qui provient de l'autre enfant. Le premier, qui est le jumeau transfusé, présente un afflux de sang important au niveau des reins et il va produire beaucoup d'urine, donc de liquide amniotique, ce qui va entraîner une grosse vessie et un excès de liquide amniotique. À l'inverse, le deuxième jumeau, qui est le jumeau transfuseur, va recevoir peu de sang au niveau des reins, ce qui va entraîner une vessie constamment vide et un manque de liquide amniotique (oligoamnios).

Il y a quelques années, quand aucune possibilité de traitement n'existait, la grossesse monochoriale se terminait très souvent par une fausse couche tardive ou un accouchement extrêmement prématuré provoqués par l'hydramnios (excès de liquide amniotique). L'évolution de ces grossesses a été transformée par la mise au point d'un traitement très spécialisé, au laser, qui s'effectue dans quelques centres en France (environ un centre par région).

À noter

Le syndrome transfuseur-transfusé est une complication relativement rare.

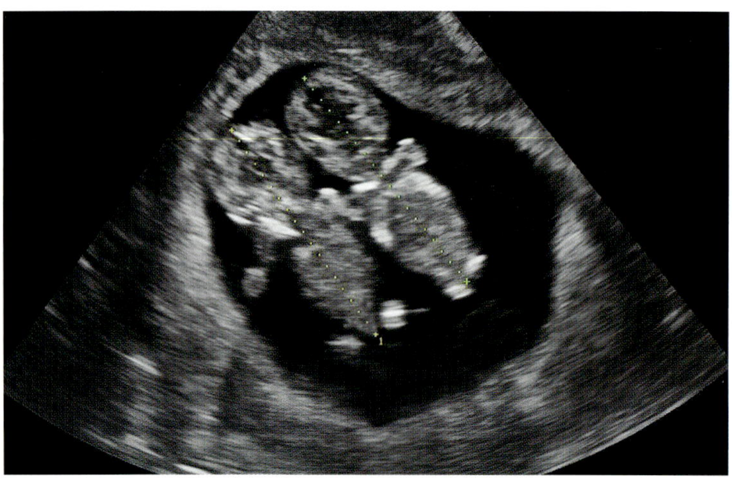

Grossesse gémellaire, 9 SA.

J'attends des jumeaux

Vous venez d'apprendre à l'échographie que vous attendiez des jumeaux. Quelle que soit votre situation, cette nouvelle a une résonance forte.

- **Si vous avez bénéficié d'un traitement pour infertilité**, vous aviez été prévenue de la possibilité d'une grossesse gémellaire. L'aide médicale à la procréation (AMP) est en effet à l'origine des deux tiers des grossesses gémellaires. Néanmoins, même pour les futurs parents avertis de cette éventualité, cette annonce, qui vient rompre de longues années d'attente, est une surprise.
  Dans le cas d'une PMA, l'échographie a lieu un mois après l'intervention (fécondation *in vitro*, ou insémination intra-utérine, ou stimulation ovarienne), c'est-à-dire 15 jours au plus tard après le retard des règles.
  À cette période, la future maman sait qu'elle est enceinte. Des dosages hormonaux (béta HCG) ont été faits et ont confirmé la grossesse, mais elle ne peut savoir qu'elle attend des jumeaux. Néanmoins, il peut arriver qu'un taux de béta HCG particulièrement élevé mette sur la voie de ce que l'échographie va révéler. De plus, ce taux élevé s'accompagne souvent d'une exagération des signes de grossesse : nausées, vomissements, etc. On voit alors nettement sur l'écran deux cavités bien distinctes, bien séparées. Chacune contient un embryon d'environ 8-10 mm dont on perçoit déjà les battements cardiaques.
- **Dans le cas d'une grossesse gémellaire « spontanée »**, pourrait-on dire, la surprise est totale pour les futurs parents, même si des petits signes évocateurs ont pu apparaître dès le début de la grossesse, amenant à s'interroger. Les malaises et indispositions sont plus fréquents, en particulier les nausées, vraisemblablement liés à la sécrétion accrue de béta HCG par le placenta des jumeaux. De même, l'utérus augmentant

plus rapidement de volume, des « troubles mécaniques » dus à la compression de l'utérus, telle l'envie d'uriner, apparaissent plus tôt ; cette fréquence des mictions est également plus marquée. Il en est de même pour les seins qui paraissent rapidement plus volumineux. Mais c'est la première échographie de 11/12 semaines qui va faire le diagnostic des jumeaux (p. 136) et indiquer le type placentaire (p. 177). Chaque embryon sera alors visualisé, observé et mesuré. À ce stade de développement, les dimensions de chaque fœtus sont toujours égales, alors que plus tard, il pourra y avoir des différences.

Quelques particularités de la grossesse gémellaire

Pour la future maman

La **prise de poids** est plus importante que dans une grossesse unique : elle est en moyenne de 15 à 22 kg. Ceci est dû à l'augmentation de l'eau totale du corps liée à une rétention d'eau ; et à l'importance du volume intra-utérin : la hauteur utérine à 6 mois est à peu près celle d'une grossesse unique à terme.
En cas d'**anémie**, beaucoup plus fréquente qu'en cas de grossesse unique, une prise quotidienne de fer et d'acide folique sera prescrite à la future maman.
Certains **malaises courants** peuvent être plus prononcés que dans une grossesse unique, mais là non plus ils n'ont pas de caractère de gravité. Ainsi, le pouls est généralement plus rapide car le débit cardiaque est augmenté.
En passant de la position accroupie à la position debout, la future maman peut éprouver une sensation de malaise fugace, comme une sorte de voile devant les yeux. Cette baisse de tension (hypotension orthostatique) est due à une moins bonne circulation du sang dans les membres inférieurs et peut être responsable de survenue de contractions utérines. Il est alors important de se reposer. Par ailleurs, le port de bas de contention peut réduire la baisse de tension.
Ce que ressent la maman est fortement lié à son état physique et à l'évolution de la grossesse. L'arrêt précoce de toute activité professionnelle, la limitation ou l'interdiction des voyages et des déplacements ont des effets sur le moral de la femme enceinte ; elle peut se sentir mise de côté dans sa vie sociale. À ce ressenti peut s'ajouter une certaine anxiété concernant sa santé, la croissance des bébés et le déroulement de l'accouchement. Certaines mamans expriment la crainte de ne pouvoir aimer autant leurs deux bébés, ou celle de ne pouvoir les différencier après la naissance.
La prise en charge médicale par le médecin ou la sage-femme est déjà rassurante pour la future mère. Mais il est important qu'elle puisse bénéficier, si elle le souhaite, d'un soutien psychologique pendant sa grossesse. L'entretien prénatal précoce du 4e mois peut être le bon moment pour en parler avec la sage-femme.

À savoir

Diverses mesures sociales sont à votre disposition. Renseignez-vous auprès de la PMI ou de la mairie. Prévenez votre employeur que vous cesserez probablement votre activité professionnelle plus tôt que ce qui est normalement prévu.

Ces inquiétudes peuvent être éprouvées par les **pères**. À cela s'ajoutent chez certains la peur des conséquences matérielles et financières, celle d'être « dépassés », la nécessité de devoir probablement beaucoup s'impliquer dans les soins aux bébés.

Pour les bébés

En cas de gémellité, certaines particularités du développement des bébés sont encore insuffisamment connues mais on sait le rôle important de cette vie à deux *in utero* pour le futur.
Lorsque, après la naissance, les bébés sont parfois réunis dans le même berceau, ils montrent une sensation de bien-être, ils donnent une impression de continuité des sensations éprouvées *in utero*, comme si le lien d'attachement s'était développé au fil de la grossesse ; comme si la proximité de leurs deux corps les avait accoutumés l'un à l'autre. Ils se tournent l'un vers l'autre (l'un pose sa main sur le visage de l'autre, ils collent leurs joues l'une contre l'autre…). Mais cet état de quiétude ne doit pas faire oublier que les jumeaux sont différents (caractères, besoins et rythmes) et ont une individualité dès la naissance qu'il est important de respecter.

La surveillance médicale

Dès que vous saurez que vous attendez des jumeaux, choisissez le gynécologue-obstétricien qui va vous suivre, en collaboration avec votre médecin traitant ou avec une sage-femme. La surveillance médicale va dépendre de votre type de grossesse, plus précisément de son type placentaire (p. 177).

- S'il s'agit d'une **grossesse bichoriale** (le cas le plus fréquent), vous passerez une consultation par mois avec, comme pour toutes les grossesses, une surveillance clinique complète : poids, tension artérielle, pouls, hauteur utérine ; palpation de l'utérus afin de vérifier qu'il est bien souple ; vérification de la position de la tête du bébé qui se présente le premier ; auscultation des bruits du cœur des deux fœtus. Les examens biologiques seront également les mêmes que pour une grossesse unique. Vous passerez une échographie/doppler par mois à partir du 5ᵉ mois, parfois plus souvent si nécessaire, notamment si le poids d'un des bébés s'écarte nettement de l'autre. Au-delà du 6ᵉ mois, la surveillance clinique sera plus fréquente. L'accouchement sera en général programmé à partir de 38 semaines d'aménorrhée (SA) et avant 40 semaines.
- S'il s'agit d'une **grossesse monochoriale**, votre médecin vous suivra en collaboration avec une structure adaptée à la prise en charge de ce type de grossesse : notamment à cause de l'éventuelle complication due au syndrome transfuseur-transfusé, mais aussi à cause d'autres risques comme le retard de croissance intra-utérin d'un des deux bébés, voire l'enroulement des cordons en cas de grossesse monochoriale-monoamniotique. Une consultation mensuelle et deux échographies par mois sont recommandées ; la surveillance sera plus rapprochée en fin de grossesse : une consultation tous les 15 jours à partir du 6ᵉ mois. L'accouchement sera probablement programmé à partir de 36 SA sans dépasser 38 SA + 6 jours.

Les **marqueurs sériques** de trisomie 21 ne sont pas fiables en cas de grossesse gémellaire. C'est pourquoi un dépistage prénatal non invasif vous sera directement proposé (p. 213).

En cas de grossesse monochoriale-monoamniotique la surveillance sera conduite avec une maternité de type II ou III et l'accouchement programmé à partir de 32 SA et avant 36 SA.
Bien surveillée, une grossesse gémellaire a toutes les chances de se développer aussi bien qu'une grossesse simple, avec seulement un peu plus de fatigue au troisième trimestre. Cette surveillance est importante car **certaines complications** sont plus fréquentes lorsqu'on attend des jumeaux, notamment la prématurité, la prééclampsie et le retard de croissance.
Nous allons vous parler de ces différents risques, mais aussi des moyens de les prévenir ou de les atténuer. Si vous attendez des jumeaux, ne vous faites donc pas un double souci, soyez seulement deux fois plus attentive aux recommandations qui vous seront faites par le médecin.

La prématurité

50 % des jumeaux vont naître prématurément mais il s'agit le plus souvent d'une prématurité modérée, au-delà de 32 SA. Plus la naissance est prématurée, plus grands sont les risques pour les bébés, notamment avant 32 SA. C'est cette prématurité que les médecins veulent à tout prix éviter et prévenir.
Si vous présentez une menace d'accouchement prématuré avant 32 semaines, un transfert dans une maternité de type III (caractérisée par la présence d'un service de réanimation néonatale) vous sera proposé. On vous donnera également des médicaments à base de cortisone afin d'accélérer la maturation des poumons des bébés, ainsi qu'un traitement visant à réduire les contractions utérines. Si vous n'accouchez pas prématurément, lorsque le terme de 33 semaines sera dépassé, vous reviendrez dans la structure où vous êtes normalement suivie, ou bien vous rentrerez chez vous et vous pourrez être surveillée par une sage-femme de secteur.
Prévenir la prématurité est difficile car elle est liée au volume des deux bébés. La grossesse gémellaire est plus fatigante. Les congés de maternité peuvent être insuffisants et l'obstétricien vous prescrira probablement un arrêt de travail. Mais se reposer ne veut pas dire s'aliter à partir de 6 mois jusqu'à la fin de la grossesse et ne plus bouger. Ce que nous vous recommandons, c'est une réduction de l'activité pendant la journée, au fur et à mesure de l'avancée de la grossesse. Chaque femme est différente et, selon les cas, le médecin saura adapter et prescrire le repos qui convient.
Sur la prématurité, lisez également les pages 237 et suivantes.

La prééclampsie

Elle est presque 3 à 5 fois plus fréquente en cas de grossesse gémellaire que lors d'une grossesse unique. Ce syndrome associe : prise de poids rapide et excessive, œdème, albuminurie et élévation de la tension artérielle. C'est pourquoi il est important de surveiller très régulièrement les urines, le poids et la tension artérielle (p. 233), surtout au-delà du 6e mois. Si la situation s'aggrave, il n'y a pas d'autre traitement que la naissance prématurée provoquée.

Le retard de croissance intra-utérin

Ce peut être une complication de la prééclampsie, mais aussi une conséquence du syndrome transfuseur-transfusé (p. 178). Une harmonie de croissance, et donc du poids, des deux fœtus est rare : le plus souvent, un des deux jumeaux est moins gros que l'autre, c'est-à-dire qu'il a un retard de croissance par rapport à l'autre. Seuls de gros écarts sont pris en considération et c'est l'échographie répétée avec Doppler qui permet de prendre la décision de provoquer la naissance, par césarienne le plus souvent.

La naissance des jumeaux

Dans la majorité des cas, l'accouchement aura lieu dans la maternité où exerce votre gynécologue-obstétricien. Toutes les maternités en France sont équipées pour accueillir une naissance gémellaire, à condition qu'elle ne soit pas prématurée.
Si l'accouchement est très **prématuré**, avant 32 semaines, votre médecin vous dirigera vers une maternité associée à une unité de réanimation néonatale (type III). Entre 32 et 36 semaines, il est conseillé d'accoucher dans une maternité associée à une unité de néonatologie (type II).
Si le travail ne vient pas spontanément, les médecins laissent rarement une grossesse gémellaire aller jusqu'au terme : l'accouchement est programmé selon la chorionicité de la grossesse (p. 177).
La fréquence des **césariennes** est plus grande : 40 % au lieu de 20 % dans les grossesses uniques. Si le premier jumeau qui se présente est en siège et le deuxième tête en bas, une césarienne est en général programmée (mais pas obligatoirement) pour éviter que les bébés « s'accrochent » entre eux. Par contre, si le deuxième est aussi en siège, ce risque est exclu et l'accouchement peut se faire par les voies naturelles. Il en est de même lorsque le premier bébé est tête en bas, quelle que soit la position du deuxième.
La naissance du premier jumeau ne présente pas de grande différence avec celle d'un enfant unique. Il n'y a pas de **délai** « réglementaire » entre les deux naissances. Il peut être court au point que vous n'avez pas le temps de prendre dans vos bras le premier bébé ou de le poser sur votre ventre que le deuxième est déjà en train de naître. Le délai est parfois plus long selon la reprise des contractions. Actuellement, il est recommandé de ne pas attendre trop longtemps entre les deux naissances car des complications peuvent survenir pour le deuxième bébé si l'attente est trop longue.
Un autre point peut surprendre les parents : il y a, au moment de la naissance, beaucoup de monde dans la salle d'accouchement. En plus de l'obstétricien, une ou deux sages-femmes, un anesthésiste, un ou deux pédiatres. Plus, à l'hôpital, un interne et une élève sage-femme.

La **péridurale** est vivement recommandée du fait de la fréquence des césariennes et des forceps ; et également de la fréquence des manœuvres à l'intérieur de l'utérus que le médecin doit parfois effectuer (par exemple tourner un bébé pour le mettre en bonne position). Il est néanmoins possible d'accoucher de jumeaux sans péridurale.
Compte tenu du risque de saignement plus élevé en cas de grossesse gémellaire, on n'attend pas que le placenta se décolle spontanément ; on fait une injection d'ocytocine qui entraîne un décollement du placenta : la délivrance est plus rapide et le risque de saignement réduit. C'est d'ailleurs une recommandation faite aujourd'hui pour tous les accouchements.

Après la naissance

Mettra-t-on vos nouveau-nés dans une **couveuse** ? Beaucoup de mamans posent la question. On le fait souvent pour des jumeaux, ne serait-ce que quelques heures, mais ce n'est pas un signe de gravité. Il s'agit la plupart du temps d'une simple précaution liée à la naissance avant terme des bébés, et à leur poids en général inférieur à la moyenne. Le but est d'éviter le refroidissement et les troubles qui l'accompagnent (hypoglycémie, gêne respiratoire).
Pour éviter le refroidissement, les équipes essaient de favoriser le peau à peau qui est possible pour les jumeaux et a d'autres avantages.
Les grands prématurés bénéficient d'une prise en charge adaptée (chapitre 7).
Les mamans attendant des jumeaux se demandent souvent s'il est possible d'**allaiter** deux bébés. C'est tout à fait envisageable. Au début, les bébés tètent l'un après l'autre. Puis, lorsque l'allaitement a bien démarré, la maman peut nourrir les deux enfants à la fois.
Profitez du séjour à la maternité pour vous reposer et vous sentir bien à l'aise dans les soins à donner à vos bébés. Vous ferez d'ailleurs une découverte charmante, c'est que très vite, les enfants sont capables de comprendre que « c'est chacun son tour ».
Parmi les préoccupations des parents figure en bonne place l'organisation du **retour à la maison**. C'est normal mais des professionnels pourront vous aider. Préparez votre retour dès maintenant : renseignez-vous auprès de la PMI, auprès de votre caisse d'allocations familiales, auprès de l'association Jumeaux et plus (adresse ci-contre). Si votre conjoint ne peut être tout le temps présent, des proches, des amis, seront les bienvenus, au moins quelques heures dans la journée pour que vous puissiez vous détendre, vous reposer, l'esprit tranquille. Ces aides, ce soutien sont également importants si vos jumeaux ont été hospitalisés à la naissance et ne rentrent pas en même temps à la maison. C'est un moment difficile où les parents doivent se partager entre les soins au bébé qui est à la maison et les visites à celui qui est encore à l'hôpital. Heureusement cette situation est en général de courte durée.
Chacun des jumeaux est différent. Pour que chaque enfant s'épanouisse au mieux, pour que chacun développe sa propre

À savoir

Le congé de maternité est prolongé lorsque la future maman attend des jumeaux ou des triplés. (chapitre 11).

À noter

Fédération nationale Jumeaux et plus
28, place Saint-Georges
75009 Paris
Tél. : 01 44 53 06 03
www.jumeaux-et-plus.fr

personnalité, il est conseillé de bien différencier les jumeaux dès la naissance, par exemple en leur donnant des prénoms dont les sonorités sont différentes, ou en ne les habillant pas de la même manière. Mais cette différenciation se fera de manière douce et progressive pour aider vos enfants jumeaux à s'individualiser, tout en respectant l'attachement qu'ils éprouvent l'un pour l'autre. Nous en parlons en détail dans *J'élève mon enfant*.

Un cas exceptionnel : attendre des triplés

Il y a bien des années (c'était en 1934 !), une certaine Mme Dionne mettait au monde cinq filles. C'étaient les premières quintuplées vivantes recensées dans l'histoire. Ce fut un événement international ; il fit la une de tous les journaux. En effet, la probabilité d'une grossesse quintuple spontanée est de 1 pour 40 000 000. Et celle d'une grossesse triple est de 1 pour 10 000.
Dans les années 1970, les grossesses gémellaires n'ont pas cessé d'augmenter. Les grossesses multiples ne sont plus devenues exceptionnelles, notamment les grossesses triples. Cela était la conséquence possible des traitements dus à l'Assistance Médicale à la Procréation (AMP, chapitre 4) : pour être sûr de la réussite du traitement, on réimplantait trois, voire quatre embryons. Mais aujourd'hui, attendre des triplés (ou plus) est redevenu exceptionnel. En effet, on maîtrise mieux les techniques de l'AMP, et plus particulièrement la fécondation *in vitro* : on ne transfère jamais plus de deux embryons.
Les grossesses triples peuvent en effet poser des problèmes. Le risque majeur est celui de l'accouchement prématuré mais celui aussi de la difficulté physique pour la future mère. La nécessité de précautions particulières (repos, régime riche en calories et riche en protéines, prise de fer, de folates et de vitamines) et d'une surveillance médicale stricte (avec une échographie chaque mois) s'imposent encore plus que pour les grossesses gémellaires.
Pour l'accouchement, de nombreux médecins préfèrent la césarienne systématique à 35-36 semaines. Il est indispensable que l'accouchement ait lieu dans un établissement entraîné à ce type de naissance, c'est-à-dire une maternité de type III. Certaines maternités universitaires proposent parfois des accouchements par les voies naturelles.
Certains couples supportent mal psychologiquement les grossesses multiples (« Deux, c'est un succès ; trois, c'est un échec »). Les parents peuvent contacter l'association Jumeaux et plus (adresse p.184) et y trouver les conseils pratiques et le soutien psychologique qui pourraient leur être nécessaires.

6

La surveillance de la grossesse

La grossesse est un événement naturel dans la vie d'une femme. Mais pour s'assurer de son bon déroulement et prévenir le plus possible tout incident ou accident dans le développement du bébé ou la santé de la maman, une surveillance médicale est indispensable. Tout ce chapitre lui est consacré et les mères s'y soumettent bien volontiers, même si des examens spécifiques ou des précautions particulières leur sont prescrits ou conseillés. La réalité est qu'aujourd'hui, et bien mieux qu'autrefois, la majorité des grossesses évolue harmonieusement et se termine par la naissance d'un enfant en bonne santé.

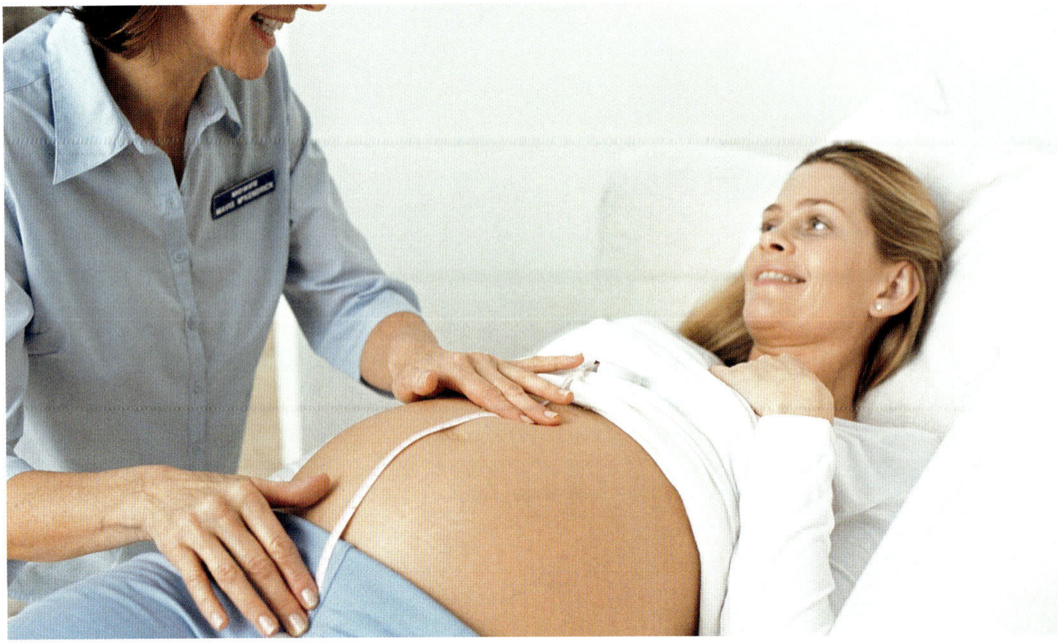

La surveillance habituelle de la femme enceinte

Qui va suivre votre grossesse ?

Un médecin (gynécologue, obstétricien, généraliste) et une sage-femme sont habilités à suivre une grossesse. Mais il est important que l'équipe qui sera en charge de l'accouchement effectue au moins une consultation, le plus souvent au 8e mois, pour que votre dossier médical soit complet. Votre sage-femme ou votre médecin vous précisera ce qui est pratiqué dans votre maternité.
La préparation à la naissance n'est pas obligatoire mais elle est très conseillée.
La première séance est individuelle ; les sept autres peuvent être en groupe.

Où auront lieu les consultations ?

Cela dépend de l'endroit où vous souhaitez accoucher et des facteurs de risques éventuels de votre grossesse. Il est d'ailleurs recommandé de choisir rapidement votre lieu d'accouchement. N'hésitez pas à en parler avec le praticien que vous verrez s'il oubliait de le faire. En effet, s'il y avait un problème pendant la grossesse et que votre médecin ou votre sage-femme était absent, vous devez savoir vers quelle maternité vous diriger en cas d'urgence.

En général, les consultations prénatales ont lieu au cabinet du médecin ou de la sage-femme. Elles peuvent aussi se dérouler dans la maternité que vous aurez choisie, cela dépend de son mode de fonctionnement. Les maternités publiques ont toutes un service de consultation sur place, assuré par un médecin ou une sage-femme.
Il est d'ailleurs possible que ce ne soit pas toujours la même personne qui vous examine mais n'hésitez pas à demander un suivi par la même personne ; c'est en effet plus rassurant et plus confortable. Certaines maternités privées ont un service de consultations sur place, comme les maternités publiques. En général, c'est toujours la même personne qui vous recevra.
En cas d'urgence, la nuit, le week-end et les jours fériés, présentez-vous à la maternité où votre accouchement est prévu. Il y a toujours un médecin spécialiste et une sage-femme de garde pour vous accueillir.

À savoir

Les conjoints sont autorisés à s'absenter sans perte de salaire pour assister à trois examens prénataux (dont font partie les échographies).

Les sages-femmes

Vous aurez de nombreuses occasions d'être en contact avec des sages-femmes. D'abord pour la surveillance de votre grossesse : consultation, échographie, préparation à la naissance, entretien prénatal. Puis au moment de l'accouchement puisqu'elles en assurent près de 80 % et veillent sur votre bébé et vous-même avant et après l'intervention –, que celle-ci ait été réalisée ou non par un obstétricien. Après la naissance et pour faciliter le retour à la maison, les sages-femmes peuvent passer au domicile et vous accompagner dans les premiers soins à votre nouveau-né. Ces visites sont d'autant plus nécessaires que la tendance actuelle est de favoriser le retour à la maison rapidement après l'accouchement. Les sages-femmes peuvent effectuer la rééducation périnéale. Elles peuvent également, chez les femmes en bonne santé, assurer le suivi gynécologique de prévention (frottis, examens des seins) et prescrire une contraception.
Quelques sages-femmes pratiquent un « accompagnement global » : elles prennent en charge la femme enceinte pour la surveillance médicale de la grossesse, la surveillance du travail et l'accouchement (« Plateaux techniques », p. 344) puis le retour à domicile pendant quelques jours, voire une ou deux semaines.

Important

Vous êtes peut-être suivie par une sage-femme libérale, ou bien vous en consulterez une pour la préparation à la naissance. Si ne n'est pas le cas, nous vous conseillons de rencontrer une sage-femme libérale pendant votre grossesse, au moins pour un entretien. Vous pourrez évoquer avec elle votre retour à domicile à la sortie de la maternité (p. 378 et 401).

Les examens prénataux

En France, il y a **7 consultations obligatoires et 8 séances de préparation**, dont l'entretien prénatal précoce. La première consultation se situe avant la fin du 3e mois de grossesse. Les autres sont passées chaque mois à partir du 4e et jusqu'à l'accouchement.
En présence d'un symptôme anormal apparaissant entre les examens, vous aurez intérêt à consulter la personne qui assure votre suivi sans attendre la prochaine consultation obligatoire.

La première consultation

Elle peut être faite par un médecin ou une sage-femme. Ce premier examen a pour but :

- de confirmer l'état de grossesse, comme nous l'avons vu dans le premier chapitre, en précisant son début et son terme probable ;
- d'en vérifier le caractère normal (absence de perte de sang, développement de l'utérus) ;
- d'évaluer l'existence de facteurs de risques personnels susceptibles de modifier la surveillance. Aussi le praticien commencera-t-il par vous interroger pour recueillir quelques renseignements.

L'âge d'une future mère a son importance

Il existe une période plus favorable pour être enceinte. C'est vers 20 ans que la fécondabilité des femmes atteint son maximum. Puis elle diminue progressivement à partir de 30 ans jusqu'à 35 ans (p. 11). À partir de 38-40 ans, certains risques augmentent (p. 223). Il faut en tenir compte dans le suivi de la grossesse.
Le contexte de vie actuelle n'est toutefois pas toujours propice à un projet de bébé entre 20 et 30 ans et il n'y a pas d'âge idéal pour devenir mère.

À noter

L'**âge moyen des mères** à l'accouchement est aujourd'hui de 30,9 ans (enquête Insee 2021). En 1977, les femmes accouchaient en moyenne à 26,5 ans.

Les antécédents médicaux sont importants à préciser

N'omettez pas de signaler toutes les maladies que vous avez eues, surtout si elles ont été graves ou si vous êtes encore sous traitement ; celui-ci aura été probablement adapté à la grossesse si vous avez passé une consultation avant la conception (p. 7). Signalez également l'existence de maladies héréditaires familiales.
N'hésitez pas à dire si vous avez vécu une (ou plusieurs) interruption(s) volontaire(s) de grossesse. Ne soyez pas inquiète, les IVG n'ont en général pas d'incidence sur les grossesses suivantes. Le médecin sera également attentif en cas de fausses couches précoces à répétition ou tardives, d'accouchement prématuré.
Des accidents ou des complications lors des grossesses ou des accouchements précédents peuvent entraîner une surveillance et des examens particuliers (p. 218). En revanche, si vos grossesses et vos accouchements ont été normaux, tout permet de penser qu'il en sera de même pour cette nouvelle grossesse.

Si votre couple a été longtemps infécond, et cette **infécondité** traitée avec succès, la surveillance de votre grossesse ne sera pas bien différente de celle d'une grossesse survenue naturellement.

Les conditions sociales, économiques et psychologiques

Elles jouent indiscutablement un rôle dans l'évolution de la grossesse. Le médecin vous questionnera sur vos conditions de travail (fonction, horaires, éloignement, modes de transport…). Si vous-même, ou votre couple, rencontrez des difficultés particulières, il vous dirigera vers des professionnels appartenant au réseau périnatal de votre région (« L'entretien prénatal précoce », p. 194).

Si vous avez vécu des événements traumatiques

Si vous avez été victime d'une agression sexuelle (attouchements, inceste, viol), si dans votre enfance vous avez subi de la maltraitance, un abandon, un placement, si vous vivez ou avez vécu un (ou des) épisode(s) de violences conjugales, il est important de mentionner ces événements. En parler permettra aux professionnels de s'adapter au mieux à la prise en charge de la grossesse, de l'accouchement et de l'accompagnement à la parentalité.

Si vous êtes porteuse d'un handicap moteur

N'hésitez pas à signaler votre situation dès votre prise de rendez-vous. Il existe en France quelques maternités spécialisées dans ce type de prise en charge. La majorité des maternités est, comme toute structure hospitalière, équipée de moyens pour faciliter votre accueil et permettre un accompagnement spécifique (salle de consultation adaptée, chambre aménagée) mais qui nécessitent d'être activés en amont et préparés. Demandez, si cela ne vous est pas proposé et si c'est possible, de visiter la clinique ou le service hospitalier afin de vérifier que tout (la maternité, les sanitaires, la pouponnière, etc.), vous est bien accessible et d'anticiper d'éventuels ajustements.
Si vous êtes porteuse d'un **handicap sensoriel**, il faut le signaler sans tarder pour laisser le temps à la maternité de mettre en place une aide, si besoin, lors des consultations, à l'accouchement et dans le post-partum.
N'hésitez pas à rechercher et à demander un soutien social et psychologique.

Si vous êtes en situation de **handicap**, voyez page 441 quelques adresses qui peuvent vous être utiles.

Les habitudes de vie

Le médecin ou la sage-femme vous posera des questions sur votre alimentation et sur votre façon de vivre. Si vous fumez, il vous conseillera formellement de cesser et il vous aidera par la prescription de patchs à la nicotine. Il demandera aussi quelles sont vos habitudes concernant l'alcool – la recommandation pendant la grossesse étant « Zéro alcool » – et si vous avez consommé ou consommez des drogues. Il pourra vous diriger vers une consultation de tabacologie ou d'addictologie (p. 35). Il n'est bien sûr pas question de vous juger mais de vous accompagner pour que votre grossesse se déroule au mieux et que votre bébé naisse en bonne santé.

Les examens

Puis vont succéder :

- un **examen général** qui comprend la mesure de la taille, du poids, de la tension artérielle ; l'auscultation du cœur, l'examen des seins, etc. ;
- un **examen gynécologique** qui n'est pas systématique. N'hésitez pas à signaler au soignant d'éventuelles difficultés liées à ce type d'examen. Le toucher vaginal peut renseigner sur le volume de l'utérus. Un spéculum pourra être posé pour réaliser un frottis de dépistage du cancer du col si votre dernier frottis est ancien ;
- des **examens de laboratoire**. Le médecin vous prescrira les examens biologiques à faire pratiquer. Ces examens comportent essentiellement une prise de sang et un examen des urines à la recherche d'albumine (protéinurie).

La prise de sang va permettre :

- de préciser le groupe sanguin : même lorsque celui-ci est déjà connu, il est prévu de le vérifier. Deux déterminations sur la même carte sont obligatoires et doivent être faites par le même laboratoire, avec un résultat informatisé inscrit sur la carte (une inscription manuelle n'est pas valable) ; si vous êtes rhésus négatif, il est nécessaire de rechercher dans votre sang la présence d'agglutines irrégulières (p. 257) ;
- de savoir si vous êtes ou non immunisée contre la toxoplasmose et la rubéole (p. 244-245 et p. 246) ;
- de rechercher des anticorps anti-VIH. Cet examen est indispensable quand la femme se situe dans un groupe à risque (toxicomanes, femmes transfusées avant 1991). Chez les autres, l'examen est simplement recommandé (cependant accepté la plupart du temps) ;
- d'effectuer des examens obligatoires (syphilis, AgHbs pour l'hépatite B) ;
- un dépistage de l'anémie, par une numération sanguine, sera pratiqué en cas de facteur de risque.

D'autres informations et recommandations

Lors de la première consultation, ou lors d'une consultation particulière, le médecin ou la sage-femme vous donnera une information la plus large possible, écrite ou orale, sur l'importance d'un suivi régulier pour vous et votre bébé.
Vous serez également informée sur :

- les différentes possibilités du suivi de la grossesse, la préparation à la naissance et à la parentalité, et notamment l'intérêt de l'**entretien précoce** (p. 194) ;
- les différents dispositifs d'accompagnement psychosocial, en particulier les droits liés à la maternité (par exemple le congé de maternité) et la manière de les faire valoir ;
- les bienfaits d'une alimentation et d'un mode de vie équilibré, de l'activité physique (chapitre 2) et les dangers d'une automédication (p. 205) ;
- l'intérêt, dans certaines situations, de l'aide que peut apporter un diététicien, un médecin nutritionniste, un kinésithérapeute, une sage-femme orientée en sophrologie, en haptonomie, en méditation ou en pratiquant de l'acupuncture.

Le médecin organisera avec vous les **rendez-vous échographiques**, qui sont au nombre de trois, le premier ayant lieu entre 11 et 14 semaines d'aménorrhée.
Il vous informera de la possibilité du test des **marqueurs sériques**, réalisé en même temps que l'échographie, afin d'établir un risque combiné de la trisomie 21 (p. 213).
Le médecin qui aura prescrit les examens recevra les résultats et, en cas d'anomalie biologique (marqueur de la trisomie 21) ou échographique, il vous orientera vers des examens complémentaires et il vous prêtera une attention particulière.
À l'issue de cette consultation, le médecin, ou la sage-femme, aura recueilli, par ses questions et par l'examen qu'il aura fait, un

Le choix de la maternité

Vous le ferez avec le médecin ou la sage-femme dès cette première consultation car c'est là que vous vous rendrez si vous avez un problème pendant votre grossesse. De plus, le praticien vous informera de la place de la maternité choisie dans l'ensemble du réseau périnatal de votre région (p. 20)

À noter

Si vous attendez des **jumeaux**, le diagnostic prénatal non invasif (DPNI) vous sera directement proposé (p. 213).

certain nombre de renseignements. Ils vont lui permettre, dans une certaine mesure, de prévoir si votre grossesse nécessitera ou non une surveillance particulière. Dans la plupart des cas (neuf fois sur dix au moins), tout est favorable. Vous êtes en bonne santé et votre grossesse commence normalement. Tout permet de penser qu'elle se déroulera sans histoire pour se terminer par un accouchement normal. Sa surveillance ne nécessitera pas de mesure particulière. Une fois sur dix environ, la grossesse nécessite des mesures spéciales dont nous vous parlerons plus loin : ce sont les grossesses dites « à risque ».

- La **déclaration de grossesse** sera faite soit lors de cette première consultation, soit après la première échographie. Elle doit être faite avant la fin des 14 premières semaines. Le médecin ou la sage-femme la fera en ligne ou vous remettra les feuillets signés à transmettre à votre centre de Sécurité sociale et à votre caisse d'allocations familiales (chapitre 11).
- Si vous êtes suivie par un professionnel en dehors de la maternité où vous devez accoucher, celui-ci pourra vous remettre un **dossier périnatal** où seront consignés les éléments les plus importants de votre dossier médical. C'est vous qui le conserverez et il servira de lien entre les différents intervenants que vous serez amenée à rencontrer. Vous le transmettrez à la maternité en cas de consultation en urgence ou lorsqu'elle prendra le relais de votre prise en charge.
- Dès le premier trimestre, vous pouvez vous inscrire à la **préparation à l'accouchement** qui est maintenant prise en charge à partir de la déclaration de grossesse. Les séances de préparation – qui peuvent être individuelles ou en groupe – sont complémentaires des consultations médicales. Les consultations sont là pour vérifier le bon déroulement de la grossesse, elles sont en général assez courtes. Les séances de préparation sont plus longues, elles se passent dans un climat détendu, loin de tout dépistage plus ou moins angoissant. La future maman a le temps de poser des questions. Elle peut partager son expérience avec d'autres femmes enceintes (p. 268 et suiv.).
- **Vous ressentez un peu d'appréhension ?** Aller à une consultation, c'est inévitablement demander si tout va bien. Et envisager que la réponse puisse être, sinon négative, du moins ambiguë ; c'est se préparer à poser beaucoup de questions et en abandonner la moitié par… timidité ; c'est se trouver devant un professionnel pour qui attendre un enfant est un événement habituel, alors qu'on le considère soi-même comme exceptionnel ; c'est aussi subir un examen intime que l'on appréhende souvent. Heureusement aujourd'hui, avec la plupart des médecins et des sages-femmes, l'accueil est chaleureux et les contacts sont faciles.

À noter

Le conjoint est le bienvenu et c'est toujours bénéfique qu'il puisse assister à quelques séances de préparation.

La deuxième consultation (4e mois)

Elle comporte un examen général avec : prise de la tension artérielle, mesure du poids, mesure de la hauteur utérine, recherche des bruits du cœur. Un examen des urines à la recherche d'albumine vous sera prescrit, ainsi qu'une prise de sang si vous avez un sérodiagnostic négatif de toxoplasmose.

L'entretien prénatal précoce (EPP)

Cet entretien peut avoir lieu dès la déclaration de grossesse et il fait partie des rendez-vous obligatoires du suivi de grossesse.
L'entretien précoce permet une rencontre plus longue qu'une consultation (au moins 45 minutes) et en dehors du contexte strictement médical. Il peut être individuel, ou en couple, selon votre souhait. Son but est de vous laisser parler de votre grossesse, de vos attentes, de vos besoins, ainsi que de vos éventuelles préoccupations, inquiétudes, difficultés socioprofessionnelles, familiales ou psychologiques, et de répondre à vos questions.
Pour le Dr Françoise Molénat, de Montpellier, l'EPP permet à la sage-femme, au médecin, de repérer des facteurs de risque de la dépression du post-partum, et donc de la prévenir. Et de prévenir également des troubles de la relation parents-bébé.
Si votre situation nécessite que vous rencontriez une assistante sociale, une psychologue, un médecin spécialiste, la sage-femme ou le médecin vous donnera les coordonnées des professionnels les plus appropriés appartenant au réseau périnatal de votre région. On vous communiquera également les adresses d'associations de soutien à l'allaitement pour prendre contact avec elles avant la naissance, ou d'associations de jumeaux si vous attendez deux bébés.
L'entretien prénatal peut se faire dans le cadre de la première séance de préparation à la naissance et il s'orientera alors vers d'autres besoins : quel type de préparation recherchez-vous ? Souhaitez-vous allaiter au sein ? Comment accueillir au mieux votre bébé et prendre soin de lui ? Comment organiser votre retour à la maison après la naissance ? Il permet aussi d'évoquer le fonctionnement du réseau de soin de votre maternité, etc.
Plus cet entretien aura lieu tôt dans la grossesse, plus il vous sera utile. Mais il reste important même au troisième trimestre.
En principe, cet entretien donne lieu à la rédaction d'un document à mettre dans votre dossier médical. Ce document servira de lien entre les différents professionnels que vous rencontrerez. Il peut aussi être rédigé lors des dernières séances de préparation et deviendra alors votre « projet de naissance » (p. 271) transmis à l'équipe qui vous prendra en charge le jour de l'accouchement.

L'EPP

Seules 36,5 % des femmes déclarent en avoir eu un (enquête périnatale 2021). C'est un entretien important pour être aidée, rassurée, informée. Nous vous encourageons à en bénéficier.

Une meilleure prise en charge

Devant la découverte d'un problème médical en cours de grossesse, on peut vous orienter vers un gynécologue-obstétricien attaché à une maternité de niveau II ou III (p. 19-20). Vous et votre bébé pourrez ainsi être pris en charge de la meilleure façon possible.

La troisième consultation (5e mois)

Elle comporte le même examen général et les mêmes examens biologiques (toxoplasmose et albumine) que ceux pratiqués lors de la consultation du 4e mois.
Il vous sera rappelé le rendez-vous d'échographie de la 22e semaine qui a lieu au milieu du 5e mois.
Enfin, si vous n'avez pas encore commencé à suivre des cours de préparation à la naissance, le médecin, ou la sage-femme, vous dira l'intérêt de participer à de telles séances.

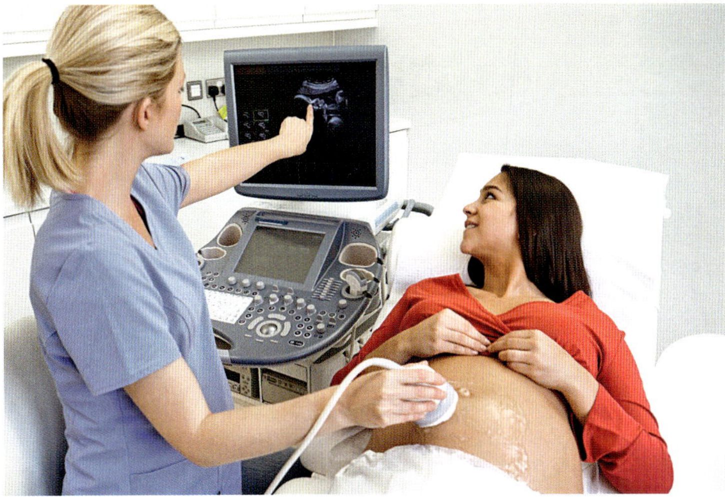

La quatrième consultation (6e mois)

Cette consultation se déroule selon le même schéma que l'examen précédent. Le médecin ou la sage-femme va d'abord vous interroger sur votre état général et psychologique : « Comment allez-vous depuis la dernière consultation ? » Puis le praticien vérifie que l'utérus est normalement développé. Pour cela, il mesure la hauteur utérine et la compare aux chiffres habituels. Mesurer la hauteur de l'utérus, ce n'est pas mesurer la taille du fœtus, ce qui serait d'ailleurs impossible puisqu'il est tout replié sur lui-même, mais plutôt son volume (c'est-à-dire la place qu'il prend). Cette mesure permet de vérifier s'il a bien le développement correspondant à l'âge théorique de la grossesse.
Le médecin vérifie également les bruits du cœur. Cette auscultation peut se faire soit avec un stéthoscope ordinaire, soit avec un appareil spécial (stéthoscope à ultrasons), grâce auquel vous pourrez vous-même entendre battre le cœur de votre enfant.
L'examen général a essentiellement pour but de surveiller la tension artérielle, le poids. Au cours de cette consultation, le médecin va prendre connaissance de l'échographie de la 22e semaine. En cas d'anomalie ou de doute, il vous conseillera sur les dispositions à prendre : contrôle échographique supplémentaire ou avis d'un centre obstétrical spécialisé du réseau périnatal de votre région.
Certains **examens biologiques** sont prescrits à cette consultation :

- sérologie de la toxoplasmose si les résultats étaient auparavant négatifs ;
- recherche de l'albumine dans les urines ;
- numération pour rechercher une anémie si elle n'a pas été faite lors de la première consultation ;
- recherche d'agglutines irrégulières si vous êtes rhésus négatif et votre conjoint rhésus positif (p. 257) ;
- enfin, si vous présentez des facteurs de risque de diabète, un dosage de la glycémie à jeun ou par un test d'hyperglycémie provoquée par absorption de 75 g de glucose.

Votre grossesse mois après mois

En fin d'ouvrage, un grand tableau fait le point sur votre santé, les examens à passer et formalités à accomplir, le développement de votre bébé, les préparatifs à faire (p. 452-453).

La cinquième consultation (7e mois)

Elle comporte le même examen général que celui pratiqué lors de la consultation précédente, avec une attention toute particulière portée à la tension artérielle car la prééclampsie se manifeste souvent à cette période de la grossesse.
La sérologie de la toxoplasmose est à contrôler, si nécessaire.
Si vous êtes rhésus négatif, une injection vous sera proposée pour prévenir tout risque (p. 257).
Enfin, le médecin vous rappellera le rendez-vous de la troisième échographie de la 32e semaine.

La sixième consultation (8e mois)

L'objet principal de cette consultation est de prévoir autant que possible la façon dont se déroulera l'accouchement : appréciation du volume du fœtus ; appréciation de la manière dont se présentera l'enfant : par la tête – c'est la présentation habituelle –, par le siège, etc. ; caractéristiques du bassin. L'examen du bassin se fait dans les dernières semaines, car c'est alors seulement qu'il atteint les dimensions qu'il aura à l'accouchement.
Si le médecin soupçonne une anomalie, ou si votre bébé se présente par le siège, il vous demandera de faire faire une radiopelvimétrie ou un scanner du bassin. Tout ceci est sans risque pour votre enfant.
C'est au cours de cet examen du 8e mois que le médecin sera en mesure d'établir un pronostic sur l'accouchement et notamment si, selon lui, l'accouchement pourrait avoir lieu naturellement ou si, au contraire, il faudrait envisager une césarienne. De toute façon, c'est le médecin de garde le jour de l'accouchement qui aura la responsabilité de la décision.
Au cours de cette consultation, sont recherchés :

- la sérologie de la toxoplasmose, en cas de négativité ;
- les agglutines irrégulières, en cas de rhésus négatif, si vous n'avez pas eu de vaccination anti-rhésus au 7e mois ;
- l'albumine : la recherche se fait tous les mois, ou plus fréquemment en cas de facteurs de risque ;
- enfin, un prélèvement vaginal à la recherche de streptocoque sera prescrit. Le streptocoque B est sans danger pour la mère ; mais sa présence nécessite de prendre des antibiotiques pendant l'accouchement pour protéger le bébé.

La septième consultation (9e mois)

C'est la dernière consultation avec le médecin ou la sage-femme. Les examens biologiques sont les mêmes qu'au 8e mois et c'est au cours de cette consultation que vous aurez probablement envie de poser des questions à propos de l'**accouchement**, par exemple : quels sont les signes indiquant qu'il faut partir à la maternité ? Une sage-femme restera-t-elle près de vous pendant le travail ? Qui vous assistera lors de votre accouchement : l'équipe de garde ayant suivi votre grossesse

Important

Ne modifiez pas votre suivi de grossesse. Les maternités se sont adaptées à l'**épidémie** de covid-19 : téléconsultations, mesures de protection, organisation différente, etc. Pour des informations sur les protocoles suivis par les professionnels, consultez le site du CNGOF

www.cngof.fr

Lors de l'examen du 8e mois, il vous sera demandé de prendre rendez-vous avec un **anesthésiste**. Cette consultation est obligatoire, que vous souhaitiez une péridurale ou non.

Le médecin, ou la sage-femme, vous rappellera que, si vous n'avez pas accouché à la **date prévue**, vous devrez vous présenter à la maternité à cette date pour faire différents examens.

ou bien un praticien de garde ? Pourrez-vous garder votre bébé près de vous après la naissance ?

Préparez vos consultations

Avant d'aller à la consultation, nous vous suggérons de faire une **liste des questions**, petites ou grandes, que vous voulez poser, pour ne pas les oublier. N'ayez pas peur de paraître ridicule, dites au médecin ou à la sage-femme tout ce qui vous paraît anormal ou vous pose des problèmes. Bien des mamans n'osent pas parler de ce qui les préoccupe. « Quelle frustration d'arriver à ces rendez-vous mensuels tant attendus, la tête pleine de questions, et de repartir un quart d'heure plus tard avec les mêmes interrogations, une vague image échographique et une ordonnance pour une nouvelle prise de sang », nous écrit Caroline.

Internet et les informations médicales

Comment s'y retrouver sur Internet ? Aller sur un forum, lire un blog, permet d'échanger avec d'autres futurs parents mais les témoignages sont souvent livrés sous le coup de l'émotion. Cela peut fragiliser la future maman qui risque de s'inquiéter devant toutes les éventualités évoquées. Vérifiez bien la valeur des informations données : qui écrit ? S'agit-il d'un témoignage ou d'un article à portée « scientifique » ? Quelles sont les sources utilisées ? Internet peut être utile pour comprendre certains éléments et en discuter ensuite avec le professionnel de santé. De plus en plus de praticiens l'utilisent au quotidien dans leurs consultations pour apporter des explications et illustrer leur propos. Certains sites sont extrêmement sérieux et très documentés. Le plus difficile est parfois de faire la différence entre les sites sérieux et ceux qui veulent faire du buzz. Si vous avez des questions, des doutes, parlez-en à des professionnels de santé : ils sauront faire la part des choses et vous rassurer.

Lorsque des soins, des paroles, des gestes sont inappropriés

Il est désormais reconnu que les femmes peuvent subir des soins, des paroles ou des gestes inappropriés pendant le suivi gynécologique, la grossesse, l'accouchement et le séjour à la maternité. Par exemple :

- au premier trimestre de la grossesse, l'annonce sans aucune explication d'une fausse couche ;
- lors d'un examen : la brutalité de certains diagnostics après une échographie ; la non-demande d'accord pour un examen intrusif comme le toucher vaginal, l'échographie par voie vaginale, la palpation des seins ; les commentaires dépréciatifs sur des sujets sensibles (poids, tabac…) ;
- au cours de l'accouchement (p. 350), l'absence de consentement pour la réalisation d'un geste (ventouse, forceps, épisiotomie) ;
- lors du séjour à la maternité, des soins ou paroles inappropriés sont fréquents notamment autour des questions d'allaitement.

Ces situations, appelées **violences gynécologiques et obstétricales (VOG)**, ont amené des femmes à exprimer leur colère sur les réseaux sociaux et dans les médias. Ces violences peuvent en effet altérer de façon aiguë, voire durablement, leur santé physique ou psychique. Si vous avez été exposée à de tels gestes ou attitudes, osez en parler et exprimer ce que vous ressentez, soit à la personne concernée, soit à un autre soignant. Il est souvent possible de changer de professionnel. Vous êtes légitime à poser toutes les questions que vous jugez nécessaires. Demandez que soient respectés vos souhaits, votre pudeur, par exemple votre désir de ne pas être complètement nue pour l'examen. Si vous ne vous sentez pas à l'aise, n'hésitez pas à le dire. Sachez que vous pouvez demander un peu de temps (hors urgence) si vous ne vous sentez pas prête à recevoir un soin. Il est important d'être en confiance lorsqu'on attend un enfant, lorsqu'on accouche, et cela passe par un échange avec les soignants, des explications de leur part et la compréhension par la femme de sa prise en charge.
Depuis que les professionnels se sont rendu compte de l'importance des réponses à apporter à ces griefs, la situation s'améliore progressivement. De nombreux soignants ont compris la nécessité de revoir leur approche. Ils ont pris conscience que l'arrivée d'un enfant est une période de particulière vulnérabilité et que des soins mettant l'accent sur le respect, la dignité, le consentement et le soutien émotionnel doivent être une priorité. Des soignants proposent désormais une **relation de partenariat** avec les futures mères dont ils s'occupent. Les décisions se prennent conjointement : par exemple, une surveillance particulière de la grossesse, les choix de traitement ou de la voie d'accouchement.

« En début de grossesse, je suis allée en urgence à l'hôpital pour des saignements. Après m'avoir examinée et, sans me parler, mis la sonde d'échographie dans le vagin, le médecin m'a dit : "c'est une fausse couche". Ayant demandé des explications, il m'a répondu : "il n'y en a pas, c'est la loi de la nature, ce n'est pas grave, vous en referez un autre". J'étais effondrée, je suis partie, je me suis assise dans ma voiture et j'ai craqué… »

Mathilde

Les échographies

Les **trois échographies** dont bénéficient les futures mères tiennent une place privilégiée dans la surveillance médicale de la grossesse. En permettant de visualiser, dès les premiers stades, l'embryon, puis le fœtus, l'échographie a transformé l'exercice de l'obstétrique ; elle a également modifié le « regard » de la maman sur l'enfant qu'elle porte en elle. Avant, elle le sentait, elle le touchait, elle pouvait écouter son cœur ; avec l'échographie, elle le « voit ». Et pour le père, c'est la grande découverte. Ces échographies systématiques, dites aussi de dépistage, ont pour **but** de :

- préciser avec certitude à 12 SA l'âge de la grossesse ; et évaluer le risque d'anomalie chromosomique – en particulier de trisomie 21 – par la mesure de la clarté nucale, en l'associant aux marqueurs sériques : c'est ce qu'on appelle le risque combiné (p. 213) ;
- faire très précocement le diagnostic de jumeaux ;
- surveiller la croissance et le bien-être du bébé ;
- confirmer la présentation du bébé ;
- dépister d'éventuelles anomalies morphologiques ;
- localiser le placenta et la quantité de liquide amniotique.

Qu'est-ce que l'échographie ?

Les ultrasons ont la propriété, lorsqu'ils sont émis par une source quelconque, de se réfléchir sur un obstacle et de revenir à la source comme un écho. D'où le nom de cette technique, l'échographie. Les échographies sont traitées sous forme d'images, elles sont imprimées et placées, avec le compte rendu complet de l'examen, dans un dossier qui est donné à la future mère ; cela permet des comparaisons d'un examen à l'autre.

En pratique

- L'échographie peut être réalisée par un gynécologue-obstétricien, une sage-femme ou un échographiste indiqué par le praticien qui suit la grossesse. Prenez votre rendez-vous à temps, car le moment des échographies au cours de la grossesse est important.
- Ne mettez aucune crème, huile, gel sur le ventre les quelques jours qui précèdent l'examen.
- Pour obtenir de bonnes images, le médecin met du gel sur la peau, puis il passe sur le ventre une sonde émettrice/réceptrice d'ultrasons qui se présente sous forme d'une large barrette courbe.
- Pour la première échographie, l'échographiste utilise parfois une sonde vaginale, recouverte d'une protection à usage unique, enduite de gel. Cette technique permet souvent, surtout en début de grossesse, d'obtenir des images plus précises. Cet examen n'est ni douloureux ni dangereux pour la grossesse.
- Cet examen nécessite de la part de l'échographiste un maximum de concentration et de vigilance. Ne soyez pas surprise de son éventuel mutisme. Il sera plus à même de vous faire part de ses conclusions lorsque l'examen sera terminé. De plus, venez seule ou en couple, ou accompagnée d'un adulte, mais pas avec des enfants.

La première échographie

Les échographistes recommandent de la réaliser entre 11 semaines d'aménorrhée et 13 semaines + 6 jours. Cette première échographie permet d'apprécier la vitalité de l'enfant et de faire un éventuel diagnostic de **jumeaux**. Grâce à la mesure de la longueur de l'embryon, cette échographie (dite de « datation ») est capable de préciser l'**âge de la grossesse**, et donc d'évaluer le terme théorique avec une précision de plus ou moins 3 jours.
Elle permet également de mesurer la **clarté nucale**, c'est-à-dire l'épaisseur de la nuque (p. 213). Cette mesure représente un des moyens de dépister la trisomie 21. En fait, il ne s'agit pas d'un dépistage mais d'un moyen d'évaluer un risque (p. 214). Cette évaluation sera combinée avec les marqueurs sériques (p. 213) afin qu'en cas de risque élevé de trisomie 21, puissent être proposés soit un diagnostic prénatal non invasif (DPNI, p. 213), soit une biopsie du trophoblaste, soit une amniocentèse (p. 214).

À noter

- La première échographie a lieu vers la 12e semaine d'aménorrhée (SA).
- La deuxième a lieu vers la 22e SA.
- La troisième a lieu vers la 32e SA.

À savoir

L'échographie par sonde vaginale peut être un peu désagréable mais elle ne doit pas être douloureuse. Si elle l'est, ce n'est pas normal.

Vous ressentez un peu d'inquiétude

Aujourd'hui les parents connaissent l'importance de cette mesure de la nuque et ce qu'elle peut impliquer. C'est pourquoi ils sont souvent stressés lorsqu'ils se rendent à ce premier examen. Cela se comprend.

Les marqueurs sériques ne sont pas fiables en cas de grossesse gémellaire. C'est pourquoi, dans ce cas, un DPNI vous sera directement proposé.
En cas de saignement ou de douleur, une échographie précoce permet de préciser s'il y a un risque de fausse couche ou s'il s'agit d'une grossesse extra-utérine.

La deuxième échographie

Elle est réalisée entre 20 et 24 semaines et 6 jours d'aménorrhée. À cette période, le bébé est complètement formé. L'échographiste peut donc l'observer en détail, organe par organe et déceler d'éventuelles anomalies. Il peut aussi apprécier le développement et la croissance de l'enfant par la mesure des diamètres abdominaux et thoraciques et la longueur des os des membres inférieurs et supérieurs. Il vérifie également « les annexes » : cordon et placenta dont la localisation est un élément important du suivi de la grossesse. C'est lors de cette échographie que l'on peut faire avec certitude le diagnostic du sexe de l'enfant.

La troisième échographie

Elle est réalisée entre 30 et 34 semaines et 6 jours d'aménorrhée et elle permet de vérifier si tout se présente normalement en vue de l'accouchement (position et évaluation du poids de l'enfant, localisation du placenta par rapport à l'orifice interne du col, notamment pour les placentas bas situés). Cette échographie permet également de confirmer la bonne santé de l'enfant et sa croissance en comparant les mesures à celles faites lors de la deuxième échographie.

Quelques précisions

Entrons maintenant dans le détail de ces échographies. Chaque examen échographique comporte quatre parties dont l'importance varie selon l'âge de la grossesse.

- L'examen général du bébé et de ses organes : c'est l'examen **morphologique**. L'échographiste vérifie la présence ou la constitution de certains organes, ou parties d'organes.
- La mesure de certaines parties du bébé, c'est l'étude **biométrique**. Les mesures du crâne, du fémur, de l'abdomen permettent de surveiller la croissance.
- On apprécie aussi la **vitalité** de l'enfant : activité cardiaque, mouvements des membres, mouvements « respiratoires », déglutition.
- Enfin on observe le **milieu** dans lequel vit le bébé : quantité de liquide amniotique, étude et localisation du placenta (p. 236).

La réunion de tous ces éléments, au cours des trois échographies, constitue une sorte de **bilan de santé** de l'enfant. Ce bilan est impossible à faire par une autre méthode. Il renseigne sur l'état immédiat, mais aussi sur des pathologies pouvant se développer plus tard, comme le retard de croissance intra-utérin.

L'échographie ne fait pas partie des examens obligatoires mais la femme doit être informée de la possibilité d'y recourir.

Avant la réalisation de l'examen, la future mère doit donner son accord par écrit.

Dans certains cas, le médecin peut décider de faire **un Doppler** (p. 221). Cet examen permet d'analyser la circulation dans les vaisseaux de la mère (artère utérine) et de l'enfant (vaisseaux du cordon ombilical, artère cérébrale).

Le compte rendu d'examen

À l'issue de chaque échographie, le médecin remet aux parents un compte rendu de l'examen qu'il a réalisé. Ce document comporte, en règle générale, une description de l'enfant, ainsi que les différentes mesures des organes examinés.
Le médecin joint à ce document les documents échographiques les plus significatifs sur le plan médical. Enfin, il termine son compte rendu par une conclusion signifiant qu'au cours de son examen, il n'a pas noté d'anomalie particulière, ce qui ne veut pas dire pour autant qu'il puisse garantir que tout est normal. Ne soyez pas étonnés de la sècheresse de ces propos : l'échographiste ne peut en dire plus que ce que lui permet l'échographie qui, comme toute technique, a des limites.

Et s'il y avait une anomalie ?

C'est une situation stressante pour les parents. Il se peut que lors de la prise de sang, de l'examen clinique, ou lors de l'échographie, le médecin constate une anomalie d'un organe ou de la croissance. Dans ce dernier cas, il fera un contrôle 15 jours à 3 semaines plus tard. Dans tous les cas, il demandera un contrôle d'« expertise » ou de « seconde intention », auprès d'un gynécologue spécialisé en anténatal ; celui-ci s'appuiera sur les autres spécialistes présents au Centre pluridisciplinaire du diagnostic prénatal (CPDPN, p. 212).

Les signes d'alerte. Est-ce normal ? Est-ce inquiétant ?

Dans la surveillance médicale de la grossesse, ce qu'observe et ressent la future mère est aussi très important. C'est elle, en effet, qui est la mieux placée pour en apprécier le déroulement et pour noter l'apparition d'un symptôme d'alerte. En cas de signes inhabituels, il ne faut donc pas hésiter à consulter. Heureusement, le plus souvent, tout est rassurant. Le ventre reste souple lorsque vous-même, ou votre conjoint, posez vos mains dessus ; vous percevez les mouvements de votre bébé avec plus ou moins d'intensité selon la journée ; vous mangez avec appétit ; en général vous dormez bien. Voyons plus en détail quelques éléments importants à surveiller.

Les contractions

Le travail de l'accouchement se fait essentiellement par les contractions de l'utérus qui ouvrent le col, poussent l'enfant et lui permettent de sortir ; nous vous parlerons de tout cela en détail au moment de l'accouchement. Mais déjà pendant la grossesse, ce muscle, l'utérus, se contracte un peu tous les jours ; on pourrait dire que c'est l'occasion pour lui de s'exercer, de se préparer.
Les contractions sont un phénomène normal qui existe tout au long de la grossesse. Elles commencent à être perçues à partir du

6e mois et cela va s'accentuer jusqu'à l'accouchement. Parfois ce sont les mouvements du bébé qui déclenchent des contractions. Parfois c'est une contrariété ou un moment d'angoisse. Lorsque l'utérus se contracte, vous le sentez se durcir sous vos mains, comme si « le bébé se mettait en boule ». En fait, c'est l'utérus qui se resserre, le bébé, lui, est bien protégé par le liquide amniotique.
Si vous avez plusieurs contractions, de manière inhabituelle, allongez-vous une bonne demi-heure, les jambes repliées, la tête soutenue par un coussin, pour relâcher les muscles abdominaux. Posez les mains sur le ventre, votre bébé sentira votre présence. Ces contractions sont en général indolores et courtes. Le ventre est dur pendant 30 à 40 secondes. Elles sont réparties inégalement pendant la journée ou la nuit. Il peut y avoir deux ou trois contractions de suite, puis plus rien pendant quelques heures, voire plusieurs jours. Il est fréquent d'avoir plus de contractions le soir avec la fatigue accumulée de la journée. Dès que vous vous allongez, ces contractions cessent. Vous les signalerez à la prochaine consultation.
Si vous sentez que l'utérus reste dur plus longtemps que d'habitude, ou que les contractions sont plus fréquentes, plus intenses, et ne cessent pas si vous vous allongez, vous consulterez sans tarder dans votre maternité. Le médecin, ou la sage-femme, vérifiera, au besoin par l'échographie du col, si celui-ci est modifié ; cela pourrait signifier un risque d'accouchement prématuré (p. 218 et suiv. ; p. 238 et suiv.) ; une hospitalisation pourrait être envisagée.

Quand faut-il s'inquiéter et téléphoner au médecin, à la sage-femme ou se rendre à la maternité ?

Voici les **symptômes à signaler** :

- les pertes de sang ;
- l'apparition d'œdèmes surtout s'ils apparaissent rapidement et touchent les mains ou le visage ;
- une prise de poids trop rapide, en quelques jours ;
- des mouches devant les yeux, des maux de tête, une barre au creux de l'estomac ;
- des vomissements ;
- des brûlures en urinant ou en fin de miction ;
- de la fièvre ;
- la perte d'eau par le vagin ;
- des démangeaisons sur tout le corps ;
- une nette et durable diminution de l'intensité des mouvements du bébé ;
- votre ventre se durcit : vous sentez des contractions utérines régulières, de plus en plus douloureuses.

Vous trouverez à la fin du chapitre 7 le détail de ces symptômes et les complications possibles. Par ailleurs, vous devrez vous rendre à la maternité le jour du terme prévu par le médecin.

« Pour mon premier bébé, vers le 8e mois, je me suis sentie un peu “vaseuse”, le visage bouffi ; j'avais les mains très gonflées, ce qui m'empêchait de retirer mes bagues, j'avais pris du poids tout d'un coup et j'avais tout le temps mal à la tête. Dès mon arrivée à la maternité, ils ont diagnostiqué une prééclampsie car j'avais de l'hypertension et deux croix de protéines à la bandelette urinaire. L'équipe a décidé de faire naître mon bébé. Lui et moi allons bien maintenant. J'ai eu peur…

raconte Natacha.

La fatigue

Tout excès d'activité physique, ou de stress, ou de sport, trop d'allées et venues, peuvent provoquer des douleurs ou des sensations de lourdeur dans le ventre, dans les reins, qui sont en fait des contractions. Il est important de tenir compte de ces signes et de se reposer. N'hésitez pas à vous allonger en rentrant de votre travail, ou dans la journée lorsque cela est possible. Et si vous vous sentez vraiment fatiguée, n'attendez pas la prochaine consultation prévue, allez voir le médecin ou la sage-femme.

L'albumine

L'analyse des urines pour rechercher la présence d'albumine est indispensable. Cette recherche sera faite tous les mois jusqu'à l'accouchement. La présence d'albumine peut être le premier signe d'une prééclampsie, qui se révèle souvent de façon très brutale (p. 233-234).

Perte de sang

Il n'est jamais normal de perdre du sang pendant la grossesse, même à l'état d'une trace qui viendrait tacher un peu votre culotte. Ce n'est peut-être rien, une inflammation du col qui se traite facilement, mais cela peut aussi être une anomalie au niveau du placenta. C'est au médecin de le dire en vous examinant et en s'aidant au besoin d'une échographie.

Le poids

La prise de poids est normale pendant la grossesse. Certaines femmes prennent peu de poids, d'autres en prennent beaucoup, mais les deux ont des courbes régulières. Une pesée est faite tous les mois, lors de la consultation médicale, pour s'assurer de l'absence de variation importante.

D'autres signes d'alerte

- Si vous avez des troubles importants du **sommeil** (difficultés à vous endormir, insomnies fréquentes, beaucoup de cauchemars) et si vous vous sentez épuisée au réveil.
- Si vous êtes envahie par des crises d'**angoisse**, que ce soit à propos de votre grossesse, de votre accouchement, de votre capacité à vous occuper de votre bébé, de sa bonne santé.
- Si vous vous sentez souvent **triste**.
- Si vous vivez des **situations difficiles**, familiales ou personnelles : deuil, séparation, violences...
- Si vous avez des antécédents de **dépression**.
- Si, dans le dernier trimestre, vous n'arrivez pas à **réaliser** que vous portez un enfant, à vous projeter dans son arrivée.

Si vous ressentez un ou plusieurs de ces signes, il est important d'en parler avec le professionnel qui suit votre grossesse. Il vous orientera si nécessaire vers un(e) psychologue.

Violences au sein du couple

Ne laissez pas la violence s'installer, qu'elle soit physique, verbale, psychologique. Parlez-en sans tarder à l'équipe médicale ou à toute personne qui serait susceptible de vous aider : vous et votre bébé devez être protégés (p. 110).

Médicaments, vaccins, radios

Au cours de la surveillance de la grossesse, il est bien rare qu'une femme n'interroge pas le médecin sur les risques éventuels, pour l'enfant, des médicaments, des vaccinations et des examens radiologiques. La peur d'avoir un enfant mal formé est en effet fréquente. Poussée à son paroxysme, cette crainte empêche certaines futures mères d'absorber tout médicament, même le plus anodin et même après avis médical. D'une façon schématique, on peut dire que :

- **le risque maximal** se situe entre le 15e jour et la fin du 3e mois de grossesse ;

- dans les 15 premiers jours, l'agent nocif extérieur reste sans effet ou provoque l'arrêt de développement de l'œuf ;
- après les 3e et 4e mois, les malformations deviennent beaucoup plus rares.

Les médicaments

Il ne saurait être question de passer en revue les centaines de médicaments vendus sous une forme ou sous une autre, mais quelques grands principes doivent cependant être connus ou respectés pour éviter tout souci.

- **Pas d'automédication**, surtout en début et en fin de grossesse. Ouvrir sa pharmacie et choisir un médicament en fonction des maux dont on souffre est peut-être facile mais peut ne pas être dénué de conséquences. Attention aux soins à base de plantes qui paraissent anodins mais qui peuvent avoir des effets indésirables réels.
- D'une façon générale, et surtout dans les premiers mois de la grossesse, **tout médicament qui n'est pas indiqué est contre-indiqué**. C'est le médecin qui vous prescrira les médicaments dont vous avez besoin. D'ailleurs, lorsque vous lisez la notice contenue dans les boîtes de vos médicaments, vous constatez le plus souvent qu'il est précisé : « Médicaments contre-indiqués pendant la grossesse ou l'allaitement ». Ceci ne veut pas dire pour autant que prendre ce médicament entraîne un risque particulier pour votre enfant. C'est seulement une précaution que prennent les laboratoires pour dégager leurs responsabilités en cas de problèmes.
- Cela étant, certains médicaments d'usage courant, prescrits depuis de très nombreuses années et dont l'innocuité est prouvée, peuvent être utilisés sans risque pour soulager les petits maux. Par exemple le Donormyl®, le Primpéran® pour les nausées, le Doliprane® pour les courbatures et autres petits malaises passagers tels que la rhinopharyngite, le Spasfon® en cas de douleurs abdominales.
- Par contre, les anti-inflammatoires non stéroïdiens (AINS), type Ibuprofène, sont déconseillés au cours des 1er et 2e trimestres de grossesse et interdits au-delà du 6e mois (note de l'Agence Nationale de Sécurité du Médicament, ANSM, en 2017). Quant aux antidépresseurs, il existe des différences selon les classes. Il convient d'en discuter avec votre médecin pour trouver le plus adapté à votre grossesse.

Les médicaments prescrits AVANT la grossesse

Cette situation peut se rencontrer en raison d'une maladie chronique et, en général, elle a été réglée par le médecin avant la grossesse lors d'une consultation avant la conception (p. 7-8). Voici quelques exemples :

- les maladies neurologiques ou psychiatriques : les antiépileptiques, le lithium, les antidépresseurs, les anxiolytiques, les neuroleptiques, doivent obligatoirement être l'objet d'une prescription médicale qui tiendra compte des risques et bénéfices ;
- l'hypertension artérielle : certains médicaments comportent des risques sérieux bien connus des médecins ; heureusement le choix est grand parmi les antihypertenseurs sans risque ;

À noter

Il est conseillé d'être particulièrement vigilante sur l'**automédication** pendant la grossesse car, en France, une étude montre que les femmes enceintes consomment en moyenne plus de médicaments que dans d'autres pays.

Le Crat

Si vous avez un doute ou une inquiétude à propos d'un **médicament**, d'une **vaccination**, vous pouvez consulter le site Internet du Crat (Centre de référence sur les agents tératogènes) : www.lecrat.fr.

Ce site est accessible à tous mais destiné aux professionnels de santé. C'est pourquoi en cas de difficulté de compréhension de l'information donnée, il faut vous adresser à votre médecin qui pourra, si nécessaire, contacter le Crat.

- le diabète est l'exemple type d'une maladie chronique à risque malformatif s'il est mal équilibré, surtout au premier trimestre ; d'où l'intérêt d'une consultation avant la conception afin de choisir le traitement le mieux adapté aux objectifs d'un bon équilibre de la glycémie (l'insuline sous-cutanée répond à cet objectif) ;
- les maladies de la thyroïde : les médicaments doivent être poursuivis et leur posologie mensuellement adaptée aux contrôles des hormones thyroïdiennes ;
- la pilule, souvent prise par erreur alors que la grossesse a débuté, ne comporte pas de risque.

Peu de médicaments sont susceptibles d'entraîner un risque de malformation qui justifierait une interruption médicale de la grossesse, mis à part ceux à base d'isotrétinoïne (comme Curacné®, Procuta®, Contracné®, Roaccutane®), qui sont des médicaments à visée dermatologique ; et les médicaments contenant de l'acide valproïque (comme Dépakine®), utilisés en cas d'épilepsie et de certains troubles neurologiques.

Des lectrices nous ont interrogés sur les médicaments pris par leur conjoint. Le risque est nul pour les médicaments pris après le début de la grossesse. Pour des traitements suivis avant cette date, la plupart des médicaments sont sans effets néfastes.

À savoir

L'Agence de sécurité du médicament (ANSM) a interdit le valproate à toutes les femmes en âge de procréer, avec une exception pour celles souffrant d'épilepsie. Compte tenu des risques de l'acide valproïque en cours de grossesse, tout sera envisagé pour instaurer un autre anticonvulsivant chez la femme enceinte.

Acheter des médicaments sur Internet ?

Seuls les médicaments sans prescription médicale peuvent être achetés sur internet. Il est recommandé de vérifier que le site de la pharmacie en ligne est autorisé par l'ARS (Agence régionale de santé). Acheter sur des sites non autorisés est risqué car des médicaments falsifiés ou à composition non contrôlée peuvent être proposés.

Médicaments et forums en ligne

Une équipe française (Palosse-Cantaloube et coll., 2014) a étudié la qualité de l'information médicale donnée par quelques forums concernant les médicaments pendant la grossesse. Seulement un quart des questions posées renvoyait à un avis médical et un tiers des médicaments conseillés étaient classés à risque selon l'échelle de la FDA (*Food and Drug Admninistration*). Au total, 20 % des réponses apportées aux femmes enceintes étaient inexactes en regard des données et 12 % étaient considérées à risque. Nous vous conseillons donc la prudence.

Peut-on se faire vacciner pendant la grossesse ?

Certains vaccins ne sont pas recommandés, notamment le ROR (Rougeole-Oreillons-Rubéole), la varicelle, la fièvre jaune, le BCG. Mais d'autres sont possibles voire souhaitables comme le **vaccin antigrippal :** celui-ci protège la future mère d'une grippe grave et le bébé pendant les 6 premiers mois. Le vaccin contre la **Covid-19** est également recommandé. Si d'autres vaccinations s'avéraient indiquées (diphtérie, hépatite B, tétanos, etc.), votre médecin sera là pour vous conseiller. Il tiendra compte des risques et bénéfices de la vaccination envisagée.

Le vaccin contre la coqueluche. La coqueluche est une maladie très contagieuse et souvent grave pour les nourrissons du fait des complications respiratoires qu'elle entraîne. Les bébés sont en général vaccinés vers le 2e mois. Ils peuvent néanmoins contracter la maladie auprès d'adultes ou d'adolescents avant d'être vaccinés. Il est maintenant recommandé à la maman de se faire vacciner pendant la grossesse (entre 20 et 36 semaines), ce qui permet de transmettre au bébé des anticorps qui vont le protéger les premiers mois de vie. La stratégie du cocooning (c'est-à-dire la vaccination de l'entourage) n'est proposée que si la vaccination de la femme enceinte n'a pu être faite.

Radiographies et irradiation

La plupart des examens émettent une quantité de rayons X inférieure aux seuils à risque.
Lorsqu'une radio est nécessaire – par exemple à la suite d'un accident de la circulation, ou pour une radio du thorax, ou même pour chercher un calcul dans les voies urinaires –, des précautions seront prises par principe (port d'un tablier de plomb par la future maman) pour limiter l'irradiation du bébé. L'examen ne sera fait que s'il est indispensable.
En fin de grossesse, une radiopelvimétrie par scanner peut être demandée pour apprécier si nécessaire les dimensions du bassin.
Cet examen ne comporte pas de danger pour l'enfant.
Enfin, l'IRM (Imagerie par résonance magnétique) est sans irradiation et ne comporte donc pas de risque.
Exposition professionnelle aux rayonnements. Il existe des dispositions réglementaires qui concernent aussi bien les professions de certaines branches de l'industrie que le corps médical ou le personnel des services d'imagerie médicale. Toute femme enceinte doit informer l'employeur et le médecin du travail, ce qui aboutit le plus souvent à un changement de poste.

À savoir

Dans un service d'imagerie médicale, lorsqu'une femme en âge d'attendre un enfant va être soumise à un rayonnement à des fins médicales, le médecin demandeur puis le radiologue doivent antérieurement rechercher si la femme n'est pas enceinte. S'il se peut que vous soyez enceinte, il faut en informer le médecin ou le manipulateur avant votre radiographie.

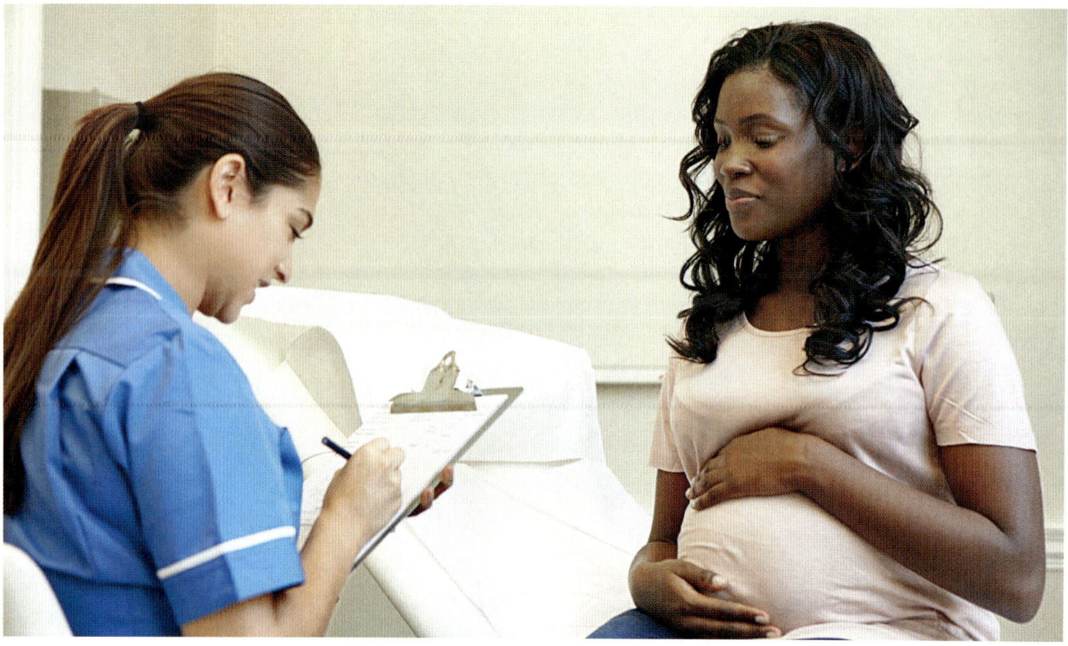

Notre bébé naîtra-t-il en bonne santé ?

Parmi les questions que vous vous posez, c'est certainement celle qui vous tient le plus à cœur. Nous pourrions vous répondre que le pourcentage d'enfants présentant une anomalie de développement ne dépasse pas 3 %. Nous pourrions vous dire aussi que la nature fait elle-même sa sélection. La moitié des avortements précoces, ceux qui surviennent au cours du premier trimestre de la grossesse, sont en rapport avec une anomalie des chromosomes. Cela signifie que la plupart des œufs mal formés sont rapidement éliminés. Nous pourrions ajouter que les progrès de la surveillance médicale de la grossesse ont permis de dépister et de soigner chez la future mère des troubles qui auraient pu avoir une incidence sur le développement du bébé. Mais sans doute attendez-vous autre chose de ce chapitre. Vous voulez être informés de tout ce qui peut causer un problème et vous voulez savoir ce que de futurs parents doivent faire pour mettre toutes les chances de leur côté. Nous allons essayer de répondre à vos interrogations. Nous disons « essayer », car bien des points restent encore obscurs dans ce domaine.

Quelles anomalies recherche-t-on ?

Pourquoi certains enfants naissent-ils « différents », porteurs d'un handicap physique ou intellectuel ? Les médecins sont encore dans de nombreux cas incapables de trouver une explication. Lorsqu'il y en a une, différentes causes sont possibles : une anomalie chromosomique, une anomalie génique, une infection, une agression chimique pendant la grossesse ou l'accouchement. Dans les deux premiers cas, l'enfant a souffert de son hérédité, dans les autres, il a souffert d'un environnement défavorable.

L'hérédité

Dans ce cas, l'embryon présente une anomalie qui porte sur les chromosomes ou sur les gènes.

Les anomalies portant sur les chromosomes

Ces anomalies, ou aberrations chromosomiques, peuvent porter sur le nombre ou la structure des chromosomes.

- **Sur le nombre.** Il peut y avoir, par exemple, un chromosome de plus ; c'est le cas de la trisomie 21, plus fréquente à mesure que l'âge de la femme augmente, et qui est essentiellement recherchée lors du diagnostic prénatal (p. 213 et suiv).
- **Sur la structure.** Les chromosomes sont relativement fragiles et, notamment lors de leur constitution (maturation des ovules ou des spermatozoïdes), ils peuvent se casser en un ou plusieurs fragments. Selon les cas, ces fragments vont se recoller sur place, ou se recoller sur un autre chromosome, ou même « se perdre » avec des conséquences variables selon l'importance de la « déstructuration ». Si elle est importante, cela peut aller de la fausse couche précoce (embryon anormal ou œuf clair, p. 231) à la malformation sévère de l'enfant que l'on dépistera lors des échographies.

Le caryotype est la carte d'identité des chromosomes. Pour l'établir, on recueille quelques cellules (habituellement en prélevant quelques gouttes de sang) et on peut voir les chromosomes au microscope. On s'est mis d'accord pour classer les chromosomes (par paires et par taille décroissante), en leur donnant des numéros. Sur cette carte d'identité apparaîtront d'éventuelles anomalies susceptibles d'être transmises aux descendants.

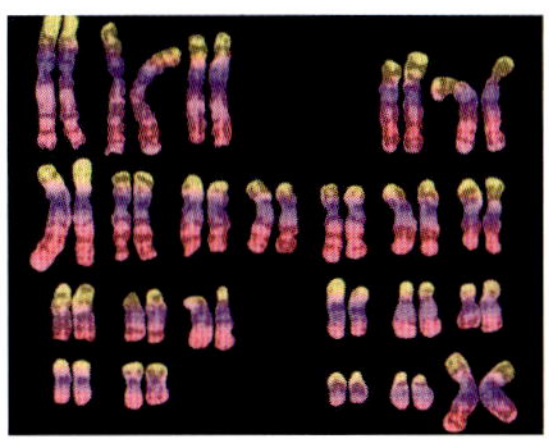

Les anomalies géniques

Ici, l'anomalie est plus localisée que dans le cas précédent puisqu'elle ne concerne qu'un gène, c'est-à-dire une partie de chromosome. Le risque est plus ou moins grand pour la descendance selon que le gène défaillant est **dominant ou récessif**, et selon qu'il est situé sur un chromosome autosome (non sexuel) ou sur un chromosome sexuel. En cas de gène récessif, un sujet peut être porteur du gène sans être malade. Mais il peut par contre le transmettre à sa descendance : on dit qu'il est « conducteur » du gène ou « porteur sain ». L'anomalie peut également être « *de novo* », c'est-à-dire apparaître lors de la formation du bébé alors que les parents n'en sont pas porteurs.

Autres influences

Au cours de la grossesse, l'œuf peut souffrir d'une atteinte qui peut être infectieuse, chimique ou physique. Nous avons évoqué plus haut dans ce chapitre, ainsi que dans le chapitre 7, les facteurs pouvant perturber le développement normal de l'œuf et produire des malformations.

Les maladies infectieuses

C'est le cas de certaines **maladies virales maternelles** comme la rubéole, le cytomégalovirus, ou **parasitaires** comme la toxoplasmose. Presque toutes les maladies infectieuses ont d'ailleurs été mises en cause mais, pour beaucoup d'entre elles, on ne possède aucune preuve de leur pouvoir néfaste. Selon la période d'atteinte de l'œuf, **les conséquences seront différentes** : au cours des trois premiers mois, période de formation de l'œuf, le risque est celui d'une malformation (plus ou moins grave selon l'organe qu'elle affecte), plus tard, celui d'une maladie qui se révélera à la naissance (maladie congénitale), mais le risque de malformations aura disparu, en général lorsque l'embryogénèse est terminée vers 22 semaines d'aménorrhée.

Le risque chimique

Le risque chimique peut être dû à une prise de médicament contre-indiqué pendant la grossesse. Il convient de rappeler que l'automédication est à éviter lorsque l'on attend un enfant.
L'environnement chimique pourrait affecter les femmes enceintes et avoir des effets à long terme sur le développement des enfants. Les **perturbateurs endocriniens**, comme les phtalates, le bisphénol A ou certains pesticides, ont des effets sur le développement de l'appareil génital et les fonctions hormonales de certaines glandes. On leur attribue aussi une responsabilité dans la baisse de la fertilité masculine observée dans les pays développés. La pollution atmosphérique pourrait impacter la croissance fœtale.
La Fédération internationale de gynécologie obstétrique a proposé des recommandations pour réduire l'exposition des femmes enceintes : demande d'actions des gouvernements pour réduire l'exposition chimique, amélioration de l'alimentation ou intégration des questions environnementales dans les soins de santé, etc. Dans l'Union européenne, l'utilisation du bisphénol A dans la fabrication des biberons est maintenant interdite. Cependant, il s'agit là d'actions à large échelle. Individuellement, des petits gestes du quotidien peuvent réduire l'exposition (p. 32 et suiv.) : choisir une alimentation diversifiée et des produits frais non transformés, éviter l'utilisation d'ustensiles avec du téflon, aérer régulièrement le domicile, limiter l'utilisation de cosmétiques ou éviter les travaux de bricolage pendant la grossesse, etc.

> **À noter**
>
> Pour en savoir plus et vous protéger des perturbateurs endocriniens, consultez ce site :
> www.reseau-environnement-sante.fr/wp-content/uploads/2016/01/Brochure_PE_RES_2012.pdf

Le manque d'oxygène (anoxie)

Pendant l'accouchement, l'enfant peut souffrir d'un manque d'oxygène provoqué par exemple : par une procidence du cordon ombilical (le cordon se glisse entre la tête du bébé et le col), des contractions utérines trop intenses et trop rapprochées, un hématome rétro-placentaire, ou un cordon comprimé, etc. Ces facteurs peuvent être dépistés en surveillant l'activité cardiaque du bébé (monitoring). Mais une atteinte de l'enfant pendant l'accouchement n'est pas forcément responsable de la plupart des handicaps cérébraux comme on a eu tendance à le dire jusqu'à récemment. On admet aujourd'hui qu'environ 10 % seulement des souffrances cérébrales de l'enfant sont liées aux conditions de l'accouchement.

Quelle est la possibilité d'avoir un enfant porteur d'une anomalie ?

Quels que soient les progrès de la médecine, la peur d'avoir un enfant atteint d'un handicap physique ou moteur reste présente à l'esprit des parents. Ceux-ci sont en général rassurés par les échographies. Quant à la découverte d'une anomalie grave à la naissance, elle reste exceptionnelle aujourd'hui du fait du diagnostic prénatal. En effet, environ 95 % des grossesses qui évoluent favorablement au-delà du troisième mois aboutiront à la naissance d'un enfant en bonne santé. Voyons comment les choses peuvent se présenter.

Le risque est connu avant la grossesse

Il existe des situations qui évoquent un risque particulier et conduisent à mettre en œuvre un certain nombre d'examens complémentaires pendant la grossesse. Par exemple :

- **l'existence d'une maladie héréditaire**. Que ce soit dans votre famille ou dans celle de votre conjoint, l'existence d'une maladie héréditaire augmente les risques d'anomalies de développement. Une consultation de génétique permettra d'évaluer ce risque (p. 215) ;
- **les antécédents**. Il y a une augmentation du risque lorsque certains événements se sont produits lors d'une grossesse précédente : la naissance d'un enfant porteur d'une anomalie ; une interruption médicale de grossesse (IMG) ;
- **l'âge des parents**. L'âge de la **mère** intervient sur la qualité de ses ovules, et plus la mère avance en âge, plus le risque d'aberrations chromosomiques augmente (et plus le risque de fausse couche augmente également). En particulier pour la trisomie 21 dont voici la fréquence : 1/1 500 à 20 ans – 1/250 à 38 ans – 1/64 à 42 ans.
  En ce qui concerne le **père**, on sait que l'âge peut intervenir sur la qualité des spermatozoïdes. Des études récentes montrent en effet une très légère augmentation du nombre de malformations fœtales avec l'âge paternel. D'ailleurs, les banques de sperme (Cecos) ont tendance à refuser les dons de sperme des hommes de plus de 45 ans ;
- **Les mariages consanguins**. Ce sont les mariages dans lesquels les partenaires ont un ancêtre commun. Ces unions sont devenues rares aujourd'hui. La consanguinité ne crée pas l'anomalie, mais elle augmente les risques pour un enfant de voir apparaître cette anomalie jusque-là cachée parce que récessive. C'est le cas d'un enfant dont les parents sont tous les deux porteurs d'un gène récessif. Si l'enfant hérite le gène récessif de ses deux parents, il sera atteint de la maladie considérée.

Dans tous ces cas (existence d'une maladie héréditaire, antécédents, etc.), il sera fait appel à la consultation de génétique (p. 215).

Une anomalie est découverte pendant la grossesse

Tout d'abord, il peut s'agir non pas d'une anomalie, mais seulement d'un risque d'anomalie évoqué par le résultat des marqueurs sériques de la trisomie 21, et par la mesure de la clarté nucale effectuée lors de la première échographie.

Bilans de contrôle

Selon le terme de la grossesse, on conseillera à la future mère de faire pratiquer un DPNI ou encore une biopsie du trophoblaste ou une amniocentèse (p. 213 et suiv.).
La découverte d'une anomalie morphologique au cours des échographies est toujours délicate à identifier par le médecin et cela est donc très angoissant pour les parents. Le médecin ne peut pas donner, sur-le-champ, un diagnostic. Il prendra le temps d'expliquer aux parents ce qu'il constate et il leur proposera un second rendez-vous pour réaliser un examen de contrôle, si besoin auprès d'un centre échographique spécialisé, faisant office de référent échographique.
Si les échographies de contrôle confirment l'anomalie, le médecin, ou l'échographiste, adressera la mère à l'équipe du Centre pluridisciplinaire du diagnostic prénatal (CPDPN) qui se trouve en général dans un centre hospitalier universitaire.

L'équipe du CPDPN

Les CPDPN sont très règlementés par l'Agence de la biomédecine.
L'équipe du CPDPN est constituée de gynécologues-obstétriciens, pédiatres néonatologues, échographistes, généticiens cliniciens et biologistes, psychiatres ou psychologues, ainsi que de spécialistes des pathologies suspectées (cardiopédiatres, chirurgiens pédiatres, neuropédiatres, pédiatres de soins palliatifs). Si nécessaire, il sera fait appel à des hyperspécialistes pour des consultations supplémentaires (par exemple neurochirurgiens, chirurgiens maxillo-facial, neuroradiologues). Ces différentes personnes donneront des avis ou des conseils en matière de diagnostics (amniocentèse, IRM), de thérapeutiques possibles à la naissance, et de pronostics. Les différentes informations recueillies seront partagées en équipe, ainsi qu'avec le responsable du CPDPN et le gynécologue-obstétricien de la mère ; ce dernier reste le référent, c'est-à-dire l'interlocuteur permanent et privilégié. Grâce à ce lien, les parents ne se sentent pas abandonnés, culpabilisés ou dévalorisés, comme cela arrive fréquemment en de pareilles circonstances.
Quand les anomalies suspectées ne sont pas confirmées, la grossesse se poursuit normalement.
Malheureusement, l'anomalie suspectée peut parfois être confirmée. Mais il faut dire que cette situation est très rare, à peine 0,8 % des grossesses selon les spécialistes. L'angoissante décision soit d'une interruption médicale de grossesse soit de la poursuite de la grossesse va alors se poser (p. 216 et suiv.).

Le diagnostic prénatal

Comme nous venons de le voir, le but du diagnostic prénatal est de dépister une anomalie, ou d'évaluer un risque, chez l'enfant à naître. La pratique du diagnostic prénatal s'est beaucoup développée ces dernières années, notamment grâce aux marqueurs sériques, à la mesure de la clarté nucale et, récemment, par le DPNI (ci-dessous). Le diagnostic prénatal fait désormais partie des bonnes pratiques incontournables du suivi d'une grossesse.

Un cadre juridique

Le diagnostic prénatal, notamment de la trisomie 21, qui s'effectue au premier trimestre de la grossesse, est l'objet d'une réglementation très stricte : le Code de santé publique encadre sa pratique et précise les conditions de sa réalisation (p. 439).

Les examens pratiqués

L'échographie et la clarté nucale

L'échographie est la première démarche du diagnostic prénatal. La clarté nucale est mesurée lors de la première échographie (p. 136-137 et p. 199-200). Sa mesure est codifiée et l'échographiste doit répondre à des critères de qualité précis garantissant la fiabilité de sa mesure.

Les marqueurs sériques

Les marqueurs sont des protéines produites par le placenta et dosées dans le sang de la future mère au premier trimestre de la grossesse, entre 11 et 14 semaines d'aménorrhée (SA), au moment de la première échographie. Un dosage entre 14 et 17 SA + 6 jours est possible lorsque celui du 1er trimestre n'a pu être fait.

À noter

Aucun de ces examens n'est obligatoire. En ce qui concerne l'échographie et les marqueurs sériques, la future mère doit être informée clairement du but de l'examen et, si elle souhaite en bénéficier, elle doit donner son consentement par écrit.

Évaluation du risque

En combinant avec l'aide d'un logiciel tous ces éléments (âge maternel, âge gestationnel, échographie, clarté nucale, marqueurs sériques), il est possible d'évaluer le risque de trisomie 21 pour la grossesse ; en cas de risque modéré, un DPNI (ci-dessous) sera proposé ; en cas de risque élevé, un caryotype du fœtus pourra être réalisé soit par une biopsie du trophoblaste, soit par une amniocentèse. En cas d'anomalie, le couple pourra prendre dès le premier trimestre la décision qui lui convient sur la poursuite de la grossesse ou non et, dans ce cas, le dossier sera transmis au CPDPN. Pour le cas où la maman n'aurait pas bénéficié de ce dépistage prénatal (**risque combiné**), il lui sera proposé un calcul du risque séquentiel. L'évaluation du risque sera basée sur la mesure de la nuque au premier trimestre associée au dosage des marqueurs sériques du deuxième trimestre. Enfin, si aucune méthode n'a pu être proposée, un DPNI pourra être fait.

Le diagnostic prénatal non invasif (DPNI)

Il est désormais possible, à partir d'une prise de sang chez la mère, de déterminer si le fœtus est porteur d'une anomalie chromosomique. De nouveaux tests permettent en effet d'analyser l'ADN fœtal circulant dans le sang maternel. Ces techniques permettent aujourd'hui d'améliorer la fiabilité et la précision du dépistage de la trisomie 21 – le taux de détection est de 99,2 % – et ont comme conséquence de diminuer le recours aux amniocentèses, ce qui est un grand progrès.

Plusieurs critères sont exigés pour utiliser ces tests : la femme enceinte qui n'a pas bénéficié du dépistage par les marqueurs sériques ; ou celle dont les marqueurs sériques ne sont pas fiables (grossesse gémellaire notamment) ; ou celle considérée comme « à risque » après le dépistage combiné ; ou encore en cas d'antécédent de trisomie (13, 18 ou 21) lors d'une précédente grossesse.
Si le DPNI fait suspecter une trisomie 21, une amniocentèse sera proposée avant de prendre éventuellement la décision d'une interruption médicale de grossesse.

Les recherches particulières

L'amniocentèse

Elle se fait généralement entre la 15e et la 18e semaine d'aménorrhée ; avant, il n'y a pas suffisamment de liquide amniotique pour un examen convenable et les risques de complications sont un peu plus importants. Elle peut par contre être réalisée plus tardivement, par exemple après la deuxième échographie. Lorsque cet examen est proposé à la future mère, elle est libre de l'accepter ou de le refuser.
L'amniocentèse consiste à prélever une petite quantité de liquide amniotique dans lequel baigne l'enfant, par une piqûre faite à travers la paroi abdominale maternelle. Pour guider l'aiguille, ce prélèvement se fait sous contrôle échographique ; il ne dure que quelques minutes, n'est pas plus douloureux qu'une prise de sang et ne nécessite pas d'anesthésie. De plus en plus d'équipes utilisent des techniques de relaxation ou d'hypnose pour faciliter le bien-être maternel lors du geste.
Le liquide recueilli est confié à un laboratoire spécialisé en génétique et les cellules fœtales contenues dans le liquide sont prélevées et mises en culture pour établir le caryotype, cette sorte de carte d'identité des chromosomes dont nous avons parlé plus haut.
L'amniocentèse va ainsi permettre le diagnostic des anomalies chromosomiques souvent associées à des malformations découvertes à l'échographie, et notamment la plus fréquente : la trisomie 21. D'autres anomalies chromosomiques peuvent être révélées mais elles ne s'accompagnent pas forcément d'un handicap.
La réalisation de l'amniocentèse comporte un risque de fausse couche de 1 %. Le risque est maximum dans les 15 jours qui suivent la ponction. La fausse couche peut se manifester par des douleurs, des saignements ou un écoulement de liquide. Devant ces signes, il faut bien sûr consulter très rapidement le médecin qui a réalisé l'amniocentèse.
Les résultats de cet examen vous seront communiqués par votre médecin. La réalisation d'une amniocentèse – comme la réalisation d'une biopsie du trophoblaste – est encadrée par la loi. La femme doit être informée sur la pathologie recherchée et sur les conséquences des actes effectués. Après cette information, elle doit donner, par écrit, son accord à la réalisation de l'examen.

L'amniocentèse en pratique

Présentez-vous le jour du prélèvement avec :

- votre carte de groupe sanguin (si vous êtes rhésus négatif, on vous fera une injection de gammaglobulines antirhésus) ;
- les résultats des examens de sang du VIH et des hépatites B et C ;
- vos différentes échographies.

Il est inutile d'être à jeun.

Après l'amniocentèse

La période qui suit le prélèvement est un moment difficile. La future maman est à la fois inquiète du résultat de l'examen et du risque de fausse couche. Elle se sent comme entre parenthèses : bien que sa grossesse se voie et que son bébé bouge, elle n'ose se laisser aller à penser à l'avenir.

La biopsie du trophoblaste (ou choriocentèse)

Cette méthode est possible dès la 11e-12e semaine d'aménorrhée (donc plus tôt que l'amniocentèse). On peut ainsi, s'il est nécessaire, interrompre la grossesse plus précocement.
La technique est très proche de celle de l'amniocentèse. Avec un fin cathéter rigide, passant à travers la paroi abdominale, sous contrôle échographique, on fait un prélèvement au niveau du trophoblaste (nom du placenta pendant les trois premiers mois de la grossesse).
La biopsie du trophoblaste a des indications communes avec l'amniocentèse. Elle se fait également sans anesthésie bien que le geste soit plus désagréable que lors d'une amniocentèse, en raison des mouvements de l'aiguille pratiqués pour recueillir suffisamment de cellules du trophoblaste.

La consultation de génétique

Les généticiens sont des médecins spécialistes des affections transmises par les chromosomes et les gènes, affections qui peuvent toucher les enfants à naître. Ils sont accompagnés dans leur travail par des conseillers en génétique qui ne sont pas médecins. Ces conseillers assistent les généticiens et complètent les explications auprès des patients en vulgarisant, si nécessaire, le propos scientifique. Il y a des consultations de génétique dans les grands centres hospitaliers publics.

À qui la consultation de génétique est-elle utile ?

- Tout d'abord aux cas que nous venons d'évoquer (antécédents dans la famille, antécédents d'enfant porteur d'une anomalie, âge des parents, etc.).
- Aux femmes qui ont déjà eu plusieurs avortements spontanés successifs (au moins trois). En effet, si la plupart de ces fausses couches sont accidentelles, quelques-unes peuvent se reproduire.
- Aux sujets porteurs d'une maladie ou malformation qui souhaitent savoir s'ils risquent de transmettre l'anomalie à leurs enfants.
- Aux candidats à un mariage consanguin.

Que va faire le généticien ? Il va réunir le maximum d'informations sur les parents, établir éventuellement un arbre généalogique ; et le plus souvent, il proposera des examens aux parents (p. 209) pour repérer d'éventuelles anomalies susceptibles d'être transmises aux descendants. Ce médecin tiendra compte également du caractère héréditaire ou non de la maladie que l'on redoute ; de son caractère dominant ou récessif ; de sa transmission par les chromosomes ordinaires, ou par les chromosomes sexuels. Muni de ces renseignements, le généticien tentera de vous éclairer. Nous disons qu'il « tentera », car la consultation de génétique a malheureusement ses limites.
La consultation de génétique peut permettre d'anticiper la prise en charge d'une grossesse ou d'accompagner des situations particulières en cours de grossesse. La génétique est une discipline en constante évolution en raison des nouvelles techniques d'exploration du génome et des découvertes régulières de nouvelles pathologies.

Maladies rares

Il existe un centre d'écoute, d'information et d'orientation sur les maladies rares (appelées également maladies orphelines) : 08 00 40 40 43

www.maladiesraresinfo.org

L'interruption médicale de grossesse (IMG)

Lorsque l'enfant à naître est atteint « d'une infection grave, reconnue comme incurable au moment du diagnostic », comme le précisent les textes de loi, il est possible d'envisager une interruption médicale de grossesse.
La peur d'une malformation de l'enfant traverse l'esprit de toute femme enceinte. Mais cette éventualité est peu à peu refoulée, oubliée au fil des semaines. Les parents sentent leur attachement s'approfondir, ils se laissent aller à des projets et des rêves autour de leur bébé.
L'annonce du résultat du diagnostic prénatal est un véritable choc, un cauchemar qui devient réalité. « Nous sommes assommés », nous a écrit une lectrice. Les parents se trouvent confrontés à l'angoissante difficulté du choix : demander l'interruption médicale de grossesse, ou laisser la grossesse se poursuivre jusqu'à son terme, avec les difficultés évoquées chez l'enfant à naître. « Que faire ? Et si les médecins se trompaient ? Avons-nous le droit de prendre une telle décision ? Mais quelle que soit la décision, il faudra vivre avec. »
Une IMG n'est jamais réalisée dans l'urgence mais après un temps suffisant qui permet aux parents de réfléchir, d'exprimer ce qu'ils ressentent. Les équipes respectent le temps des parents, celui de la colère, de l'injustice, de l'angoisse, de la honte, de la culpabilité. Des discussions avec l'équipe de la maternité, des contacts avec des associations de parents ayant été confrontés au diagnostic prénatal, l'écoute attentive d'un psychologue soutiennent et aident les parents dans leur réflexion.
Dans ce moment si difficile, la femme est prise en charge, accompagnée par l'équipe de la maternité où aura lieu « l'accouchement ». Il faut employer ce mot, car techniquement il s'agit bien d'un accouchement dont la particularité est d'être provoqué et prématuré. Quelques jours avant, on donne des comprimés pour préparer l'utérus à mieux répondre aux perfusions qui vont déclencher les contractions. Une consultation a lieu avec le médecin anesthésiste qui pratiquera la péridurale. En effet, dans ce contexte, la prise en charge de la douleur est capitale car à la douleur physique liée aux contractions vient s'ajouter une douleur morale.
Au moment de l'accouchement, en général plus long qu'à terme, des produits pourront être injectés au bébé afin qu'il ne souffre pas. Certains parents souhaitent voir leur bébé, d'autres ne s'en sentent pas capables. L'équipe respecte toujours leur volonté.
À partir du moment où le sexe de l'enfant peut être identifié (en général au-delà de la 15e semaine d'aménorrhée), l'enfant peut, sur la demande des parents, être enregistré à l'état civil.
Selon leurs croyances religieuses, leur culture ou leurs habitudes familiales, les parents peuvent trouver dans les rites funéraires une façon d'offrir un dernier hommage à leur enfant et, pour eux-mêmes, un certain réconfort.

Un cadre juridique

La réalisation d'une interruption médicale de grossesse est encadrée par la loi (p. 440).

Certains parents, après avoir appris que leur bébé est atteint d'une maladie incurable, ne souhaitent pas recourir à une IMG. Ils décident de **laisser la grossesse se poursuivre** et d'accompagner leur bébé durant les heures, les jours ou les semaines qui suivront le diagnostic des médecins. Les équipes sont aujourd'hui formées pour soutenir les parents dans leur décision et assurer le suivi de la grossesse.

L'intérêt d'une autopsie sera discuté avec les parents et celle-ci ne pourra être faite qu'avec leur accord. Dans toutes ces démarches, les parents sont entourés, conseillés, soutenus par l'équipe médicale qui met un point d'honneur à « bien faire », surtout dans ces circonstances.
Le séjour en maternité sera de courte durée. En général, la femme est installée dans le service de gynécologie, loin des mères et des enfants. Lorsque les parents sortent de la maternité, ils se sentent seuls, d'autant plus qu'ils n'ont en général pas parlé autour d'eux de l'IMG. Un **accompagnement de la mère, des parents,** est indispensable dans cette situation ; et si celui-ci n'est pas demandé au cours de ces jours dramatiques, les parents doivent savoir que l'équipe psychologique affectée à cette mission peut les recevoir bien après.
Une visite postnatale est importante pour la femme mais également pour le médecin. Elle a lieu environ un mois et demi après l'accouchement. Elle va permettre de faire le point, de prendre connaissance des examens pratiqués sur l'enfant et d'essayer de voir plus clair dans un moment si sombre.
De nombreux lecteurs nous ont encouragés à développer ce sujet douloureux de l'interruption médicale de grossesse. Nous les remercions de nous avoir fait part de leurs témoignages si personnels.

À noter

Sur le sujet de l'IMG et du **deuil périnatal**, voyez également *La perte du bébé qu'on attendait*, p. 262 et suiv.

Science et conscience

Le diagnostic prénatal fait partie de la surveillance normale de la grossesse mais, nous en avons parlé, il n'est pas obligatoire. En donnant des informations sur la normalité de l'enfant, il peut rassurer les parents. Il permet aussi aux couples ayant un risque génétique d'espérer avoir un enfant en bonne santé : sans la possibilité de faire un diagnostic, certains couples ne se seraient peut-être jamais autorisés à avoir un enfant. Enfin, lorsque la malformation dont souffre le bébé à naître peut être soignée (comme une fente labiopalatine ou une hernie du diaphragme), le diagnostic fait avant la naissance permet d'organiser une prise en charge précoce et adaptée.
Mais, dans certains cas, le diagnostic prénatal amène à se poser des questions difficiles. Envisager une interruption de la grossesse peut heurter les convictions éthiques ou religieuses du couple. Les progrès de la science croisent souvent la conscience. En plus, la question de cette interruption se pose en général à un stade avancé de la grossesse, ce qui la rend d'autant plus difficile à envisager et à vivre.
Quant aux médecins, ils se trouvent confrontés aux limites d'une médecine qui ne sait pas soigner les anomalies qu'elle découvre, et qui n'a que l'élimination du malade à proposer. Comme le dit le Pr Jean-François Mattei : « Il faut bien mesurer tous les enjeux du diagnostic prénatal pour tenter d'assumer cette technique en conscience, en respectant tout à la fois le libre choix de chacun, mais aussi l'idée que l'homme se fait de lui-même et de la société qu'il veut construire. »

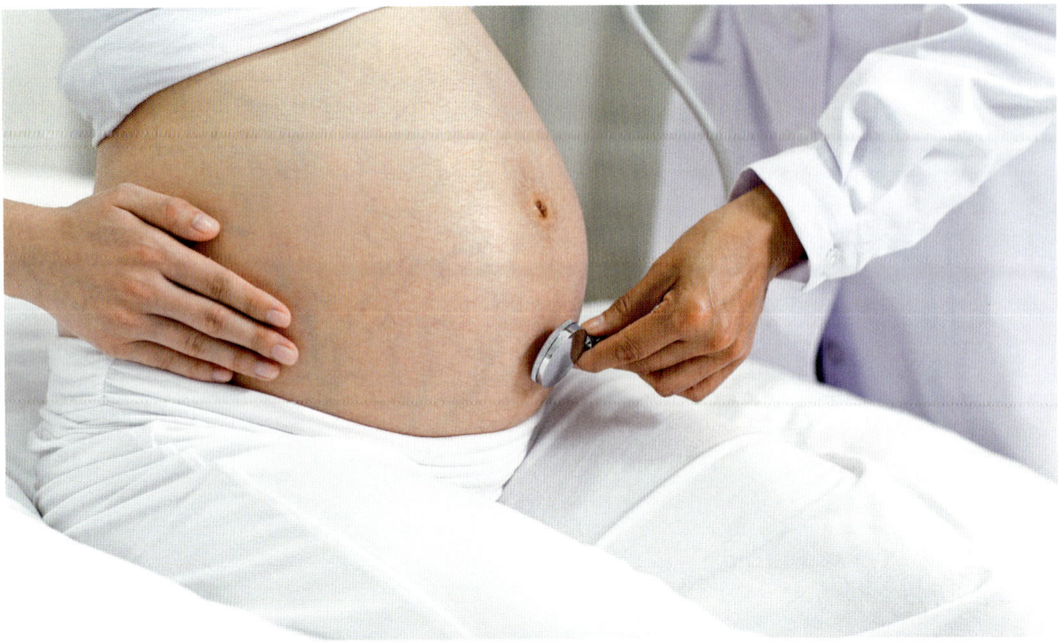

Les grossesses dites « à risque »

Si votre grossesse était appelée ainsi – on parle aussi de grossesse pathologique –, l'expression ne devrait pas vous inquiéter. Elle signifie que les médecins ont considéré que vous deviez bénéficier d'une **surveillance particulière** au cours de la grossesse ou de l'accouchement : soit à cause de vos antécédents médicaux ou obstétricaux (maladie par exemple) ; soit à cause d'une anomalie ou d'un risque apparu au cours de la grossesse. Cette surveillance sera adaptée au risque considéré et donc légèrement différente de celle qui concerne une grossesse banale, dite à « bas risque » (dont nous parlons en début de chapitre).

Les risques présents avant la grossesse

Des futures mamans ont parfois eu des problèmes de santé qui peuvent avoir une influence sur le déroulement de la grossesse et nécessiter une surveillance spécifique : surveillance renforcée, intervention d'un autre médecin, échographies plus fréquentes. Le déroulement d'une grossesse précédente peut également nécessiter une attention particulière dans la prise en charge de la grossesse suivante.

Les maladies présentes avant d'être enceinte

Il peut s'agir :
- d'hypertension ;

- de diabète de type 1 ou de type 2 ;
- d'obésité ;
- d'épilepsie.

Ou encore :
- de maladies auto-immunes ;
- d'événements thromboemboliques (phlébite ou embolie pulmonaire) ;
- de maladie rénale ou cardiaque, etc.

Les accidents des grossesses antérieures

Il s'agit notamment :
- du retard de croissance intra-utérin ;
- d'un enfant mort-né ou malformé ;
- d'un accouchement prématuré ;
- d'une hypertension artérielle gravidique ;
- d'un diabète gestationnel.

Cela concerne également des accouchements difficiles terminés par une césarienne en urgence ou par des hémorragies de la délivrance (plus fréquentes chez les femmes qui ont eu plusieurs enfants).

À savoir

Seulement 20 % des grossesses sont considérées « à risque ».

La consultation préconceptionnelle

Cette consultation permet à la future mère de discuter avec le médecin de l'importance du risque éventuel sur le déroulement de la grossesse (p. 7-8). Toutes les situations n'ont pas le même retentissement sur la grossesse, certaines sont plus à risque que d'autres. Ce rendez-vous permet aussi de définir les modalités de surveillance, d'adapter un éventuel traitement médicamenteux qui ne serait pas autorisé pendant la grossesse et surtout de vous rassurer. En effet, fort heureusement, une majorité des grossesses dites « à risque » en raison d'un antécédent se déroulent au final sans aucune complication ni pour la maman, ni pour le bébé.

La découverte d'un problème au cours de la grossesse

C'est tout l'enjeu de la surveillance de la grossesse par le médecin ou par la sage-femme. Les examens cliniques, biologiques et les échographies sont destinés à vérifier que tout va bien pour la maman comme pour le bébé.

Ces examens peuvent révéler :
- une hypertension artérielle gravidique ;
- une prééclampsie (hypertension de la grossesse avec des protéines dans les urines) ;
- un diabète gestationnel ;
- un retard de croissance, une menace d'accouchement prématuré, une localisation anormale du placenta, des saignements ;

- ou bien des infections virales ou bactériennes, qui peuvent entraîner une atteinte du bébé, ou encore des malformations.

Vous voyez que les causes qui peuvent faire entrer une grossesse dans le groupe des grossesses « à risque » sont diverses. Les risques peuvent s'associer chez une même femme : par exemple, une femme de 40 ans attendant son premier enfant après des avortements à répétition ou une longue période d'infertilité, peut développer une hypertension artérielle de la grossesse. Enfin, une complication peut survenir inopinément au cours d'une grossesse normale qui doit alors être surveillée plus particulièrement. Mais surtout, rappelez-vous que la grossesse n'est pas une maladie ! La majorité des grossesses se déroulent sans problème. Même lorsqu'un risque est présent, le plus souvent tout se passe bien.

La surveillance particulière

Sur le plan pratique, qu'implique une grossesse dite « à risque » ? Tout d'abord une surveillance médicale plus étroite, avec des examens plus fréquents que dans la moyenne des cas. Si vous êtes suivie par un médecin généraliste ou une sage-femme, ce practicien vous adressera probablement à un gynécologue-obstétricien, ou bien à la maternité où vous avez prévu d'accoucher. Selon les cas, votre médecin généraliste ou votre sage-femme pourra surveiller votre grossesse, en collaboration avec le spécialiste ; en fonction du risque présenté avant la grossesse ou reconnu au cours de celle-ci, le médecin décidera soit d'une hospitalisation, soit d'une surveillance à domicile avec l'aide d'une sage-femme, selon l'organisation du **réseau périnatal** de votre région.

L'hospitalisation

Elle n'est pas exceptionnelle : environ 20 % des femmes enceintes ont eu au moins un séjour, ou plus, à la maternité au cours de leur grossesse. Elle est, dans une grande majorité des cas, généralement courte, quelques jours seulement, et elle peut être suivie d'une surveillance à domicile. Dans les situations les plus problématiques, elle aboutira à une décision de naissance soit par déclenchement, soit par césarienne.

Quelle surveillance ?

Elle sera à la fois clinique : prise régulière de la tension artérielle, du poids, de la diurèse (la quantité d'urine collectée), de la température, des pertes éventuelles (sang ou pertes blanches) ; et elle concernera aussi l'état de la maman : comment sent-elle bouger son bébé ? Comment se sent-elle ? Si la maman éprouve une baisse de moral, elle pourra rencontrer la psychologue de la maternité et s'entretenir avec elle de ce qui ne va pas. La participation à des « groupes de parole » animés par des sages-femmes – en fonction des possibilités locales – sera aussi un moyen de soulager les mères du poids de l'inquiétude. La surveillance peut faire aussi appel à des examens complémentaires en fonction du risque.

Les examens complémentaires

Les examens permettent surtout de mesurer les risques pour le bébé : quelle est sa croissance ? Quelle est sa vitalité ?
Voici en quoi consistent ces examens.

L'échographie du bébé (p. 198 et suiv.)
Elle permet de surveiller sa croissance, son développement, sa mobilité, la quantité de liquide amniotique – qui va de pair avec la croissance ; on peut ainsi établir une évaluation (score de Manning) qui permet de mieux suivre l'état du bébé.

Le doppler
Couplé à l'échographie, il permet de mesurer le flux sanguin dans les vaisseaux. On peut ainsi apprécier si la quantité qui passe dans les artères utérines, les vaisseaux du cordon et les artères cérébrales du fœtus est normale ou insuffisante. On utilise le doppler dans diverses circonstances :

- le plus souvent au cours d'une grossesse à risque quand on soupçonne soit un retard de croissance *in utero*, soit une atteinte fœtale. L'examen permet alors d'en confirmer l'existence et d'en préciser la gravité, donc de prendre une décision thérapeutique : faire naître l'enfant avant terme par exemple ;
- plus rarement, l'examen est fait au cours d'une grossesse normale en apparence mais qui a été précédée d'une ou, *a fortiori*, de plusieurs grossesses anormales. L'examen est pratiqué de façon systématique à partir de la 22e semaine, puis répété en fonction des données ou de l'examen clinique.

La mesure de la longueur du col par échographie
Elle permet d'apprécier le risque d'accouchement prématuré.
Cet examen est plus objectif que le toucher vaginal et il permet de mieux surveiller l'état du col, sa longueur ou sa dilatation.

Les examens biologiques
Certains examens – obtenus par des prises de sang régulières – sont des « marqueurs » du risque de l'atteinte fœtale et sont utilisés comme une aide à la décision de faire naître le bébé plus tôt, avant que son état ne s'aggrave. Nous ne détaillons pas ici ces examens car ils varient selon le risque en cause.

L'enregistrement du rythme cardiaque du fœtus ou monitoring fœtal
C'est l'examen le plus important car c'est en fonction des données qu'il apporte, et de celles du doppler, que la décision peut être prise de « sortir » ou non le bébé d'un environnement qui lui devient très défavorable. Le monitoring permet d'apprécier le caractère normal ou non de l'activité cardiaque du fœtus. C'est un peu comme lorsqu'on fait un électrocardiogramme à un adulte. Le rythme est considéré comme normal lorsqu'on voit de bonnes oscillations du rythme cardiaque avec de fréquentes phases d'accélération, ce qui témoigne de la bonne vitalité de l'enfant. Lorsque l'enfant dort, le rythme oscille moins et est moins variable.

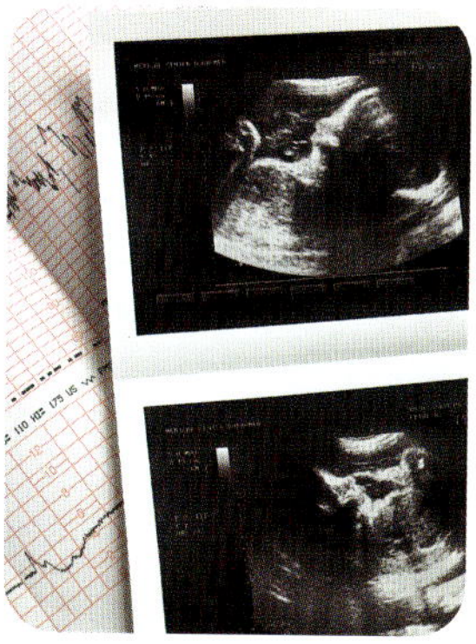

La surveillance à domicile

Les équipes de maternité s'appuient de plus en plus sur la surveillance à domicile car, dans de nombreux cas, l'hospitalisation n'est pas utile. Cette surveillance est assurée par une **sage-femme** : elle passe au domicile de la future maman pour vérifier que tout va bien et faire les soins nécessaires. En général, une ou deux visites par semaine sont suffisantes. La sage-femme tient le médecin informé de l'évolution de la grossesse. Elle peut aussi faire faire à la maman des séances de préparation et de relaxation. La mise en place de cette surveillance peut s'organiser après une courte hospitalisation qui a permis d'évaluer la situation, ou encore après une simple consultation. Dans des cas plus rares de grossesse très à risques, la surveillance peut être assurée par une sage-femme de l'hôpital, dans le cadre de **l'hospitalisation à domicile** (HAD).

Vous venez de lire ce chapitre sur les grossesses à risque et peut-être vous demandez-vous si vous ne devez pas vous classer dans cette catégorie. Le médecin vous indiquera si votre cas nécessite une surveillance spéciale et des examens particuliers. **Ce chapitre n'est pas fait pour vous inquiéter inutilement mais pour vous informer** et pour que vous sachiez que dans certaines situations une surveillance médicale plus attentive, voire une hospitalisation, sera peut-être nécessaire.

L'hypermédicalisation

Jusqu'à ces dernières années, on observait une tendance à considérer toutes les grossesses comme étant « à risque » et à faire bénéficier toutes les femmes des mêmes examens. Cette hypermédicalisation est aujourd'hui remise en cause par de nombreux professionnels : il est important de faire plus et mieux pour les situations à haut risque et, au contraire, de faire moins et mieux pour les situations à faible risque qui représentent la grande majorité des grossesses.
De nombreux parents ont également contesté cette médicalisation excessive : elle les empêche, disent-ils, de profiter pleinement de l'attente de leur bébé et les fait douter de leurs capacités à mener à bien la grossesse et l'accouchement. Il faut noter que la Haute autorité de santé (HAS) a publié des recommandations de bonnes pratiques, notamment pour respecter le rythme et le déroulement spontané de l'accouchement « normal » et ainsi répondre à la demande des mères et des couples souhaitant une prise en charge moins médicalisée.

Enceinte après 40 ans

On pense souvent qu'attendre un enfant après 40 ans est propre à notre époque. Il est vrai que le recours à la PMA (Procréation Médicalement Assistée) est plus fréquent à cette période de la vie où la fécondité est moindre. Pourtant, les grossesses tardives ont toujours existé ; ce sont plutôt les circonstances qui ont changé.
Autrefois, attendre un enfant après 40 ans était souvent vécu comme une fatalité, l'absence de contraception ne laissant guère de choix aux femmes. Le nouvel enfant s'annonçait parfois après plusieurs frères et soeurs. Aujourd'hui, ces grossesses sont choisies, désirées, parfois très attendues et elles dépassent le cliché de la femme qui veut faire carrière. Les femmes veulent d'abord trouver un emploi, un logement, assurer leur indépendance ; elles ont pu vivre plusieurs histoires amoureuses avant de trouver la personne avec laquelle elles souhaitent avoir un enfant. Puis elles savent qu'il ne faut pas trop tarder pour être enceinte. L'enfant peut aussi être celui d'un nouveau couple, d'un nouvel amour, avec lequel on espère que tout peut recommencer.

Quelques interrogations

Les grossesses tardives, même lorsqu'elles surviennent dans un contexte de projet bien mûri, sont parfois mal assumées **psychologiquement**. Les couples ont peut-être dû franchir les nombreuses et éprouvantes étapes de la PMA (p. 125 et suiv.). Ils sont passés par de multiples émotions (doute, amertume, incompréhension, peur, joie, espoir…) et lorsque la grossesse survient, lorsque le désir d'enfant devient réalité, ils s'interrogent : « Ai-je le droit d'avouer que je ne m'aime pas enceinte, que la grossesse est difficile ?

Serons-nous à la hauteur de la tâche à venir, serons-nous de "bons parents" ? » Tous les futurs parents se posent ces questions mais encore plus vivement lorsque l'âge avance et que l'enfant est tellement attendu. Soyez rassurée : la grossesse est un chemin vers la parentalité, l'arrivée de votre bébé se préparera tout au long des neuf mois. L'entretien prénatal précoce, le suivi obstétrical et les échographies, le soutien d'une sage-femme, le ressenti des premiers mouvements du bébé, la recherche d'un équilibre entre travail et vie personnelle, l'implication du futur père, les séances de préparation à l'accouchement, le projet de naissance… tout ceci va contribuer à construire le lien avec votre enfant et vous préparer à sa rencontre. L'âge idéal pour s'occuper d'un enfant et lui donner les meilleures chances d'épanouissement n'existe pas. Ce qui compte avant tout pour un bébé c'est l'amour de ses parents, l'attention à ses besoins, le respect de ses rythmes et de sa personnalité.
Les futures mamans de cet âge **s'inquiètent** souvent pour leur grossesse : y a-t-il des précautions particulières à prendre pour que « tout se passe bien » ? Il faut, bien sûr, mener une vie calme, reposante, car on se fatigue plus vite qu'à 20 ans. Attendre un enfant après 40 ans est une situation bien connue des médecins et bien surveillée, et l'augmentation des risques est très modérée. De plus, si certains sont incontestables, d'autres le sont moins parce qu'évitables ou pouvant bénéficier d'une surveillance renforcée.
À part ces quelques points, votre situation n'est pas tellement différente de celle des autres futures mamans et tout ce qui est écrit dans *J'attends un enfant* vous concerne de la même façon.

Les vrais risques

Les fausses couches du premier trimestre sont plus fréquentes et dépassent 40 % après 40 ans. Ces fausses couches, qui sont le plus souvent dus à des anomalies chromosomiques ou constitutionnelles de l'embryon, se manifestent en général avant le troisième mois. Grâce au dépistage (p. 213 et suiv.), la future maman peut être rapidement informée que la grossesse n'évolue pas favorablement. Les anomalies chromosomiques, et en particulier la trisomie 21, augmentent avec l'âge de la maman. De ce fait, les interruptions médicales de grossesse (IMG) sont plus fréquentes avec des implications psychologiques souvent douloureuses, surtout si c'était le premier et peut-être le dernier enfant.

Ceux pouvant être pris en charge

Il est bien évident que si une pathologie préexistait à la grossesse, obésité, hypertension ou diabète par exemple, l'âge sera important car le corps ne réagit pas de la même façon à 40 ans qu'à 20 ans. Lorsqu'une grossesse survient après 40 ans, il existe un risque accru de diabète ou d'hypertension artérielle. Si vous présentez une de ces deux pathologies – ou si vous en souffriez avant d'être enceinte

– vous serez plus surveillée. Mais, rassurez-vous, le risque d'une complication plus sévère de la grossesse est très faible et vous aurez un bébé en bonne santé. Même après cet âge, le diabète gestationnel comme l'hypertension artérielle sont le plus souvent bien contrôlés avec des règles simples d'hygiène et de diététique.
Le retard de croissance intra-utérin est également plus fréquent chez une femme qui attend un enfant après 40 ans. Dans ce cas, des échographies et des enregistrements du rythme cardiaque du bébé sont faits. Un déclenchement plus précoce de l'accouchement sera proposé.
La surveillance ne sera pas fondamentalement différente d'une grossesse avant 40 ans en termes de fréquence de rendez-vous. Elle sera surtout centrée sur le dépistage du diabète gestationnel et de l'hypertension artérielle. Lors de l'accouchement, une césarienne ne sera pas forcément nécessaire ; les femmes de plus de 40 ans n'ont pas plus de risque d'avoir un accouchement par voie basse plus compliqué ; elles sont tout autant capables de « pousser » au moment de la mise au monde de leur bébé.
Grâce à toutes les précautions prises, il est possible pour la femme d'aborder avec sérénité la grossesse et l'accouchement, et de profiter pleinement de la venue de son enfant dont elle sait intimement qu'il peut être le dernier, un cadeau de la vie.

À savoir

Une grossesse après 40 ans se passe généralement bien. C'est ce que notent les professionnels de santé, d'autant que ces grossesses sont mieux et plus fréquemment surveillées, et que, si traitement ou surveillance particulière il doit y avoir, ils sont plus précocement et plus rapidement instaurés.

Les grossesses très tardives

Les grossesses après 45 ans restent rares mais néanmoins progressent. Elles surviennent exceptionnellement de façon spontanée et sont dans leur grande majorité issues de l'assistance médicale à la procréation. Beaucoup de médecins s'inquiètent de ce que les femmes ne soient pas toujours averties des risques importants que cette situation leur fait courir, à elles-mêmes et à leurs bébés : hypertension artérielle, diabète (et risque de mort *in utero*), très grande prématurité.
Ils s'inquiètent également de l'absence d'éthique des professionnels qui accèdent, à l'étranger, à ces demandes de grossesses très tardives (parfois autour de 50 ans).
Ces questions éthiques devraient également être prises en compte lorsque les médecins et les femmes évoquent la possibilité d'un **don d'ovocytes** (p. 129) car il existe des risques spécifiques à cette situation, quel que soit l'âge de la future mère. L'absence de patrimoine génétique commun entre la maman et son bébé augmente en effet le risque d'hypertension artérielle ou de prééclampsie. Ainsi, en cas de don d'ovocytes après 45 ans, près d'une grossesse sur quatre risque de se compliquer.

7

Et si la grossesse ne se déroule pas comme prévu ?

Vous n'aurez probablement pas besoin de consulter ce chapitre car plus de 90 % des grossesses se déroulent sans problème. Cependant, dans un petit nombre de cas, surgissent des complications qui peuvent avoir un retentissement sur la santé de la mère ou sur celle de son enfant. En vous les décrivant, notre but n'est pas de vous alarmer inutilement mais de vous alerter. Nous souhaitons également vous donner toutes les informations pour vous aider à poser au mieux les questions aux professionnels de santé qui s'occupent de vous.

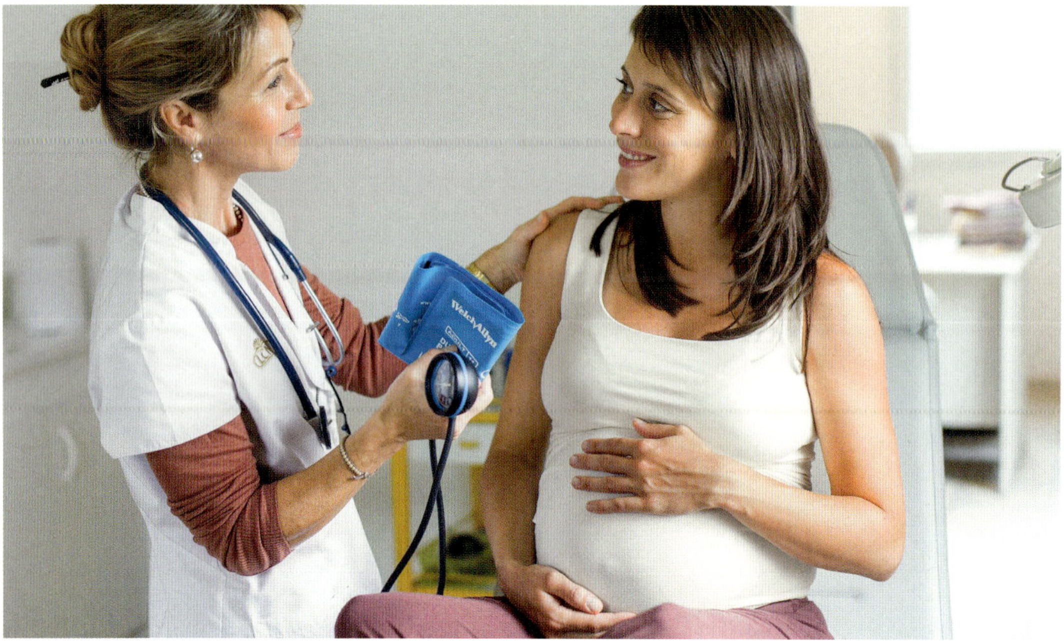

Les complications liées à la grossesse

Ces complications sont très différentes selon qu'elles surviennent au début ou à la fin de la grossesse. Les complications du début (premier trimestre) sont essentiellement la fausse couche, la grossesse extra-utérine et la môle hydatiforme.

Au début de la grossesse

Les fausses couches

Dans le langage courant, la **fausse couche** désigne l'interruption spontanée de la grossesse. Dans le langage médical, on parle plutôt d'**avortement spontané**. C'est pendant les trois premiers mois que les fausses couches sont les plus fréquentes.

Comment se manifeste une menace de fausse couche ?

Votre grossesse semblait débuter normalement et vous observez soudain quelques pertes de sang, parfois accompagnées de douleurs au bas-ventre.
Avant de vous affoler, demandez-vous d'abord si vous n'êtes pas à la date théorique de vos règles. Il arrive en effet qu'une femme enceinte perde un peu de sang à cette période, pendant les deux ou trois premiers mois de la grossesse. Cette anomalie, difficile à expliquer, est plutôt rare et elle est sans conséquence. Hormis ce cas, toute perte de

sang doit être considérée comme un signal d'alarme et vous conduire à consulter le médecin sans tarder. Celui-ci demandera d'emblée un dosage sanguin de l'hormone de grossesse (appelée Béta HCG) ainsi qu'une échographie. En fonction des résultats de ces deux examens, il sera possible de préciser si la grossesse évolue favorablement ou non.

Que faut-il faire ?

Une menace de fausse couche est généralement imprévisible. En cas de pertes de sang, et tant qu'un diagnostic précis n'est pas posé, il est préférable d'interrompre son activité et d'aller voir le médecin au rythme qu'il jugera nécessaire pour faire face à la situation. Cette période inconfortable peut durer quelques jours, le temps de réaliser une ou plusieurs échographies de contrôle.

Que va-t-il se passer ?

Dans certains cas, tout se déroule favorablement. Les pertes de sang diminuent, le col reste fermé, l'utérus continue de se développer. L'échographie confirme que l'évolution de la grossesse se poursuit. Ces cas correspondent habituellement à des difficultés d'adhérence du placenta à l'utérus, appelées souvent **décollement placentaire partiel** ou hématome décidual. Ce décollement s'estompe habituellement sans traitement. Parfois, au contraire, il s'aggrave progressivement et aboutit à une fausse couche spontanée.
Vous ne pourrez cependant reprendre vos activités habituelles que lorsque le médecin jugera que la menace d'avortement est écartée. Bien des femmes ont alors, après cette menace de fausse couche, la crainte de mettre au monde un enfant mal formé. Cette peur est injustifiée car, si la grossesse se poursuit, elle a autant de chances d'aboutir à la naissance d'un enfant en bonne santé qu'une autre grossesse.
Dans d'autres cas, la menace de fausse couche se précise peu à peu : les pertes de sang augmentent progressivement, l'utérus ne se développe plus, l'échographie confirme l'interruption de la grossesse qui se traduit par des pertes de sang assez abondantes accompagnées de « coliques » ressenties dans le bas-ventre : ce sont les contractions de l'utérus qui expulsent l'œuf et qui peuvent être douloureuses.
S'il n'y a pas d'hémorragie importante, vous n'êtes pas obligée de vous rendre aussitôt à la maternité : une fausse couche ne nécessite pas automatiquement une intervention médicale. Mais mettez-vous rapidement en rapport avec le médecin ou l'équipe de garde de la maternité où vous aviez prévu d'accoucher.
Celle-ci vérifiera, sous échographie, que l'œuf a été complètement rejeté. Si ce n'est pas le cas, l'œuf sera évacué par aspiration. Celle-ci se fait sous anesthésie locale ou générale et nécessite une courte hospitalisation. En général, les éléments de l'œuf sont confiés au laboratoire pour une analyse anatomo-pathologique afin de s'assurer que c'est bien l'œuf qui a été retiré et non pas de la muqueuse utérine (il faudrait alors recommencer l'aspiration). Aujourd'hui, grâce à un médicament, il est possible de provoquer des contractions de l'utérus qui feront expulser l'œuf défectueux.

Quelques chiffres

Environ 15 % des grossesses, en moyenne, se terminent par une fausse couche. Ce chiffre montre que de nombreuses femmes peuvent être confrontées à cet événement. La fréquence augmente avec l'âge de la femme enceinte : elle est de 40 % au-delà de 40 ans.

Le médecin vous proposera probablement de choisir l'une ou l'autre méthode (intervention ou médicament).
S'il y a une hémorragie importante, faites-vous transporter d'urgence à la maternité.

Dans les jours et les semaines qui suivent

Combien de temps faut-il se reposer après une fausse couche ? Normalement, en quelques jours, vous serez remise physiquement. Si vous êtes d'un groupe sanguin rhésus négatif, le médecin vous fera faire une vaccination anti-rhésus + (p. 258).

Le retentissement psychologique

Il est normal de se sentir triste, de pleurer, d'être bouleversée, après une fausse couche. Les femmes éprouvent un sentiment de solitude, d'incompréhension si l'entourage, les soignants perçoivent cet événement comme anodin : « Ce n'est pas grave » ; « C'est très fréquent ». Certaines se sentent dévalorisées, inaptes à devenir mères, envahies par un sentiment d'échec. D'autres émotions apparaissent comme la colère, la culpabilité, et traduisent un vécu douloureux avec des moments d'excitation, d'irritabilité, d'abattement : « J'ai été trop active, trop stressée » ; « Je ne désirais pas assez ce bébé » ; « Je n'étais peut-être pas prête. ».

« Cela s'est passé à la maison, j'étais seule chez moi, sans personne pour m'aider à comprendre ce qui se passait »,

nous confie Victoria.

Ne vous accusez pas de la situation car, s'il n'y a pas eu de mise en danger, vous ou votre conjoint ne pouvez pas être responsables de la fausse couche. D'ailleurs, il n'y a en général rien à faire pour la prévenir. Mais c'est une réaction fréquente de se sentir coupable, cela aide à avoir prise sur la douleur : essayer de trouver une explication permet de mieux supporter l'épreuve.

Beaucoup de femmes avaient commencé à se projeter dans l'avenir avec leur enfant. La fausse couche laisse un vide dans leur existence. Pour ne pas trop souffrir, certaines essaient de relativiser et se disent qu'elles ont peut-être évité un risque de malformation.

Le **conjoint** n'a bien sûr pas le vécu corporel de la grossesse et ne perçoit pas toujours la souffrance de sa compagne. Il peut ne pas comprendre qu'on puisse être autant affecté par la perte d'un bébé qui n'avait pas vraiment vécu. Certains n'imaginent pas la force des émotions de leur conjointe, leur impossibilité d'oublier cet événement et la nécessité de prendre le temps du deuil avant d'envisager d'attendre un autre enfant, ou bien de pouvoir être en contact avec des femmes enceintes ou des bébés. D'autres hommes sont touchés par l'arrêt de la grossesse mais, pudiques dans leurs sentiments, ils n'osent exprimer leur souffrance. Ces différentes attitudes entraînent des incompréhensions au sein du couple. Cela d'autant plus que le conjoint est la personne vers laquelle la femme peut projeter plus ou moins directement une certaine agressivité : « Tu ne peux pas comprendre… ». « Laisse-moi tranquille… »

Si malgré le temps qui passe, vous vous sentez toujours en difficulté, n'hésitez pas à consulter un(e) psychologue pour en parler. Ne restez pas seule avec votre peine.

Admettre que les événements soient ressentis différemment, accepter qu'on ne puisse pas tout partager, prendre le temps de s'écouter, de penser à l'avenir en tenant compte de la temporalité de chacun, en douceur et avec délicatesse, est essentiel. La majorité des femmes expriment le besoin d'être entourées et de trouver du réconfort

auprès de leur compagnon et de leur entourage, familial, amical ou professionnel.
Il est possible d'enregistrer l'enfant à l'état civil si la fausse couche a lieu à une période où l'on peut identifier le sexe, en général au-delà de 15 semaines d'aménorrhée.

Pourquoi cette fausse couche ?

Après une fausse couche, vous vous posez des questions pour l'avenir. Vous voudriez en connaître la cause et les mesures à prendre pour éviter qu'elle ne se renouvelle à la grossesse suivante.
D'abord, un point important : le plus souvent, la fausse couche est accidentelle ; après, la femme mène à bien ses autres grossesses.
Dans la majorité des cas, ces avortements spontanés précoces sont dus à une **anomalie chromosomique**. L'arrêt de la grossesse provient en quelque sorte d'une erreur de la nature qu'elle corrige elle-même en expulsant l'œuf. Parmi ces œufs défectueux, on trouve souvent ce que l'on appelle un **œuf clair** où n'existe pas (ou plus) d'embryon. Seule s'est développée la partie destinée à former les annexes de l'œuf (p. 150-151). Sauf exception, un avortement par anomalie chromosomique ne doit pas faire craindre pour les grossesses ultérieures.
Dans d'autres cas, au contraire, il y a à l'origine de l'avortement une cause permanente qui, faute d'être reconnue, risque de provoquer des avortements à répétition.

Les fausses couches à répétition

Parmi les nombreuses causes pouvant provoquer des fausses couches ou avortements à répétition, on peut distinguer : les causes locales qui siègent au niveau de l'utérus, les maladies maternelles et les causes immunitaires.

- Les **causes locales utérines** sont parmi les plus fréquentes. Ainsi, l'utérus peut être mal formé de façon congénitale, insuffisamment développé. La muqueuse ou endomètre peut être le siège de cicatrices ou d'une infection qui peuvent agir en perturbant la nidation, en compromettant la nutrition correcte de l'œuf, ou en empêchant sa croissance normale.
  La partie supérieure du col, celle qui touche l'utérus, est normalement fermée pendant toute la durée de la grossesse. Ainsi, l'œuf ne peut pas être rejeté à l'extérieur sous l'influence de la pesanteur. Mais il arrive que l'isthme – c'est le nom de cette partie du col – ne joue plus son rôle de verrou et qu'il s'ouvre plus ou moins.
- Les **maladies maternelles**. Il est rare qu'une infection soit à l'origine d'avortements à répétition.
- Les **causes immunitaires** (p. 124). Il arrive que les mécanismes permettant normalement à cette « greffe » très particulière de prendre et à l'œuf de se développer ne se mettent pas en place et provoquent ainsi un avortement. Le diagnostic en est malheureusement difficile et les traitements aléatoires.

L'avenir

Vous le voyez, un avortement spontané peut être dû à des causes variées. Après une première fausse couche, il est rare que le médecin fasse faire des examens complémentaires.
S'il s'agit au contraire de fausses couches à répétition, le médecin envisagera d'autres examens plus sophistiqués : caryotype des parents, échographie, radiographie de l'utérus, hystéroscopie pour rechercher une anomalie locale (utérine) ; spermogramme pour rechercher d'éventuelles anomalies ; examens de sang à la recherche d'une infection ou d'une parasitose, etc. Ce bilan, pour complet qu'il soit, ne donne pas toujours les résultats escomptés. En effet, dans 25 à 50 % des cas, aucune cause n'est trouvée.
Quelques semaines seront nécessaires pour faire ces examens. Ne vous impatientez pas si vous êtes pressée d'être à nouveau enceinte.

« Outre l'inquiétude pour l'avenir (pourrai-je à nouveau être enceinte ?), je me sens atteinte physiquement et moralement. Mon corps est vide et inutile. Je suis tellement fragile que j'ai été obligée de cacher votre livre car sa vue me faisait pleurer »,

nous a écrit Delphine.

La grossesse extra-utérine (GEU)

Au lieu de se nider dans l'utérus, l'œuf peut se fixer, de façon anormale, dans une trompe (schéma 1, p. 116). N'ayant pas la place de se développer, il arrête son développement, en général avant le 3e mois. Mais avant, il va, peu à peu, éroder la paroi de la trompe et la fissurer, voire la faire éclater, réalisant alors un accident très grave. Il est donc indispensable de faire le plus tôt possible le diagnostic de la grossesse extra-utérine pour pouvoir aussitôt intervenir. En effet, il n'y a pas d'autre solution : une grossesse extra-utérine ne peut pas évoluer favorablement. Sa fréquence est de 1 à 2 %.
Dans la pratique, une grossesse extra-utérine se signale par des pertes de sang noirâtres qui peuvent même survenir avant la date prévue des règles, et induire la femme en erreur. Plus ou moins rapidement, surviennent également des douleurs dans le bas-ventre, parfois très intenses ou accentuées par les rapports sexuels. Il arrive également, et plus rarement, qu'il n'y ait aucune douleur.
Deux examens orientent le diagnostic : le dosage de βHCG (qui indique l'existence d'une grossesse), et l'échographie qui montre que l'utérus est vide et qu'il existe une image anormale dans une trompe.
Un examen confirme ce diagnostic : la **cœlioscopie**. On introduit, sous anesthésie générale, par une petite incision au niveau de l'ombilic, un tube muni d'un système d'éclairage et d'une mini-caméra vidéo. On peut visionner sur un écran l'intérieur de l'abdomen et confirmer l'existence d'une grossesse extra-utérine ; dans ce cas, on l'opère en même temps : soit on incise la trompe atteinte et on enlève l'œuf, soit on enlève toute la trompe si elle est trop lésée. En cas d'hémorragie interne grave, on a recours à une intervention classique (en incisant la paroi abdominale).
Dans certains cas, il arrive que le diagnostic de grossesse extra-utérine soit possible sans cœlioscopie, uniquement par échographie. Si on a la certitude de ce diagnostic, un traitement médical à base d'un médicament (le Méthotréxate®) est possible. C'est au chirurgien d'en décider avec l'accord de sa patiente. Une injection de ce produit peut suffire pour détruire l'œuf implanté dans la trompe. Une surveillance

très stricte est indispensable pendant plusieurs semaines, notamment par des dosages répétés de βHCG, afin de contrôler qu'ils chutent régulièrement, jusqu'à leur négativation.
Vous comprenez qu'il est nécessaire de faire le diagnostic aussi vite que possible. Si au début de votre grossesse vous avez des pertes de sang accompagnées de douleurs, il est très important de consulter le médecin sans tarder, *a fortiori* si vous avez déjà fait une grossesse extra-utérine (car la tendance à se reproduire est indiscutable) ou si vous portez un stérilet (que l'on a accusé de favoriser la GEU).
Après une grossesse extra-utérine, comme après une fausse couche (p. 230), la femme peut se sentir déprimée.
Après une grossesse extra-utérine, il est possible de mener à bien une ou plusieurs grossesses. Il est vrai cependant que cette affection a tendance à se reproduire. Si vous avez déjà eu une grossesse extra-utérine, n'hésitez pas à consulter rapidement dès le moindre retard de règles et, de même, lorsque vous aurez la certitude d'être enceinte, au moindre symptôme anormal.

Le fait d'avoir eu une **IVG** (interruption volontaire de grossesse) expose-t-il plus au risque de fausse couche ou aux problèmes en cas de grossesse ? Il est possible de se rassurer car depuis que les IVG sont légales, et donc réalisées médicalement (par aspiration ou par médicaments), il n'y a pas à redouter de conséquences néfastes pour l'avenir.

La môle hydatiforme

Cette complication est rare sous nos climats (1 pour 2 000 grossesses) alors qu'elle est beaucoup plus fréquente dans d'autres régions (1 % en Asie du Sud-Est). Due à une anomalie chromosomique, elle est caractérisée par une dégénérescence kystique du placenta avec, 9 fois sur 10, un œuf sans embryon. Elle se traduit par des pertes de sang apparaissant dès le début de la grossesse, un utérus plus gros que la normale et, surtout, une élévation tout à fait anormale de l'hormone de grossesse (βHCG). Elle n'évolue jamais normalement et, dès le diagnostic établi, on procède aussitôt à une aspiration du contenu de l'utérus et à un curetage. Une surveillance est nécessaire ensuite car certaines môles peuvent évoluer vers une tumeur maligne appelée chorio-carcinome.

La fausse couche, la grossesse extra-utérine, la môle hydatiforme : ces trois complications interrompent la grossesse. Mais **les complications du troisième trimestre** dont nous allons vous parler maintenant, lorsqu'elles sont bien diagnostiquées, bien prises en charge, permettent à la grossesse de se poursuivre et d'évoluer habituellement d'une manière satisfaisante.

En cours de grossesse

La prééclampsie

La prééclampsie – anciennement appelée toxémie gravidique – est une complication de la grossesse qui peut être grave. Elle est causée par une anomalie dans la formation du placenta (p. 152), donc dès le tout début de la grossesse. Mais les symptômes apparaissent bien plus tard, souvent après le 7e mois, parfois seulement dans les dernières semaines, voire les derniers jours. C'est une des rares complications que vous pouvez, au moins en partie, diagnostiquer vous-même.

La présence d'albumine (ou protéinurie) dans les urines

Cette présence n'est jamais normale et peut témoigner soit d'une infection urinaire, soit d'une prééclampsie débutante. C'est pourquoi il est nécessaire de surveiller régulièrement les urines par des analyses, ce, d'autant plus que l'on avance dans la grossesse. Vous pouvez facilement faire vous-même cet examen à l'aide de papiers-index colorés (ou bandelettes urinaires) qui changent de couleur quand il y a présence d'albumine dans les urines. Lorsque l'index coloré marque +, prévenez sans tarder votre médecin ou votre sage-femme. Vous remarquerez peut-être que les urines sont plus foncées, plus concentrées, moins abondantes.

Des œdèmes

Ils ne sont pas toujours présents, au moins au début. Les chevilles gonflent, les doigts deviennent « boudinés », avec impossibilité de retirer ses bagues, le visage lui-même peut enfler. Ces œdèmes ne traduisent pas toujours l'apparition d'une prééclampsie. C'est ainsi que les chevilles peuvent gonfler même au cours d'une grossesse normale, par exemple quand il fait très chaud. Mais si les œdèmes apparaissent brutalement et augmentent rapidement, ou s'ils s'accompagnent d'une prise brutale et excessive de poids, vous devez consulter sans tarder le médecin.

Une élévation anormale de la tension artérielle

Celle-ci est souvent révélée par des maux de tête persistants, une sensation de bourdonnement, un malaise général avec le sentiment que « quelque chose ne va pas ». C'est le médecin qui constate l'élévation de la tension lors de la consultation. On considère comme anormaux des chiffres atteignant ou dépassant 14/9. C'est surtout le chiffre du minima qui est important.

Les causes de la prééclampsie

Elles sont assez mal connues. Différentes causes sont évoquées : une grossesse gémellaire, une prééclampsie antérieure, une hypertension, ou un diabète.

Les risques de la prééclampsie

Pour le bébé. La croissance fœtale peut être ralentie (risque d'hypotrophie), le placenta peut se décoller (hématome rétroplacentaire) et l'enfant peut même décéder *in utero*. Une prise en charge précoce de la prééclampsie permet de faire naître le bébé avant que son placenta n'assure plus les besoins vitaux.

Pour la mère, les reins sont atteints et fonctionnent mal, avec des conséquences sur la tension qui devient difficile à contrôler ; les facteurs de la coagulation sanguine peuvent être altérés avec comme conséquence des risques d'hémorragie au moment de l'accouchement. De plus, une hypertension mal contrôlée peut entraîner des convulsions cérébrales : c'est la crise d'éclampsie. Tout cela peut vous paraître brutal et pour cause : la prééclampsie est une complication très sérieuse de la grossesse. Grâce à une

Important

Il est essentiel de surveiller très régulièrement ses urines, surtout dans les deux derniers mois. C'est le meilleur moyen de dépister soi-même et aisément la survenue d'une prééclampsie.

surveillance médicale régulière et plus rapprochée en fin de grossesse, elle est plus rare aujourd'hui mais pas exceptionnelle.

En cas de prééclampsie, que va-t-il se passer ?

Il n'y a pas véritablement de traitement de la prééclampsie, en dehors de faire naître l'enfant. L'apparition de ces anomalies (albuminurie, œdèmes, hypertension artérielle) amènera à faire un bilan de santé qui devra être réalisé au cours d'une hospitalisation de quelques jours, afin de préciser au mieux le retentissement éventuel de ces troubles sur la santé de la mère et de l'enfant. Ce bilan comprend différents examens de sang, une échographie avec Doppler et l'enregistrement régulier du rythme cardiaque fœtal (monitoring).

- Si la femme enceinte n'est pas trop éloignée du terme, l'accouchement sera déclenché sans délai si cela est possible, ou bien une césarienne sera pratiquée.
- Si la maman est très loin du terme, elle restera hospitalisée ; avec le repos, allongée sur le côté (qui favorise un meilleur fonctionnement rénal), la prise de médicaments visant à stabiliser l'hypertension artérielle, on peut espérer stabiliser la situation et atteindre ainsi une période où la naissance, souvent très prématurée, de l'enfant ne pose pas de problème vital.

Le retard de croissance intra-utérin (RCIU) et l'hypotrophie fœtale

Il arrive que le bébé ne se développe pas suffisamment au cours de la grossesse. On dit qu'il est hypotrophique, ce qui signifie qu'il est insuffisamment nourri. Cependant, ce poids au-dessous de la moyenne peut être normal. En effet, les examens successifs montrent que, même avec des chiffres inférieurs à la moyenne, la croissance se poursuit régulièrement. À la naissance, le bébé aura simplement un poids (et parfois une taille) inférieur à la moyenne. C'est un problème génétique. Il y a des familles à enfants petits, et d'autres à enfants gros.
Mais le vrai retard de croissance est anormal. Plusieurs causes peuvent intervenir :

- elles peuvent venir de la mère : hypertension artérielle et prééclampsie, malnutrition sévère et prolongée, surmenage, intoxications chroniques (tabagisme, alcoolisme) ;
- elles peuvent venir de l'œuf ou du fœtus : anomalie du cordon ombilical, malformations fœtales.

La cause peut exceptionnellement venir d'une carence psychologique ou sociale. Dans ce cas, il est important que la vulnérabilité de la maman soit reconnue pour qu'elle puisse être aidée par une équipe médico-psycho-sociale.
Mais dans 30 % des cas, aucune cause n'est trouvée. Parfois, le retard de croissance intra-utérin est passager : même avant de naître, les enfants ne grossissent pas tous à la même vitesse.

Inquiétude et culpabilité

Lorsqu'elles sont confrontées à une complication grave comme la prééclampsie, les mères sont envahies de sentiments douloureux : inquiétude pour la santé de leur bébé et la leur, culpabilité, sentiment d'échec. S'ajoutent le stress provoqué par l'urgence de la situation, l'impression de solitude. Le père est angoissé lui aussi, ne sachant comment aider. N'hésitez pas à interroger le médecin ou les sages-femmes. Ils sont là également pour vous soutenir dans ces moments difficiles.

Le diagnostic de l'insuffisance de développement du bébé dans l'utérus est fait plus ou moins tôt au cours de la grossesse et il est confirmé par l'échographie. Une surveillance très stricte du bébé s'impose alors (examens cliniques, échographie, doppler, enregistrement du rythme cardiaque fœtal) car l'évolution du retard de croissance intra-utérin peut être grave.
Dans les meilleurs cas, l'enfant naît à terme et pèse simplement moins que la moyenne. Il ne pose généralement pas de problèmes particuliers. Dans les cas moins favorables, une atteinte fœtale risque d'apparaître ; elle entraîne la surveillance particulière décrite ci-dessus ; mais parfois, on ne peut éviter une mort *in utero*.
Le traitement comprend bien sûr celui de la cause, quand elle est connue (traitement de la prééclampsie, par exemple). Le repos sera le plus absolu possible (avec parfois hospitalisation) sur le côté gauche, car cela permet une meilleure irrigation du placenta. De nombreux médecins y ajoutent de petites quantités quotidiennes d'aspirine.
Les cas très graves d'atteinte fœtale peuvent conduire à interrompre la grossesse, généralement par césarienne.

L'insertion basse du placenta

Normalement, l'œuf se nide dans le fond ou sur les côtés de l'utérus. Mais il arrive parfois qu'il s'insère à la partie basse de l'utérus, plus ou moins près du col qu'il peut même recouvrir complètement (placenta dit « recouvrant »). C'est ce qu'on appelle le **placenta *prævia***. C'est une anomalie qui peut être grave de conséquences pour la maman et pour le bébé.
Habituellement, cette insertion anormale ne gêne pas le développement de l'enfant. En revanche, sous l'influence notamment des contractions de fin de grossesse, elle peut aboutir à un décollement partiel du placenta provoquant des hémorragies d'abondance variable, qui peuvent se répéter et surtout s'aggraver.
En cas d'hémorragie en fin de grossesse, il faut rejoindre sans tarder votre maternité. C'est l'échographie qui permettra de préciser l'insertion exacte du placenta.
Le repos absolu, en milieu hospitalier le plus souvent, est indispensable jusqu'à l'accouchement. Celui-ci pourra nécessiter une césarienne si le placenta recouvre totalement le col, ou si l'hémorragie est importante.
Le placenta *prævia* est une complication grave de la grossesse.

L'hématome rétroplacentaire

L'hématome rétroplacentaire se produit lorsque le placenta se décolle de l'utérus avant la délivrance. On ne connaît pas la raison de ce décollement prématuré. On pense qu'il peut s'agir d'un défaut de vascularisation du placenta. Il semblerait que le décollement soit plus fréquent en cas de prééclampsie, d'hypertension artérielle et parfois de placenta *prævia*.
L'hématome rétroplacentaire survient en général au cours des trois derniers mois de la grossesse. Dans le cas où une femme a déjà eu un

hématome rétroplacentaire lors d'une précédente grossesse, elle est alors particulièrement suivie (échographies et doppler répétés).
Le diagnostic est en général rapide : c'est l'association d'une hémorragie à une douleur liée à la contraction de l'utérus qui donne l'alerte. L'hospitalisation en urgence est indispensable car les risques de souffrance fœtale sont grands. La césarienne est le traitement le plus souvent mis en œuvre, à moins que le décollement ne soit très discret et n'ait pas de retentissement sur l'enfant.

L'accouchement prématuré

On appelle « prématuré » un enfant né **avant 37 semaines d'aménorrhée**. La prématurité a augmenté ces dernières années. Ceci est probablement lié au plus grand nombre d'accouchements provoqués à la suite d'une décision médicale, lorsqu'il est estimé nécessaire de soustraire le bébé à un environnement qui lui devient défavorable ; c'est ce que l'on appelle la **prématurité induite**, ou provoquée, par opposition à la **prématurité naturelle** ; cette dernière n'est pas liée à une décision médicale et elle semble assez stable au fil du temps malgré une meilleure surveillance médicale.

> ***La prématurité***
>
> Elle est passée de 4,5 % des naissances en 1995 à 8 % en 2020 (60 000 naissances). Le chiffre est constant alors que le nombre de naissances globales diminue en France depuis 7 ans (798 000 en 2015 et 736 000 en 2020 – Insee).

Pourquoi l'accouchement a-t-il lieu prématurément ?

Les causes de l'accouchement prématuré sont multiples et pas toujours bien identifiées. Certaines sont liées à l'enfant, d'autres à la maman et elles sont parfois intriquées.

- **La rupture des membranes** (RPM) est la cause la plus fréquente ; elle est le plus souvent liée à une fragilisation des membranes par une infection du col ou du vagin, ce qui entraîne la rupture de la « poche des eaux »
- **Les antécédents** d'accouchement prématuré ou de fausses couches tardives nécessitent une surveillance très rapprochée pour éviter une récidive.
- **Les grossesses gémellaires**, surtout si elles résultent d'AMP (Assistance Médicale à la Procréation), et en cas de première grossesse. Un tiers des enfants prématurés sont issus de grossesses multiples.
- L'insertion anormale du placenta ou **placenta *prævia*** (p. 236) est également une cause d'accouchement prématuré. Il en est de même pour tout saignement en fin de grossesse, quelle qu'en soit l'origine.
- **Les infections en fin de grossesse** peuvent entraîner un accouchement prématuré, en particulier les infections cervico-vaginales (responsables des RPM) et urinaires qui sont souvent inapparentes. C'est pourquoi, au moindre doute, le médecin fait faire un examen cytobactériologique des urines (ECBU).
- **Les malformations utérines** (p. 261) et les anomalies du col (béance du col, p. 242) peuvent provoquer un accouchement

prématuré. L'utérus se contracte trop tôt, ou bien le col ne joue plus son rôle de verrou.

- **Les maladies maternelles** liées à la grossesse, en particulier la prééclampsie, le diabète compliqué peuvent amener le médecin à faire naître le bébé prématurément. Cette décision est difficile à prendre puisque l'on oscille entre les risques de la prématurité et ceux de la souffrance de l'enfant *in utero*. On dispose actuellement de moyens (échographie, doppler, enregistrement du rythme cardiaque de l'enfant, etc.) qui permettent d'apprécier plus précisément l'état de santé du bébé.
- Une autre cause joue un rôle de mieux en mieux connu : **le tabagisme**, qui multiplie par deux ou trois le risque de prématurité. Cette cause peut être rapprochée de conditions socio-économiques précaires dans lesquelles l'arrêt du tabac est plus difficile (voir ci-dessous).
- Très rarement, **un traumatisme accidentel** (accident de la circulation par exemple) ou une intervention chirurgicale d'urgence (appendicite) sont susceptibles de provoquer un accouchement prématuré.

À noter

30 % des accouchements prématurés sont dus à une infection (rupture des membranes et infections cervico-vaginales).

30 % sont provoqués par l'équipe médicale (prématurité induite).

30 % sont dus à une grossesse multiple.

10 % à une malformation de l'utérus.

Les facteurs socio-économiques

Il est certain que la fatigue de la femme enceinte augmente le risque d'un accouchement prématuré (mais il est rare qu'il s'agisse alors d'une grande prématurité). C'est dire le rôle des conditions de travail, lorsque celui-ci est pénible physiquement, et des travaux ménagers fatigants. L'accouchement prématuré est d'autant plus fréquent que le niveau socio-économique de la femme est moins élevé. C'est pourquoi le repos légal de six semaines avant l'accouchement doit être respecté. En cas de travail pénible, le médecin pourra orienter vers la médecine du travail pour une adaptation de poste ou conseiller un repos plus long. Il en est de même si la future mère a des horaires importants, ou des conditions de transport fatigantes : l'équipe médicale qui la suivra verra comment l'aider à vivre cette grossesse le mieux possible.

Les grossesses après Distilbène

Chez certaines femmes dont les mères avaient pris du Distilbène (qui est une hormone), il existe des problèmes de fécondité, un risque de fausse couche, de grossesse extra-utérine, d'accouchement prématuré ou de difficultés lors de l'accouchement. Ainsi une surveillance particulièrement stricte s'impose pour elles. La prescription du Distilbène a été arrêtée en 1977 et ce risque pour la grossesse tend à disparaître.

La menace d'accouchement prématuré

Pour la future mère, la menace d'accouchement prématuré se traduit essentiellement par l'apparition anormale de contractions utérines douloureuses. Elle sent son ventre « se durcir » et cela devient très inconfortable. Si c'est votre cas, mettez-vous immédiatement au repos, placez (si vous en avez) un suppositoire antispasmodique et rendez-vous à la maternité sans tarder. Il arrive que les contractions ne soient pas douloureuses mais vous pouvez avoir des pertes

À savoir

Vous êtes dans un des cas évoquant une cause d'accouchement prématuré ? Ne vous inquiétez pas, votre grossesse peut très bien aller jusqu'à son terme, à la condition d'être médicalement bien suivie.

vaginales importantes, épaisses, inhabituelles : c'est peut-être le bouchon muqueux qui s'évacue avec le début d'une modification du col. Là aussi, il faut se rendre à la maternité. Et bien sûr si vous avez l'impression d'avoir perdu les eaux (p. 315-316).

À l'arrivée à la maternité, on recherchera si votre col s'est modifié, en particulier s'il a raccourci ou s'il a tendance à s'ouvrir. Une menace d'accouchement prématuré est diagnostiquée quand les contractions utérines s'associent à une ouverture du col avant 37 semaines. Actuellement, on utilise de plus en plus souvent l'**échographie du col** qui montre bien sa longueur et est plus objective que le toucher vaginal. Cet examen échographique du col peut être répété, ce qui permet de se rendre compte d'une éventuelle modification. Le raccourcissement et le début d'ouverture du col sont en effet les deux signes qui traduisent que l'accouchement risque d'avoir lieu plus tôt que prévu.

Dans ce cas, il sera prescrit :

- une hospitalisation si le risque apparaît sérieux ; elle permet une meilleure surveillance et un traitement plus intensif. Beaucoup de futures mères sont hospitalisées pendant la grossesse et, dans la plupart des cas, c'est à cause d'un risque ou d'une menace d'accouchement prématuré (p. 218 et suiv.) ;
- du repos pendant 24-48 heures. Il a été préconisé – et c'est encore parfois le cas – du repos complet en cas de menace d'accouchement prématuré. Des études récentes ont pourtant montré que du repos strict et trop intense était inutile, voire néfaste pour la grossesse. Vous devez vous ménager mais vous pouvez bouger et penser à autre chose : voir des amis, vous distraire… Écoutez votre corps et sachez vous reposer quand vous êtes fatiguée ou si vous ressentez des contractions ;
- des médicaments destinés à mettre l'utérus au repos en stoppant les contractions utérines ;
- une analyse d'urines et un prélèvement vaginal pour dépister une éventuelle infection et pouvoir la traiter si elle existe ;
- en cas de risque d'accouchement avant 33 semaines, l'injection de corticoïdes à la maman sur deux jours permet d'accélérer la maturité de l'enfant et de prévenir ainsi des troubles respiratoires si la naissance survenait malgré tout.

Enfin une consultation d'urgence auprès d'un médecin anesthésiste de la maternité sera demandée pour le cas où l'accouchement se produirait malgré toutes les mesures prises. En effet, dans certains cas, malheureusement, ces mesures n'empêchent pas la survenue de l'accouchement prématuré.

Pour être plus sereine

Rappelez-vous ceci : si l'accouchement prématuré est une crainte légitime pour beaucoup de mamans et pour les médecins, seulement 6 à 7 % des femmes accouchent prématurément. La grande majorité va jusqu'au terme.

Les risques de l'accouchement prématuré pour l'enfant

Le bébé prématuré n'a pas atteint le même degré de développement que le bébé à terme ; on le constate dans toutes les fonctions de son organisme ; et c'est d'ailleurs là que réside la difficulté de son accompagnement. Un enfant prématuré peut se développer très bien mais il peut aussi souffrir d'être né très avant terme. On peut distinguer trois niveaux de prématurité :

- **le prématuré né de 32 à 36 semaines d'aménorrhée révolues (prématurité « simple ») :** il est généralement peu exposé au delà de la 35/36ᵉ semaine. Dans un grand nombre de cas, il est simplement plus fragile mais il peut rester sur place, sous la surveillance du pédiatre de la maternité. Des unités « kangourou » ont été créées pour ces bébés. En dessous de 35 semaines, l'enfant doit être transféré avec sa maman dans une maternité de type II comportant une unité de néonatalogie, ou directement dans une unité de néonatalogie ;
- **le prématuré né de 28 à 32 semaines (grande prématurité) :** il doit bénéficier de soins particuliers en unité réanimation néonatale où il est transféré après sa naissance. S'il est né dans une maternité de type III, ce qui est de plus en plus fréquent, il est soigné sur place ;
- **le prématuré né avant 28 semaines (très grande prématurité) :** il doit absolument être transféré dans un service de réanimation néonatale (à moins qu'il ne soit né dans une maternité de type III).

Parmi les enfants qui naissent prématurément, 85 % sont des prématurés moyens, 10 % sont des grands prématurés et 5 % sont des très grands prématurés.

Les bébés prématurés sont d'autant plus fragiles qu'ils sont nés loin du terme.

- L'enfant prématuré a de la peine à respirer et doit donc parfois être ventilé artificiellement. En effet, l'anoxie, ou manque d'oxygène, risque d'entraîner de graves conséquences pour son cerveau.
- Il est incapable de régler sa température, et peut donc se refroidir. C'est pourquoi, dans l'incubateur, la température est constamment surveillée.
- Il est souvent incapable de téter et son estomac a de petites capacités. On est fréquemment obligé de le nourrir par sonde ou par perfusion. Il ne digère pas bien certains aliments, les graisses en particulier (d'où l'importance du lait maternel).
- Il est sensible aux infections.
- Il manque de vitamines et de fer.

Selon son état initial, l'enfant restera hospitalisé quelques jours ou quelques semaines (parfois plus longtemps pour les très grands prématurés de moins de 28 semaines). Heureusement, aujourd'hui, ce séjour ne signifie pas une coupure avec les parents. Ceux-ci sont engagés à venir voir leur bébé autant qu'ils le souhaitent, à le toucher, à lui parler afin que, pour lui et pour eux, le lien ne soit pas rompu. Les services qui soignent les bébés prématurés accueillent parfois les parents 24 heures sur 24, et en tout cas toujours avec de larges plages horaires. Les infirmières aident les parents à participer à certains soins comme nourrir le bébé ou le masser. Certains services de néonatologie possèdent des unités mère-enfant : les mamans peuvent y rester tant que leur bébé est hospitalisé.

À noter

Les unités « kangourou » existent dans certains services de maternité. La mère et son bébé sont installés dans la même chambre. Grâce à cette proximité, le peau à peau (mère/bébé, père/bébé) est facilité.

Lors de la naissance d'un enfant prématuré, les parents se sentent toujours plus ou moins responsables. Garder un contact avec l'enfant, lui rendre visite, aide à surmonter cette culpabilité qui, en plus, n'est pas justifiée.

Si un accouchement prématuré est redouté

Le médecin ou la sage-femme ont évoqué un risque d'accouchement prématuré. Vous serez peut-être amenée à changer vos projets : vous reposer, arrêter de travailler, renoncer à des déplacements, voire être hospitalisée.

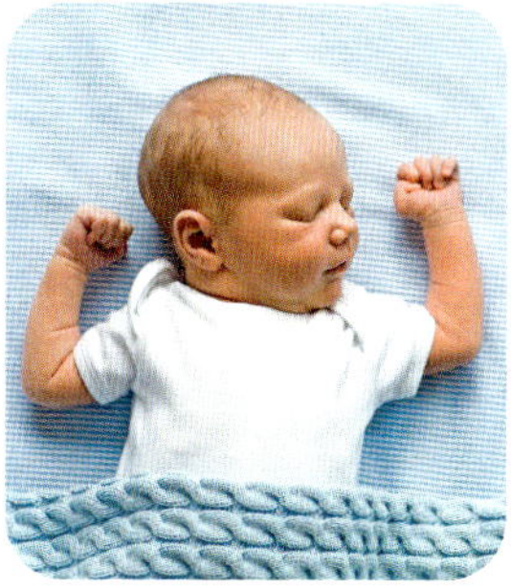

Si la menace d'accouchement prématuré se précise, il faut consulter à la maternité sans tarder. Si cette menace se présente alors que vous êtes déjà hospitalisée dans la maternité que vous aviez initialement choisie, il est possible que les médecins décident de vous transférer vers un établissement plus adapté à la prise en charge de votre enfant : vers une maternité de type II, ayant un centre de néonatologie, ou vers une maternité de type III, ayant un centre de réanimation néonatale, selon l'âge gestationnel. C'est ce qu'on appelle le **transfert *in utero*** : dans ce cas, la mère et son bébé sont transférés avant la naissance

Il peut arriver que l'accouchement ait lieu dans une maternité qui n'est pas équipée pour la prise en charge de l'enfant : c'est alors lui qui sera transféré. C'est ce qu'on appelle le **transfert post-natal**. Dans ce cas, selon les possibilités d'accueil des maternités, la maman peut rejoindre son bébé dans l'établissement où il a été transféré ; elle peut ainsi plus facilement le voir et s'occuper de lui, jusqu'à ce que son état permette son retour soit dans un hôpital plus proche du domicile, soit à la maison. Le service qui organise les transferts s'appelle la cellule de transfert périnatal ; il y en a en général une par région.

Peut-on éviter l'accouchement prématuré ?

Prévenir l'accouchement prématuré reste aujourd'hui un des grands soucis des médecins. En effet, la grande prématurité et la très grande prématurité sont responsables de la majorité des morts qui surviennent dans la période qui suit l'accouchement. Il en est de même pour les séquelles que gardera un enfant né trop prématurément. Certes, **la médecine a fait de grands progrès et les recherches se poursuivent** pour améliorer encore la prise en charge de ces enfants qui naissent trop tôt. Les équipes hospitalières sont mieux formées aujourd'hui pour prendre en charge ces bébés, à la fois sur le plan médical et psychologique. Mais le meilleur traitement de la prématurité réside toujours dans la poursuite de la grossesse le plus près possible du terme : le meilleur incubateur pour le bébé, c'est sa mère.

La surveillance

La connaissance des causes de l'accouchement prématuré permet de mieux surveiller les grossesses, notamment :

- dépister les infections cervico-vaginales et urinaires ;

- éviter les grossesses gémellaires : c'est pourquoi, dans le cadre de l'aide médicale à la procréation, les médecins sont incités à ne transférer qu'un embryon ;
- repérer les insertions anormales du placenta.

Ainsi, grâce à une meilleure surveillance et à une bonne hygiène de vie – vie calme, sans tabac, avec une activité physique adaptée à la grossesse –, il est possible d'espérer améliorer la situation.

Il y a aussi des cas précis où l'on peut prévenir l'accouchement prématuré par une intervention ; par exemple, une malformation utérine que l'on corrige par la chirurgie ou encore la béance du col qui, elle, est corrigée par un cerclage.

Le cerclage du col

Il est destiné à traiter ce que l'on appelle une « béance » du col : le col se ferme mal et joue insuffisamment son rôle de verrou à la partie inférieure de l'utérus. Cette béance peut être congénitale, ou avoir été provoquée par des dilatations forcées du col (par exemple après une fausse couche spontanée ou une IVG tardive). Le cerclage est pratiqué entre deux mois et demi et trois mois, et consiste à fermer l'ouverture du col en passant un fil solide, comme pour fermer une bourse.

Le cerclage est fait le plus souvent sous anesthésie générale, parfois sous rachi-anesthésie ; il nécessite une hospitalisation d'une journée. En plus du cerclage, il vous sera proposé de prendre des précautions jusqu'à la fin de la grossesse, essentiellement en vous reposant, mais vous pouvez tout de même bouger !

Au-delà du 9e mois, ou au début de l'accouchement lui-même, le médecin ôte le fil. Si la maman est rhésus négatif, on lui injectera des gammaglobulines (p. 258).

La grossesse prolongée

C'est l'échographie du premier trimestre qui permet de dater précisément (à plus ou moins 3 jours) le début de grossesse, et donc son terme. On parle de grossesse prolongée (15 % des femmes enceintes) lorsque sa durée va au-delà de 41 semaines d'aménorrhée et de terme dépassé (1 à 2 %) au-delà de 42 semaines. C'est le terme dépassé qui pose le plus de problèmes aux médecins.

Quels sont les risques pour le bébé ?

Le placenta, véritable usine d'échanges entre la mère et l'enfant, fournit jusqu'à terme les aliments et surtout l'oxygène nécessaires au fœtus. Le terme dépassé, le placenta vieillit et fonctionne moins bien ; les apports au bébé deviennent insuffisants, d'où le risque de souffrance fœtale et même de mort *in utero*.

Que faire lorsque la grossesse se prolonge au-delà du terme ?

Il faut bien sûr se rendre à la maternité, surtout si vous percevez que les mouvements de votre bébé sont moins nets (c'est d'ailleurs un

motif de consultation même si le terme n'est pas dépassé). Cela peut être le premier signe que la quantité de liquide amniotique dans lequel il baigne tend à se raréfier ; la grossesse qui se prolonge « chronologiquement » se prolonge aussi « biologiquement », avec les conséquences dues au vieillissement du placenta.
À la maternité, vous serez surveillée avec des examens toutes les 48 heures : échographies pour contrôler la quantité de liquide amniotique, enregistrements du rythme cardiaque (monitoring) pour apprécier le bien-être du bébé.

Quand l'accouchement sera-t-il déclenché ?

Il est recommandé de ne pas dépasser 42 semaines, et parfois d'intervenir plus tôt, si les contrôles montrent que le bébé supporte mal la prolongation de la grossesse. En général, après l'information de la maman, le travail sera déclenché selon des moyens propres à chaque maternité (décollement des membranes, moyens mécaniques par sonde dans le col, ocytociques, prostaglandines, etc.).
À la naissance, l'enfant que l'on qualifie de « postmature », a souvent un aspect un peu particulier qui peut étonner les parents : sa peau est plus fripée que chez l'enfant né à terme et elle ne porte plus aucune trace de couche graisseuse (vernix). Habituellement, un bébé « postmature » ne nécessite pas de soins particuliers.

Maladies et symptômes

La survenue d'une maladie pendant la grossesse inquiète. En effet, s'il n'est pas douteux que, dans la majorité des cas, ces maladies sont sans conséquences particulières, il reste vrai qu'elles peuvent parfois entraîner des complications graves : avortement, accouchement prématuré, malformations fœtales. Nous n'allons, bien sûr, pas parler de toutes les maladies mais de celles qui risquent d'avoir des conséquences pour le bébé. Quoi qu'il en soit, même si vous ne constatez aucun autre symptôme, le seul fait d'avoir de la fièvre, même passagère, doit vous conduire à consulter le médecin.

Vous avez de la fièvre

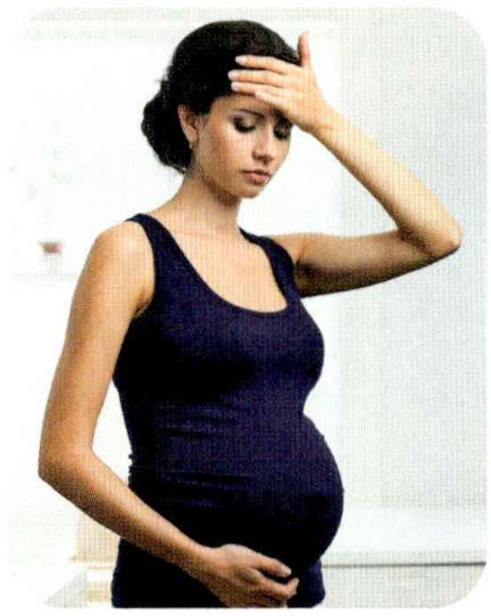

Même fugace, la fièvre ne doit pas être prise à la légère pendant la grossesse.

Si vous avez de la fièvre : vous devez consulter le médecin, surtout si elle est isolée, sans autre symptôme pouvant la relier à une infection virale saisonnière, de type grippe ou gastro-entérite. Le risque est avant tout pour le bébé et un bilan complet s'impose pour en rechercher la cause.

Si vous êtes au-delà du 6e mois de grossesse, une hospitalisation en maternité peut être conseillée afin de prendre les mesures qui s'imposent, comme la mise en route d'un éventuel traitement antibiotique sans attendre les résultats des examens complémentaires demandés. Tout cela sera décidé par l'équipe médicale de la maternité où vous avez prévu d'accoucher. N'hésitez pas à la consulter ; c'est son métier de prendre soin de vous et de votre bébé.

La toxoplasmose

Cette maladie est due à un parasite, le toxoplasme, présent dans les viandes, surtout le mouton et le porc, mais pas exclusivement. Consommer de la viande saignante risque de transmettre le parasite : il est donc important de bien cuire la viande que l'on mange. En outre, le chat est un vecteur du toxoplasme que l'on peut retrouver dans ses selles. C'est pourquoi il faut respecter certaines règles d'hygiène à cet égard.

Les symptômes de la toxoplasmose sont en général très discrets, parfois inexistants : ganglions du cou enflés, légère fièvre, fatigue et douleurs musculaires et articulaires. La banalité de ces symptômes fait que de nombreuses futures mères (55 à 65 %) sont immunisées sans le savoir. Les autres, qui ne le sont pas, risquent d'attraper la maladie pendant la grossesse et de contaminer leur bébé, ce qui peut avoir de sérieuses conséquences pour sa santé.

Comment savoir si vous êtes immunisée ?

- Si le sérodiagnostic est positif (il montre un taux d'anticorps dans votre sang), cela signifie que vous avez déjà eu la maladie et que vous êtes donc immunisée : vous ne courez aucun risque.
- S'il est négatif (vous n'avez pas d'anticorps contre la maladie), vous n'avez pas eu la maladie et vous n'êtes pas immunisée. Il faudra alors faire pratiquer chaque mois un sérodiagnostic pour dépister une éventuelle infection et mettre en route un traitement.

À noter

Le sérodiagnostic de la toxoplasmose fait partie des examens prénataux obligatoires.

Vous n'êtes pas immunisée, quelles précautions prendre ?

- Les précautions alimentaires sont importantes : pas de viande crue ni saignante (p. 66) mais au contraire bien cuite. Si vous avez un jardin potager, lavez bien les légumes et les fruits qui ont pu être souillés par un chat. Si vous jardinez, n'oubliez pas que la terre peut être souillée : faites-le avec des gants et lavez-vous bien les mains.
- Prudence si vous avez un chat à la maison (p. 36). Si vous le caressez, pensez à vous laver les mains avant de passer à table.

Vous n'êtes pas immunisée, quels sont les risques ?

Il n'y a de risque que si vous contractez la toxoplasmose pendant votre grossesse, ce qui, avec les précautions conseillées, est aujourd'hui tout à fait exceptionnel. La gravité du risque dépend du « moment » de la grossesse où la maladie est contractée.

- Au premier trimestre, il est rare que le toxoplasme traverse le placenta, mais la contamination à cette période est grave : avortement, mort ou graves malformations neurologiques.
- Au second trimestre, le placenta est plus facile à traverser par le toxoplasme. L'atteinte du fœtus est grave car tout le système digestif est touché, ainsi que le foie et la rate.
- En fin de grossesse, la contamination est plus fréquente avec des atteintes neurologiques ou oculaires. En général, l'enfant naît indemne et c'est plus tard que l'on évoque la maladie en raison de symptômes anormaux. C'est pourquoi, aujourd'hui, la tendance est de faire pratiquer à la maman un sérodiagnostic de toxoplasmose un mois après la naissance pour ne pas passer à côté d'une contamination tardive.

En cas de toxoplasmose survenant au cours de la grossesse

On donne d'emblée à la future mère un traitement antibiotique (en général, plusieurs sont utilisés). En même temps, on essaie de préciser l'importance du risque fœtal par des échographies répétées, éventuellement par amniocentèse. En cas d'atteinte fœtale certaine, une interruption médicale de grossesse pourra être envisagée. S'il n'y a pas de signe évident d'atteinte certaine du fœtus, le traitement sera poursuivi jusqu'à l'accouchement.

Les maladies virales : grippe, covid-19, cytomégalovirus, hépatite, rubéole…

Une future mère n'est pas à l'abri d'avoir une infection virale, surtout s'il y a de jeunes enfants dans la famille. La question est de savoir, pour les plus fréquentes des maladies infectieuses, si elles peuvent atteindre l'enfant à naître et être plus sévères pour la future maman.

Maladies virales et grossesse
Symptômes, conséquences, traitement, prévention

VIRUS	SYMPTÔMES	CONSÉQUENCES		TRAITEMENT SPÉCIFIQUE POUR LA GROSSESSE	PRÉVENTION
		POUR LA MÈRE	POUR LE BÉBÉ		
GRIPPE	Toux, fièvre, douleurs musculo-articulaires	Pneumonie Grippe plus sévère	Aucune	Oseltamivir (Tamiflu®)	Vaccination[2]
SARS-COV-2 COVID-19	Toux, fièvre, signes de rhume, anosmie, agueusie, diarrhées	Pneumonie	Prématurité Transmission *in utero* (rare)	Aucun	Vaccination[2]
CYTOMÉGALO-VIRUS (CMV)	Souvent aucun (90 % des cas) Fièvre, syndrome-pseudogrippal	Aucune	Aucune dans 90 % des cas Malformations neurologiques Surdité	Aucun	Règles d'hygiène
HÉPATITE A	Fièvre, jaunisse	Aucune	Prématurité	Aucun	Vaccination[1]
HÉPATITE B	Souvent aucun	Aucune	Transmission à l'accouchement et hépatite chronique	Aucun	Séro-vaccination du bébé dès la naissance
HÉPATITE C	Souvent aucun	Aucune	Transmission rare	Aucun	
ROUGEOLE	Fièvre Éruption	Pneumonie Méningite	Rougeole à la naissance	Injection d'anticorps	Vaccination[1]
RUBÉOLE	Éruption, ganglion, fièvre	Aucune	Malformations sévères avant 20 SA	Aucun	Vaccination[1]
VARICELLE	Éruption avec des vésicules	Pneumonie	Malformation du système nerveux	Antirétroviraux	Vaccination[1]
ZONA	Éruption localisée et douloureuse	Aucune	Aucun	Aucun	Aucune
PARVOVIRUS B19 5e MALADIE	Fièvre, douleurs articulaires, « rash » cutanés (aspect de coup de soleil au visage) 1/3 des cas, pas de symptôme	Aucune	Anémie Fausses couches au 1er trimestre Pas de malformation	Transfusion du bébé	Aucune

1. Avant la grossesse
2. Pendant la grossesse

Précisions sur quelques maladies virales

- La vaccination contre la **grippe** est recommandée quel que soit le trimestre de la grossesse.
- **Covid-19**. En décembre 2019, une nouvelle maladie a émergé dans la région de Wuhan en Chine. Le covid-19 (*coronavirus disease* 2019) est du à un coronavirus, SARS-COV-2. Ce virus touche toutes les classes d'âges et n'épargne pas les femmes enceintes. Cette maladie n'est pas plus fréquente à cause de la grossesse. Pour la majorité des femmes enceintes, elle sera responsable de symptômes banals sans gravité : toux, fièvre, écoulement nasal, perte du goût ou de l'odorat, diarrhées. La maladie peut même être totalement asymptomatique, c'est-à-dire ne donner aucun symptôme (on parle alors de porteurs sains). La survenue d'une pneumopathie sévère est possible au cours de la grossesse, en particulier chez des futures mères plus âgées ou qui ont un diabète, une hypertension artérielle ou un surpoids. Le risque d'avoir un covid-19 plus sévère est légèrement augmenté chez les futures mères ; il est toutefois sans commune mesure en comparaison du risque chez les personnes âgées. Cette pneumopathie est plus complexe à prendre en charge au 3e trimestre car l'utérus pousse sur les poumons et peut gêner la respiration.

  Le risque de transmission *in utero* est exceptionnel, moins de 3 %, la pluplart du temps sans conséquence pour le nouveau-né. Une infection au 1er trimestre n'entraîne pas de malformations fœtales ni de fausses couches.

  La **vaccination** est conseillée chez les femmes enceintes et qui allaitent et elle est sans risque. Les anticorps passent le placenta et dans le lait et peuvent ainsi protéger le bébé.

  La **crise sanitaire** provoquée par la pandémie a eu un retentissement **psychologique** fort sur la période entourant la naissance. Les professionnels se sont efforcés d'apporter des réponses au plus près des besoins de la femme, du couple et de leur enfant, plus attentifs que jamais à une éventuelle détresse des parents et aux risques de dépressions du post-partum de la maman.
- **Infection à cytomégalovirus**. Les mesures préventives concernent essentiellement l'hygiène : ne pas partager les mêmes couverts que l'enfant, ne pas « finir » son assiette, sucer sa cuillère ou goûter son biberon ; éviter de l'embrasser sur la bouche, éviter le contact avec les larmes et le nez qui coule ; penser à se laver les mains après la manipulation des jouets, après le change des couches ; avoir du linge de toilette séparé, etc. Il n'existe aucune vaccination préventive pour les femmes. Pour l'enfant, après la naissance, on dispose d'un médicament efficace mais très toxique ; le médecin décidera de son utilisation éventuelle au cas par cas.
- La vaccination contre l'**hépatite A** se fait éventuellement en cas de séjour dans un pays à risque.
- **Hépatite B** : la recherche dans le sang maternel d'anticorps antihépatite est systématiquement pratiquée entre la 24e et 28e semaine de grossesse. En cas de réaction positive, l'enfant sera vacciné à la naissance.

Important

Pour se protéger de la contagion et limiter la transmission des virus, des précautions simples mais efficaces sont à observer (les **gestes barrières**) : se laver fréquemment les mains à l'eau et au savon ou avec une solution hydro-alcoolique, tousser ou éternuer dans sa manche, utiliser un mouchoir à usage unique, rester à distance des personnes malades et de celles qui toussent ou éternuent. En période d'épidémie, le port d'un masque est conseillé.

- Pendant la grossesse, la **rougeole** est surtout dangereuse pour la mère. Chez le bébé, il y a un risque lorsque l'éruption se déclare chez la maman un peu avant ou un peu après l'accouchement. D'où l'importance de la vaccination avant la grossesse, vaccination parfois oubliée aujourd'hui.
- Un sérodiagnostic de **rubéole** pour savoir si la future maman a eu la maladie est systématiquement demandé en début de grossesse. La vaccination anti-rubéolique (faite avant la grossesse) protège de ce risque.
- La vaccination contre la **varicelle** peut être faite avant la grossesse quand on envisage d'attendre un enfant.

La listériose

Comme la rubéole et la toxoplasmose, la listériose est une maladie bénigne ou même inapparente chez la mère, alors qu'elle est souvent redoutable pour le fœtus. Elle concerne 0,1 à 0,2 ‰ des naissances. Elle est transmise soit par des aliments d'origine animale (viande, œufs, lait, fromage), soit par contact avec un animal infecté, soit enfin par des aliments qui ont pu être, d'une manière ou d'une autre, en contact avec des sécrétions ou excréments animaux. Le bacille responsable traverse le placenta et atteint l'enfant. Celui-ci peut mourir dans l'utérus. Mais le plus souvent la maladie provoque un accouchement prématuré donnant naissance à un enfant qui mourra en quelques jours dans plus de la moitié des cas.
Il est important de détecter la listériose chez la femme enceinte car le bacille est très sensible aux antibiotiques. Malheureusement, ce dépistage est difficile car l'affection se cache souvent sous le masque d'une maladie banale : grippe, infection urinaire, etc. Chez une femme enceinte, tout épisode de fièvre qui ne peut être rapidement rattaché à une cause évidente doit faire rechercher le bacille dans le sang, la gorge, l'urine et les pertes vaginales. C'est le seul moyen de faire le diagnostic et d'instaurer un traitement. Si celui-ci est suffisamment précoce, l'enfant sera indemne.
La **prévention** la plus efficace consiste à s'abstenir de manger des aliments qui peuvent être dangereux : fromages au lait cru, fromages à pâte molle, poissons fumés, coquillages crus, surimi, tarama. Évitez rillettes, pâtés, foie gras, aliments en gelée. Préférez le jambon préemballé. Enlevez la croûte des fromages. Les plats cuisinés et restes alimentaires seront bien réchauffés. Les légumes consommés crus et les herbes aromatiques seront soigneusement lavés (p. 65-66 *Les précautions à prendre pendant 9 mois*).

Les infections urinaires

En dehors des troubles urinaires « mécaniques » dont vous avez vu la fréquence (p. 76), la future mère peut éprouver, outre des envies fréquentes d'uriner, des douleurs à la vessie et, lorsqu'elle urine, une sensation de brûlure. Parfois, les douleurs se situent plus haut que

la vessie, à la hauteur de l'abdomen ou des reins. Certaines femmes prennent même ces douleurs pour des contractions de l'utérus.
La cause de cette **cystite** est une infection urinaire. Elle peut s'accompagner d'urines anormalement troubles, parfois teintées de sang. Bien entendu, il faut consulter le médecin qui demandera un examen cytobactériologique des urines (ECBU). Celui-ci montrera la présence de microbes, en général de la famille du colibacille ou de l'entérocoque. Traitées rapidement, ces infections guérissent facilement mais elles ont souvent tendance à réapparaître. Aussi, après une infection urinaire, faut-il exercer une surveillance plus attentive des urines car, non ou insuffisamment traitées, ces infections risquent de s'étendre aux reins (pyélonéphrites), mais surtout semblent pouvoir retentir sur l'évolution de la grossesse et provoquer un accouchement prématuré.

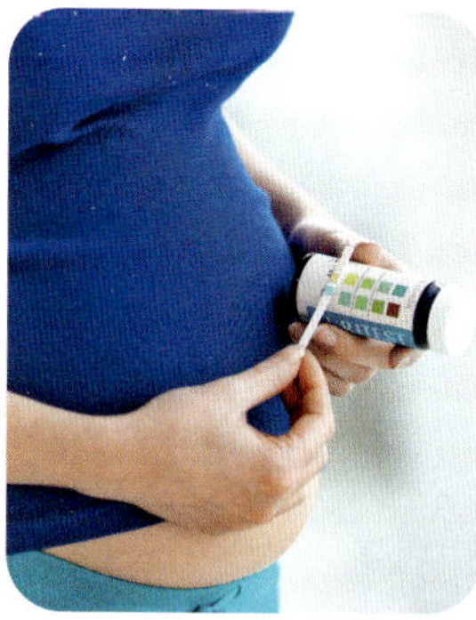

Il existe des bandelettes vous permettant de dépister vous-même ces **infections urinaires**.

La cholestase gravidique

Il s'agit d'un mauvais fonctionnement du foie provoqué par la grossesse, qui se manifeste le plus souvent au troisième trimestre.
Le premier symptôme en est le prurit gravidique (p. 77). Ces démangeaisons vont progressivement se généraliser et entraîner des lésions de grattage, ainsi que des troubles du sommeil si elles sont intenses. Un bilan sanguin montrera le dysfonctionnement hépatique. Ce bilan sera refait et, en fonction de l'importance des symptômes (prurit, troubles du sommeil et anomalies biologiques), un accouchement provoqué pourra être envisagé, d'autant qu'il y a de grands risques pour le bébé. Un traitement permet de diminuer les symptômes. L'accouchement sera souvent déclenché vers 8 mois ½.

Les traumatismes

Les conséquences des traumatismes sont évidemment variables selon l'intensité du choc et l'âge de la grossesse. Dans les quatre premiers mois, l'utérus est encore protégé dans le bassin. Contrairement à l'idée reçue, les fausses couches après traumatisme sont exceptionnelles. L'utérus devient beaucoup plus vulnérable en se développant : décollement du placenta, accouchement prématuré.
Les chutes simples sont fréquentes : 80 % surviennent après la 32e semaine car le développement de l'utérus entraîne un déplacement du centre de gravité du corps. Mais les lésions les plus graves surviennent après les accidents de la circulation, d'où l'importance de la ceinture de sécurité.
Quoi qu'il en soit, après une chute importante ou un accident, allez immédiatement à la maternité. Si vous êtes rhésus négatif, on vous fera une injection de gamma-globulines au cas où le choc aurait entraîné le passage de globules rouges du bébé dans votre circulation (p. 258).

Interventions chirurgicales

Peut-on se faire opérer quand on est enceinte ? Oui, c'est possible et l'anesthésie ne comporte aucun risque pour l'enfant. Par contre, pendant la grossesse, on ne pratique une intervention que si cela est nécessaire, pour une appendicite aiguë par exemple.

En cas de pathologie avant la grossesse

Pour illustrer les problèmes que peut poser la coexistence d'une maladie antérieure à la grossesse et la grossesse présente, voici quelques exemples choisis en fonction des situations les plus fréquentes, en terminant par les questions chirurgicales souvent rencontrées.

Le diabète

Cette maladie du métabolisme est due à la sécrétion insuffisante d'une hormone sécrétée par le pancréas et appelée insuline. Elle se traduit par une glycémie (taux du sucre sanguin) au-dessus de la normale.
On distingue deux variétés de diabète :

- **le type 1** qui nécessite toujours un traitement par insuline. Il est dit « insulino-dépendant ». Il est relativement rare chez les femmes enceintes ;
- **le type 2** qui est beaucoup plus fréquent et peut être contrôlé par le seul régime alimentaire, ou par des médicaments efficaces (par voie buccale). Mais ces derniers ne sont pas utilisés pendant la grossesse et sont remplacés par l'insuline.

Plus le diabète est mal ou difficile à équilibrer, plus les complications sont possibles : fréquence accrue des fausses couches, des malformations fœtales, de macrosomie (gros bébé, car il absorbe trop de sucre provenant de la mère), voire des morts fœtales dans les dernières semaines de la grossesse. D'où l'intérêt d'une surveillance médicale stricte et poursuivie jusqu'au terme de la grossesse – qui est en général avancé.

Quand le diabète est connu avant la grossesse, ce qui est souvent le cas, celle-ci peut se dérouler sans encombre à condition :

- d'avoir « préparé » la grossesse avec le diabétologue : il vous proposera un régime rigoureux, un fractionnement des doses quotidiennes d'insuline en trois injections au minimum, ainsi que des examens d'auto-surveillance glycémique très fréquents (6 fois par jour) car c'est dans les toutes premières semaines de la vie embryonnaire que se produisent les malformations fœtales qui peuvent être la conséquence d'un mauvais équilibre du diabète de la mère ; on compte seulement 1,2 % d'anomalies congénitales chez les femmes « préparées » contre 11 % chez les autres ;
- de suivre très strictement le traitement et le régime qui auront été prescrits ;
- d'être surveillée très régulièrement (toutes les deux semaines) par le diabétologue et l'accoucheur ;
- d'accepter, si elle est nécessaire, une hospitalisation avant la conception ou en début de grossesse, pour équilibrer le diabète si ça n'a pas été fait auparavant ; plus rarement en fin de grossesse si apparaît la moindre complication.

Grâce à cette surveillance attentive tout au long de la grossesse, le pronostic s'est considérablement amélioré. L'accouchement s'effectue le plus souvent à terme si le diabète a été parfaitement équilibré, avec le maintien d'une glycémie normale, mais il n'est pas rare qu'on le déclenche à 38-39 semaines. La césarienne n'est pas obligatoire, mais reste plus fréquente que chez les non-diabétiques. Le nouveau-né – qui est souvent gros – doit être surveillé pendant les premiers jours de sa vie car il est souvent hypoglycémique. Un apport de sucre – par voie intraveineuse ou par l'alimentation plus ou moins continue – est donc en général nécessaire.

Le diabète gestationnel. Il est bien différent du diabète dont nous venons de parler. Il s'agit d'un trouble provisoire de la sécrétion d'insuline, du fait de la grossesse, mais qui disparaît après. Certaines femmes ont plus de risques que d'autres de présenter un diabète gestationnel :

- celles qui ont un surpoids important ;
- celles qui ont des diabétiques dans leur famille proche (parents, frères et sœurs) ;
- celles qui ont déjà mis au monde un bébé de plus de 4 kg ;
- celles qui ont déjà eu un diabète gestationnel ;
- celles qui ont plus de 35 ans.

Il est conseillé de dépister ces femmes « à risque » dès le début de la grossesse par un dosage de la glycémie à jeun. Si ce résultat est normal, un test avec 75 g de sucre sera proposé entre 5 et 6 mois. Le diabète gestationnel confirmé nécessite la mise en place de règles diététiques, qui permettront le plus souvent de contrôler la glycémie et d'éviter son passage chez le bébé avec ses conséquences : la macrosomie fœtale (gros bébé) est une vraie difficulté, surtout pour la maman lors de l'accouchement, avec le risque de dystocie des épaules (bébé coincé aux épaules). En revanche, contrairement au vrai diabète, le diabète gestationnel ne présente pas de risque de souffrance ou de mort *in utero*. Il est rare que le régime ne suffise pas à contrôler la glycémie et qu'il faille passer à l'insuline comme pour un vrai diabète. Néanmoins, un certain nombre de femmes qui ont ce diabète gestationnel présenteront, vers la cinquantaine, parfois plus tôt, un authentique diabète de type 2.

Alimentation en cas de diabète gestationnel. Les apports en glucides (sucres) sont à fractionner au cours de la journée en 3 repas et 2 à 3 collations pour éviter une montée importante du taux de sucre dans le sang. Les boissons et les produits sucrés, les jus de fruits sont à éviter.

À noter

Au cours de la grossesse, il arrive assez souvent qu'on retrouve la présence de sucre dans les urines (glycosurie). Cela n'a aucune valeur pour dépister un diabète gestationnel, il s'agit en général d'une simple anomalie de filtrage du sucre par le rein.

L'hypertension artérielle

L'association hypertension artérielle et grossesse n'est pas rare (10 % des cas environ). Il est fréquent que ces deux états ne fassent pas bon ménage et aboutissent à une grossesse « à risque ». C'est dire l'importance de la prise régulière de la tension au cours des consultations.

- Si cette hypertension est connue avant la grossesse, elle est en général traitée et surveillée et la surveillance sera celle d'une grossesse « à risque » (p. 218 et suiv.).
- Si elle se révèle pendant la grossesse, elle nécessite une surveillance régulière et éventuellement un traitement pour éviter des poussées d'hypertension à l'origine d'une souffrance du bébé ou de complications neurologiques chez la maman (p. 219 et suiv.).
- Par contre, lorsque cette hypertension s'associe à une albuminurie et parfois à des œdèmes, il s'agit vraisemblablement d'une prééclampsie. Cette situation nécessite une attention particulière car cette complication peut être grave pour la maman (éclampsie) et pour le bébé (souffrance ou/et mort). Si cette hypertension avec albuminurie se confirme, elle impose une hospitalisation avec un bilan plus complet (p. 233).

Le surpoids et l'obésité

On apprécie la corpulence en calculant ce que l'on appelle **l'indice de masse corporelle** (poids divisé par le carré de la taille exprimée en mètres, p. 67). La normale se situe entre 18 et 25. De 25 à 30, on parle de surpoids. Au-dessus de 30, il s'agit d'obésité.

Les femmes qui ont un surpoids, et *a fortiori* les femmes obèses, ont tendance à avoir plus de complications : hypertension artérielle, diabète gestationnel, prééclampsie. C'est dire la nécessité d'une surveillance médicale régulière. Une prise de poids contrôlée pendant la grossesse (encadré p. 253) permet de limiter ces complications.

Dans certains cas, cet objectif de contrôle de la prise de poids peut sembler difficile à atteindre par la future maman.
Mais elle peut y arriver car le bébé, en puisant dans ses réserves, va l'aider à stabiliser son poids. La ration quotidienne ne doit toutefois pas être inférieure à 1 500 kcal car il faut assurer la croissance de l'enfant. Les efforts doivent porter principalement sur les graisses (pas plus de 30 g par jour répartis entre le beurre et les huiles) et surtout les glucides – les sucres – qui doivent être absorbés en quantité modérée. L'alimentation sera équilibrée et composée de protides (viandes grillées, œufs, poissons), de légumes verts, de fromages non gras, de laitages, de fruits et de féculents.
Les enfants dont la maman est en surpoids ou obèse sont souvent de poids élevé, d'où des difficultés possibles au moment de l'accouchement et la nécessité de recourir à une césarienne.
On sait également que l'obésité de la mère et du père peut se transmettre à l'enfant. Il est donc important de prendre très au sérieux l'obésité de la maman. Néanmoins, si le surpoids ou l'obésité représentent des facteurs de risque pour la grossesse, leur impact sur la santé de la maman et du bébé est modéré. Il est par ailleurs important que l'attitude de vigilance des soignants ne soit pas perçue comme stigmatisante.

Poids normal, surpoids, obésité.

– Une femme de 1,60 m pèse 55 kg. Son indice de masse corporelle se calcule ainsi : le poids (55 dans l'exemple choisi) ÷ par le carré de la taille.

$$\frac{55}{(1{,}60 \times 1{,}60 = 2{,}56)} = 21{,}48$$

L'IMC est normal. La prise de poids gestationnelle « idéale » se situe entre 11 et 16 kg.

– Si une femme de 1,60 m pèse 70 kg : l'IMC est de 27,34, il y a surpoids. La prise de poids gestationnelle « idéale » se situe entre 7 et 12 kg.

– Si une femme de 1,60 m pèse 80 kg : l'IMC est de 31,25, il y a obésité. La prise de poids gestationnelle « idéale » se situe entre 5 et 9 kg.

L'épilepsie

Les grossesses chez les mamans souffrant d'épilepsie posent le double problème de l'aggravation éventuelle de l'épilepsie et du rôle malformatif possible de certains médicaments antiépileptiques. Pour donner à ces grossesses le maximum de chances d'évoluer favorablement (c'est heureusement ce qui se produit dans 90 % des cas), certaines précautions doivent être prises :

- dans les deux mois précédant la grossesse, avec l'aide du neurologue, l'obstétricien fera en sorte d'équilibrer l'épilepsie avec un seul médicament, et prescrira de l'acide folique dont la prise sera poursuivie au moins jusqu'à 12-14 semaines de grossesse ;
- prise de vitamine K pendant le 9e mois ;
- surveillance échographique régulière pour dépister une éventuelle malformation.

La grossesse n'aggrave pas la **sclérose en plaques** et on constate souvent une diminution des poussées, surtout en fin de grossesse. Elle n'est donc pas contre-indiquée mais un avis spécialisé est souhaitable dans le cadre de la consultation préconceptionnelle.

Les allergies

Elles se traduisent surtout par des manifestations respiratoires et cutanées.

L'asthme

Il représente le trouble respiratoire le plus fréquent au cours de la grossesse. Presque tous les médicaments utilisés habituellement sont autorisés pendant la grossesse, y compris les dérivés de la cortisone.
Il est en revanche déconseillé de commencer une désensibilisation en cours de grossesse.

La rhinite allergique

Elle se traduit par une sensation de « nez bouché » et par des écoulements. Le traitement local à base de pulvérisations donne habituellement de bons résultats. Cette rhinite est le plus souvent liée à une surcharge hormonale, avec congestion des muqueuses.

Les troubles dermatologiques (urticaire, eczéma, prurit, etc.)

Ils peuvent être traités comme d'habitude. Toutefois, en ce qui concerne les médicaments antihistaminiques, il n'y a pas encore assez de recul pour être certain de leur innocuité. Les antihistaminiques locaux sont habituellement autorisés sans problème. De toute façon, consultez votre médecin qui, selon les cas, pourra prescrire certains antihistaminiques.

Les infections sexuellement transmissibles

Le VIH

On sait maintenant qu'à côté des malades présentant un sida déclaré et en évolution, un grand nombre de personnes sont porteuses du virus de l'immunodéficience humaine (VIH), et ne présentent aucun signe de la maladie (elles sont dites séropositives). L'évolution vers l'apparition des signes cliniques et la maladie déclarée est retardée par des médicaments antiviraux (trithérapie) qui sont très efficaces. Néanmoins, il n'existe pas actuellement de traitement permettant de guérir de cette maladie.

Pour la femme, en cas de simple séropositivité sans aucun trouble, la grossesse n'aggrave pas l'évolution de la maladie. Dans les autres cas (sida déclaré), le risque d'aggravation est bien réel.

La majorité des enfants contaminés le sont en fin de grossesse, notamment au moment de l'accouchement. Cependant, **le pronostic fœtal s'est considérablement amélioré** : le taux de transmission du virus VIH de la mère à l'enfant passe de 20 % à 0,5 % si la femme est correctement suivie et traitée. En cas de séropositivité au VIH, le mode d'accouchement, césarienne ou voie basse, sera discuté en fonction de la charge virale.

L'allaitement maternel est contre-indiqué chez les femmes séropositives car il augmente le risque de transmission du VIH à l'enfant.

Test du VIH

Pendant la grossesse, un test de dépistage du VIH doit être obligatoirement proposé, que vous pouvez accepter ou refuser.

L'herpès

L'herpès est une maladie virale, contagieuse, sexuellement transmissible et qui a tendance à récidiver. Ce virus reste en effet à vie dans l'organisme.

Cette maladie se traduit par l'apparition de petites vésicules groupées, comme celles de la varicelle. L'herpès peut se situer au niveau du visage, surtout sur les lèvres, ou au niveau de l'appareil génital (vulve, vagin et col). Au cours de la grossesse, seul l'herpès génital est dangereux pour l'enfant : celui-ci peut être contaminé au passage des voies génitales lors de l'accouchement et risque une encéphalite d'une très grande gravité. Aussi, quand existe une poussée d'herpès génital au moment de l'accouchement, la césarienne s'impose absolument. Ainsi, l'enfant sera indemne. Cependant, alors que l'herpès vulvaire est facilement visible, celui du col est impossible à diagnostiquer cliniquement. Aussi peut-on proposer dans ce cas une recherche de cellules herpétiques au niveau du col au cours du mois qui précède l'accouchement. Si cette recherche est positive, la césarienne peut s'imposer.

Si vous, ou votre conjoint, avez déjà fait des poussées d'herpès génital, il est indispensable de n'avoir, pendant la grossesse, que des rapports protégés (préservatifs).

Après la naissance, et quelle que soit la localisation de l'herpès, des précautions très strictes d'hygiène sont nécessaires pour ne pas contaminer le nouveau-né qui a de la peine à se défendre contre les infections virales ; en cas d'herpès labial, il est malheureusement déconseillé d'embrasser le bébé.

Gonococcie et infections à « chlamydiæ »

La gonococcie (ou blennorragie) entraîne habituellement des pertes et une irritation vulvo-vaginale importantes. Le risque est, d'une part, l'infection des membranes de l'œuf avec rupture prématurée de la poche des eaux ; d'autre part, la contamination de l'enfant au moment de l'accouchement (avec notamment des conjonctivites parfois graves). Des pertes ou une irritation doivent conduire à consulter sans attendre.

Les infections à chlamydiæ sont très fréquentes et passent volontiers inaperçues au point que certains médecins ont proposé leur dépistage systématique au cours de la grossesse. Le risque pour l'enfant est, là encore, celui d'une infection des membranes avec accouchement prématuré mais aussi celui d'une infection par contact direct avec le col et le vagin au cours de l'accouchement. Cette infection peut provoquer conjonctivites et pneumonies. Là encore, devant de tels symptômes, il faudra consulter sans attendre.

La syphilis

Cette maladie vénérienne existe encore. Mais c'est la syphilis maternelle qui est importante. Une syphilis paternelle ne peut intervenir que comme source de contamination éventuelle de la mère. C'est à partir du 5e mois que la syphilis peut se transmettre à l'enfant dans l'utérus. C'est pourquoi il est essentiel de faire un dépistage en début de grossesse. Ce test est obligatoire, il est automatiquement fait (prise de sang) au moment de la déclaration de grossesse.

Les addictions

L'alcool

La consommation d'alcool chez la femme enceinte peut entraîner des conséquences irréversibles sur le développement fœtal : c'est l'ETCAF (Ensemble des Troubles Causés par l'Alcoolisation Fœtale). Cela concerne 1 % des enfants et c'est la première cause de déficience mentale mais elle est **évitable**.
L'alcool traverse directement la barrière placentaire avec une concentration plus importante chez le bébé que chez la mère. Il peut entraîner des malformations et des atteintes du système nerveux.
Il favorise un retard de croissance, une prématurité et surtout – on le sait grâce à des tests spécifiques – a un effet différé sur les troubles de l'attention, ou comportementaux, ou sur des difficultés d'apprentissage.
À la naissance, il peut y avoir un syndrome de sevrage chez le nouveau-né qui se manifeste par de l'hyperexcitabilité, des troubles du sommeil, de la déglutition.

Recommandations importantes

Zéro **alcool** pendant la grossesse.

Il n'y a pas de dose seuil sans risque pour l'enfant. Il est fortement conseillé d'arrêter à tout stade de la grossesse.

www.santepublique.fr.

Le tabac

Nous avons déjà parlé du tabac (p. 34-35) mais il nous paraît nécessaire d'en redire un mot ici. Malgré les recommandations et les actions de prévention, et alors qu'on sait combien le tabac peut nuire au bébé, il y a encore trop de femmes enceintes qui fument. Pourquoi ne pas profiter de la grossesse pour prendre la bonne résolution d'arrêter de fumer ? N'hésitez pas à vous faire aider par des professionnels, notamment une sage-femme tabacologue que l'on peut consulter dans presque toutes les maternités.

Autres drogues

L'usage de substances psychoactives demande un suivi spécifique de la grossesse par une équipe pluridisciplinaire. La future maman sera accompagnée par les professionnels de la périnatalité dont l'esprit sera avant tout de l'encourager, de valoriser ses efforts et de favoriser les liens avec son bébé. Ce suivi se poursuivra après la naissance grâce à la PMI et aux réseaux périnataux.
Si le bébé présente des signes de sevrage, l'équipe médicale recommandera le peau à peau, le portage, le bercement, la lumière tamisée, etc. Ces conseils sont simples mais efficaces. Si ces gestes ne suffisent pas, une hospitalisation du bébé pourra être envisagée.

Les maladies cardiaques

Toutes les maladies cardiaques n'ont pas la même gravité mais toutes nécessitent les mêmes mesures de prudence en raison du travail supplémentaire que la grossesse impose au cœur. Avant de débuter une grossesse, il est important d'avoir l'avis d'un cardiologue car celle-ci peut être formellement contre-indiquée. Et si la grossesse survient malgré tout, il arrive parfois qu'une interruption médicale de grossesse soit conseillée en raison des risques très graves encourus pour la maman au cours de la grossesse ou de l'accouchement.

Les maladies de la thyroïde

La grossesse entraîne une augmentation de l'activité de la glande thyroïde (et de son volume, ce qui est fréquemment perçu par l'entourage). C'est pourquoi il est important, particulièrement chez les femmes présentant avant la grossesse une pathologie, même légère, de la thyroïde, de se faire suivre par un contrôle régulier des taux sanguins des hormones thyroïdiennes (TSH). Lorsque vous apprenez que vous êtes enceinte, n'arrêtez pas le traitement et attendez les conseils du médecin ou de l'endocrinologue.
Une hypothyroïdie maternelle non traitée peut avoir des conséquences défavorables sur le développement psychomoteur de l'enfant. C'est en fonction du résultat de ces dosages que le médecin adaptera le traitement. Après l'accouchement, il sera nécessaire de rééquilibrer celui-ci.

Les troubles neuropsychiques

La grossesse est une période de modifications hormonales qui peut avoir chez certaines femmes une incidence à la fois sur l'humeur et sur le comportement (p. 98). Il n'est donc pas étonnant que les femmes qui sont déjà fragiles sur le plan psychique avant leur grossesse puissent à cette occasion traverser une période de grande vulnérabilité. Si ces futures mères ne le font pas d'elles-mêmes, il ne faut pas hésiter à les inciter à consulter leur médecin. C'est en effet parfois le conjoint ou l'entourage qui constate que « quelque chose ne va pas ».
Il est important de parler dès la première consultation de son mal-être ou d'antécédents personnels ou familiaux. La connaissance de certains antécédents ou bien d'un contexte conjugal, familial ou professionnel particulièrement difficile, permet aux professionnels – médecin, sage-femme – de répondre au mieux aux besoins de la femme enceinte. Ces fragilités psychiques et événements douloureux sont en effet susceptibles de constituer de réels facteurs de risques ou de complications pendant la grossesse.
Dans certains cas, la consultation d'un psychiatre peut s'avérer nécessaire pour évaluer ces fragilités et juger de la pertinence d'un traitement médicamenteux compatible avec la grossesse. Attention à ne pas prendre des anxiolytiques ou antidépresseurs sans avis médical.

> ***À noter***
> Il existe des centres médico-psychologiques de proximité qui forment un réseau permettant une prise en charge.

Le facteur rhésus

Les complications dues au facteur rhésus – concernant les femmes rhésus négatif attendant un enfant rhésus positif – ont aujourd'hui pratiquement disparu grâce à la vaccination anti-rhésus.

Lorsque le sang d'un sujet rhésus négatif entre en contact avec du sang rhésus positif, il réagit en fabriquant des agglutinines irrégulières (anticorps dirigés contre des protéines des globules rouges). On dit que le sujet rhésus négatif s'immunise.
C'est pourquoi, lorsqu'une femme rhésus négatif attend un enfant d'un homme rhésus positif, cet enfant peut être soit rhésus négatif, comme sa mère (et il n'y a pas de problème), soit rhésus positif comme son père et, dans ce cas, il y a un risque d'immunisation.
En effet, dans certaines circonstances (saignement, grossesse extra-utérine, fausse couche, placenta *prævia*, cerclage, ponction du trophoblaste, amniocentèse, choc sur l'abdomen, version par manœuvre externe), les globules rouges du fœtus peuvent passer dans l'organisme maternel. Au contact de ces globules rouges rhésus positif qui lui sont étrangers, la mère rhésus négatif va développer des anticorps qui, à leur tour, au cours d'une autre grossesse, vont passer à travers le placenta ; ils vont alors détruire les globules rouges du fœtus, entraînant une anémie ou un ictère plus ou moins grave à la naissance.
Dans la réalité, ce passage de globules rouges vers le sang maternel se fait essentiellement au moment de l'accouchement et de la délivrance.

Que faire si vous êtes rhésus négatif ?

- Si le père est rhésus négatif : il n'y a aucun risque puisque l'enfant est obligatoirement rhésus négatif.
- Si le père est rhésus positif : la surveillance par la recherche des anticorps anti-rhésus ou agglutinines irrégulières (ou RAI) doit être systématique à la déclaration de grossesse, puis aux 6ᵉ, 8ᵉ et 9ᵉ mois. Dans la pratique, beaucoup de médecins surveillent toutes les femmes rhésus négatif, un doute sur la paternité étant toujours possible.

La vaccination

Le principe est simple : neutraliser, par une injection de gammaglobulines, les globules rouges rhésus positif du fœtus passés dans la circulation de la mère avant que celle-ci n'ait eu le temps de fabriquer des anticorps. C'est la **vaccination anti-rhésus**. Pendant la grossesse, la vaccination est pratiquée lorsqu'il y a un risque de passage de globules rouges de l'enfant dans la circulation maternelle (ci-dessus). Elle est également proposée à 28 semaines chez toutes les femmes rhésus négatif (injection de Rophylac®). À l'accouchement, la vaccination par gammaglobulines se fait dans les 72 heures qui suivent la naissance chez les femmes rhésus négatif ayant accouché d'un bébé rhésus positif.

À noter

Il est aujourd'hui possible de déterminer le rhésus du bébé avant la naissance à l'aide d'une prise de sang. Il s'agit du génotypage fœtal. Ce test est pris en charge par l'assurance maladie. Si le bébé est rhésus négatif comme la maman, la vaccination sera inutile. Celle-ci sera justifiée si son bébé est rhésus positif.

Les troubles du comportement alimentaire

Les troubles du comportement alimentaire les plus fréquents sont l'**anorexie** et la **boulimie**. Ils se manifestent le plus souvent à l'adolescence, entre 16 et 20 ans, et les femmes qui envisagent une grossesse sont en général guéries de ces troubles. Néanmoins, ils peuvent encore être présents ou resurgir au moment de la grossesse. Dans notre société très normée et qui valorise tellement la minceur, la prise de poids de la grossesse peut déstabiliser et entraîner des attitudes de restriction alimentaire (dont la forme la plus sévère aboutit à l'anorexie) et d'activité physique intense. Certaines femmes mettent en avant une absence de prise de poids pendant la grossesse, par exemple avec des photos sur les réseaux sociaux sur lesquelles elles montrent une ligne parfaite dès le lendemain de l'accouchement. Ce phénomène, appelé aux États-Unis « mummyrexie », n'est pas sans risque et peut s'avérer aussi néfaste pour la mère que pour l'enfant. La future maman risque des carences telles que l'anémie ou encore des difficultés cardiaques, et le bébé une naissance prématurée, un poids peu élevé ou du diabète à long terme.

En cas de boulimie, la grossesse semble avoir un effet bénéfique sur les troubles alimentaires. Les futures mères s'autorisent à moins contrôler leur poids et leur alimentation. Le temps de la grossesse les pousse à reconsidérer l'image qu'elles portent sur leur corps, leur permettant d'accepter leur féminité et de devenir mère.

L'entretien prénatal précoce (p. 194), qui a lieu au 4e mois de grossesse, peut être le bon moment pour évoquer ces troubles actuels ou passés. De même, il est important que vous parliez à votre médecin ou à votre sage-femme des troubles alimentaires dont vous avez souffert. Il ou elle pourra décider de la nécessité d'un soutien psychologique à la maternité.

Après la naissance, les mamans qui ont (ou ont eu) des troubles du comportement alimentaire peuvent éprouver des difficultés au moment où elles nourrissent leur bébé. Elles cherchent, malgré elles, à imposer un rythme des tétées ou des biberons, plutôt que de laisser leur enfant faire l'expérience du plaisir de se nourrir à son rythme. En effet, même si le comportement vis-à-vis de la nourriture change, ou s'atténue, certains traits peuvent persister et être à l'origine de vraies difficultés pour les relations futures avec l'enfant. D'où l'importance pour ces mamans de chercher un appui auprès des professionnels de santé.

La tuberculose a malheureusement tendance à refaire surface dans certains milieux défavorisés. En cas de tuberculose extrapulmonaire (ganglionnaire ou osseuse par exemple), l'évolution de la grossesse et de l'accouchement est généralement normale. En cas de tuberculose pulmonaire confirmée, la prématurité avec des complications respiratoires pour le nouveau-né est plus fréquente. L'allaitement maternel est en général déconseillé. Le nouveau-né sera vacciné par le BCG dès la première semaine.

L'anémie

Les besoins en fer sont nettement augmentés au cours de la grossesse. Une partie du fer nécessaire est fournie par l'alimentation, une autre est puisée dans les réserves de l'organisme maternel. Si ces réserves sont insuffisantes (ce qui peut être le cas dans certaines grossesses rapprochées), le déficit en fer va entraîner une anémie. Celle-ci peut se traduire par des symptômes tels que fatigue anormale, essoufflement, pâleur, mais l'anémie peut aussi être entièrement cachée et révélée seulement par un examen du sang. L'anémie est le plus souvent sans conséquence puisqu'elle est systématiquement traitée par la prescription médicale d'une supplémentation en fer. La recherche d'anémie (c'est-à-dire la numération globulaire) fait néanmoins partie des examens obligatoires.

Les autres maladies

Le lupus

C'est une infection auto-immune (anomalie du système immunitaire). Elle est caractérisée par un défaut de contrôle des lymphocytes B ; cela provoque une forte production d'anticorps qui peuvent obstruer des petits vaisseaux du rein en particulier, mais aussi du cerveau et du système cardiovasculaire.
La grossesse constitue une période particulièrement délicate où la maladie peut s'aggraver chez la future maman et entraîner des complications, notamment l'accouchement prématuré. C'est pourquoi, avant la grossesse, le médecin informera la femme des risques très importants et des contraintes de la surveillance et du traitement avant, pendant et après la grossesse.

La thrombophilie

Il s'agit d'une prédisposition accrue, le plus souvent héréditaire, à développer des thromboses, c'est-à-dire des caillots qui vont obstruer les vaisseaux du système veineux et parfois artériel. Or la grossesse constitue en elle-même un état d'hypercoagulabilité, c'est-à-dire qui facilite la formation de caillots. Il est donc important de dépister, essentiellement par l'interrogatoire médical, les femmes qui ont des antécédents de thrombophilie dans leur famille. Cela permet de mettre en œuvre une prévention efficace qui comporte de l'aspirine à très faible dose en début de grossesse, et de l'héparine vers la fin de la grossesse.

La grossesse après un cancer

D'une façon générale, une grossesse est toujours possible après un cancer, à condition que les traitements (radiothérapie et chimiothérapie) n'aient pas définitivement aboli la fonction ovarienne, ce qui est possible mais plutôt rare. En outre, un certain délai est souvent recommandé avant de commencer une grossesse, compte tenu du risque de récidive concernant par exemple la prise en charge d'un cancer du sein.
Si l'ovulation a été perturbée, elle reprend en général plusieurs mois après la fin des traitements, c'est-à-dire à une période où la femme peut être considérée comme guérie ou du moins en rémission complète. Seul le médecin ou l'équipe pluridisciplinaire peut répondre précisément à la question de la possibilité d'une grossesse. Si grossesse il y a, elle nécessite une surveillance particulière mais elle n'expose pas à plus de risques de récidive de la maladie, ou de fausse couche, ou de malformations, ou de césarienne. L'allaitement est le plus souvent possible. Par contre, il semble exister un risque de prématurité et de retard de croissance. Enfin, le risque de transmettre à l'enfant un cancer existe mais il est vraiment faible.

À noter

Pour plus d'informations sur ce sujet, nous vous conseillons de consulter www.ligue-cancer.net

Les pathologies chirurgicales

Les malformations utérines

2 à 4 % des femmes présentent des malformations congénitales de l'utérus, par exemple utérus bicorne vrai ou avec cloison, utérus unicorne. Ces malformations sont parfois inconnues et passent totalement inaperçues. Lorsqu'elles sont connues, elles ont fréquemment été dépistées à l'occasion d'une fausse couche ou d'un bilan de stérilité. Certaines peuvent avoir été traitées chirurgicalement par voie naturelle, sous hystéroscopie ; certaines ne peuvent pas être traitées, comme l'utérus unicorne. De toute manière, traitées ou non, ces malformations peuvent provoquer un accouchement très prématuré. Des mesures de prévention de ce risque seront alors mises en place (p. 242).

Les fibromes utérins

Les fibromes, ou myomes, sont des tumeurs bénignes développées dans le muscle utérin. Leur association à la grossesse n'est pas très fréquente et concerne surtout les femmes de plus de 35 ans. Ces fibromes sont le plus souvent bien tolérés, provoquant simplement des contractions utérines un peu plus fréquentes. Il est rare qu'ils entraînent des fausses couches tardives, un retard de croissance, un accouchement prématuré ou une hémorragie de la délivrance. De façon exceptionnelle, le fibrome se complique (augmentation importante de volume par exemple) et peut nécessiter une ablation chirurgicale pendant la grossesse.

Les kystes ovariens

L'échographie systématique en début de grossesse a montré que les kystes ovariens étaient plus fréquents qu'on ne le croyait (1 à 5 % des cas). Il s'agit le plus souvent de kystes dits « fonctionnels » qui disparaissent spontanément avant la fin du 3e mois. Les autres kystes (dits « organiques ») ne disparaissent pas mais sont habituellement sans conséquence pour la grossesse. Il arrive cependant qu'ils se compliquent (hémorragie intrakystique, rupture, torsion), obligeant à une intervention d'urgence.

La perte du bébé qu'on attendait

Les circonstances empêchent parfois tout avenir au bébé qu'on attendait : soit parce que la grossesse a été interrompue pour des raisons médicales (IMG), soit parce qu'il est décédé avant la date à laquelle il aurait dû naître, ou pendant l'accouchement, ou après.

L'accompagnement des parents

Le décès de leur bébé représente un véritable choc pour les futurs parents. Ils subissent cet événement comme une catastrophe, à la fois incompréhensible et injuste. Dans ces situations particulièrement difficiles, les parents sont aujourd'hui soutenus et aidés.

Le deuil périnatal

La souffrance des parents et celle, plus spécifique, des mères sont désormais prises en compte par le corps médical. Les parents peuvent « faire le deuil » de cet enfant avec lequel ils ont vécu plusieurs mois, et trouver ainsi un certain apaisement. Mais qu'entend-on par cette expression « faire son deuil », reprise si souvent dans les médias, au risque de devenir une sorte d'injonction et d'obligation à l'oubli ?
Le « travail de deuil » est un processus complexe (inconscient et conscient) qui se fait chez toute personne confrontée à la mort d'un être cher. Il s'accomplit tout au long d'une évolution propre à chacun et à son histoire. Durant cette épreuve, les premiers mois s'accompagnent d'émotions intenses, parfois de comportements inhabituels (peu d'appétit, grande fatigue, impression de vide), de douleurs physiques, d'épisodes dépressifs. Ensuite, survient une phase de tristesse, appelée dépression réactionnelle. Au bout de plusieurs mois, la personne endeuillée s'autorise à accepter que l'être cher, qui n'est plus là physiquement, soit encore présent dans sa tête, dans son cœur. Cet être pourra ainsi devenir une « force » de vie plutôt qu'un souvenir qu'il faudrait masquer, cacher, oublier. Personne n'oublie un être cher décédé. Encore moins une mère ou un père d'un enfant décédé dans cette période périnatale.
Ces réactions durent le temps du deuil, puis s'atténuent et conduisent à la séparation progressive, et non à l'oubli, d'avec l'être aimé.
Dans la période immédiate du décès
Lorsque le décès du bébé survient à la maternité (avant, pendant ou juste après l'accouchement), il est important que les soignants proposent aux parents, si cela est possible, de permettre à leurs proches de voir l'enfant ; et si les parents le demandent, de faire en sorte que des rites religieux puissent être organisés en « urgence ». L'équipe

« Tout allait si bien pourtant. Aujourd'hui, nous sommes dans la peine et le chagrin. Voir un bébé, voir le bonheur des autres mères, m'est très douloureux »,

écrit Camille.

Elle avait l'air paisible, cela m'a détendue de la prendre dans mes bras.

Marine

Selon les circonstances du décès, l'équipe médicale informe les parents des modalités de la prise en charge (funérailles, déclaration à l'état civil, inscription sur le livret de famille).

médicale regroupera des supports mémoriels du bébé (photographies, moulage des mains ou des pieds, recueil du bracelet de l'enfant, éventuellement d'une mèche de cheveux). L'enfant aura été habillé avec les vêtements apportés par les parents et, s'ils le souhaitent, leur sera présenté pour qu'ils puissent le prendre dans les bras.

Les circonstances du décès

Le décès peut être **inattendu**, brutal avant l'accouchement ou lors de l'accouchement. Des examens seront pratiqués, dont l'autopsie, pour tenter de mettre des mots sur l'impensable. Les parents seront souvent en difficulté pour vivre le deuil tant que les résultats ne sont pas revenus. Il est important que les soignants revoient au plus vite les parents pour leur donner les résultats.

Lorsque le décès fait suite à une **IMG**, les mères, qui ont dû demander de pratiquer ce geste, peuvent se sentir incomprises, coupables si elles ne sont pas bien accompagnées. Elles ne savent pas toujours ce qui a été fait et préfèrent ne pas poser de questions. « Il a fallu le faire pour éviter à l'enfant de souffrir s'il vivait avec la maladie décrite par les spécialistes », disent-elles. Un soutien des parents est indispensable dans cette situation (p. 216-217).

Lorsque le décès est lié à une **maladie ou malformation grave**, l'enfant sera accompagné pendant ses quelques heures ou jours de vie par l'équipe de soins palliatifs pédiatriques. Cet accompagnement, même de quelques heures, aide les parents à trouver du sens à ces instants. La douleur aura été le plus souvent adoucie par le fait d'avoir pu prendre leur bébé dans les bras. Si le décès survient au bout de quelques jours de vie, la durée de cette vie si courte aura permis, si les parents le permettent, que la famille puisse venir honorer de leur visite l'enfant avant le décès. Si les parents souhaitent la venue d'un religieux, ils auront plus de temps pour l'organiser. Les supports mémoriels seront faits de la même manière que dans le cas d'un décès en salle de naissance.

Le soutien de l'équipe médicale

Les soignants sont formés à soutenir les parents dans leur douleur, avec l'infinie délicatesse que cette situation réclame, toujours respectueux de leurs réactions, de leur personnalité, de leur culture.

La présence d'une équipe pluridisciplinaire (sage-femme, pédiatre, obstétricien, pédopsychiatre, psychologue) offre aux parents l'espace nécessaire à la reconnaissance de leur statut de père, de mère.

Elle peut les aider à vivre le moins mal possible le traumatisme de la perte de leur bébé et les amener à accueillir leur enfant, à l'inscrire dans l'histoire de la famille. Cet espace leur permet de mieux se séparer de lui et de commencer le deuil.

Parler ensemble de ce deuil, exprimer son chagrin, ses émotions, atténue ou évite qu'un décalage s'installe dans les peines respectives des parents. Le compagnon souffre mais le plus souvent en silence.

Sa douleur est d'autant plus grande qu'il peut se sentir incapable de réconforter sa compagne et craindre de pleurer devant elle ; il ressent un réel sentiment d'impuissance. N'ayant pas eu à porter son enfant, il se sent parfois exclu de ce qui se passe. Très vite, il peut vouloir reprendre

Quand la psychologue nous a dit que nous avions été parents, elle a mis des mots sur ce que nous n'osions pas exprimer.

François

À noter

Sur **le deuil périnatal**, voici quelques références :

– *Parents orphelins, vivre une fausse couche, une IMG, un deuil périnatal*, de Sophie Nanteuil (Hachette) : un livre qui a recueilli près de 100 témoignages de parents et de leurs proches.

– *Attendre un enfant après une IMG*, de Diane de Wailly (Eres) : cet ouvrage s'adresse plutôt aux équipes de maternité pour les aider à améliorer le soutien des femmes.

Voici également quelques associations :
– www.petiteemilie.org
– ww.association-agapa.fr
– www.spama.asso.fr Association de soins palliatifs autour de la naissance.

ses activités ou s'investir dans son travail. Cependant cela ne fait que reculer le moment d'affronter la douleur de cette séparation. La femme éprouve un vide, une blessure, à la mesure de l'attachement qui s'est construit entre elle et son enfant. Un temps lui est nécessaire pour penser et exprimer sa tristesse avant d'envisager de reprendre le cours de sa vie personnelle et professionnelle. Si la douleur persiste, chez l'un ou chez l'autre, il existe des maternités ou des associations qui proposent un travail d'accompagnement individuel ou sous forme de groupes de parole.

Les frères et sœurs

Les parents peuvent être tentés de passer sous silence le décès du bébé pour protéger leurs aînés. Et pourtant les psychologues conseillent de parler de la perte de leur petit frère ou sœur aux plus grands. De plus, les enfants « savent » puisque les parents deviennent si tristes, puisque maman « n'a plus son gros ventre ». Ne pas en parler créera chez eux une angoisse forte. Même si ce n'est pas facile d'évoquer la perte du bébé, il faut essayer de s'exprimer simplement, sans chercher à cacher son chagrin, tellement compréhensible. Ces mots offrent aux enfants la possibilité de poser des questions, de faire part d'inquiétudes, de souffrances, qui auraient pu passer inaperçues. Ce partage de l'épreuve renforce les liens à l'intérieur de la famille. Et l'attention portée aux autres enfants réhabilite en quelque sorte les parents dans leur fonction.
La présence des aînés aux funérailles est nécessaire pour eux. Même s'ils ont une place modeste, parfois au fond de la salle, ils pourront faire des dessins qui seront mis dans le cercueil. Ils vivront un moment fort en famille et cela restera dans la mémoire de tous.

Les proches

L'entourage a parfois de la peine à comprendre que le chagrin qui suit le décès d'un bébé autour de la naissance puisse être si intense. Or, la douleur ressentie par les parents ne se mesure ni au temps passé avec l'enfant ni à la qualité de leur relation. La brutalité, l'imprévisibilité de la perte, l'incompréhension, le sentiment d'injustice, « assomment » les parents. L'entourage, par souci de bien faire, essaie maladroitement d'atténuer leur tristesse. Le choix des mots et des paroles de consolation témoigne souvent de l'impuissance ou du malaise qu'éprouvent la famille et les amis. Certaines formules toutes faites, ou certains commentaires qui visent à gommer la douleur et le chagrin, peuvent choquer les parents.
Les parents ont besoin de se sentir entourés mais ils attendent une présence discrète faite principalement d'une attention bienveillante et d'une écoute chaleureuse qui leur permettent de parler, d'échanger.

Ces pages sur le deuil périnatal ont été approfondies grâce aux échanges que nous avons eus avec le docteur **Alain de Broca** qui anime depuis 30 ans un diplôme universitaire sur l'accompagnement des personnes endeuillées et qui est l'auteur de *Deuils et endeuillés* (Elsevier Masson). Nous le remercions de nous avoir fait part de son expérience médicale et humaine.

« Pour nous réconforter mon mari et moi, nos amis et nos familles nous disaient : "Vous êtes jeunes, vous aurez d'autres enfants." Ou bien "Avec le temps vous oublierez." Ou au contraire : "Ne sois pas enceinte trop vite, il ne faut pas oublier." J'ai porté mon bébé pendant 7 mois, je l'ai senti bouger. Comment imaginer que je vais l'oublier ? »,

écrit Nadia.

Attention : les symptômes à signaler sans tarder

Voici les symptômes que vous devez signaler au médecin dès leur apparition. Ils ne traduisent pas forcément la survenue d'une complication grave, mais seul le médecin pourra les interpréter[1].

SYMPTÔMES	COMPLICATIONS POSSIBLES
Vous avez des pertes de sang, même légères (surtout si elles se répètent), avec ou sans douleur	Au début : menace de fausse couche, grossesse extra-utérine À la fin : menace d'accouchement prématuré, placenta inséré bas, hématome rétroplacentaire
Vous avez pris trop de poids trop vite Vos pieds, vos chevilles, vos mains enflent Il y a de l'albumine dans vos urines	Prééclampsie Infection urinaire
Vous avez des troubles de la vue (taches devant les yeux, vue brouillée), surtout si ces troubles s'accompagnent d'une barre au creux de l'estomac et de maux de tête	Prééclampsie
Vous urinez fréquemment, avec des brûlures accompagnées parfois de douleurs dans le ventre et les reins, et de fièvre	Infection urinaire
Vous avez de la fièvre, qu'elle soit ou non accompagnée d'un autre symptôme Vous sentez des ganglions au niveau du cou Vous avez une éruption en un point quelconque du corps	Maladie infectieuse Toxoplasmose Listériose
Vous sentez votre ventre se durcir : vous avez des contractions utérines répétées, régulières et/ou douloureuses. Ces contractions persistent même si vous vous allongez	Menace d'accouchement prématuré
Vous avez une perte de liquide par le vagin (assurez-vous qu'il ne s'agit pas d'une émission involontaire d'urine, ce que vous reconnaîtrez à l'odeur)	Rupture des membranes Risque d'accouchement prématuré
Vous êtes anormalement fatiguée, essoufflée, avec tendance à perdre connaissance	Anémie
Vous vous grattez sur tout le corps	Cholestase gravidique
Vous avez subi un traumatisme important (chute, accident de la voie publique ou de la route)	Risque d'accouchement prématuré Hématome rétroplacentaire
Dans les derniers mois, vous notez une très nette et durable diminution de l'intensité et de la vivacité des mouvements du bébé	Menace sur la santé du bébé

1. Ces symptômes et les complications qui peuvent s'ensuivre sont traités dans ce chapitre.

Certains **signes d'alerte**, comme les troubles importants du sommeil ou les crises d'angoisse, sont également à signaler au professionnel qui suit votre grossesse (p. 204).

8

Comment préparer son accouchement

Tout ce livre est conçu pour vous préparer à accueillir votre nouveau-né, pour que vous l'aidiez à venir au monde. Lisez le chapitre sur l'accouchement : en vous familiarisant avec l'inconnu, vous vous sentirez plus détendue. Se préparer, c'est aussi se sentir bien physiquement. Les pages qui suivent détaillent les exercices respiratoires et musculaires qui vous aideront à trouver les positions les plus confortables, à vous relaxer, et ainsi à être en forme pour la naissance.

Se préparer à la naissance et à la parentalité

Le but de la préparation est d'aider la future mère à mettre au monde son enfant dans les meilleures conditions possibles. Les exercices physiques, respiratoires et de relaxation seront utiles tout au long de la grossesse, pendant l'accouchement et pour préparer la rééducation périnéale lorsque le bébé sera né. Les séances s'arrêtent après la naissance. Mais en permettant aux femmes de s'approprier leur corps et de se sentir, avec leur bébé, au centre de cet événement unique, en incluant les futurs pères dans cet accompagnement, en aidant le couple à connaître leur enfant à naître, les séances préparent les parents à leur nouveau rôle.

La préparation

Au cours des séances, la future mère apprend à mieux connaître les modifications de son corps pendant la grossesse, l'accouchement et le post-partum. Elle découvre comment elle peut s'adapter physiquement et psychologiquement à ces transformations. Elle peut s'exprimer sur les craintes concernant l'accouchement et l'arrivée du bébé. Le futur père est invité à participer aux séances pour pouvoir accompagner et aider sa femme. La préparation à la naissance est le plus souvent animée par une sage-femme.

La préparation va vous informer sur l'accouchement, le séjour à la maternité, l'allaitement, le nouveau-né, les premières relations parent-bébé, le retour à la maison, et une part importante sera donnée aux activités corporelles, aux respirations, à la relaxation. Les futures mères peuvent également demander, si nécessaire, des renseignements sur les associations qui leur seraient utiles : soutien à l'allaitement, lieux d'accueil parents-enfants, regroupement de femmes atteintes de la même maladie qu'elles, etc. ; ainsi que des renseignements sur la PMI, sur d'autres professionnels susceptibles d'intervenir dans des situations particulières (médecins spécialistes, psychologues, tabacologues), etc.
Ces points concernent toutes les futures mamans, même si une césarienne est prévue ou si vous souhaitez avoir une péridurale. En effet, toutes les formes d'accouchement sont abordées au cours des séances. Y compris la césarienne. Les objectifs de la préparation sont précisés par des recommandations professionnelles. Chaque sage-femme a sa façon de les atteindre : exercices physiques, yoga, activités en piscine, etc.

La préparation se fait en huit séances

Les séances sont remboursées à 100 % dès la déclaration de grossesse. La **première séance** est individuelle. Toutes les femmes n'ont pas les mêmes demandes, les mêmes craintes, les mêmes atouts pour les affronter. Elles ont besoin d'intimité, d'une relation de confiance pour s'exprimer sur ces sujets sensibles. Leur compagnon également. C'est pourquoi la première séance individuelle fait l'objet d'un « entretien prénatal précoce », si possible dès la déclaration de grossesse, en fin de premier trimestre (p. 194). Cependant, il n'est jamais trop tard, il peut être réalisé à tout moment de la grossesse. Les éléments de cet entretien peuvent être consignés dans votre dossier médical. Soit à la fin de cet échange, soit en fin de grossesse, ce document sera complété et un résumé vous sera remis pour faire un lien avec la sage-femme qui vous accueillera en salle de naissance ; il pourra aussi servir à rédiger votre « projet de naissance » (p. 271).
Si vous avez de nouvelles questions, si votre situation évolue, n'hésitez pas à demander à la sage-femme une seconde entrevue : une consultation peut compléter ce premier entretien.
Les sept autres séances peuvent se faire en groupe, avec six femmes enceintes maximum. Certaines sages-femmes libérales proposent des séances individuelles, ou en couple, ou en groupe, avec au maximum trois futures mamans, plus les conjoints s'ils le désirent.
Les séances de préparation sont souvent complétées par des entretiens entre les femmes qui vont accoucher, par des entretiens avec des mères et des pères qui viennent d'avoir leur enfant, par la projection d'un film sur l'accouchement. La sage-femme cherche à installer un climat de confiance et cette confiance réciproque est un des éléments importants de la préparation. Les futures mères peuvent s'exprimer librement sur ce qui les préoccupe. Il existe aussi des groupes uniquement destinés aux futurs pères.
Dans le cadre des séances de préparation à la naissance, une visite de la maternité peut être organisée. Les femmes apprécient de se familiariser

À noter

La préparation est codifiée par la HAS. Pour tout renseignement, notamment sur les recommandations faites aux professionnels, ou sur l'entretien prénatal précoce, voyez www.has-sante.fr, rubrique « Préparation à la naissance et à la parentalité ».

avec ces lieux un peu mystérieux, de voir de près dans la salle d'accouchement les différents appareils (monitoring par exemple).

Les bienfaits de la préparation

L'intérêt d'une préparation est grand : les futures mères sont plus détendues, elles le disent, les futurs pères le confirment. Les caisses d'assurance maladie en reconnaissent les bienfaits puisqu'elles recommandent aux femmes de la suivre. Il faut évidemment que celle-ci soit bien faite et ne se limite pas à quelques exercices de gymnastique ou à quelques explications, des diapositives ou un film, au cours de 4 ou 5 séances, commencées tardivement.

Heureusement, il y a d'excellentes préparations, faites par des sages-femmes motivées et passionnées. Renseignez-vous au moment de vous inscrire à la maternité : la première séance est-elle individuelle ? Le père est-il encouragé à venir ? Combien y a-t-il de femmes enceintes par groupe ? Combien de temps dure une séance ? Parlez-en aussi à des futures mères ayant suivi la préparation ou ayant accouché dans la maternité que vous avez choisie.

La préparation ne suffit pas à garantir un bon accouchement, encore faut-il que la future mère soit bien accueillie à son arrivée à la maternité et bien accompagnée pendant le travail pour être détendue et se sentir rassurée.

Certaines femmes ne supportent pas l'idée d'une **hospitalisation** et, l'accouchement approchant, leur inquiétude augmente. Osez en parler aux professionnels qui vous suivent, que ce soit dans le cadre de la préparation à la naissance ou lors d'une consultation. Cela vous permettra d'anticiper ce moment, de vous y préparer et de diminuer votre appréhension. L'équipe vous proposera probablement de visiter la maternité et les salles d'accouchement, si ce n'est pas déjà fait. Une maternité n'est pas un service hospitalier comme les autres, il ne reçoit pas des malades mais des mères qui donnent naissance à leurs bébés. Voyez également avec l'équipe si, dans votre cas, un séjour plus court pourrait être envisagé.

Je pense que l'équilibre du couple passe par l'investissement des deux parents dans la grossesse, et j'ai apprécié la présence de mon compagnon lors des séances de préparation »,

écrit Muriel

Est-il conseillé de faire la préparation dans la maternité où l'on va accoucher ?

Cela vous permettra, en principe, de connaître quelques sages-femmes, de visiter les locaux et de recevoir des informations spécifiques à cette maternité (Faut-il apporter les couches pour le bébé ? Où se trouve la porte d'entrée la nuit ?… et mille autres détails utiles).

Mais ce n'est pas une obligation et si vous avez l'impression que la maternité n'est pas bien organisée pour ces séances, ou si les horaires ne vous conviennent pas, ou pour toute autre raison, vous pouvez faire la préparation en ville. Une sage-femme peut même venir à domicile si vous êtes au repos.

Cette question du lieu ne se posera peut-être pas. Aujourd'hui, certaines maternités ne font plus de préparation pour des questions d'organisation. Dans ce cas, on vous donnera des adresses de sages-femmes libérales,

qui reçoivent à leur cabinet ou se déplacent. Cela peut être l'occasion de rencontrer l'une d'elles qui pourra passer chez vous au retour de la maternité dans le cadre du Prado (p. 147 et p. 401).
N'attendez pas trop pour vous renseigner et choisir la solution qui vous convient le mieux.

Le projet de naissance

Il est probable que vous vivrez mieux votre accouchement si la sage-femme de la salle de naissance connaît vos besoins, vos aspirations, vos craintes. C'est pour cela que les professionnels recommandent aujourd'hui aux parents de rédiger un projet de naissance.
Nous vous conseillons de préparer ce projet pendant la grossesse et **en concertation avec la sage-femme** qui suit votre préparation ; celle-ci vous indiquera les possibilités qui existent là où vous allez accoucher.
Le but de ce document est de faciliter la communication entre vous et la sage-femme de la salle de naissance, à un moment où vous et votre conjoint êtes concentrés sur l'arrivée du bébé, sur les contractions, et où la sage-femme, elle, est concentrée sur le déroulement médical.
Vous pouvez noter par exemple que vous préférez marcher le plus longtemps possible plutôt que d'avoir une péridurale rapidement – ou le contraire. Vous pouvez préciser que vous souhaitez garder votre bébé en peau à peau avant les premiers soins ; que, même en cas de césarienne, vous souhaiteriez ce temps de peau à peau si cela est possible. La sage-femme saura ainsi mieux s'adapter à vos besoins. Si votre conjoint ne veut pas couper le cordon, mentionnez-le : la sage-femme ne lui posera pas la question, ce qui pourrait le mettre mal à l'aise, etc.
Le but est également de vous aider à ne pas établir une liste de souhaits parfois incompatibles avec les circonstances médicales d'un accouchement. Il est par contre important que vous puissiez exprimer ces souhaits à la sage-femme qui vous accompagne dans votre préparation. Ainsi, quelles que soient les circonstances de la naissance, vos besoins et votre ressenti pourront être respectés.
Ceci est bien sûr un **projet** et il reste adaptable si, le jour de votre accouchement, les circonstances n'étaient pas celles que vous aviez envisagées. Il ne s'agit pas d'un « contrat » ; il permet plutôt de voir ce qui est important pour vous, dans quel état d'esprit vous souhaitez vivre votre accouchement et accueillir votre bébé.
Vous avez par exemple signalé que vous souhaitiez une péridurale mais vous arrivez à la maternité au moment où vous pouvez déjà commencer à pousser votre bébé, ce qui empêche d'installer la péridurale. La sage-femme va bien sûr tenir compte de votre besoin de vous préserver de la douleur. En fonction de la situation et de ce que vous exprimerez, elle mettra en place ce qui vous permettra de mettre au monde votre bébé en étant rassurée : poser une rachianesthésie, vous proposer de respirer du protoxyde d'azote (anesthésiant), ou bien vous guider dans les meilleures positions à adopter pour que vous restiez le plus détendue possible.

À savoir

Dans ses recommandations concernant l'accouchement « normal », la HAS (p. 303) insiste sur la nécessité d'informer les femmes et les couples afin de les aider à faire des choix éclairés. Cela montre l'importance de l'entretien prénatal précoce (p. 194) et du projet de naissance qui sont des moments privilégiés où vous pouvez échanger avec l'équipe soignante et lui faire part de vos préférences et de vos attentes. Les femmes ayant rédigé un projet de naissance sont encore peu nombreuses (10,2 % – enquête périnatale 2021).

J'ai apprécié les échanges que j'ai eus avec la sage-femme en préparant le projet de naissance, j'ai pu mieux me rendre compte de ce que je souhaitais vraiment.

Tania

Un accouchement est-il toujours douloureux ?

C'est une question que toutes les futures mères se posent. La douleur obstétricale existe, bien sûr, mais elle est éminemment variable. Aujourd'hui, les femmes savent qu'elles peuvent bénéficier d'une anesthésie si elles le souhaitent, ou bien être aidées de différentes façons si elles ne demandent pas de péridurale (pouvoir bouger, trouver des positions antalgiques, être conseillées par la sage-femme qui peut être formée en sophrologie, recevoir des médicaments dérivés de la morphine ou antispasmodiques, etc.). Ce qui doit éviter à la douleur de devenir souffrance.

La douleur varie selon le moment de l'accouchement…

Lorsque l'utérus se contracte pour ouvrir le col, dès le début du travail, ses contractions sont perceptibles. D'ailleurs, si la future mère ne sentait pas son utérus se contracter, elle ne saurait pas que le travail a commencé. Mais cette perception n'est en général pas d'emblée douloureuse. Pendant la **dilatation**, lorsqu'il y a douleur, elle est intermittente, elle correspond au moment précis où l'utérus se contracte. En dehors des contractions, la douleur disparaît ou s'atténue et la maman peut se reposer.

Puis les contractions augmentent d'intensité, se rapprochent, le col est complètement dilaté, c'est la période d'**expulsion** : la douleur apparaît, plus ou moins tôt, plus ou moins intense. L'envie de pousser est à ce moment-là très forte (on parle de réflexe d'expulsion) et pousser, accompagner la descente de son bébé, soulage la douleur des contractions. Celle-ci n'est plus due aux tensions sur le col mais à l'étirement du périnée et de la vulve. Elle est alors pratiquement continue jusqu'à la naissance du bébé mais dure peu de temps puisque cette phase est courte.

À savoir

Tout au long de l'accouchement, l'organisme produit des hormones, les bêta-endorphines, qui atténuent la douleur. Le stress, la fatigue empêchent ces hormones d'agir. Au contraire, tout ce qui rassure, qui détend, favorise leur action. Lorsque la maman se sent en confiance avec l'équipe qui la prend en charge, la douleur est moins forte.

… et selon les femmes

La douleur n'est pas toujours perçue de la même façon. Cela dépend de la fatigue, de la peur, des expériences précédentes, de votre seuil de tolérance, etc. Certaines femmes supportent bien les contractions, les laissent passer sans panique et mettent au monde leur bébé, non sans rien sentir mais sans souffrir et sans anesthésie. D'autres ont très mal, se sentent dépassées par la douleur et incapables de la supporter. Là aussi, il y a des différences de degré entre ces réactions.

Il n'est pas toujours facile de savoir comment la douleur est ressentie, remarquent les sages-femmes. Des mères, qui n'ont rien manifesté pendant l'accouchement, se plaignent le lendemain d'avoir eu très mal. D'autres se lamentent, jurent que plus jamais elles n'accoucheront avant de déclarer plus tard qu'en fait, elles n'ont pas tellement souffert et qu'elles seraient ravies d'avoir un autre enfant. Certaines mamans disent qu'elles auraient voulu pouvoir crier mais qu'elles n'ont pas osé le faire. Il est vrai que cela peut faire peur à une autre future mère sur le point d'accoucher ; cela peut aussi dérouter l'équipe médicale. Mais le cri n'est pas nécessairement l'expression d'une grande douleur ; ce peut être le moyen de soulager une tension trop forte.

La douleur peut aussi être provoquée par des facteurs organiques, anatomiques. Dans certains cas, la tête du bébé est orientée de telle manière dans le bassin qu'elle provoque des douleurs lombaires (c'est ce qu'on appelle parfois « accoucher par les reins »).

Lorsque la douleur s'installe, forte ou supportable, comment l'accepter, la diminuer ou la supprimer ? La préparation à la naissance et à la parentalité, en informant les futures mères, en écoutant leurs demandes et leurs appréhensions, en leur proposant des positions adaptées pendant le travail, les aide à faire face à des émotions et à un effort physique inhabituels. Certaines mamans n'ont pas envie de souffrir mais elles souhaitent essayer de vivre cette expérience ; elles se disent qu'elles demanderont – ce qui est possible – une anesthésie si la douleur dépasse ce qu'elles peuvent supporter. D'autres n'envisagent pas d'accoucher sans péridurale (p. 295). Cette question de l'anesthésie pourra être abordée avec la sage-femme au cours de la préparation, notamment dans le cadre du projet de naissance.

Sachez que **la prise en charge de la douleur** par des moyens médicamenteux ou non médicamenteux est une préoccupation des équipes médicales. Cela fait d'ailleurs partie des recommandations de la HAS concernant « l'accouchement normal » (p. 303).

« J'ai crié mais j'ai l'impression que ce cri était du même ordre que celui d'une joueuse de tennis au moment de renvoyer une balle, comme si je "lâchais la pression". »

Élodie

Se préparer physiquement

Les exercices conseillés sont de trois sortes : les uns respiratoires, les autres destinés à assouplir les muscles qui joueront un rôle important au cours de l'accouchement ; les troisièmes vous apprendront le relâchement musculaire, la relaxation.
Ces exercices sont autant destinés à préparer votre accouchement qu'à faciliter votre grossesse et à vous permettre de retrouver rapidement un corps qui vous convient parce que vos muscles, par un entraînement régulier, auront conservé leur tonus et leur élasticité. Ils visent aussi à vous aider à vous sentir mieux dans votre corps : apprendre à vous relaxer, à vous déplacer, à vivre ces mois d'attente avec sérénité.
Faites les exercices lentement, calmement. Alternez les exercices respiratoires avec les exercices musculaires. Effectuez les mouvements dans une pièce bien aérée et, si le temps le permet, ouvrez toute grande la fenêtre. Pour les faire, choisissez le moment qui vous convient le mieux mais évitez la phase de digestion. L'idéal est de prendre le temps, chaque jour, de s'installer pour s'entraîner pendant une vingtaine de minutes. Les futures mamans qui n'ont pas cette disponibilité feront les exercices complets une fois par semaine et utiliseront dans leur vie quotidienne les postures apprises : debout, assise, pour se baisser, porter un autre enfant, etc. Par exemple, assise dans un transport en commun, vous pouvez être attentive à votre respiration et à la justesse de votre posture.
Si vous suivez des séances de préparation, ces exercices qui sont, à de petites variantes près, ceux qu'on vous indiquera, vous permettront de les refaire plus facilement chez vous,

ou bien de les commencer à votre convenance. Mais si vous vous êtes peu entraînée, ne vous inquiétez pas, la sage-femme qui sera près de vous pendant l'accouchement vous apportera toute l'aide dont vous aurez besoin.

Exercices respiratoires

Ces exercices vont être utilisés pendant le travail (phases de dilatation et d'expulsion). **Vous pouvez les pratiquer dès le 4ᵉ mois et jusqu'à l'accouchement pour vous entraîner.** Ils vous apporteront en plus bien-être et détente. Vous pouvez les faire couchée, jambes pliées, soutenues par un coussin ou une chaise, ou bien assise sur un ballon, ou en tailleur sur le sol (figures 1, 2, 3, 4).

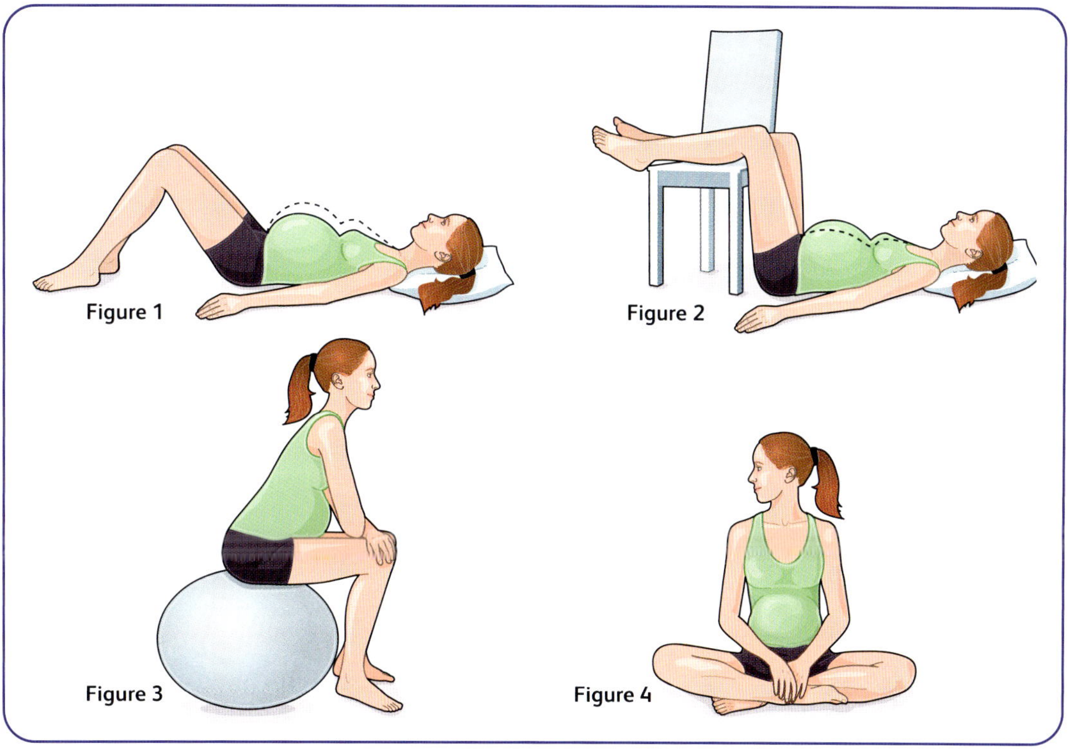

Lorsqu'on respire, on ne fait pas attention à la façon dont l'air entre et sort de l'organisme. Voici comment prendre conscience de la manière dont vous respirez. Installez-vous bien, assise ou couchée ; mettez une main sur la poitrine, l'autre sur le ventre. Si vous êtes assise, soyez bien stable, sans tension. Si vous êtes allongée, sentez votre dos posé sur le sol, les jambes soutenues par le coussin ou la chaise (si vous avez mal au bas du dos, la chaise vous soulagera davantage). Lorsque vous serez détendue, vous sentirez que votre ventre et votre poitrine se soulèvent et s'abaissent en même temps (figures 1 et 2). Vous sentirez que ces mouvements d'ouverture et de fermeture sont liés à ceux de vos côtes et modifient la pression dans l'abdomen, jusque dans le bassin et le périnée : la pression augmente quand l'air entre et que les côtes s'ouvrent, la pression s'allège quand l'air sort et que les côtes se ferment. Ainsi, la respiration est importante pour faire travailler le périnée, nous en parlerons plus loin. Les deux derniers mois de la grossesse, vous serez plus à l'aise assise que couchée.

La respiration profonde

Expirez à fond. Puis inspirez profondément par le nez, en gonflant le ventre et la poitrine (figure 1). Soufflez par la bouche, en laissant descendre le ventre et la poitrine. Faites cela très lentement. Recommencez plusieurs fois de suite.
Pour que cette respiration profonde soit bien efficace, voici ce que certaines sages-femmes conseillent : imaginez que l'air monte le long de l'utérus, le long de cette ligne brune qui se dessine peut-être sur votre ventre. Lorsque vous arrivez au bout de l'inspiration, pour ne pas bloquer votre respiration, commencez à expirer en imaginant que vous soufflez le long de votre colonne vertébrale vers le bas, en direction du périnée et du col de l'utérus. Votre respiration s'inscrit ainsi dans un cercle qui entoure l'utérus et votre bébé. L'image du cercle aide l'expiration à bien s'enchaîner à l'inspiration.
Dès les premières contractions, vous pourrez faire ces respirations profondes en les adaptant au nouveau rythme qui s'installe à chaque contraction. Pensez à l'image du cercle qui entoure l'utérus et votre bébé. En expirant vers le bas du dos, vous relâchez cette partie du corps, ce qui fait de la place à l'enfant. L'objectif de ces respirations profondes est d'aider chaque contraction à agir sur le col de l'utérus pour l'ouvrir et pousser le bébé. En même temps, vous continuerez à bouger, à vous déplacer entre les contractions : cela sera plus agréable pour vous et cela favorisera également la dilatation du col et la descente du bébé. Si vous vous sentez fatiguée, reposez-vous bien entre les contractions, essayez même de dormir un peu.
La respiration profonde sera aussi un bon entraînement pour les abdominaux dont la pression sera importante au moment de la sortie de l'enfant. Ce travail respiratoire sera utile après la naissance pour resserrer les abdominaux, en veillant à contracter légèrement le périnée au cours de l'expiration. Il peut aussi vous aider à vous rendormir au cours de la nuit, par exemple pendant la grossesse si vous avez besoin de vous lever, ou après la naissance après avoir donné une tétée ou un biberon.

La respiration haletante

Elle est peu pratiquée, et uniquement sur des temps très courts, mais elle reste utile.
Inspirez, puis expirez légèrement, en fractionnant votre souffle, sans faire de bruit. Seule la partie supérieure de la poitrine doit bouger ; le ventre reste presque immobile. Il ne s'agit pas de respirer de plus en plus vite, l'important est de bien expirer sans que le ventre bouge. Il est préférable de respirer ainsi bouche ouverte.

Vous utiliserez uniquement cette respiration au plus fort des contractions qui donnent envie de pousser alors que ce n'est pas encore le moment – si cela vous arrive. Et au moment du dégagement de la tête du bébé, pendant les quelques secondes d'étirement du périnée. Si vous accouchez sur le dos, vous referez encore pendant quelques secondes cette respiration haletante au moment du dégagement de la deuxième épaule de votre bébé.
Vous pouvez vous entraîner de temps en temps, bien détendue et bien concentrée sur les expirations.

La respiration au moment de la poussée

Cette respiration concerne la dernière phase de l'accouchement : la descente de l'enfant jusqu'à sa sortie. Il en existe deux variantes.

- **La respiration bloquée**. Cette technique est celle du traditionnel « Inspirez, bloquez, poussez » (p. 320 et suiv.). Pour vous y entraîner, faites l'exercice suivant : inspirez à fond ; arrivée au sommet de l'inspiration, retenez votre souffle, gonflez le ventre, comptez mentalement jusqu'à 5, puis rejetez l'air par la bouche. Peu à peu, vous arriverez à compter jusqu'à 10, 20 ou même 30, c'est-à-dire à retenir votre souffle et à gonfler le ventre une demi-minute.
- **L'expiration freinée**. C'est une autre technique (p. 323). Après une inspiration abdominale profonde, faite en gonflant le ventre, l'air est expiré très doucement par la bouche, en rentrant le ventre ; les abdominaux sont contractés le plus possible. C'est le même principe que la respiration profonde, mais on insiste sur la contraction des abdominaux pour aider le bébé à sortir. Pour vous entraîner, vous pouvez, par exemple, souffler dans un ballon de baudruche.

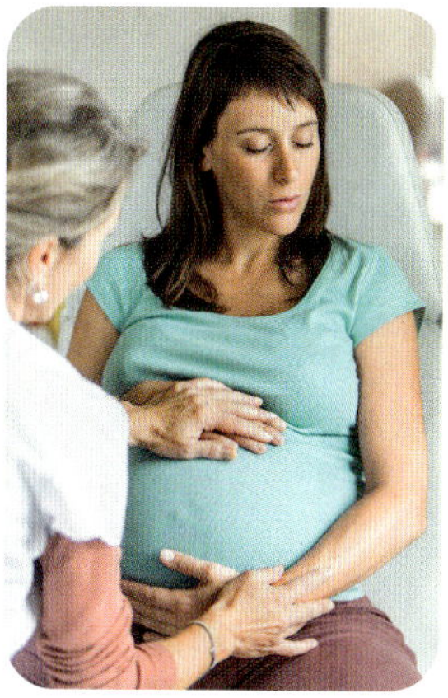

Il n'est pas nécessaire de s'exercer à ces deux respirations avant le neuvième mois.
Au moment de l'accouchement, il vous sera possible d'utiliser la première technique, la respiration bloquée, ou la seconde technique, l'expiration freinée, selon ce que vous ressentirez, selon ce que vous indiquera la sage-femme et ce qui sera le plus efficace. Dans l'un et l'autre cas, la poussée sera facilitée par une **bonne position du bassin** : installez-vous **sur le dos**, jambes fléchies, soit les genoux remontés sur la poitrine, soit les pieds en appui sur des cales de pied, soit les jambes dans les étriers. Votre dos sera bien à plat. Les mains peuvent être placées sous les genoux ou à l'intérieur des genoux, coudes relevés vers l'extérieur. Si vous vous installez **sur le côté**, la jambe qui est au contact du matelas sera tendue, l'autre fléchie, soit sur un étrier, soit ramenée vers la poitrine par votre main placée sous le genou.

À noter

À la première lecture, vous aurez peut-être de la peine à faire la différence entre ces respirations et leur efficacité selon les événements. Mais vous allez vite vous familiariser avec elles. Lors de votre accouchement, vous serez de toute façon guidée par la sage-femme qui sera à vos côtés.

Exercices musculaires

Ces exercices sont à faire du 4e au 7e mois, jusqu'à l'accouchement si vous n'êtes pas gênée par votre ventre. Vous pouvez les continuer après l'accouchement, dès les premiers jours.

Étirement du dos et des épaules

Figure 5 : Cet exercice permet de se détendre ; à genoux au sol, les mains, les bras et le front calés sur un ballon, les fesses se situant entre les genoux et les talons pour ne pas tirer sur les abdominaux. Respirez à fond 2 ou 3 fois selon ce qui est confortable pour vous puis faites une pause. À chaque expiration, votre ventre se serre et il se relâche lorsque vous reprenez de l'air. Renouvelez 3 fois.

Les ballons de grossesse

Il en existe de plusieurs tailles : ceux de 65 cm sont bien adaptés aux exercices d'assouplissement des muscles et du bassin et vous aideront à prendre conscience de votre périnée.

Étirement des cuisses et souplesse des articulations du bassin

Après avoir trouvé votre stabilité sur le ballon et avoir profité de la souplesse de cette assise, faites cet exercice : assise sur le ballon, jambes bien écartées, faites rouler le ballon sous une cuisse, puis sous l'autre. Gardez le dos droit, les pieds bien à plat au sol. Certaines mamans craignent parfois l'instabilité du ballon, il faut donc s'y habituer peu à peu.

Figure 6 : Accroupissez-vous comme indiqué. Au début, vous aurez du mal à garder les pieds à plat sur le sol. Vous sentirez les muscles de vos mollets et de vos cuisses se tendre douloureusement. N'insistez pas trop : il suffira de quelques jours pour que vous fassiez l'exercice sans peine. Habituez-vous à prendre cette position chaque fois que vous avez à vous baisser, au lieu de vous pencher en avant. Apprenez à descendre et remonter genoux écartés, dos bien droit et surtout évitez de vous cambrer. Pour vous aider, prenez une inspiration profonde et redressez-vous sur l'expiration en gardant bien appui sur le sol. Si vous n'y arrivez pas sans vous cambrer, mettez-vous à genoux et remontez en prenant appui sur un pied posé au sol, l'autre genou encore au sol. Votre compagnon peut vous aider, surtout si vous avez du mal à descendre pieds plats : il vous tient bien les mains et reste debout pendant que vous descendez en vous laissant aller en arrière.

L'exercice de la figure 6 vous apprend à avoir de bons appuis sur les cuisses. Vous en aurez besoin pour porter votre bébé après la naissance sans avoir mal au dos.

Figure 7 : Asseyez-vous en tailleur, talons sous les fesses, genoux décollés du sol. Gardez le dos bien droit. Au début, vous vous fatiguerez vite. Pour vous délasser, allongez les jambes devant vous. Quand vous aurez pris l'habitude de cette position, qui aide à l'étirement des cuisses et à la souplesse des articulations du bassin, adoptez-la pour lire, regarder la télévision, etc. Si cette position est difficile pour vous, placez un petit coussin sous vos fesses.

Élasticité du périnée

Le périnée est cet ensemble de muscles qui sera soumis à de fortes tensions pendant l'accouchement (p. 305-306). Il faut, dans un premier temps, prendre conscience de la situation exacte du périnée ; dans un deuxième temps, faire des exercices pour le renforcer et l'assouplir.

Pour prendre conscience du périnée. Lorsque votre vessie éprouve le besoin de se vider, faites la contraction qui contrarie ce besoin. De même quand vous avez envie d'aller à la selle. Les muscles que vous avez contractés en avant et en arrière forment le périnée. Ce sont ces muscles que vous devez assouplir. Pour cela, il faut donc contracter en même temps les muscles qui ferment le canal urinaire et ceux qui ferment le rectum.

Pour renforcer et assouplir le périnée.
S'il y a déjà eu des petites fuites urinaires, l'exercice sera fait en douceur, sans à-coups. Cet exercice est aussi recommandé après l'accouchement.

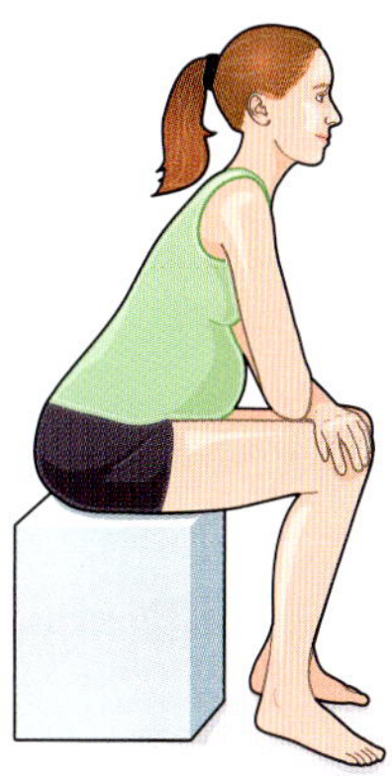

Figure 8 : Assise, légèrement penchée en avant, les genoux écartés l'un de l'autre, les avant-bras et les coudes posés sur les cuisses. Vous contractez lentement et avec douceur le périnée, vous maintenez la contraction quelques secondes, tout en respirant normalement, puis vous la relâchez le double de temps. Cet exercice peut être fait aussi bien assise que debout. Vous pourrez le répéter une douzaine de fois, 2 ou 3 fois par jour. Vous pourrez sans inconvénient faire le mouvement jusqu'à l'accouchement, puis dès les premiers jours après la naissance. Pendant la grossesse, l'important est le relâchement du périnée ; le contracter sert à le ressentir, pas à le muscler.

Assise sur un ballon, vous pouvez faire des mouvements de bassin comme pour dessiner un cercle au sol avec le ballon, tout en contractant légèrement le périnée : vous sentirez que la contraction s'adapte aux mouvements du reste du corps.
Avec un périnée souple, l'accouchement est plus facile, et surtout par la suite, les problèmes urinaires (fuites, incontinence) sont moins fréquents.

Les « abdominaux »

On déconseille les exercices abdominaux classiques qui mobilisent les jambes et le tronc, car ils risquent de distendre la paroi abdominale, de favoriser les prolapsus et l'apparition d'une incontinence.
En revanche, les exercices de **rentré de ventre** entretiennent la musculature des abdominaux, favorisent la poussée et accélèrent la récupération d'un ventre plat après l'accouchement. Ces exercices diminuent aussi les sensations de pesanteur dans le bas du ventre et améliorent les problèmes de constipation. Il n'y a pas de risque de déclencher des contractions.
Voici comment faire l'exercice : allongée ou assise sur un ballon, vous prenez des inspirations profondes (p. 276) en rentrant bien le ventre et en contractant le périnée lors de l'expiration. Vous pouvez pratiquer cet exercice plusieurs fois par jour.

Contre les « maux de reins » : mouvement de bascule du bassin

À mesure qu'il augmente, le poids de l'enfant vous incite à vous cambrer de plus en plus et maintient une tension permanente sur la région lombaire. C'est la principale cause du mal au dos et « aux reins » dont se plaignent toutes les femmes enceintes. Pour vous soulager, il faut que vous fassiez le mouvement inverse de la cambrure, en basculant le bassin. La sensation de bascule du bassin est souvent plus facile à éprouver assise sur un ballon ; ensuite, vous ferez l'exercice dans d'autres positions.
Faites décrire au **ballon** un cercle sur le sol : pour cela, vous allez pencher le bassin à droite par exemple, de telle sorte que la fesse droite appuie sur le ballon et que la gauche soit légèrement relevée, puis faites rouler votre bassin vers l'avant en rentrant les fesses pour sentir l'appui sur l'arrière du bassin ; penchez ensuite le bassin à gauche : fesse gauche en appui et fesse droite un peu relevée, puis faites rouler le bassin en arrière en étirant le bas du dos pour sentir l'appui sur l'avant du bassin. Respirez largement pendant chaque mouvement et rentrez bien le ventre sur l'expiration.
Voici maintenant comment faire l'exercice **debout** :

- **1er temps** (figure 9) : dos creux, ventre en avant, placez la main gauche sur le ventre, la droite sur les fesses. Inspirez.
- **2e temps** (figure 10) : contractez lentement et progressivement les muscles abdominaux, serrez les fesses en les poussant en avant et vers le bas. Expirez.

Faites maintenant le même mouvement de bascule du bassin mais en vous mettant **à quatre pattes** : bras bien tendus et verticaux, mains à 30 cm l'une de l'autre, cuisses également verticales et genoux à 20 cm l'un de l'autre.

- **1er temps** (figure 11) : étirez le dos vers le bas en éloignant les fesses des épaules, redressez la tête, relevez les fesses. Inspirez en faisant le mouvement et en relâchant le ventre.
- **2e temps** (figure 12) : arrondissez le dos comme un petit chat, contractez le ventre, serrez les fesses au maximum en les abaissant vers le sol, baissez légèrement la tête entre les bras. Expirez en faisant le mouvement.

Le même mouvement peut être fait en alternant la respiration sur les deux temps : inspirez en arrondissant le dos (vous contracterez moins le ventre) et expirez en creusant le dos et en relevant les fesses (cela permet un meilleur relâchement du bassin).

La bascule du bassin peut aussi être faite **en position allongée** (figures 13 et 14) : couchée sur le dos, jambes en crochet, faites de petits mouvements alternatifs du bassin pour coller et décoller la région lombaire du sol (contrôlez éventuellement en glissant une main sous les reins). Il est important de rechercher la fluidité du mouvement et la sensation des muscles qui travaillent et non pas la contraction en force.

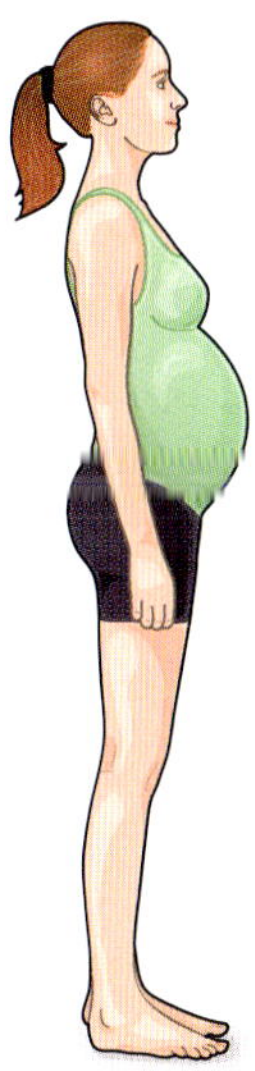

Figure 9

Figure 10

Figure 11

Figure 12

Figure 13

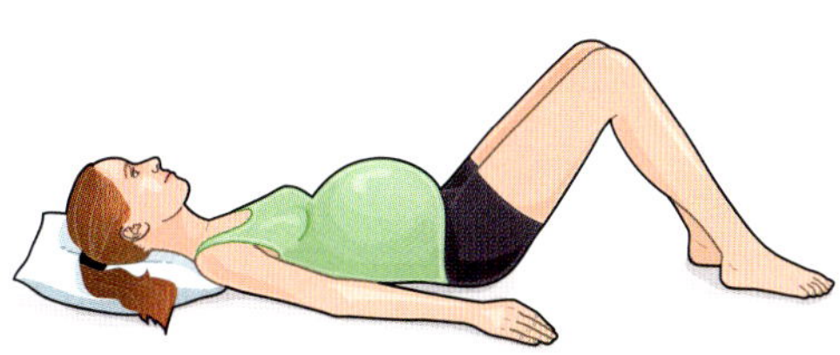

Figure 14

Ce mouvement de bascule du bassin vous permettra de porter sans fatigue votre enfant, il assouplira l'articulation colonne vertébrale-bassin, et évitera de distendre vos abdominaux. Faites cet exercice lentement, 6 fois debout ou assise sur un ballon, 6 fois à quatre pattes et 6 fois allongée.

Pour un meilleur soutien naturel de vos seins

Avant tout, tenez-vous bien droite, en maintenant les épaules en arrière. Puis faites travailler régulièrement les muscles qui soutiennent les seins.

- **1er exercice** (figure 15) : coudes levés à la hauteur des épaules, doigts écartés, les mains se touchant par les premières phalanges : appuyez aussi fort que possible les mains l'une contre l'autre. Cessez d'appuyer, mais sans écarter les mains, baissez les coudes, puis recommencez (10 fois).
- **2e exercice** : levez les bras à l'horizontale, puis rejetez-les en arrière en allant le plus loin possible. Ramenez-les le long du corps (10 fois).
- **3e exercice** : décrivez avec les bras bien tendus à l'horizontale des cercles complets, aussi amples que possible (10 fois).

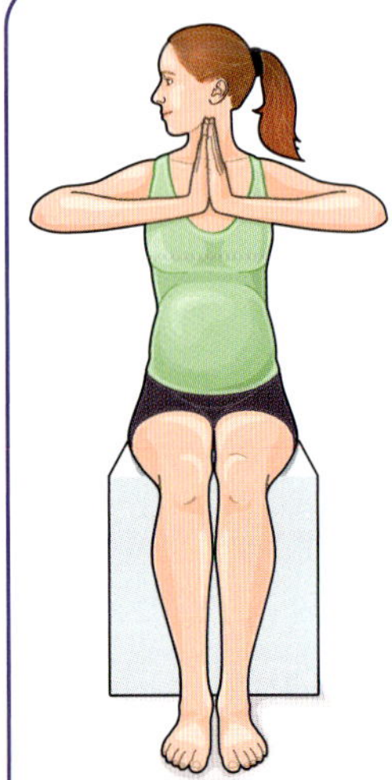

Figure 15

Relaxation

Ces exercices apportent détente et bien-être. Ils peuvent être pratiqués pendant toute la grossesse et après l'accouchement.
Arriver à se relaxer, c'est-à-dire se détendre complètement physiquement et mentalement, n'est pas un exercice facile. Au début, il faut le pratiquer dans de bonnes conditions de calme et de tranquillité. Puis, quand vous serez bien entraînée, vous arriverez à vous détendre même dans un environnement moins favorable.
Prévoyez 10 à 15 minutes pendant lesquelles vous ne serez pas dérangée : portable éteint, vessie vidée, lunettes ôtées. Puis étendez-vous sur votre lit si le matelas n'est pas trop mou, sinon par terre sur une couverture ou un tapis de sol. Prenez soin de placer les coussins comme indiqué figure 16 (un sous la tête, l'autre sous les genoux, le troisième servant d'appui aux pieds) de manière que toutes les parties du corps soient bien soutenues et que vous n'ayez pas d'effort à faire pour rester dans la position indiquée.

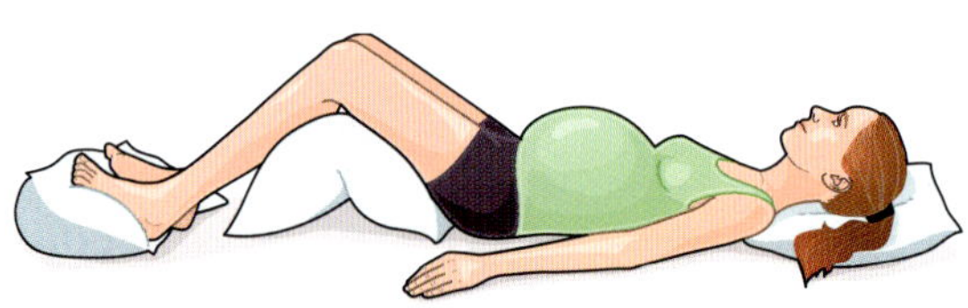

Figure 16

L'exercice que vous allez faire a pour but d'obtenir la décontraction de tous les muscles de l'organisme en même temps. Pour y parvenir, il faut d'abord que vous vous rendiez compte de la différence qu'il y a entre contraction musculaire et décontraction. Pour cela, vous allez contracter, puis relâcher l'un après l'autre les différents muscles de votre corps. **Concentrez-vous** sur ce que vous devez faire et effectuez lentement chaque mouvement. Commencez par la main droite : serrez le poing, mais sans vous crisper ; maintenez la tension quelques secondes, relâchez-la progressivement. Puis contractez maintenant le bras lentement ; maintenez la tension quelques secondes ; relâchez-la doucement. Faites la même chose avec la main et le bras gauches. Ensuite, passez aux jambes. Contractez et relâchez successivement les doigts de pied, les muscles du mollet, des cuisses. Maintenez chaque fois la contraction quelques secondes pour vous habituer à bien distinguer contraction musculaire et relâchement. Des membres, passez au reste du corps : contractez les muscles des fesses, ceux de l'abdomen, du périnée, etc. Inspirez toujours en contractant, expirez en relâchant la tension.

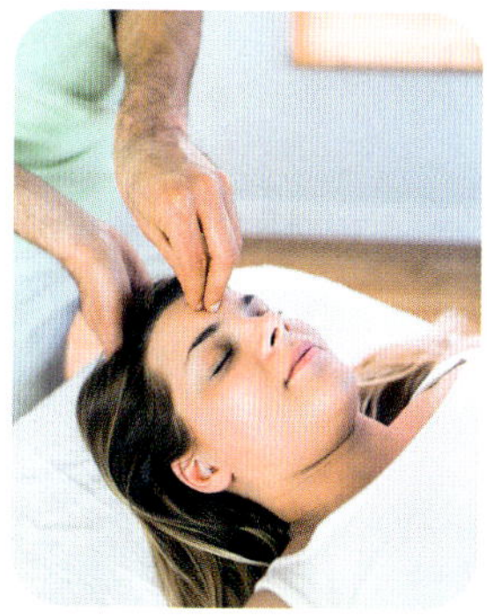

La **première séance** peut être consacrée à la prise de conscience des muscles du visage (fermez bien les yeux et la bouche, contractez les mâchoires, le front, etc.). Puis vous introduirez les autres muscles au fur et à mesure des séances, en fonction de votre capacité à ressentir le relâchement de chacun des muscles. Voici un test pour vérifier le relâchement complet : détendez votre bras puis demandez à quelqu'un de le soulever. Si la personne y parvient sans rencontrer de résistance et si, lorsqu'elle relâche le bras, il retombe inerte, la détente est parfaite. Faites le même essai avec un pied ou une jambe. Il vous faudra plusieurs jours pour arriver à ce stade.

Essayez maintenant d'obtenir le **relâchement de tous les muscles** du corps à la fois. Respirez profondément 3 ou 4 fois. Puis, en inspirant, contractez tous vos muscles, ceux des bras, des jambes, du ventre, du périnée, du visage. Restez ainsi 3 ou 4 secondes. Enfin, relâchez-vous complètement en expirant. Si vous êtes parfaitement détendue, vous devez avoir les paupières mi-closes, la bouche légèrement entrouverte, la mâchoire un peu pendante. Peu à peu, un grand sentiment de bien-être va vous envahir. Votre respiration sera régulière et paisible. Il vous faudra peut-être plusieurs jours pour arriver à un lâcher-prise complet si tout ceci est nouveau pour vous.

Une autre technique est de respirer de manière ample et profonde en imaginant une balle qui parcourt chaque partie de votre corps et qui relâche les muscles sur son passage.

Ne vous levez pas brusquement après votre séance de relaxation, la tête risquerait de vous tourner. Faites auparavant 2 ou 3 respirations profondes, étirez bras et jambes, asseyez-vous, puis enfin levez-vous doucement.

Vers le 6e ou le 7e mois, lorsqu'en se développant votre enfant deviendra plus pesant, vous serez mal à votre aise couchée sur le dos car vous aurez de la peine à respirer. Faites l'exercice couchée sur le côté, le poids du bébé reposant sur le lit. Si vous avez un coussin de relaxation, il vous aidera à bien vous installer.

La relaxation est une bonne **préparation au sommeil**. Si vous faites cette séance le soir, vous pouvez vous laisser glisser doucement vers le sommeil. Si vous la faites après les exercices musculaires, restez ainsi 10 à 15 minutes.

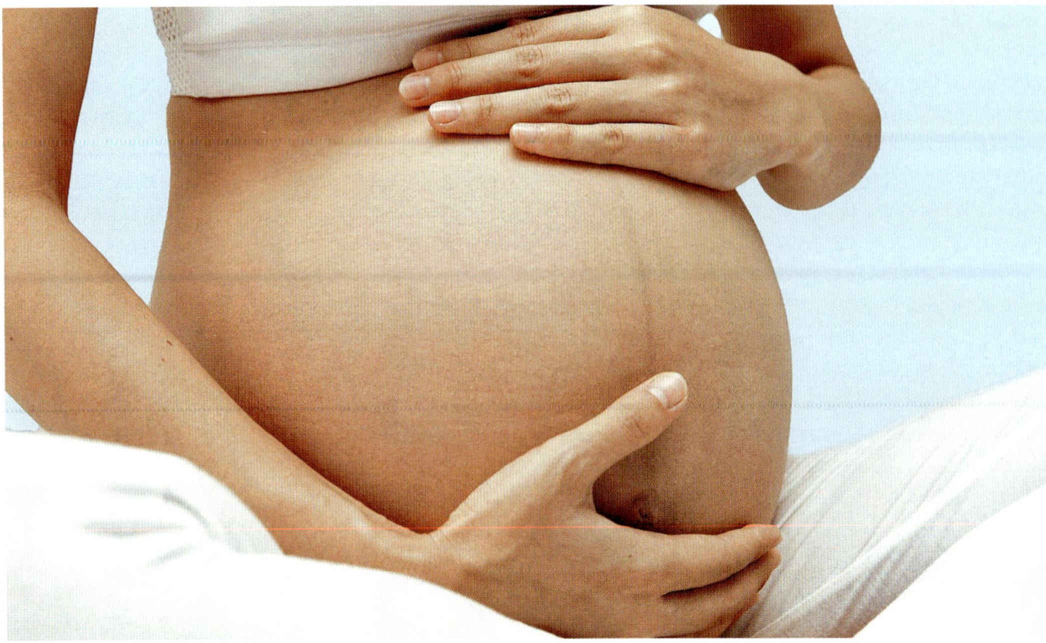

D'autres préparations appréciées des futures mères

Ces activités (yoga, haptonomie, sophrologie, eutonie, hypnose, en piscine) peuvent faire partie du cadre de la préparation à la naissance et être remboursées si elles sont faites par un médecin ou une sage-femme. Vous pouvez aussi les pratiquer en dehors de la préparation, pour le plaisir, pour le bien-être qu'elles apportent. Aller fréquemment à la piscine, faire régulièrement du yoga est une bonne façon de préparer son corps à l'accouchement et d'apprendre à se relaxer.

Le yoga prénatal

Issu d'une discipline hindoue, le yoga recouvre un ensemble de techniques et pratiques mises en œuvre pour réunir le corps et l'esprit trop souvent séparés.
Les séances de yoga prénatal sont ouvertes à toutes, débutantes ou expérimentées, ainsi qu'aux futurs papas ; pour y participer, il n'est pas nécessaire d'avoir déjà pratiqué le yoga. Elles se déroulent souvent en petits groupes, propices à une ambiance chaleureuse et d'écoute. La séance commence par un temps de partage qui offre à chacun la possibilité d'exprimer ce qu'il ressent. Une détente courte en début de séance, et plus

longue à la fin, permet de s'entraîner à la relaxation, quel que soit le temps dont on dispose.
Certains **exercices** développent la capacité respiratoire. La respiration ample et consciente, qui rétablit le lien entre le corps et l'esprit, apaise les tensions psychiques et physiques. L'apprentissage de la détente et du « lâcher prise » se révèle précieux pour relativiser les contrariétés, surmonter les appréhensions, les inquiétudes, et, lors de l'accouchement, ne pas se laisser submerger par les contractions.
Des exercices d'assouplissement adaptés délient les tensions du corps et contribuent à atténuer de nombreuses douleurs du dos, du bassin, circulatoires, digestives… D'autres exercices entretiennent la tonicité musculaire. Des postures aideront la femme enceinte à repositionner son centre de gravité et à garder ou retrouver son équilibre quand le volume du ventre aura augmenté. La future mère a moins l'impression de subir les modifications liées à la grossesse. Retrouver confiance en son corps et ses possibilités est essentiel pour aborder l'accouchement avec plus de calme.

Pendant la grossesse, le rythme de vie se ralentit : les gestes, la marche, etc. Certaines femmes vivent mal cette **lenteur**. Dans les séances de yoga, les mouvements se font lentement pour être attentif à ce que le geste produit comme effets à l'intérieur de soi, tant sur le plan physique qu'émotionnel et mental. La lenteur offre une qualité de présence aux gestes quotidiens. Associée à l'écoute des sensations, elle permet un ajustement nécessaire à chaque instant : étirer plus en douceur, solliciter la musculature avec moins d'intensité, respirer plus profondément… L'accomplissement des mouvements avec lenteur favorise la relaxation et l'adaptation à un nouveau rythme.
Dans le dernier trimestre de la grossesse, beaucoup de femmes se plaignent d'un mauvais **sommeil** ou de nuits morcelées. Leur rappeler que c'est une préparation à la vie avec leur nouveau-né offre un regard qui dédramatise. Le yoga apprend à avoir des temps de repos dans la journée, à s'entraîner à une détente « active et bienveillante » ; celle-ci permet de se recentrer, de respirer, d'écouter ce qui se passe en soi, que l'on dispose de cinq minutes ou d'une heure. Plus on a de temps, plus la détente sera profonde.
L'accouchement est l'alternance de contractions et de temps de pause. Le yoga prénatal permet de bien vivre chaque instant : accepter la contraction comme une aide pour que le bébé traverse le bassin, transformer les pauses en véritables périodes de ressourcement pour ne pas appréhender ni s'inquiéter de la contraction à venir. Il est une invitation à accueillir chaque moment.

Avec le yoga, la femme enceinte prend soin d'elle-même, développe sa confiance en elle et en son conjoint et se prépare ainsi à accueillir leur enfant dans la sérénité. Après la naissance, les mamans reviennent souvent avec leur bébé pour prolonger et approfondir ce qu'elles ont découvert et apprécié pendant la grossesse.

Yoga : où s'adresser ?

Pour avoir des adresses de professeurs, adressez-vous à la Fédération nationale des enseignants de yoga,
Tél. : 01 42 78 03 05
lemondeduyoga.org

L'haptonomie périnatale

Nombreux sont les couples qui souhaitent un accompagnement haptonomique avant, pendant et après la naissance. Nous employons à dessein le terme de « couple » car il s'agit d'un accompagnement de la parentalité naissante et la présence du père est naturellement indispensable. Dans certaines situations particulières, des séances sont réalisées avec une femme seule, sans compagnon. Dans ce cas, une autre personne peut accompagner la mère et son bébé.

Qu'est-ce que l'haptonomie périnatale ? L'haptonomie fait partie des sciences humaines. Son objet d'étude est la physiologie affective des contacts interhumains ; et son but, l'amélioration de la communication affective entre les êtres humains. Sa connaissance ne peut être théorique mais nécessite une expérience émotionnelle. C'est l'art de mettre en jeu un contact réel, un contact établi avec tact permettant ainsi une ouverture affective, dans une atmosphère de confiance réciproque.

L'approche haptonomique périnatale vise à accompagner, dès le début de la vie intra-utérine, la parentalité en développement d'un couple qui découvre la présence de son enfant. Elle est centrée sur la rencontre affective de la mère, du père et de leur enfant, et sur le plaisir d'être ensemble.

Voici les grandes étapes de l'accompagnement des parents et de leur bébé, guidés par un spécialiste formé en haptonomie.

- L'accompagnement compte une huitaine de séances. Il s'agit toujours d'accueillir le couple en préservant son intimité, ce qui exclut le travail en groupe. Les effets psychocorporels de la relation de tendresse qui s'instaure retentissent sur la mère et le père. C'est pourquoi il est intéressant d'entreprendre les séances dès le début de la grossesse, au plus tard au 6e mois. Néanmoins, le plus souvent, l'accompagnement commence entre le 3e et le 4e mois. Les parents éprouvent alors un véritable émerveillement lorsqu'ils ressentent les capacités du bébé à répondre à une invitation affective. Le père, guidé par le praticien en haptonomie, fait la différence entre un contact qui lui permet de sentir le bébé bouger et un contact invitant sa compagne et leur bébé dans une rencontre. La femme témoigne toujours du fait que ce contact est plus léger, différent du quotidien, et qu'il est vécu comme une réelle rencontre à trois. Les parents sont invités à renouveler ces rencontres chez eux.
- Pendant les séances suivantes, l'accompagnant sensibilise le père à des gestes destinés à favoriser la détente et le confort de sa femme, ce qui peut éviter les douleurs lombaires et les tensions diverses pendant la grossesse. Cela permet à la maman de retrouver aussi un sentiment de confort et d'équilibre dans le port de son bébé *in utero*. La qualité affective qui imprègne ces gestes procure à la maman un sentiment de sécurité et un bien-être dont bénéficie le bébé.
- À partir du 7e mois, l'accompagnant aide le couple à développer sa propre capacité à vivre ensemble le temps du travail et de la naissance du bébé. Ce que le père a vécu pendant

Haptonomie : où s'adresser ?

Pour trouver un praticien :

www.haptonomie.org

Pour en savoir plus :

Conférence du Dr Catherine Dolto (2005),

La maison des Maternelles (2017), à voir sur YouTube.

l'accompagnement haptonomique prénatal peut l'aider à dépasser ses appréhensions. D'autant plus qu'il a vécu une expérience personnelle qui l'a préparé à pouvoir aider sa femme. L'accompagnant fera prendre conscience, pressentir, à la maman ce que peut être la descente du bébé pendant le travail. Grâce à un contact spécifique du père, la mère fera l'expérience de sa capacité à dépasser son seuil de vulnérabilité, à rester présente à son bébé et à le soutenir pendant les contractions. Le couple sera sensibilisé au choix des positions et à la mobilité qui facilitent la descente du bébé.

- Pour le moment de la naissance proprement dite, la maman apprend à ressentir la différence entre une poussée volontaire (l'expulsion) et une poussée spontanée guidée (« éduction », « conduire dehors »), qui ouvre le chemin au bébé et qui protège le périnée. Enfin, l'accompagnant sensibilise les parents à la façon de porter le bébé lorsqu'il sera né, de sorte qu'il ne soit pas manipulé mais soutenu, invité tendrement à participer.

Au moment de la naissance, en toute sécurité sur le giron de sa mère, l'enfant prend contact avec le monde, entouré par la chaleur, l'odeur du corps maternel, la perception auditive de sa voix, la présence paternelle et le croisement des regards. Les enfants ainsi accompagnés manifestent le plus souvent une ouverture au monde pleine de confiance et de quiétude.

Au cours des séances postnatales, il s'agira à la fois d'accompagner le couple dans les gestes quotidiens autour du bébé et d'aider la maman pendant la période des suites de couches.

La sophrologie

La sophrologie accompagne depuis plusieurs décennies les futures mamans désireuses de s'impliquer et de participer activement à leur grossesse et à leur accouchement. Elle fut créée dans les années 1960 par le professeur Alfonso Caycedo. Ce neuropsychiatre expérimenta et s'inspira de différentes méthodes de relaxation, du yoga et de la méditation pour mettre au point cette discipline originale.

L'un des axes est d'harmoniser entre elles les structures corporelles, mentales et émotionnelles par la pratique d'exercices de « relaxation dynamique » après avoir atteint un niveau de conscience modifiée, **entre veille et sommeil.**

Un minimum de 5 séances est en général proposé, complétées par des exercices d'entraînement à répéter chez soi avec supports audio et écrits. Ces exercices sont réalisés les yeux clos et accompagnés par la voix calme et bienveillante du sophrologue. Une voix qu'il s'agit de suivre comme un fil, pour se laisser porter et **lâcher prise**.

Après une « lecture du corps », qui permet d'abaisser le niveau de vigilance, la future maman se laisse guider par les mots du sophrologue. Chaque segment du corps devient de plus en plus présent, le tonus musculaire diminue, le mental s'apaise.

Des **exercices de respiration** font partie de l'entraînement. Au cours des séances, la future maman apprend à transformer sa respiration

Sophrologie : où s'adresser ?

Pour trouver un sophrologue professionnel, consultez l'annuaire de la FEPS (Fédération des écoles professionnelles en sophrologie) sur le site : www.feps-sophrologie.fr

pour l'adapter aux circonstances : besoin de calme, de se recentrer, de libérer les tensions ou besoin d'énergie… Le discours du sophrologue l'accompagne dans cette maîtrise du souffle. Elle va également se projeter dans le futur en imaginant positivement chacune des phases de l'accouchement : les premières contractions, le départ à la maternité, la dilatation du col, les poussées puis la naissance. Grâce à cette attitude faite d'attention, de concentration, de disponibilité, la future mère perçoit de plus en plus finement son bébé, ses mouvements, ses réactions.
Lors de **l'accouchement**, une respiration adaptée et maîtrisée permet à la maman d'être actrice de cette étape : elle ne se laisse pas submerger par la contraction et peut attendre la suivante dans un état de profond relâchement. Elle saura également accueillir et transformer la douleur grâce à la respiration qui va ralentir son rythme cardiaque et abaisser le tonus musculaire, puis à la concentration sur une autre sensation de son choix (chaleur, fraîcheur, douceur…) qui sera substituée à la sensation douloureuse ; en s'appuyant également sur des images mentales (images positives et agréables, évoquant la tranquillité, l'apaisement).
En aidant la femme enceinte à se libérer de ses inquiétudes, à mettre à distance ses craintes, et à éveiller son potentiel positif, la sophrologie lui permet d'avoir davantage **confiance en elle** et dans sa capacité à mettre son enfant au monde.
Le **conjoint** peut accompagner toutes ces étapes en participant à l'entraînement sophrologique, en apprenant les exercices et les respirations pour aider sa compagne le moment venu.

L'hypnose

Au cours de la grossesse et de l'accouchement, l'hypnose peut être une aide efficace pour les futures mamans et de plus en plus de médecins la proposent aujourd'hui. L'hypnose se définit comme un « état dissocié de la conscience ». On parle aussi d'« éveil paradoxal », en référence au sommeil paradoxal qui est la période du rêve. On peut donc imaginer une période d'éveil durant laquelle nous rêvons : le corps est ici et l'esprit est ailleurs. Cette dissociation correspond à une « transe hypnotique », c'est ainsi qu'on appelle l'état d'hypnose. Habituellement, notre cerveau reçoit, véhiculées par nos cinq sens, des informations qui provoquent une réaction. Mais parfois aucune donnée n'est analysée car notre système cérébral travaille sous une autre forme. Ainsi, lors d'un trajet connu, ne vous est-il jamais arrivé, une fois à destination, de n'avoir aucun souvenir de votre parcours ? Vous étiez en « transe hypnotique ».
Dans cet état particulier, nous sommes très sensibles à la suggestion. Il est alors possible de débloquer des situations permettant un changement ; le patient peut trouver ses propres ressources pour dépasser ses difficultés. En aucun cas on ne peut suggérer une proposition que la personne ne souhaiterait pas : il est impossible de la manipuler. Vis-à-vis de la douleur, on n'enlève pas la sensation mais

Hypnose : où s'adresser ?

Pour contacter un hypnothérapeute, le plus simple est de demander à l'équipe qui va vous prendre en charge.

Pour d'autres informations, vous pouvez vous rendre sur le site de l'Institut Français d'Hypnose (IFH) : www.hypnose.fr

on propose une « contre-sensation » aboutissant à rendre le ressenti douloureux plus confortable. C'est de la dissociation.
Dans le cadre de la grossesse, deux pistes sont utilisées. La première consiste à gérer la douleur lors du travail de l'accouchement. Pendant la grossesse, la future mère s'entraîne – avec l'équipe de la maternité formée à cela – à se dissocier à chaque contraction, de façon à en diminuer le ressenti désagréable. La deuxième concerne plus particulièrement la fécondation *in vitro*. La ponction d'ovocyte peut être réalisée sous hypno-sédation (hypnose plus ou moins associée à une anesthésie légère) et rend cette étape moins médicalisée. Il a en outre été constaté que la réussite de l'implantation de l'œuf était grandement améliorée.

La méditation en pleine conscience

La grossesse, l'accouchement et la maternité sont des moments merveilleux mais qui peuvent également être source d'inquiétude, de stress. La méditation en pleine conscience offre la possibilité d'un bon accompagnement pour percevoir avec bienveillance ce que vous ressentez et vivez avant ou après l'arrivée de votre bébé.
La pleine conscience consiste à ramener son attention sur l'instant présent et à observer les sensations ou pensées telles qu'elles sont. C'est une notion orientale ancienne. Son objectif est de pratiquer une forme de méditation laïque et thérapeutique dont le but est la réduction du stress.
Une des pratiques de cette méditation s'appuie sur le MBSR (*Mindfulness Based Stress Reduction*), un programme mis au point par un scientifique américain, Jon Kabat-Zinn. Elle est à la fois fondée sur les traditions méditatives et sur des connaissances récentes, liées à la biologie et à la physiologie du stress. Il existe en effet des données scientifiques qui ont démontré l'efficacité de la pleine conscience pour réduire les angoisses, prévenir les rechutes de dépression ou diminuer les douleurs chroniques.
En ce qui concerne la période de la grossesse, des études montrent également que des interventions basées sur la pleine conscience peuvent avoir des effets bénéfiques sur les tensions, l'anxiété, voire la dépression. Elles permettent de laisser passer les peurs, craintes et pensées négatives. Les études menées par des équipes de psychologie ont mis en évidence une diminution par deux des symptômes de stress.
La préparation à la naissance utilisant des techniques de pleine conscience est encore peu répandue en France. Ces techniques sont néanmoins en plein développement et, dans certaines villes (par exemple Strasbourg), des sages-femmes s'y forment.

Le chant prénatal

Le chant prénatal est une méthode de préparation à l'accouchement qui agit sur le corps et l'esprit.
On sait que le bébé est sensible très tôt aux sons et à la voix de ses parents. Bien avant que les organes de l'ouïe soient fonctionnels, le fœtus ressent les sons (voix, bruits du cœur) par les vibrations transmises par les tissus. Il a été montré qu'après sa naissance, le nouveau-né reconnaissait la voix de sa mère ainsi que des sons et mélodies. Cela le met en confiance, le rassure et le sécurise (p. 142).
Le chant prénatal offre aux parents la possibilité de communiquer très tôt avec leur bébé. Pour la maman, il a des effets sur la respiration et permet une meilleure relaxation. C'est une technique qui permet aussi de libérer ses émotions et de se détendre à travers le chant. Pendant le travail et au moment de l'accouchement, les vibrations sonores aident à soulager la douleur, les sons graves en particulier, et à ouvrir le passage au bébé.
Si vous aimez le chant, renseignez-vous pour savoir si une sage-femme ou un professeur de chant pratique ce type de préparation.

L'eutonie

L'eutonie (créée par Gerda Alexander au Danemark en 1938-1940) a longtemps été pratiquée par les masseurs kinésithérapeutes ; elle est, depuis quelques années, utilisée dans les cours de préparation à la naissance.
La spécificité de l'eutonie est d'aider la future maman à être attentive à ce qui se passe dans son corps afin qu'il y ait le moins de tensions possible. Les exercices proposés sont simples, se pratiquent dans différentes positions (assise, debout, allongée) de façon individuelle, avec le papa ou avec d'autres femmes enceintes. On utilise des ballons, des balles de tennis, des demi-bûches en bois.
Il s'agit de prendre conscience de son corps et de ses transformations pendant la grossesse. La femme enceinte apprend à observer, à écouter ce qu'elle ressent dans le moment présent. L'équilibre est recherché dans la détente, pas dans la tension. On fait plaisir au corps pour qu'il s'en souvienne.
L'eutonie trouve sa place également dans les séances postnatales.

Eutonie : où s'adresser ?
www.institut-eutonie.com

La préparation en piscine

Cette préparation a plusieurs avantages :

- une bonne relaxation, que la future maman peut faire agréablement, allongée sur des tapis mousse, ou calée par des flotteurs ;
- un bon entraînement musculaire : les mouvements se font aisément grâce à la diminution de l'action de la pesanteur, la femme dans l'eau se sent à nouveau légère ;
- enfin, la respiration et le souffle se travaillent facilement dans l'eau avec des exercices d'apnée et d'expiration freinée.

Cette activité a aussi un effet favorable sur certains troubles dont se plaignent beaucoup de femmes enceintes : douleurs du dos et du bassin, constipation, varices, par exemple. Après l'accouchement, les mouvements en piscine permettent également une meilleure récupération musculaire et physique.
Les femmes apprécient de se retrouver, de faire ensemble des jeux collectifs, des marches dans l'eau. La piscine est en général plus chauffée quand elle est réservée aux femmes enceintes.
Pour être efficace, il est important que le groupe de futures mamans soit restreint ; qu'une sage-femme donne des informations sur la grossesse, la naissance, et explique l'intérêt des exercices et des respirations pour l'accouchement. Au-delà de douze futures mamans, ces séances en piscine peuvent être une façon agréable de faire de l'exercice mais il ne s'agit pas de préparation à la naissance.
Pour répondre à quelques lectrices, ajoutons que si, dans certaines maternités, la dilatation se fait dans une baignoire d'eau à température du corps, il y a vraiment très peu d'obstétriciens qui pensent que la naissance elle-même puisse se faire dans l'eau.

Une préparation de qualité. Vous le voyez, il y a plusieurs façons de se préparer à l'accouchement. Qu'il s'agisse de la préparation « classique » ou d'autres activités physiques, renseignez-vous avant de vous décider. Redisons que la préparation à la naissance ne se borne pas à apprendre quelques respirations ou à faire quelques exercices. C'est un travail corporel complet qui permet de prendre conscience des modifications du corps et de s'y adapter. C'est une information sur la grossesse, l'accouchement, les soins au bébé, son accueil et les premières relations parents-enfant. C'est un nombre peu élevé de participantes. C'est un médecin ou une sage-femme disponible, qui sait écouter et conseiller. Avant de vous inscrire, ayez ces critères en tête. Pour pratiquer d'autres activités prénatales (piscine, sophrologie, etc.), il est important de choisir des personnes compétentes, par exemple en demandant des adresses aux organismes professionnels ou en vous renseignant auprès de la maternité ou d'autres futures mamans.

Préparation en piscine : où s'adresser ?

Renseignez-vous auprès des piscines proches de votre domicile. Vous pouvez aussi consulter le site de la Fédération des Activités aquatiques d'Éveil et de Loisirs : www.fael.asso.fr

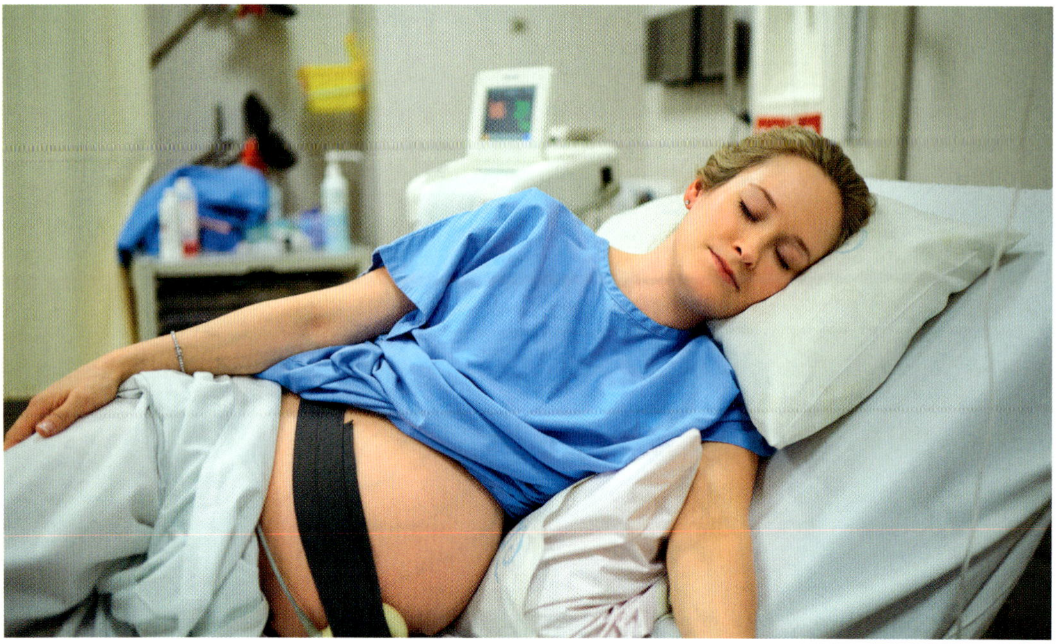

Les anesthésies au cours de l'accouchement

Certaines futures mères souhaitent une prise en charge de la douleur, quelle que soit son intensité, et ceci est parfaitement légitime : soit parce qu'elles trouvent inutile de souffrir, soit parce qu'elles sont angoissées et que l'accouchement leur paraît une épreuve insurmontable, ou encore parce qu'elles gardent d'une précédente naissance un souvenir trop pénible. Ces femmes n'envisagent pas d'accoucher sans anesthésie. Ajoutons que l'anesthésie n'est pas toujours un choix : avec plus de 20 % de césariennes, un accouchement sur cinq en nécessite une. En outre, une complication peut parfois survenir : douleur trop intense, forceps, et là aussi, l'anesthésie sera inévitable.

L'anesthésie péridurale

L'anesthésie péridurale, développée en obstétrique à partir des années 1980, a été un extraordinaire progrès dans le domaine de la lutte contre la douleur. En effet, elle n'insensibilise que la partie inférieure du corps (celle qui souffre). C'est pourquoi elle a eu rapidement autant de succès auprès des femmes.

Toutes les femmes qui le souhaitent peuvent avoir une anesthésie péridurale, à condition bien sûr qu'il n'y ait pas de contre-indication médicale (p. 294).

Dans toutes les maternités, un anesthésiste est de garde sur place. Cependant, dans certaines, on comptabilise 90 % de péridurales, dans d'autres beaucoup moins, cela dépend des services. Est-il souhaitable que chaque accouchement ait lieu sous péridurale, comme cela se passe dans certaines maternités, même si la femme ne l'a pas demandé ? Ce n'est pas sûr. D'abord, cela accentuerait la médicalisation de l'accouchement, si souvent critiquée. Ensuite, les futures mères ne demandent pas toutes une anesthésie. Certaines veulent se rendre compte de ce qu'est la douleur de l'accouchement, si elles peuvent la dominer, et elles ont envie de voir comment elles y parviendront. D'ailleurs, comme nous en avons parlé au début de ce chapitre, un accouchement n'est pas toujours très douloureux. Enfin, le seul fait de savoir qu'elle peut avoir une péridurale détend souvent la mère, à tel point que, parfois, elle ne la demande pas, étonnée de constater qu'elle supporte bien la douleur de la contraction.

L'anesthésie péridurale pendant le travail a concerné 82,7 % des femmes en 2021 (Enquête périnatale). Elles étaient 81,4 % en 2016.

Comment se pratique l'anesthésie péridurale ?

Pour insensibiliser toute la moitié inférieure du corps, on injecte entre deux vertèbres lombaires un produit anesthésique qui se répand autour des enveloppes de la moelle épinière (dont l'une est appelée dure-mère, d'où le nom de cette anesthésie) et qui agit sur les nerfs qui en partent. La moelle épinière baigne elle-même dans un liquide appelé liquide céphalo-rachidien (schéma p. 294).

Cette piqûre indolore – car on fait d'abord une anesthésie locale – permet le passage par l'aiguille d'un fin cathéter qui sera laissé en place. Cela rend possible l'injection en continu, ou à la demande, d'un produit anesthésiant tout le temps de l'accouchement sans devoir refaire de piqûre. Dix minutes après l'injection du produit, la douleur disparaît. Il est de plus en plus souvent possible à la femme de contrôler elle-même l'injection du produit, en fonction de ce qu'elle ressent. Certaines mamans ne veulent pas avoir mal mais ne souhaitent pas supprimer toutes les sensations. N'hésitez pas à **en parler avec l'anesthésiste** lors de la consultation pré-anesthésique. Il pourra vous informer sur les différentes techniques proposées dans votre maternité.

Auparavant, on a placé une perfusion intraveineuse : elle permet de contrôler et de traiter rapidement d'éventuelles chutes de la tension artérielle que peut entraîner la péridurale. Elle permet, si nécessaire, d'administrer des médicaments (ocytociques) qui régularisent et renforcent les contractions, parfois atténuées par la péridurale.

Il faut signaler qu'avec une péridurale, la femme peut moins ressentir le besoin de pousser au moment de l'expulsion.

La maman peut se lever quelques heures après l'accouchement, au début soutenue et aidée pour tester ses réactions.

Les échecs de la péridurale. Signalons qu'il peut arriver que le médecin n'arrive pas à installer la péridurale. Il peut aussi y avoir des échecs partiels : une moitié du corps est bien insensibilisée mais l'autre ne l'est pas ou mal. Lorsque le travail dure longtemps, l'efficacité de la péridurale peut s'atténuer avec le temps. Ces échecs peuvent être mal vécus, en particulier lorsque le recours à la césarienne est nécessaire.

À noter

Le réflexe de pousser peut être très réduit si la péridurale est intense. C'est pourquoi, si c'est le cas et si tout va bien, il est préférable de ne pas réinjecter de produit anesthésiant, ou de diminuer la dose injectée en continu, et d'attendre le retour de vos sensations avant de pousser. C'est un sujet que vous pourrez évoquer lors de la préparation à la naissance ou lorsque vous arriverez à la maternité.

LA PÉRIDURALE

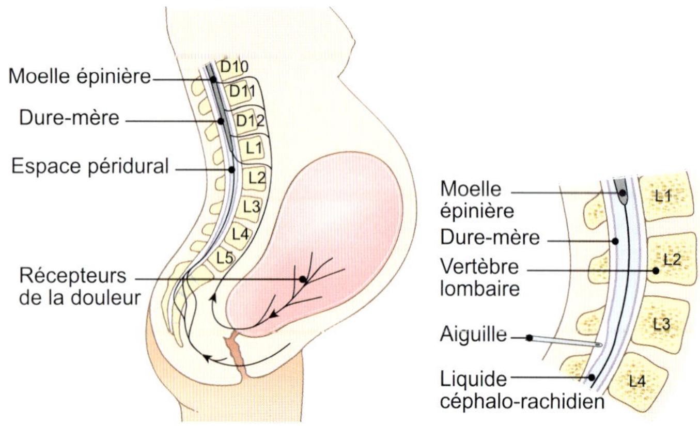

L'espace péridural est celui où l'on injecte le produit anesthésique pour réaliser l'anesthésie péridurale. L'injection se fait entre deux vertèbres lombaires, à un endroit où il n'y a plus de moelle épinière proprement dite. La péridurale est laissée en place une à deux heures après l'accouchement pour le cas où une complication surviendrait.

Peut-on faire une péridurale à n'importe quel moment de l'accouchement ?

Oui, mais sous certaines conditions :

- être certain que le travail d'accouchement a vraiment commencé ;
- au cours du travail, et même en fin de travail, il ne faut pas que la femme soit trop agitée, ce qui pourrait gêner la pose. Savoir que la péridurale peut être posée à n'importe quel moment du travail est rassurant pour les mamans qui souhaitent essayer d'accoucher sans péridurale mais ne sont pas sûres d'y arriver ;
- au moment de la poussée, l'anesthésiste choisit plutôt une rachianesthésie (p. 296).

Si vous êtes sur le point d'accoucher lorsque vous faites la demande de péridurale, il vous sera peut-être répondu qu'il est trop tard. C'est le cas si le temps estimé avant la naissance ne permet pas à la péridurale d'être efficace. Par ailleurs, il n'est pas confortable de devoir vous installer très rapidement pour l'accouchement, parce que votre bébé est en train d'arriver, pendant que l'anesthésiste vous pose la péridurale. Dans ce cas, sachez que vous avez fait le plus difficile et que vous avez en vous toutes les ressources pour parvenir à faire naître votre enfant, même sans péridurale.

Y a-t-il des contre-indications ?

Oui, quelques-unes. Certaines sont connues avant l'accouchement : infections de la peau, déformation importante de la colonne vertébrale ou antécédents chirurgicaux, affections neurologiques, troubles de la coagulation sanguine. Les **tatouages** dessinés dans la zone de ponction sont une contre-indication : le risque est que de l'encre se répande dans l'espace péridural.
D'autres n'apparaissent qu'au moment de l'accouchement ou pendant le travail : hypoxie aiguë de l'enfant, hémorragie, éclampsie.
L'anesthésie péridurale est également contre-indiquée si la mère a de la fièvre en début de travail.

Quels sont les risques de la péridurale ?

La péridurale est devenue un des gestes les plus courants de la pratique obstétricale. L'enfant ne court aucun risque puisqu'il s'agit d'une anesthésie loco-régionale qui ne diffuse que très peu dans le sang maternel. Pour la femme, on doit parler d'incidents plus que d'accidents. Il peut s'agir :

- de vertiges et de maux de tête, qui ne se produisent que lorsque l'aiguille d'injection est allée trop loin ; on parle de brèche méningée ; ces troubles régressent en deux à trois jours. Un traitement par *blood patch* peut être nécessaire. Cela consiste en l'injection de sang dans l'espace péridural pour diminuer les maux de tête et colmater la brèche.
- de douleurs lombaires ;
- de sensations de décharges électriques dans les jambes (elles disparaissent en quelques heures) ;
- d'une douleur au niveau de la ponction mais elle finit par disparaître, parfois en quelques semaines.

La péridurale influence-t-elle le déroulement de l'accouchement ?

Certains prêtent à la péridurale des effets bénéfiques : diminution de la durée de l'accouchement, facilitation de la dilatation du col et régularisation des contractions. À l'inverse, d'autres l'accusent de ralentir le travail, de gêner la naissance en diminuant le ressenti de la maman. En réalité, les études publiées ne permettent de conclure ni dans un sens ni dans l'autre, ce qui ne veut pas dire qu'individuellement la péridurale ne puisse pas avoir ces avantages ou inconvénients.
Si le choix d'avoir une péridurale doit rester avant tout personnel et essentiellement centré sur la prise en charge de la douleur, il peut être influencé par la durée du travail ou en cas de nécessité d'un geste quelconque : application de forceps, délivrance artificielle, suture de l'épisiotomie ou même césarienne. Aucune anesthésie supplémentaire, en particulier générale, n'est alors nécessaire.
Dans certains cas, la péridurale est conseillée : accouchement gémellaire, accouchement par le siège.

Péridurale ou non ? Quand se décider ?

Pendant la grossesse, vous allez bien sûr en parler avec le médecin ou la sage-femme. Mais, quelle que soit votre décision, sachez qu'elle n'est pas irrémédiable.
Certaines femmes disent savoir d'emblée si elles veulent ou non une péridurale. D'autres souhaitent attendre de voir le déroulement de leur accouchement et leur façon de le supporter.
Vous désirez vivre votre accouchement le plus naturellement possible et sans analgésie (en l'absence de complications bien sûr) ? Ou bien vous ne souhaitez pas vous passer des moyens de soulager la douleur, puisqu'ils existent ? Ou encore, vous ne savez pas comment vous tolérerez la douleur et vous préférez attendre le jour J pour vous décider ? Tous ces points de vue doivent être respectés et ils pourront d'ailleurs changer le jour de votre accouchement.

La consultation avec l'anesthésiste

Elle est **obligatoire** au cours du dernier trimestre de la grossesse, qu'une anesthésie soit prévue ou non. Le médecin vérifiera que l'anesthésie n'a pas de contre-indication chez la future mère. Un bilan sanguin, appréciant notamment la coagulation sanguine, sera fait ultérieurement, dans les jours ou les heures précédant l'accouchement.

Cette consultation est faite pour évaluer votre état médical et non pas pour vous inciter à demander une péridurale.

Les autres types d'anesthésies

La rachianesthésie

C'est, comme la péridurale, une anesthésie dite locorégionale qui insensibilise la moitié inférieure du corps. Techniquement, la rachianesthésie est plus facile à faire que la péridurale et elle agit plus rapidement car on fait une piqûre comme pour une ponction lombaire et on introduit du liquide dans l'espace périmédullaire. Il n'y a pas de cathéter à mettre en place. Mais sa durée d'action est limitée à environ deux heures car on ne peut pas réinjecter de produit anesthésique. Elle est donc utilisée pour la césarienne, ou pour un forceps, ou en fin de dilatation car la naissance est proche.

Le protoxyde d'azote

En fin de dilatation, le protoxyde d'azote peut être proposé. C'est un mélange de gaz (oxygène et azote) qui se respire dans un masque. Cela aide le col à se relâcher et améliore l'oxygénation des tissus. Ainsi, la douleur baisse.

L'anesthésie générale

Aujourd'hui, l'anesthésie générale n'est plus pratiquée que lorsqu'il y a une contre-indication à la péridurale et à la rachianesthésie, ou en cas d'urgence lorsque péridurale ou rachianesthésie n'auraient pas le temps d'agir. Elle a l'inconvénient d'endormir complètement la maman qui ne peut ni sentir ni voir naître son bébé. C'est pourquoi, dès que vous serez bien réveillée et que vous aurez votre nouveau-né près de vous, la sage-femme ou le médecin vous feront le récit de ses premiers instants. Votre conjoint pourra aussi vous raconter le moment où il a pris votre enfant dans ses bras. Ainsi, le lien que vous aviez avec votre bébé avant la naissance sera maintenu.

Préparation ou anesthésie ?

En fait, la question ne se pose pas ainsi. Quelles que soient les circonstances, la préparation n'est pas une alternative à l'anesthésie mais participe au bon déroulement de la grossesse et de l'accouchement. Avoir une anesthésie, qu'elle soit nécessaire médicalement (césarienne, forceps ou position du bébé qui gêne sa descente et l'ouverture du col), ou souhaitée par la future mère, n'empêche pas de suivre une préparation. Se préparer, c'est apprendre à connaître son corps en train de se transformer ; c'est comprendre ce qui se passe et ce qui va arriver, et donc être rassurée. C'est aussi le plaisir de faire des exercices physiques et respiratoires, adaptés à la grossesse, qui permettent de se sentir bien, maintenant et au moment de la naissance. Enfin, c'est pouvoir rencontrer d'autres futurs parents et échanger des expériences ; c'est se préparer à accueillir son bébé, à devenir parent. C'est pourquoi, même si une césarienne est programmée ou si vous avez choisi d'avoir une péridurale, nous vous conseillons de préparer votre accouchement. Vous ne le regretterez pas.

L'anesthésie locale

On injecte dans les muscles du périnée, ou un peu plus profondément, un produit anesthésique (de la xylocaïne, par exemple). L'anesthésie locale permet, sans douleur pour la femme, de faire ou de recoudre une épisiotomie, d'appliquer un forceps, mais elle n'atténue pas la douleur de la contraction utérine. On peut également anesthésier directement les nerfs principaux du périnée.

À savoir

Parfois, **lors d'une césarienne**, malgré la péridurale, **la douleur persiste**. On parle de césariennes avec insuffisance d'analgésie. Ces situations étaient mal connues et mal reconnues par les obstétriciens et les anesthésistes. Des femmes ont rapporté des histoires traumatisantes, ce qui a amené les sociétés savantes à proposer une meilleure prise en charge de ces situations avec un recours plus facile à l'anesthésie générale.

Qu'emporter à la maternité ?

Le plus souvent, les maternités donnent une liste des vêtements à apporter. Renseignez-vous à ce propos au moment de l'inscription. Si vous n'avez pas de liste précise, voici ce que nous vous conseillons de mettre dans votre valise et dans celle de votre bébé. Pensez à les préparer un mois avant la date prévue pour la naissance.

Votre valise

Pour l'accouchement

- 1 chemise de nuit, 1 grand tee-shirt ou 1 sweat-shirt ample : vous mettrez ce vêtement à votre arrivée à la maternité et vous le garderez pendant l'accouchement, il ne faut pas que vous regrettiez de le voir taché avec un désinfectant.
- 1 gilet, 1 paire de chaussettes à mettre éventuellement pendant le « travail ».
- 1 brumisateur pour vous rafraîchir le visage.
- de la lecture, de la musique, pour le cas où l'accouchement serait un peu long.

Pour le séjour à la maternité

- 2 pyjamas ou leggings, tee-shirts ou chemises de nuit. Si vous allaitez votre enfant, prenez-les faciles à ouvrir devant ou assez larges pour les soulever et installer votre bébé dessous.
- Des soutiens-gorge s'ouvrant également devant ou assez larges pour pouvoir les soulever.
- Des coussinets lavables ou jetables en cas d'allaitement.
- Des vêtements confortables si vous ne souhaitez pas rester en pyjama ou chemise de nuit pendant la journée.
- Des culottes jetables.
- Des protections hygiéniques normales et « maximum ».
- 1 paire de chaussons ou de ballerines.
- 1 peignoir ou une robe de chambre.
- Vos objets de toilette.
- Des mouchoirs, des serviettes de toilette.
- 1 sac de linge sale.
- Votre chargeur de téléphone portable.

Sur le dessus de votre valise, préparez les vêtements que votre bébé portera le jour de sa naissance ; ils seront ainsi plus facile à trouver.

À cette liste classique, vous pouvez ajouter :

- 1 taie d'oreiller colorée (qui donne meilleure mine pour les photos !).
- Des petits coussins pour être plus confortablement installée.
- 1 châle léger vous rendra de grands services, surtout si vous souhaitez allaiter dans la discrétion.

N'emportez pas de bijoux. Rangez et surveillez vos objets personnels (ordinateur, carte bancaire, chéquier, etc.). Ne gardez que ce qui est indispensable.
Mettez également dans votre valise une enveloppe contenant : votre carnet de maternité ou de surveillance médicale, votre livret de famille (nécessaire pour la déclaration de naissance) ou, à défaut, une pièce d'identité, le reçu du paiement que vous avez effectué pour vous inscrire à la clinique, votre carte de groupe sanguin, de quoi lire et écrire. Certains établissements demandent que l'entourage soit vacciné contre la coqueluche (p. 207) ; il faut alors apporter les carnets de santé.
Si vous avez l'intention de tenir un cahier, ou un album, où vous inscrirez au jour le jour les renseignements concernant la santé, le développement et le régime de votre enfant, emportez-le pour noter les événements des premiers jours.
Comme tous les parents, vous serez heureux de photographier votre nouveau-né et de partager ce bel événement avec vos proches. **Essayez toutefois de diminuer le temps que vous consacrez habituellement à votre portable**. Votre bébé vient de naître, il a besoin de votre attention, de votre regard pour être accompagné dans ses débuts dans la vie.

La valise de votre bébé

Pour la naissance

- 1 body en coton.
- 1 brassière ou 1 gilet chaud.
- 1 pyjama.
- 1 paire de chaussettes ou chaussons.
- 1 serviette-éponge.
- 1 petite couverture chaude.
- 1 bonnet : dès la naissance, on le met au bébé pendant quelques heures.

Pour le séjour à la maternité

- 4 ou 5 bodys ou brassières en coton.
- 4 pyjamas.
- 2 brassières en laine ou 2 gilets.
- 2 ou 3 paires de chaussettes ou chaussons.
- 4 à 6 langes en coton, à mettre sous la tête du bébé ou à placer sur l'épaule après le biberon ou la tétée.
- 5 bavoirs.
- 2 serviettes de toilette.

Pour la sortie

- 1 bonnet.
- 1 nid d'ange ou 1 petit sac de couchage, il vous servira ensuite pour les sorties de bébé. Le nid d'ange se présente comme un sac, avec une fermeture-éclair, qui sert à bien emmitoufler le nouveau-né : il s'y trouve comme dans un petit nid.

Le plus souvent, les couches sont fournies par la maternité mais renseignez-vous avant de faire la valise de votre bébé.

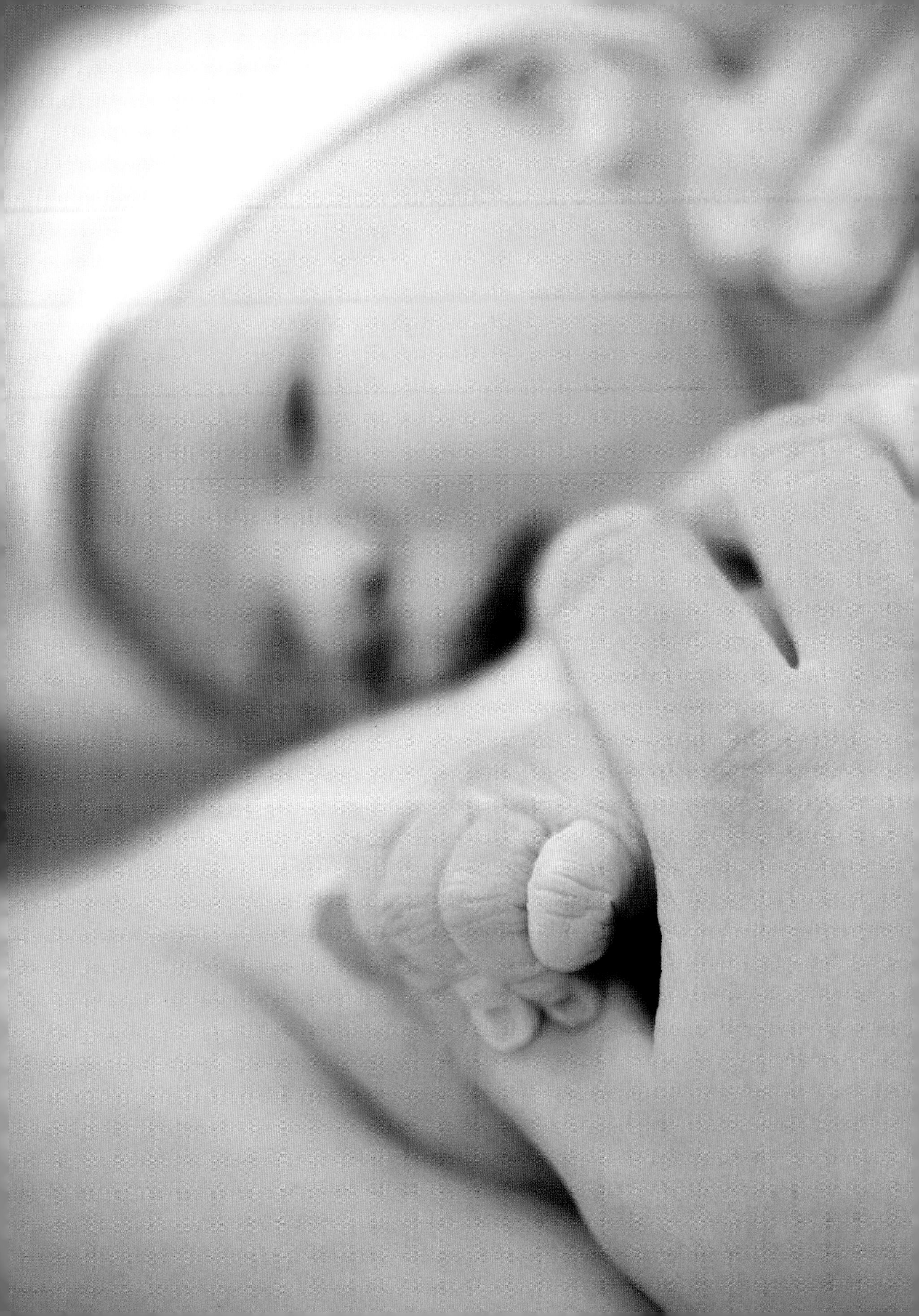

9

L'accouchement et la naissance

La naissance approche… Les futures mamans sentent qu'une étape se termine, à la fois physique et psychologique. Elles sont souvent fatiguées, parfois essoufflées. Elles sont impatientes de prendre enfin leur bébé dans les bras.
Voici venu le temps de l'accouchement. Ce chapitre va s'efforcer de répondre à toutes vos interrogations : comment il s'annonce, comment il débute, combien de temps il dure, s'il fera souffrir, quand il faut partir pour la maternité, etc. Toutes ces informations vont vous rassurer, vous donner confiance pour aborder ce grand moment et pour accueillir votre enfant.

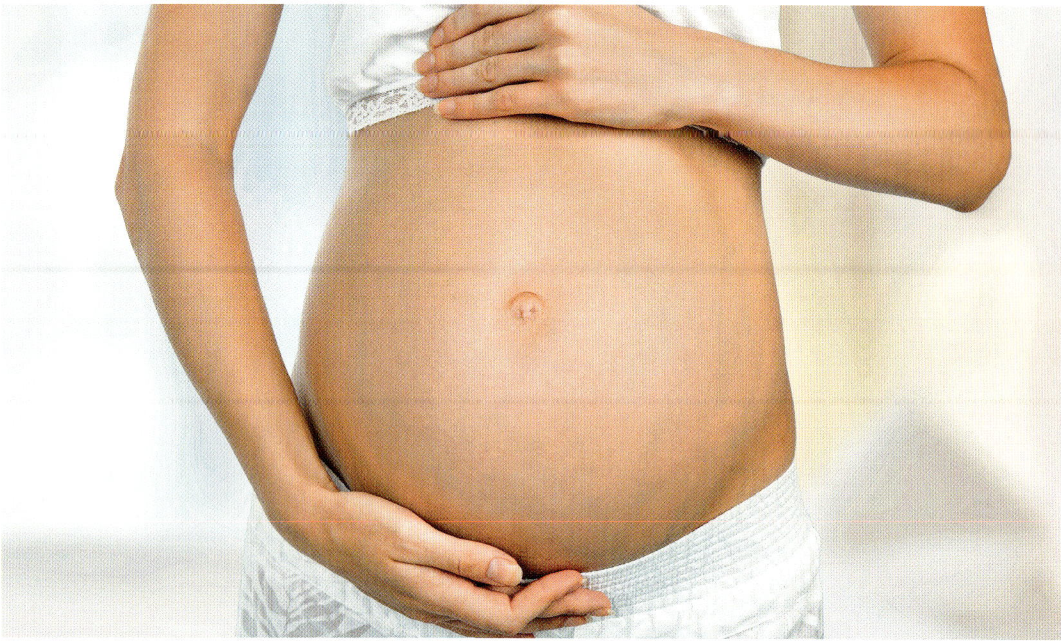

Quelques explications anatomiques

Nous commençons ce chapitre par quelques explications et schémas qui permettent de comprendre le mécanisme de l'accouchement. Si vous souhaitez tout de suite connaître les signes qui l'annoncent et son déroulement, rendez-vous page 313.
Voyez la situation de l'enfant à la veille de la naissance (schéma ci-contre).
À l'intérieur de l'utérus, l'enfant est entouré comme dans un sac par deux fines membranes : l'amnios et le chorion. À l'intérieur de ce sac, le liquide amniotique est représenté par la partie bleutée qui entoure l'enfant.
Dans la partie inférieure de l'utérus, se trouve le col qui, pendant toute la durée de la grossesse, reste fermé. L'accouchement sera la sortie de l'enfant hors de l'utérus, hors des voies génitales de la mère. Cette sortie ne peut se faire sans les contractions utérines qui poussent l'enfant vers le bas et vont avoir deux effets :

- elles vont ouvrir le col de l'utérus ;
- elles vont faire franchir à l'enfant le tunnel formé par le bassin osseux et les parties molles du périnée et de la vulve.

On peut considérer l'accouchement comme la résultante de différentes forces : les contractions utérines qui cherchent à pousser l'enfant dehors, la façon dont l'enfant s'adapte dans le bassin, la résistance liée au bassin et aux muscles. Voyons les forces en présence : le moteur utérin, l'enfant, puis le tunnel à franchir.

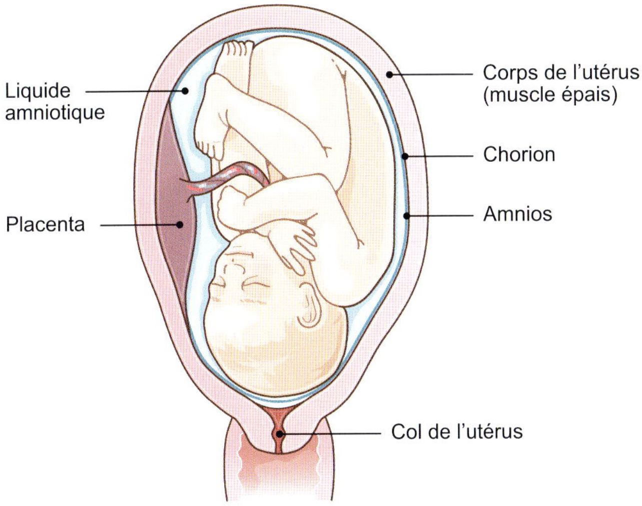

Le rôle de l'utérus

L'utérus est un muscle formé de fibres musculaires lisses, comme celles de l'intestin ou du cœur par exemple. Ces fibres ont le pouvoir de se contracter de façon autonome, automatique : vous ne pouvez ni les diminuer, ni les augmenter. Cela ne veut pas dire que vous allez rester passive pendant votre accouchement, nous vous en reparlerons. Les contractions apparaissent en général à partir du 6e mois de la grossesse et parfois plus tôt. Elles sont ressenties par la future maman mais ne sont pas douloureuses. C'est seulement au moment de l'accouchement qu'elles agissent pour de bon.

Le déclenchement des contractions

Qu'est-ce qui, un beau jour, déclenche les contractions ? Pour l'instant, il est impossible de répondre d'une manière précise à cette question, mais il est vraisemblable que plusieurs facteurs entrent en jeu. Le **bébé** lui-même joue probablement un rôle important. Dans les jours et les heures qui précèdent l'accouchement, ses glandes surrénales deviennent hyperactives. Mais nous ne savons pas comment s'exerce cette influence. Une autre hormone est connue pour déclencher et entretenir les contractions : c'est l'ocytocine sécrétée par l'hypophyse. On l'emploie parfois en perfusion intraveineuse au cours de l'accouchement pour renforcer et régulariser les contractions. À la fin de la grossesse, elle est sécrétée à la fois par l'hypophyse de la mère et par celle du fœtus. Certains facteurs sont purement mécaniques : la **distension utérine**, qui existe en fin de grossesse, agit sur le col pour le forcer progressivement à s'ouvrir. Elle peut aussi agir sur le muscle utérin pour lui faire sécréter des substances actives sur la contraction : les prostaglandines. Fabriquées par l'utérus, le taux des prostaglandines augmente nettement en fin de grossesse.

À noter

La HAS (haute autorité de santé) a publié des recommandations concernant « l'accouchement normal », notamment pour respecter son rythme et son déroulement spontané et ainsi répondre à la demande des mères souhaitant une prise en charge moins médicalisée. Ces recommandations visent à abandonner les pratiques systématiques – comme l'injection d'ocytocine – pour ne garder que celles qui sont scientifiquement justifiées.

www.has-sante.fr/.../accouchement-normal-accompagnement-de-la-physiologie

Des **facteurs nerveux** interviennent également – comme des réflexes –, dont le point de départ serait le col utérin. Il est fréquent que le simple toucher vaginal d'une femme à terme déclenche l'accouchement dans les 24 heures qui suivent. On ignore toutefois la nature exacte de ces réflexes.
En conclusion, on peut dire qu'aucun de ces différents facteurs ne paraît suffisant à lui seul pour déclencher l'accouchement. Mais il est possible qu'ils s'associent selon un mécanisme qui nous est encore inconnu, pour provoquer, puis entretenir et renforcer les contractions.

L'effet des contractions utérines

L'utérus commence donc à se contracter (schéma 1).
Les contractions vont exercer leur force de haut en bas, c'est-à-dire du fond de l'utérus vers le col. Ce faisant, elles vont avoir une action sur le col : en effet, à chaque contraction, les parois de l'utérus tirent le col vers le haut. Et c'est ainsi que peu à peu, le col va s'ouvrir. Il est en effet indispensable, pour que l'enfant puisse sortir de l'utérus, que s'ouvre le col (schéma 2). Certes, au cours de la grossesse, le col a subi un ramollissement progressif qui rend son ouverture plus aisée, mais **il ne peut s'ouvrir que grâce à l'action des contractions utérines**.

La dilatation du col

Dans un premier temps, le col se raccourcit progressivement jusqu'à disparaître et se confondre avec le reste de l'utérus. On dit qu'il **s'efface**. Mais au début, il est encore fermé (schémas 2.a et 2.b).
C'est dans un second temps que le col s'ouvre, et toujours sous l'influence des contractions. On dit alors qu'il **se dilate** (schéma 2.c).
Cette dilatation est exprimée en centimètres. La dilatation complète du col correspond à une ouverture de 10 cm de diamètre.
Les modifications du col s'évaluent par le toucher vaginal, pratiqué régulièrement au cours de la dilatation.
L'enfant ne peut sortir de l'utérus tant que la dilatation du col n'est pas complète (schéma 2.d) et ce sont les contractions utérines seules qui produisent cette dilatation.

La poussée de l'enfant vers le bas

Les contractions agissent sur le col pour l'ouvrir, mais elles agissent également sur l'enfant : elles le poussent peu à peu vers le bas. Cette descente progressive de l'enfant se fait simultanément à la dilatation du col.
Toujours sous l'effet des contractions, un peu de liquide amniotique s'accumule entre la tête du bébé et le pôle inférieur de l'œuf : c'est la poche des eaux (schéma 2.c). Son rôle est de répartir la pression des contractions utérines autour du col de l'utérus. Ainsi, la douleur de la mère est atténuée et la tête du bébé est protégée.
Les contractions, après avoir ouvert le col, vont faire franchir à l'enfant le bassin maternel qui forme comme un tunnel.

1. Effet des contractions utérines

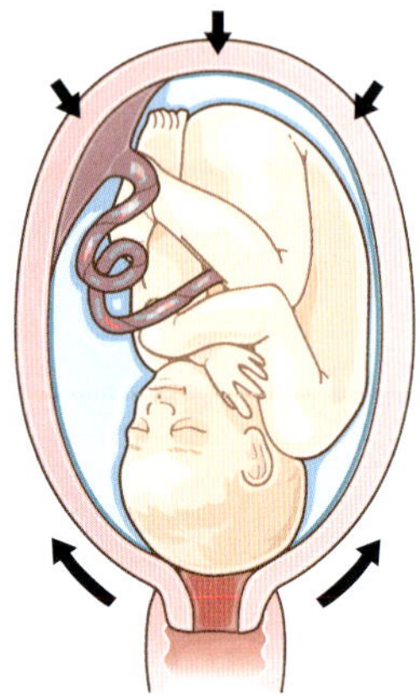

À noter

Chez la primipare – la femme qui met au monde son premier enfant –, l'effacement et la dilatation du col constituent deux phénomènes bien distincts qui se suivent dans le temps. Chez la multipare – la femme qui a déjà eu des enfants –, ils vont souvent de pair : le col s'efface et se dilate en même temps.

2. Effacement et dilatation du col

On voit, schématiquement, la tête de l'enfant, le liquide amniotique (en bleu), les membranes de l'œuf (trait sombre), le tout à l'intérieur de l'utérus dont le col, en bas, s'ouvre dans le vagin.

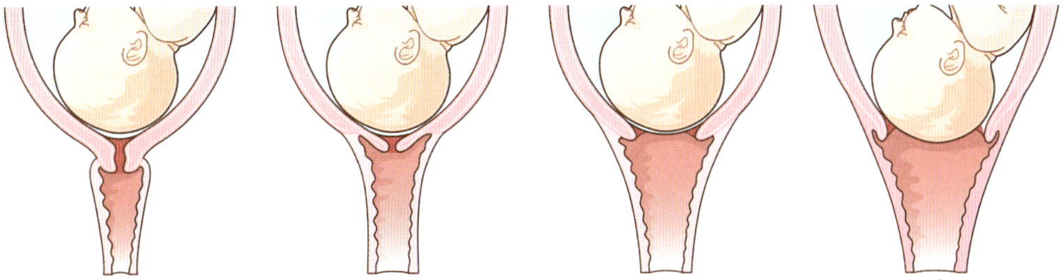

a Au début de l'accouchement, le col de l'utérus est fermé.

b Peu à peu, sous l'effet des contractions, le col perd sa longueur : on dit qu'il s'est effacé. Mais il reste encore fermé.

c Le col est en train de s'ouvrir : il se dilate. Les membranes retiennent le liquide amniotique qui forme une poche plus ou moins tendue contre le col : c'est la poche des eaux.

d Col ouvert, poche rompue, la tête de l'enfant va maintenant pouvoir descendre pour sortir de l'utérus. Puis elle va traverser le vagin et la vulve dilatés au maximum.

Le tunnel à franchir : le bassin maternel

Le tunnel à franchir constitue ce qu'on appelle la filière pelvigénitale. C'est en la traversant que l'enfant rencontrera sur sa route divers obstacles. Cette filière est d'abord formée par le **bassin osseux** (schéma 3.b) qui est constitué de quatre os solidaires et articulés les uns aux autres : le sacrum et le coccyx en arrière, les os iliaques droit et gauche sur les côtés et en avant, là où ces deux os se rejoignent pour former le pubis (ou symphyse pubienne).
Pendant la grossesse, l'enfant est situé au-dessus du pubis. Au cours de l'accouchement, il va devoir traverser le bassin, puis en sortir. L'orifice d'entrée du bassin, par où entre l'enfant, est encore appelé détroit supérieur. Il a un peu la forme d'un cœur de carte à jouer. L'orifice de sortie du bassin est appelé détroit inférieur. Cette filière est également formée de muscles et de tissus extensibles qui tapissent et s'insèrent sur les bords du bassin osseux : c'est ce que l'on appelle le **périnée** ou **bassin mou**, par opposition au bassin osseux.
Ce sont ces deux obstacles (bassin osseux et bassin mou) que l'enfant devra franchir simultanément durant sa descente (schéma 3.c).

À noter que les muscles du périnée (schéma 3.d) seront soumis pendant l'accouchement à des tensions considérables, notamment lors de l'expulsion. Cela explique l'utilité des exercices proposés après l'accouchement pour renforcer le périnée (p. 279-280 et 384). Pour les accouchements suivants, le bassin mou sera franchi plus aisément, le chemin ayant été tracé, si l'on peut dire, par le premier enfant.

3. Le bassin maternel

3.a LA SITUATION DE L'ENFANT AVANT LA NAISSANCE

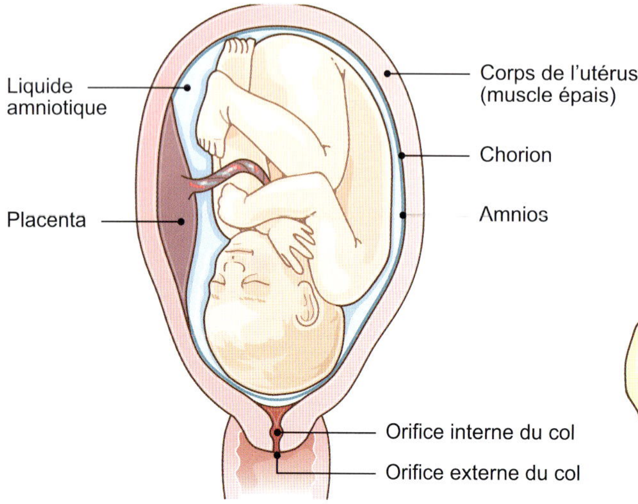

Le col de l'utérus a deux orifices : celui qui est vers le vagin (orifice externe) et celui qui est vers le bébé (orifice interne). En fin de grossesse, il est normal chez une femme ayant déjà eu un ou plusieurs enfants que l'orifice externe soit ouvert. L'orifice interne s'ouvrira au début du travail.

3.b VU D'EN HAUT, LE BASSIN OSSEUX DE LA FEMME

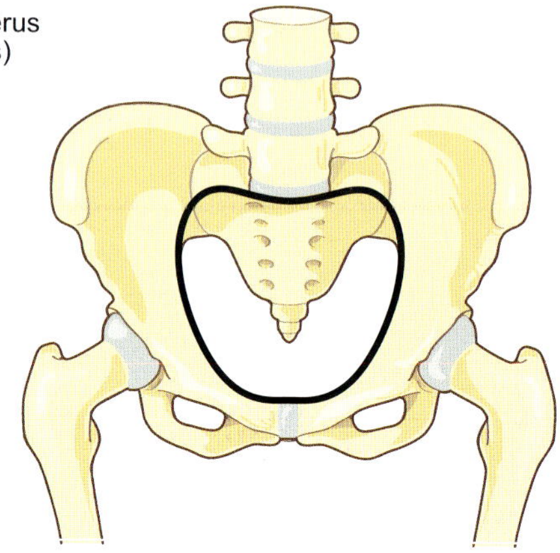

Nous voyons le détroit supérieur, les vertèbres lombaires, les os iliaques droit et gauche (larges surfaces), la symphyse du pubis (devant), le sacrum (bas de la colonne vertébrale) et le coccyx (bout du sacrum).

3.c LES DIFFÉRENTS PASSAGES À FRANCHIR

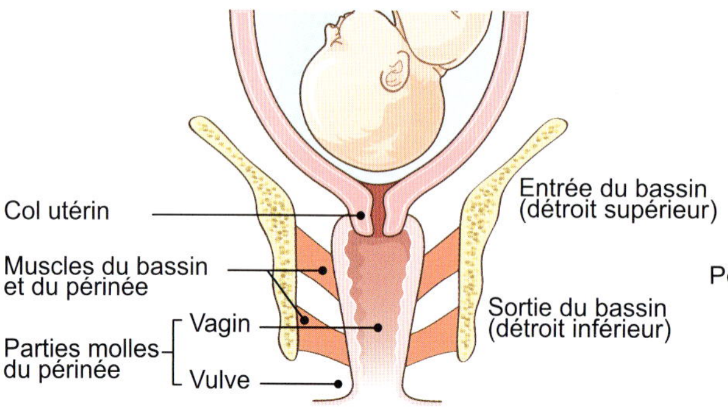

3.d LE PÉRINÉE

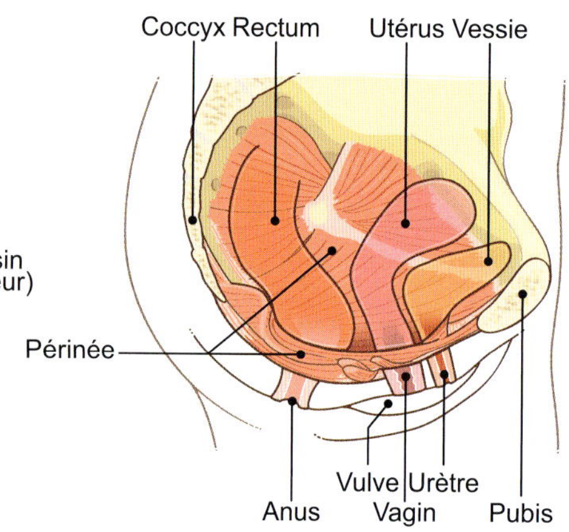

La descente de l'enfant dans le bassin osseux

Au terme de la grossesse, au moment où va se déclencher l'accouchement, l'enfant est prêt à effectuer sa sortie. Vous l'avez vu, il est habituellement en position verticale, tête en bas, siège en haut, c'est-à-dire dans le fond de l'utérus, entouré par les membranes et par le liquide amniotique, qui le protègent (schéma 3.a).
Pour franchir les différents obstacles que nous venons de voir, l'enfant va effectuer toute une série d'évolutions qui vont lui permettre de s'adapter aux formes et aux dimensions du tunnel. La tête commence par franchir l'orifice supérieur du bassin, ou détroit supérieur. On dit qu'elle s'engage (schémas 4.a et 4.b).
Détroit supérieur. En même temps qu'elle s'engage, la tête s'oriente obliquement (schémas 4.c et d, p. 308) : c'est que l'orifice supérieur du bassin lui offre plus de place pour passer en oblique ; disons qu'il est plus facile d'entrer dans le bassin la tête orientée du côté droit ou du côté gauche, et fléchie vers le bas, que la tête droite ; c'est pourquoi l'enfant fait ce double mouvement : rotation oblique et flexion vers le bas. L'exemple classique pour comprendre ce mécanisme est celui de l'œuf que l'on doit faire passer dans un anneau : l'œuf présenté dans son grand axe vertical franchit l'anneau ; présenté dans l'axe transversal, il ne peut pas passer (schéma 5, p. 308). Cette amorce de descente, surtout pour un premier enfant, peut se produire à la fin de la grossesse, dans les jours qui précèdent l'accouchement. Elle est parfois ressentie douloureusement par la future mère.
Détroit inférieur. Une fois le détroit supérieur franchi, la tête de l'enfant descend progressivement dans le bassin. Lorsqu'elle rencontre

4. La progression du bébé

PRÉLUDE À L'ACCOUCHEMENT

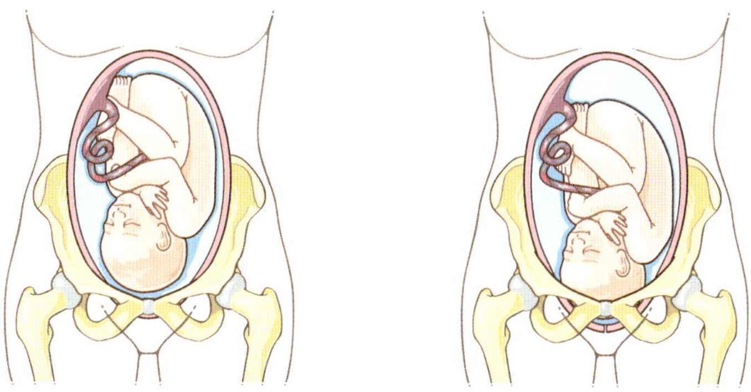

4.a et b. Dans quelques heures, cet enfant sera né. Sur le schéma de gauche, on voit la position de l'enfant et la place qu'il occupe dans le corps maternel. Sur celui de droite, bien que l'utérus soit fermé, la tête de l'enfant va amorcer sa descente dans le bassin. C'est le prélude à l'accouchement – ressenti par la mère comme un poids au bas-ventre – quelques jours, parfois quelques heures, avant les premières contractions.

ORIENTATION ET ENGAGEMENT DU BÉBÉ

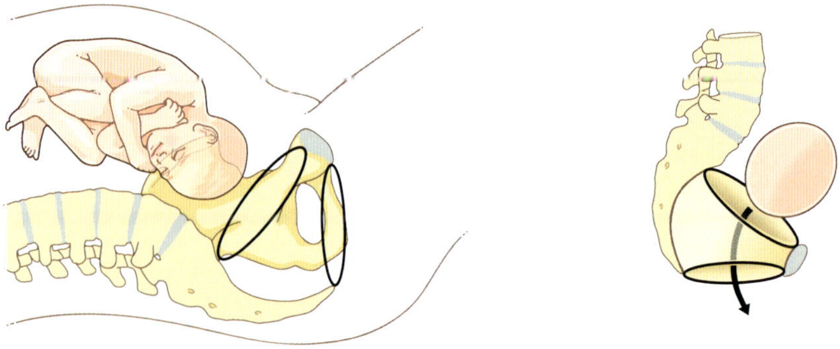

4.c et d. Comme vous le voyez sur ces schémas du canal osseux, l'enfant qui naît ne sort pas « tout droit » : il change deux fois d'orientation. À gauche, la femme est représentée couchée, à droite, le schéma la représente debout.

les muscles du périnée, au niveau du détroit inférieur, elle effectue une nouvelle rotation qui va l'amener dans un grand axe antéropostérieur, c'est-à-dire avant (pubis)-arrière (sacrum). En effet, au niveau de l'orifice de sortie du bassin, ou détroit inférieur, l'ouverture la plus grande est, non plus dans un diamètre oblique, comme au niveau de l'orifice supérieur, mais dans le sens antéropostérieur (pubis-sacrum). Là encore, la tête s'oriente pour profiter au mieux des dimensions maximales de l'orifice.
Ainsi, au cours de la traversée du bassin, l'enfant aura modifié plusieurs fois l'orientation de sa tête. En d'autres termes, l'enfant est entré dans le bassin en regardant son épaule (la droite ou la gauche), et il en est sorti en regardant le sol.
Pour sortir du détroit inférieur, la tête de l'enfant, en appuyant, va étirer le périnée et la vulve (qui sont suffisamment élastiques pour permettre au bébé de naître). En effet, la pression de la tête sur les muscles du périnée déclenche le réflexe de pousser. C'est la **période d'expulsion**. Cet étirement est parfois associé à des sensations de plaisir sexuel, mais plus souvent à de la douleur. La sensation est parfois si surprenante, ou douloureuse, que la mère tente de résister et contracte involontairement ses muscles.
La durée de cette période est toujours courte comparée à la phase de dilatation, au maximum 30 minutes. Et moins la mère résiste, plus l'expulsion est rapide.

5. Le passage de la tête

Transversalement, la tête de l'enfant ne peut pas passer.

Verticalement, elle le peut.

L'enfant est aidé dans la descente du bassin

La descente progressive de la tête, cette traversée du tunnel, est facilitée par trois éléments.

- Les os du bassin sont soudés entre eux par des articulations. Or, à la fin de la grossesse – et c'est parfois assez douloureux –,

ces articulations se relâchent, relâchement qui élargit le bassin de quelques millimètres.
- Les os du crâne de l'enfant ne sont pas complètement soudés, leur soudure ne sera définitive que plusieurs mois après la naissance. Ainsi le crâne de l'enfant garde-t-il une certaine malléabilité qui lui permet de se façonner à la taille du passage étroit qu'il doit franchir.
- Enfin, les parties molles – vagin et périnée – ont une élasticité naturelle.

Pour terminer, deux remarques :
- nous avons constamment parlé de la tête comme si elle seule importait : c'est ce qui se passe en pratique car elle représente la partie la plus volumineuse de l'enfant. Quand la tête a franchi un obstacle, le reste du corps suit sans difficulté ;
- les différents mouvements effectués par l'enfant au cours de l'accouchement sont le résultat des contractions de l'utérus mais aussi de la façon dont le bébé s'adapte dans le bassin.

En résumé, il est important de comprendre que la contraction utérine constitue le moteur essentiel de l'accouchement. C'est elle qui permet la dilatation progressive du col et la descente de l'enfant, phénomènes qui se déroulent simultanément. Il n'y a pas d'accouchement normal sans contractions utérines régulières et efficaces.

L'accouchement comprend donc deux phases successives, de durée inégale :
- la première (c'est la plus longue), la **dilatation** du col de l'utérus (schémas 6.a, 6.b, 6.c) ;
- la deuxième (beaucoup plus courte), l'**expulsion** de l'enfant (schémas 6.d, 6.e).

Vous retrouverez ces deux phases dans le déroulement de l'accouchement (p. 313 et suiv.). Après la naissance de l'enfant, une troisième phase terminera l'accouchement, la délivrance (p. 326), phase au cours de laquelle le placenta se décollera et sera expulsé.

6. Le chemin du bébé

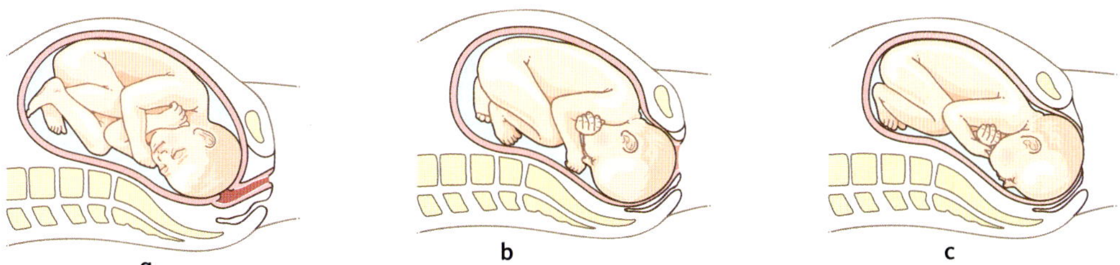

La dilatation (l'ouverture du col).

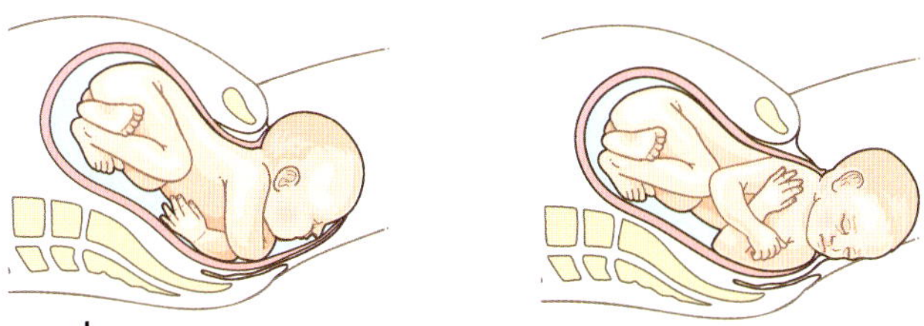

L'expulsion (la sortie du bébé).

Les différentes « présentations »

Le plus souvent, l'enfant a la tête en bas au moment de l'accouchement. On appelle présentation la partie de l'enfant qui pénètre (qui s'engage) la première dans le bassin. Habituellement, la tête s'engage complètement fléchie, le menton sur le thorax, et présente le sommet du crâne (l'occiput) à l'entrée du bassin.
Le diagnostic de la présentation se fait en fin de grossesse, en palpant l'abdomen vers 7 mois ½-8 mois ; ce n'est en effet qu'au cours de cette période que l'enfant prend sa position définitive dans l'utérus. On peut confirmer le diagnostic par une échographie.

La présentation du sommet

Elle est la plus fréquente, c'est celle qui correspond à ce que vous lirez dans la description de l'accouchement.

La présentation de la face

Dans ce cas, la tête est complètement défléchie, rejetée en arrière. L'accouchement naturel est possible, mais il est souvent difficile, surtout chez la femme qui a son premier enfant. On a généralement recours à une césarienne.

La présentation du front

La tête est en position intermédiaire entre la face et le sommet. L'accouchement par la voie naturelle est impossible (la tête présente à l'engagement un diamètre trop grand). La césarienne est nécessaire.

La présentation transversale

Elle est également appelée présentation de l'épaule. L'enfant se présente horizontalement, dos en haut ou en bas. La césarienne s'impose.

La présentation du siège

Ici, l'enfant se présente le siège en bas, la tête se situant dans le fond de l'utérus. Ce sont soit les fesses (deux tiers des cas), soit les pieds (un tiers des cas) – voir les schémas – qui se présentent en premier.
Si votre enfant se présente par le siège, ne vous étonnez pas de voir le médecin prendre certaines précautions. En effet, la difficulté au moment de l'accouchement peut tenir au fait que la tête – qui sort la dernière du bassin – peut, selon son orientation et son volume, se bloquer dans le bassin, situation dangereuse pour le bébé. Aussi faut-il distinguer :

- les sièges de femmes ayant déjà accouché d'enfant de poids normal (ou *a fortiori* élevé) dont le bassin est normal. L'accouchement ici ne diffère guère de celui d'un accouchement habituel ;

7. Les différentes présentations

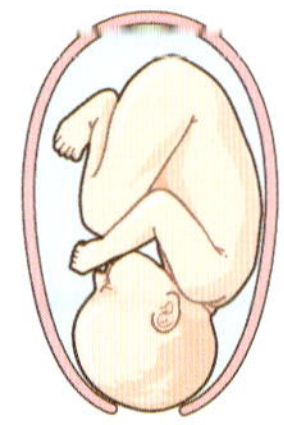

Présentation du sommet

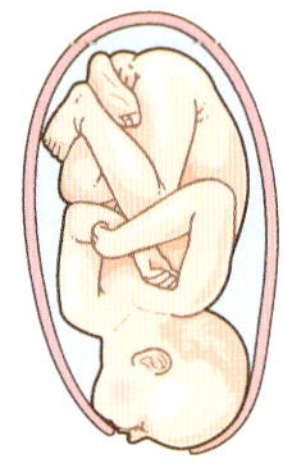

Présentation de la face

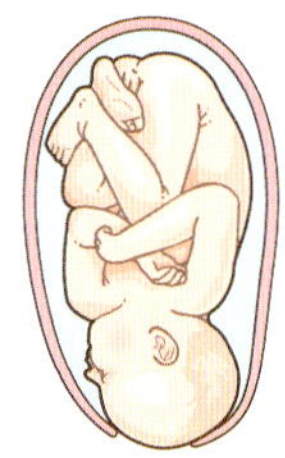

Présentation du front

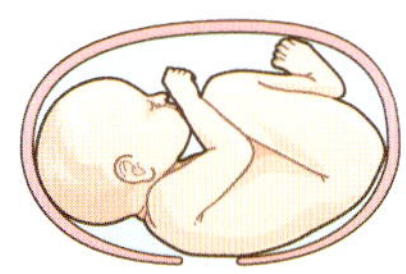

Présentation transversale

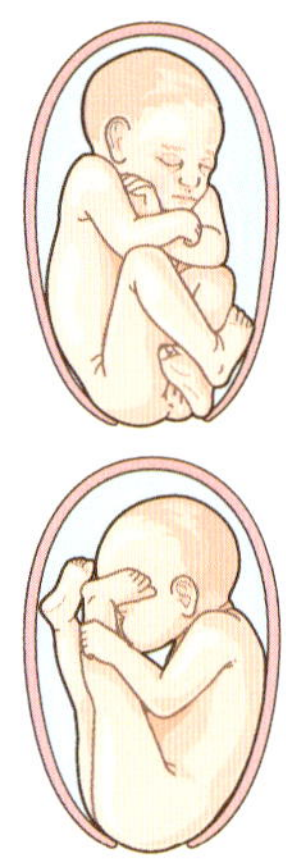

Présentation du siège

- les sièges de femmes ayant leur premier enfant et pour lesquelles il est indispensable de réunir le maximum d'éléments de pronostic avant l'accouchement ; il faudra en particulier préciser le volume du bébé par une échographie et les dimensions du bassin par une radiopelvimétrie ou par une mesure par scanner.

Quand l'enfant est encore en présentation du siège quatre à cinq semaines avant l'accouchement, le médecin, par manipulation du ventre de la mère, peut aider l'enfant à basculer pour l'amener la tête en bas ; c'est ce que l'on appelle « la version par manœuvres externes », qui réussit plus souvent chez la femme qui a déjà eu des enfants. En cas d'échec de la version, le médecin évaluera les possibilités d'un accouchement par les voies naturelles ou la nécessité de programmer une césarienne.

La version par manœuvres externes se fait à la maternité, sur rendez-vous :

- un traitement visant à relâcher l'utérus est donné à la future maman ;
- le médecin contrôle par échographie la présentation, puis fait éventuellement un enregistrement du rythme cardiaque de l'enfant ;
- elle ne dure que quelques minutes ;
- un nouvel enregistrement du rythme cardiaque fœtal est parfois effectué ;
- si vous êtes rhésus négatif et le père rhésus positif, une injection de gammaglobulines anti-D vous sera faite ;
- vous quitterez la maternité après un peu de repos et vous pourrez regagner votre domicile.

En cas d'accouchement par la voie naturelle, comme la poussée est plus longue, l'anesthésie péridurale est fréquemment proposée dès le début de la dilatation. Enfin, il est possible que la présentation du siège provoque chez l'enfant une luxation de la hanche. Elle sera recherchée dès la naissance par l'examen du bébé. Au moindre doute, une échographie des hanches sera pratiquée.

Les autres méthodes pour faire tourner le bébé :

- l'ostéopathie ;
- le pont indien : la maman est allongée, un gros coussin placé sous les fesses, jambes écartées durant 20 min matin et soir.

Ces méthodes n'ont pas vraiment fait preuve de leur efficacité. De plus, les manipulations du bébé par des non-médecins sont fortement déconseillées.

Peut-on programmer l'accouchement ?

Oui, il est possible de déclencher artificiellement le travail avant son terme. Cette décision est le plus souvent d'indication médicale mais elle peut parfois répondre à une demande de la future mère, ou parfois du couple. Tout déclenchement artificiel du travail implique la prise en compte de certaines difficultés :

- celle de se solder par un échec – et de se terminer par une césarienne – si les conditions locales nécessaires n'ont pas été réunies. Ainsi, le col doit être suffisamment ramolli et déjà entrouvert pour envisager un déclenchement ;

- celle de provoquer un accouchement plus long, plus difficile, pour l'enfant et pour la mère.

Une décision médicale

Dans certaines circonstances, le médecin peut décider de déclencher le travail avant le terme. Cette décision dépendra de l'état de santé de la maman ou du bébé. Il peut s'agir, par exemple, d'une hypertension maternelle mal contrôlée, d'un diabète mal équilibré, d'un arrêt de la croissance du bébé, d'une rupture prématurée des membranes, etc. Dans ces cas, la première préoccupation sera de tout faire pour que l'enfant naisse dans les meilleures conditions possibles, même s'il doit naître prématurément.

Cette décision de déclenchement peut parfois être prise médicalement si une meilleure organisation du travail du service le nécessite ponctuellement. Le déclenchement peut être également décidé en cas de terme dépassé. Soyez rassurée : pour chaque décision, l'équipe médicale s'assurera que toutes les conditions sont réunies pour que l'accouchement se passe aisément. Aujourd'hui, la future mère a de plus en plus souvent le choix de la méthode de déclenchement.

La fréquence de déclenchement du travail est en augmentation : 25,8 % en 2021 et 22 % en 2016 (Enquête périnatale).

Le déclenchement dit de convenance

Certaines femmes sont rassurées par la possibilité d'un accouchement programmé, par exemple celles qui habitent loin d'une maternité, qui sont seules ou ont un compagnon souvent absent ; ou bien pour des raisons professionnelles. Un tel choix ne peut être que le fruit d'une décision partagée : il s'agit de votre accouchement mais vous êtes sous la responsabilité de l'équipe médicale. Le médecin vous donnera toutes les informations nécessaires (avantages et inconvénients) et vous expliquera que, pour que le déclenchement soit possible, un minimum de conditions doivent être réunies : une grossesse au-delà de 39 semaines et un col favorable, c'est-à-dire mou et ouvert de 2 cm. S'il est donc possible de programmer la date de l'accouchement, faut-il le faire pour autant ? Il nous semble qu'il vaut mieux laisser agir la nature et laisser votre bébé choisir l'heure et le jour qui lui plairont le plus, ce que font d'ailleurs la plupart d'entre vous. Ajoutons que, d'une façon générale, lorsqu'il est question d'accouchement, moins on intervient, mieux cela est.

Le déclenchement peut se faire :

- lorsque le col est favorable par une perfusion d'ocytocine, une rupture de la poche des eaux ;
- lorsque le col n'est pas favorable, une phase de maturation est nécessaire. Elle peut se faire par deux méthodes : soit par sonde, avec un ballonnet, mise dans le col ; soit par des hormones prostaglandines (qui provoquent des contractions) et peuvent être données sous forme de gel, ou par un tampon placé dans le vagin, ou encore par voie orale par comprimés.

À signaler

L'accouchement dit de convenance est rarement proposé, et plutôt déconseillé, pour un premier accouchement.

À savoir

Avant un déclenchement (comme avant toute intervention), il est bon d'informer la future maman sur ce que l'on fait et sur les risques et bénéfices attendus. Cela fait partie des recommandations de bonnes pratiques de la HAS (p. 303).

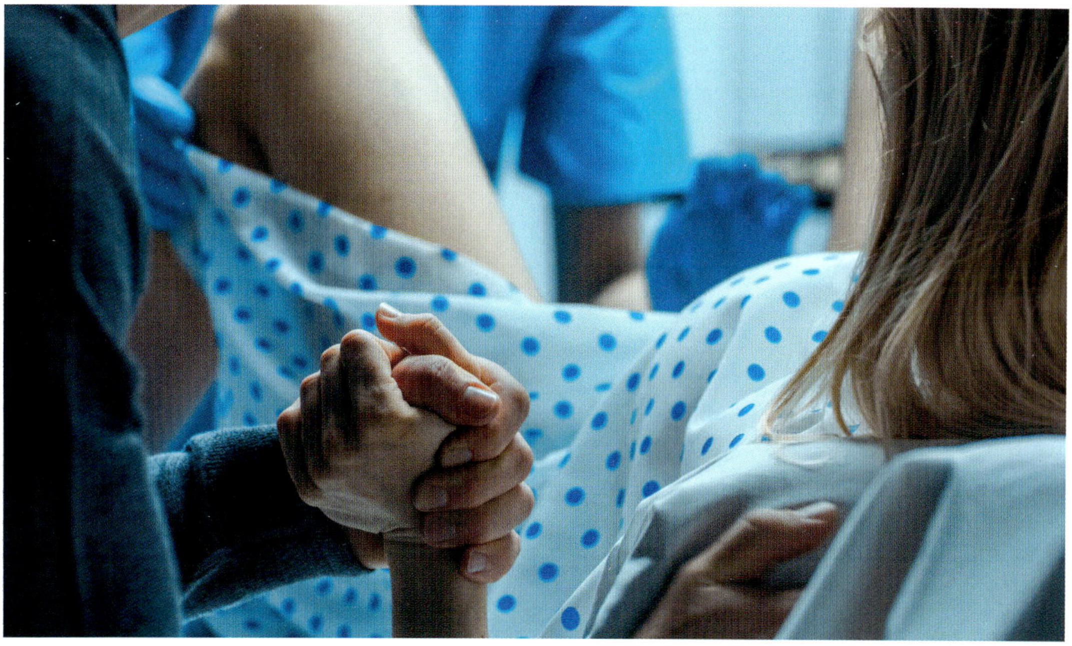

Le déroulement de l'accouchement

Comment débute un accouchement

L'accouchement ne débute pas toujours de façon nette, précise et stéréotypée, et il vous arrivera peut-être, surtout si vous accouchez pour la première fois, de vous demander si le moment est venu de partir pour la maternité. **Au moins en théorie, le début de l'accouchement est marqué par l'apparition de contractions utérines régulières et plus ou moins douloureuses.**

Le bouchon muqueux

Il est constitué de sécrétions glaireuses, parfois teintées de sang, il bouche le col de l'utérus pendant la grossesse. C'est pourquoi, lorsqu'il est expulsé, la future mère pense qu'il faut partir aussitôt à la maternité. Ce n'est pas le premier signe qui doit vous déterminer car cette expulsion peut précéder l'accouchement de 24 ou 48 heures, voire plus ; celui-ci peut en effet débuter beaucoup plus tard car cette perte (qui peut passer inaperçue) peut simplement indiquer que l'orifice interne du col de l'utérus commence à s'ouvrir. Ce qui va vraiment marquer le début de l'accouchement, c'est l'apparition de contractions utérines particulières.

Reconnaître les contractions de l'accouchement

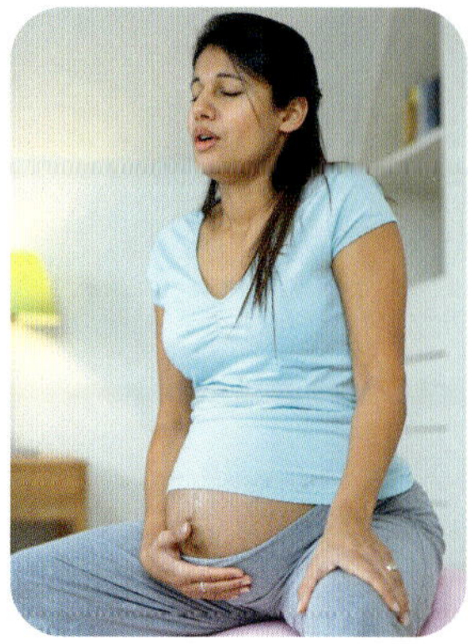

Les contractions qui n'annoncent pas l'accouchement

Des contractions peuvent apparaître dans les derniers mois et surtout dans les dernières semaines de la grossesse. Vous pouvez les percevoir en plaçant la main sur votre ventre : vous le sentez durcir de temps en temps. Mais ces contractions n'ont pas de rythme précis, pas de périodicité : elles sont anarchiques, courtes et en général peu douloureuses. Elles ne traduisent pas le début de l'accouchement.
Il en est de même de certaines douleurs, perçues tantôt comme une sensation de pesanteur, tantôt comme celle d'une distension osseuse et qui peuvent correspondre à l'engagement de la tête ou aux modifications du bassin. Mais ces douleurs ne s'accompagnent pas de contractions.

Les contractions qui annoncent l'accouchement

Si c'est le fait de ressentir des contractions qui vous a donné l'alerte, vous remarquerez peu à peu que ces dernières ont d'autres caractéristiques qui achèveront de lever le doute :

- elles sont régulières, elles reviennent selon un rythme précis, vous pouvez d'ailleurs noter le temps qui s'écoule entre deux contractions ;
- elles sont de plus en plus rapprochées ;
- elles sont de plus en plus longues, plus d'une minute ;
- elles sont de plus en plus intenses, de plus en plus douloureuses ;
- votre respiration devient plus ample au moment des contractions ;
- pendant les contractions, vous vous sentez « déconnectée » de la réalité ;
- entre les contractions, vous êtes gênée pour marcher.

Vous aurez l'impression que les contractions montent comme une vague, qu'elles vous envahissent, se propagent comme une onde qui naît au milieu du dos, se divise en deux branches qui entourent les hanches, et se rejoignent dans le ventre en enserrant le corps comme une ceinture.
Lorsque vous aurez constaté que les faibles contractions du début, les petits pincements qui vous ont donné l'alerte, sont finalement devenues ces contractions bien rythmées, de plus en plus rapprochées, de plus en plus longues, de plus en plus intenses, de plus en plus douloureuses, vous saurez que c'est vraiment la naissance de votre enfant qu'elles préparent.

À signaler

La douleur est plus ou moins forte selon les femmes et n'est pas la même tout au long de l'accouchement (chapitre 8). En plus, une fois que vous saurez reconnaître l'approche, la montée d'une contraction, votre attitude, à partir de ce moment-là, pourra, dans une certaine mesure, diminuer ou amplifier la douleur.

Comment être sûre que l'accouchement a bien commencé ?

Si vous hésitez encore, c'est possible, vous pouvez prendre un bain chaud. Vous pouvez aussi mettre, à 10 minutes d'intervalle, deux suppositoires d'un antispasmodique que vous aura peut-être prescrit le médecin ou la sage-femme. Il peut aussi s'agir d'un médicament à prendre par la bouche (Spasfon®). Si c'est un faux début de travail, les contractions s'estomperont et disparaîtront. S'il s'agit bien du début de l'accouchement, ni le bain, ni les médicaments n'auront d'action, les contractions continueront.

Pour le cas où vous n'auriez pas de médicament antispasmodique, ou pas de possibilité de prendre un bain chaud, ce seront les caractéristiques des contractions que nous avons décrites plus haut qui vous donneront une réponse. Et si, au contraire, les contractions restent irrégulières, n'augmentent ni en fréquence, ni en durée, ni en intensité, il y a de fortes chances pour qu'elles n'indiquent qu'un **faux début de travail**. Au bout de quelques heures, ces contractions disparaîtront comme elles sont venues. L'accouchement ne s'annoncera peut-être que quelques jours, voire quelques semaines plus tard.
Les fausses alertes sont-elles fréquentes ? Elles se produisent dix à quinze fois sur cent, le plus souvent au moment où la tête de l'enfant amorce sa descente dans le bassin.
Avant de partir, vous pouvez faire un mini-lavement (ou suppositoire). Cela vous évitera, quelques heures plus tard, lorsque vous aurez des envies de pousser et en même temps des fausses envies d'aller à la selle, de vous crisper pour vous retenir. Vous pourrez calmement laisser votre périnée se relaxer, sans crainte d'avoir envie d'aller à la selle sur la table d'accouchement. Mais si le suppositoire ne fait pas d'effet, ne soyez pas gênée en cas d'émission de selles ou d'urines lors de l'expulsion. C'est fréquent puisque le bébé appuie sur le rectum ; c'est banal pour l'obstétricien ou la sage-femme. Quant au papa, placé à la tête du lit, il ne sera pas confronté directement à l'incident.

« J'étais assise sur un ballon de grossesse et à chaque contraction ma compagne me massait le bas du dos pour me soulager. »

Gabriela

La perte des eaux

Les femmes pensent souvent que le premier signe de l'accouchement est la perte des eaux. En réalité, celle-ci peut avoir lieu à des moments variables. Mais elle est toujours le signe qu'il faut se rendre à la maternité, que le travail ait ou non commencé.
La perte des eaux a généralement lieu pendant la dilatation. Si la rupture de la poche des eaux ne se fait pas spontanément, le médecin ou la sage-femme peut décider de la rompre lorsque le col est ouvert afin d'accélérer la dilatation et la descente du bébé. Le liquide qui s'écoule est compris entre la tête du bébé et le col ; il est blanchâtre. Même après la rupture, le bébé baigne toujours dans le liquide et celui-ci continue d'être renouvelé jusqu'à la naissance.
Si la poche des eaux ne se rompt qu'au moment de la naissance, les membranes restent sur la tête du bébé. On dit qu'il naît « coiffé ». Autrefois, c'était considéré comme un signe de chance.
Mais les membranes peuvent aussi se rompre avant que l'accouchement ait commencé, donc sans contraction : c'est la **rupture prématurée des membranes** (ou perte prématurée des eaux). Vous vous en rendrez sûrement compte car l'écoulement du liquide amniotique est souvent abondant (un bon verre, parfois plus). Même si la perte vous paraît plus minime (il peut s'agir d'une simple fissure de la poche des eaux ou d'une confusion avec une perte d'urine) et même en l'absence de tout autre signe faisant penser que l'accouchement va commencer, vous partirez pour la maternité. Si possible, vous vous y rendrez en voiture en position allongée ou semi-allongée. Tout se passera sans doute bien mais, lorsque la poche

Attention

Si le liquide est teinté ou verdâtre, ce n'est pas normal et il convient de se rendre sans tarder à la maternité.

des eaux est rompue, il y a des risques d'éventuelles complications. Si le travail n'a pas commencé, vous serez surveillée pour savoir s'il faut déclencher l'accouchement ou si l'on peut attendre qu'il se déclenche spontanément.

Quand partir pour la maternité ?

Faut-il partir dès les premières contractions ? À la perte du bouchon muqueux ? À la perte des eaux ? Faut-il attendre d'avoir une quasi-certitude que l'accouchement a bien commencé ?
Disons tout d'abord qu'un premier accouchement dure entre 8 et 10 heures (p. 334). Et même si les accouchements suivants peuvent être moins longs, vous avez donc le temps de voir venir. Par ailleurs, vous tiendrez compte d'autres facteurs pour partir : distance de la maternité, densité du trafic, conditions météo, etc.

- Cela dit, il faut partir **rapidement** si la poche des eaux s'est rompue, même si vous n'avez pas de contractions.
- La perte du bouchon muqueux est rarement un signe de début de travail et ne nécessite pas de consultation lorsque vous êtes dans la période du terme.
- Il faut partir dès le **début du travail** si vous êtes particulièrement surveillée (grossesse à risque par exemple).

Sinon, il n'y a pas de « moment idéal » pour partir à la maternité.
Des contractions douloureuses, un doute sur la perte des eaux peuvent être des raisons suffisantes pour aller consulter. Une sage-femme de garde accueille les futures mères 24 heures sur 24 pour effectuer les consultations nécessaires. Si la sage-femme vous dit que vous pouvez rentrer chez vous, vous n'y serez pas « allée pour rien » mais vous serez soulagée puisque la consultation aura répondu aux questions qui vous inquiétaient.
Lorsque vous serez gênée pour marcher entre les contractions – c'est le signe que le bébé s'engage et que le col est bien dilaté –, n'attendez pas pour partir.

À noter

L'inquiétude de certaines futures mères est de se retrouver seules, en pleine nuit, au moment de partir pour la maternité, par exemple si leur conjoint est souvent en déplacement. Prévoyez des solutions de rechange : famille, amis, voisins. Si personne n'est disponible pour vous emmener, appelez le 15 qui organisera votre transport vers la maternité. Si vous êtes seule, n'oubliez pas de laisser votre porte ouverte.

L'arrivée à la maternité

Le moment de partir est venu. Vos deux valises, la vôtre et celle du bébé, sont déjà prêtes (chapitre 8, p. 297 et suiv.). Ce n'est pas le moment de regarder si rien n'y manque. Votre compagnon ou votre compagne auront toujours le temps de vous apporter ce que vous aurez oublié. Ne demandez pas à la personne qui vous conduit d'aller vite. Encore une fois, vous avez tout le temps.
Dans certains taxis de New York, il y a un petit écriteau : « *Sit back and relax* », c'est-à-dire : « Installez-vous bien et détendez-vous. » Imaginez que vous avez ce petit écriteau devant les yeux.
Vous arrivez à la maternité. Une sage-femme vous accueille et vous accompagne dans la petite salle réservée aux premiers examens.

Les sages-femmes dans les maternités

Leur rôle est majeur puisqu'elles sont présentes du début à la fin de l'accouchement : elles accueillent la mère à son arrivée, elles surveillent son état de santé et celui du bébé pendant la dilatation puis lors de l'expulsion. Elles sont présentes après la naissance pour les premiers examens du bébé et les suites de couches de la maman. Et si ce ne sont pas elles qui assurent l'accouchement, elles veillent sur la mère et son bébé avant et après l'intervention de l'obstétricien.

Les examens à votre arrivée

La sage-femme prend rapidement connaissance de votre dossier ou consulte votre carnet de maternité. Puis elle vous examine, comme lors des autres consultations prénatales : poids, tension, urines, mesure de la hauteur utérine, toucher vaginal et monitoring (c'est-à-dire enregistrement du rythme cardiaque du bébé et des contractions utérines). L'appareil s'appelle le cardiotocographe.
Il y a trois possibilités :

- le col n'est pas encore assez modifié : la sage-femme vous donne un traitement qui arrête, ou au moins atténue, les contractions ; vous pouvez rentrer chez vous, en attendant que le travail commence. Si vous habitez loin de la maternité, les décisions de partir ou de rester seront prises au cas par cas ;
- la poche des eaux est rompue alors que le travail n'a pas encore commencé : vous restez à la maternité ;
- le travail a commencé : vous êtes installée dans une salle de travail, ou en salle de naissance si la dilatation est bien avancée.

La sage-femme pourra vous dire à quel stade en est la dilatation. Vous avez vu que celle-ci passe par différents stades que l'on évalue en centimètres. Par exemple, la sage-femme vous dira : « Vous en êtes à 3 cm. » Maintenant que vous avez passé le stade du doute, que vous êtes entre les mains expertes de la sage-femme, que vous savez qu'elle va s'occuper de vous régulièrement, vous n'avez qu'une chose à faire : **vous détendre**, et vous rappeler ce que vous devez faire pendant la dilatation – on vous l'a expliqué si vous avez suivi des séances de préparation à l'accouchement (p. 268 et suiv.). La sage-femme qui vous a préparée sera peut-être à vos côtés pour vous le redire, sinon ce sera la sage-femme de garde. Il est également possible que ce soit votre mari qui reste près de vous.

À son arrivée à la maternité, le plus souvent, la future mère est accueillie chaleureusement. Si cela ne se passe pas ainsi (par exemple s'il y a beaucoup d'admissions en même temps et que le personnel est surchargé), l'important est de ne pas vous énerver mais de vous concentrer sur vous et votre bébé. Vous savez que, le moment venu, toute l'équipe sera là pour vous soutenir et vous aider.

Soyez rassurée

Quel que soit le moment de la journée ou de la semaine où vous accoucherez, il y a toujours dans les services de maternité une organisation vous permettant d'être prise en charge.

La première phase : la dilatation du col

Cette première phase de l'accouchement, la dilatation, qui a commencé lorsque vous étiez chez vous et que vous avez senti les premières contractions, va maintenant se poursuivre. Selon l'organisation des maternités, cette phase se déroule en salle de travail ou bien déjà en salle de naissance.
Il n'est pas possible de vous dire combien de temps va durer la dilatation. Cela dépendra de plusieurs facteurs (p. 334). Elle est en général plus longue pour un premier bébé que pour les suivants.

La surveillance de la maman

Pendant cette période, vous serez régulièrement surveillée par la sage-femme. Au cours de la dilatation, un certain nombre de gestes médicaux sont pratiqués. Aucun n'est obligatoire, ce sont des mesures prises pour faciliter la surveillance. Les voici :

- pose du monitoring pour surveiller le rythme cardiaque de l'enfant et les contractions ; il sera posé plutôt de façon discontinue tant que vous n'aurez pas de péridurale ;
- pose d'une perfusion, obligatoire si vous avez une péridurale ;
- rupture artificielle de la poche des eaux si la dilatation traîne en longueur. Le geste est indolore, vous ne sentirez que l'écoulement du liquide chaud. Mais le col n'étant plus protégé par la poche, la pression est plus forte et la douleur est plus intense. La dilatation sera donc plus douloureuse mais plus rapide ; la péridurale est là pour protéger de la douleur ;
- injection d'un médicament pour agir sur les contractions ou pour relâcher le col.

La sage-femme qui vous surveille note dans votre dossier la progression de la dilatation du col et de la descente du bébé dans le bassin. Elle établit ce qu'on appelle un partogramme.
Quand votre col sera complètement dilaté, commencera une nouvelle phase de l'accouchement qui correspond à la sortie de l'enfant.
On appelle cette phase l'expulsion. C'est un terme médical qu'il faut bien employer, mais une mère n'expulse pas son enfant, elle le met au monde.

À noter

Il est possible de boire pendant la dilatation : eau, thé, boissons sans pulpe, etc.

La surveillance du bébé

Elle se fait par le **monitoring** qui enregistre et analyse le rythme cardiaque du bébé et les contractions utérines de la maman. Pour cela, des capteurs sont posés sur le ventre de la mère et reliés à un appareil électronique enregistreur. Ainsi, on peut voir se dessiner les variations du rythme cardiaque du bébé en même temps que l'amplitude des contractions de la mère.
Lorsque le bébé bouge, ou si vous changez de position, l'enregistrement devient parfois plus difficile : le cœur du bébé n'est plus en face du capteur et il y a perte du signal. Selon les appareils, une lumière rouge

s'allume et, au bout de quelques secondes ou minutes, une alarme retentit. Ne vous inquiétez pas, tout continue à aller bien pour votre bébé et son cœur bat toujours normalement. Ces alarmes sont faites pour avertir la sage-femme que l'enregistrement ne fonctionne pas et qu'elle doit venir replacer les capteurs.
Grâce à ce monitoring, on peut dépister une anomalie du rythme cardiaque et, en fonction de l'importance et de la permanence de cette anomalie, prendre la décision de faire sortir l'enfant très rapidement, soit par les voies naturelles, soit par césarienne.
Si nécessaire, il est possible d'utiliser une autre technique (beaucoup moins répandue) : une goutte de sang est prélevée directement sur le cuir chevelu de l'enfant pour mesurer le pH ou les lactates, ce qui permet de déceler indirectement un éventuel manque d'apport d'oxygène. Dans cette hypothèse, et en fonction des résultats, le médecin pourra prendre la décision de terminer rapidement l'accouchement, le plus souvent par césarienne, lorsque la dilatation n'est pas trop avancée.

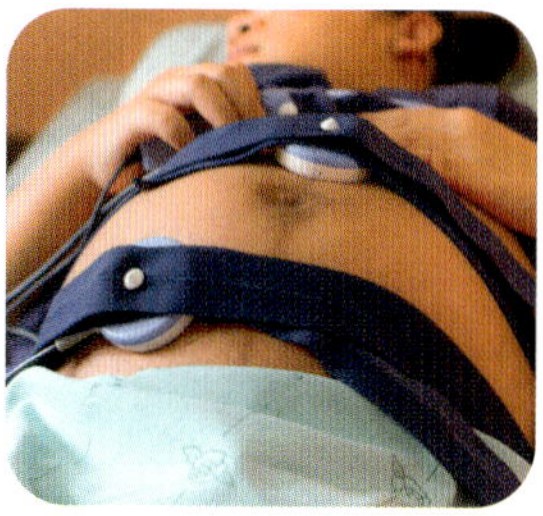

Quelles positions adopter pendant la dilatation ?

Il n'y a pas de position meilleure qu'une autre. Dans cette phase, l'important est de **changer de position** car cela déclenche un mouvement des articulations qui fait de la place au bébé et facilite sa descente. Changer de position permet d'atténuer la douleur.
Par exemple, en étant assise, on peut se pencher en avant, en s'appuyant sur les coudes ou sur les mains : le bas du dos se relâche et les douleurs localisées à cet endroit s'atténuent. Certaines maternités proposent des objets permettant des mouvements. Par exemple un gros ballon sur lequel la femme s'assied : en le faisant légèrement rouler, elle fait bouger son bassin. Ou bien, assise ou debout, elle se tient à une barre et fait des étirements.
Lorsque vous vous sentez fatiguée, installez-vous sur le côté, la jambe du dessus bien calée par un oreiller que vous apporterez en salle de naissance.
Certaines sages-femmes proposent aux futures mères de s'installer ainsi : à genoux, les coudes et les avant-bras reposant sur le dossier relevé du lit d'accouchement, et en écartant suffisamment les genoux pour que le ventre ne soit pas comprimé. Cette position permet de bien se détendre entre les contractions en posant la tête sur les avant-bras. Pendant la contraction, le bébé bénéficie de toute la place dans le bassin, ce qui favorise sa descente. La maman peut rester dans cette position jusqu'à la sortie de l'enfant ; si le médecin ou la sage-femme le souhaitent, ils lui demanderont de s'installer sur le côté ou sur le dos au moment de l'expulsion.

À signaler

Pendant la dilatation, vous serez libre de vos mouvements. La perfusion, la péridurale, le monitoring réduisent cette liberté mais ne vous obligent pas à rester sur le dos. La péridurale permet la station assise.

Ce que vous devez faire pendant la dilatation

Les contractions, vous allez vite vous en rendre compte vous-même, sont involontaires : vous ne pouvez ni les augmenter, ni les diminuer, ni en modifier le rythme. Pour vous donner une idée de leur fréquence et de leur durée, en plein travail, elles reviennent toutes les 3 à 5 minutes et durent au moins 1 minute.

Mais vous ne resterez pas passive pour autant. Votre attitude, votre comportement peuvent avoir une grande influence sur le déroulement de l'accouchement : il sera d'autant plus rapide que vous serez calme et détendue.
C'est le moment de mettre en pratique ce que vous avez expérimenté en préparant votre accouchement : bien respirer, bien vous détendre et changer de position. Vous allez comprendre pourquoi.

Quand faut-il respirer ?

Lorsqu'un muscle se contracte, c'est-à-dire travaille, il consomme de l'oxygène. Votre utérus, qui est en train de fournir un travail intense, a donc particulièrement besoin d'oxygène. Vous devez aussi continuer à en envoyer à votre enfant. Pour cela, le meilleur moyen est de respirer bien régulièrement.
Dès qu'une contraction approche (vous savez maintenant comment elle s'annonce), le rythme de la respiration change, l'inspiration est plus longue. Faites des **respirations profondes** en suivant ce nouveau rythme (p. 276). Le travail peut durer plusieurs heures ; pensez à vous reposer et même à dormir entre deux contractions, selon vos besoins. Au moment où vous sentirez la contraction monter, évitez de vous crisper. Une sorte de réflexe de défense tend à vous raidir. Il faut lutter contre ce réflexe. Si, au lieu de résister, vous accompagnez la contraction, vous verrez qu'elle deviendra plus familière, moins agressive, moins douloureuse. Lorsque la femme a confiance en elle, en l'équipe qui l'entoure, lorsque la présence de son conjoint est rassurante, la contraction « passe » mieux.

Quand faut-il se détendre ?

Dès que vous aurez senti que la contraction est passée, vous reprendrez votre respiration habituelle : **respirez à votre rythme, sans forcer**. Détendez-vous le plus possible, c'est cela qui vous permettra de bien maîtriser la contraction suivante. Et, à chaque nouvelle contraction, vous ferez des respirations profondes.
Un pionnier de l'obstétrique, le Dr Read, disait à ses patientes : « À femme contractée, col contracté. À femme détendue, col relâché. » Rappelez-vous bien cette formule, elle vous sera précieuse. Et il faisait la comparaison avec la vessie : comme l'utérus, la vessie est fermée par un col. Au repos, celui-ci demeure contracté et empêche l'urine de s'écouler. Lorsque la vessie a besoin de se vider, le col qui la ferme se relâche, les parois de la vessie se contractent et expulsent l'urine. Mais si vous êtes obligée de vous retenir, vous vous contractez pour vous opposer à l'ouverture du col qui ferme la vessie. Cet effort, d'abord inconfortable, devient rapidement douloureux, voire intenable s'il se prolonge. La douleur ne disparaît que lorsque vous laissez la vessie dilater son col et se vider.
Pendant la dilatation, il faut donc, pour ne pas contrarier la nature, que vous restiez bien détendue.
Tout au long du travail, et plus particulièrement à la fin de la période de dilatation, surtout si la tête est déjà bien engagée, il est possible que vous ressentiez au cours des contractions le besoin de « pousser ».

Se relaxer dans un bain

Chez vous, vous pouvez prendre un bain tiède qui, en vous décontractant, aidera le col à se dilater. Une seule condition : ne pas avoir perdu les eaux. **À la maternité**, ce bain sera peut-être possible car certains établissements sont équipés de baignoires où l'on peut se relaxer pendant le travail.

À ce stade, en poussant, vous n'aideriez pas le travail, vous le rendriez seulement plus douloureux. De plus, cela aboutirait à une perte de temps. Pousser sur un col incomplètement dilaté gêne la dilatation et prolonge la durée de l'accouchement. Par ailleurs, ces efforts prématurés risquent de vous fatiguer et de vous faire arriver en moins bonne forme au moment où, au contraire, vous devrez participer activement à la naissance de votre enfant et dépenser toute l'énergie musculaire dont vous disposez. Signalez à la sage-femme cette envie de pousser. Elle vous montrera des positions qui vous aideront à ne pas le faire : par exemple, à genoux, la tête penchée, appuyée sur les bras. Vous pouvez aussi faire des respirations haletantes (p. 276-277) qui vous empêcheront de pousser. Rassurez-vous, lorsque cela arrive, cette période est courte (pas plus d'une demi-heure).
Vous trouverez (p. 274 et suiv) des exercices qui vous apprendront à vous détendre complètement. Ce sont, entre autres, des exercices respiratoires.
Il arrive parfois au cours du travail que se produisent dans les bras et les jambes des fourmillements accompagnés de crampes et d'une certaine sensation de malaise général. Informez-en la sage-femme. Tout ceci disparaît très vite avec une injection intraveineuse de calcium.

Pensez à votre bébé

C'est votre accouchement, c'est aussi la naissance de votre bébé. En vous concentrant sur son bien-être, et non pas uniquement sur le travail, vous verrez, vous aurez moins mal. Pensez aux efforts qu'il fait pour naître et à votre joie de le voir bientôt. Préparez-vous à l'accueillir.

La deuxième phase : l'expulsion, la mise au monde

Lorsque la dilatation sera complète, la deuxième phase de l'accouchement va commencer, elle sera d'ailleurs plus courte : 20 à 30 minutes pour une première naissance, beaucoup moins pour les suivantes. **À ce stade, les contractions deviennent plus rapprochées et durent plus longtemps.** La tête de l'enfant appuie sur les muscles du périnée. Cet appui vous donne le besoin de pousser et entraîne une réaction d'ouverture des muscles du périnée. Cette envie de pousser est souvent moins bien perçue lorsque vous êtes sous anesthésie péridurale. Quoi qu'il en soit, il est important que vos efforts de poussée soient bien dirigés. Suivez les conseils de la sage-femme ou du médecin.
Il peut arriver que, même à dilatation complète, vous n'ayez pas encore envie de pousser. Les contractions sont alors moins douloureuses : profitez de cette pause pour vous reposer.
Au moment de la dilatation, vous aviez essentiellement à supporter les contractions, à les laisser faire leur travail, en restant détendue. Maintenant, au contraire, vous allez participer activement à la naissance de votre enfant, vous allez aider l'utérus à faire son travail pour pousser l'enfant vers le bas. Celui-ci sort alors du tunnel osseux du bassin et va franchir le tunnel plus souple formé par le vagin et par le périnée (p. 305-306). Vos efforts de poussée, s'ajoutant au travail de l'utérus et à la réaction d'ouverture du périnée, vont aider la tête à franchir ces obstacles.

Soyez rassurée

La dilatation vous a fatiguée et vous avez peur de ne pas avoir la force de pousser. Ne vous inquiétez pas. Votre corps va secréter des hormones qui vont agir comme des stimulants et vous donner l'énergie pour ce grand moment.

Ce que vous devez faire

À ce stade, que faut-il faire pour aider l'utérus dans son travail ? Abaisser le diaphragme et contracter les abdominaux. Ainsi, l'utérus comprimé de haut en bas par le diaphragme, d'avant en arrière par les abdominaux, accentuera sa pression sur l'enfant. Mais l'important, c'est que vos efforts de poussée coïncident avec les contractions qui déclenchent l'étirement du périnée et l'ouverture de la vulve.
Pour y arriver, voici comment procéder.

La contraction s'annonce

Mettez-vous dans la position d'expulsion : dos relevé, cuisses écartées, pieds dans les étriers. Ou peut-être : les jambes posées sur des sortes de demi-gouttières rembourrées sur lesquelles genoux et mollets prennent appui, ceci est la position classique d'accouchement (p. 324). Relâchez bien le périnée. Faites une bonne respiration profonde (p. 276).

La contraction est là

Bouche fermée, inspirez profondément, c'est ainsi que vous abaisserez au maximum le diaphragme. Arrivée au sommet de l'inspiration, bloquez votre souffle. Puis contractez fortement vos muscles abdominaux à partir du creux de l'estomac pour appuyer le plus possible sur l'enfant et le pousser vers le bas, tout en vous efforçant de garder le périnée bien relâché.
C'est le traditionnel « Inspirez, bloquez, poussez ». Pour vous aider à pousser, saisissez des deux mains les barres soutenant les étriers et tirez sur vos mains. Dans l'effort, vos épaules se soulèvent du lit : c'est bien, faites le dos rond ; inclinez la tête sur la poitrine.
Ne vous inquiétez pas si vous n'arrivez pas à bloquer votre souffle aussi longtemps que dure la contraction, c'est difficile à faire. Pour vous aider, rejetez par la bouche l'air que vous avez dans les poumons, reprenez rapidement une bouffée d'air, bloquez de nouveau votre souffle et continuez à pousser jusqu'à la fin de la contraction.

La contraction est passée

Vous venez de fournir un violent effort ; maintenant, faites une respiration profonde en inspirant et en expirant largement.

Entre deux contractions

Relâchement musculaire pour récupérer vos forces et respiration normale. Sauf indication du médecin, ne poussez pas entre les contractions.
Certaines femmes ne poussent pas parce qu'elles ont peur que la tête de l'enfant n'ait pas la place de passer. Elles se représentent le vagin comme il est en dehors de la grossesse. Or, en fait, il est très différent, il s'est préparé pour le passage de l'enfant (p. 163).
Grâce à vos efforts, la tête de l'enfant commence à apparaître dans l'ouverture de la vulve et l'on peut voir les cheveux. À chaque contraction, la vulve se dilate davantage et une plus grande partie de la tête apparaît. À un certain moment, on vous demandera de ne plus pousser. C'est en effet alors au médecin ou à la sage-femme

Soyez rassurée

En lisant ces explications sur l'expulsion, vous vous demandez peut-être si vous saurez bien distinguer les moments où il faut pousser et ceux où il faut se détendre. Vous ne serez pas seule, la sage-femme sera près de vous : elle suivra la progression de votre bébé et vous guidera au fur et à mesure de votre accouchement.

À savoir

Contrairement à ce que les femmes redoutent souvent, cette phase de l'expulsion n'est pas la plus pénible de l'accouchement : le col est complètement ouvert, il ne résiste plus. Les contractions utérines sont perçues de façon moins douloureuse que pendant la dilatation.

de dégager lentement et progressivement la tête hors de la vulve. À ce stade, ne soulevez pas la tête, laissez-la bien sur le lit, cela vous évitera de pousser ; et pour vous aider, faites la respiration haletante, comme à la fin de la dilatation (p. 276-277).
Vous verrez qu'il est impossible de respirer de la sorte et de pousser en même temps. Et lâchez les barres que vous teniez : vous n'avez plus d'effort à fournir, au contraire. Un effort de poussée risquerait de faire sortir brutalement la tête et de provoquer une déchirure plus ou moins importante du périnée.

Différentes manières de pousser

« Inspirez, bloquez, poussez » : c'est la base de la préparation classique, la technique de poussée le plus souvent recommandée pendant toute l'expulsion. C'est ce que nous venons de vous décrire.
Une autre proposition est faite au sujet de la poussée qui, d'après leurs auteurs, protège mieux le périnée et évite les prolapsus. C'est en particulier la proposition du Dr Bernadette de Gasquet (p. 277) ; elle parle de **poussée en expiration freinée**. Voici sa méthode :
« Lorsque le réflexe de poussée se manifeste, les abdominaux se resserrent spontanément sur le bébé et le poussent en avant. À ce moment-là, la mère n'a pas à pousser en force le bébé vers le bas (ce qui forcerait également sur la vessie) : elle “se retire” de l'enfant, le laissant glisser à travers le périnée qui s'ouvre devant lui.
La poussée en expiration freinée se fait mieux lorsque la mère est accroupie ou assise et que, dans cette position, elle peut s'étirer : par exemple en s'accrochant au cou de son mari, ou à une barre, ou en étant soutenue sous les aisselles. Cet étirement accentue le serrage abdominal et relâche le périnée. Sinon on peut aménager la position gynécologique classique : allongée sur le dos les genoux étant ramenés sur la poitrine, la mère les repousse de ses mains ; en faisant ce geste elle augmente la pression abdominale. » Dans cette même position, vous pouvez aussi, en ayant les coudes bien ouverts, tirer les genoux vers vous, pendant que votre mari les retient légèrement.
Pour plus de détails à ce sujet, nous vous conseillons le livre du Dr Bernadette de Gasquet : *Mon cours de préparation à l'accouchement* (Marabout).

L'épisiotomie

Le dégagement de la tête hors de la vulve peut être plus délicat dans certaines conditions : gros bébé, particularités anatomiques ou périnée très fragile entraînant un risque de déchirure, antécédents obstétricaux. Le médecin ou la sage-femme peut être amené, pour faciliter la sortie du bébé, à pratiquer une incision du périnée : c'est l'épisiotomie.
L'épisiotomie n'est plus pratiquée systématiquement et les chiffres sont en baisse. Elle n'a en effet pas fait la preuve de son efficacité en matière de protection du périnée.
La **position** pendant la poussée influe sur sa fréquence. Sur le dos et avec une péridurale, l'épisiotomie est plus souvent nécessaire. Elle est moins fréquente avec une position sur le côté, à quatre pattes, accroupie, car le périnée subit moins de pression. L'absence de péridurale peut

Le taux d'**épisiotomie** a fortement diminué, passant de 20,1 % en 2016 à 8,3 % en 2021 (Enquête périnatale). C'est une bonne nouvelle.

laisser plus d'élasticité au périnée mais seulement si la douleur n'est pas intense. Dans le cas contraire, la douleur va bloquer le périnée.

Lors de la visite de la maternité, renseignez-vous sur ce qui est pratiqué. Les chiffres varient beaucoup d'une maternité à l'autre. Si vous souhaitez éviter d'avoir une épisiotomie, signalez-le lors de l'établissement de votre projet de naissance ou lors de votre arrivée à la maternité. La préparation à la naissance est un autre moment pour expérimenter et réfléchir aux positions possibles qui vous conviennent. Mais il arrive que, malgré une position adaptée, les tissus restent trop durs ou soient trop fragiles. L'épisiotomie devra alors être faite.

La réfection du périnée est nécessaire s'il y a eu une épisiotomie préventive ou une déchirure lors du passage du bébé. Ce moment est parfois mal supporté par les mamans qui le trouvent désagréable et ont envie d'en terminer avec cette dernière phase de l'accouchement. Soyez patiente, le médecin a besoin d'un peu de temps, d'abord pour insensibiliser le périnée par une anesthésie locale, si la péridurale ne fait plus son effet ; ensuite, il doit pouvoir faire son travail de chirurgie réparatrice dans les meilleures conditions possibles, ce qui n'est pas toujours facile, notamment en cas de déchirure un peu complexe.

À savoir

Si une épisiotomie est nécessaire, les femmes craignent que ce geste soit douloureux. En fait, le passage de la tête du bébé comprime les terminaisons nerveuses du périnée, ce qui le rend moins sensible. Le plus souvent, la péridurale ou une anesthésie locale évite la douleur. La cicatrice peut rester sensible, voire douloureuse, une dizaine de jours après l'accouchement (p. 375).

D'autres positions pour accoucher ?

Selon les pays, les cultures, les époques, la manière d'accoucher a varié. Les femmes ont été assises, accroupies, debout, allongées. Aujourd'hui, la position la plus répandue dans les maternités, même si elle a tendance à être remise en cause, est la **position classique :** la mère est sur le dos – allongée ou en position semi-assise –, elle a les jambes relevées et les cuisses écartées.

Cette position a été longtemps la plus pratiquée pour faciliter le travail de la sage-femme ou de l'obstétricien. Elle sera obligatoirement utilisée en cas de manœuvre obstétricale, forceps ou ventouse. Elle n'est cependant pas la plus favorable au déroulement physiologique de l'accouchement et de plus en plus de maternités proposent une certaine liberté d'installation – tout de même limitée si vous êtes sous péridurale.

Les **lits de naissance** (appelés aussi tables d'accouchement) sont modulables et permettent de concilier vos souhaits et les impératifs médicaux. Soyez à l'écoute de votre corps : si vous vous sentez mieux dans une position, c'est sûrement qu'elle favorise votre accouchement.

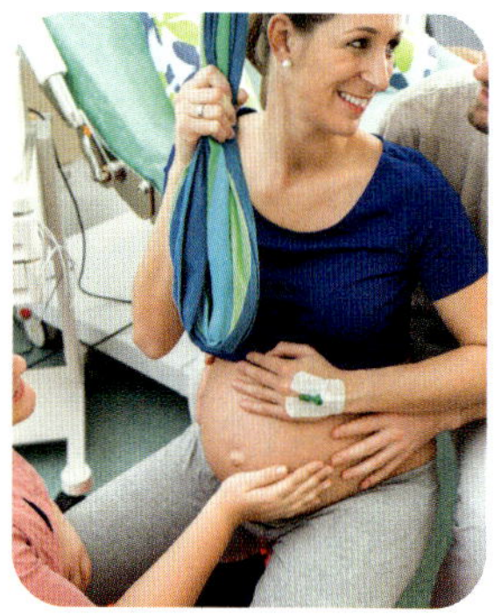

- **Accoucher allongée sur le côté** (du côté du dos du bébé car cela facilite sa descente). La jambe du dessus est surélevée et repliée vers la poitrine, en appui sur un étrier. Cette position entraîne moins de douleurs lombaires et un meilleur relâchement du périnée. Elle permet un aussi bon contrôle du périnée par la sage-femme que la position couchée classique. Elle est très courante en Grande-Bretagne.
- **Accoucher accroupie** sur un siège spécial appelé « siège hollandais ». Cette position profite de l'effet de la pesanteur et favorise un bon relâchement du périnée (moins de déchirure, semble-t-il). L'expulsion se fait lentement, en expirant, avec probablement moins de compression des gros vaisseaux, et donc moins d'hémorroïdes.

Une variante de cette position, plus fréquemment proposée : la femme est accroupie sur une table d'accouchement disposant d'un arceau auquel elle s'accroche et d'un cale-pied pour prendre appui jambes écartées.

- **Accoucher debout.** Pour qu'elle soit confortable, il convient que la maman soit soutenue par une large sangle abdominale passée autour du corps, laquelle sangle est accrochée au plafond de la salle d'accouchement.
  En position verticale, il semble que le travail soit mieux supporté avec une meilleure répartition des charges et donc moins de douleurs.
- **Accoucher à quatre pattes ou à genoux**. Cette position, buste relevé en appui, semble atténuer la douleur des contractions car elle libère le sacrum du poids de l'utérus.

Il est difficile de conseiller une position d'accouchement plutôt qu'une autre car, nous l'avons dit, cela dépend de l'organisation de la maternité, de la pratique des sages-femmes et de ce que vous ressentirez le jour J. Il est certain que ce serait bien que les mères puissent choisir la position dans laquelle elles se sentent le mieux. Au-delà de la position choisie, un accouchement réussi dépend à la fois de la capacité de la maman à être détendue et concentrée et de l'accompagnement de la sage-femme, qui soutient la femme tout en étant très vigilante sur les règles de sécurité.

Concernant les **positions**, la préparation à la naissance vous permettra d'échanger avec la sage-femme sur les pratiques en vigueur dans votre maternité. N'hésitez pas à en parler avec la sage-femme ou l'obstétricien présent le jour de votre accouchement.

Forceps, ventouse et autres interventions

Le forceps et la ventouse

- Le **forceps** est un instrument composé de deux sortes de « cuillères », destiné à saisir la tête de l'enfant pour l'aider à descendre et à sortir. Il peut se poser sous péridurale s'il y en a une en cours, mais aussi, dans certains cas, sous anesthésie locale. Les conditions d'application du forceps sont aujourd'hui bien codifiées. Si un forceps est nécessaire lors de votre accouchement, vous n'aurez rien à redouter, ni pour vous-même, ni pour votre enfant. À la place du forceps, certains praticiens utilisent des « spatules » qui ont la même fonction.
- La **ventouse** (ou *vacuum extractor*) est un instrument en matière souple, ou métallique, qui est mis en place sur le crâne de l'enfant. Elle permet, par la flexion de la tête, de faciliter son passage. Les indications de la ventouse sont pratiquement les mêmes que celles du forceps. L'usage de l'une ou de l'autre dépend des habitudes du médecin. Faits sous une péridurale efficace, le forceps ou la ventouse ne sont pas douloureux. Néanmoins, la péridurale ne fait pas disparaître toutes les sensations et l'accélération de la fin de l'accouchement par ces techniques peut parfois faire paniquer. Le médecin vous rassurera en vous guidant et en vous disant que la naissance est proche.
  L'application du forceps peut laisser des traces sur les joues du bébé mais elles sont passagères. Il en est de même pour la ventouse qui dessine une petite bosse au sommet de la tête à l'endroit où elle a été appliquée. Ces traces disparaissent en 24-48 heures. Du paracétamol sera systématiquement donné au bébé pour diminuer la douleur qu'aurait pu engendrer l'application de ces instruments.

La délivrance artificielle

Habituellement, le placenta se décolle tout seul, grâce aux contractions utérines qui réapparaissent dans les minutes suivant la naissance de l'enfant. Il arrive, pour des causes diverses (manque ou mauvaise qualité de ces contractions, adhérence anormale du placenta), que le placenta ne se décolle pas ou se décolle partiellement. Le risque est alors l'hémorragie qui peut parfois être grave et tout à fait inattendue. Le médecin doit introduire la main dans l'utérus afin de décoller artificiellement le placenta. Cette intervention se fait sous anesthésie péridurale ou sous anesthésie générale, s'il n'y a pas eu de péridurale, et s'accompagne d'une injection d'antibiotiques.

La révision utérine

Il arrive qu'une hémorragie apparaisse après l'accouchement et la délivrance. Le médecin doit alors en chercher la cause. Elle est en général due à un fragment de placenta ou de membrane resté dans l'utérus. Pour l'extraire, le médecin fait le même geste que celui de la délivrance artificielle (introduction de la main dans l'utérus), sous anesthésie péridurale ou générale.

Le thrombus vaginal

Cette complication de l'accouchement, peu fréquente, est liée à la rupture d'un vaisseau du système veineux vaginal profond (qui est particulièrement congestionné lors de la phase d'expulsion). Cette rupture, qui a eu lieu à l'intérieur du vagin, ne se voit pas au début. Peu à peu, le saignement, d'abord contenu par les tissus, va se manifester par un gonflement, souvent douloureux, mais la douleur peut être masquée par la péridurale. Ce gonflement peut prendre des proportions considérables et nécessite une intervention chirurgicale lorsque la perte de sang devient importante.

La troisième phase : la délivrance

Tout n'est pas encore tout à fait terminé pour vous. Dans les minutes qui suivront la naissance de l'enfant, vous ressentirez encore quelques contractions utérines, mais beaucoup moins intenses que celles de l'accouchement. Elles ont pour résultat de décoller le placenta qui adhérait à l'utérus. Quand le placenta est décollé, le médecin ou la sage-femme appuie sur l'utérus, et le placenta est alors expulsé. C'est ce qu'on appelle la délivrance. Lorsque la mère pousse, en serrant bien le ventre, le placenta sort tout seul, sans que cela fasse mal. Le placenta est examiné par le médecin ou la sage-femme. S'il en manque un fragment, on procède à une révision utérine (ci-dessus).

Si l'on a été amené à faire une épisiotomie, celle-ci est alors recousue sous anesthésie locale ou sous anesthésie péridurale, si vous en avez eu une pour l'accouchement. Ce petit acte chirurgical est un peu désagréable mais c'est un geste qui est fait rapidement.

Enfin, après une toilette locale, vous resterez sous surveillance pendant environ deux heures, puis vous serez reconduite dans votre chambre.

Pour diminuer la perte de sang lors de l'accouchement, il a été démontré que l'injection d'ocytociques dès la sortie des épaules du bébé était un moyen très efficace. Cette « **délivrance dirigée** » est aujourd'hui systématiquement pratiquée presque partout dans le monde.

Impressions et émotions autour de la naissance

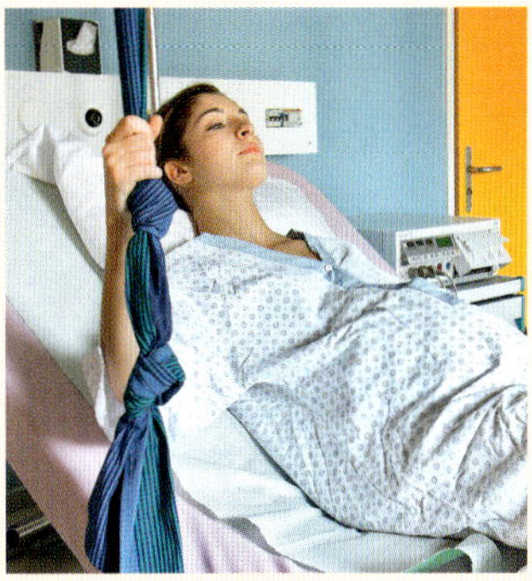

Le jour J s'est annoncé. Vous arrivez à la maternité, émus et impatients. Votre nouveau-né est enfin dans vos bras. Des moments inoubliables.

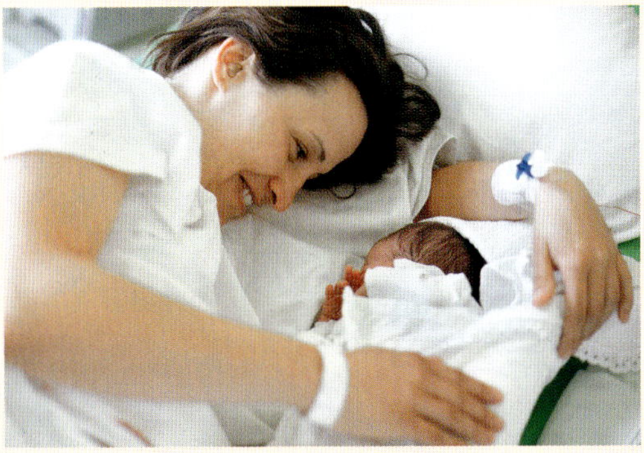

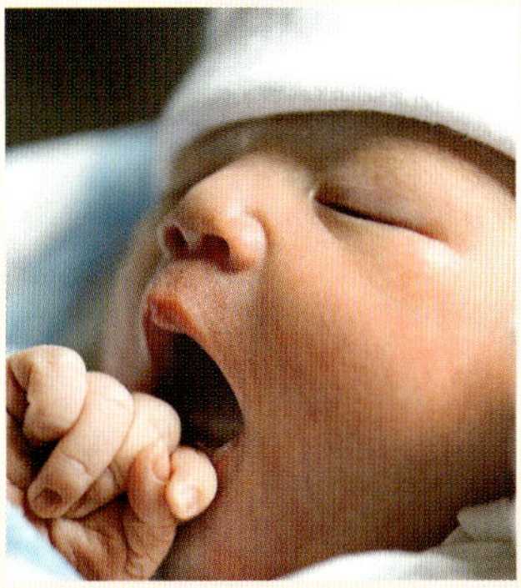

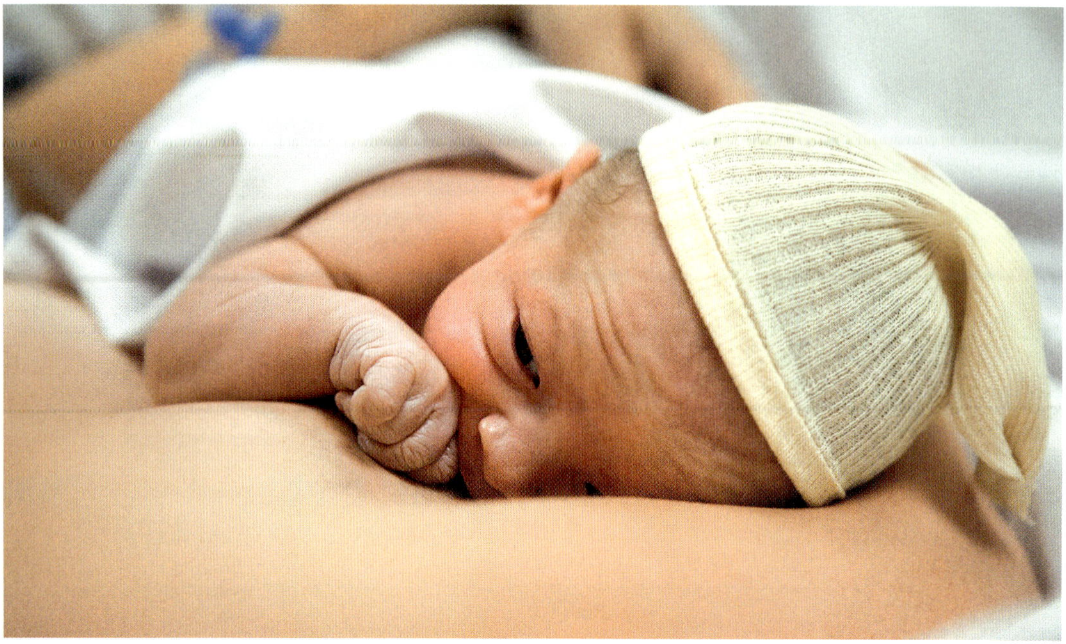

L'accueil du nouveau-né

Le premier cri

Lorsque la tête du bébé est sortie, le médecin ou la sage-femme dégage une épaule, puis l'autre. Le reste du corps de l'enfant suit sans difficulté.
Il y a maintenant dans la salle d'accouchement une personne de plus : **votre enfant est né**. Ses narines se dilatent, son visage se plisse, sa poitrine se soulève, sa bouche s'entrouvre. Pour la première fois de sa vie, il respire. Il pousse un cri. La sensation éprouvée en entendant le premier cri, ou les premiers vagissements, est difficile à décrire : immense émotion, satisfaction intense mêlée de fierté, grande fatigue physique, profond soulagement.
Il peut vous être difficile de réaliser que ce bébé imaginé pendant la grossesse (et parfois même bien avant la conception) est là, à côté de vous. Ces sentiments sont riches, multiples, envahissants. Quel changement ! Quelle étape dans votre vie ! Avec votre conjoint, vous prenez conscience que vous êtes maintenant des parents, une famille. Comment accueillir cette multitude de sensations, comment se laisser porter par cette impression de plénitude ? Peut-être tout simplement en privilégiant la rencontre, les premières interactions avec votre nouveau-né. Grâce à vos capacités d'empathie, vous allez percevoir ce qu'il ressent, le lui montrer par des mots et des gestes, et votre bébé sentira votre disponibilité affective.
Ne vous inquiétez pas si votre bébé ne crie pas en naissant : un enfant en pleine forme, plein de vitalité, peut ne pas crier, cela arrive.

Le peau à peau

Dès sa sortie, le bébé est soigneusement essuyé et séché pour qu'il n'ait pas froid, puis posé en peau à peau sur sa maman, bien installé sur le côté. Le visage est également tourné de côté pour une meilleure surveillance ; le nez, la bouche sont bien dégagés. Le peau à peau est comme une bouillotte, il permet au bébé de ne pas se refroidir. Un petit bonnet est appliqué sur sa tête pour les mêmes raisons de confort et de chaleur. Les soins nécessaires (poids, soin du cordon, soin des yeux, etc.) peuvent se faire plus tard, par exemple au moment où la maman regagne sa chambre. Toujours dans l'idée de ne pas refroidir l'enfant, le bain n'est plus systématique.
En ayant son bébé tout contre elle, **la maman** peut le sentir, le toucher, mieux percevoir la réalité de son corps. Entre eux, le lien est aussitôt établi, ou plutôt rétabli. **Le papa** apprécie aussi le peau à peau. Il aime participer à ce moment privilégié avec son nouveau-né et sa compagne. Il peut relayer celle-ci si elle ne peut pas s'occuper du bébé (par exemple en cas de césarienne).
Il faut parfois un peu de temps aux parents pour qu'ils se sentent à l'aise avec leur enfant. Certains ne souhaitent pas ce contact si proche, ou pas si vite. Peu importe, la relation s'établira petit à petit grâce aux liens affectifs qui vont se nouer entre eux trois.
C'est pendant cette période que vous pourrez proposer le sein à votre bébé si vous avez fait le choix de l'allaiter. Si vous avez choisi de le nourrir au biberon, vous pourrez, si vous le souhaitez, lui proposer une seule tétée en salle de naissance ; cette « tétée de bienvenue » lui permettra de bénéficier du colostrum et de tous les anticorps qu'il contient.

Les premiers échanges de regards

Dans la première heure qui suit la naissance, le bébé est dans un état d'éveil calme. Il peut découvrir tranquillement, en confiance, le monde qui l'entoure. Sur le ventre de sa maman, il va retrouver les bruits du cœur et les mouvements de la respiration qui l'ont accompagné durant neuf mois. Sous la main de sa mère qui le caresse, en entendant la voix familière de ses parents, le bébé se détend.
Regardez votre nouveau-né, laissez-le vous regarder. Tous les parents sont surpris et émus par l'intensité et la profondeur du regard de leur bébé. Ces premiers échanges visuels sont un moment fondateur de l'établissement du lien parents-enfant. Même s'il y a une difficulté, par exemple si le bébé doit être placé en couveuse, il est important de permettre ces échanges de regards.

J'ai voulu être là pour l'accueillir, j'ai pu le prendre dans mes bras, il avait à peine 10 minutes.

Farid

Le papa en salle d'accouchement

« Vais-je assister à la naissance de notre enfant ? » Certains pères, ou coparents, ne se posent pas la question : ils seront là, bien sûr, pour accompagner leur femme et accueillir leur bébé. D'autres hésitent : être présent, c'est se retrouver face à des images enfouies dans ses rêves ou ses fantasmes, c'est être confronté à un ensemble de sensations fortes et complexes (p. 104).

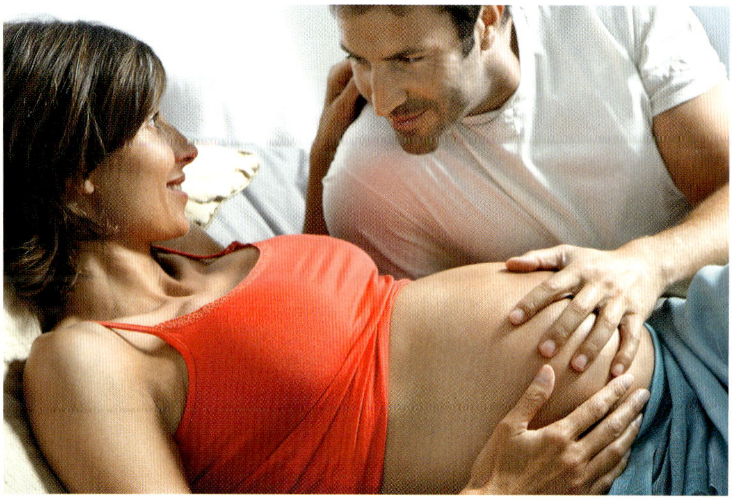

Être là…

La plupart des pères viennent, et comme maris (pour être aux côtés de leur femme), et comme pères (pour être là pour le grand moment).
À côté de celui qui ne quitte pas sa compagne, il y a celui qui est présent pendant une partie de l'accouchement, et qui n'assiste pas à la sortie du bébé. D'autres fois au contraire, le père demande à la sage-femme de le prévenir au moment de la naissance, car il trouve trop long le temps du travail. Il arrive enfin que le père qui avait décidé d'être là ait, au dernier moment, un empêchement.
Et où se place le père quand il est dans la salle d'accouchement ? Il se fait souvent le plus discret possible, dans un coin de la pièce, car il ne sait pas comment aider sa femme à mieux supporter la violence de ce qu'elle vit. Il attend avec impatience le moment de la naissance pour accueillir son bébé. Il peut alors vivre la joie de partager ce moment particulièrement fort avec la femme qu'il aime.
Mais le père peut aider sa compagne pendant le travail : par sa présence, par sa proximité, par son contact physique, par sa main sur le ventre, près du bébé, par son bras autour du cou de sa femme. Si le père sent qu'il peut aider, sa main rassurera. Il peut par exemple donner le brumisateur d'eau, installer les oreillers ou passer le masque à oxygène ; ou encore aider sa femme à changer de position, à se mettre debout à côté du lit d'accouchement. Ce sont de petits gestes qui apportent chaleur et réconfort.

« Bien sûr je vais assister à l'accouchement, cela va de soi. J'étais là pour la naissance de notre premier enfant, on se sent très forts, très proches. Je sais que ma femme trouve dans ma présence à la fois du calme et de l'énergie. »

Guillaume

… ou ne pas être là

Du côté de la mère, les réticences à la présence du père peuvent être diverses et souvent emmêlées.

- Désir de vivre seules ce moment si important de leur vie de femme, de se prouver qu'elles sont capables de mener à bien leur accouchement sans aide, mais aussi désir de vivre cet accouchement comme elles le veulent avec le droit de crier si elles en ont envie.

- Peur d'exposer leur intimité, peur d'offrir à l'homme qu'elles aiment un spectacle peu flatteur qui compromette leurs relations sexuelles futures, peur de la peur du conjoint, surtout si une intervention est nécessaire et qu'il risque de s'évanouir. En cas d'intervention, certains médecins font sortir le père, d'autres acceptent qu'il reste.

Quant au père, lorsqu'il ne vient pas, c'est souvent l'angoisse qui le retient : voir la scène imaginée et ne pas la supporter ; impuissance devant la douleur de sa femme, peur des actes médicaux, crainte, comme sa femme, que leurs relations sexuelles en pâtissent.

Et lorsqu'un accouchement précédent s'est mal passé, le père hésite à venir. On a si souvent dit au père que sa place était dans la salle d'accouchement qu'il promet en général de venir, mais, s'il change d'avis, il se croit obligé d'inventer une excuse : « J'avais un rendez-vous urgent », ou « J'ai raté le train. » Si c'est l'angoisse qui le retient d'être auprès de sa femme, il vaut en effet mieux qu'il s'abstienne ; rien n'est plus contagieux que la peur. Or une femme, à ce moment-là, a besoin de calme avant tout. Mais comme l'a dit une mère : « Qu'il n'aille pas trop loin. S'il est dans le couloir à portée de voix, c'est déjà rassurant. »

Si son conjoint n'est pas présent, la mère peut désirer avoir auprès d'elle une personne avec laquelle elle se sent en confiance, une sœur, une amie, etc.

La place du conjoint dans la salle d'accouchement

Les sages-femmes lui conseillent en général de se tenir aux côtés de sa compagne au niveau de sa tête et non en face d'elle.

… un choix personnel

Pour un homme, décider d'assister ou non à la naissance de son enfant est vraiment un choix qui doit être libre (comme doit l'être, par exemple, pour la mère, la décision d'allaiter). Des médecins et des parents regrettent l'attitude de certaines équipes médicales qui, lorsque le père n'est pas présent à l'accouchement, se posent aussitôt des questions sur « la qualité du couple ».

Les attitudes qui entourent la naissance sont plus que de simples gestes, elles ont des prolongements psychologiques et affectifs, une signification profonde. Elles ne doivent être dictées ni par l'entourage, ni par la mode. C'est aux parents de voir ensemble ce que, profondément, ils souhaitent, ils prendront alors leur décision. Et l'équipe médicale a un rôle à jouer pour accueillir et soutenir les conjoints, qu'ils soient présents ou non en salle de naissance.

Malgré **l'épidémie** de covid-19, lorsque le père souhaite être là pour l'accouchement, sa présence est recommandée par le CNGOF (www.cngof.fr).

La présence des aînés

Que penser de la présence des enfants que certains parents souhaitent ? Cette possibilité est aujourd'hui de moins en moins autorisée dans les maternités.

Certains professionnels y sont opposés. L'enfant ne risque-t-il pas d'être impressionné, voire choqué, car un accouchement peut être violent ? Il peut ne rien dire, ni sur le moment, ni après, mais comment être sûr qu'il ne soit pas marqué ?

Les parents qui aimeraient cette présence disent que la naissance est un moment naturel, magnifique, et qu'ils aimeraient la vivre en

famille. Si tout a été bien préparé pendant la grossesse, si les parents sont calmes (et bien sûr si tout se déroule bien), cet événement peut être un moment exceptionnel. Des jeunes adultes se souviennent avec émotion et joie d'avoir assisté à la naissance de leur cadet. Si c'est votre souhait, et si cela est possible, vous en parlerez avec la sage-femme et l'équipe médicale.

À noter

Dans certains pays, la présence de aînés, sans être la règle, est plus courante que chez nous.

L'équipe médicale

Quelles seront les personnes présentes lors de l'accouchement ?
À l'hôpital, la sage-femme effectue l'accouchement sans le médecin lorsqu'il n'y a pas de difficulté et elle est généralement assistée d'une auxiliaire puéricultrice ou parfois d'une infirmière. Dans une clinique, le médecin est généralement prévenu de l'arrivée de la maman par la sage-femme, qui le rappelle pour le moment de la naissance du bébé. L'hôpital, certaines cliniques, et surtout les CHU (centre hospitalier universitaire), participent à la formation des professions de santé et, avec votre accord, des étudiants peuvent être présents : sages-femmes, infirmiers, médecins. Selon les circonstances, par exemple pour des jumeaux ou en cas de naissance prématurée, l'anesthésiste et le pédiatre sont également présents.
Si vous souhaitez que seuls les professionnels indispensables soient là, parlez-en avec le médecin ou la sage-femme lors de votre admission, ou au cours des consultations, ou lors de la préparation à la naissance, pour que votre intimité soit respectée.

« Notre bébé a fait son premier peau à peau avec ma compagne. Il a passé ses premiers instants de vie tout contre sa "deuxième maman". Un moment fort en émotion pour elle et rassurant pour moi de les savoir ensemble. »

Sandra

Le premier examen du bébé

Il s'est passé juste une minute depuis la naissance, et la sage-femme a déjà fait un examen – le test d'Apgar – pour s'assurer que les fonctions vitales de votre bébé se sont bien adaptées à la vie aérienne :

- sa peau a pris une belle coloration ;
- son attitude est tonique ;
- il réagit vigoureusement ;
- il respire sans effort ;
- son cœur bat aussi rapidement qu'avant sa naissance, entre 120 et 160 battements par minute (il suffit de poser ses doigts sur la cage thoracique pour le vérifier).

Ces éléments sont facilement observés sans vous séparer de votre bébé ; ils attestent que le cœur, les poumons, la circulation sanguine et le système nerveux s'adaptent à la vie en dehors de l'utérus. Votre bébé n'a plus besoin du placenta pour vivre. Il est autonome.
La sage-femme vérifie que vous n'avez pas de saignements anormaux. Si tout va bien, par discrétion, on vous laisse tous les trois quelques instants, tout à l'intimité de votre rencontre. La sage-femme, ou le médecin, pose deux pinces sur le cordon et le coupe entre les pinces. Ce geste peut être fait par le père, s'il le souhaite. Il est absolument

indolore car le cordon est constitué d'une gelée et ne contient aucun nerf sensitif. Selon les maternités, on prélève parfois quelques millilitres de sang du cordon pour mesurer le pH et les lactates.

Si vous souhaitez allaiter, et si votre bébé manifeste son envie de téter, vous pouvez le mettre au sein dès maintenant. Lorsqu'on lui laisse le temps, le bébé rampe vers le sein et commence à téter avec vigueur, sans être rebuté par le colostrum qui a une odeur et un goût proches du liquide amniotique.

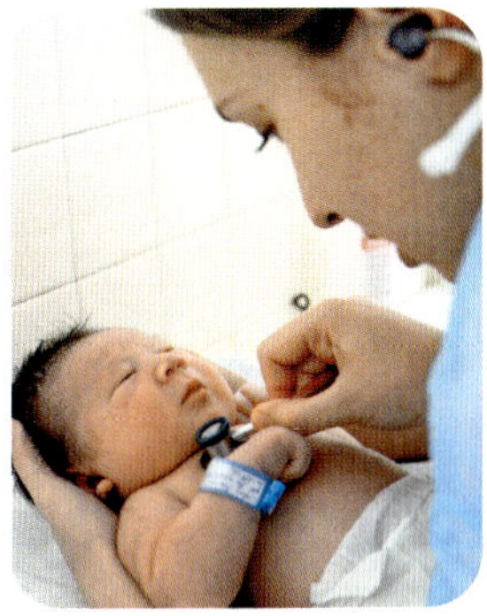

Sinon, installez-le dans le creux de votre bras, regardez-le, laissez-lui le temps de vous regarder, vous et son père. Ces contacts visuels des premiers instants permettent au nouveau-né d'établir un lien très fort avec ses parents, nous en avons parlé plus haut.

Lorsque tout s'est bien passé, le bébé naît dans un état de vigilance particulière qui lui permet de retrouver ce qu'il connaissait avant la naissance, et d'être rassuré : l'odeur de sa mère, les bruits de son cœur, sa voix, la voix de son père…

Parfois le bébé a plus de mal à s'adapter à son nouvel environnement : il peut avoir des glaires dans la gorge, il faudra aspirer les mucosités qui le gênent ; il peut respirer plus difficilement, il aura besoin d'un peu d'oxygène pour reprendre de la vigueur. Votre bébé recevra d'abord les soins indispensables et vous ferez plus ample connaissance quand tout ira bien. Si la maman a été éprouvée par un accouchement un peu difficile, son conjoint, ou sa compagne, peut prendre le relais et, dès que le cordon est coupé, garder son bébé contre lui.

Les réflexes

Ils seront vérifiés dans les jours suivant la naissance, et sont déjà présents :

- le bébé rampe vers le sein en remontant une jambe après l'autre, c'est le réflexe de la marche automatique (qui sera testé le bébé étant debout) ;
- il oriente sa bouche vers le mamelon, c'est le réflexe d'orientation ;
- puis il sort sa langue et cherche à téter : c'est le réflexe de fouissement ;
- il tète le sein dès que le mamelon est dans sa bouche, c'est le réflexe de succion ;
- il referme ses doigts sur votre doigt ou le sein, c'est le *grasping*.

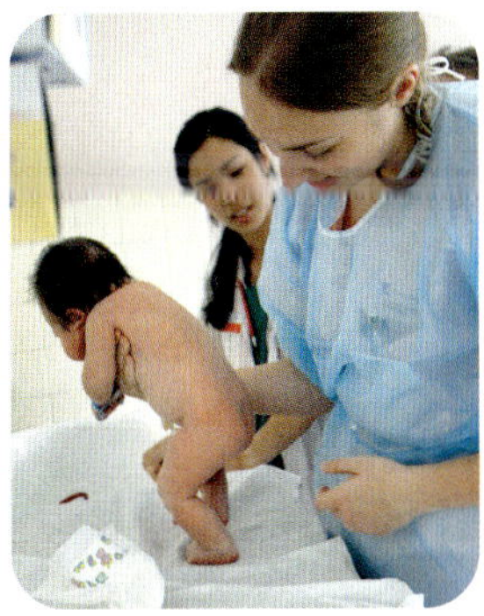

Tous ces réflexes témoignent du bon état du système nerveux et correspondent à une adaptation indispensable pour survivre sans la protection utérine ni le placenta.

Les premiers soins

Maintenant que vous avez fait connaissance avec votre bébé, les premiers soins peuvent commencer. L'enfant est posé sous une lampe chauffante car il ne sait pas encore maintenir sa température à 37 °C. Il va être pesé, recevoir des gouttes pour protéger ses yeux d'une éventuelle infection. En général, il sera mesuré à l'examen de sortie de la maternité, lorsqu'il sera plus détendu et que ses jambes s'allongeront d'elles-mêmes. Si votre bébé est recouvert de mucosités, celles-ci sont nettoyées. En revanche, l'enduit (le vernix) est laissé car

il protège contre le froid. Selon les établissements, le bébé est baigné après la naissance, ou plus tard, à l'heure habituelle de la toilette. Votre enfant est ensuite habillé avec les vêtements que vous avez apportés. Vous pouvez le garder contre vous, le laisser dans les bras de son père, ou demander qu'on le mette dans son berceau.
Votre bébé sera examiné par le pédiatre dans les 24 heures suivant l'accouchement, puis avant la sortie de la maternité (p. 332-333).

La durée de l'accouchement

Il est impossible de vous dire : « Un accouchement dure tant d'heures », car trop de facteurs peuvent faire varier cette durée. Les statistiques permettent cependant de donner un ordre de grandeur : une femme, pour mettre au monde son premier enfant, a besoin en moyenne de 8 à 10 heures et, pour le deuxième, de 5 à 6, c'est-à-dire, près de 3 heures de moins.
La dilatation du col est la phase la plus longue. Elle représente près des neuf dixièmes de la durée totale, c'est-à-dire 7 à 8 heures pour un premier enfant, 4 à 5 pour un deuxième. L'expulsion, par contre, ne dure en général que 20 à 25 minutes dans le premier cas, et moins de 20 minutes dans le second. Parfois même pour un deuxième enfant, l'expulsion suit immédiatement la dilatation complète.
L'accouchement d'un deuxième enfant dure moins longtemps parce que le col de l'utérus et le vagin, ayant déjà été dilatés, offrent moins de résistance à une nouvelle dilatation.
Mais ces chiffres ne sont que des moyennes établies sur quelques milliers d'accouchements. Votre accouchement pourra être plus rapide ou plus lent. Une chose est certaine : aujourd'hui, on ne laisse plus traîner un accouchement en longueur ; on dispose de moyens efficaces pour en régulariser le déroulement et en réduire la durée.

Que de chemin parcouru. Vous venez de lire le récit de la naissance et des premiers moments qui la suivent. En une ou deux générations, que d'avancées ! Nous sommes aujourd'hui bien loin du temps où l'enfant, dès la naissance, était manipulé sans ménagement pour lui faire pousser son premier cri, puis vite emmené loin de ses parents pour subir des examens médicaux ! Même si, dans la réalité quotidienne des salles de travail, avec la succession imprévisible des accouchements, cette attention et ce respect du nouveau-né ne sont pas présents partout, la plupart des professionnels sont aujourd'hui sensibilisés à cet état d'esprit et se préoccupent autant de la qualité de l'accueil du nouveau-né que de sa santé physique. Les équipes médicales ont pris conscience du fait qu'il faut assurer au bébé une certaine continuité avec le monde qu'il vient de quitter : il sort d'un abri liquide, chaud, douillet, obscur, bien clos, et il se trouve projeté dans le bruit, la lumière vive, l'agitation, la pesanteur. Il faut donc le traiter avec douceur, ne pas l'aveugler, éviter tout geste brutal.
Si l'accouchement s'est déroulé normalement, si tout va bien, les premiers examens peuvent attendre. Le père, la mère, le nouveau-né se voient enfin, ils ont besoin de ce moment d'intimité.

Les facteurs pouvant écourter ou, au contraire, prolonger l'accouchement

- La présentation : l'accouchement d'un « siège » est un peu plus long que celui d'un « sommet ».
- La puissance et la fréquence des contractions qui varient beaucoup selon les femmes.
- La mobilité de la maman pendant la phase de dilatation : le mouvement favorise la descente du bébé.

La césarienne

Le médecin vous a annoncé qu'une césarienne allait être programmée, ou pourrait être envisagée si les circonstances de l'accouchement la rendaient nécessaire. Vous êtes peut-être déçue, voire un peu inquiète. Ou, au contraire, vous vous sentez presque rassurée que l'arrivée de votre bébé soit ainsi planifiée. La césarienne est aujourd'hui très répandue : en France, elle concerne environ 20 % des accouchements. Il faut noter que, depuis quelques années, les chiffres sont stables et n'augmentent plus. On est toutefois loin des chiffres de certains pays d'Amérique du Sud (Brésil par exemple) ou d'Asie (comme le Vietnam) : plus d'un accouchement sur deux y a lieu par césarienne, essentiellement pour des raisons de convenance, plus rarement par nécessité médicale.

On distingue en général deux types de césarienne : l'une programmée, c'est-à-dire prévue à l'avance ; l'autre décidée au cours du travail, avec différents degrés d'urgence. Les conditions de réalisation de l'intervention sont identiques ; en revanche, ce que ressentent l'équipe médicale et surtout la maman est très différent. La césarienne programmée se fait dans le calme, à un moment où chacun est déjà à son poste.

La césarienne non programmée se pratique dans une ambiance qui peut être plus tendue, et même parfois en grande urgence, où chaque minute compte. L'équipe (obstétricien, anesthésiste, sage-femme, pédiatre, infirmiers) doit se mobiliser rapidement ; quant à la maman, elle peut vivre difficilement cette situation, surtout si elle ne comprend pas pourquoi il faut réagir si vite.

La césarienne programmée

En France, près de la moitié des césariennes sont programmées, en général dans la 39e semaine, c'est-à-dire 15 jours avant le terme.

Pour quelles raisons programme-t-on une césarienne ?

La future maman a déjà eu une césarienne et les raisons de cette nouvelle césarienne peuvent être les mêmes que lors de la grossesse précédente : c'est probablement le motif le plus fréquent (p. 342).
Une césarienne peut également être décidée parce que l'on estime que la poursuite de la grossesse jusqu'à son terme fait courir un risque à l'enfant : prééclampsie, diabète, placenta *prævia* recouvrant le col, certains types de grossesses gémellaires, retard de croissance intra-utérin sévère ; ou tout simplement parce que le médecin estime qu'il y a un faisceau d'arguments en faveur de la césarienne. La décision de la césarienne est en général prise en fin de grossesse.
Dans certains cas, le médecin vous dira qu'une césarienne sera peut-être pratiquée mais qu'il est possible de tenter l'accouchement par les voies naturelles ; si nécessaire, la césarienne se décidera en cours de travail. Vous serez ainsi préparée à cette éventualité.

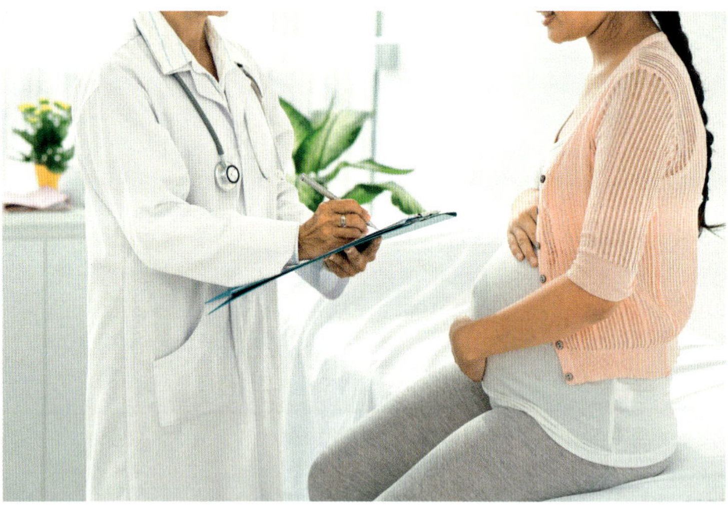

Césarienne sur demande maternelle. Une césarienne peut être exceptionnellement programmée à la demande de la future mère, le plus souvent par peur de l'accouchement. La césarienne, comme toute intervention chirurgicale, n'est pas un acte anodin. Le médecin va essayer de comprendre les raisons d'une telle demande, il va expliquer à la maman qu'un accouchement naturel – qui peut être envisagé dans son cas – pourra se passer dans les meilleures conditions de sécurité et de confort. Il revient au médecin de faire en sorte que la décision médicale soit partagée entre la future mère et lui. Il sera parfois nécessaire d'explorer avec un psychologue les craintes à l'origine de cette demande.

La césarienne programmée en pratique

Avant le début du 9e mois, le médecin organise l'intervention avec les possibilités du bloc opératoire. Il vous précise le jour et l'heure. Il vérifie que vous avez passé la consultation anesthésique et que votre carte de groupe sanguin est conforme. Il prescrit les bas de contention que vous apporterez à la maternité.

Le jour J – 1

La veille de l'intervention, ou le jour même dans certaines équipes, vous êtes accueillie à la maternité par une sage-femme qui vérifie le contenu du dossier médical, effectue un monitoring pour s'assurer que le bébé va bien et reprend avec vous le déroulement de la césarienne. Le personnel de la maternité vous installe ensuite dans votre chambre. Une épilation des poils du pubis vous aura été demandée. Un repas léger est servi. En général, l'anesthésiste passera vous voir, sauf s'il est occupé par une urgence. Il vous demandera d'être à jeun (de ne pas manger) au moins 6 heures avant l'intervention.

À noter

De plus en plus d'équipes permettent à la future maman, si elle le souhaite, de dormir chez elle la veille de l'intervention et de ne venir que le jour J.

Le jour J

Le jour de l'intervention, vous prenez une douche, vous enfilez les bas de contention et ôtez, si vous en portez, bijoux, vernis à ongles, lentilles (les lunettes peuvent être conservées). Puis vous vous rendez au bloc opératoire, le plus souvent à pied. Les vêtements du nouveau-né seront remis à la sage-femme ou à la puéricultrice. C'est le papa, s'il le souhaite, qui habillera votre bébé.

En salle d'opération

Les différents gestes ou attitudes – comme dans ce qui a précédé – peuvent varier selon les maternités.

- Vous entrez dans la salle d'opération et l'équipe vous installe sur la table opératoire.
- L'anesthésiste installe la rachianesthésie ou la péridurale (p. 292 et suiv.) en vous plaçant en position assise sur la table opératoire, dos bien rond pour faciliter l'introduction de l'aiguille, pendant que l'équipe se prépare.
- Une sonde urinaire est mise en place : le geste est indolore car il est fait après la pose de la rachianesthésie ; la sonde urinaire est posée pour que le chirurgien ne soit pas gêné par une vessie pleine au cours de l'opération.
- Vous vous allongez, la table est légèrement penchée sur le côté et une solution antiseptique est appliquée sur le ventre, puis des champs opératoires sont mis en place (sorte de draps qui protègent la zone de l'opération) et la césarienne peut commencer.

Ces temps prennent environ une trentaine de minutes.

L'acte chirurgical

Le chirurgien incise d'abord la peau, puis les différentes couches de tissus entre la peau et les muscles. Il écarte les muscles de la paroi abdominale et aborde la cavité abdominale. L'utérus est alors incisé transversalement à sa partie basse puis le bébé est extrait ; il est saisi par la tête, ou les pieds s'il se présente en siège. Tout ceci est totalement indolore. La maman perçoit les contacts des mains du chirurgien et les manœuvres chirurgicales qu'elle peut voir se refléter dans le scialytique qui éclaire le champ opératoire. Elle peut entendre les bruits du bistouri électrique lors de la coagulation des vaisseaux sanguins et celui de l'aspiration du liquide amniotique. Mais le plus souvent, l'anesthésiste, ou l'infirmière anesthésiste, l'accompagne et lui parle pour éviter le stress. Le papa, ou la compagne de la mère, est à ses côtés : l'attente de la naissance se fait à deux.
Dès sa sortie, le bébé est présenté à sa maman qui peut le toucher, l'embrasser. S'il n'y a pas de difficultés opératoires, il est placé sur la poitrine de la maman comme lors d'un accouchement par les voies naturelles. Puis, tandis que le chirurgien finit l'opération, il est emmené par son papa et la sage-femme dans la salle d'accueil des nouveau-nés pour une petite toilette. Le bébé peut être confié à son papa, si celui-ci le souhaite, en un « peau à peau » sur sa poitrine, tous les deux confortablement installés dans un fauteuil. Un moment inoubliable, disent le plus souvent les pères.
La fin de l'opération consiste à refermer l'utérus et la paroi abdominale puis la peau. On utilise de plus en plus des fils résorbables que l'on n'a pas besoin de retirer.
Au total, la césarienne a duré moins d'une heure.

Le conjoint en salle d'opération ?

Cela est possible si le chirurgien et l'anesthésiste sont d'accord, ce qui est le cas dans beaucoup de maternités. Quand tout est prêt, et s'il n'y a pas une grande urgence, le conjoint est introduit en salle d'opération habillé en tenue de bloc (blouse, masque, gants…) et il s'assied à côté de l'anesthésiste, proche du visage de sa femme.

La salle de réveil et le retour dans la chambre

Après la césarienne, la maman est installée en salle de réveil, parfois avec son bébé et le papa. Elle est surveillée pendant au moins deux heures au cours desquelles les constantes (tension artérielle, pouls, oxygénation) sont vérifiées toutes les 15 minutes ; les pertes de sang sont particulièrement contrôlées, ainsi que la bonne rétraction de l'utérus ; des antalgiques sont prescrits selon les douleurs ressenties.
La maman peut regagner sa chambre environ deux heures après la naissance, à condition qu'elle puisse bouger les jambes, que les constantes soient stables et que la douleur ne soit pas trop forte.

Lorsqu'il il a fallu partir au bloc pour une césarienne, quel soulagement d'avoir ma compagne à mes côtés ! Nous étions ensemble pour la naissance de notre fille. »

Virginie

Les jours qui suivent

Vous continuerez d'être très surveillée pendant au moins 24 heures ; une perfusion peut être laissée en fonction de la situation. Si vous avez une sonde urinaire, elle sera en général retirée dès votre sortie de la salle de surveillance post-opératoire. On vous proposera de vous alimenter à partir de 4 heures après l'intervention si vous n'avez pas de nausées. Un léger endolorissement peut persister au niveau de la cicatrice. En revanche une « vraie douleur » n'est pas normale ; si vous en ressentez une, il faut la signaler car elle peut nécessiter l'avis du chirurgien.

Les **suites de la césarienne** sont habituellement simples mais la fatigue est parfois plus grande les premiers jours. Les deux premiers jours, les contractions de l'après-naissance, ou tranchées, sont plus douloureuses car elles se font sur un utérus cicatriciel plus sensible. De plus, elles peuvent être accompagnées de douleurs abdominales liées à la reprise du transit intestinal. Durant cette période, un régime adapté est proposé.
Il est possible qu'il y ait, au bout de 48 heures, un petit drain à enlever au niveau de la cicatrice (tous les chirurgiens n'en mettent pas).
Vous vous lèverez le jour de l'intervention car cela favorise la récupération. Alors que vous n'aurez fait que quelques pas, ce premier lever pourra vous sembler difficile. Ne vous découragez pas, dès le 2e ou 3e jour, vous pourrez aller et venir facilement. En attendant, le personnel de la maternité prendra en charge les soins de votre nouveau-né (changes, bains, etc.), et vous vous occuperez de lui pour les repas.
Une césarienne n'empêche pas d'**allaiter** quand la maman le souhaite. La montée de lait peut être simplement plus tardive (4e-5e jour au lieu du 2e-3e jour), compte tenu de la plus grande fatigue.
La présence du père ou d'une personne proche est bien utile les premières 24 heures pour installer le bébé dans vos bras ou au sein, sans dépendre de la disponibilité de l'équipe de la maternité. Si vous bénéficiez d'une chambre seule, certains établissements acceptent qu'un accompagnant dorme sur place.
Reposez-vous bien ces premiers jours (demandez à vos amis d'attendre pour vous rendre visite). D'autant plus que votre séjour sera un peu plus long que pour un accouchement normal par voie basse (sortie au 4e-5e jour en moyenne) et qu'il vous sera plus agréable de profiter de vos visiteurs en fin de séjour.
L'ablation des fils de la cicatrice est un moment redouté par les mamans mais, à vrai dire, ce n'est guère justifié aujourd'hui, pour plusieurs raisons. Certains chirurgiens font ce qu'on appelle un « surjet intradermique » et dans ce cas il n'y a rien à enlever : le fil se dissout sous la peau. Si d'autres font un surjet « sur » la peau, il suffit de tirer sur le fil qui coulisse simplement. D'autres enfin mettent des agrafes minuscules et leur ablation à l'aide d'un instrument adapté est indolore.
Certaines mamans souffrent de ne pas pouvoir s'occuper tout de suite de leur bébé et ressentent souvent de la culpabilité (p. 341-342). Si elles le souhaitent, elles peuvent en général rencontrer la psychologue de la maternité qui est là pour les écouter et les soutenir.

« La première tétée “de bienvenue” a un peu attendu mais j'étais en de bonnes mains, ma fille aussi, et son papa a pu dès le début de sa vie prendre toute sa place et lui apporter la chaleur et l'amour dont elle avait besoin »,

nous écrit Audrey.

Le préjudice esthétique de la **cicatrice de césarienne** est quasiment nul puisque l'intervention est presque toujours pratiquée par une incision basse, transversale, cachée dans les poils du pubis (p. 386).

Le retour à la maison

Si tout va bien, il a lieu entre le 4e et le 5e jour après la naissance.
Un traitement anticoagulant peut être prescrit, avec contrôle des plaquettes par le laboratoire, si les conditions médicales (risque de thrombose) le rendent nécessaire. Selon les régions et les réseaux périnataux, une sage-femme et/ou une puéricultrice passe à domicile (p. 378-379) pour vérifier que tout va bien et vous apporter l'aide nécessaire. Le saignement vaginal dure quelques semaines, comme

pour un accouchement par les voies naturelles. Il est préférable d'attendre qu'il soit terminé pour prendre un bain mais les douches sont autorisées dès le lendemain de la naissance. L'activité sexuelle, forcément ralentie, peut être reprise en fonction du désir. Il n'y a pas de délai médicalement justifié pour cette reprise.
Quand vous serez rentrée chez vous, vous éprouverez le besoin de vous reposer, c'est normal. Vous retrouverez peu à peu votre énergie d'avant la grossesse. Évitez de porter des charges lourdes pendant au moins un mois et demi. Quant à la rééducation périnéale, elle peut être prescrite après un accouchement par césarienne. C'est au chirurgien d'en décider avec vous.

Attention

Il ne faut pas hésiter à contacter la maternité pour tout signe anormal (cicatrice rouge et douloureuse, douleurs, fièvre, saignements).

La césarienne non programmée

La césarienne non programmée est pratiquée au cours du travail d'un accouchement qui était prévu par les voies naturelles, ou bien en urgence avant même le début du travail. La prise en charge (intervention, suites opératoires, retour à la maison, etc.) est la même que pour la césarienne programmée.

La césarienne au cours du travail

Les raisons sont multiples :

- elles peuvent tenir à des raisons « mécaniques », avec un bébé qui se place mal pendant le travail ou dont la tête est mal fléchie (p. 310-311) ; ou bien au bassin de la maman dont les dimensions sont insuffisantes mais c'est plus rare. Il peut s'agir aussi d'une stagnation de la dilatation qui est souvent la conséquence d'un problème mécanique méconnu ;
- les anomalies du rythme cardiaque fœtal témoignant que le bébé ne supporte plus les contraintes du travail sont une indication fréquente à « passer en césarienne », comme le disent les médecins. Il peut s'agir aussi d'une urgence qui survient au cours du travail.

La césarienne en urgence avant le travail

Elle est pratiquée en urgence et parfois même en extrême urgence lorsqu'il y a un risque vital pour la mère et aussi pour l'enfant : saignement anormal et inexpliqué, fièvre chez la maman, qui s'aggrave et témoigne d'une infection, procidence du cordon. Citons également la prééclampsie, l'hématome rétroplacentaire, le placenta *prævia* qui saigne anormalement ou le placenta *accreta*.
En fonction du degré d'urgence défini par le médecin ou la sage-femme, les différents intervenants (chirurgien, anesthésiste, pédiatre, infirmière) sont prévenus selon un code afin de faciliter l'organisation des soins :

- **code rouge :** c'est l'extrême urgence. Entre la décision de la césarienne et la naissance, il ne faut pas dépasser 15 minutes ;
- **code orange :** c'est une menace à court terme pour la mère et pour l'enfant et le délai entre décision et naissance ne doit pas dépasser 30 minutes ;

- **code vert :** pas de danger à court terme et le délai entre décision et naissance peut être de 1 heure.

Quel que soit le code, il faut bien comprendre que les différents temps de la césarienne tels qu'exposés plus haut peuvent se télescoper, surtout en code rouge. Les explications fournies aux parents peuvent être succinctes : la priorité est évidemment donnée aux gestes techniques. Mais une fois le bébé né et la maman en sécurité en salle de réveil, le médecin redevient disponible pour les explications nécessaires. Après avoir vérifié que tout va bien pour le bébé, la sage-femme pourra donner au papa les premières informations sur les raisons de l'intervention.

Après une césarienne non programmée

Le médecin passe voir la maman le soir ou le lendemain ; il peut ainsi expliquer tranquillement les raisons de cette césarienne et pourquoi il estime que l'événement à l'origine de cette urgence a de fortes chances de ne pas se reproduire ; cela peut rassurer les mamans pour une grossesse suivante et les réconforter. Les mères ont souvent un sentiment d'échec, celui d'avoir « raté leur accouchement », tout en comprenant que cette césarienne urgente a permis de sauver leur bébé.

Reprendre confiance si vous vous sentez frustrée ou déçue

Avoir une césarienne est mal vécu par certaines mamans : « La naissance m'a échappé », disent-elles souvent. Ces sentiments de déception et de frustration sont d'autant plus fortement ressentis que la césarienne n'était pas programmée, ou qu'une séparation avec leur nouveau-né a eu lieu. S'ajoutent le souvenir de l'urgence de la situation et l'inquiétude qui l'a accompagnée, la rapidité de ce qui s'est passé, le contact trop bref avec leur bébé, l'impression d'avoir été dépossédée de cet événement si important.

Le lendemain de l'intervention, les mamans sont souvent un peu abattues et ne se sentent pas toujours en harmonie avec leurs conjoints : eux sont souvent rassurés que tout se soit bien passé mais les mères gardent un sentiment d'inachevé. De plus, elles souffrent du manque d'autonomie des premiers jours et de leur incapacité à s'occuper du bébé.

Prendre contre soi rapidement son bébé, en peau à peau, est souvent pour la mère une façon de réparer, de combler ce qui a manqué. L'équipe de la maternité favorise dès la naissance les contacts corporels entre la maman et son nouveau-né et facilite le plus possible les soins que la maman peut donner à son bébé (le change, la toilette) ; si nécessaire, la puéricultrice donne momentanément au papa le rôle que la maman ne peut assumer, du moins dans les deux ou trois premiers jours. Une rencontre avec la psychologue de la maternité est souvent proposée. En étant soutenue par son conjoint et par toute l'équipe médicale et paramédicale, en partageant son

« La naissance a été émouvante et magnifique, notre petite fille nous a été présentée, toute fraîche, après avoir poussé son premier cri. J'ai pu lui parler, l'embrasser, frotter ma joue furtivement contre la sienne, puis elle est partie pour les premiers soins et pour un long tête-à-tête avec son papa pendant que l'intervention se terminait. »

Myriam

À savoir

Ces césariennes en extrême urgence peuvent être source de difficultés et d'un véritable état de stress post-traumatique avec, par exemple, des flashs sur ce qui a été vécu, des cauchemars ou encore l'impression d'être en décalage par rapport à ce qui est arrivé. Il ne faut pas hésiter à en parler à l'équipe des suites de couches et à accepter le passage de la psychologue.

ressenti, sa culpabilité, la femme prend peu à peu confiance en elle et se sent vraiment la mère de son bébé.
Mais nous avons reçu des témoignages de mamans disant avoir bien vécu la césarienne, parce que le travail s'éternisait, que la douleur était trop presente, parce qu'elles savaient que ce n'était pas possible de faire autrement. Elles ont été soulagées d'avoir enfin leur bébé dans les bras et comblées par son regard, son contact.

La césarienne : et après ?

Certaines mamans pensent qu'à une césarienne ne peut succéder qu'une nouvelle césarienne. Ce n'est pas exact. On en programmera une nouvelle si les indications de la première césarienne sont toujours présentes (diabète, gros bébé, bassin étroit, etc.) ou si le médecin qui suit la grossesse estime que c'est préférable. C'est lui le seul juge.
Dans le cas contraire, un accouchement par les voies naturelles peut être envisagé et, dans de nombreux cas, il se passera sans difficulté.
Néanmoins, c'est un accouchement qui réclame une surveillance renforcée à cause du risque de rupture de la cicatrice de la précédente césarienne. Ce risque est exceptionnel pendant la grossesse. Et il est rare (autour de 1 %) pendant le travail. Il est annoncé par des douleurs persistantes, malgré la péridurale, un saignement anormal, une dilatation du col qui stagne ou des signes d'anomalie du rythme cardiaque fœtal au monitoring. Dans ce cas, la césarienne se fait au cours du travail.
Cependant, il est juste de dire qu'une césarienne précédente augmente le risque d'avoir une nouvelle césarienne pour l'accouchement suivant ; mais ce n'est pas automatique. Et vous n'avez pas à être inquiète si on vous propose un accouchement par les voies naturelles : il y a de nombreuses chances pour qu'il se passe très bien, et vous serez plus particulièrement surveillée.

En conclusion. La plupart des équipes médicales sont désormais engagées dans une démarche d'accompagnement spécifique pour aider les femmes à mieux vivre la césarienne.
De nos jours, la présence du conjoint est quasi systématique sauf rare exception. De la musique choisie par le couple peut accompagner l'intervention. Le champ opératoire, qui cache à la maman la vue de la zone d'intervention, est abaissé : elle peut ainsi relever la tête pour voir arriver son bébé ; elle est encouragée à « pousser », ce qui la fait participer à la naissance ; enfin elle se lève et se déplace rapidement après l'accouchement et retrouve plus vite une certaine autonomie. Tous ces éléments concourent à une meilleure acceptation de la césarienne par les femmes.
Cependant, même si celle-ci est devenue moins risquée, elle reste une intervention chirurgicale ; c'est pourquoi les médecins – et les autorités de santé – ont la volonté d'en limiter le nombre et de ne faire que les césariennes nécessaires. Dans la plupart des maternités, la tendance est aujourd'hui à un accouchement moins médicalisé, c'est-à-dire plus « physiologique » et donc plus naturel.

Le *placenta accreta* est une insertion anormale du placenta qui pénètre dans le muscle utérin au niveau de la cicatrice d'une précédente césarienne. Cette anomalie, qui peut être évoquée par l'échographie et confirmée par l'IRM, entraîne un haut risque d'hémorragie pendant l'accouchement ; celui-ci doit avoir lieu impérativement en milieu chirurgical.

À noter

La HAS (Haute Autorité de Santé) a rédigé un document intitulé « Césarienne : ce que toute femme enceinte devrait savoir » disponible en ligne : https://www.has-sante.fr/jcms/c_1603546/fr/cesarienne-ce-que-toute-femme-enceinte-devrait-savoir-document-d-information-destine-aux-femmes-enceintes

À noter

Pour d'autres informations sur la césarienne, voyez le site www.cesarine.org

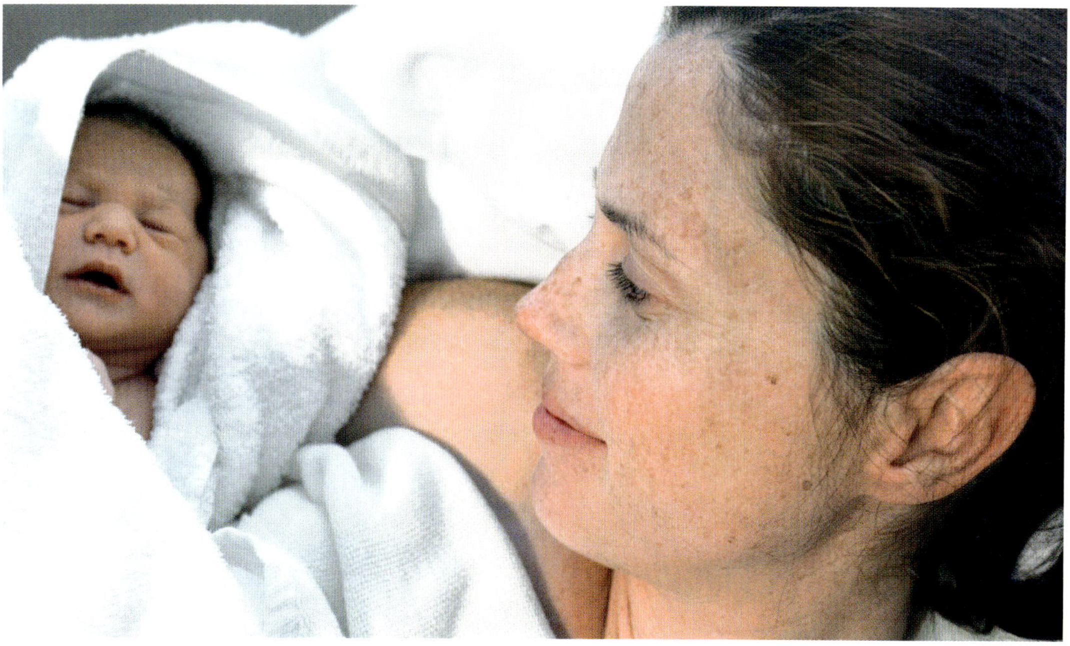

Un accouchement plus naturel est-il possible aujourd'hui ?

« Mettre un enfant au monde est un acte naturel. Cet événement n'arrive pas si souvent dans une vie et nous avons envie de le vivre selon notre goût, dans une ambiance détendue. » C'est ce que disent certains parents. Aujourd'hui, de plus en plus de professionnels les écoutent et respectent cette demande.
L'accouchement naturel est une notion qui fait son chemin en France. Des femmes souhaitent pouvoir compter sur leurs propres ressources, se sentir libres de leurs mouvements pendant le travail et accueillir leur bébé à leur rythme.
Accoucher dans une maternité n'est pas obligatoirement synonyme de médicalisation, d'anonymat, comme certains parents le redoutent. Le projet de naissance rédigé pendant la grossesse permet aux professionnels de s'adapter au mieux aux souhaits exprimés par les futures mamans. Des équipes obstétricales se sont organisées pour aider les femmes qui font part de leur désir d'aborder différemment l'expérience de la naissance : en laissant les contractions ouvrir le col et faire descendre leur bébé, en trouvant les positions qui vont favoriser ce déroulement, tout en se sentant rassurées. Ces futures mamans sont soutenues par leurs conjoints qui sont à leurs côtés. Elles disent qu'avoir accouché ainsi leur a donné une grande confiance pour s'occuper de leur bébé.

Certaines maternités ont pour priorité de respecter le déroulement normal de l'accouchement, par exemple sans intervenir pour rompre la poche des eaux ni poser une perfusion qui accélérerait les contractions. Le taux de péridurale n'est pas très élevé et les sages-femmes sont presentes pour aider la maman a trouver des positions qui lui conviennent ; tant que tout va bien, le monitoring est discontinu pour laisser à la femme la possibilité de se déplacer, et pour la même raison, la perfusion n'est posée qu'au moment de l'expulsion.

Salles de naissance ou salles naturelles

Des maternités ont créé des salles de naissance physiologique, ou salles naturelles, qui peuvent être équipées : d'une baignoire pour se détendre pendant le travail et réduire la pression sur le col grâce à l'immersion dans l'eau ; de lianes de traction, de ballons, pour adopter des positions qui réduisent la douleur et favorisent la descente du bébé ; d'une table d'accouchement permettant de choisir une position mécaniquement plus adaptée. La décoration y est plus chaleureuse que dans les salles habituelles.

Ces lieux ont le même encadrement médical que les autres salles d'accouchement, avec les mêmes règles de sécurité et de fonctionnement administratif. Si besoin, une péridurale est possible sans changer de salle.

Plateaux techniques

Quelques maternités permettent aux sages-femmes libérales d'accéder à leur plateau technique. Cela permet aux femmes d'accoucher avec la sage-femme qui a suivi la grossesse et préparé la naissance. La surveillance du travail et l'accouchement ont lieu en milieu hospitalier mais la sage-femme est entièrement disponible pour la future mère et son compagnon, ce qui les rassure. La maman rentre chez elle deux heures après la naissance, sauf bien sûr s'il y a eu une complication. Si la douleur est plus intense que prévu, le travail plus long et moins bien supporté par la maman que ce qu'elle imaginait, une péridurale est possible. Dans ce cas, l'équipe de la maternité prend le relais. Si l'état de la maman ou du bébé le nécessite, il peut y avoir hospitalisation.

Voici les coordonnées de l'Association des sages-femmes libérales (ANSFL) : contact@ansfl.org

Maisons de naissance

Ce sont des structures gérées par des sages-femmes. Elles accueillent les futurs parents pour les consultations et la préparation, et proposent un suivi global de la grossesse jusqu'au post-partum. Seules les femmes ne présentant pas de pathologies particulières y sont admises.

À signaler

Il existe des établissements où la médicalisation est réduite aux situations qui l'imposent. Renseignez-vous et parlez-en autour de vous, au cours des consultations, pendant les séances de préparation à la parentalité. La sécurité d'une maternité n'empêche pas de respecter votre intimité, de répondre à vos attentes en tenant compte de vos craintes. Une prise en charge moins médicalisée de « l'accouchement normal » fait partie des recommandations de la HAS (p. 303)

Le Ciane (Collectif interassociatif autour de la naissance, www.ciane.net) regroupe des associations de parents et d'usagers. Il est à l'origine de nombreuses initiatives dans le domaine de la naissance (projet de naissance, salles physiologiques, présence continue du père à la maternité, etc.).

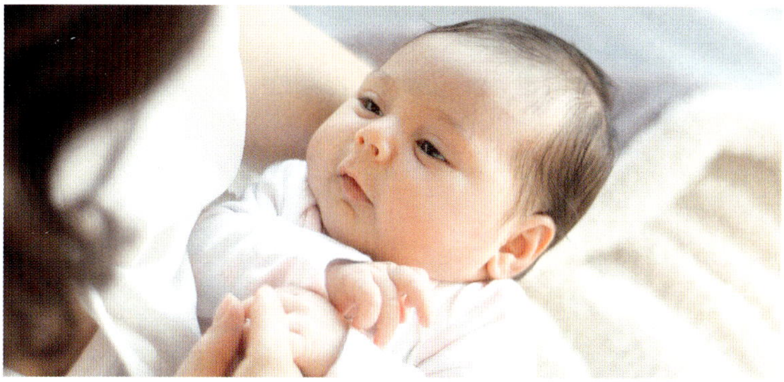

Ces maisons de naissance sont en liaison avec une maternité qui doit être suffisamment proche pour permettre d'y accéder dans un délai raisonnable en cas d'urgence. Elles répondent au principe « Une femme – une sage-femme » et au respect de la physiologie de l'accouchement. Ainsi, par exemple, une péridurale ne pourra y être réalisée. Mais si le besoin s'en fait sentir, que ce soit pour des raisons médicales ou parce que la douleur est trop difficile à supporter, un transfert vers la maternité avec laquelle la maison de naissance est en lien sera effectué. De même en cas de complication.

Les règles de fonctionnement des maisons de naissance précisent qu'une sage-femme doit être en mesure d'intervenir à tout moment. Par ailleurs, lors des accouchements, deux sages-femmes doivent être présentes dans les locaux.

Les maisons de naissance ne disposent pas d'hébergement et le retour à domicile est précoce (quelques heures après l'accouchement). L'organisation de ce retour est mise en place avec la sage-femme qui a suivi la grossesse et pratiqué l'accouchement. Celle-ci effectuera une première visite de la mère et du nouveau-né dans les 24 heures suivant la sortie, puis au moins deux autres dans la première semaine, avec un contact quotidien. L'examen du 8e jour du bébé devra être fait par un médecin.

Les maisons de naissance existent chez nos voisins suisses, anglais, allemands, italiens, espagnols (également en Australie) depuis de nombreuses années. En France, 9 fonctionnent actuellement. L'expérimentation a été positive et une extension à 10 maisons de naissance supplémentaires vient d'être engagée.

Dans le cadre d'un plateau technique ou d'une maison de naissance, les parents apprécient la continuité du lien établi avec la sage-femme. Ils se sont préparés avec elle à la naissance et à la parentalité et c'est elle qui les accompagnera lors de l'accouchement.

L'accouchement à domicile peut parfois tenter certains couples qui souhaitent vivre la naissance dans l'ambiance chaleureuse de leur maison, en continuité de la vie familiale. Il est aujourd'hui déconseillé par les professionnels de santé qui craignent des complications à cause de l'éloignement de l'hôpital et en l'absence de réseau organisé pour répondre à une complication. D'ailleurs, très peu de sages-femmes le pratiquent.

À noter

Il est recommandé de s'inscrire dans une maison de naissance le plus tôt possible et obligatoirement avant 28 semaines (6 mois de grossesse) afin d'évaluer si les conditions d'une grossesse à bas risque sont réunies.

10

Après la naissance : votre bébé et vous

Joie, fatigue, surprise et étonnement… Votre nouveau-né est enfin dans vos bras, vous l'appelez par son prénom choisi avec amour, vous ne vous lassez pas de le regarder. Vous en prenez pleinement conscience : plus rien ne sera comme avant.
Avez-vous envie d'allaiter votre bébé ? Ou bien pensez-vous le nourrir au biberon ? Comment va se dérouler le séjour à la maternité ? Le retour à la maison ? Comment votre corps va-t-il se transformer, se réadapter ? Comment se nouent les premiers liens parents-bébé ? Ce chapitre va répondre à toutes les questions que vous vous posez après la naissance.

Se voir enfin, se reconnaître

Votre nouveau-né est contre vous. Plus de douleur, plus de tension, rien que son corps tout chaud et ses premiers vagissements : bonheur, fascination, soulagement, tout se mélange dans un moment intense et inoubliable. Les parents en pleurent, en rient, en pâlissent. Puis ils vérifient avec attention et toujours avec émotion que leur bébé est en bonne santé, « qu'il a tout ce qu'il faut », si c'est bien un garçon, ou une fille comme prévu, ou bien ils découvrent son sexe. En même temps, ce nouveau-né, avec sa tête parfois « en pain de sucre », recouvert de vernix ou fripé, les étonne. Ressemble-t-il au bébé imaginé ? Pas toujours ! Et même rarement : un nouveau-né n'est pas un bébé joufflu, gazouillant, cherchant à toucher votre joue. Mais sa présence si fragile vous attendrit et vous bouleverse, c'est ce que disent la plupart des mères.

Les premières émotions des mères…

Après la joie, l'apaisement, la mère peut éprouver une autre sensation, un peu désagréable : alors qu'elle attendait depuis des mois que son enfant se sépare d'elle, maintenant qu'il vient de la « quitter », elle sent en elle comme un grand vide. Comme nous l'a écrit une lectrice : « J'avais l'impression de m'ennuyer de mon ventre. »
Pour la plupart des mères, cette sensation de vide est fugitive ; rapidement, elle se transforme en une impression de plénitude, d'accomplissement.

La naissance déroute parfois la mère qui éprouve une sensation d'étrangeté. Elle ne sent pas monter en elle l'amour maternel qu'elle s'attendait peut-être à éprouver tout de suite. « Il a besoin de moi, saurai-je m'en occuper ? » Les doutes peuvent venir de l'inexpérience si l'enfant est un premier-né mais ils sont accentués par la fatigue qui suit toujours l'accouchement.
Ces émotions fortes, que la mère les perçoive distinctement ou qu'elles restent confuses, vont heureusement s'effacer lorsqu'elle aura son bébé dans les bras ; en voyant son nouveau-né se détendre, mieux respirer, la confiance va renaître. En le regardant, en le touchant, en le caressant, en le nourrissant, elle renouera avec son enfant un lien physique qui la rassurera. Et ce seront les débuts d'une longue histoire d'amour. Cette histoire ne s'écrira pas en un jour, l'amour maternel – et paternel – n'est pas toujours un coup de foudre, il se développe souvent grâce aux échanges avec l'enfant et il grandit avec lui.

« Dès que je l'ai senti en peau à peau contre moi, j'ai pensé : c'est mon bébé, je suis sa mère. »

Nadja

… et des pères

Les pères expriment leurs émotions de diverses manières. Ils sont heureux et fiers : « Ma femme allait bien, mon bébé allait bien, alors moi aussi. » Ils sentent qu'une étape est franchie : « J'ai été à la hauteur, j'ai réussi à être là : ce que ma femme attendait de moi et dont j'avais peur de ne pas être capable. » Certains sont si bouleversés qu'ils peuvent juste dire : « C'est trop beau, comme je suis heureux ! » ou « Quelle chance d'avoir ce bébé ! » Le bonheur exprimé par le père est souvent ressenti par la mère comme une marque d'amour qui lui est adressée.
La femme, pour devenir mère, a vécu neuf mois de grossesse et un accouchement, elle a porté physiquement et psychiquement son enfant. C'est différent pour le père. Même s'il a déjà noué des liens avec son bébé avant la naissance, le grand moment de la vie d'un homme qui devient père, surtout d'un premier enfant, se situe en général quand il prend son nouveau-né dans les bras. La paternité lui arrive alors souvent comme un choc.
Les émotions entourant la naissance sont tout aussi fortement ressenties par **la compagne** de la femme enceinte : « Nous avons attendu ce moment si longtemps. Notre projet de PMA semblait irréalisable… Je suis bouleversée de sentir notre bébé contre moi ».

« J'ai été vraiment stupéfait : il était tout fripé avec des poches sous les yeux… et, en même temps, je sentais bien que j'étais déjà envahi d'une immense tendresse ! »

se souvient Alex.

Et votre bébé ? Comment va-t-il réagir ?

Comme un être qui attend que vous le preniez dans vos bras, que vous le regardiez, que vous lui parliez, que vous le reconnaissiez, que vous l'entouriez. Le nouveau-né arrive au monde avec le besoin vital qu'on l'aime, il a autant soif d'affection et d'attention que de lait. Dès qu'il naît, un enfant est réceptif, attentif à la voix, aux regards, aux gestes, aux soins de ceux qui l'entourent. On observe même des sourires dès la naissance. Certains parlent de « sourires aux anges » ; mais on constate que des états de grand bien-être s'accompagnent de vrais sourires. La précocité de ces réactions va avoir des conséquences rapides et importantes : dès la naissance, l'enfant s'intéresse à la personne qui le tient dans ses bras, qui le regarde, la réciproque est vraie, des liens se nouent.

Si vous avez un mauvais souvenir de votre accouchement

Vous avez peut-être subi une césarienne en urgence, ou bien il a été nécessaire d'utiliser un forceps, ou une ventouse, ou de pratiquer une épisiotomie. Vous ne vous attendiez pas à ce que votre accouchement se passe ainsi alors que votre grossesse s'était très bien déroulée.
Vous vous êtes sentie comme dépossédée des décisions médicales vous concernant. Vous vous sentez peut-être insatisfaite, comme privée d'une expérience que vous aviez idéalisée. Certaines mères parlent même de leur difficulté à s'occuper de leur bébé.
Ces situations sont vécues par certaines femmes comme des **violences obstétricales**. De nombreux gestes qui entourent l'accouchement peuvent en effet être perçus comme violents.
Ils le seront d'autant plus que leur utilité n'aura pas été expliquée et comprise. Plus que le geste lui-même, c'est la manière dont vous aurez été considérée et respectée qui déterminera le vécu que vous en aurez. Lorsque l'équipe, même dans l'urgence, peut expliquer l'intérêt de ces actes, quels qu'ils soient, la situation est mieux acceptée.
L'entretien prénatal précoce, la préparation à la naissance, le projet de naissance peuvent vous aider à exprimer puis formaliser vos attentes. Vos souhaits seront communiqués à la personne qui vous accompagnera pour l'accouchement et que vous ne rencontrerez peut-être que le jour J.
Lorsqu'un accouchement a été mal vécu, mal compris, il est indispensable d'en parler avec les soignants. De nombreuses équipes sont aujourd'hui conscientes de l'importance de donner des explications, que ce soit à la maternité ou en consultation, de dire pourquoi des gestes ont étés rendus nécessaires par la situation médicale. L'information est essentielle pour établir une relation de confiance.
Lorsque les femmes peuvent exprimer leur ressenti et être entendues, cela leur permet de « s'alléger » en quelque sorte et d'envisager l'avenir de façon positive.
Dans certains cas, le décalage avec les soignants persiste et vous ne trouvez pas de réponses à vos questions. Certaines associations comme le CIANE (Collectif interassociatif autour de la naissance) peuvent vous accompagner, par exemple avec des médiations.
Les professionnels de santé ont pris la mesure de ces difficultés et le CNGOF (Collège national des gynécologues obstétriciens français) propose un label et un outil en ligne appelé « Maternys » pour **améliorer l'information, la transparence et la bientraitance dans les maternités** (p. 22). Si votre maternité y a adhéré, n'hésitez pas à l'utiliser, vous y trouverez de nombreuses informations.

Important

Prenez soin d'écarter ce qui peut gêner cette rencontre et les capacités de votre bébé à être en relation avec vous : un téléphone portable qu'on consulte même rapidement pendant l'allaitement, une télévision allumée en bruit de fond...

« J'avais précisé dans mon projet de naissance que je ne voulais pas d'épisiotomie mais quelques mots de la sage-femme ont suffi pour que je comprenne sa nécessité. »

Claire

Sein ou biberon : comment se décider ?

C'est une décision que vous avez peut-être prise avant la grossesse. Dans certaines familles, dans certaines cultures, la question ne se pose pas : une maman nourrit au sein ou, au contraire, au biberon.
Sein ou biberon ? Les réponses apportées ont évolué au fil des années. Hier, le côté pratique du biberon était mis en valeur : les journées s'organisent plus facilement et on sait ce que prend le bébé, entendaient les mères. Aujourd'hui la tendance s'est inversée, probablement parce que le discours médical a changé : l'influence de l'allaitement maternel sur la santé des mères et des enfants a été démontrée par de nombreuses recherches. L'allaitement au sein est maintenant tellement valorisé que cela met mal à l'aise les mamans qui ne sont pas sûres de choisir de nourrir leur bébé au sein. Les mois d'attente, les discussions avec votre conjoint, avec la sage-femme, les exemples de vos amies, vous guideront dans votre décision.
Sein ou au biberon, c'est choisir entre deux aliments, lait maternel ou lait infantile. C'est aussi une autre façon de procéder, une intimité, une proximité différente, une autre disponibilité. Quel que soit votre choix, vous allez passer du temps à nourrir votre enfant. Vous ne le nourrirez pas seulement de lait mais aussi d'échanges, de regards, de tendresse. Il est donc important de pouvoir vous projeter avec plaisir en train de donner une tétée ou un biberon à votre bébé. Pour vous aider dans votre décision, entrons dans le détail de ces deux formes d'allaitement.

L'allaitement au sein

- Le lait maternel est le mieux adapté au bébé au début de sa vie.
- Plus le bébé est prématuré, plus le lait maternel est important pour lui : son système digestif est fragile, son système immunitaire est déficient : le lait maternel participe à la protection et à la maturation de son organisme.
- Les premiers jours, le lait a un aspect particulier : c'est le colostrum, souvent jaune ou orangé, très riche en protéines et en vitamines. Sa composition évolue de jour en jour pour s'adapter aux besoins du nouveau-né.
- Le lait maternel est facile à digérer, presque toujours bien supporté. Son goût varie avec l'alimentation de la maman et sa composition change au cours de la tétée.
- Le lait maternel protège l'enfant contre certaines infections en lui apportant les anticorps maternels. Il assure ainsi une protection naturelle pendant la durée de l'allaitement.
- Un allaitement exclusif d'au moins quatre mois diminue le risque d'allergie chez le nourrisson. Le risque d'obésité diminue également.
- Il n'y a pas de risque de suralimentation, le bébé prend ce dont il a besoin.
- Nourrir au sein est profitable à la mère car cela favorise le retour à la normale de l'appareil génital : il y a une connexion étroite entre les glandes mammaires et l'utérus. Lorsque l'enfant tète, il déclenche un réflexe qui provoque des contractions utérines ; celles-ci aident l'utérus à revenir à ses dimensions normales.
- Allaiter au sein, c'est accepter pour un moment que les seins aient un rôle nourricier. Cela peut gêner l'homme et aussi la femme. En parler avant la naissance permet de s'y préparer.
- C'est s'attendre à ce que les seins changent de volume, à ce qu'il y ait des écoulements de lait entre les tétées, c'est aussi éprouver des sensations nouvelles pendant que le bébé tète, parfois de plaisir ou de douleur. Pour habituer vos mamelons au frottement, vous pouvez porter sous vos vêtements un soutien-gorge dont les bouts ont été découpés.
- C'est accepter de ne pas connaître la quantité de lait que prend le bébé, ce qui inquiète certaines mères. Les repères s'apprennent vite : à la maternité, vous serez aidée par les sages-femmes et les puéricultrices. Ensuite, si besoin, vous serez conseillée par une association de soutien à l'allaitement.
- Le père a toute sa place lorsque la mère allaite. Il est là pour faciliter l'organisation quotidienne, pour que la mère puisse se reposer, se consacrer à d'autres tâches, à d'autres plaisirs en dehors des tétées. Une fois que l'enfant est nourri, il y a encore beaucoup à faire pour s'occuper de lui : le porter, le baigner, le cajoler, l'apaiser…
- Si vous choisissez d'allaiter, il est important que ce soit une décision de couple. Vous aurez besoin du soutien de votre conjoint, aussi bien physiquement que psychologiquement. Ce sera sa façon à lui de participer au bien-être de votre bébé.

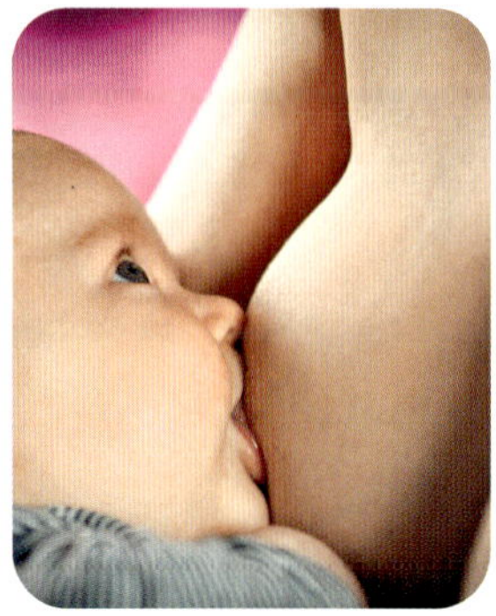

Allaitement exclusif au tire-lait

Certaines femmes aimeraient donner leur lait à leur bébé mais y renoncent car, pour différentes raisons, elles ne souhaitent pas le mettre au sein. Sachez qu'il est possible de tirer son lait et de le donner au biberon, soit immédiatement, soit réchauffé après avoir été mis au réfrigérateur, voire congelé.

Combien de temps allaiter ?

Il n'y a pas de durée minimum. Toute quantité reçue par le bébé lui apporte des nutriments de qualité. Le relais peut à tout moment être pris avec du lait infantile. À noter que certains bébés ne prennent jamais de biberon : ils passent du sein à une alimentation diversifiée à la cuillère et boivent à la tasse.

L'allaitement abîme-t-il la poitrine ?

En fait, ce n'est pas seulement l'allaitement mais aussi la grossesse qui modifie la poitrine, puisqu'elle provoque une augmentation suivie d'une diminution du volume des glandes mammaires. En empêchant une diminution trop brusque du volume de ces glandes, l'allaitement serait même plutôt bénéfique. Pour la même raison, arrêter la montée de lait sans précautions suffisantes peut abîmer la poitrine.
Cela dit, il y a des tissus plus fermes que d'autres. Certaines femmes ont allaité plusieurs enfants et gardent une poitrine parfaite. D'autres ont des seins abîmés, qu'elles aient allaité ou non. Il y a aussi la gymnastique faite avant l'accouchement et le sport (la natation en particulier) qui contribuent à la fermeté des muscles soutenant les seins.

Comment allaiter discrètement ?

Certaines mamans ne souhaitent pas allaiter devant des tiers, par pudeur. Rassurez-vous, vous allez vite apprendre à mettre facilement votre bébé au sein. Au bout de quelques jours, vous ne serez plus obligée de regarder ce qu'il fait, vous le glisserez sous votre tee-shirt, ou sous un foulard couvrant le sein, et votre bébé arrivera tout seul à prendre le sein. En attendant, si vous souhaitez allaiter discrètement à la maternité, vous demanderez à l'équipe de faire sortir les visiteurs.

Comment la mère qui travaille peut-elle allaiter ?

Des aménagements sont possibles lors de la reprise du travail : horaires, tirer son lait, allaitement mixte, etc. Le report de trois semaines du congé prénatal sur le congé postnatal peut permettre d'allaiter plus facilement jusqu'à la reprise du travail. Mais cela réduit votre disponibilité à préparer l'arrivée du bébé pendant la grossesse !

L'allaitement au biberon

De grands progrès ont été réalisés dans la fabrication des laits infantiles.

- Ils sont adaptés aux besoins nutritionnels du bébé et leur composition est **réglementée**. Ils sont fabriqués à partir de lait de vache, de chèvre (autorisé récemment), de protéines de soja ou de riz. Les laits à base de soja ou de riz sont donnés sur avis médical.
- Il existe plusieurs types de lait. Par exemple, certains peuvent être enrichis en ferments lactiques, ou contenir des substances

À noter

Il est souvent possible d'allaiter lorsqu'on a eu une **chirurgie mammaire**. Demandez conseil à une sage-femme ou à une consultante en lactation.

« Hôpital ami des bébés »

Ce label de l'OMS et de l'Unicef (www.amis-des-bebes.fr) est un encouragement et un soutien à l'allaitement mais pas seulement : il est aussi un engagement, parmi d'autres, à garantir une qualité d'accueil du nouveau-né et de ses parents dans les maternités et les services de néonatalogie. Le **label « Ami des bébés »** repose sur un programme qui comprend notamment la formation du personnel, l'organisation des soins centrée sur les besoins et les rythmes des nouveau-nés et des nourrissons, le soutien parental. En France, en 2023, on dénombrait 67 maternités qui disposaient du label pour une durée de 4 ans. À cette échéance, les structures passent par une nouvelle évaluation pour le conserver.

épaississantes, pour améliorer leur digestibilité et diminuer les régurgitations. Le médecin vous conseillera sur leur utilité.

- Pour certains bébés intolérants aux protéines de lait de vache, il existe des préparations dont les protéines ont reçu un traitement particulier : ce sont les laits hypoallergéniques. Là aussi, le médecin vous conseillera.
- Pour les bébés allergiques, il existe des laits spéciaux, sans protéines de lait de vache ou sans lactose. Ces laits sont délivrés sur ordonnance.
- Le lait infantile est généralement vendu en poudre et il faut le reconstituer avec de l'eau. La stérilisation des biberons n'est pas indispensable, ce qui est pratique. Mais le lait reconstitué doit être consommé rapidement pour empêcher le développement des germes.
- Avec le biberon, les horaires et les quantités sont plus faciles à prévoir, c'est rassurant. L'organisation de la journée est plus simple.
- Le père, ou une autre personne, peut remplacer la maman pour nourrir le bébé. C'est un des avantages des biberons et les pères sont ravis de ce contact qu'ils peuvent avoir avec leur enfant.
- Des mères apprécient d'avoir une relation moins fusionnelle avec leur enfant. Elles aiment le peau à peau avec leur bébé, sentir son corps contre le leur, mais pas au point de donner le sein. La vie amoureuse, la sexualité, l'érotisme se concilient parfois difficilement avec la maternité. Certaines femmes, certains hommes, certains couples sont plus à l'aise avec le biberon.
- Il arrive que le biberon soit imposé par des motifs d'ordre médical : une maladie virale évolutive (hépatites B, C, VIH, selon la charge virale). Une chirurgie mammaire avec déplacement du mamelon empêche la lactation de se mettre en place. Il existe aussi des contre-indications transitoires : une hospitalisation de la maman ou du bébé.

Si vous n'allaitez pas votre bébé

Pour bloquer la lactation, le plus souvent, aucun médicament ne vous sera donné, en raison des effets secondaires et des contre-indications. Des moyens locaux peuvent soulager (froid sur les seins, soutien-gorge serré, consommation de persil, etc.). En cas de montée de lait importante et douloureuse, des anti-inflammatoires pourront être prescrits. Tout rentrera rapidement dans l'ordre, en général en 48 heures.

Votre décision

La plupart des mamans se décident pendant la grossesse, voire avant, mais ce choix n'est pas inébranlable. Une mère nous a dit qu'elle avait changé d'avis après avoir vu que son bébé se dirigeait spontanément vers le sein à la naissance : elle a finalement trouvé naturel de le laisser faire. Mais une autre maman n'a pas apprécié les sensations de cette première tétée et a préféré donner le biberon.

Vous ne souhaitez pas allaiter ?

Vous n'êtes pas un cas à part. Nous avons parlé plus haut des raisons de choisir le biberon. Il y a aussi des mères qui, simplement, ne désirent pas allaiter sans avoir de motivation précise ou consciente. Surtout, ne vous sentez pas coupable. La décision vous appartient, c'est la meilleure pour vous et votre bébé, celle qui vous permettra de le nourrir en toute tranquillité, dans un plaisir partagé. Sachez dès maintenant que la digestion d'un bébé est parfois délicate au début et que c'est rarement le lait qui est en cause. Elle va s'améliorer avec le temps et la maturation du système nerveux de l'enfant.

Vous désirez allaiter ?

Là aussi, c'est votre décision, vous seule pouvez la prendre, comme vous prendrez celle du sevrage. L'allaitement maternel est souvent simple, parfois plus compliqué, notamment au début. Certaines mères se découragent et abandonnent alors que, si elles étaient soutenues, elles reprendraient confiance en elles et pourraient allaiter leur enfant. Lors de votre retour à la maison, vous pourrez être accompagnée par une sage-femme. Il existe aussi de nombreuses associations qui aident les mères désirant allaiter. Voyez les adresses ci-contre. Et renseignez-vous (à la maternité, auprès de la sage-femme, à la PMI), il existe peut-être un groupe d'aide à l'allaitement dans votre ville. Dans ces groupes, vous trouverez soutien, encouragements, conseils.
Allez aussi dans ces groupes si vous n'arrivez pas à vous décider : voir des bébés nourris au sein peut vous aider à prendre conscience de ce dont vous avez envie pour vous et votre bébé. Lorsque votre enfant naîtra, vous saurez mieux si vous souhaitez le laisser aller vers le sein.

Quelle que soit votre façon de faire

Sachez que vous vous attirerez des commentaires, voire des critiques. À la maman qui donne le biberon : « Ah bon, tu ne lui donnes pas le sein ? C'est dommage », ou bien : « Tu ne fais pas chauffer le lait ? C'est pour ça que ton bébé régurgite (ou a le hoquet). » À la maman qui donne le sein : « Il est toujours au sein, il a toujours faim, ton lait n'est pas assez nourrissant » ; « Tu le laisses trop longtemps au sein, cela va lui donner de mauvaises habitudes ». Il vaut mieux le savoir à l'avance pour ne pas être déstabilisée par ces réflexions et les prendre au contraire avec philosophie.
Si, même après cette lecture, vous avez de la peine à prendre une décision, vous pouvez commencer à allaiter, quitte à vous arrêter par la suite, ce qui est toujours possible. En revanche, si l'on a commencé à donner le biberon, c'est difficile de se mettre à allaiter quelques jours plus tard car, le bébé n'ayant pas été mis au sein les premiers jours, la montée de lait ne se sera pas faite.
Nous ne pouvons pas nous étendre plus longtemps sur le sujet ici. Nous en parlons en détail dans *J'élève mon enfant* : durée de l'allaitement, manière de donner le sein, horaires des tétées, alimentation de la maman, soin des seins, sevrage, etc. La mère qui n'allaite pas trouvera dans ce livre tout ce qui concerne la préparation des biberons, quel lait choisir, horaire et quantité, etc.

Aide à l'allaitement

- Leche League, pour contacter une animatrice bénévole : www.lllfrance.org
- Solidarilait, www.solidarilait.org
- Lait Mam's www.info-allaitement.org
- Demandez si la maternité a une consultante en lactation. Les réseaux de soin périnatal peuvent également proposer ce type de professionnel ou des ressources.
- Vous pouvez vous adresser à la Coordination française pour l'allaitement maternel (Cofam) : www.cofam-allaitement.org

Premières tétées, premiers biberons

Voici néanmoins quelques informations concernant l'alimentation des premiers jours. Sachez tout d'abord que, juste après la naissance, le bébé manifeste le besoin de téter mais qu'il n'a pas particulièrement faim car son estomac est rempli de liquide amniotique.

Vous allaitez au sein

La première tétée a lieu de préférence en salle d'accouchement, dans l'heure qui suit la naissance. La sage-femme ou la puéricultrice vous aidera à vous installer. Votre bébé va téter 5 minutes, 10 minutes, ou plus si vous le laissez faire. Cela va dépendre de votre sensibilité et de son tempérament ; si la tétée est inconfortable pour vous (par exemple en cas de tiraillements dans le sein), arrêtez-la et demandez de l'aide pour vous réinstaller et donner l'autre sein. Si votre bébé s'endort, vous lui donnerez l'autre sein plus tard ; s'il dort plus de 3 heures, stimulez-le doucement (en le prenant contre vous) pour qu'il prenne le sein et que la lactation s'établisse bien.

Avant cette première tétée, il est inutile de faire la toilette du mamelon. De plus, le bébé fait rarement un rot après la première tétée car il boit peu (mais les éléments constituant le colostrum sont très nutritifs). Les deux ou trois premiers jours, la quantité bue reste faible, puis augmente rapidement entre le quatrième jour et la fin du premier mois, pour rester assez stable ensuite pendant 6 mois.

Vous donnez un biberon

Le premier biberon est le plus souvent donné en salle de naissance. La quantité de lait infantile augmente petit à petit, jour après jour. Le bébé prend entre 10 et 30 ml par biberon le premier jour, entre 20 et 40 ml le deuxième, entre 30 et 50 ml le troisième, etc., pour arriver à environ 90 ml à la fin de la semaine. Les quantités bues sont souvent variables d'un biberon à l'autre.

Le bébé va prendre entre 5 et 8 biberons par 24 heures les premiers jours ; le temps de digestion est d'au moins 2 h 30, plutôt 3 heures. Les biberons de la maternité sont stérilisés, tout prêts, avec 70 ml de lait ; il suffit de visser une tétine stérile. Un biberon ouvert se conserve une demi-heure environ, le reste doit être jeté. À la maison, la stérilisation des biberons n'est pas nécessaire.

Votre bébé risque d'être hospitalisé

Dans ce cas, votre accouchement sera sans doute prévu à la maternité de l'hôpital où votre bébé sera hospitalisé. Vous pourrez peut-être allaiter votre bébé dans le service de néonatalogie. Sinon (en cas de prématurité, chirurgie particulière, etc.), vous tirerez le lait au tire-lait. Vous rencontrerez certainement le médecin qui prendra votre bébé en charge et vous lui demanderez comment le service est organisé pour l'allaitement au sein. Si le lait doit transiter par un lactarium, demandez à votre médecin de vous prescrire les sérologies qui vous seront demandées pour contrôler votre lait avant de le délivrer à votre bébé. Vous gagnerez ainsi le temps d'obtention des résultats de ce dépistage. Les résultats doivent dater de moins de trois mois.

À savoir

Les lactariums

Ce sont des banques de lait maternel dont la principale mission est de collecter, préparer, qualifier, traiter, conserver, délivrer et distribuer ce lait (www.association-des-lactariums-de-france.fr). Il y a deux circuits distincts de distribution : don anonyme à un bébé qui a une prescription pour recevoir du lait de femme ; ou bien transmission (dûment étiquetée) du lait d'une maman à son bébé hospitalisé.

Le nouveau-né

Dès sa naissance, le bébé se met à crier et à respirer. Il manifeste ainsi son indépendance vis-à-vis de l'organisme maternel. Jusque-là, en effet, il en était entièrement dépendant, relié au placenta par le cordon ombilical qui lui apportait les aliments et l'oxygène dont il avait besoin pour vivre et pour se développer. Ce passage de la vie placentaire à la vie autonome nécessite des transformations importantes de son organisme. Certaines fonctions s'adaptent progressivement, telle la fonction digestive ; d'autres vont devoir le faire brutalement dès la naissance : c'est le cas, par exemple, de la respiration.

Aspect et particularités du nouveau-né

Ce qui vous frappera peut-être le plus lorsque vous verrez votre enfant, c'est que les proportions des diverses parties de son corps sont différentes de celles de l'adulte : le nouveau-né n'est pas un adulte en miniature. La tête est très volumineuse. Elle représente à elle seule un quart de la longueur totale, au lieu d'un septième. Le tronc est plus long que les membres. L'abdomen est légèrement saillant.
Les premiers mouvements de votre enfant vous paraîtront désordonnés. Ils le sont en effet, car le système nerveux, celui qui dirige les gestes, est imparfaitement développé chez le nouveau-né. Les mouvements ne s'organiseront qu'à mesure que le système nerveux se développera. L'enfant devra attendre un an pour pouvoir marcher. Mais dès la naissance, le bébé est capable de ramper vers le sein et de le trouver : c'est beaucoup !

La respiration

Dès la sortie des épaules, la première respiration s'instaure. Avec une rapidité étonnante, un profond bouleversement s'est produit dans l'organisme du nouveau-né. Quelques secondes avant de naître, le bébé vivait encore de l'oxygène que sa mère lui fournissait. Son sang, partant du cœur, arrivait au placenta (par les artères ombilicales), se chargeait d'oxygène qu'il puisait dans le sang maternel, et revenait au cœur (par la veine ombilicale). Le placenta jouait donc le rôle de poumon. Les poumons ne fonctionnaient pas encore.

L'enfant naît. Il est séparé du placenta par la pose d'une pince sur le cordon (clampage) puis sa section immédiate. Cette fermeture/section est vitale pour le nouveau-né sinon le sang serait envoyé dans le placenta et ne pourrait plus revenir chez le bébé.

N'étant plus relié à sa mère, le bébé doit se procurer lui-même son oxygène. Il ouvre la bouche, l'air s'engouffre dans ses poumons, les déplie, les gonfle, relève les côtes qui s'écartent. La cage thoracique se soulève. Les poumons deviennent roses et spongieux. Le sang venant du cœur se précipite dans les vaisseaux pulmonaires à la recherche de l'oxygène qui vient d'arriver : la circulation cœur-poumon est établie. En général, l'enfant pousse un cri vigoureux, ce qui montre que l'air passe bien dans les poumons.

Les différentes dérivations existantes pour que l'enfant vive bien dans le ventre de sa mère se ferment en quelques heures, ou quelques jours. Cela permet au bébé d'avoir une circulation sanguine entre le cœur et les poumons identique à celle de l'adulte.

Le nouveau-né respire maintenant comme un adulte ; mais, pendant un an, sa respiration sera irrégulière, tour à tour superficielle ou profonde, rapide ou ralentie. Le cœur bat très vite, de 100 à 160 fois par minute en moyenne, presque deux fois plus vite que chez l'adulte.

À noter

L'examen du nouveau-né à la naissance est décrit page 332.

Le poids et la taille

À la naissance, un bébé pèse en moyenne 3,3 kg (100 g de plus pour les garçons, 100 g de moins pour les filles) et, entre des bébés nés à terme, on peut noter des écarts considérables : certains pèsent 2,5 kg, d'autres 4 kg et même plus. Ce qui concerne l'enfant pesant moins de 2,5 kg est traité au chapitre 7.

Plusieurs facteurs peuvent faire varier le poids du nouveau-né :

- l'hérédité, c'est-à-dire la stature du père et de la mère, la tendance familiale ;
- l'état de santé de la mère : certaines maladies peuvent soit augmenter le poids de l'enfant (diabète, obésité), soit au contraire le diminuer (toxémie) ;
- le repos de la mère pendant la grossesse : il est conseillé lorsqu'on a constaté que le fœtus était de petit poids ;
- enfin le tabac : le bébé dont la mère a continué de fumer pendant la grossesse est en général de plus petit poids que la moyenne.

En revanche, le régime alimentaire ne joue qu'un rôle mineur et indirect sur le poids de l'enfant (à l'exception des grandes dénutritions). Mais une restriction importante, ou une suralimentation, peut entraîner

des complications chez la maman (par exemple une hypertension), ce qui risque d'avoir un retentissement sur la santé du bébé.
Dans les jours qui suivront sa naissance, votre enfant perdra du poids et cette perte est normale. Il ne faut donc pas s'en inquiéter. Classiquement, la perte de poids est inférieure à 10 % du poids du corps. Au-delà, cette perte peut être normale mais il est préférable d'en parler avec un professionnel de santé afin de vérifier qu'il n'y a pas de problème particulier. Cette perte de poids est due en partie au fait que l'enfant évacue les déchets qui occupent encore son intestin ; également à l'élimination d'œdèmes, normaux chez le bébé, et provoqués par un excès d'eau dans les tissus. Dès le troisième jour, l'enfant commencera à reprendre du poids ; et entre le cinquième et le dixième jour, il aura retrouvé son poids de naissance.

La taille, qui est en moyenne de 50 cm à la naissance, ne varie guère de plus de 2 ou 3 cm autour de ce chiffre, d'un bébé à l'autre.

L'attitude

Dans la première heure de vie, l'éveil du nouveau-né est souvent étonnant. Le bébé ouvre les yeux, cherchant à découvrir son nouvel environnement. Bien au chaud sur le ventre de sa maman, il redresse la tête et cherche lui-même le sein.
Puis, après la première tétée, le bébé reprend la position qu'il avait avant la naissance : bras et jambes fléchis, poings serrés, yeux fermés. Il faudra parfois plusieurs jours pour retrouver un moment d'éveil de la même qualité, c'est tout à fait normal.

Quand on a posé ma fille sur mon ventre, elle avait la tête redressée et "regardait" autour d'elle comme si elle se demandait dans quel monde elle avait atterri ,

nous écrit une lectrice.

La tête et le visage

Le bébé a du mal à tenir sa tête car elle est volumineuse par rapport aux muscles du cou. Ne vous inquiétez pas si votre enfant arrive au monde avec un crâne asymétrique ou en pain de sucre, une bosse d'un côté ou de l'autre, etc. Ces petites déformations sont très fréquentes. Elles sont dues aux fortes pressions que la tête subit lors de l'accouchement ou à une position trop appuyée sur les os du bassin pendant la grossesse. En 10 ou 15 jours, elles disparaissent et le crâne s'arrondit à la suite de la pression que le cerveau imprime sur les os du crâne qui l'entourent.
Si votre enfant est né par **ventouse**, la petite bosse (hématome) sur le sommet du crâne, souvent importante, disparaîtra sans laisser aucune trace, en quelques jours. En cas de naissance avec forceps, il peut exister des traces (marques dues à la pression du métal sur la peau) sur le crâne ou sur le visage qui disparaitront également en quelques jours (p. 325).
Les os du crâne, qui ne sont pas encore soudés, sont séparés par des espaces de tissus fibreux, les sutures. En deux points, ces espaces s'élargissent pour former les **fontanelles**. Vous sentirez vous-même ces zones molles en passant votre main sur le crâne du bébé. La plus grande, juste au-dessus du front, a la forme d'un losange. La plus petite se trouve à l'arrière du crâne. Les fontanelles se rétréciront peu à peu jusqu'à se fermer complètement par ossification naturelle de ces zones, la plus petite entre 2 et 4 mois, la plus grande entre 9 et 18 mois.

- **Les cheveux.** Certains bébés naissent avec une chevelure abondante et généralement noire. D'autres sont presque chauves. Consolez-vous si votre bébé fait partie des seconds. Les premiers perdent la plus grande partie de leurs cheveux dans les semaines qui suivent la naissance. Par la suite, les cheveux repoussent plus clairs et plus fins.

- **Les yeux** sont très grands, leur taille a déjà les deux tiers de ceux de l'adulte. Les paupières sont larges, les cils et les sourcils apparents mais très fins. Le nouveau-né pleure sans larmes. Celles-ci n'apparaissent que vers la 4e semaine, souvent même plus tard. Le nez est court et aplati, l'oreille volumineuse par rapport à la face, mais bien dessinée, quoique son lobule ne soit pas encore formé. La bouche paraît démesurément grande, avec le maxillaire inférieur peu développé. Le cou est très court et donne l'impression que la tête repose directement sur les épaules.

La peau

À la naissance, la peau est recouverte d'un enduit sébacé blanchâtre, le **vernix** ; on le laisse car il joue un rôle protecteur. Cependant, la quantité de vernix est variable d'un enfant à l'autre et certains bébés naissent avec très peu de cet enduit. Le vernix sera absorbé par la peau pendant les premières heures de vie. Chez les enfants nés après le terme, le vernix a déjà disparu.

Les premiers jours, la couche superficielle de la peau se détache et le bébé pèle. Cela se fait progressivement si l'enfant est né en avance, en quelques heures s'il est à terme. La peau du nouveau-né est sèche, on peut noter comme des coupures sur les poignets et le cou-de-pied. Il ne faut pas s'inquiéter, un petit massage avec du liniment oléocalcaire est suffisant. Le duvet qui recouvrait tout le corps au 7e mois persiste sur les oreilles et le dos.

Il est possible de remarquer, à la racine du nez, une tache rougeâtre bifurquant en Y entre les deux sourcils, ainsi qu'une autre à la base du crâne ; ces taches rougeâtres appelées angiomes plans persisteront quelques mois puis disparaîtront.

Les ongles des mains et des pieds sont bien apparents. Les nouveau-nés ont souvent les ongles longs : il est déconseillé de les couper trop tôt, vous risqueriez de blesser votre bébé. Il faut cependant les limer s'il se griffe.

Les organes génitaux

Souvent, les seins des bébés, aussi bien garçons que filles, sont gonflés à la naissance. Si on les pressait, il en sortirait un liquide semblable au lait. C'est parce qu'une petite quantité de l'hormone qui provoquera la montée laiteuse chez la mère est passée à travers le placenta dans le sang du bébé avant la naissance, et a stimulé le fonctionnement des glandes mammaires. Ne vous en inquiétez pas, et surtout n'y touchez pas ; dans quelques jours, les seins seront tout à fait normaux.

De même, si vous remarquez dans les couches de votre petite fille quelques gouttes de sang, il ne faut pas vous affoler. Cette autre activité des glandes génitales, qui apparaît une fois sur vingt, disparaît également en quelques jours. Ces phénomènes caractérisent ce que l'on appelle « la crise génitale du nouveau-né ».

À la naissance, les testicules des petits garçons, ainsi que les grandes lèvres des petites filles, peuvent paraître volumineux. Rassurez-vous, cet aspect est normal. Les organes génitaux externes vont très peu se développer pendant les premières années de l'enfance.

Qu'entend-il ? Que voit-il ? Que sent-il ?

Le nouveau-né que l'on croyait naguère si démuni, si fermé au monde dans lequel il arrive, est, on le sait maintenant, programmé biologiquement pour éprouver tout un éventail de sensations et prêt à réagir aux nombreuses stimulations de son environnement et de son entourage.

La vision

Dès sa naissance, l'enfant voit, mais sa vision n'est pas la nôtre : elle est un peu plus floue. Il ne voit pas bien de loin, mais de près (de 20 à 40 cm), sa vision est bien meilleure que ce que l'on croyait. S'il ne voit pas encore les détails des visages, il en reconnaît les traits principaux. Il va fixer les visages qui sont face à lui car son champ visuel est essentiellement central. Il recherchera la prunelle des yeux de l'adulte (l'iris coloré et la pupille noire) qui le regarde et il pourra même la fixer quelques secondes.
N'hésitez pas à favoriser ces **échanges de regards**, accompagnés de vos paroles, en le tenant en face de vous, votre bras passé entre ses jambes et votre main, en tenant sa tête en arrière, au niveau de la nuque.
À la naissance, votre bébé voit essentiellement les forts contrastes et notamment le noir et le blanc. Dès les premiers jours, il est capable d'accrocher du regard la cible noir et blanc présentée par le pédiatre, voire de la suivre des yeux. Il découvrira ensuite les couleurs vives vers l'âge de 1 mois (en commençant par le rouge) et enfin les nuances pastel au bout de quelques mois. Ce n'est que vers l'âge de 6 mois qu'il sera capable de voir toutes les nuances de couleurs.
Le nouveau-né est sensible aux différences de lumière : si tout d'un coup, il y en a trop, il est gêné, cligne des yeux ou les ferme complètement. Attention à l'excès de lumière pendant les premières semaines.
Votre bébé est sensible à ce qui brille ; ainsi, il peut suivre des yeux une boule brillante. Les chercheurs ont constaté également que, dès les premiers jours, le nouveau-né est attiré par une forme ovale, mobile, présentant des points brillants. C'est l'ensemble correspondant au visage humain. Le bébé peut suivre ce visage s'il bouge, et si, pendant ce temps, on lui parle, il cligne des yeux. Ce visage est d'ailleurs précisément à la bonne distance pour lui, environ 25-40 cm.
C'est parce qu'il n'a pas eu l'occasion de l'exercer avant la naissance que la vision du nouveau-né n'est pas très développée. Mais cette vision va faire des progrès rapides. Le bébé cherche à voir, même la nuit ; dans le noir, il ouvre les yeux, les ferme, regarde d'un côté, de l'autre.

Les écrans

Le bébé peut très tôt et de façon spontanée être attiré par votre portable, par les écrans que les personnes consultent autour de lui : les couleurs sont vives, la lumière est puissante, le mouvement est rapide et les sons peuvent être forts et pulsés.

À savoir

Les nouveau-nés ont souvent l'air de loucher parce que les muscles de leurs yeux ne sont pas encore assez coordonnés pour réaliser de façon conjointe les mouvements des deux yeux. Mais ce **strabisme** ne doit pas être permanent et il devra disparaître complètement avant l'âge de 4 mois.

Dans ce domaine de l'**activité visuelle**, il y a de grandes différences d'un enfant à l'autre. On a l'impression que certains bébés passent leur temps à « regarder », alors que d'autres passent leur temps à dormir. Cette différence de rythme de développement se retrouvera dans tous les domaines tout le long de l'enfance.

Prenez soin de ne pas « distraire » votre bébé avec un écran, même quelques minutes. En effet, les bruits, les lumières et les mouvements stimulent de façon très forte le système visuel et auditif de votre enfant. Cela peut perturber son développement cognitif qui nécessite de toucher les objets ; les paroles de l'adulte, qui accompagnent cette manipulation, donnent un sens à ce que le bébé fait ou perçoit.

L'ouïe

Elle est plus développée que la vision. C'est normal, le nouveau-né a déjà beaucoup entendu durant sa vie fœtale, au moins pendant les trois derniers mois. Les études montrent que le fœtus entend en permanence un bruit de fond, associant les bruits du cœur, de la respiration, de la digestion et ceux du monde extérieur. Il n'est donc pas étonnant de voir le bébé sursauter si une porte claque ou s'il entend un bruit fort. Son oreille étant déjà exercée, elle lui permet de distinguer des sons très proches les uns des autres. Même lorsqu'il dort à poings fermés, si on chuchote près de lui, il remue légèrement, sa respiration se modifie, il cligne des yeux. Si l'on continue à parler doucement, il s'agite et finit par se réveiller. Avant la naissance, le bébé entendait déjà la voix de ses parents. À la naissance, ces voix, l'enfant va les reconnaître.

Le toucher

Le nouveau-né est très sensible à la manière dont on le touche et aux manipulations. Certains gestes le calment, d'autres au contraire l'agitent. Cela, les parents le découvrent très vite, mais cette sensibilité de la peau et du contact remonte très loin dans la vie de l'enfant : dans le ventre de la mère, il a réagi aux mains de ses parents se posant sur lui. Il a senti le liquide l'entourer, il s'est frotté aux parois de l'utérus, au moment de l'accouchement. Après la naissance, le bébé ressent avec malaise le vide autour de lui. L'instinct que nous avons de le prendre contre nous calme et rassure l'enfant.

Certains parents aimeraient **masser** leur bébé mais ne savent pas comment s'y prendre. Parlez-en avec la sage-femme qui saura vous indiquer quelques gestes de base. Pensez à le faire dans une pièce suffisamment chaude et évitez d'utiliser pour le masser des produits parfumés ou allergisants. Ce sont des massages légers : on parle de « toucher-massage ».

L'odorat et le goût

L'expérience a été faite : si on présente à un nouveau-né deux compresses, l'une ayant été en contact avec le sein de sa mère et l'autre non, le bébé se tournera vers la compresse maternelle. D'ailleurs, c'est principalement grâce à son odorat qu'un bébé reconnaît l'approche du sein maternel.

Dès la naissance, l'enfant fait la distinction entre le sucré, le salé, l'acide, l'amer. Le sucré le calme, l'amer ou l'acide l'agite. Les bébés sont très tôt sensibles aux goûts car ce sens s'est déjà exercé avant la naissance. Depuis toujours, les femmes qui allaitent savent que certains aliments donnent bon goût au lait, par exemple le cumin, le fenouil, l'anis vert. Ainsi, le bébé tète avec plaisir, et la sécrétion lactée augmente.

Échanges et attachement

Votre bébé vient de naître et c'est tout naturellement que vous l'enveloppez de vos bras avec tendresse et affection. L'enfant naît tellement immature et dépendant de l'adulte qu'il a d'emblée le besoin vital d'une relation chaleureuse, intime et continue avec ce que les spécialistes appellent les figures de l'attachement, qui sont les personnes qui prennent soin de lui. Ce sont elles qui vont lui donner, par leur présence et leur stabilité, un sentiment de sécurité. Celui-ci sera autant lié à la satisfaction des besoins naturels – faim, soif, sommeil – qu'au climat d'empathie qu'instaurent ces échanges. T. B. Brazelton fait de l'attachement la base qui construira chez l'enfant sa confiance en lui et en l'autre.

La « compétence » du nouveau-né

Le nouveau-né est sensible aux simulations les plus diverses – vous l'avez lu plus haut –, à la voix, au contact, aux gestes, à la lumière, aux odeurs, et cela se traduit chez lui par toute une gamme de comportements et d'émotions qui provoquent en retour des réactions chez ceux qui s'occupent de lui. C'est cela qu'on a appelé la « compétence » du nouveau-né : la possibilité qu'il a, grâce à son équipement sensoriel et à sa sensibilité émotionnelle, de répondre aux stimulations les plus diverses et de déclencher des réactions dans l'entourage. Cet enchaînement de stimulations et de réactions constitue des interactions. C'est de la qualité des échanges, des interactions, que vont se créer des liens et que va naître l'attachement.
Lorsqu'une maman caresse son bébé ou le prend dans les bras, elle sent qu'il réagit à son contact parce que son visage s'apaise ; si elle lui parle et qu'il s'arrête de bouger,

elle comprend qu'il a perçu dans sa voix une sollicitude. L'enfant réagit à son tour par une mimique, sa mère lui sourit, et ainsi de suite. Lorsqu'un papa voit son bébé gêné par la lumière, il cherche à l'en protéger et celui-ci ouvre à nouveau les yeux. Si l'enfant pleure, c'est pour attirer votre attention et obtenir la réaction la plus adaptée à son besoin (il demande à être changé, il a envie d'un câlin, il a faim…). Vous verrez à sa réaction si vous avez apporté une réponse qui le rassure, le soulage… lui convient. Sans cesse, de l'enfant à ses parents, un va-et-vient de regards, de gestes et de réactions s'établit : ils communiquent à travers cette relation.

- Nous attirons votre attention sur ce mot de « compétence » qui pourrait évoquer des capacités, une autonomie que le bébé n'a pas encore. C'est pourquoi nous le mettons entre guillemets : il s'agit d'un potentiel qui ne se développe que dans un environnement rassurant et adapté à ses besoins. Les capacités relationnelles ne se développent que si elles sont stimulées de façon régulière.
- Dans la journée, les nouveau-nés ont certes des moments d'éveil et d'échanges, mais ils dorment beaucoup. Les premières semaines, respectez le besoin de sommeil de votre enfant. Toute stimulation sonore n'est pas à éliminer (le bébé entendait un bruit constant durant la grossesse) mais évitez les bruits artificiels tels que ceux d'une machine qui tournerait trop fort ou de la télévision.
- D'un bébé à l'autre, il y a de grandes différences ; chacun a une personnalité propre : qu'il s'agisse des besoins en sommeil, des pleurs, de ses réactions lorsqu'on le touche, etc., il a sa manière de réagir. Le sachant, les parents ne chercheront pas forcément à comparer leur enfant avec les aînés ou l'entourage et s'attacheront à ce qu'il est, à ses particularités.

À savoir

Durant les moments privilégiés de la tétée ou du biberon, les **échanges de regards** sont importants : le bébé apprend à fixer de façon préférentielle une figure humaine. Ses compétences d'attention et de relation s'ancrent dans ces premiers échanges. Ne les interrompez pas en consultant votre portable, un écran. Comme le dit la psychologue Sabine Duflo, ces coupures de regards sont de véritables ruptures de contact pour le bébé et peuvent à la longue le dissuader de chercher dans votre regard la réassurance dont il a besoin.

Le lien mère-enfant

Vivre sa grossesse, c'est en prendre conscience et ressentir la présence d'un bébé en devenir dans son corps. C'est aussi prendre soin de soi et de son enfant, c'est éprouver les premiers sentiments d'attachement, les premiers liens avec son bébé à naître.

Pour la plupart des mères, la rencontre avec leur enfant commence à la naissance par un moment de peau à peau ou par une tétée d'accueil. D'autres, lors d'un biberon, d'un change, se sentent « accrochées » par le regard de leur bébé ; elles répondent en le caressant et se rendent compte qu'il perçoit leur présence chaleureuse. Des mamans aiment communiquer avec leur nouveau-né en le portant ; ce contact charnel est rassurant pour elles et apaisant pour leur bébé.

Les réactions dont le bébé est capable dans les premiers jours vont avoir une conséquence importante : elles prouvent à sa mère qu'elle est capable de le comprendre et de communiquer avec lui. Ses réactions lui montrent également que ce lien qui les unit désormais suscite le plaisir et éveille le goût de vivre de son enfant. Au début, une mère peut en douter, surtout avec son premier enfant, mais lorsqu'elle

La tétée

Pour bien des mères, le grand moment de la communication, c'est la tétée : côté bébé, toutes les sensations sont réunies, contact, satisfaction d'être nourri, sollicitation du goût, de l'odorat ; c'est le bien-être. Et côté maman, sentiment de plénitude, de jouissance physique et de satisfaction de pouvoir nourrir son enfant, même si les premières mises au sein peuvent parfois être difficiles, voire temporairement douloureuses.

voit qu'aux soins maternels les plus divers – regards, caresses, paroles –, il répond et qu'il en est heureux, cela est gratifiant et lui donne confiance dans ses propres capacités ; elle sent qu'elle apporte à son enfant ce qu'il attend d'elle.

En d'autres termes, la « compétence » du nouveau-né à entrer en relation avec sa mère, à tisser des liens avec elle, va peu à peu donner à celle-ci l'assurance de sa propre compétence. Le grand psychologue J. de Ajuriaguerra a résumé cette constatation en une phrase devenue célèbre : « C'est l'enfant qui fait la mère. » La théorie de l'innéité de l'instinct et de l'amour maternel est trompeuse ; il faut du temps pour devenir mère… Tout est histoire d'interactions riches et fécondes.

Dans le tissage des premiers liens, nous parlons d'abord de la mère pour des raisons simples. La femme porte l'enfant dans son corps et il est tout le temps avec elle à la maternité. Ensuite, à la maison, le bébé passe deux mois presque en tête à tête avec sa maman. Même si le père est aujourd'hui plus présent grâce au congé de paternité, par tous les pores de sa peau, la mère va nouer avec son enfant des liens premiers et particuliers, et réciproquement.

« J'ai fait des kilomètres dans les couloirs de la maternité en serrant ma fille dans les bras, je suis sûre qu'elle retrouvait le balancement qu'elle avait connu dans mon ventre, et je la sentais si bien que ça me faisait vraiment plaisir »,

se souvient Carole.

La place du père

Certains pères disent se sentir au début un peu « extérieurs ». C'est ce qu'a éprouvé Jérémy : « La mère connaît son bébé d'emblée, alors que je n'ai rien senti dans mon corps. Elle comprend ses besoins mieux que moi ; il pleure et aussitôt sa maman dit : "Il a faim", ou "Il a trop chaud". Moi, il m'a fallu plus de temps pour décoder ses appels. »

Ce sentiment peut être accentué si la mère développe une relation exclusive avec son enfant, ce qui peut gêner le père pour prendre sa place et engager les premiers échanges.

Il n'empêche que **la plupart se sentent pères très tôt**. « Il n'est pas nécessaire de me rappeler mes "devoirs" : j'aime pouponner. Je trouve très plaisant de donner le bain et le biberon. », dit Philippe.

« Grâce au congé de paternité – je préfère parler de mon "congé de parentalité" –, nous avons découvert ensemble notre bébé, tellement émues de voir ses expressions changer si vite ! »

Lydia et sa compagne

Il a été tout de suite mon bébé, il n'a que huit jours, il ne voit pas encore bien, mais je sais qu'il me reconnaît.

Karim

L'allongement du **congé de paternité** est le bienvenu : s'occuper de son bébé, se sentir responsable de lui, le sentir si dépendant, crée des liens profonds entre le père et son enfant. Leur attachement réciproque grandira aussi avec le temps, la fréquence et la qualité des échanges. L'enfant appréciera des sensations différentes de celles éprouvées avec sa mère ; que son père lui donne le biberon, lui parle ou le change, tout en lui est autre : ses gestes, sa voix, ses mains, son contact, son odeur, la manière de le prendre et de le porter.

Chaque parent a sa manière d'entrer en contact avec son enfant. Chaque enfant apporte une réponse qui lui est propre. Une fois que le dialogue s'est engagé, tous les moyens sont bons pour communiquer, non seulement par le toucher et le regard, mais aussi par la parole, les mimiques, les sourires. Tout devient « jeu ». Certains parents hésitent à se laisser aller à cet échange, ils ont peur de bêtifier avec des « guili-guili », des « areu areu ». Ce langage absolument naturel est indispensable aux parents aussi bien qu'à l'enfant dans les premières semaines de sa vie. Non seulement l'enfant aime à répondre à ces stimulations de l'adulte, mais il les attend. S'il ne les reçoit pas, il fera tout pour les susciter. Des chercheurs ont noté que, sous l'effet du regard de son nouveau-né, une mère pouvait se pencher vers lui et commencer à lui parler. T. B. Brazelton a observé que, très tôt, dès la 3e-4e semaine, le bébé manifeste un comportement différent envers chacun de ses parents. Avec la mère, les gestes du bébé sont doux, comme s'il savait que l'interaction serait calme, mesurée ; avec l'autre parent, le visage du bébé s'éclaire, son corps se tend, comme s'il savait qu'il allait jouer avec lui.

Au fur et à mesure que l'enfant grandira, il aura d'autres moyens d'expression et de contact dans des moments d'éveil de plus en plus longs : vocalises, sourires et nouveaux gestes. Puis viendront la parole, la marche et le jeu. Les interactions, l'attachement vont évoluer et s'enrichir tant en nature qu'en intensité, aussi bien du côté des parents que de l'enfant. L'attachement est une œuvre de longue haleine, faite

Les interactions précoces du nouveau-né

Les travaux de T. B. Brazelton, pédiatre américain, sont connus dans le monde entier. Il a mis au point le test NBAS (*Neonatal Behaviour Assesment Scale*) qui est un outil utilisé de la naissance au deuxième mois de vie pour évaluer les caractéristiques émotionnelles et comportementales du nouveau-né et pour apprécier les interactions précoces parents-bébé.

de regards, de paroles, de caresses quotidiens à travers lesquels vous faites la connaissance de votre enfant. Il s'exprime par des vagues d'amour qui vous inondent, des moments d'anxiété qui vous stressent, des doutes, des questionnements. Il est fait d'échanges : nous donnons et nous recevons de nos enfants. Vous découvrez votre bébé, il vous montre qu'à son tour, il vous reconnaît. Chacun des signes qu'il vous envoie vous touche et vous lie toujours plus à lui.

Il se tortille comme un ver, je n'aime pas lui donner son bain, c'est une véritable gymnastique. C'est épuisant

écrit Clara.

Quelques difficultés

Certaines circonstances rendent difficiles les échanges avec un bébé. Certains pleurent beaucoup, d'autres refusent de manger, et souvent dès le début. Le bébé qui pleure souvent inquiète ses parents : que se passe-t-il ? A-t-il mal quelque part ? A-t-il faim ? A-t-il besoin d'être rassuré ? Des angoisses surgissent, qui accroissent la tension du bébé. L'enfant qui refuse de téter, qui tète trop, trop vite, ou trop longtemps, qui ne prend pas de poids, qui a des ennuis digestifs inquiète également. Lorsque la maman a choisi d'allaiter, les débuts de l'allaitement demandent souvent un peu de temps.

Il y a aussi les cas de bébés hypersensibles qui ne supportent pas qu'on les touche. Certains bébés sont très sensibles de nature. D'autres peuvent être ainsi parce qu'ils ont vécu un accouchement difficile ou qu'ils n'étaient pas bien placés dans leur vie intra-utérine. Ils ont besoin que les gestes accompagnant la toilette soient particulièrement doux.

Ces situations ne facilitent pas des rencontres détendues avec le bébé. Certaines mères se sentent alors dépassées et doutent de leur capacité à s'occuper de leur enfant, à être une « bonne mère ». Vous avez besoin d'être accompagnées et rassurées. N'ayez pas peur d'évoquer ce que vous ressentez et de rechercher de l'aide auprès de vos proches et de professionnels.

Les soignants sont aujourd'hui mieux formés aux difficultés psychiques survenant au moment de la naissance ; ils sont nombreux à avoir pris conscience de cette période de grande vulnérabilité et de l'importance du soutien émotionnel à apporter. Ils sont également sensibilisés aux effets néfastes de commentaires désobligeants, négatifs qui peuvent être faits aux parents, tels que : « Ce bébé va vous en faire voir », ou « Elle est capricieuse », ou à propos de l'allaitement (témoignage ci-contre). Si vous êtes exposés à de telles réflexions, rapprochez-vous très vite d'autres membres de l'équipe pour vous confier à eux (voir *Lorsque des soins, des paroles, des gestes sont inappropriés*, p. 197).

Lors du retour à la maison, si vous vous sentez fatiguée, énervée par les pleurs de votre bébé et si vous n'arrivez ni à le calmer, ni à vous détendre, voyez avec votre compagnon comment il peut vous soutenir ; pensez à faire des petites siestes, n'hésitez pas à vous entourer de vos proches, à prendre contact avec un pédiatre ou votre médecin traitant, avec la PMI, ou une sage-femme libérale.

Heureusement, dans bien des cas, le rythme consolation-pleurs se rétablit facilement ; souvent avec l'aide du conjoint lorsqu'il peut prendre en charge le bébé mais aussi avec l'aide du temps et de la maturation de l'enfant.

Je voulais allaiter, vraiment. Louis ne tétait pas très bien et je n'avais pas encore assez de lait. Une dame est venue et a replacé Louis en me disant « Voilà, c'est comme cela qu'il faut le mettre ». J'étais sidérée, fatiguée, incapable de réagir. Elle m'a dit « si cela continue, il faudra passer au biberon » et elle est partie. Les larmes se sont mises à couler ; je me sentais une mauvaise mère.

Mélanie

Les écrans

L'attachement d'un bébé à sa mère, à son père, demande de la continuité, une présence attentive. Notre regard, nos paroles donnent un sens à ce qu'il vit et perçoit, l'aident à focaliser son attention, déclenchent son goût pour la communication et l'échange. Ils sont le terreau du développement de ses capacités relationnelles et cognitives.
Certains professionnels informent les parents, dès la grossesse, que **les écrans peuvent être un frein à ce tissage des premiers liens**. Par exemple, lorsqu'une maman partage son temps d'attention avec les aînés, cela donnera envie au bébé de développer des compétences pour se rendre aussi intéressant que les grands auprès de sa maman. Mais si celle-ci, rassurée par le fait que son bébé tète bien ou boit facilement son biberon, consulte son téléphone portable lors des tétées ou des moments d'éveil du bébé, cela peut créer de véritables coupures de contact entre eux (p. 364). Le bébé, fatigué de ne pas trouver de réponses aux regards qu'il adresse à sa mère, risque de se détourner et de chercher à se rassurer, à se calmer, avec des stimulations telles que des suçotements, balancements, babillage ou bruitages continus.
Une naissance peut être l'occasion de se poser la question de la nécessité de renoncer en grande partie au temps passé devant les écrans pour être plus présent à son bébé.

Oubliez votre smartphone !

Lorsque le bébé est dans vos bras, profitez de cette interaction si riche pour lui et pour vous.

Dépression et attachement

Lorsqu'une maman est déprimée, l'attachement entre elle et son bébé peine à s'installer de façon harmonieuse. La maman est silencieuse, passive, elle ne réagit pas aux sourires, aux appels du bébé. Peu à peu, l'absence de réponse va provoquer chez l'enfant soit un retrait (il ne demande plus rien), soit un manque (il pleure sans cesse). D'autres mères accablent leur enfant de sollicitations : il va essayer de répondre mais il va être rapidement débordé. Un état d'agitation, d'excitation, d'irritabilité peut surgir et entraîner des troubles du sommeil, des troubles digestifs, parfois même un retard de développement. Pour ces mères, pour leur bébé, il est important qu'un soutien composé des proches et parfois de professionnels se mette en place sans tarder.

À noter

Votre bébé pleure beaucoup, il dort mal, il a des troubles de l'alimentation… Vous êtes inquiets, fatigués, débordés. Des professionnels de la petite enfance sont là pour vous écouter, vous soutenir et, si nécessaire, vous orienter vers des structures adaptées.

Allô Parents Bébé : 0 800 00 3456 (appel gratuit).

www.enfance-et-partage.org

Si une séparation était nécessaire après la naissance

Lorsque l'état de santé du bébé nécessite un transfert dans un service de néonatologie, les difficultés s'accumulent. Comment tisser des liens avec un enfant pris en charge par une équipe médicale ? **Comment prendre sa place de parent ?** Comment supporter le « vide » alors qu'on s'attendait à rentrer à la maison avec son bébé ? Comment ne pas se sentir coupable d'avoir donné la vie trop tôt ou d'avoir un bébé différent ? Est-ce d'ailleurs raisonnable de s'attacher à un enfant dont l'avenir est incertain ?
Ces réactions sont normales. Il est vrai que, lorsqu'on sépare les parents de leur bébé, que les parents sortent de la maternité sans leur enfant, qu'ils s'inquiètent loin de lui, ils peuvent avoir de la peine à

s'attacher ; et après une longue séparation, la reprise des liens pose souvent des problèmes.
Heureusement, aujourd'hui, les parents peuvent entrer dans le service de néonatologie de jour comme de nuit, voir leur enfant, le toucher, le caresser, participer aux soins avec le personnel. Dès que cela est possible, l'équipe soignante propose des moments de peau à peau avec la maman ou le papa, des temps de découverte mutuelle. Lorsque les parents constatent que même un bébé prématuré né à 7 mois peut se tourner au son de la voix ou réagir à une caresse, ils réalisent à quel point leur présence est précieuse pour l'enfant. Ils se rendent compte du rôle actif qu'ils peuvent jouer dans sa guérison ou simplement dans sa croissance et sont moins désemparés. Les services de néonatologie conseillent souvent l'allaitement pour les qualités nutritionnelles du lait maternel mais aussi pour le bien-être de l'enfant, pour adoucir le temps de la séparation et pour que la maman sente le lien avec son bébé.
En soutenant les parents durant le séjour de leur enfant à l'hôpital, en les aidant à faire sa connaissance et à devenir parents malgré le peu d'intimité, on a constaté qu'on facilitait les relations parents-enfants au retour à la maison et dans les premiers mois. **De véritables liens se créent entre l'équipe hospitalière et les parents :** ceux-ci, qui étaient parfois envahis par un sentiment d'incompétence et de solitude, se sentent alors soutenus et reprennent confiance en eux.

Si votre bébé naissait avec un handicap

Les personnels de maternité sont sensibilisés et formés pour que l'annonce d'un handicap éventuel à la naissance soit aussitôt associée à un accompagnement particulier des parents et à un accueil encore plus individualisé de leur bébé : veiller à ce que la maman ne soit pas seule au moment de l'annonce, que le père soit là, ou une personne proche ; respecter l'intimité des parents lors de l'entretien, qu'il ait lieu par exemple dans un bureau si la maman n'est pas dans une chambre seule ; parler devant le bébé et mettre en avant ses compétences pour qu'il ait bien sa place auprès de ses parents et pour faciliter l'acceptation du handicap puis l'attachement à cet enfant né « différent ».
Pendant le séjour à la maternité, la présence chaleureuse et bienveillante de l'équipe soignante est importante, à la fois pour répondre aux besoins du bébé, mais aussi soutenir les parents et leur donner toutes les informations et les moyens nécessaires pour investir et accompagner leur enfant. Au moment de la sortie, le relais sera passé à d'autres spécialistes, les parents sentiront ainsi une continuité de soins autour de leur enfant.
Si cela ne se passe pas ainsi, n'hésitez pas pendant votre séjour à la maternité à faire appel à la puéricultrice, à la sage-femme ou au pédiatre de l'équipe pour leur demander des entretiens particuliers et organiser le retour à la maison. Plus tard, vous pourrez également entrer en contact avec des associations nationales ou régionales de personnes porteuses du même handicap et de leur entourage. Ces associations mettent à la disposition des parents qui le souhaitent de nombreuses informations pratiques.

Concernant la naissance d'un enfant porteur d'un handicap, nous conseillons la lecture de la bande dessinée : *Ce n'est pas toi que j'attendais*, de Fabien Toulmé (éditions Delcourt). C'est un **témoignage** qui mêle délicatesse, émotion, douceur et humour et qui fait renaître l'espoir là où on ne l'attendait plus.

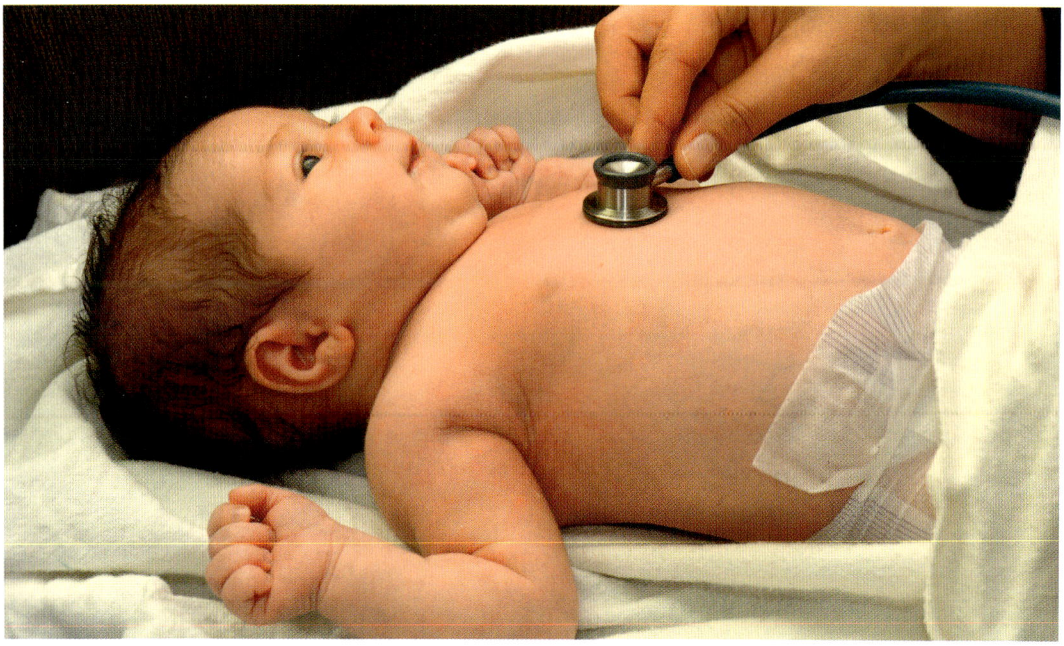

La surveillance du bébé à la maternité

Votre bébé est examiné à deux reprises lors de votre séjour en maternité. Le premier examen a lieu au cours des 24 heures suivant l'accouchement. Dans certaines structures, ce premier examen peut être réalisé par une sage-femme ou un pédiatre. Le second examen clinique est fait par le pédiatre juste avant le retour à domicile.

L'examen clinique du pédiatre

Bien que non douloureux, cet examen est souvent peu apprécié du nouveau-né qui n'aime pas être manipulé nu pendant un temps relativement long. C'est pourquoi le médecin essaie de choisir un moment opportun où le bébé est éveillé, repu et calme. Vous pouvez rassurer votre enfant pendant l'examen en posant vos mains tièdes sur sa peau, en l'aidant à regrouper ses bras près de son corps et ses mains près de son visage. Cela lui évite d'avoir des sursauts « réflexes » et l'aide à porter son poing à la bouche et éventuellement à le sucer s'il le désire. Ces bonnes conditions faciliteront l'examen clinique et le rendront plus agréable à votre enfant.

Lors de ce **premier examen** le pédiatre vérifiera, entre autres, la normalité morphologique, c'est-à-dire l'aspect extérieur de votre enfant, sa peau, ses yeux, mais également son système cardiovasculaire, son tonus, ses hanches… À l'issue de cette consultation, certains examens complémentaires peuvent être prescrits pour dépister une éventuelle infection

débutante, une hypoglycémie, un ictère… Par ailleurs, au cours du séjour en maternité, votre enfant bénéficiera d'autres examens de dépistage systématique, tels que ceux de la surdité ou de certaines maladies (dépistage communément appelé test de Guthrie ou test du buvard qui permet actuellement de dépister cinq maladies génétiques rares).
Bien que similaire au premier, le **second examen** pédiatrique a, en outre, pour but de vérifier la bonne mise en place de l'allaitement si vous allaitez et la bonne prise pondérale de votre bébé, quel que soit son mode d'alimentation. Le pédiatre vous prescrira les vitamines à donner à votre enfant.
Par ailleurs, il vous rappellera les conditions de couchage en toute sécurité de votre nouveau-né (sur le dos, sur un matelas ferme, dans son lit à barreaux, sans tour de lit, ni couverture, ni oreiller, ni cale-bébé, ni cale-tête, dans une chambre bien aérée et non surchauffée). Il discutera avec vous de ses rythmes (veille/sommeil), de son alimentation. Ce sera aussi l'occasion pour vous et votre conjoint de lui poser d'éventuelles questions, notamment en ce qui concerne le suivi médical ultérieur.

La température

Vous vous demandez peut-être pourquoi, dans l'atmosphère surchauffée de la maternité, votre enfant est si couvert. C'est parce qu'en naissant, le bébé a tendance à se refroidir. Il n'est pas encore capable de réguler tout seul sa température. Il vient de vivre pendant neuf mois dans une température toujours égale, de 37 °C, la vôtre. Subitement, il se trouve dans une atmosphère de 22 °C, celle de la maternité. Malgré ses vêtements, il va se refroidir de 1 °C à 2,5 °C, et ne reviendra qu'au bout de deux jours environ à une température de 37 °C. À la maison, vous n'aurez pas à le couvrir autant.

L'appareil urinaire et digestif

Il n'est pas rare d'observer une émission d'urine dans les premières minutes qui suivent la naissance. Cela n'est pas étonnant car l'appareil urinaire fonctionnait déjà avant (comme vous l'avez vu au chapitre 4). De même, l'intestin élimine dans les deux premiers jours une substance verdâtre, presque noire, visqueuse, collante, ayant l'aspect du goudron : c'est le méconium, fait d'un mélange de bile et de mucus. Quand le bébé élimine du méconium, il est conseillé de lui nettoyer le siège rapidement, sans quoi le méconium sèche et devient plus difficile à retirer. Vers le troisième jour, les selles deviennent plus claires, puis jaune doré et grumeleuses, au nombre d'une à quatre par jour, parfois même à chaque tétée, pendant les premières semaines. Après l'âge d'un mois, les bébés allaités peuvent avoir des selles beaucoup plus rares, parfois même une selle tous les 3 ou 4 jours.

Important

Les selles de votre enfant peuvent avoir plusieurs teintes entre le jaune et le vert brun, et c'est normal. En revanche, si elles présentent du sang (rouge ou noir) ou si, au contraire, elles sont très claires (blanchâtres, couleur mastic), il est conseillé d'en parler rapidement au médecin.

L'ictère du nouveau-né

Souvent, dans les premiers jours, la peau – ainsi que les yeux – prend une couleur jaune, plus ou moins prononcée : c'est l'ictère

physiologique du nouveau-né. Cet ictère est dû à l'excès d'un pigment jaune, la bilirubine.
Avant la naissance, ce pigment était éliminé par le placenta. Après, c'est le foie du bébé qui doit faire ce travail dont la « mise en route » demande parfois quelques jours. Dans ce cas précis, on parle d'ictère physiologique, c'est-à-dire naturel. Cette fonction d'épuration du foie est encore plus difficile à se mettre en place lorsque l'enfant naît prématurément : ceci explique que tous les prématurés présentent en général un ictère.
Des pathologies peuvent aussi expliquer l'ictère : il s'agit d'une incompatibilité de groupe sanguin (dans le système A, B ou O ou rhésus) ou d'une infection bactérienne. Dans ce cas, l'ictère est souvent précoce, apparaissant avant la 24e heure de vie.
Le traitement de l'ictère est simple et sans danger. Le taux de bilirubine est surveillé, soit par des prises de sang, soit par un appareil spécial qui l'indique par simple contact avec la peau. En fonction de l'âge du bébé, de son poids, du taux de bilirubine, on propose un traitement par photothérapie, c'est-à-dire par une « lampe spéciale » qui ne présente aucun risque. Le bébé est installé dans une couveuse ou un berceau, simplement vêtu d'une couche. Ses yeux sont protégés. Autour du berceau, on installe une lampe avec des tubes de lumière bleue et blanche. Cette lumière détruit le pigment de bilirubine qui est ensuite éliminé dans les urines.
Ce traitement est très efficace et suffit pour les ictères dits physiologiques. Dans ce cas, les bébés ont souvent besoin de 24 à 48 heures de photothérapie. Rassurez-vous, cela ne veut pas dire que votre bébé va être loin de vous pendant tout ce temps.
La photothérapie ne se fait pas en continu, mais par périodes de 3 à 4 heures. En dehors de ces séances, ou s'il vous réclame, ou s'il a faim, votre bébé sera avec vous. L'ictère diminue en général à partir du 5e jour.
Pour les ictères liés à une incompatibilité sanguine, les taux de bilirubine sont en général plus élevés et il est parfois nécessaire d'effectuer une exsanguino-transfusion en plus de la photothérapie.

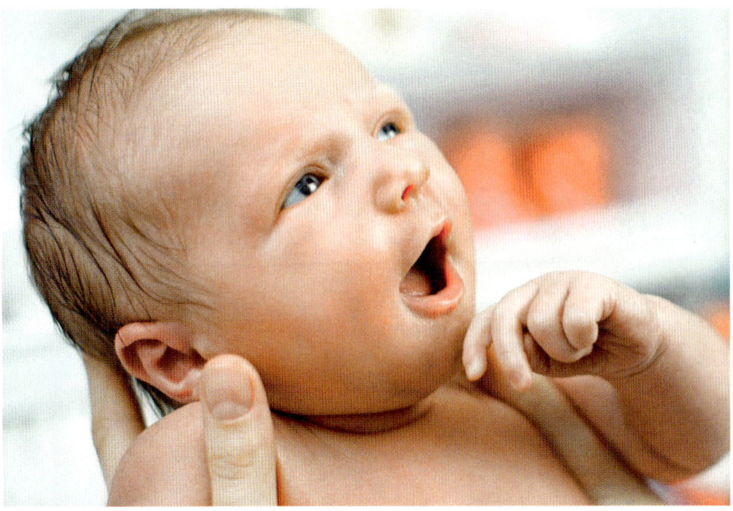

À noter

Les enfants allaités au sein peuvent présenter un ictère plus prolongé (3 semaines environ). Cet ictère n'est pas dangereux car les taux de bilirubine ne sont pas très élevés et il n'y a pas lieu, en général, de prévoir de photothérapie. De plus, il n'empêche pas le bébé de sortir de la maternité ou d'être alimenté au sein.

Le post-partum

Après la naissance, que va-t-il maintenant se passer en vous ? La grossesse et l'accouchement ont apporté de si profondes modifications à votre organisme qu'un délai de plusieurs semaines sera nécessaire pour qu'elles s'estompent : certaines disparaîtront, d'autres laisseront leur marque. Les organes vont peu à peu retrouver leur place et leur taille. Ainsi, par exemple, l'utérus qui faisait saillie dans l'abdomen, va en six semaines retrouver sa situation dans le bassin. Parallèlement, le vagin et la vulve retrouvent une certaine tonicité, les ovaires et les trompes reprennent leur place.

C'est cette période de réadaptation qui dure six à huit semaines que l'on appelle les suites de couches ou post-partum. Elle se termine par la réapparition des règles : c'est le retour de couches. Celui-ci peut être retardé de quelques semaines en cas d'allaitement complet, voire ne survenir que plusieurs mois après le sevrage.

Dans cette période, il faut distinguer :

- les premiers jours où vous serez à la maternité ;
- les semaines suivantes où vous reprendrez peu à peu, chez vous, votre vie d'avant la naissance.

Vous allez peu à peu perdre du poids et vos muscles abdominaux vont progressivement retrouver leur tonus. Ne soyez pas trop pressée. Il a fallu 9 mois à votre corps pour se transformer et s'adapter à votre bébé, quelques mois sont nécessaires pour retrouver une silhouette qui vous convienne. La consultation postnatale (p. 381-382) permettra de s'assurer que tout rentre dans l'ordre.

Vous êtes à la maternité

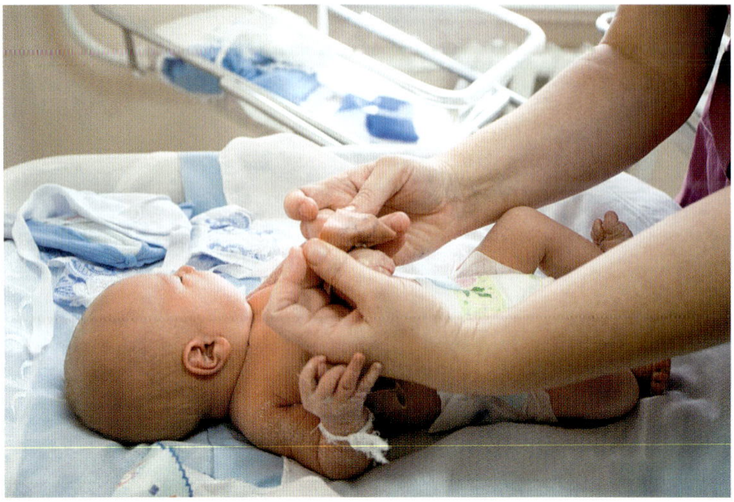

Pendant ces quelques jours que vous passerez à la maternité, une de vos principales préoccupations devrait être de bien vous reposer, de récupérer. Car si l'accouchement est un acte naturel, il est cependant fatigant.

Quand vous lèverez-vous ?

Même s'il est recommandé de marcher, de se déplacer rapidement après l'accouchement, soyez cependant consciente que vous devez vous reposer.

- Dans les heures qui suivent l'accouchement, ne vous levez pas pour la première fois sans la présence de quelqu'un, parent ou personnel soignant. Il n'est pas rare à ce moment-là d'avoir des petits vertiges et, sans une aide, on risque de tomber.
- Dès le lendemain de l'accouchement, vous pourrez bien sûr aller et venir dans la chambre ou dans les couloirs. Ne forcez pas cependant, allez à votre rythme et évitez de porter de lourdes charges.

Après l'accouchement, on conseille quelques mouvements de gymnastique qui ont également pour but d'activer la circulation et de fortifier les muscles.

Vous trouverez ces exercices plus loin (p. 384 et suiv.). Si le médecin ou la sage-femme sont d'accord, vous pourrez les commencer dès les premiers jours. Faites-les progressivement comme indiqué et continuez-les pendant plusieurs semaines.

À savoir

Même lorsqu'une sortie précoce de la maternité a été envisagée par vous ou votre couple, vous restez libre d'exprimer vos souhaits après l'accouchement : ce projet est révisable et une sortie précoce ne pourra pas vous être imposée.

Le retour de l'utérus à la normale

Dans les heures qui suivent l'accouchement, l'utérus commence à reprendre son volume normal. On dit qu'il involue. En même temps, il se débarrasse de la muqueuse qui entourait l'œuf : la caduque. Les débris de la caduque sont expulsés en même temps que le sang qui s'écoule de l'espace laissé par le placenta en se décollant : l'ensemble forme les **lochies**.

D'abord fortement teintées de sang et abondantes, les lochies s'éclaircissent puis deviennent moins abondantes. L'écoulement dure cependant plusieurs semaines, parfois jusqu'au retour de couches. Il n'est pas rare d'observer un écoulement plus important, vers le douzième jour après l'accouchement : c'est le petit retour de couches.
Il existe des contractions de l'utérus après l'accouchement, en particulier chez les femmes qui ont déjà eu des enfants. Elles sont en général douloureuses pendant deux à trois jours. Ces douleurs, que l'on appelle parfois tranchées, et qui sont assez semblables aux douleurs des règles, sont souvent plus fortes lorsque le bébé tète, à cause de l'étroite connexion hormonale qui existe entre les seins et l'utérus. Des calmants seront donnés pendant quelques jours si cela est nécessaire.
Le premier jour, l'utérus est encore perceptible (si vous posez la main verticalement au-dessus de votre nombril, vous sentirez un dôme ferme). Il pèse encore environ 1 kg. Au bout de 10 jours, il est beaucoup plus petit : on ne le sent généralement plus dans l'abdomen et son poids a bien diminué. Tant que l'utérus est lourd, le risque de sensation de pesanteur sur le périnée est important si on reste longtemps debout et si on fait des efforts : porter un aîné, faire des courses, etc. Il faut donc respecter des **moments de repos allongé** (matin, après-midi et soirée) et ne pas faire d'efforts en position debout. Ce repos sera nécessaire pendant six semaines.

À noter

Les tampons vaginaux sont déconseillés pendant le mois qui suit l'accouchement.

Les **chaussettes** ou **bas de contention** sont conseillés pendant les premières semaines après l'accouchement.

Le périnée et l'épisiotomie

Même s'il n'y a pas eu d'épisiotomie, le périnée peut être sensible les jours suivant l'accouchement, du fait de la distension provoquée par le passage du bébé. Il peut aussi être irrité par des éraillures, des petites écorchures, sur la muqueuse (uriner sous le jet d'eau fraîche de la douche peut vous soulager). Cette sensation inconfortable disparaîtra en deux ou trois jours.
Si vous avez eu une épisiotomie, la cicatrisation peut être irritante et gênante. Les fils sont résorbables et ils vont disparaître tout seuls.
Si au retour chez vous votre périnée est toujours douloureux, il faut le signaler au médecin ou à la sage-femme. Le plus souvent, ces douleurs sont liées à la cicatrice, elles peuvent aussi être dues à des étirements nerveux (en particulier en cas de forceps). Selon leurs causes, il existe des solutions, des traitements, pour améliorer votre confort en attendant la guérison complète. Il faut aussi vérifier qu'il n'y a pas d'infection, même si cela est rare. Parfois, il suffira d'enlever un ou deux points pour que vous vous sentiez mieux.
Pour différentes raisons, certaines femmes hésitent à évoquer **les douleurs ou la gêne** qu'elles ressentent localement, autour et à cause de l'épisiotomie. Nous ne saurions trop les encourager à en parler avec le médecin ou la sage-femme pour soulager cette douleur et éviter, qu'à long terme, elle ait une incidence sur leur vie sexuelle.

Si des **douleurs périnéales ou vulvaires** (appelées vulvodynies) persistent après plusieurs semaines, sachez que des professionnels (sages-femmes ou médecins) sont spécialisés dans leur prise en charge.

Les soins au périnée

Que vous ayez eu ou non une épisiotomie, la toilette intime sera faite de préférence à mains nues, avec un savon neutre avant rinçage et séchage délicat en tamponnant. Faites ces soins locaux au moment de la douche puis à chaque fois que vous le jugerez nécessaire dans la journée (en particulier après un passage aux toilettes) car les premiers jours, les pertes de sang sont abondantes. En cas de cicatrisation difficile, l'idéal serait qu'après chaque toilette intime vous restiez un moment les fesses à l'air, allongée sur une serviette de toilette, pour permettre un séchage naturel et éviter le frottement sur les protections périodiques ; il est important de les changer régulièrement. Les injections vaginales sont à proscrire. Mettre de la glace ou une poche de gel froid, enroulée dans un linge pour éviter le contact direct avec la peau, soulage l'inflammation et les douleurs.

Les urines et l'intestin

Dans quelques cas, notamment après une anesthésie péridurale, la maman ne peut vider spontanément sa vessie. Cette rétention d'urines est toujours passagère et disparaît le plus souvent en 24 heures, mais elle peut nécessiter un ou deux sondages.
Le rectum a été vidé au moment de la sortie du bébé et les premières selles mettent en général 48 à 72 heures à revenir, il ne faut donc pas forcer. Si au bout de 3 jours, vous n'êtes pas allée à la selle, vous pouvez utiliser des suppositoires qui ont une action mécanique (demandez à la sage-femme ou au pharmacien) ; un laxatif doux, un petit lavement peuvent aussi être utilisés. Ce qui est également efficace, c'est de faire plusieurs fois par jour des exercices de rentré de ventre en soufflant à fond pendant 10 secondes. Cela agit comme un massage interne des intestins et facilite leur évacuation.
Par ailleurs, la formation d'un bourrelet d'hémorroïdes n'est pas rare. Il sera traité par des soins locaux. Demandez conseil à la sage-femme. Si vous avez des fils, cela ne gêne pas le passage des selles.
Un cas particulier : s'il y a eu des points de suture sur les muscles de l'anus, vous aurez un régime spécial pendant quelques jours pour qu'il n'y ait pas de selles le temps de la cicatrisation. Ensuite, un laxatif qui les ramollit permettra un retour du transit sans problème. Exceptionnellement, il peut être difficile de retenir les gaz ou les selles, ce qui est très gênant. Parlez-en immédiatement à la sage-femme : il existe heureusement des traitements.

La toilette

Les douches sont possibles dès votre retour dans la chambre. Il est recommandé de les prendre chaudes en cas de forte montée de lait afin de diminuer les tensions au niveau des seins. L'idéal serait de finir la toilette par des douches fraîches sur le périnée et les jambes car l'eau chaude peut provoquer des œdèmes.
Les bains sont possibles dès le 2e ou 3e jour, lorsque les saignements se réduisent. Ils font beaucoup de bien lorsque la cicatrice est un peu irritée et que les fils tirent. Tant qu'il y a des saignements, il est préférable de limiter le niveau d'eau à la taille pour que les seins ne trempent pas dans l'eau avec les lochies. Les bains sont à éviter en cas de cicatrice de césarienne.

Pour raffermir le périnée, voyez l'exercice recommandé page 384.

Important

Nous le redisons, dans les jours qui suivent l'accouchement, il est conseillé de vous mobiliser prudemment et d'éviter les efforts debout.

« Ma compagne a pu rester à la clinique pendant tout le séjour, jour et nuit. Sa présence était un vrai plus pour moi qui découvrais l'aventure de la maternité, et pour notre fille qui avait près d'elle ses deux mamans dès ses premiers jours. »

Laetitia

Les seins

Pendant que certains organes régressent, d'autres se modifient et s'apprêtent à entrer en fonction : ce sont **les glandes mammaires**. Après la naissance, l'organisme est prêt à nourrir l'enfant.
Pendant la grossesse, ces glandes, sous l'action des ovaires et du placenta, se sont développées ainsi que les petits canaux qui conduiront le lait au mamelon (schéma p. 161). C'est la première phase de la lactation. L'hypophyse s'est mise à sécréter une nouvelle hormone, la prolactine, qui déclenchera la production du lait. Mais cette hormone n'est là qu'en attente. Elle n'agira que lorsqu'il n'y aura plus le placenta. L'accouchement a lieu, le placenta est expulsé. Le sang transporte la prolactine de l'hypophyse aux glandes mammaires. Celles-ci se mettent alors à fonctionner. C'est pourquoi on fait téter le bébé pour la première fois en salle d'accouchement, dans l'heure qui suit sa naissance, d'autant plus que son réflexe de succion est à son maximum dans les 2 heures après l'accouchement avant de diminuer pendant 24 heures.
Dans les heures qui suivent la naissance, **le mamelon devient très sensible**. Respectez cette sensibilité et ne laissez pas votre bébé trop longtemps au sein le premier jour : privilégiez plutôt des tétées de 10 à 20 minutes, fréquentes (de 6 à 12 ou 15 tétées réparties sur 24 heures). Petit à petit, le nombre de tétées va diminuer.
N'hésitez pas à mettre votre bébé au sein alors que vos seins semblent vides. Ils ne le sont jamais tout à fait et l'estomac de votre bébé est tout petit. Outre l'aspect alimentaire, la succion du sein déclenche aussi la sécrétion d'ocytocine, une hormone qui favorise les contractions utérines et donc l'involution de l'utérus. L'ocytocine contracte également les canaux pour que le lait sorte du sein. Plus la glande mammaire sera vidée du lait produit, plus la production sera importante.
La montée laiteuse. Souvent vers le 3e ou le 4e jour, les seins sont plus tendus. Ceci est dû au flux sanguin largement augmenté dans le sein pour faire face à la production de lait. C'est la deuxième phase de la lactation, appelée aussi montée laiteuse. Les veines sont plus visibles, bleutées. Votre bébé tète plus vigoureusement. La déglutition est plus bruyante, et il est possible que les seins coulent spontanément. Le lait devient plus blanc, voire transparent à certains moments sans que cela n'altère sa qualité nutritionnelle.
La glande mammaire a parfois du mal à se faire à sa nouvelle tâche. Toute tension, contrariété ou douleur peut bloquer l'action de l'ocytocine et gêner la sortie du lait – il s'agit de l'engorgement mammaire. Les seins deviennent durs et la production de lait est transitoirement ralentie, jusqu'à ce que les canaux se contractent à nouveau et que le lait s'écoule.
La montée laiteuse est quelquefois inconfortable, voire douloureuse pour la maman avec une légère augmentation de la température et des seins congestionnés. Vous les masserez doucement sous la douche, ou pratiquerez un massage de l'aréole, pour que le lait s'écoule, ou vous les envelopperez de chaud ou de froid (par exemple avec un gant de toilette), selon ce qui vous fera du bien.

Faites attention à la **position** et à la **succion** de votre bébé (bien en face du sein, tête dans l'axe, bouche bien ouverte).

« Lors de la montée de lait, j'ai été perturbée par l'inconfort, et même la douleur, provoqués par l'augmentation de volume et la tension de mes seins, jusque sous les aisselles. En quelques jours, tout s'est arrangé. »

Diane

Vous rentrez chez vous

Le retour à la maison a en général lieu le troisième jour. Certaines maternités acceptent un départ dès le deuxième jour. Une sortie précoce est possible sous certaines conditions : pas de complication médicale pendant la grossesse ou à l'accouchement, pas de risque de complication dans les jours suivants, ni pour la maman ni pour le bébé. Ces sorties précoces sont généralement organisées avec des sages-femmes (libérales ou hospitalières et détachées du service) qui effectuent des visites à domicile. Le médecin traitant et le service de PMI participent parfois à cette surveillance.

Cet **accompagnement à domicile** est possible quelle que soit la durée de votre séjour à la maternité. Si vous souhaitez allaiter, ce suivi peut vous aider à surmonter les premières difficultés.

La visite médicale obligatoire dans les 8 jours suivant la naissance doit être prévue, même si votre bébé a été vu par un médecin à la maternité.

Rentrer à la maison est toujours un événement. Les mamans ont hâte de retrouver leurs habitudes, les aînés, d'installer leur bébé dans son lit, de s'en occuper à leur rythme, de le présenter à l'entourage. Elles ont envie de vivre leur bonheur en famille, de le partager avec leur conjoint. Mais elles ont souvent aussi la crainte du surplus de travail, quelques doutes sur l'organisation au début, et l'appréhension de s'occuper du bébé sans le soutien des professionnels de la maternité. Lorsque la grossesse ou l'accouchement a été compliqué, il y a la fatigue, le moral en baisse, parfois une difficulté à s'asseoir ou à rester debout à cause d'une cicatrisation de l'épisiotomie, peut-être des seins tendus avec une lactation qui s'installe tout juste ou des doutes parce qu'elle tarde. Vous vous imaginiez resplendissante de bonheur avec votre nouveau-né dans les bras et vous vous trouvez parfois bien désemparée ! Heureusement, grâce au congé de paternité, le père est là et apporte un appui bienvenu. Une sage-femme libérale, votre médecin traitant, une infirmière de PMI peuvent vous soutenir et venir à domicile.

Le plus fréquemment, les femmes restent à la maternité 3 jours après un accouchement par voie basse et 4 jours après une césarienne (Enquête périnatale 2021).

À savoir

Au moment du retour à domicile, il est possible de bénéficier d'un accompagnement par une sage-femme libérale (p. 401).

Si vous allaitez au sein, les associations d'aide à l'allaitement pourront vous aider (page 355).
Le retour à la maison est également **un moment particulier pour le conjoint**. Enfin, il va pouvoir profiter de la présence de son nouveau-né, bien installé dans le cocon familial ! Mais les réactions émotionnelles et physiques de sa compagne lors des premiers jours du post-partum peuvent le surprendre : instabilité d'humeur, voire accès de pleurs, écoulement des seins, pertes vaginales… Une femme qui vient d'accoucher est comme « liquéfiée », dit la sage-femme Chantal Birman. Le conjoint se sent en décalage par rapport à ce que vit et ressent sa compagne. Il peut aussi être fatigué et avoir des inquiétudes sur sa capacité à être un « bon parent ». Si une sage-femme passe à domicile, n'hésitez pas à lui en parler : elle saura vous rassurer, car c'est une situation que traversent de nombreux couples, et vous conseiller.

À noter

Nous vous conseillons le film d'Aude Pépin, *À la vie*, qui retrace le quotidien de Chantal Birman et évoque son engagement auprès des parents, notamment dans la période du post-partum.

Se reposer, se ménager

La fatigue est la première source de difficulté ressentie, c'est ce que disent la plupart des mères. Une fois rentrée chez vous, **tâchez de vous reposer** encore une bonne dizaine de jours, même un peu plus si vous le pouvez. Mieux vous vous reposerez pendant cette période du post-partum, plus vite vous pourrez reprendre votre vie active sans fatigue excessive.
N'essayez pas de forcer la nature : il faut six semaines à vos organes pour revenir à leur état normal, et quelques mois à l'organisme pour qu'il retrouve complètement ses forces. D'autant plus que pendant les premières semaines vos nuits sont fractionnées par les réveils de votre bébé. Essayez de dormir ou de vous reposer en même temps que lui.
Si votre compagnon pouvait prendre quelques jours de congés supplémentaires, ce serait l'idéal. Sinon des proches peuvent peut-être vous aider pendant les premières semaines. Des heures d'aide à domicile ou des repas sont parfois offerts en cadeau de naissance pour les premiers jours à la maison. Les parents apprécient !
Pendant cette période, **ne portez pas de charges trop lourdes**, cela est dommageable pour le dos et le périnée. Le Dr Odile Cotelle, spécialiste de ces questions, insiste sur l'importance d'éviter les poids excessifs pendant les mois qui suivent l'accouchement. « Certaines poussettes sont trop lourdes pour être portées seule, dit-elle, faites-le à deux. Au moment d'acheter une poussette, à qualité égale, choisissez la plus légère. Quand vous portez votre bébé, essayez de ne pas porter d'objets lourds en même temps. Même si cela demande plus de temps, il vaut mieux faire plusieurs voyages. Lorsque votre bébé est dans son sac kangourou, placez-le le plus haut possible, presque entre les seins, et veillez à ce qu'il ne ballotte pas : c'est plus confortable pour lui et mieux pour vous. Enfin, si vous devez soulever quelque chose d'un peu lourd, pensez à contracter en même temps le périnée et le ventre. »

Ceintures

Après l'accouchement, le port d'une ceinture, ou foulard ou écharpe, maintenant le **bassin serré**, peut limiter les douleurs ligamentaires et articulaires. Parlez-en à votre sage-femme.

En revanche, une ceinture de maintien abdominal, ou une gaine, n'est en général pas conseillée (p. 47).

Si vous vous sentez seule

Se sentir seule est un sentiment fréquent après l'accouchement. La dispersion des familles et l'éloignement fréquent des grands-parents font que, lors du retour à la maison, la cellule familiale est

souvent réduite au couple. Et que dire des mamans solos ! Pendant la grossesse, les rendez-vous de consultation, de préparation à la naissance ont rythmé la vie des futures mamans et étaient autant d'occasions de rencontres. Après la naissance, les femmes éprouvent un sentiment de rupture dans l'accompagnement dont elles bénéficiaient. L'isolement est d'autant plus ressenti que leur vie sociale était dense avant ou pendant le congé maternité.
Pour vous permettre de partager vos expériences et vos difficultés, d'échanger, sachez que de nombreux centres de PMI proposent des groupes de parole de parents, des ateliers portage, massage etc., qu'un entretien postnatal avec la personne qui vous a suivie vous sera proposé (p. 382) et que certaines sages-femmes organisent des séances postnatales avec le groupe constitué lors de la préparation à la naissance.

« D'un côté, les mères disposent d'une quantité énorme d'informations grâce à Internet, de l'autre, il leur manque une présence physique, l'un ne compensant pas l'autre »

dit Chantal Birman

Les relations sexuelles après l'accouchement

Pendant la période des suites de couches, chacun vit des réalités différentes : la femme a accouché, elle est physiquement et psychiquement prise dans cet événement. Son conjoint a souvent assisté à l'accouchement et il peut en avoir été marqué. Et il y a la présence du bébé et l'investissement de ses parents, à la fois affectif et très matériel, ce qui est un nouvel aspect de leur relation.
Pour la mère, la fatigue, parfois des douleurs, l'envie d'être une excellente maman pour son bébé, font que le désir amoureux peut être remplacé par l'ardeur de l'apprentissage maternel ou par la peur de ne pas réussir. Les hommes aussi se mettent parfois au défi d'être le meilleur des pères ou sont envahis par le doute. Quelques semaines peuvent être nécessaires pour que le couple trouve un nouvel équilibre, se retrouve physiquement. Il n'y a pas de moment « idéal » et il est important de respecter votre rythme.
Il arrive qu'un décalage se creuse entre le désir de l'un et l'absence de désir chez l'autre. Si c'est ce que vous ressentez, le mieux est d'en parler ensemble. On pense souvent à l'absence de désir chez la femme qui devient mère mais c'est parfois le père qui est en difficulté.
La sécheresse vaginale n'est pas rare, elle est d'ailleurs plus fréquente en cas d'allaitement. Il existe des gels lubrifiants et hydratants à utiliser avant ou en dehors des rapports sexuels. N'hésitez pas à consulter votre médecin ou votre sage-femme en cas de douleurs.

En cas d'incontinence

Il importe de signaler rapidement une incontinence urinaire ou anale. Une rééducation périnéo-sphinctérienne pourra vous être prescrite, qui sera effectuée par une sage-femme, un kinésithérapeute ou un médecin. Les fuites urinaires sont dues aux efforts (toux, éternuements, rires), ou bien à des besoins impérieux, irrépressibles, lorsque les réflexes de continence entre la vessie et l'urètre ne fonctionnent plus. On parle d'instabilité vésicale.
La rééducation se fait en général en 10 séances, à raison de 1 à 2 par semaine. L'objectif est de permettre de contracter les muscles du périnée et de contrôler les efforts pour qu'ils ne se traduisent pas par une

L'**eutonie** (p. 290), qui est un travail corporel global, permet une meilleure prise de conscience périnéale en travaillant sur le tonus, les perceptions et l'équilibre de tout le corps.

poussée sur la vessie et l'urètre (ce qui provoque une grande partie des fuites) ; ou bien de rétablir les réflexes de continence. Il existe plusieurs techniques de rééducation : manuelle (la contraction périnéale sera centrée sur votre perception et évaluée par un toucher vaginal) ; ou bien avec une sonde vaginale (par électro-stimulation ou bio-feedback). Dans ce cas, la sonde vaginale reliée à un écran enregistre les contractions sur une courbe. Parlez-en avec votre praticien afin de définir ensemble la technique qui vous correspond le mieux mais sachez qu'aucune des deux n'est supérieure à l'autre.
Le plus souvent, les symptômes disparaissent avec la rééducation. Cela dépend de la persévérance (des séances d'entretien sont nécessaires), et surtout de l'intensité des troubles : en cas d'incontinence vraie et importante, une intervention chirurgicale est quand même parfois nécessaire à plus ou moins long terme.

Le retour de couches

On appelle ainsi les premières règles qui surviennent après l'accouchement. Habituellement, ces règles sont un peu plus abondantes et plus longues que les règles normales mais leur quantité peut être très variable. Le retour de couches peut être précédé d'une ovulation, qu'on allaite ou non.
La date du retour de couches varie selon que la mère allaite ou non son enfant. Un allaitement maternel complet, sous certaines conditions (« Mama », p. 390-391), bloque généralement le fonctionnement des ovaires et l'ovulation ; les règles sont donc habituellement absentes, et le retour de couches survient seulement après la fin de l'allaitement, voire plusieurs mois après l'arrêt complet. En l'absence d'allaitement, le retour de couches se produit entre six et huit semaines après l'accouchement. Puis les cycles habituels reprennent, mais il se peut qu'ils soient légèrement perturbés pendant quelque temps.

« J'ai éprouvé un sentiment de grande inquiétude pour cet enfant que j'ai aimé dès les premiers instants : j'avais peur qu'il lui arrive quelque chose, alors qu'à l'intérieur de mon ventre, il était protégé. Je me suis sentie submergée par mes responsabilités. Heureusement, mon mari m'a soutenue, rassurée. Aujourd'hui, tout est rentré dans l'ordre et chaque jour qui passe nous comble de bonheur. »

Julie

La consultation postnatale

Quelques semaines se sont passées depuis l'accouchement. C'est le moment de faire un bilan complet. Un examen gynécologique et général est indispensable pour s'assurer que l'appareil génital et l'organisme tout entier ont retrouvé un état satisfaisant. Il fait partie des examens obligatoires. Si la grossesse et l'accouchement se sont déroulés sans complications, la sage-femme peut pratiquer l'examen. Certaines femmes se sentent suffisamment bien pour ne pas avoir envie de subir cet examen. Pourtant celui-ci est important pour faire le point sur l'état de votre périnée, et pour envisager, si nécessaire, une rééducation appropriée, pour reparler de la contraception. Les professionnels sont aujourd'hui mieux formés pour vous aider en cas de difficultés psychologiques, si vous vous sentez triste, débordée, etc. S'il y a eu un diabète pendant la grossesse, vous devrez faire un bilan 3 mois après l'accouchement. S'il ne vous a pas été prescrit à la sortie de la maternité, on vous en parlera lors de la consultation.
Celle-ci peut aussi être l'occasion de revoir votre médecin traitant et de faire le point avec lui sur la grossesse et l'arrivée de votre bébé

dans votre famille. Sinon, la sage-femme ou l'obstétricien lui feront un compte rendu.

Faites une petite liste pour ne rien oublier lorsque vous irez à la consultation (varices, hémorroïdes, incontinence, douleurs abdominales, etc.). Certaines femmes, par pudeur, n'osent pas aborder des domaines qui leur semblent trop personnels, par exemple la difficulté de la reprise des rapports sexuels. N'hésitez pas à en parler.

Un entretien postnatal – différent de la consultation postnatale – vous sera obligatoirement proposé entre 4 et 8 semaines après l'accouchement par la sage-femme ou le médecin. Il a pour objectif de faire le point avec vous sur le vécu de votre grossesse, de votre accouchement, de dépister d'éventuels facteurs de risque de dépression du post-partum et d'ajuster au mieux votre accompagnement. Il pourra éventuellement être renouvelé entre la 10e et la 14e semaine. Il est pris en charge à 70 % par l'assurance maladie, les 30 % restant pouvant être remboursés par votre mutuelle.

À noter

L'association Maman blues (www.maman-blues.fr) est un site non médical qui propose aux mamans écoute, soutien et conseils.

Le *baby blues*

Vous êtes rentrée chez vous ; vous avez retrouvé votre maison ; votre enfant est bien installé. Vous avez toutes les raisons d'être heureuse et d'envisager l'avenir avec optimisme. Or il se peut, au contraire, que vous vous sentiez d'humeur instable, abattue, prête à pleurer à tout moment. Maintenant que votre bébé est né, vous avez peut-être l'impression d'un vide à la fois physique et moral. Ces réactions sont fréquentes après une naissance.

Après l'accouchement, votre corps subit une chute brutale des hormones de la grossesse qui étaient produites par le placenta. Vous venez également de subir un profond bouleversement, physique et moral. La fin de grossesse, les insomnies qui l'ont accompagnée et l'effort considérable de l'accouchement vous ont beaucoup fatiguée. Peut-être vous sentez-vous « diminuée » physiquement, cicatrice encore douloureuse, hémorroïdes, montée de lait, vous donnent l'impression que plus rien ne sera comme avant. De plus, les remaniements psychologiques ont été puissants. Vous avez vécu une attente de neuf mois dont le terme a été parfois mêlé d'angoisse et d'énervement. Vous êtes devenue mère, quel changement !

Votre bébé est maintenant dans vos bras mais vous ne comprenez pas encore bien toutes ses réactions, ni ses pleurs. Peut-être culpabilisez-vous de ne pas être envahie dès le premier jour par l'amour maternel. C'est normal. L'amour maternel ne se développe souvent que peu à peu, semaine après semaine. Il a besoin de temps pour s'exprimer. Vous aimez ce petit être sorti de votre corps mais c'est aussi une personne à part entière, distincte de vous, que vous allez devoir apprendre à mieux connaître.

C'est pour toutes ces raisons que s'installe ce que l'on appelle le ***baby blues***. Celui-ci concerne près de la moitié des femmes venant d'accoucher. Il survient le plus souvent entre le 3e et le 6e jour après la naissance. Il est transitoire et dure habituellement 4 à 5 jours.

- Si ce *baby blues* survient alors que vous êtes **à la maternité**, parlez-en au personnel médical. Les obstétriciens, les sages femmes, les

« Je me suis retrouvée devant un véritable gouffre. Je pleurais sans raison, j'étais terrifiée par les sentiments destructeurs et les pensées négatives qui m'envahissaient. J'ai cru que j'allais perdre la raison. J'ai vu un psychiatre qui m'a écoutée, sans me juger. Pourriez-vous dire à vos lectrices qu'une maman peut passer par des moments très difficiles et s'en sortir ? »

Christine

puéricultrices savent qu'un grand nombre de femmes peuvent vivre un moment difficile et qu'il faut leur apporter un soutien particulier. Si vous êtes très fatiguée, voire épuisée, l'équipe pourra vous proposer de prendre votre bébé quelques heures pour que vous puissiez dormir. Il vous sera peut-être possible de rencontrer un(e) psychologue. Cela vous permettra de dialoguer, d'exprimer vos craintes, de vous sentir entourée et rassurée dans vos capacités maternelles.

- Le *baby blues* survient parfois **après le retour à la maison**. Ne restez pas seule. Voyez avec votre entourage comment vous organiser pour vous reposer. Peut-être votre mère, une sœur, des amis peuvent-ils venir vous aider pendant quelques jours. Il arrive parfois que l'entourage ne comprenne pas bien cette réaction et s'étonne : « Mais tout va bien et tu as un beau bébé… » Parlez-en alors avec votre médecin traitant, ou avec la sage-femme, ou contactez la PMI de votre secteur. Vous pouvez aussi participer à un groupe d'aide à l'allaitement (adresses p. 355). Rencontrer d'autres mères, les écouter, échanger avec elles pourra vous redonner confiance. Il existe des lieux d'accueil enfants-parents. Là aussi, renseignez-vous auprès de la sage-femme de la PMI, de la CAF. Enfin, n'hésitez pas à vous tourner vers la maternité pour solliciter son aide.

Les conjoints peuvent aussi éprouver des sentiments dépressifs. Ceux-ci sont souvent masqués par un investissement redoublé dans la vie professionnelle. Mais cela provoque des tensions et des frustrations dans le couple. Parlez-en tous les deux et n'hésitez pas à consulter le psychologue de la maternité, ensemble ou séparément.

Une vraie dépression

Le plus souvent, le *baby blues* disparaît en quelques jours. Plus rarement, une vraie **dépression du post-partum** s'installe. Les réactions sont plus fortes ; la maman se sent triste, découragée, anxieuse, elle n'a plus le goût de s'occuper des tâches quotidiennes, parfois même elle n'arrive pas à s'intéresser à son bébé. Ces réactions se manifestent plutôt le soir et s'associent parfois à une irritabilité et une agressivité. Des troubles du sommeil, de l'appétit peuvent survenir. Ces signes sont ceux d'une dépression du post-partum qui ne disparaîtra pas toute seule.
Malgré ces difficultés, certaines mamans hésitent à consulter ; elles pensent que ce qu'elles éprouvent est dû à la fatigue qui accompagne toute naissance. Parfois, elles se sentent coupables de ne pas éprouver la joie attendue, surtout lorsque la grossesse a été désirée. Pourtant, pour être aidée, il est important que la maman voie un soignant sans tarder : obstétricien, médecin traitant, pédiatre de l'enfant, sage-femme, ou qu'elle consulte la PMI ou le centre médico-psychologique de son secteur. C'est parfois à l'entourage d'être vigilant et de déclencher les choses car la maman n'en est elle-même pas capable. Un soutien psychothérapeutique, parfois des médicaments, aideront la mère à retrouver un équilibre, à se sentir apaisée. L'entourage doit être également accompagné pour apporter son aide au maximum. Les professionnels de santé sont de mieux en mieux formés et sensibilisés à ces questions.

La **dépression du post-partum** touche environ 15 à 30 % des femmes et débute avant la 6e semaine qui suit la naissance du bébé. Elle n'est pas toujours diagnostiquée par les soignants car les mères, culpabilisant de réagir ainsi, n'osent pas exprimer ce qu'elles ressentent. Un auto-questionnaire peut vous être proposé afin de dépister cette dépression (questionnaire EPDS par exemple, *Edinburgh Postnatal Depression Scale*).

Votre corps après la naissance

Quand reprendre une activité sportive ?

L'exercice physique sera un bon moyen pour vous aider à vous remuscler. Il peut, en plus, par l'équilibre qu'il procure, régulariser l'appétit. Voyez page suivante quelques exercices à faire après l'accouchement.

Quant à une pratique sportive, elle sera reprise progressivement, après évaluation de votre périnée, et plus tardivement si vous allaitez en raison du volume des seins qui peuvent gêner certaines activités. Le vélo, la marche, la natation sont excellents. À noter que les baignades sont possibles dès que les lochies (écoulement utérin après l'accouchement) ont disparu.

Le travail abdominal doit être prudent. Il faut toujours rentrer le ventre sur une expiration profonde en contractant le périnée. Les abdominaux ne doivent pas être mis en tension, comme par exemple pour faire des ciseaux. Tenez-en compte si vous faites des exercices en salle. Le footing, le tennis, l'équitation seront repris plus tardivement, comme toute activité physique qui entraîne des pressions périnéales répétées de haut en bas, ou des impacts au sol.

Exercices à faire après l'accouchement

Dès les premiers jours – sauf avis contraire du médecin – vous pourrez faire dans votre lit les exercices suivants :

Pour raffermir le périnée

Faites l'exercice indiqué (p. 278), mais en position allongée, couchée sur le dos, jambes repliées et écartées : pendant quelques secondes, contractez les muscles qui ferment la vulve et le vagin, comme pour retenir une envie d'uriner. Gardez bien les genoux écartés sur les côtés pendant tout l'exercice, les fesses étant relâchées et posées sur le sol, et le ventre bien souple ; tout en continuant de respirer normalement.

Le stop-test consiste à arrêter quelques secondes le jet urinaire au début de la miction (action d'uriner). Cet exercice, qui a été longtemps recommandé, est aujourd'hui déconseillé. En effet il peut entraîner chez certaines femmes des infections urinaires ou des troubles des réflexes de la continence.

Pour tonifier progressivement le ventre

Couchée sur le dos, jambes parallèles repliées, inspirez profondément, puis, en soufflant, rentrez le ventre au maximum, pendant 5 secondes au moins, si possible 10 ; contractez en même temps le périnée ; puis détendez-vous et recommencez. Cet exercice ne comporte aucune contre-indication. Il n'est pas spectaculaire et peut sembler monotone mais il peut suffire pour retrouver un ventre plat. Vous pouvez répéter cet exercice plusieurs fois par jour (au moins 50 fois, réparties dans la journée, pour obtenir un résultat visible).

Attention

Les exercices abdominaux classiques, les pédalages, ciseaux ne peuvent être faits qu'après avis du médecin ou de la sage-femme car ils créent une trop forte pression à l'intérieur du ventre, pression qui appuie sur le périnée et risque de le distendre.

Pour activer la circulation dans les jambes

Couchée sur le dos, jambes allongées :

- exercice de rotation des pieds autour de la cheville : décrivez un cercle avec vos pieds dans un sens puis dans l'autre (3 fois) ;
- flexion et extension des pieds : repliez le pied sur la jambe, puis étendez-le lentement et au maximum comme si vous vouliez toucher du bout des orteils un objet placé quelques centimètres plus loin (3 fois).

À répéter de nombreuses fois dans la journée, mais à ne pas faire plus de trois fois de suite sinon les jambes risquent de devenir douloureuses, en provoquant des courbatures.

Un corps différent

Après un accouchement, certaines femmes sont déroutées de se retrouver avec un autre corps : ce n'est plus celui de la grossesse, dont elles éprouvaient de la fierté, ce n'est pas non plus celui d'avant la naissance. En plus, la transformation brutale de ce « corps plein » en un « corps vide » peut troubler.
Sur le plan esthétique, tant du corps que du visage, la maternité peut avoir des conséquences qui varient d'une femme à l'autre. Certaines pensent qu'il y a un prix à payer pour la naissance d'un enfant et elles se résignent. Elles oublient leur propre corps, tant elles sont préoccupées par le bien-être de leur bébé. D'autres mères sont débordées, elles ont l'impression de n'avoir ni le temps, ni l'énergie de s'occuper d'elles-mêmes. D'autres enfin se posent des questions sur ces changements : vont-ils se maintenir, s'atténuer ou disparaître ?

Les seins

Après la grossesse et l'allaitement, les seins vont diminuer de volume mais peut-être resteront-ils plus gros ou, au contraire, plus petits, comme s'ils avaient littéralement « fondu ». Faites les exercices conseillés pendant la grossesse (chapitre 8), portez un soutien-gorge si c'est plus confortable pour vous… et soyez patiente. Il faut un peu de temps aux seins pour qu'ils retrouvent leur tonicité habituelle.

Le ventre

Le ventre peut rester distendu, les muscles abdominaux ne jouant plus leur rôle de sangle naturelle. La prévention est essentielle : c'est la gymnastique pendant la grossesse et après l'accouchement.
La persévérance est indispensable car on ne retrouve de bons muscles qu'après plusieurs mois d'exercices physiques réguliers. Un régime alimentaire aidera à éliminer l'excès de graisse. Pour retrouver un ventre plat, les massages ne sont pas efficaces. Quant aux appareils électriques vendus dans le commerce, ce sont vraiment des gadgets.

Les massages

Le massage du dos et des jambes peut soulager les sensations de fatigue, de lourdeur ou de douleurs diverses. Il est aussi un élément de bien-être. En revanche, le massage du ventre doit respecter certaines précautions. Un effleurage peut améliorer le transit intestinal, mais il ne faut pas « malaxer » la peau ni les muscles afin de ne pas les étirer

La thalassothérapie

Certaines mamans apprécient un séjour en thalassothérapie qui permet de se détendre, de se faire masser et dorloter avec son bébé. Le coût est tout de même élevé. Il est préférable d'attendre au moins 8 à 10 semaines pour un tel séjour. Il est important que votre bébé puisse être pris en charge avec vous pour que vous ne soyez pas séparée de lui. L'allaitement ne doit pas être un empêchement, les soins seront simplement adaptés.

et de ne pas les distendre. Ceci nuirait à la récupération progressive d'un ventre plat.

À propos de la chirurgie esthétique

La chirurgie esthétique ne peut s'envisager au plus tôt qu'un an après l'accouchement. Ce n'est pas une décision à prendre rapidement. Il faut laisser du temps au corps pour qu'il retrouve son aspect d'avant. Vous verrez alors si vous êtes toujours sûre de désirer une intervention.
Ensuite, pour recourir à la chirurgie esthétique, il est conseillé d'attendre d'avoir eu le nombre d'enfants désiré. Une nouvelle grossesse risque de remettre en cause les résultats obtenus. Certaines interventions peuvent compromettre un prochain allaitement.
Enfin, bien sûr, les interventions doivent être pratiquées par des spécialistes compétents. Demandez à votre médecin s'il connaît des adresses, sinon le conseil de l'Ordre des médecins vous renseignera.

Le poids

Il faut environ six mois pour retrouver son poids. Les kilos superflus, parfois difficiles à perdre, peuvent s'installer durablement. Si, au bout de ces six mois, vous n'arrivez pas à retrouver votre poids d'avant la grossesse, parlez-en au médecin. Il vous conseillera peut-être de consulter un nutritionniste.

La peau

Le masque de grossesse (p. 48) disparaît spontanément en quelques mois ; il en est de même de la pigmentation anormale de la ligne médiane abdominale, au-dessous de l'ombilic. Mais, pour cela, il faut s'exposer le moins possible au soleil ; et si l'on accouche en hiver, il faut encore faire attention l'été suivant pour que des taches brunes n'apparaissent pas.
Si vous souffrez d'acné et si vous allaitez votre bébé, ne prenez aucun traitement, interne ou externe, sans avis médical.

Les varices

Elles régressent en général presque complètement après une première grossesse. Ceci sera de moins en moins vrai au fur et à mesure que les grossesses se répéteront.
Les médicaments peuvent agir sur les troubles parfois entraînés par les varices (crampes, sensation de jambes lourdes) mais peu, ou pas, sur les varices elles-mêmes. Aussi, en cas de préjudice esthétique important, faut-il s'orienter selon les cas :

- vers la sclérose (injection de produits dans les veines pour diminuer leur volume) ;
- ou vers la chirurgie qui consiste à enlever une ou les deux grosses veines de chaque membre inférieur (intervention appelée *stripping*).

Le médecin vous indiquera ce qui convient le mieux dans votre cas. De toute manière, continuez à suivre les conseils donnés (p. 74-75). Quant aux hémorroïdes, comme les varices, elles relèvent, selon leur importance et les troubles qu'elles entraînent, des médicaments, des scléroses ou de la chirurgie.
Sur l'incontinence urinaire, voyez page 380.

La cicatrice de césarienne

Dans les semaines qui suivent, elle peut devenir saillante et provoquer des démangeaisons. C'est transitoire. Elle n'aura son aspect définitif qu'environ 8 mois après l'accouchement. Pour l'affiner, il est recommandé de la masser avec une crème hydratante 10 min par jour.

Les traces laissées par la maternité sont variables d'une femme à l'autre. Certaines n'ont ni varices ni vergetures et même après plusieurs naissances, de nombreuses femmes retrouveront un ventre plat. De plus, les modifications esthétiques sont vécues de façon bien différente selon les femmes. Certaines ne supportent pas leurs seins qu'elles trouvent trop gros, alors que d'autres aiment leur poitrine épanouie.

Votre alimentation après la naissance

Après la naissance, vous aurez vraisemblablement quelques kilos à perdre. Normalement, un équilibre alimentaire classique (ci-après) vous aidera à perdre l'excédent de poids.
Si vous allaitez, ce n'est pas le moment de faire un régime amaigrissant. Mangez varié et équilibré, à votre faim, sans excès.
Si vous n'allaitez pas ou si vous n'allaitez plus, n'essayez pas de récupérer trop vite votre taille et votre poids d'avant grossesse.
Vous pouvez garder la même répartition en trois repas principaux et un goûter. Ce dernier est important (indispensable si vous allaitez) ainsi que le petit déjeuner, surtout si vous n'en preniez pas avant la grossesse.
La meilleure solution pour maintenir son poids et sa forme est d'avoir une alimentation équilibrée, sans grignotage, et une activité physique régulière.

Votre alimentation en pratique :

- une part de viande, poisson ou œuf par jour, avec de la viande rouge ou du boudin noir 2 fois par semaine, et des abats (foie, rognons) 2 à 3 fois par mois pour reconstituer vos réserves de fer ;
- un produit laitier (lait, fromage, laitage) à chaque repas ;
- des légumes et des fruits : au moins 5 portions par jour ;
- des féculents ou produits céréaliers à chaque repas, sous forme de pain ou pâtes, riz, semoule, légumes secs, en entrée ou en plat principal ; essayez progressivement les céréales semi-complètes ou complètes ;

Reprise de l'activité physique

La reprise des activités physiques et sportives doit être progressive et tenir compte de la rééducation périnéale (p. 384). Marcher une trentaine de minutes par jour en promenant votre bébé vous aidera à retrouver votre poids d'avant grossesse.

- des matières grasses variées et en quantité modérée (un peu de beurre sur les tartines ou les légumes, une cuillère d'huile de colza pour les crudités) ;
- un produit sucré de temps en temps pour se faire plaisir.

Buvez suffisamment, environ 1,5 litre par jour, de l'eau de préférence.

Six mois pour un bébé

Si vous exercez une activité professionnelle, dont la date de reprise dépend de votre décision, vous vous demandez peut-être quand reprendre : tout de suite ? Un peu plus tard ? Qu'est-ce qui est meilleur pour l'enfant ? Pour vous-même ?

Il est difficile de donner un avis ; s'il est un domaine où le désir personnel, celui du couple, les possibilités financières interviennent, c'est bien celui-là.

Des mères veulent retravailler rapidement. Elles sentent que reprendre une vie professionnelle leur permettra un meilleur équilibre, bénéfique pour leur bébé. Elles profiteront de ses progrès lorsqu'ils se retrouveront le soir. D'autres femmes désirent rester un moment chez elles pour l'enfant et pour elles-mêmes, et elles le peuvent. D'autres le voudraient mais cela ne leur est pas possible financièrement ou professionnellement.

Le congé postnatal est de dix semaines, parfois plus. Certaines mères s'arrangent pour y ajouter leur mois de vacances, ou un congé sans solde. Il y a aussi la possibilité de reporter trois semaines du congé prénatal après l'accouchement, et celle de prendre un congé parental.

Faisons un souhait : que toutes les mères puissent bénéficier, si elles le souhaitent, de six mois après la naissance. Le bébé pourrait s'adapter en douceur à sa nouvelle vie. De son côté, la mère aurait le temps de se remettre complètement, de souffler.

Les six premiers mois de la vie d'un enfant sont importants, il s'y passe des événements à ne pas manquer pour bien connaître son enfant, sa façon de s'exprimer, ses formidables capacités à réagir, mais aussi sa très grande dépendance. De plus, les connaissances actuelles sur le développement du tout jeune bébé, sur sa psychologie, sur la précocité des interactions parents-bébé, entraînent parfois chez les mères qui vont reprendre leur travail doute, culpabilité, regret de passer à côté de moments précieux. Tout ceci n'est pas simple à concilier et à aménager. C'est pourquoi six mois de congé donneraient un vrai choix à toutes les mères sans nuire à leur carrière. D'ailleurs, on pourrait envisager que le congé prévu puisse se partager entre les deux parents, comme dans certains pays nordiques.

La contraception après la naissance

Vous venez d'accoucher et vous êtes tout à la joie de cette naissance. La proximité de l'accouchement, les soins à votre bébé, l'absence de règles depuis 9 mois vous ont fait oublier la question de la contraception. Mais la possibilité de grossesse existe dans le post-partum. Que vous allaitiez complètement, ou tout simplement selon votre propre fonctionnement biologique, une ovulation est possible avant le retour de couches, entre 21 jours, 6 semaines, 6 mois… ou même plus, après l'accouchement. C'est pourquoi nous vous conseillons d'aborder le sujet de la contraception avec le médecin ou la sage-femme dès la fin de la grossesse. Sinon vous en parlerez au cours du séjour à la maternité.
Le choix d'un moyen de contraception va dépendre de vos souhaits personnels : désirez-vous être à nouveau enceinte rapidement (tout en sachant que, médicalement, il est préférable d'attendre que vous ayez récupéré de votre grossesse et de votre accouchement), ou non ? Est-ce que le moyen de contraception que vous utilisiez jusqu'à présent vous satisfaisait ou préféreriez-vous en changer ?
Il est de toute façon important de connaître les méthodes utilisables dans les semaines qui suivent la naissance, d'autant plus qu'il est difficile de prévoir si votre compagnon et vous-même souhaiterez reprendre assez vite votre vie amoureuse. Les femmes, les couples, n'ont pas tous envie d'avoir des rapports sexuels rapidement après la naissance. Ils préfèrent exprimer autrement les besoins de tendresse, le plaisir.

Notez que si vous avez bénéficié d'une PMA et que vos cycles sont irréguliers, voire s'il y a une absence de règles, cela ne certifie pas qu'une ovulation soit absolument impossible.

Les semaines qui suivent l'accouchement

Qu'il y ait allaitement ou pas, la période des suites de couches (les 6 à 8 premières semaines) est à part : la tonicité du vagin, la taille de l'utérus et le processus d'involution (p. 374-375, « Le retour de l'utérus à la normale ») qui entraîne des contractions, sont à prendre en compte. C'est pourquoi diaphragme, cape, anneau vaginal et stérilet ne sont pas recommandés. Il est également souhaitable d'attendre 3 semaines après l'accouchement pour commencer la contraception hormonale (pilule, implant, patch, anneau vaginal). Certains médecins ou sages-femmes la prescrivent dès le retour à la maison ; il faut alors savoir que les hormones prises avant le retour de couches entraînent plus facilement des saignements irréguliers.
En fonction de votre mode de vie, de vos souhaits, le médecin ou la sage-femme étudiera avec vous ce qui est envisageable. D'autres moyens de contraception peuvent être utilisés pendant cette période, voyez le tableau page suivante.

Quel moyen de contraception utiliser après l'accouchement ?

Moyens de contraception	Mode d'allaitement		À partir de quel moment après la naissance		
	Allaitement maternel	Allaitement artificiel	Premiers jours après la naissance	Après 3 semaines	Après 6 semaines
Micropilule progestérone	oui	oui	éviter	oui	oui
Minipilule œstroprogestative ou patch	non	oui	non	non	oui
Stérilet	oui	oui	non	éviter	oui
Implant	oui	oui	éviter	oui	oui
Anneau vaginal	non	oui	non	non	oui
Diaphragme ou cape	oui	oui	non	non	oui
Préservatif	oui	oui	oui	oui	oui
Spermicides seuls	selon les produits utilisés	oui	non	non	oui
Mama*	oui	non	oui	oui	oui
Retrait	peu efficace	peu efficace	peu efficace	peu efficace	peu efficace

* Selon des critères stricts (voir ci-dessous) Source : HAS (Haute Autorité de Santé)

La contraception féminine

Voici une revue des différents moyens de contraception, des plus anciens et dits « naturels » aux plus modernes et hormonaux, certains très efficaces, d'autres moins.

La méthode de la température

La courbe de température permet de connaître la date de l'ovulation et les périodes de fécondité (chapitre 1). Cette contraception n'est pas fiable après l'accouchement car la période ovulatoire est difficilement repérable avant le retour de couches.

La Mama (Méthode de l'allaitement maternel et de l'aménorrhée)

La prolactine sécrétée pendant l'allaitement bloque l'ovulation avec certaines conditions :

- vous allaitez exclusivement, sans donner aucun complément, ni d'eau, ni de lait ;
- le sein est stimulé par la succion du bébé ou par une excrétion au tire-lait au moins 6 à 10 fois par 24 heures ;
- l'espace entre deux tétées ou stimulations ne dépasse jamais 6 heures la nuit, 4 heures la journée ;

À noter

Les femmes ont moins souvent recours à la pilule (52,6 % en 2021 et 62,9 % en 2016) mais plus fréquemment au stérilet (14 % contre 9,5 %). Enquête périnatale 2021.

- vous n'avez pas eu de retour de couches.

Si vous avez un rapport sexuel et que votre bébé espace ses tétées de plus de 6 heures, ou tète moins de 6 fois dans les 24 heures dans les 5 jours suivants, vous devez stimuler vos seins pour revenir à ce schéma des 6 tétées et moins de 6 heures entre elles : ceci pour empêcher une ovulation de survenir tant que les spermatozoïdes peuvent être encore actifs (environ 5 jours, exceptionnellement une semaine). Si les règles surviennent, prenez une pilule contenant exclusivement de la progestérone (p. 392-393).

La Mama est **efficace** pendant les 6 mois suivant la naissance.

Les spermicides

Ils ont pour propriété d'immobiliser les spermatozoïdes. Ils se présentent sous des formes diverses et sont composés de deux produits différents : le benzalkonium, compatible avec l'allaitement maternel, et le nonoxynol-9 qui passe dans le lait maternel et n'est donc pas recommandé pendant l'allaitement. Ils sont disponibles en pharmacie sans ordonnance.

- Les crèmes, gels et mousses sont surtout destinés à être utilisés avec un diaphragme ou comme méthode d'appoint au préservatif masculin pour en améliorer l'efficacité.
- Les ovules, de mise en place très facile, fondent tout seuls dans le vagin, mais il faut impérativement les renouveler (comme les spermicides) en cas de nouveau rapport. Les tampons ou éponges sont efficaces pendant 24 heures ; ils doivent être mis en place au moins 15 minutes avant le rapport ; ils permettent des rapports rapprochés et répétés. Par contre, ils ont l'inconvénient de devoir être retirés au bout de 24 heures.

Après l'accouchement (peur de se faire mal, modifications liées à l'accouchement), certaines femmes sont rebutées par les manipulations nécessaires (comme pour les autres moyens locaux de contraception).

L'**efficacité** des spermicides est bonne à condition de respecter leur mode d'emploi et d'éviter l'usage du savon et des bains moussants qui annulent leur action. Si l'on veut faire une toilette après le rapport, il faut utiliser des produits spéciaux faits par les fabricants de spermicides. Il ne faut pas prendre de bain ou de douche dans les 6 à 8 heures suivant le rapport.

Le diaphragme (ou la cape)

Le diaphragme est un dispositif en latex, en forme de petite coupe, que la femme place elle-même dans le vagin. Il présente ainsi, dans le fond du vagin, un obstacle à l'ascension des spermatozoïdes. On le recouvre d'une crème ou d'une gelée spermicide afin de doubler la barrière mécanique d'une protection chimique. Moins utilisé pendant plusieurs années, le diaphragme est à nouveau « à la mode ». La cape est plus petite et se place directement sur le col. Comme pour le diaphragme, il existe différentes tailles et c'est la sage-femme ou le médecin qui vous prescrira celle qui vous va.

Diaphragme et cape ne sont **efficaces** que lorsque les organes génitaux sont revenus à la normale, c'est-à-dire au moins 6 semaines après l'accouchement. La visite postnatale vous le confirmera.

Le stérilet

Il est appelé aussi dispositif intra-utérin (DIU) pour le stérilet au cuivre, et système intra-utérin (SIU) pour le stérilet à la progestérone. Celui au cuivre doit être changé tous les 5 à 10 ans et celui à la progestérone tous les 3 ou 5 ans suivant le modèle. Le cuivre perturbe le pouvoir fécondant des spermatozoïdes et rend la muqueuse utérine impropre

à la nidation ; la progestérone rend la glaire cervicale imperméable aux spermatozoïdes et empêche le développement de la muqueuse utérine.
Si vous optez pour un stérilet au cuivre (qui donc ne contient pas d'hormones), vos cycles seront conservés, vos règles pourront toutefois être un peu plus longues et abondantes. Si vous optez pour le stérilet à la progestérone, après souvent quelques mois de saignements minimes et intermittents, vos règles seront peu abondantes, voire vous n'aurez plus de règles du tout, ce qui convient à certaines femmes et en perturbe d'autres.
L'insertion du stérilet est pratiquée par un médecin ou une sage-femme ; elle ne nécessite ni hospitalisation ni anesthésie, elle est quasiment indolore. Elle se fait de préférence à la fin des règles. Au stérilet est attaché un fil qui sort du col et que vous pouvez sentir dans le vagin avec le doigt. Ce fil vous permet de contrôler que votre stérilet est bien en place. Son efficacité est excellente puisqu'on compte à peine 1 à 2 % de grossesses avec les stérilets au cuivre et moins de 1 % avec le stérilet à la progestérone.
Un grand avantage du stérilet est de ne nécessiter aucun soin particulier, aucune précaution. Il a toutefois des inconvénients :

- dans 5 % des cas, le stérilet est expulsé ;
- en cas d'infection des trompes ou de l'utérus, qui se manifestent en général par des saignements ou des douleurs, il est absolument nécessaire de l'enlever et de prendre le relais avec un autre moyen de contraception.

Placer un stérilet dans les **suites de couches immédiates** n'est pas une pratique courante. Le médecin ou la sage-femme évalueront cette possibilité en fonction de votre histoire personnelle et médicale.

La contraception hormonale (pilule, implant, patch, anneau)

Les moyens de contraception hormonale sont efficaces pour empêcher la fécondation mais ils ne sont pas tous utilisables dans les suites de couches (p. 390). Ils sont délivrés sur ordonnance d'un médecin ou d'une sage-femme car il y a de rares contre-indications et des précautions d'emploi que nous décrivons plus loin.

La pilule

La pilule est composée d'hormones normalement sécrétées par l'ovaire au cours du cycle, les œstrogènes et la progestérone.
Le dosage et la répartition entre œstrogènes et progestérone diffèrent selon les marques. Le dosage hormonal de chaque comprimé empêche la maturation du follicule et donc l'ovulation. L'efficacité du blocage dépend du dosage du comprimé et du moment où il est pris. Ceci est important à savoir en cas d'oubli de prise de pilule, nous en reparlons plus loin.
Certaines pilules ne contiennent que de la progestérone (micropilule) et ont d'autres mécanismes d'action (p. 393).

Les minipilules ou pilules œstroprogestatives

Elles sont composées d'œstrogènes et de progestérone. Elles sont contre-indiquées pendant les 6 premiers mois de l'allaitement.

À noter

Concernant la **minipilule** (pilule œstroprogestative), la femme prend un comprimé par jour, soit pendant au moins 21 jours, soit pendant 28 jours. En effet, il existe :

- des plaquettes de 21 comprimés avec 7 jours d'arrêt ;
- des plaquettes de 28 comprimés (dont 7 ou 4 comprimés ne contiennent pas de produit actif) : on commence une nouvelle plaquette le lendemain de la fin de la précédente. Avec ce schéma, il n'y a pas d'arrêt de prise de pilule, et donc moins de risque d'oubli.

Vous verrez avec le médecin ou la sage-femme le type de pilule qui vous convient le mieux.

- Il y a les pilules « monophasées » : tous les comprimés de la plaquette sont de la même couleur et contiennent un dosage identique d'œstrogènes et de progestérone. Ils sont donc interchangeables : vous pouvez avoir une ou deux plaquettes de secours (au bureau ou dans votre sac) pour pallier un oubli. L'essentiel est la prise régulière.
- Il y a les pilules « bi et triphasées » : la plaquette comporte des comprimés de couleur différente correspondant aux deux ou trois dosages d'œstrogènes et/ou de progestérone différents ; ceci pour se rapprocher le plus possible d'un cycle sans pilule. Ce schéma convient bien à certaines femmes, moins à d'autres :
  – ces pilules entraînent parfois des saignements irréguliers ;
  – il n'est pas possible de remplacer un comprimé par n'importe quel autre de la plaquette : une ovulation deviendrait possible.
- Vous pouvez avoir des rapports sans risque dès le 1er jour de la prise de pilule œstroprogestative si elle est prise le 1er jour des règles. Et vous êtes à l'abri d'une grossesse même pendant les 7 jours d'interruption entre deux plaquettes.

À savoir

Le millepertuis, utilisé par exemple en phytothérapie, peut diminuer l'efficacité de la pilule.

Les micropilules ou pilules microprogestatives

Elles ne contiennent que de la progestérone et pas d'œstrogènes. Elles sont prescrites dans les suites de couches jusqu'à 6 semaines après l'accouchement quel que soit le mode d'allaitement, pendant l'allaitement ou en cas de contre-indication aux œstrogènes. Elles sont parfois responsables de saignements irréguliers.
Il existe deux types de micropilule (qui ont des dosages et des progestatifs différents) : l'une ne tolère qu'une « marge d'oubli » de 3 heures, l'autre de 12 heures.
Les plaquettes contiennent toujours 28 comprimés, tous de la même couleur et tous actifs avec le même dosage de progestérone, à prendre sans interruption.
Si vous commencez la prise de pilule microprogestative 21 jours après l'accouchement, vous êtes protégée dès le premier comprimé, ainsi que si vous commencez le 1er jour de vos règles. Si vous commencez après le 1er jour de votre cycle, il est conseillé de vous protéger pendant les 7 à 15 premiers jours.

Que faire en cas d'oubli de prise de pilule ?

En cas d'oubli, ou si une diarrhée ou des vomissements surviennent dans les 4 heures suivant la prise :

- prendre le comprimé oublié (ou le comprimé suivant s'il s'agit d'un problème digestif) le plus tôt possible et vérifier sur le mode d'emploi la marge de sécurité existante. Avec la micropilule faiblement dosée, vous devez avoir moins de 3 heures de décalage. Avec la plupart des autres, vous avez 12 heures. Si vous êtes dans la marge de sécurité, vous reprendrez le comprimé suivant à l'heure habituelle, même si cela vous fait prendre deux comprimés de façon rapprochée ; vous êtes toujours protégée, cela n'a pas d'incidence sur l'efficacité contraceptive ;

À savoir

Lors de la prescription de votre pilule, une plaquette concernant les mesures à prendre **en cas d'oubli** pourra vous être remise. Si ce n'est pas le cas, vous pouvez la retrouver sur le site www.santepubliquefrance.fr

- si vous êtes au-delà de la marge de sécurité, pour retrouver une efficacité contraceptive, vous devez prendre au moins 7 jours de comprimés actifs, période pendant laquelle vous devrez utiliser des préservatifs. Cela veut dire que si l'oubli a lieu pendant la 3e semaine de votre plaquette, vous devrez enchaîner les plaquettes sans la semaine d'interruption ou sans prendre les comprimés inactifs.

D'autre part, si vous avez eu un rapport non protégé dans les 5 jours précédant l'oubli, vous devez prendre une contraception d'urgence (pilule du lendemain p. 395).

S'il vous est arrivé plusieurs fois d'oublier de prendre un ou plusieurs comprimés, ce moyen de contraception n'est peut-être pas adapté à votre façon de vivre. Parlez-en au médecin ou à la sage-femme.

À noter

Vous pouvez prendre la pilule pendant plusieurs années à condition de passer un examen médical de contrôle au moins une fois par an.

Implant, patch, anneau

L'implant ne contient qu'une seule hormone (la progestérone). Il s'agit d'un bâtonnet (une petite allumette souple) que l'on implante sous la peau du bras. L'implant reste actif pendant trois ans (deux ans et demi en cas de surpoids) et il est efficace à 100 %. Son inconvénient réside dans la possibilité (10 à 20 %) de saignements irréguliers et intempestifs. Comme toutes les contraceptions hormonales, il est préférable de ne poser un implant que quelques semaines après l'accouchement ; mais certains services de maternité acceptent de le poser avant la sortie.

Le patch contraceptif s'utilise comme un patch à la nicotine. Il repose sur le principe d'administration d'hormones (comme la pilule œstroprogestative) mais qui s'absorbent par la peau et non par la bouche. Le patch se pose sur la peau, on le change au bout d'une semaine et cela pendant trois semaines. Ensuite, il y a un arrêt d'une semaine. Il est contre-indiqué pendant l'allaitement et dans les 6 semaines suivant l'accouchement.

L'anneau intra-vaginal est placé par la femme dans le vagin et il est laissé en place trois semaines. Il s'enlève pendant une semaine (au cours de laquelle surviennent les règles) et il est remplacé par un nouvel anneau après cet arrêt. Lui aussi repose sur la libération d'hormones absorbées par le vagin. Il est efficace, bien toléré et n'empêche pas des traitements locaux si nécessaire (en cas d'infection vaginale par exemple). Il est contre-indiqué pendant l'allaitement et dans les 6 semaines suivant l'accouchement.

L'oubli du patch ou de l'anneau comporte les mêmes risques de grossesse qu'un oubli de pilule (p. 393).

À savoir

Jusqu'à l'âge de 26 ans, l'assurance maladie prend en charge à **100 %** le coût de la contraception et les actes qui y sont liés (une consultation par an avec un médecin ou une sage-femme et les examens biologiques potentiels). Ne sont pas concernés : les crèmes spermicides, les patchs, les anneaux vaginaux et les pilules de 3e et 4e générations.

Les contre-indications à la contraception hormonale

- Pour les produits contenant des œstroprogestatifs :
  - **le risque principal est vasculaire :** si vous avez déjà eu une phlébite ou une embolie pulmonaire (thrombophilie), si vous êtes porteuse d'une anomalie génétique responsable d'une maladie thromboembolique – ou s'il y a un risque familial ; en cas d'hypercholestérolémie ;
  - par ailleurs, le médecin ou la sage-femme tiendront compte des facteurs personnels pouvant aggraver le risque vasculaire :

surpoids, tabagisme, sédentarité ; et également si une intervention chirurgicale imposant un repos allongé est prévue, ou si un long voyage en avion est envisagé ;
– certaines cardiopathies, l'hypertension, le diabète, selon son stade d'évolution ;
– certains traitements.

- Les produits ne contenant que de la progestérone ne sont pas contre-indiqués en cas de risque vasculaire ou de diabète, mais le sont en cas de maladie du foie (hépatite en cours, par exemple).

Que se passe-t-il à l'arrêt de la contraception hormonale ?

Le premier cycle qui suit l'arrêt de la contraception hormonale est souvent un peu plus long avec une ovulation retardée. Si vous ne souhaitez pas être enceinte, prenez d'autres précautions que les précautions habituelles. Ce sont d'ailleurs ces troubles de l'ovulation avec risques de grossesse qui sont à l'origine d'une légende : la femme serait plus féconde après arrêt de la pilule. Ce qui est inexact. Mais elle ne l'est pas moins non plus et une grossesse peut survenir rapidement.

La contraception d'urgence ou pilule du lendemain

La marque la plus utilisée en France (délivrée sans ordonnance et gratuitement) se prend sous la forme d'un comprimé. Au-delà de 72 heures suivant un rapport non protégé, cette contraception d'urgence est inefficace. Il existe une autre contraception d'urgence, uniquement sur prescription médicale, inefficace au-delà de 5 jours. Quelle que soit la pilule utilisée, les effets secondaires sont souvent importants : nausées, vomissements, douleurs abdominales et saignements plus ou moins abondants pouvant faire croire que les règles surviennent. Il est préférable de faire un test sanguin de grossesse deux à trois semaines après le rapport à risque. La pilule du lendemain n'est pas efficace à 100 %. Plus elle est prise tôt, moins il y a de risque que la grossesse se développe.

La stérilisation : une contraception définitive

La stérilisation à visée contraceptive est autorisée. Un délai de réflexion de 4 mois avant la stérilisation est obligatoire en raison du **caractère définitif** de cette méthode.
La stérilisation tubaire (ligature des trompes) est aujourd'hui pratiquée par obstruction (clips) ou section des trompes : celle-ci empêche la rencontre des spermatozoïdes et de l'ovule. Cette stérilisation se réalise par voie cœlioscopique.
Adressez-vous à votre gynécologue qui vous donnera toutes les informations nécessaires.

Pour plus d'informations

Consultez sur Internet le livret d'information du Ministère de la Santé : solidarites-sante.gouv.fr/IMG/pdf/livret_sterilisation_a_visee_contraceptive.pdf

Chaque méthode de contraception présente des avantages et des inconvénients

Votre choix sera le résultat d'un compromis. Le médecin ou la sage-femme vous conseillera et vérifiera s'il existe d'éventuelles contre-indications. Dans de nombreux cas, ce qui rend le choix difficile, c'est moins l'hésitation entre les avantages et les inconvénients des différents moyens de contraception qu'une certaine réticence à la contraception elle-même. Les causes de cette résistance sont nombreuses et complexes : crainte de la nocivité d'une ingestion régulière d'hormones, présence d'un « corps étranger » dans l'utérus, sentiment de culpabilité devant la possibilité d'avoir une vie sexuelle sans risque, convictions religieuses. Ces réticences existent chez toutes les femmes, à des degrés divers. C'est important d'en prendre conscience car ce sont elles qui expliquent la plupart des échecs de la contraception. Ils tiennent, en effet, moins aux limites de telle ou telle méthode qu'à sa mauvaise utilisation. C'est ainsi que les grossesses survenues alors que la femme prend la pilule sont le plus souvent dues à un oubli (plus ou moins volontaire) ou à un arrêt de sa prise, par lassitude notamment. La question n'est donc pas celle de la meilleure méthode de contraception mais plutôt celle du degré d'adhésion de la femme et du couple.

La contraception masculine

De plus en plus de couples souhaitent partager la responsabilité de la contraception. Peu utilisés jusqu'à présent (hormis le retrait et le préservatif), il existe cependant des moyens de contraception masculine n'ayant aucune incidence négative sur la virilité et la sexualité.

Le retrait

La méthode consiste à interrompre le rapport avant l'émission du sperme (ou éjaculation). Cette méthode n'est pas adaptée lorsqu'il y a des rapports successifs et elle est peu fiable.

Le préservatif masculin

Ses principaux avantages sont sa totale innocuité (il en existe aujourd'hui sans latex) et sa facilité d'emploi au cours du rapport.
En plus, il diminue fortement le risque d'IST (Infections Sexuellement Transmissibles). Ses inconvénients sont d'être mal accepté par un certain nombre d'hommes et surtout d'entraîner 5 à 8 % d'échecs. Ceux-ci sont exceptionnellement dus à une rupture du préservatif dont la fabrication est soigneusement contrôlée et sont plutôt le fait d'une mauvaise utilisation : emploi de préservatifs à la seule période présumée féconde du cycle, celle-ci étant mal calculée ; mise en place trop tardive juste avant l'émission du sperme ; retrait trop tardif après l'éjaculation. Malgré tout, le préservatif reste un bon moyen de contraception.
Par ailleurs, on peut augmenter son efficacité par l'utilisation conjointe, par la femme, d'un produit spermicide.
Enfin, à cette période des suites de couches, l'usage de préservatifs autolubrifiants peut faciliter des rapports parfois difficiles.

La contraception hormonale

Cette méthode est encore anecdotique en France, seules une ou deux équipes la pratiquent, bien que validée par l'OMS. Elle consiste en une injection hormonale intra musculaire par semaine. Ses effets secondaires sont assez proches de ceux rencontrés par les femmes prenant une pilule. Elle n'est utilisable que 18 mois (en l'absence d'études sur une utilisation supérieure à cette durée).

La contraception thermique

Pour fabriquer les spermatozoïdes, les testicules ne doivent pas être exposés à une température supérieure à 35 degrés. Il existe donc des sous-vêtements à porter 15 heures par jour 7 jours sur 7, faisant remonter les testicules dans le canal inguinal. Les testicules « chauffés » alors à une température supérieure à 36° cesseront de fabriquer des spermatozoides au bout d'environ 3 mois (une contraception complémentaire est donc nécessaire jusqu'à ce que l'efficacité de la méthode soit vérifiée par un spermogramme).

La vasectomie

La vasectomie est pratiquée le plus souvent sous anesthésie locale. Il s'agit d'une ligature ou section des canaux déférents qui amènent les spermatozoïdes dans le sperme. Cela n'a aucune incidence sur la virilité. Il y a toujours une éjaculation mais sans spermatozoïdes. D'autre part, un recueil de sperme peut être éventuellement réalisé avant l'intervention et conservé en cas de changement d'avis. Cette intervention est réalisée par un urologue. Un délai de 4 mois de réflexion est obligatoire en raison de son **caractère définitif** (une reperméabilisation peut être tentée mais sans garantie de succès). Peu utilisée en France (mais en augmentation), la vasectomie l'est beaucoup plus dans les pays nordiques et anglo-saxons.

Pour plus d'informations, voyez le site de l'association ARDECOM (association de recherche et développement de la contraception masculine) www.contraceptionmasculine.fr

Un autre bébé ?

Nos lectrices posent souvent la question : « Du point de vue médical, quel est l'intervalle idéal entre deux naissances ? » Bien sûr, il ne peut y avoir de réponse précise. Mais le bon sens dit qu'il est préférable que deux grossesses ne soient pas trop rapprochées. Par ailleurs, des études montrent que ce sont les bébés conçus entre dix-huit et vingt-quatre mois après la naissance précédente qui ont le moins de risque d'être de petit poids ou de naître prématurément.
De plus, comme environ 20 % des naissances ont lieu en France par césarienne, un délai d'un an avant une nouvelle conception est souhaitable afin que la cicatrisation de l'utérus soit complète.
D'ailleurs, la psychologie s'accommode bien de cet intervalle.
Dans le cas cité plus haut, lorsque le nouveau bébé naîtra, l'aîné aura 2 ans ½-3 ans, âge réputé charmant. C'est souvent à ce moment-là que les parents se sentent prêts à accueillir un autre enfant.
Mais d'autres éléments pourraient, dans certains cas, modifier ces considérations, notamment l'âge des parents. Au fur et à mesure que passent les années, les chances de devenir enceinte diminuent. Ainsi, il faut deux fois plus de temps pour concevoir un enfant à 35 ans qu'il n'en faut à 25.

11

Guide pratique

Quand déclarer ma grossesse ? Quand passer les consultations médicales ? Et les échographies ? Le congé de maternité peut-il être prolongé ? Pourrons-nous bénéficier des allocations familiales ? Qu'est-ce que la PMI ? Tous les prénoms sont-ils admissibles ? Lorsqu'ils attendent un enfant, les parents se posent d'innombrables questions pratiques, administratives, sociales, juridiques. Y répondre le plus en détail possible est le but de ce chapitre.

Un prénom bien choisi

Bien avant la naissance, le choix du prénom est un sujet très discuté au sein des couples. C'est d'ailleurs une de leur première décision de parents. Certains se déterminent rapidement quand d'autres font des listes et hésitent jusqu'au dernier moment. Parfois l'entourage s'en mêle, donne son avis, plus ou moins bien accepté… La place que prend ce choix du prénom se comprend : celui-ci est un élément important de notre personnalité, il nous appartient, nous caractérise, et porte une signification. Nous avons tous un avis sur celui que nous avons reçu (« Je l'aime beaucoup » ; « J'aurais préféré un prénom plus – ou moins – original… »). Certains parents, qu'ils connaissent ou non le sexe de leur bébé, préfèrent avoir un choix de plusieurs prénoms pour donner à leur enfant celui qui lui ira le mieux lorsqu'ils le verront. Les possibilités de choix sont aujourd'hui très grandes et bien des parents souhaitent donner à leur enfant un prénom original, voire excentrique : prénoms inventés, inspirés de célébrités, puisés dans la nature. On observe également un retour à des prénoms jugés désuets, appartenant davantage à la génération précédente. Votre enfant va porter son prénom toute sa vie : pensez-y. Il devra le prononcer et l'entendre des milliers de fois à l'école et plus tard. Le prénom est une sorte de cadeau que les parents font à l'enfant à sa naissance (les Anglais, d'ailleurs, disent *given name*, « nom donné ») et il faut que votre enfant soit plus tard heureux de l'avoir reçu.
Alors n'hésitez pas à en parler autour de vous, avant d'arrêter définitivement votre choix. Souvent, c'est la première idée, la vôtre, qui vous semblera la meilleure. Après avoir recueilli l'avis de votre entourage, faites confiance à votre propre jugement de parents.

Quelques idées de prénoms

Des prénoms souvent donnés
Pour les filles : Agathe, Ambre, Amélia, Anaïs, Aurélie, Célia, Chloé, Clara, Élise, Elsa, Emma, Eva, Flavie, Inès, Jade, Julia, Léa, Léna, Lilou, Lina, Lisa, Lola, Lou, Lucie, Maëlle, Maëlys, Manon, Margaux, Marie, Mia, Mila, Nina, Noémie, Pauline, Romane, Rose, Salomé, Sarah.
Pour les garçons : Adam, Adrien, Alexandre, Antoine, Antonin, Arthur, Axel, Baptiste, Benjamin, Clément, Corentin, Enzo, Gabriel, Hugo, Jules, Léo, Louis, Lucas, Malo, Martin, Mathis, Maxime, Nathan, Nathanaël, Paul, Raphaël, Robin, Romain, Sacha, Simon, Théo, Thomas, Tom, Valentin.

Prénoms d'hier de nouveau à la mode
Pour les filles : Adèle, Angèle, Blanche, Céleste, Charlotte, Clémence, Garance, Hélène, Héloïse, Hortense, Jeanne, Joséphine, Justine, Léopoldine, Louise, Léone, Léonie, Marguerite, Mathilde, Mélanie, Rosalie, Violette.
Pour les garçons : Adrien, Anatole, Armand, Aubin, Auguste, Augustin, Balthazar, Basile, Casimir, Côme, Éloi, Émile, Ernest, Eugène, Gaspard, Léon, Octave, Odon, Lucien, Marius, Max, Oscar, Victor.

Prénoms mixtes
Alix, Alex, Ange, Camille, Charlie, Clarence, Loïs, Lou, Maé, Mael, Noa, Noha.

Prénoms d'héroïnes ou de héros de la littérature
Pour les filles : Alice, Bérénice, Cassandre, Eugénie, Fanny, Juliette, Ninon, Ophélie, Oriane, Pénélope, Roxane ;
Pour les garçons : Achille, Hippolyte, Julien, Quentin, Robinson, Solal, Tristan, Ulysse, Virgile.

Prénoms venus d'ailleurs
- **D'Espagne et d'Italie** : Angela, Anna, Carla, Chiara, Laetitia, Lina, Lucia, Luna, Maia, Maria, Olivia ; César, Cristobal, Diego, Esteban, Lucca, Marco, Mateo ou Matteo, Nino, Paolo, Telmo, Timéo.
- **Des pays slaves et de Grèce** : Anastasia, Daphné, Elena, Elsa, Helenka, Ludmilla, Nadia, Natacha, Sofia, Sonia, Tatiana, Tania, Zoé ; Bogdan, Boris, Constantin, Cyrille, Dimitri, Igor, Ivan, Stanislas, Vadim, Vladimir, Yannis.
- **Du Maghreb et d'Afrique** : Anissa, Inaya, Kadi, Khadija, Leila, Malika, Nour, Norah, Oumou, Rachida, Samia, Yasmina, Zohra ; Ali, Amine, Amir, Karim, Malik, Medhi, Mohamed, Naël, Omar, Rachid, Samir, Sofiane, Yacine.
- **D'Asie** : Li, Lien, Ành ; Tin, Tàn, Chung.
- **D'autres pays** : Angie, Audrey, Emmy, Fiona, Jennifer, Gabriela, Iris, Linda, Leslie, Melissa, Rebecca, Romy ; Alistair, Allan, Bryan, Eliott, Ethan, Florian, Ilan, Jason, Joris, Kevin, Killian, Ryan, Soren.

Pour en savoir plus sur les prénoms les plus donnés ces dernières années : www.insee.fr

Les parents choisissent **librement** le ou les prénoms de l'enfant à la seule condition que ces prénoms ou l'un d'eux, seul ou associé aux autres prénoms ou au nom, ne soient pas contraires à l'intérêt de l'enfant (prénom ridicule, par exemple) ou au droit des tiers à voir protéger leur patronyme (par exemple, un parent ne peut choisir comme prénom un nom de famille dont l'usage constituerait une usurpation au détriment de tiers). Pour plus d'informations, voyez page 433.

Préparez votre retour à la maison

Les séjours à la maternité tendent aujourd'hui à devenir de plus en plus courts. Certaines mamans sont contentes de rentrer rapidement chez elles. D'autres le regrettent car la présence de l'équipe médicale les rassure. En effet, dans les jours qui suivent la naissance, les mères se sentent souvent désemparées, avec une sensibilité exacerbée et elles apprécient la présence et la compétence de professionnels. Heureusement, il est aujourd'hui possible de bénéficier d'un suivi à domicile par une sage-femme après la sortie de la maternité.

Comment choisir la maternité ?
Voir le chapitre 1
Qu'emporter à la maternité ? Voir le chapitre 8

Un soutien temporaire :

le suivi à domicile

Ce suivi est un accompagnement et une aide pour prendre soin de votre bébé et de vous-même. La sage-femme vient à la maison et elle assure une surveillance de votre nouveau-né : son état de santé, son alimentation, sa digestion. Elle vous conseille pour sa toilette, la façon de donner un bain, elle vous aide à faire face à ses pleurs ; si vous nourrissez au sein, elle s'assure que l'allaitement démarre bien. Elle veille également sur votre santé : elle peut vérifier la cicatrisation de l'épisiotomie, effectuer le bilan périnéal, vous prescrire les médicaments qui vous seraient nécessaires, etc.

- Pour organiser ce suivi à domicile, il est conseillé de prendre contact avec une sage-femme (la vôtre ou une de votre choix) si possible pendant la grossesse, et au plus tard avant d'avoir quitté la maternité. Après sa première visite, la sage-femme vous dira quel suivi est nécessaire pour vous.
- Le **Prado (programme de retour à domicile).** Il s'agit d'un accompagnement personnalisé en cas de sortie précoce de la maternité : dans les 3 jours suivant l'accouchement, ou dans les 4 jours en cas de césarienne. Vous n'avez pas de démarche à effectuer. Si l'équipe médicale vous propose cette sortie précoce, un conseiller de l'Assurance Maladie vous rend visite à la maternité et vous propose le service Prado :

– l'organisation du passage à domicile de la sage-femme (la vôtre ou une de votre choix) dans les 24 heures suivant votre sortie ; celle-ci vous dira si une autre visite – et éventuellement une troisième – est nécessaire.
– une aide dans vos démarches administratives (mise à jour de vos droits, relais avec la CAF, etc.)

À savoir : ces surveillances à domicile sont prises prise en charge à 100 % par l'Assurance Maternité jusqu'au 12ᵉ jour après la naissance, puis par l'Assurance Maladie et éventuellement la mutuelle.
Deux séances de **suivi postnatal** peuvent être effectuées par une sage-femme et remboursées (p. 426)
Au-delà de cette période de 12 jours, il est bien sûr possible de consulter le médecin ou la sage-femme. L'infirmière de PMI peut aussi passer à la maison pour vous guider dans les soins du bébé.
Vous pouvez peut-être bénéficier des services d'une travailleuse familiale (technicienne de l'intervention sociale et familiale à domicile). Cette personne assure un accompagnement respectueux des parents et du bébé. Vous obtiendrez les coordonnées des associations agréées et conventionnées auprès des CAF, des PMI, des services de maternité, de néonatalogie et dans certains réseaux de périnatalité. Les interventions peuvent être prises en charge partiellement, parfois totalement, par la CAF, la PMI ou la MSA, en fonction de votre quotient familial. La participation financière de la famille reste déductible des impôts.

Un soutien à long terme :

les réseaux de périnatalité

L'ambition d'un réseau périnatal (p. 20) est d'optimiser le suivi des femmes enceintes et de leurs nouveau-nés ainsi que de favoriser un accompagnement global des parents et de l'enfant dès le début de la grossesse : ceci afin de repérer les fragilités possibles des uns et des autres pour pouvoir les prendre en charge et assurer un suivi.
Ces réseaux regroupent l'ensemble des professionnels de la périnatalité d'un territoire donné, qu'il s'agisse du secteur sanitaire ou médico-social, et ils coordonnent leurs activités : maternités, PMI, praticiens libéraux, associations, etc. Les professionnels participant à ces réseaux partagent leurs compétences : si nécessaire, et en raison de l'évolution de leur grossesse, les femmes enceintes sont orientées vers d'autres soignants ; et les nouveau-nés peuvent être dirigés vers d'autres établissements selon leur état de santé.

L'organisation pratique

En même temps que vous préparerez ce que vous allez emporter à la maternité, nous vous conseillons de prévoir également ce qui concerne l'organisation des premiers jours pour vous occuper de votre bébé : la table à langer, les couches, les produits de toilette, les vêtements. Prévoyez un endroit où vous serez installée confortablement pour donner le sein ou le biberon ; achetez éventuellement le matériel pour préparer les biberons, l'eau minérale et le lait infantile. Pendant votre séjour à la maternité, votre conjoint vérifiera que tout est bien en ordre et prêt pour vous accueillir. En ayant organisé votre retour à la maison, vous pourrez, avec votre compagnon, bien profiter des premiers jours avec votre bébé.

Ce dont votre bébé aura besoin

Si c'est la première fois que vous attendez un enfant, il est possible que vous ne sachiez pas ce dont vous aurez besoin pour l'habiller, pour sa toilette, pour la chambre, etc. Voici une liste complète. Mais il n'est pas nécessaire de tout acheter. Vous avez sûrement autour de vous de la famille, des amis qui pourront vous donner ce dont ils n'ont plus besoin : vêtements, poussette, chaise haute… se prêtent facilement et permettent de limiter les dépenses.

Les vêtements

C'est de la layette qu'il faudra vous occuper d'abord car c'est elle qui doit être prête en premier lieu. Si votre enfant arrivait plus tôt que prévu, vous auriez toujours le temps de vous procurer le landau ou la poussette pour ses premières sorties. Mais, dès la première heure, il faudra l'habiller.

Au début, votre enfant va grandir et grossir très vite
Tenez compte de cela pour ne pas trop acheter à l'avance et vous retrouver avec des vêtements devenus trop petits. Le poids et la taille d'un enfant changent si vite que l'on divise les six premiers mois en trois tailles : 1 mois, 3 mois et 6 mois. Certaines marques proposent une taille « naissance ». Elle peut être bien adaptée à certains bébés, par exemple à des jumeaux qui sont souvent de petit poids, mais risque de ne pas servir longtemps à un bébé de poids moyen. Pour lui, il vaut mieux prévoir la taille « 1 mois ». Quant aux bébés prématurés, on trouve dans les magasins de puériculture toute une layette adaptée à leur poids et à leur taille.
Choisissez des vêtements larges et douillets, faciles à mettre : les bébés n'aiment pas ceux qui s'enfilent par la tête, préférez ceux qui se ferment avec des petits liens ou des pressions.

Privilégiez les matières naturelles
La peau d'un bébé est fine et sensible : les matières naturelles (coton ou laine) sont préférables aux matières synthétiques. Pour les tout-petits, préférez les vêtements ayant un label (Confiance Textile, Écolabel européen, Naturtextil, GOTS). Les labels sont utilisés pour les textiles, mais aussi pour l'alimentation, le mobilier, les jouets, les produits ménagers… Ils sont des indicateurs de produits ayant un niveau de qualité supérieure, contenant moins de substances potentiellement dangereuses

Les vêtements de base	1 mois	3 mois	6 mois
Bodys en coton	6	6	6
Brassières ou gilets de laine	2	2	2
Pyjamas	4	4	4
Turbulettes	2	2	2
Robes ou salopettes		2	2
Gilets en coton	2	2	2
Chaussons ou chaussettes	4	4	4
Bavoirs (pour les repas)	3	3	3
Bonnet	1	1	1

pour la santé, issus de processus de fabrication plus durables, etc. Toujours pour ne pas irriter la peau de votre bébé, choisissez une lessive qui ne soit pas trop puissante et sans parfum. Il est déconseillé d'utiliser des produits adoucissants qui sont souvent également parfumés, ainsi que les lessives « désinfectantes » qui contiennent des substances pouvant être agressives. Lavez les vêtements avant le premier usage. Toutes les étapes de la fabrication et de la transformation des textiles impliquent en effet l'utilisation de nombreux produits chimiques.

Les vêtements de base

Vous les adapterez à la saison où naîtra l'enfant et à votre région. Vous ajouterez un paquet de couches pour ne pas être prise au dépourvu lorsque vous sortirez de la maternité.

Vous pouvez compléter cette liste par une cape de bain et, pour les sorties, par un nid d'ange (petit sac avec capuche) ou une combinaison, pratiques car ils enveloppent bien le bébé.

Prévoyez aussi des **langes** en tissu, qui sont des grands carrés de coton, bien pratiques à mettre sur l'épaule quand le bébé fait ses renvois, ou pour placer sous sa tête afin qu'il soit toujours au propre et au sec.

Le **body** est devenu l'incontournable des vêtements du bébé : à manches longues ou courtes, façon débardeur ou à fines bretelles, blanc ou coloré, rayé ou à motifs, il devient un vêtement à lui tout seul lorsqu'il fait chaud. Toujours en coton, il est agréable à porter et couvre bien le ventre.

Le **pyjama** est indispensable les premiers mois, qu'il soit en coton léger ou plus épais selon la saison. D'ailleurs, les premières semaines, vous trouverez certainement plus facile et confortable pour votre bébé de le laisser en pyjama durant la journée.

La **turbulette**, ou gigoteuse, est un petit sac de couchage avec emmanchures et s'enfile sur le pyjama. Elle remplace la couette, déconseillée chez le bébé. Vous la choisirez plus ou moins épaisse, selon la saison. Il existe plusieurs tailles, ou bien des modèles réglables.

La chambre

Les premiers mois, il est conseillé que le bébé dorme dans la chambre de ses parents. Le petit lit est installé à côté du grand lit. Cette proximité des parents avec leur nouveau-né offre des moments de plaisir partagé. Le bébé allaité au sein peut être nourri à la demande, ainsi tout le monde se rendort plus facilement.

Si vous pouvez consacrer une chambre à votre bébé, pensez néanmoins à l'installer suffisamment tôt. En effet, si vous avez des peintures à y faire, il faut leur laisser le temps de bien sécher. Si vous avez acheté de nouveaux meubles, installez-les bien avant la naissance pour leur laisser le temps de s'aérer. La peinture et le mobilier neuf peuvent dégager des substances toxiques pour le bébé. Il est raisonnable de terminer les travaux de rénovation et d'aménagement plusieurs semaines avant la naissance et d'aérer le plus souvent possible avant l'arrivée du bébé.

Pensez à l'âge où votre enfant sortira de son parc, se traînera à quatre pattes ou commencera à marcher : pour qu'il puisse le faire sans crainte et sans trop de dégâts, il faut que les angles de vos meubles ne soient pas trop aigus, les murs pas trop fragiles, les rideaux non plus, autant dire que dans la chambre, tout doit être solide, lavable, sans danger, pratique et propre !

Pour prévenir des réactions allergiques, surtout s'il y a une prédisposition dans la famille, pour le sol, évitez si possible tapis et moquette de laine. Évitez également le PVC qui contient des quantités non négligeables d'éléments chimiques potentiellement dangereux.

Le lit, la literie

Différents modèles de lits existent : le plus pratique est celui avec de hauts barreaux. Pour s'adapter à l'âge du bébé, le sommier peut le plus souvent se régler en hauteur et des barreaux sont amovibles pour que l'enfant puisse en sortir facilement.

Vous pouvez aussi choisir un petit lit qui s'accroche au vôtre. Il existe de nombreux modèles. Ce lit vous servira le temps que votre bébé dormira dans votre chambre.

Comment coucher votre bébé ? Toujours sur le dos.

Voici quelques conseils pour choisir la literie :

- Optez pour un **matelas ferme, bien adapté aux dimensions du lit** (pour éviter que le bébé se coince entre le matelas et la paroi du lit). Pour protéger le matelas, prévoyez une alèse (en caoutchouc ou coton imperméabilisé) recouverte d'un drap-housse.
- Les matelas subissent de nombreux traitements pour être conformes à la réglementation ou être plus attractifs : antiacariens, antiodeurs, antibactérien, antifeu, etc. Si possible, privilégiez les matières naturelles (bambou, coton biologique) et les labels qui donnent des garanties supplémentaires (par exemple la limitation ou l'interdiction de certains colorants, de certaines substances classées comme allergènes, cancérigènes, etc.). Aérez le matelas neuf plusieurs jours hors de son emballage.
- Ne mettez **pas d'oreiller** (le bébé risquerait d'y enfouir son nez).

- **Pas de couverture, pas de couette** (le bébé pourrait glisser dessous). Pour couvrir votre bébé, vous lui mettrez une turbulette ou une gigoteuse.
- Si votre enfant doit naître en été, prévoyez éventuellement une moustiquaire.

Pour changer votre enfant
Vous avez plusieurs possibilités :
- une **table à langer :** le modèle le plus simple consiste en un matelas à langer posé sur un support soutenu par des tubes métalliques ; si vous pouvez l'installer près d'un lavabo, ce sera plus pratique pour la toilette de bébé ;
- une **commode** : soit spécialement prévue à cet effet (on en trouve dans tous les magasins de puériculture), soit une commode que vous possédez déjà. Les tiroirs serviront à ranger les vêtements de l'enfant. Et, sur le dessus, vous placerez le matelas à langer. Il en existe de nombreux modèles (rembourrés, avec des poches, etc.), dans des coloris variés. Posez sur le matelas à langer une serviette-éponge : le contact du plastique est désagréable pour le bébé et sa peau pourrait être en contact avec des substances indésirables.

> Lorsque votre bébé sera sur la table à langer, **vous aurez toujours une main posée sur lui** : il suffit d'un instant d'inattention pour que le bébé, même tout petit, tombe. C'est une cause fréquente d'accidents.

Pour la santé et le confort de votre bébé
Installez-le dans une chambre saine : propre, sèche, régulièrement aérée, calme. Et fraîche : pas plus de 19-20 °C. C'est aussi une pièce où on ne fume pas. D'ailleurs, on ne fume pas dans un appartement où séjourne un enfant : la fumée est nocive pour ceux qui fument mais aussi pour ceux qui les entourent.

La nourriture

Si vous n'avez pas l'intention d'allaiter votre enfant, voici le matériel nécessaire :
- biberons gradués, à large goulot, pour faciliter le nettoyage ;
- protège-tétines ;
- tétines ;
- 1 brosse longue « goupillon » pour nettoyer les biberons ;
- 1 petit biberon (pour l'eau) sera utile.

Si vous souhaitez stériliser les biberons, vous trouverez dans le commerce toute une gamme de stérilisateurs à tous les prix : électriques, à micro-ondes, à froid.

La toilette

Pour donner le bain, vous pouvez utiliser soit une baignoire pour bébé (il existe plusieurs modèles), soit simplement, les premières semaines, un lavabo.

Vous aurez besoin, en outre, des objets et produits suivants :
- savon en gel ou pain, sans parfum ni colorant. Vous pouvez utiliser le même produit pour le corps et le visage. Pour les premiers mois, choisissez plutôt un produit spécial pour nourrissons. En cas de peau particulièrement sèche ou sensible, il existe des gels et pains sans savon ;
- liniment oléo-calcaire (mélange d'eau de chaux et d'huile d'olive), souvent conseillé pour la toilette du siège ; choisissez plutôt un produit labellisé Cosmebio ou BDIH ; vous pouvez également faire le mélange vous-même en prenant les précautions nécessaires (demandez conseil à la sage-femme) ;
- pommade pour le siège ;
- sérum physiologique ;
- crème hydratante sans parfum ;
- carrés de coton à découper, ou carrés en velours de coton lavables ;
- lingettes : elles sont pratiques pour la toilette du siège de bébé lorsque vous vous déplacez. À la maison, utilisez l'eau et le savon, ou du liniment oléo-calcaire. L'usage prolongé et répété des lingettes est déconseillé ;
- l'huile d'amandes douces : elle est aujourd'hui déconseillée à cause du risque d'allergie. Si besoin, mettez à votre bébé un peu de crème hydratante ;

D'une façon générale, pour la peau de votre bébé, n'abusez pas des produits cosmétiques qui peuvent être trop agressifs, et utilisez les plus simples (sans parfum, ni colorant) : ce sont souvent les meilleurs.

Vous aurez également besoin de :
- 1 thermomètre de bain ;
- 2 ou 3 gants de toilette (on nettoie d'abord les cheveux, puis le reste du corps et le siège ; le gant sera lavé après la toilette) ;
- 2 serviettes-éponges suffisamment grandes pour envelopper votre enfant lorsqu'il sort de son bain, ou une cape de bain en éponge ;
- 1 lime en carton ou 1 paire de petits ciseaux spéciaux pour couper les ongles après 1 mois ;
- 1 brosse à cheveux ;
- 1 thermomètre médical (à utiliser si vous trouvez votre bébé grognon ou chaud).

Landau et poussette

Pour faire des courses, aller à l'école chercher l'aîné, prendre l'air au jardin, rendre visite à des amis, passer une journée à l'extérieur, on emmène son bébé dans une poussette, sur laquelle peuvent se fixer, selon les modèles, une nacelle ou un siège-auto. La nacelle, qui transforme la poussette en landau, est très utile durant les premiers mois pour transporter le bébé en position allongée et lui permettre de se reposer et de s'endormir facilement. Le siège-auto (« cosy ») fixé sur la poussette évite de réveiller le bébé quand on sort de la voiture.

Il existe aussi des modèles plus simples : une poussette dans laquelle le bébé peut être installé en position allongée au début, et qui, par la suite, se transforme en poussette classique. Ne l'installez pas trop tôt en position assise, cela ne sera pas confortable pour lui.
Vous choisirez le modèle selon vos besoins, notamment la fréquence des sorties, des trajets en voiture ou à pied, etc. Et selon votre budget.
Avant de choisir un modèle, assurez-vous qu'il tient bien dans le coffre de votre voiture, que vous pouvez facilement le ranger chez vous, et qu'il n'est pas trop encombrant pour pouvoir l'utiliser éventuellement dans les transports en commun. Le poids de la poussette et sa maniabilité sont aussi importants, notamment si vous habitez en ville.
Quel que soit le matériel, lorsqu'il est neuf, pensez à le déballer rapidement et à l'aérer avant utilisation ; passez une éponge à l'eau savonneuse puis rincez les revêtements qui le permettent.

Le porte-bébé, l'écharpe

Les parents sont heureux de porter ainsi leur enfant, de sentir sa chaleur, de lui communiquer la leur. Porte-bébé ou écharpe permettent de sortir facilement, sans être encombré par la poussette (quand il y a du monde, pour faire des petites courses, etc.) et aussi de bercer le bébé à la maison quand il est un peu énervé. Ils sont également pratiques pour le porter pendant que l'aîné est dans une poussette. Quant au bébé, il se sent bien également. Être porté ainsi répond à ses besoins de proximité, « d'accrochage » ; il retrouve des sensations éprouvées avant la naissance et cette continuité le rassure.
Lors de l'achat d'un **porte-bébé**, assurez-vous que votre enfant sera bien blotti contre vous et que son menton ne sera pas penché vers sa poitrine – ce qui pourrait le gêner pour respirer. Il faut aussi que son dos soit bien soutenu et ses jambes suffisamment écartées, en « grenouille », pour qu'il n'y ait aucune tension sur ses hanches. Essayez le modèle avant de l'acheter pour qu'il soit confortable pour vous.
Avec l'**écharpe**, le bébé est bien maintenu contre le corps de sa maman ou de son papa et sa tête ne ballote pas. Elle s'adapte aux différents âges de l'enfant et permet plusieurs positions (sur le ventre, sur la hanche, dans le dos). La technique de nouage s'apprend facilement grâce aux notices fournies lors de l'achat ; des cours de portage sont également proposés lors de la préparation à l'accouchement ou dans les maternités.
Le siège auto est obligatoire pour transporter votre bébé en voiture en toute sécurité et il doit être homologué. Vous en aurez probablement besoin dès la sortie de la maternité. Les sièges dos à la route sont à privilégier le plus longtemps possible. Pour plus d'informations : www.preventionroutiere.asso.fr et www.securange.fr

Les cadeaux de vos amis

Vous aurez peut-être des amis qui, avant de vous faire un cadeau, vous demanderont ce que vous aimeriez recevoir pour votre enfant. Si vous ne savez que répondre, car vous ne connaissez pas encore bien les besoins d'un bébé, voici quelques suggestions de petits et de plus grands cadeaux.

- des chaussons ou chaussettes ;
- pour mettre les premières photos de bébé, quelques petits cadres, ou un plus grand avec des aimants (pêle-mêle) ;
- De jolis livres que votre enfant appréciera plus tôt que vous ne pouvez l'imaginer aujourd'hui. Par exemple : *Mon amour*, Astrid Desbordes, Pauline Martin (Albin Michel) ; *Regarde comme je t'aime*, Emiri Hayashi (Nathan) ; *Petit petit*, Coralie Saudo (éditions Amaterra) ; *Graines d'amour*, Louison Nielman, Virginie Martins (Auzou) ;
- 1 disque de berceuses : *Les plus belles berceuses du monde* (Mali, Japon, Russie…), avec le texte original et la traduction, un livre + CD (Didier) ;
- 1 cape de bain ;
- 1 robe de chambre qui sera utile quand l'enfant saura bien marcher (par exemple, taille 2 ans) ;
- des jouets : hochet, poupée en tissu, animal en caoutchouc… ; évitez les jouets à pile avec des sons électroniques, des lumières artificielles ; ainsi que les jouets connectés, de plus en plus présents dans les rayons « bébé » ; lorsqu'ils grandissent les enfants apprécient les jeux de construction, d'encastrement, les puzzles en bois, cubes et briques ; soyez vigilants et vérifiez que le logo CE obligatoire et réglementaire est apposé de manière visible sur les jouets et jeux d'éveil ; certains jouets portent des labels écologiques ou écolabels ; ces marquages apportent la garantie d'objets sains et sûrs pour les enfants ;
- 1 petit mixeur ;
- 1 assiette et ses couverts ;
- 1 sacoche amovible que vous accrocherez à la poussette et où vous pourrez mettre tout ce dont un enfant a besoin pour sa promenade ;
- 1 pyjama ;
- 1 turbulette ;
- 1 écharpe ou 1 porte-bébé ;
- 1 thermos à biberon pour emporter en promenade ;
- 1 parc et 1 tapis pour le garnir ;
- 1 tapis d'éveil : votre bébé l'appréciera dès 4-5 mois ;
- 1 siège auto ;
- 1 chaise haute évolutive ;
- 1 lit pliant pour le voyage, facile à transporter ;
- 1 transat qui permettra à votre enfant de passer en douceur de la position couchée à la position assise ;
- enfin 1 livre bien complet sur votre enfant : soins, alimentation, psychologie, santé, etc. C'est d'ailleurs à votre intention qu'a été écrit *J'élève mon enfant*.

Vos premières démarches

Lorsqu'ils attendent un enfant, les futurs parents ont des **droits**. Ainsi, dès qu'une femme est enceinte, elle est protégée dans son travail (licenciement, travail de nuit…). Elle peut s'absenter pour se rendre aux examens médicaux obligatoires. Un congé de maternité lui permet de se reposer ; quant au père, il bénéficie d'un congé de paternité. Selon leur situation, différentes prestations familiales aident les parents à faire face financièrement à l'arrivée de l'enfant, etc.
Les futurs parents ont aussi des **responsabilités**.
En prenant soin d'elle-même, en se faisant suivre médicalement, en renonçant à fumer et à consommer de l'alcool, la future maman prend également soin de son bébé. Et devenir parents s'accompagne de devoirs définis par le Code civil : « L'autorité parentale est un ensemble de droits et de devoirs ayant pour finalité l'intérêt de l'enfant. Elle appartient aux parents pour le protéger dans sa sécurité, sa santé et sa moralité pour assurer son éducation et permettre son développement dans le respect dû à sa personne. […]»

Prise en charge, déclaration de grossesse, remboursements

L'assurance maternité

Elle permet de couvrir une grande partie des frais que va entraîner la naissance d'un enfant. Elle va ainsi prendre en charge à 100 % les examens prénataux obligatoires, les dépenses de santé à partir du 1er jour du 6e mois, les frais d'accouchement, etc. Avant le 6e mois, les frais qui ne sont pas pris en charge peuvent l'être par une assurance complémentaire santé (mutuelle).

Qui peut en bénéficier ?

Toute personne qui travaille en France a droit à la prise en charge de ses frais de santé à titre personnel. Ce régime concerne les salariés qui dépendent de la Caisse Primaire d'Assurance Maladie (CPAM), et les salariés du monde agricole qui dépendent de la Mutualité Sociale Agricole (MSA).

Toute personne qui réside en France de manière stable et régulière peut bénéficier de la Protection Universelle Maladie (PUMA) donnant accès à la prise en charge de ses frais de santé.
Les travailleurs non-salariés (chefs d'entreprise, commerçants, artisans, professions libérales, exploitants agricoles), sont affiliés à la Sécurité sociale des travailleurs indépendants. Il existe d'autres régimes ; les agents de la fonction publique ; les travailleurs frontaliers.
Les femmes expatriées sont protégées pendant leur expatriation si elles ont adhéré à la Sécurité sociale des expatriés (Caisse des Français de l'Étranger – CFE).
Pour bénéficier des indemnités de congé de maternité (**les prestations en espèces**), des conditions d'immatriculation, de cotisations et de temps de travail sont requises (p. 413 et suiv.).

La déclaration de grossesse et les consultations prénatales

Dès que vous êtes enceinte, vous devez consulter un médecin ou une sage-femme pour passer un **premier examen prénatal** afin de déclarer votre grossesse avant la fin des 14 premières semaines.
La déclaration de grossesse en ligne : avec votre carte Vitale, le praticien (médecin ou sage-femme) remplit la déclaration en ligne et la télétransmet directement à votre caisse d'assurance maladie et à votre caisse d'allocations familiales (CAF). Dans ce cas, vous n'avez rien à envoyer, votre grossesse est immédiatement enregistrée. La **carte vitale dématérialisée** *(apCV)* est téléchargeable depuis un smartphone ou une tablette. Elle permet le remboursement d'actes et l'accès à différents services.
La déclaration de grossesse avec un formulaire papier : le praticien complète et vous remet le formulaire de déclaration en trois volets. Vous devez compléter les informations vous concernant et adresser :
- le volet rose à votre caisse d'assurance maladie ;
- les deux volets bleus à votre CAF.

Quand et comment bénéficier de l'assurance maternité ?

Prise en charge	Conditions	Formalités
Dès la 1re visite de constatation de la grossesse	Être affiliée à un régime de Sécurité sociale	1. Déclarer sa grossesse avant la fin de la 14e semaine
Prise en charge à 100 % des frais engagés à compter du 1er jour du 6e mois de grossesse jusqu'à 12 jours après l'accouchement	Ou être ayant-droit mineure	2. Passer l'ensemble des 7 examens prénataux obligatoires
	Ou résider de façon stable et régulière en France depuis au moins 3 mois	3. Passer la 8e consultation postnatale obligatoire dans les 2 mois après l'accouchement

Consultations, échographies, inscriptions, déclarations …

1er trimestre

De 1 à 3 mois

- 1re consultation obligatoire avant la fin de la 14e semaine.
- Envoyez la déclaration de grossesse à la Sécurité sociale et à la CAF.
- Si la déclaration est faite en ligne par le praticien, vous n'avez rien à envoyer.
- 1re échographie prise en charge à 70 %.

Prise en charge à 70 %

Le plus tôt possible

- Inscrivez-vous à la maternité.
- Inscrivez votre bébé à la crèche.
- Prévenez votre employeur (pas de délai imposé).

2e trimestre

4e mois

- 2e consultation obligatoire.

5e mois

- 3e consultation obligatoire.
  - 2e échographie prise en charge à 70 %.

Prise en charge à 70 %

- Certaines allocations ou certains services peuvent être attribués par la CAF (aide ménagère).
- Inscrivez-vous à la préparation à la naissance. 8 séances sont remboursées à 100 %.

6e mois

- 4e consultation obligatoire.
- Prise en charge à 100 % par la Sécurité sociale de tous les actes et examens en rapport avec la grossesse.

Prise en charge à 100 %

- Commencez à chercher une assistante maternelle.

3e trimestre

7e mois

- 5e consultation obligatoire.
- 3e échographie prise en charge à 100 %.
- Pour les couples non mariés, une reconnaissance de l'enfant à naître peut être faite.

Prise en charge à 100 %

8e mois

- 6e consultation obligatoire.
- Début du congé de maternité.
- Il est possible de reporter 1, 2 ou 3 semaines du congé prénatal sur le congé postnatal.
- Préparez votre valise pour la maternité et celle de bébé : ne pas oublier un justificatif d'identité, votre carnet de maternité, votre carte Vitale et d'assurance complémentaire, éventuellement votre livret de famille.

9e mois

- 7e consultation obligatoire.
- Consultation avec l'anesthésiste.

Le détail de ces démarches et formalités est développé dans les pages qui suivent. Consultez également le tableau « Votre grossesse mois après mois » (p. 452 - 453).

Attention : vous devez déclarer votre grossesse avant la fin du 3e mois pour être prise en charge tout au long de votre grossesse et ouvrir vos droits à la prime à la naissance.
Un **carnet de santé de maternité** vous est en général adressé par votre département à l'issue de ce premier examen. Lors de chaque examen médical, le médecin ou la sage-femme y consigne ses constatations et indications. Si vous ne l'avez pas reçu, conservez vos résultats d'examen dans un classeur ou une pochette que l'équipe de la maternité pourra ainsi consulter facilement lors de l'accouchement.
La première consultation comporte, en plus de l'examen médical, des **analyses de laboratoire**, faites à partir d'une prise de sang ; celle-ci doit être effectuée avant la fin des 14 premières semaines. Mais il n'est pas nécessaire d'attendre les résultats pour adresser votre déclaration de grossesse à la Sécurité sociale. Enfin, lors de cette consultation, le praticien précise la date théorique prévue de l'accouchement et vous propose le premier entretien prénatal précoce (p. 194).

Sept visites médicales sont obligatoires.
La première doit être passée avant la fin des 14 premières semaines de grossesse. Les autres examens seront passés tous les mois à partir du premier jour du 4e mois jusqu'à l'accouchement.
Un autre examen médical obligatoire sera passé dans les 8 semaines qui suivent l'accouchement.
Si nécessaire, deux séances de suivi postnatal avec une sage-femme, entre le 8e jour suivant la naissance et l'examen postnatal, sont prises en charge par l'assurance maladie.
Les examens médicaux peuvent être passés chez un médecin, une sage-femme, dans un centre de PMI ou dans tous les établissements de soins agréés (hôpital, clinique, etc.).
Trois **échographies** sont conseillées, à des dates précises, au cours de la grossesse.

Conservez vos analyses et vos échographies pour les présenter aux consultations suivantes.

La **carte de priorité** pour les transports en commun permet d'obtenir une place réservée. Elle est à demander à la CAF.
Examen médical du père : le futur père peut également, au cours du 3e mois, subir un examen médical complet qui lui sera remboursé à 100 %.

Un **label de qualité** de l'accueil du nouveau-né et de ses parents a été mis en place dans les maternités et les services de néonatologie par l'OMS et l'Unicef : Hôpital ami des bébés (p. 353).

Le remboursement des frais de soins
Le remboursement des soins dépend de votre régime d'assurance maladie, du secteur d'activité de votre médecin et du type d'établissement de soins choisi pour suivre votre grossesse et votre accouchement.
Les soins remboursés. L'ensemble des frais médicaux, pharmaceutiques, de laboratoire et d'hospitalisation résultant ou non de la grossesse, de l'accouchement et de ses suites peuvent être remboursés par l'assurance maladie. Les actes d'assistance médicale à la procréation (AMP ou PMA) sont également pris en charge (conditions p. 439). Un remboursement complémentaire peut être accordé par certaines mutuelles pour les dépassements d'honoraires, les médicaments non remboursés et le forfait hospitalier. Seuls les examens prénataux obligatoires et les séances de préparation à l'accouchement sont pris en charge par l'assurance maternité.
À partir du 6e mois et jusqu'au 12e jour après l'accouchement, les soins sont pris en charge à 100 % par l'assurance maternité, qu'ils soient en lien ou non avec la grossesse.
Les frais de transport à l'hôpital ou à la clinique en ambulance, ou tout autre moyen, sont pris en charge sur prescription médicale et après accord de la caisse.
Les femmes enceintes **résidant à plus de 45 minutes des maternités** peuvent bénéficier d'un hébergement temporaire non médicalisé ou de 5 nuits dans un « hôtel hospitalier » dans la limite de 80 € la nuitée ainsi que de la prise en charge de leur transport. Les examens des 8e et 9e mois peuvent aussi donner lieu à un hébergement. Si la naissance a lieu après le terme de la grossesse, la durée de l'hébergement pourra être prolongée jusqu'à la date effective de l'accouchement. Il en est de même pour les grossesses à risque où l'aide peut être proposée dans la limite de 21 nuitées et de 23 allers-retours.
Les médicaments sont remboursés à 15 %, 35 %, 65 % ou 100 %. **Les analyses de laboratoire** (VIH et amniocentèse) sont remboursées à 100 % en secteur 1 (si accord préalable pour l'amniocentèse), avec un dépassement pour les secteurs 2 et 3.
Le tiers payant est pris en charge par la Sécurité sociale, seul le ticket modérateur reste à payer par l'assurée.Celui-ci peut être pris en charge partiellement ou totalement par la complémentaire santé ; l'avance peut être demandée par le praticien.
Complémentaire santé obligatoire. Chaque employeur doit affilier à une complémentaire santé collective ses salariés qui n'en disposent pas.
Cette obligation vaut également pour le travail temporaire.
En cas de difficultés financières, ou si vous ne possédez pas de complémentaire santé, il est possible, sous certaines conditions, de bénéficier de la complémentaire santé solidaire qui vous aide à payer vos dépenses de santé.
La **consultation aux urgences hospitalières**, non suivie d'une hospitalisation, est facturée (19,61 €). Les femmes enceintes en sont exonérées ainsi que les nouveau-nés de moins de 30 jours.

La **téléconsultation médicale** est remboursée par l'assurance maladie au même tarif que la consultation en face-à-face, à condition de s'inscrire dans le parcours de soins encadré par le médecin traitant. Pour plus d'informations : www.ameli.fr

Le dispositif « Mon psy » permet, sur prescription médicale, de consulter un psychologue. Le coût est de 40 € la première séance, de 30 € les suivantes, dans la limite de 8 consultations par an. L'assurance maladie prend en charge 60 %, le reste est remboursé par l'assurance complémentaire. Pour connaître la liste des psychologues partenaires du dispositif : www.monpsy.sante.gouv.fr.

Les trois secteurs médicaux :

Le **secteur 1** est constitué des médecins qui adhèrent à la convention de la Sécurité Sociale. Ces médecins sont soumis à des obligations tarifaires et ne peuvent qu'exceptionnellement demander un dépassement d'honoraires.

Le **secteur 2** comprend les médecins conventionnés dont les honoraires sont fixés librement (HL) ou le dépassement autorisé (DA). Les tarifs de ces praticiens sont supérieurs aux tarifs des médecins du secteur 1, le remboursement des frais est inférieur à celui de la convention.

Le **secteur 3** comprend les praticiens qui n'ont pas adhéré à la convention et qui ne sont donc pas soumis à l'obligation tarifaire. Le remboursement des frais se fait sur un tarif d'autorité extrêmement faible.

Quel que soit le secteur, les médecins ont une obligation légale d'affichage des tarifs de leurs honoraires. Les dépassements d'honoraires ne sont jamais pris en charge par la Sécurité sociale. Ils peuvent être pris en charge en totalité ou en partie par une complémentaire santé.

Sur les **prestations familiales** (les différentes allocations, comment les obtenir, leur montant, etc.), voyez page 417 et suivantes.

Taux de remboursement des soins de maternité

Statut du praticien	Visites obligatoires	Visites supplémentaires	Échographies	8 séances de préparation à l'accouchement	10 séances de rééducation postnatale
Salarié établissement public	100 %	70 %	70 % jusqu'à la fin du 5e mois 100 % au-delà	100 %. Attention toutes les méthodes ne sont pas remboursées	100 %
Salarié PMI	Gratuites	Gratuites			
Libéral Secteur 1	100 %	70 %	70 % jusqu'à la fin du 5e mois 100 % au-delà	100 %	100 %
Libéral Secteur 2	Dépassement d'honoraires	Dépassement d'honoraires	Dépassement d'honoraires	Dépassement d'honoraires	Dépassement d'honoraires
Libéral Secteur 3	Dépassement d'honoraires important	Dépassement d'honoraires important	Dépassement d'honoraires important	Dépassement d'honoraires important	Dépassement d'honoraires important

Remboursement des frais d'accouchement

Établissement public Clinique conventionnée	Honoraires d'accouchement, péridurale et frais de séjour pris en charge à 100 % et remboursés directement à l'établissement par la caisse de Sécurité sociale – les frais de confort (chambre particulière et télévision) restent à votre charge, voyez avec votre mutuelle
Clinique conventionnée pratiquant des dépassements d'honoraires	Une participation peut être demandée pour d'éventuels dépassements d'honoraires et pour les frais de confort (chambre particulière et télévision), voyez avec votre mutuelle
Clinique non conventionnée	Honoraires d'accouchement, péridurale et frais de séjour – dans la limite de 12 jours – remboursés à 100 % sur la base des tarifs de l'assurance maternité mais **attention**, ce tarif est bien inférieur au tarif conventionnel ; vous devez faire l'avance des frais et une partie reste à votre charge ou à celle de votre mutuelle, renseignez-vous auprès de celle-ci.

Le **forfait journalier** est pris en charge durant les 12 jours qui suivent l'accouchement et également en cas d'hospitalisation durant les 4 derniers mois avant l'accouchement.

À savoir si vous travaillez

Vous cherchez un emploi
L'employeur ne peut tenir compte de votre état de grossesse pour refuser de vous embaucher. Lors de l'entretien d'embauche (ou en réponse à un questionnaire), vous n'êtes pas tenue de révéler votre état. À l'issue de la visite médicale d'embauche, le médecin du travail n'est pas autorisé à révéler votre grossesse à l'employeur. Si vous êtes en période d'essai, celle-ci ne peut être interrompue par l'employeur en raison de votre état de grossesse.

Quand déclarer sa grossesse à l'employeur ?
Il n'y a pas d'obligation légale de date de déclaration, que ce soit au moment de l'embauche (même pour un contrat à durée déterminée), pendant la période d'essai ou pendant la réalisation du contrat de travail. L'obligation existe uniquement avant de partir en congé maternité. Autrement dit, c'est vous qui décidez du moment où vous informez votre employeur, oralement ou par écrit, en précisant la date présumée de l'accouchement. Mais vous avez intérêt à le dire le plus rapidement possible pour avoir droit à différents avantages (autorisations d'absence, protection contre le licenciement, etc.).
Vous avez également intérêt à prévenir sans tarder le **médecin du travail** pour bénéficier d'une surveillance médicale particulière.

Peut-on s'absenter pour les consultations ?
La femme salariée a droit à une autorisation d'absence pour se rendre aux examens médicaux obligatoires dans le cadre de la surveillance médicale de la grossesse et des suites de l'accouchement. Ces absences n'entraînent aucune diminution de la rémunération et sont assimilées à des périodes de travail effectif pour le calcul de la durée des congés payés ainsi que pour l'ancienneté.

Le travail de nuit
Il s'agit de tout travail effectué entre 21 heures et 6 heures du matin. Pendant la durée de la grossesse, l'employeur doit proposer à la salariée qui le demande, ou sur indication écrite du médecin du travail, un **reclassement temporaire** à un poste de jour. Le changement de poste n'entraîne aucune diminution du salaire.
En cas d'impossibilité de reclassement, le **contrat de travail est suspendu** et la salariée jouit d'une garantie de rémunération. Celle-ci est composée d'allocations journalières versées par la caisse d'assurance maladie et d'un complément à charge de l'employeur. C'est à la salariée de transmettre à sa caisse, parallèlement à son arrêt de travail, l'attestation d'impossibilité de reclassement au sein de l'entreprise durant sa grossesse. L'allocation versée par la caisse d'assurance maladie n'est pas cumulable avec les indemnités journalières pour congés de maladie, maternité ou accident du travail, le complément d'éducation spéciale accordé pour une cessation d'emploi, l'allocation de présence parentale, ni le complément du libre choix du mode d'activité.

La protection contre les produits dangereux
La présence sur le lieu de travail de certains produits ou agents dangereux (agents toxiques pour la reproduction, rayonnements ionisants, virus de la rubéole, etc.) entraîne un changement de poste ou une interdiction d'emploi des femmes enceintes et qui allaitent. Certaines professions sont particulièrement exposées comme le personnel soignant, ou intervenant auprès d'enfants, le personnel vétérinaire, ou les femmes exerçant dans des laboratoires, dans l'industrie chimique, l'imprimerie, la peinture, le pressing ou l'agriculture. La salariée doit prévenir dès le début de la grossesse son **employeur** et le **médecin du travail**.
L'employeur est tenu de lui proposer un **reclassement temporaire**. Si cela n'est pas possible, le médecin du travail doit être averti par la salariée le plus rapidement possible. Un aménagement de poste ou une mutation doit être recherché avec l'employeur. En cas d'impossibilité, l'incapacité de travail est déclarée et la salariée bénéficiera des indemnités journalières et d'un complément à la charge de l'employeur. Les dispositions similaires à celles concernant le travail de nuit sont applicables (p. 410). Pour les femmes dont le maintien au poste de travail reste possible, le rythme et la nature de la surveillance sont de la responsabilité du médecin du travail qui doit veiller au bon état de santé de la femme et à un déroulement satisfaisant de la grossesse.

- Pendant la grossesse, la durée de travail ne peut excéder 10 heures par jour.
- L'employeur ne peut exiger de vous de travailler pendant les deux semaines qui précèdent votre accouchement et les six semaines qui le suivent (voyez toutes les informations sur les repos pré et postnatal pages suivantes).
- Lors de sa reprise d'activité, la salariée doit bénéficier, dans le cadre de la médecine du travail, d'une visite post-congé de maternité dans les 8 jours qui suivent son retour ; c'est une visite différente de la consultation postnatale.
- La salariée, après son congé de maternité, devra retrouver son emploi précédent ou, à défaut, un emploi similaire. Est « similaire » l'emploi qui n'a pas subi de modifications substantielles affectant un élément essentiel du contrat de travail (rémunération, qualification).

Travail debout, port de lourdes charges
Lorsque l'activité professionnelle exige de rester debout, par exemple la vente dans les boutiques ou les magasins, un **siège personnel** doit être mis à la disposition de la femme enceinte. Les femmes enceintes ne doivent pas porter, traîner ou pousser des charges supérieures à 25 kg.

Dérogation d'horaires
La loi ne les prévoit pas. Néanmoins, il existe de nombreuses conventions collectives qui autorisent les femmes enceintes à bénéficier d'une réduction d'horaires.

Une femme enceinte peut-elle être licenciée ?
Pendant toute la grossesse et le congé de maternité – que la salariée use ou non de ce droit –, pendant les 10 semaines qui suivent la fin du congé de maternité et/ou l'expiration de la période de congés payés qui lui sont accolés, la salariée ne peut être licenciée.
Le licenciement est admis :

- s'il y a faute grave (par exemple : injures consécutives à un refus d'exécuter une tâche n'exigeant pas un effort incompatible avec l'état de grossesse) ;
- en cas d'impossibilité de maintenir le contrat de travail pour un motif étranger à la grossesse (fermeture de l'entreprise, compression de personnel, licenciement collectif).

Une rupture d'un commun accord est autorisée pendant le congé de maternité à condition que l'employeur ne fasse pas référence à la maternité comme motif de rupture du contrat de travail. Cependant, cette rupture ne pourra prendre effet avant la fin du congé de maternité. Pour bénéficier de cette protection, il faut adresser en lettre recommandée avec accusé de réception (RAR), un certificat médical attestant de votre grossesse, en précisant la date probable de votre accouchement.

Par ailleurs :

- le licenciement d'une salariée est annulé si, dans un délai de 15 jours à compter de sa notification, l'intéressée envoie à son employeur (par lettre RAR), un certificat médical justifiant qu'elle est enceinte ;
- si vous avez un contrat à durée déterminée (CDD), vous bénéficiez de la même protection contre le licenciement que les titulaires d'un contrat à durée indéterminée.

Attention : l'employeur n'a pas le droit de rompre votre CDD à cause de votre grossesse, mais si celui-ci prend fin pendant le congé de maternité, le terme de votre contrat ne peut pas être prolongé et rien n'oblige votre employeur à vous réembaucher à l'issue de votre congé. En revanche, le non-renouvellement du contrat, si celui-ci contient une clause de renouvellement, ne doit pas être dû à la grossesse.

Peut-on démissionner sans préavis ?
Les femmes en état de grossesse médicalement attesté peuvent démissionner sans réaliser de période de préavis, donc sans avoir à payer une indemnité de rupture. En revanche, la mère ne bénéficiera pas du droit à réintégration prévu au terme du congé pour élever un enfant ni d'indemnités de licenciement.
Si la demande de reprise d'activité par la salariée intervient dans l'année suivant la rupture (elle a précédemment mis fin à son contrat de travail pour poursuivre sa maternité), la femme bénéficie d'une priorité de réembauchage pendant un an pour le même emploi correspondant à ses qualifications. Elle retrouve aussi tous les droits sociaux acquis avant son départ.

Télétravail
Si elles en font la demande et si leur activité s'y prête, les femmes enceintes n'ont pas à requérir l'avis préalable du médecin du travail pour que leur employeur les autorise à télétravailler plus de 3 jours par semaine.

Allaitement et travail
Les salariées qui reprennent leur travail alors qu'elles continuent d'allaiter leur enfant disposent d'une heure par jour à prendre sur les heures de travail, et ceci pendant un an à compter de la naissance.
En principe, cette heure est fractionnée en 2 périodes de 30 minutes, l'une le matin, l'autre l'après-midi.
Cependant, l'employeur peut permettre à la salariée de quitter son travail une heure avant l'horaire réglementaire. Légalement, cette heure n'est pas rémunérée, mais de nombreuses conventions collectives en prévoient le paiement.
La surveillance médicale de la maman est renforcée pendant la durée de l'allaitement.

Congé de maternité et ancienneté
Le congé de maternité est assimilé à une période de travail effectif, d'une part pour le calcul des congés payés, et d'autre part pour déterminer les droits que la salariée tient de son ancienneté dans l'entreprise.

Congé d'adoption
Il est assimilé au congé de maternité : il est considéré comme une période d'activité et donne les mêmes avantages d'ancienneté.

À noter pour les pères
Ils sont autorisés à s'absenter sans perte de salaire pour assister à trois examens de maternité (dont font partie les échographies).
Ils sont protégés contre le licenciement durant les 10 semaines qui suivent la naissance de l'enfant, sauf s'ils sont responsables d'une faute grave ou si l'employeur est dans l'impossibilité de maintenir le contrat de travail pour un motif étranger à la naissance.

Le congé de maternité

Avant et après l'accouchement, vous pouvez arrêter votre activité professionnelle et prendre un congé de maternité. La durée du congé varie en fonction du nombre d'enfants déjà au foyer ou à naître. Dans le cas le plus simple, cette durée est de 6 semaines avant la naissance et de 10 semaines après, soit en tout 16 semaines.

Report des jours de congé prénatal sur le congé postnatal.

Il est possible de demander le report d'une partie du congé prénatal, dans la limite de 3 semaines, sur le congé postnatal. Ce report est fait en accord avec le médecin. Pour l'obtenir, vous devez adresser un certificat médical du médecin ou de la sage-femme à la CPAM, attestant que vous pouvez continuer à exercer votre activité professionnelle. Cette demande doit être faite au plus tard la veille de la date à laquelle votre congé prénatal doit débuter.

Il est possible de reporter directement les 3 semaines ou de reporter de semaine en semaine.

Durée du congé de maternité

Selon les cas		Période prénatale	Période postnatale du congé	Durée totale
Grossesse simple	L'assurée (ou le ménage) a moins de 2 enfants (4)	6 semaines (3)	10 semaines	16 semaines
	L'assurée (ou le ménage) assume déjà la charge d'au moins 2 enfants ou a déjà mis au monde au moins 2 enfants nés viables	8 semaines (1) (3)	18 semaines	26 semaines
Grossesse gémellaire		12 semaines (2) (3)	22 semaines	34 semaines
Grossesse de triplés ou plus		24 semaines (3)	22 semaines	46 semaines

(1) La période prénatale peut être augmentée de 2 semaines maximum sans justification médicale. La période postnatale est alors réduite d'autant.
(2) La période prénatale peut être augmentée de 4 semaines maximum sans justification médicale. La période postnatale est alors réduite d'autant.
©(4) Dans les familles recomposées, les enfants à charge de chaque parent sont pris en compte.

Les indemnités de congé maternité

Le bénéfice des indemnités de repos concerne l'ensemble des femmes, quel que soit leur régime de protection sociale : le régime général, la MSA, le régime des exploitants agricoles ainsi que le régime des travailleurs indépendants. Pour le régime général, il s'agit des **prestations en espèces** de l'assurance maternité.

Régimes de protection	Personne assurée	Prestations dues
Général et MSA	Salariée	Indemnités journalières de repos
Exploitants agricoles (Amexa)	Exploitante agricole, associée, collaboratrice (1) et aide familiale	Allocation de remplacement
Indépendants	Femme chef d'entreprise	Allocation forfaitaire de repos maternel et indemnité forfaitaire d'interruption d'activité
	Conjointe collaboratrice (1)	Allocation forfaitaire de repos maternel et indemnité de remplacement

(1) Le statut de conjointe collaboratrice est limité à une durée de 5 ans. Après ces 5 ans, il faudra opter pour le statut de conjointe salariée ou conjointe associée.

Les congés de maternité particuliers

Que se passe-t-il si l'accouchement a lieu plus tôt que prévu ? Ou plus tard ? Si votre bébé est hospitalisé après la naissance ? Tous ces cas, et d'autres, donnent lieu à des congés particuliers. Les voici :

Situation	Type de congé	Durée du congé	Moment de prise du congé	Formalités
État pathologique de la mère	Congé pathologique	14 jours, consécutifs ou non	À partir de la déclaration de grossesse et avant le début du congé prénatal	Sur prescription médicale Remise d'un arrêt de travail et d'une attestation de l'employeur
Accouchement prématuré	Congé maternité	Durée totale du congé non réduite	Congé prénatal non pris reporté en postnatal	Certificat d'accouchement Acte de naissance
Accouchement prématuré plus de 6 semaines avant la date théorique prévue de repos prénatal et hospitalisation de l'enfant dans un service de réanimation néonatale	Congé maternité	Durée équivalente au nombre de jours compris entre la date réelle d'accouchement et la date de début du congé prénatal théorique ; plus la totalité du congé prénatal et du congé postnatal	La totalité du congé est reportée en post-natal	Certificat d'accouchement Bulletin d'hospitalisation de l'enfant Acte de naissance
Accouchement tardif	Congé maternité	Totalité du congé prénatal prolongé et du congé postnatal	Congé prénatal prolongé jusqu'à l'accouchement et sans incidence sur la durée du congé postnatal	Certificat d'accouchement Acte de naissance
Hospitalisation de l'enfant plus de 6 semaines et reprise de l'activité de la mère	Congé maternité	Durée normale du congé de maternité	La période de la fin du congé postnatal est prise lors du retour au foyer de l'enfant si la mère a repris son travail après un congé de maternité d'au moins 8 semaines	Bulletin d'hospitalisation de l'enfant Acte de naissance

Comment bénéficier des indemnités de congé maternité ? Pour les salariées du régime général et de la MSA

Conditions	Formalités
• Avoir été immatriculée 10 mois à la CPAM ou la MSA à la date présumée de l'accouchement • Justifier de 150 h d'activité avant le début de la grossesse ou du repos prénatal (*) • Ou avoir cotisé sur un salaire équivalent à 1 015 fois le SMIC horaire net (8,92 €) au cours des 6 mois précédant la date de début de la grossesse ou du repos prénatal (*) • Respecter un arrêt de travail de 8 semaines dont 2 avant l'accouchement	• Adresser à votre employeur une attestation sur l'honneur indiquant la date de votre arrêt de travail • Soit votre employeur adresse à votre caisse par voie électronique le montant de votre indemnité journalière • Soit votre employeur vous remet une attestation papier que vous adressez à votre caisse • Si votre salaire maintenu est au moins égal au montant des indemnités journalières, c'est votre employeur qui les perçoit et vous les reverse • Si votre salaire maintenu est inférieur au montant des indemnités journalières, vous les recevez directement de votre caisse

* En cas d'adoption c'est la date d'arrivée de l'enfant au domicile qui est retenue.

Pour les salariées du régime général et de la MSA, le montant du plafond de la Sécurité sociale de l'**indemnité journalière** est de 95,22 € avant déduction des charges.
Si vous êtes au **chômage** et percevez une indemnité, ou si vous avez bénéficié au cours des 12 derniers mois d'une allocation chômage, c'est votre activité avant l'indemnisation chômage qui définit les règles d'attribution et le montant de votre indemnité journalière maternité. Vous devez déclarer au Pôle emploi-Assedic le début du congé de maternité dans un délai de 72 heures. Le versement de l'allocation sera interrompu pendant votre congé maternité et l'indemnité journalière maternité prendra le relais.

Les indemnités de congé maternité pour les femmes exerçant une activité indépendante

Nature de la prestation	Femme concernée	Conditions	Montant
Allocation forfaitaire de repos maternel	**Femme chef d'entreprise Conjointe collaboratrice** 1. Avoir adressé la feuille du 7e mois (1re partie) 2. Avoir adressé le certificat d'accouchement (2e partie)	1. Être inscrite au registre du commerce ou au répertoire des métiers 2. Justifier de 10 mois d'affiliation à la Sécurité sociale à la date de l'accouchement	Si revenu annuel moyen (3) supérieur à 4 113,60 € : 3 666 € net versés en 2 fois, première moitié au début du congé ; l'autre moitié à la fin des 8 semaines du congé. 1 833 € à l'arrivée de l'enfant adopté au foyer. Si revenu inférieur : 366,60 € net versés en 2 fois (4)
Indemnité forfaitaire journalière d'interruption d'activité	**Femme chef d'entreprise** Avoir interrompu son activité au moins 56 jours consécutifs dont 2 semaines avant l'accouchement Maximum 112 jours (1) Être remplacée pendant 7 jours minimum entre 6 semaines avant l'accouchement et 10 semaines après	Certificat d'arrêt de travail Déclaration sur l'honneur attestant l'arrêt	Si revenu annuel moyen supérieur à 4 113,60 € : 3 155 € pour 8 semaines, soit 60,26 € par jour. Si revenu annuel moyen inférieur, la CPAM peut verser une indemnité journalière calculée sur une activité antérieure
Indemnité de remplacement	**Conjointe collaboratrice** Se faire remplacer au minimum 56 jours Maximum 112 jours (1) (2)	Attestation sur l'honneur du conjoint attestant le statut de collaboratrice Un double des bulletins de salaire de la personne remplaçante	Égal au coût réel du remplacement dans la limite de 61,05 € par jour
	Exploitante agricole Être effectivement remplacée (2)	Justifier de 10 mois d'affiliation à l'AMEXA à la date de l'accouchement Aviser 30 jours avant la date d'arrêt de votre activité votre caisse qui vous informera sur les modalités de votre remplacement	

(1) L'arrêt peut être prolongé de deux périodes de 15 jours dès le début de la grossesse.
Si l'Assurance Maladie prévoit des indemnités, elles ne couvrent pas totalement le manque à gagner. Les revenus peuvent cependant être complétés en souscrivant un contrat de prévoyance grossesse assurant les frais fixes et le versement d'indemnités journalières.
(2) Remplacement dont la durée peut varier en fonction du nombre d'enfants attendus ou adoptés et de l'état de santé pendant la grossesse.
Lorsque le remplacement n'a pas été possible, et uniquement dans ce cas, **l'exploitante agricole** perçoit une indemnité journalière forfaitaire de remplacement.
(3) Le revenu annuel moyen correspond pour les entrepreneurs au bénéfice réalisé par an, pour les micro-entrepreneurs au chiffre d'affaires déclaré à l'URSSAF les 3 années précédant le versement des prestations.
(4) Selon votre cas, la CPAM peut vous verser une indemnité journalière au titre d'un maintien au droit calculé sur une activité antérieure.

Pour en savoir plus : www.secu-independant.fr et AMEXA pour les exploitantes agricoles. Sur ameli.fr vous pouvez consulter le livret : *Vos démarches de prestations maternité en toute simplicité – Femmes chef d'entreprise*

Si vous êtes seule

Vivre seule sa grossesse est pour certaines un choix, pour d'autres une obligation. Quelle que soit votre situation, il existe un certain nombre de services et d'associations capables de vous apporter les aides morales et matérielles dont vous pouvez avoir besoin. Il ne faut pas hésiter à vous informer et à les contacter. Pour connaître des adresses d'associations, demandez à une assistante sociale (à la mairie, à la PMI, dans votre entreprise). Dans certaines maternités, les sages-femmes mettent en rapport les mères seules dans le cadre de la préparation à la naissance, et l'on voit peu à peu se constituer des groupes, s'échanger des adresses, et une vraie solidarité s'instaurer entre les futures mères.

- La femme seule bénéficie des prestations en nature et en espèces de Sécurité sociale pour elle et ses ayants-droit mineurs si elle exerce une activité professionnelle salariée ou non salariée, mais seulement des prestations en nature si elle est bénéficiaire de la Puma (p. 406).
- Les mères seules à charge d'un assuré social (dans la limite d'âge prévue par la loi) bénéficient des prestations de Sécurité sociale comme ayants-droit d'un assuré social.
- En ce qui concerne les femmes divorcées et les femmes veuves, les prestations de l'assurance maternité continuent à leur être versées pendant un an (après la transcription du divorce, ou le décès du conjoint), ou jusqu'au 3e anniversaire du dernier enfant.

> Les familles monoparentales représentent 1 famille sur 5 avec un enfant mineur (DREES). Une famille est considérée comme monoparentale lorsqu'un adulte vit dans un logement sans conjoint, et avec au moins un enfant mineur.

Les aides de la CAF

Vous pouvez bénéficier d'une allocation spécifique (allocation de soutien familial) et des autres allocations versées sans ou avec conditions de ressources (p. 417 et suiv.).

Lorsqu'un **couple pacsé** ou **en concubinage** se sépare, l'agence de recouvrement et d'intermédiation des pensions alimentaires (**ARIPA**) de la Caf, peut, en cas de difficultés à recouvrer le versement de la **pension alimentaire** des enfants, apporter une aide dans les démarches et en assurer l'intermédiation financière. À la demande du couple, et suite à la validation de la convention parentale qui fixe le montant de la pension, ce service lui délivre un titre exécutoire. Ce titre exécutoire rend le paiement obligatoire de la pension au même titre qu'un jugement. Une plateforme téléphonique (0821 22 22 22) et un site internet informent et aident à effectuer les démarches : www.pension-alimentaire.caf.fr

Dans le cas de **parents divorcés**, le titre exécutoire permettant, sauf en cas de refus formel des deux parents, l'intermédiation financière de la CAF ou de la MSA est soit le jugement rendu par le juge aux affaires familiales, soit la convention de divorce devant avocat et déposée chez le notaire. Le versement des pensions alimentaires se fait donc directement par l'intermédiaire de l'ARIPA et, en cas d'impayé, cette dernière engage la procédure de recouvrement auprès du parent défaillant et verse à l'autre parent l'allocation de soutien familial dans le but de limiter la perte de revenus.

Allocations d'aide sociale à l'enfance

Les futures mères dépourvues de ressources, ou disposant de ressources insuffisantes, peuvent bénéficier de diverses allocations d'aide sociale à l'enfance (p. 423) et être accueillies dans un centre maternel. L'**aide financière** peut être maintenue après l'accouchement ou accordée aux mères qui n'ont pas assez de ressources pour vivre. Elle est cumulable avec l'allocation de soutien familial (p. 421). Ces allocations permettent aux mères de participer aux frais d'hébergement dans un centre maternel en fonction de leurs ressources.

Pour être admises dans un **centre maternel**, les femmes doivent être enceintes, ou avec enfant(s) de moins de 3 ans. Ces centres proposent deux types d'hébergement, en foyer collectif ou en logement indépendant. La durée du séjour est prévue pour une période de 6 mois renouvelable, avec un maximum de 3 ans. Loger dans un centre maternel permet aux futures mères et mères de trouver un lieu sécurisé. Outre l'accompagnement de la relation mère-enfant, l'objectif est l'insertion par le travail et par le logement. La sortie des résidentes mineures est liée à une décision judiciaire ou administrative ; les résidentes majeures sont libres de quitter l'établissement selon l'évolution de leur situation, par exemple les femmes victimes de violences conjugales.

Aide à la garde des enfants pour parents isolés (Agepi)

Il existe une aide à la garde des enfants de moins de 10 ans dont vous pouvez bénéficier lorsque vous retrouvez une activité en CDD ou CDI d'au moins 3 mois consécutifs, ou si vous suivez certaines formations d'une durée d'au moins 40 heures dans le cadre d'un projet personnalisé d'accès à l'emploi (PPAE). Vous ne devez pas percevoir d'indemnités de chômage, ou le montant de l'allocation chômage journalière ne doit pas être supérieur à 31 € pour l'allocation de retour à la formation. Le montant de l'aide est variable en fonction de la durée du travail ou de formation. Cette aide n'est pas imposable sur le revenu. La demande s'effectue auprès du Pôle emploi dont vous dépendez à partir d'un formulaire complété et de la photocopie du livret de famille justifiant l'âge de vos enfants.

Le soutien à l'accueil des jeunes enfants de 0 à 3 ans. Pour les parents qui ont besoin de temps pour faire les démarches de recherche d'emploi, de formation professionnelle, également pour les mères dont les horaires de travail sont décalés, un dispositif de places en crèches à vocation d'insertion professionnelle (VIP) a été mis en place. Le repérage et l'orientation du parent vers ces crèches peut s'effectuer sur la proposition de Pôle emploi, de la crèche, d'une association d'accompagnement social. Ma cigogne.fr est un service de garde ponctuelle d'enfant, mis en place par Pôle Emploi.

Aide fiscale : tout contribuable bénéficie d'une demi-part supplémentaire par enfant élevé seul jusqu'à ses 5 ans.

Les diverses aides au logement (APL et ALF)

L'APL (aide personnalisée au logement) et l'ALF (allocation de logement familial) sont accordées sous conditions de ressources. L'aide, quelle qu'elle soit, prend en compte la situation familiale, le coût du loyer et des charges. Elle est plus élevée pour les familles monoparentales.

À signaler

Il existe un service de cautionnement des loyers du parc privé : www.visale.fr. Ce dispositif, financé par Action logement, s'adresse notamment aux salariés précaires du secteur privé en CDD, sous promesse d'embauche, en CDI en période d'essai, aux intérimaires sous certaines conditions.

Pour les **travailleurs intérimaires**, un nouveau dispositif FASFF (Fonds d'action sociale du travail temporaire) vient compléter la garantie précédente (Visale). Il offre au travailleur intérimaire pendant 3 ans une assurance qui couvre les loyers, une garantie des dégradations immobilières, une assistance juridique étendue et une assurance de vacance de l'appartement permettant une indemnisation de 4 mois de loyer entre deux locataires. Conditions : être en mission au moment de la demande et avoir réalisé 404 heures d'intérim au cours des 12 mois précédents. www.louerunlogement.fastt.org

Aide énergétique : le chèque énergie est accordé si votre revenu fiscal de référence est inférieur à 10 800 €. Son montant varie entre 48 € et 277 € par an en fonction de la composition de la famille et de son revenu. Pour le chauffage au bois l'aide de l'État va de 50 à 200 €.

Les **aides à la cantine scolaire** peuvent être obtenues auprès de la mairie ou du conseil général du domicile. Il est possible de recevoir **des bons ou des colis alimentaires** de la Croix Rouge et de disposer d'un accès à l'épicerie sociale de la Croix Rouge pour un temps limité, avec une petite participation financière correspondant à 10 % du panier.

Parent seul : revalorisation des allocations sous conditions de ressources

Allocations	Majorées	Majoration plafond des ressources
Prime naissance		Oui
Allocation de base		Oui
Complément du libre choix du mode de garde (1)		Oui de 40 % (2)
Prestation partagée d'éducation de l'enfant (PREPARE)	Oui	
Allocation journalière de présence parentale (AJPP)	Oui	Oui
Complément de l'AJPP		Oui
Complément familial	Oui	Oui
Complément de l'AEEH (éducation enfant handicapé) si recours à une tierce personne	Oui dès le 2e complément si le parent ne perçoit pas de pension alimentaire	
RSA (3)	Oui pour le parent et pour l'enfant	
Aides au logement APL, ALF	Oui	
Prime au déménagement	Oui	
Prime d'activité (4)	Oui	Oui
Prestation de compensation du handicap (PCH) pour la parentalité	Oui	

(1) Extension aux enfants âgés de 6 à 12 ans.
(2) Les montants maximums de prise en charge de la rémunération de l'assistante maternelle sont majorés de 30 %.
(3) Vous pouvez le percevoir si vous êtes en congé sabbatique sans solde ou en disponibilité.
(4) Cette prestation est versée chaque mois par la CAF ; son montant, non imposable, est évalué en fonction des ressources du foyer.

Les prestations familiales et sociales

Pour percevoir une allocation :
vous devez la demander, compléter un imprimé, fournir les justificatifs nécessaires.
Les prestations familiales sont les aides en espèces allouées aux familles en raison de la charge d'un ou plusieurs enfants nés ou à naître. Ces prestations ou allocations sont principalement attribuées par la caisse d'allocations familiales et la caisse de Mutualité sociale agricole.

- Pour avoir droit à une ou des prestations, il faut résider en France et avoir à sa charge un ou plusieurs enfants résidant également en France. Il existe une exception à cette condition pour les travailleurs détachés à l'étranger. Les étrangers doivent posséder un titre de séjour justifiant de la régularité de leur séjour en France.
- Les enfants ouvrent droit aux prestations familiales jusqu'à la fin de l'obligation scolaire, soit 16 ans.
- Les prestations sociales sont exclues des revenus imposables.
- Le règlement de chaque prestation est mensuel.

À savoir : la revalorisation du montant des prestations est fixée chaque année au 1er avril. Toutefois, certaines prestations sont soumises à des plafonds annuels de ressources : dans ce cas, la revalorisation de ces plafonds a lieu chaque année au 1er janvier.
Les ressources prises en compte sont celles des revenus nets imposables des deux années antérieures ; soit, pour l'année 2023, les ressources de 2021 et, pour l'année 2024, celles de 2022.
Pour tout renseignement : www.caf.fr
À noter : les montants des prestations indiqués dans ce chapitre sont en vigueur jusqu'au 31 mars 2024, puis ils seront normalement revalorisés.
Le tableau ci-dessous résume les conditions à remplir pour bénéficier des différentes prestations familiales. Vous trouverez le détail de ces prestations dans les pages qui suivent.

Prestations familiales et conditions à remplir

	Prestations	Conditions à remplir
Avec conditions de ressources	• Prime à la naissance ou à l'adoption • Allocation de base	Faire la déclaration de grossesse avant la fin du 3e mois Passer les examens médicaux obligatoires Adopter ou accueillir en vue d'adoption un (ou plusieurs) enfant(s) âgé(s) de moins de 20 ans
	Complément de libre choix du mode de garde	Avoir un enfant de moins de 6 ans Employer une assistante maternelle agréée ou une garde à domicile, ou enfant en micro-crèche. Avoir une activité professionnelle minimum
	Prestation partagée d'éducation de l'enfant (PREPARE)	Avoir un enfant de moins de 3 ans Avoir cessé de travailler ou travailler à temps partiel Avoir exercé une activité professionnelle minimum
	Complément familial (CF)	Avoir 3 enfants à charge de plus de 3 ans
	Prime de déménagement	Famille à partir du 3e enfant (du 3e mois de grossesse au dernier jour du mois qui précède ses 2 ans) Recevoir l'AL ou l'APL
	Aides au logement (AL)	Voir page 421
	Allocations familiales (AF)	Avoir au moins deux enfants à charge
Sans conditions de ressources	Allocation de soutien familial (ASF)	L'enfant doit être à la charge d'un seul parent, orphelin ou recueilli ou parents séparés
	Allocation journalière de présence parentale (AJPP)	Avoir un enfant malade dont l'état grave nécessite momentanément la présence d'un de ses parents auprès de lui
	Allocation d'éducation de l'enfant handicapé (AEEH) Prestation de compensation du handicap (PCH) pour la parentalité	Avoir un enfant avec un handicap de 80 %, ou de plus de 50 % nécessitant des soins de rééducation Être un parent handicapé et avoir besoin d'aide humaine et technique pour répondre aux besoins quotidiens de son enfant

La Paje (Prestation d'accueil du jeune enfant)

La Paje comprend : la prime à la naissance ou à l'adoption, l'allocation de base, la prestation partagée d'éducation de l'enfant, le complément de libre choix du mode de garde.

La prime à la naissance ou à l'adoption

Conditions

Avoir déclaré votre grossesse avant la fin de la 14e semaine et avoir adressé l'attestation médicale délivrée à votre Caisse de sécurité sociale et à la CAF.

S'il s'agit d'une adoption, l'enfant doit avoir été confié par un organisme ou une autorité étrangère agréés et avoir moins de 20 ans.

Disposer d'un minimum de revenu annuel pour chacun des parents au moins égal à 5 594 €.

Les ressources perçues au cours de l'année 2021 ne doivent pas dépasser un plafond de revenus (tableau ci-dessous).

La prime est versée au cours du 7e mois de grossesse. En cas de naissances multiples attendues, il est versé autant de primes que de bébés à naître. En cas d'adoption, elle est versée au moment de l'arrivée de l'enfant au foyer des parents. La demande peut être faite en ligne.

Enfants à charge	Un revenu	Deux revenus	Montant
1	33 040 €	43 665 €	À la naissance : 1 019,43 €
2	39 648 €	50 273 €	À l'adoption : 2 038,85 €
3	47 578 €	58 203 €	
Par enfant en plus	7 930 €		

L'allocation de base

- **Conditions**

Avoir un enfant de moins de 3 ans.

Les ressources perçues au cours de l'année 2021 ne doivent pas dépasser le plafond de revenus ci-dessous.

L'allocation de base est versée le premier jour du mois civil suivant la naissance et jusqu'au mois précédent les 3 ans de l'enfant. Le montant est fonction des revenus.

- **Formalités**

Deux formulaires de la CAF doivent être complétés.

Pour la **prime à la naissance**, vous devez adresser à la CAF la déclaration de grossesse ou les photocopies de l'attestation d'adoption ou l'accueil en vue d'adoption.

Pour **l'allocation de base**, vous devez adresser une photocopie du livret de famille ou un extrait d'acte de naissance.

En **cas d'adoption**, l'allocation sera versée automatiquement si la famille perçoit la prime à la naissance.

Enfants à charge	Revenus	Montant taux plein	Revenus	Montant taux partiel
1	1 revenu : 27 654 €	184,81 €	1 revenu : 33 040 €	92,40 €
2	1 revenu : 33 040 €	184,81 €	1 revenu : 39 648 €	92,40 €
1	2 revenus : 36 546 €	184,81 €	2 revenus : 42 077 €	92,40 €
2	2 revenus : 42 077 €	184,81 €	2 revenus : 50 273 €	92,40 €

Le complément de libre choix du mode de garde (CMG)

Les parents qui ont recours aux services d'une assistante maternelle ou d'une auxiliaire familiale au domicile peuvent sous certaines conditions percevoir de la CAF ou de la MSA le complément de libre choix du mode de garde.

Ce complément consiste en la prise en charge partielle des cotisations sociales de la rémunération de la personne engagée pour garder un enfant de moins de 6 ans. Pour les familles avec un enfant handicapé une majoration de 30 % du complément est appliquée.

- **Conditions :**
  - avoir au moins un enfant de moins de 6 ans, né, adopté ou recueilli ;
  - exercer une activité professionnelle ;
  - pour les personnes non salariées, être à jour de ses cotisations vieillesse ;
  - aucune condition financière : si le parent est handicapé et bénéficie de l'allocation pour adulte handicapé, s'il est au chômage et perçoit une allocation, s'il est bénéficiaire du RSA, ou si le couple est étudiant ;
  - employer une assistante maternelle ou une auxiliaire familiale.
- **À noter**

La rémunération de l'assistante maternelle ne doit pas dépasser un plafond journalier maximum égal à 5 fois le Smic horaire, soit 44,02 € net pour l'année 2023.
Pour la garde au domicile, l'employeur ne doit pas être exonéré des cotisations sociales dues.
Une majoration de 10 % du montant du complément est appliquée si vous avez recours à un minimum de 25 heures de garde le dimanche, les jours fériés ou la nuit entre 22 heures et 6 heures.
Le complément de libre choix est donné par enfant lorsqu'il s'agit d'un accueil par une assistante maternelle, il est attribué par famille lorsqu'il s'agit d'un accueil individualisé au domicile.
Il est possible de cumuler deux CMG si vous avez recours à une assistante maternelle et à une auxiliaire familiale au domicile.
Dans tous les cas, un minimum de 15 % du coût de la garde de l'enfant reste à votre charge.

- **Formalités**

Vous devez compléter auprès de la CAF le formulaire de demande de CMG dès le premier mois d'accueil de l'enfant. S'il s'agit d'un accueil au domicile, vous devez joindre un relevé d'identité bancaire ou postal et l'autorisation de prélèvement (qui est jointe au formulaire). Elle sera transmise à votre CAF pour lui permettre le calcul et le paiement de votre aide mensuelle.

CMG : nombre d'enfants, plafond de revenus, montants

Enfants à charge	Revenus 2021 inférieurs à	Revenus 2021 ne dépassant pas	Revenus 2021 supérieurs à
1	21 661 €	48 135 €	48 135 €
2	24 735 €	54 968 €	54 968 €
3	27 809 €	61 801 €	61 801 €
Montants de l'aide mensuelle			
Moins de 3 ans	506,01 €	319,07 €	191,42 €
De 3 à 6 ans	253,00 €	159,56 €	95,71 €

Enfant gardé à l'extérieur par une assistante maternelle ou une garde à domicile

CMG : prise en charge des cotisations sociales

Garde au domicile	Assistante maternelle
Prise en charge partielle des cotisations sociales mensuelles dues, selon un montant limité et variable suivant les ressources de la famille et l'âge des enfants Abattement des charges patronales de 2 € par heure Si vous faites garder 2 enfants, l'un de moins de 3 ans, l'autre entre 3 et 6 ans, il vous sera appliqué le plafond pour le moins âgé	Prise en charge complète des cotisations sociales dues pour chaque enfant gardé

La prestation partagée d'éducation de l'enfant (PREPARE)

Cette prestation est attribuée à l'un ou l'autre des parents qui cesse ou réduit son activité professionnelle pour s'occuper de son (ses) enfant(s). La demande ne doit être faite qu'à la fin du congé de maternité, paternité, adoption, maladie, accident du travail, car elle ne se cumule pas avec les indemnités versées pendant ces périodes. Toutefois si vous avez un seul enfant à charge, les indemnités se cumulent pendant le 1er mois du versement de l'allocation PREPARE. La PREPARE ne se cumule pas non plus avec les indemnités de congés payés ni avec le complément familial.
À votre demande, vos allocations chômage peuvent être suspendues et reprises à la fin des droits à la PREPARE.

- **Conditions**

Avoir un enfant âgé de moins de 3 ans ou un enfant adopté de moins de 20 ans.
Avoir cessé ou réduit son activité professionnelle.
Avoir cotisé au moins 8 trimestres dans les :
- 2 dernières années pour un premier enfant ;
- 4 dernières années pour un second enfant ;
- 5 dernières années pour un troisième enfant.

- **La durée de versement**

Elle est allongée si les parents se partagent le temps de garde :
- pour un enfant, la durée est de 6 mois si les parents prennent le congé ensemble et de 12 mois (jusqu'au 1 an de l'enfant) s'ils le prennent successivement ;
- pour deux enfants et plus, la durée est de 24 mois si les parents prennent le congé ensemble ; elle dure jusqu'au mois précédant les 3 ans du plus jeune des enfants si les parents le prennent successivement.

La durée de versement est réduite du nombre de semaines qui ont été indemnisées au titre du congé de maternité. Toutefois, pour le premier enfant, le premier versement de la PREPARE est cumulable avec le dernier versement des indemnités journalières.

- **La date de versement**

L'allocation est versée :
- le mois suivant la naissance, ou suivant la fin du congé de maternité ou paternité ;
- le mois de l'accueil ou de l'arrivée de l'enfant adopté au foyer ;
- le premier jour du congé parental convenu avec votre employeur.

- **Les familles d'au moins trois enfants**

Il leur est possible de demander à bénéficier de la PREPARE majorée. Son montant est de 700,75 € par mois. La durée du versement est de 8 mois si les parents prennent le congé ensemble, et va jusqu'au un an de l'enfant le plus jeune si le congé est pris successivement.

Attention

Le choix entre la PREPARE et la PREPARE majorée est définitif. Par ailleurs, si vous pouvez demander à bénéficier d'une PREPARE prolongée, vous devez remplir plusieurs conditions dont l'une est de ne pas dépasser le plafond de ressources en rapport avec le nombre d'enfants.

- **Formalités**

Compléter le formulaire de la CAF. Si les deux parents choisissent un arrêt simultané, deux formulaires doivent être complétés et adressés à la fin du versement des indemnisations de congé maternité, paternité, adoption ou maladie par la Sécurité sociale.

Montants de la PREPARE selon le temps d'activité

Temps d'activité	Montants
Arrêt complet de l'activité professionnelle	428,71 €
Durée du travail inférieure ou égale à 50 %	277, 14 €
Durée du travail comprise entre 50 et 80 %	158,87 €

Les autres allocations

Le complément familial, la prime de déménagement, les aides au logement, les allocations familiales sont soumises à des conditions de ressources. Les allocations de soutien familial, de présence parentale, d'éducation spéciale n'ont pas de conditions de ressources.

Le complément familial (CF)

- **Qui peut en bénéficier ?**

Les personnes résidant en France, quelle que soit leur nationalité, ayant ou non une activité professionnelle.

- **Conditions**

Avoir au moins 3 enfants de 3 ans et plus, et ne pas bénéficier de la PREPARE.

- **Durée de versement**

Le complément familial est versé à partir du 3e anniversaire de votre plus jeune enfant. Le versement prend fin dès qu'il vous reste à charge moins de 3 enfants âgés de plus de 3 ans ou dès que vous bénéficiez de l'allocation de base de la Paje pour un nouvel enfant.

- **Montant**

Le montant du complément familial varie selon les ressources de la famille, le montant minoré est de 184,81 € et celui du complément majoré est de 277,23 €..

- **Formalité**

Vous devez fournir une attestation de ressources. Les ressources prises en compte sont celles de l'année 2021.

La prime de déménagement

C'est une prime à laquelle vous pouvez prétendre si vous avez la charge d'au moins 3 enfants nés ou à naître et si vous vous installez dans un nouveau logement ouvrant droit aux allocations de logement (allocation de logement familial ou APL).

Votre emménagement doit avoir lieu entre le 4e mois de grossesse et le dernier jour du mois précédant celui du 2e anniversaire de l'enfant.

- **Formalités**

Vous devez remplir un formulaire spécial et faire votre demande au plus tard 6 mois après la date du déménagement en fournissant à la CAF une facture acquittée d'un déménageur, ou des justificatifs de frais divers si vous avez effectué votre déménagement vous-même.

- **Montant**

Il est de 1 070,23 € pour 3 enfants. Par enfant supplémentaire : 89,19 €

Les aides au logement

Si vous payez un loyer, ou remboursez un prêt, ou si vous voulez accéder à la propriété pour votre résidence principale, et si vos ressources ne dépassent pas un certain plafond, vous pouvez bénéficier d'une des aides au logement suivantes : l'aide personnalisée au logement (APL), l'allocation logement (AL), l'allocation d'installation étudiante (Aline). Elles ne sont pas cumulables.
La plupart des conditions d'attribution sont identiques pour toutes ces prestations. L'APL est destinée à toute personne locataire d'un logement neuf ou ancien. L'AL concerne les personnes qui n'entrent pas dans le champ d'application de l'APL et qui ont des enfants (nés ou à naître), ou certaines autres personnes à charge ; ou forment un ménage marié depuis moins de 5 ans, le mariage ayant eu lieu avant les 40 ans de chacun des conjoints ; ou être étudiant. Les étudiants qui bénéficient d'Aline perçoivent ensuite l'AL.
Les APL sont recalculées chaque trimestre en tenant compte des revenus des 12 derniers mois.
En 2023, le maximum de revenu trimestriel pour percevoir les APL est de 4 949 €.

Les allocations familiales (AF)

- **Conditions**

Les allocations familiales sont versées à partir du deuxième enfant à charge.
Les enfants à charge doivent être soumis, s'ils ont moins de 6 ans, aux examens médicaux obligatoires.

- **Formalités**

Si vous avez déclaré à votre CAF l'arrivée de votre 2e enfant, vous recevrez une déclaration de situation à compléter afin de percevoir les prestations. Si vous n'êtes pas déjà allocataire, retirez auprès de la CAF une déclaration de situation.

- **Durée**

Les allocations familiales sont versées à compter du mois civil qui suit la naissance ou l'accueil d'un 2e enfant. Quand vous n'avez plus qu'un seul enfant ou aucun enfant à charge, les allocations sont interrompues à la fin du mois civil précédant ce changement de situation.

- **Le montant** est modulé en fonction des ressources de la famille (tableau ci-dessous).

L'allocation de soutien familial (ASF)

Cette allocation est versée pour élever un enfant privé de l'aide de l'un ou de ses deux parents ou pour compléter une pension alimentaire fixée, dont le montant est faible.
Elle peut également être versée à titre d'avance en cas de pension alimentaire impayée par l'autre parent. La CAF engage alors une procédure de recouvrement pour récupérer la pension alimentaire auprès de l'autre parent (p. 415).

- **Qui peut en bénéficier ?**

La personne qui assume la charge d'un enfant :
- elle en est la mère ou le père et elle vit seul(e) ;
- elle a recueilli cet enfant ; elle peut alors recevoir l'allocation de soutien familial même si elle vit en couple.

Allocations familiales

Nombre d'enfants	Plafond de ressources 2021	Montants
2	96 411 € et plus	35,50 €
	72 333 € et plus	70,99 €
	Moins de 72 333 €	141,99 €
3	102,438 € et plus	80,98 €
	78 360 € et plus	161,94 €
	Moins de 78 360 €	323,89 €
4	108 485 € et plus	126,45 €
	84 386 € et plus	252,91 €
	Moins de 84 386 €	505,82 €

En cas de résidence alternée, vous pouvez télécharger un dossier de demande sur le site www.caf.fr
Chaque parent reçoit la moitié de l'allocation.

À savoir : l'allocation de soutien familial est supprimée en cas de mariage, de remariage, de concubinage ou de Pacs, sauf si vous n'êtes ni le père ni la mère de l'enfant que vous avez recueilli.

- **Montant**
  - Il est de 187,25 € par enfant à charge si vous élevez seul(e) votre enfant ; pour les parents séparés, le montant de l'allocation est égal à la différence entre le montant de la pension reçue et 187,25 € ;
  - et de 249,59 € par enfant recueilli à charge d'une personne ou d'un couple en cas d'absence de ses deux parents.

L'allocation journalière de présence parentale (AJPP)

Revenu de substitution, l'allocation journalière de présence parentale est indissociable du congé de présence parentale.

- **Conditions**

Les salariés, les fonctionnaires, les demandeurs d'emploi indemnisés et les stagiaires rémunérés de la formation professionnelle peuvent bénéficier d'un congé de présence parentale et percevoir l'AJPP si leur enfant est atteint d'une maladie, d'un handicap ou victime d'un accident grave rendant indispensable la présence soutenue d'un parent et des soins contraignants.

- **Formalités**

Vous devez déposer auprès de votre CAF une demande d'AJPP et le certificat médical détaillé sous pli confidentiel. Selon votre situation, vous joindrez soit une attestation de votre employeur précisant la date de début du congé, soit une déclaration sur l'honneur de cessation de versement des Aides au retour à l'emploi ou de cessation de formation rémunérée.
Une fois le droit ouvert, le bénéficiaire doit adresser chaque mois une attestation de son employeur indiquant le nombre de jours de congé qui ont été pris.

- **Durée**

Il est possible de fractionner les périodes de congés et de bénéficier d'un nombre maximum de 310 jours de congé, soit 14 mois environ, au cours d'une période de 3 ans pour une même maladie, accident ou handicap. Par ailleurs, le nombre d'allocations mensuelles versées ne peut dépasser 22 allocations.
Au-delà de la période de 3 ans, l'AJPP peut être renouvelée pour la même maladie, si rechute, récidive ou nécessité de poursuivre les soins contraignants qui nécessitent votre présence.

- **Montant**

Il est de 62,44 € par jour et de 31,22 € par demi-journée pour un couple ou une personne isolée.

Un complément forfaitaire mensuel de 120,64 € pour frais, égal ou supérieur à cette somme, peut s'ajouter à l'allocation. Il est soumis à un plafond de ressources maximum. La demande s'effectue par une déclaration sur l'honneur en indiquant le montant des dépenses engagées en lien avec la maladie, le handicap ou l'accident.

- **Cumul**

L'AJPP n'est pas cumulable avec les indemnités pour maternité, maladie, paternité ou adoption, pas davantage avec le complément du libre choix d'activité, le complément de l'allocation d'éducation de l'enfant handicapé, l'allocation pour adulte handicapé.

La prestation de compensation du handicap (PCH) pour la parentalité

La PCH prend en compte les besoins liés à l'exercice de la parentalité des personnes handicapées. Elle leur reconnaît ainsi des besoins en aide humaine, par exemple pour s'occuper de leur enfant en bas âge, le laver, l'habiller, lui faire à manger, etc. La PCH prend également en compte la nécessité d'aides techniques car le matériel pédiatrique (table à langer, baignoire, poussette, etc.) doit être adapté pour pallier le handicap.
Pour couvrir ces coûts, **deux forfaits** ont été mis en place :
Le forfait lié au besoin d'**aide humaine** est de 900 € maximum par mois jusqu'aux 3 ans de l'enfant, puis de 450 € par mois dès 3 ans jusqu'à son 7e anniversaire. S'il s'agit d'un parent qui élève seul son enfant les forfaits sont de 1 350 € et de 675 €.
Le forfait lié aux **aides techniques** est de 1 400 € versé à la naissance, puis de 1 200 € versé aux 3 ans de l'enfant, et de 1 000 € versé aux 6 ans de l'enfant.
Après les 6 ans de l'enfant les versements s'arrêtent.

- Lorsque les deux parents sont handicapés, ils bénéficient chacun de l'aide à **l'accompagnement** en aide humaine.

L'allocation d'éducation de l'enfant handicapé (AEEH)

Cette allocation de base de 142,70 € et ses compléments sont destinés à aider les parents qui assument la charge d'un enfant ayant un handicap sans qu'il soit tenu compte de leurs ressources. Elle est accordée sur décision de la Commission pour les droits et l'autonomie des personnes handicapées (CDAPH), qui appréciera l'état de l'enfant.

Les prestations de l'aide sociale

L'aide sociale à l'enfance (ASE)

L'aide sociale à l'enfance est un service du département. Sa mission consiste à apporter un soutien matériel, éducatif et psychologique aux enfants mineurs et à leur famille, lorsqu'ils sont confrontés à des difficultés médicales, sociales ou financières.
Chaque département organise librement son service ; c'est pourquoi celui-ci dépend d'une direction qui a une appellation différente selon les départements (direction de la Solidarité, direction de la prévention, direction de l'action sociale, etc.). Plusieurs services participent aux missions de l'aide sociale à l'enfance : le service spécifique de l'aide sociale à l'enfance, le service social départemental, la protection maternelle et infantile (PMI).

- **L'aide sociale peut proposer aux femmes enceintes :**
  - **une aide à domicile** : elle comprend l'intervention d'une technicienne de l'intervention sociale et familiale (TISF) ou d'une aide-ménagère ;
  - **une aide financière** attribuée à la mère ou au père dont les ressources s'avèrent insuffisantes, soit sous la forme d'un secours exceptionnel, soit d'une allocation mensuelle, à titre définitif ou remboursable ;
  - **l'accueil des enfants et des mères isolées.** L'aide sociale à l'enfance peut prendre à sa charge, sur décision du président du conseil général, l'accueil de futures mères et de mères avec jeune(s) enfant(s) dans des établissements publics ou privés conventionnés.

Le RSA (Revenu de solidarité active)

Le RSA garantit un revenu minimum aux personnes privées d'emploi et apporte un complément de revenu à celles en situation d'emploi précaire et disposant de revenus trop faibles pour assurer leur charge de famille. La demande peut être faite en ligne en téléchargeant le formulaire cerfa 15481.

- **Conditions**

La personne doit être âgée de 25 ans ou assumer la charge d'un ou plusieurs enfants nés ou à naître. Elle doit, quelle que soit sa nationalité, résider de manière stable et effective en France. Les ressortissants européens doivent remplir les conditions exigées pour obtenir un titre de séjour. Les autres ressortissants étrangers doivent être en possession d'un titre de séjour d'au moins 5 ans les autorisant à travailler.
Le **RSA jeune** est destiné aux jeunes de 18 à 25 ans qui peuvent justifier de 3 214 heures d'activité au cours des 3 années précédant la date de la demande.
Sont exclus du dispositif : les étudiants ou stagiaires, les personnes en congé parental, sabbatique ou sans solde, ou qui ont choisi de se mettre en disponibilité.

- **Attribution**

Le dépôt de la demande peut s'effectuer auprès du département de résidence, de la mairie, de la Caisse d'allocations familiales, de la Caisse de mutualité sociale agricole, des associations agréées ou de l'agence Pôle emploi.

- **Droits et devoirs des bénéficiaires**

Le bénéficiaire dispose d'un droit d'accompagnement social et professionnel adapté. En retour, il doit occuper un emploi proposé, ou rechercher un emploi, ou entreprendre les démarches nécessaires à la création de sa propre activité, ou s'engager dans des actions d'insertion.

Montant du RSA

Nombre d'enfants	Allocataire seul	Allocataire en couple	Famille monoparentale
Sans	607,75 €	911,62 €	768,60 €
1		1 093,95 €	1 024,80 €
2		1 276,25 €	1 281 €
Par enfant en plus		243,10 €	256,19 €

De ce montant doit être déduit le forfait logement – si hébergé à titre gratuit – qui s'élève à 71,82 € pour une personne seule, 143,65 € pour deux personnes et 177,77 € pour trois personnes ou plus. La PCH et l'AJPA (Allocation journalière du proche aidant) ne sont pas retenues dans le calcul du RSA.

Vos démarches et formalités après la naissance

À votre sortie de la maternité

Sans tarder, déclarez la naissance de votre enfant à votre caisse d'assurance maladie et à la CAF. Ces déclarations peuvent être faites en ligne. Sinon, envoyez à l'assurance maladie une copie de l'acte de naissance ou une copie du livret de famille actualisé, ainsi que l'imprimé de rattachement qui vous a été envoyé ou que vous pouvez télécharger – et éventuellement un reçu des frais d'accouchement. Envoyez à la CAF une photocopie des pages du livret de famille ou l'extrait d'acte de naissance de l'enfant, accompagné de la déclaration de situation et de la déclaration de ressources.
À la maternité, on vous remettra un **carnet de santé** de l'enfant où tout ce qui concerne sa santé sera noté au fur et à mesure de son développement. Ce carnet a été profondément mis à jour en 2018 (nouveaux modèles de certificats de santé, nouvelles courbes de croissance, messages de prévention, etc.). Il peut aussi vous être adressé par la PMI.
Le certificat néonatal de 8 jours contenu dans le carnet de santé est adressé à la PMI par le médecin accoucheur.

La déclaration de naissance

Dès la naissance de votre enfant, le médecin ou la sage-femme vous remettra un certificat attestant la naissance. Votre conjoint, muni du livret de famille et de ce certificat, déclarera à la mairie de la commune où a lieu l'accouchement, la naissance de votre enfant.
La déclaration de naissance est un événement important dans la vie d'un couple ; elle représente la naissance juridique de l'enfant, son entrée dans la citoyenneté (p. 432-433).
C'est à cette occasion que vous pourrez éventuellement, par une déclaration conjointe, choisir le nom de votre enfant en décidant, par exemple, de lui donner le nom double de ses deux parents (p. 434-435).
La déclaration de naissance doit obligatoirement être faite dans les **5 jours** qui suivent la naissance, et sera portée sur le livret de famille. Le jour de l'accouchement n'est pas compté dans ce délai et, si le dernier jour est férié, le délai est prorogé jusqu'au premier jour ouvrable suivant.
Passé ce délai, l'officier d'état civil n'a plus le droit de dresser l'acte de la naissance avant qu'un jugement du tribunal ne soit intervenu, ce qui entraîne des formalités longues et coûteuses.
Naissance à l'étranger. Pour qu'elle soit enregistrée dans l'état civil français, la déclaration de naissance doit être faite auprès d'un service du consulat ou de l'ambassade de France. L'acte établi sera conservé dans leurs registres. Si votre pays de résidence impose une déclaration à l'état civil local, vous devrez faire une demande de transcription à l'ambassade ou au consulat, accompagnée de différents documents (copie de l'acte de naissance, sa traduction, etc.).
La déclaration doit être faite dans les 15 jours qui suivent l'accouchement pour les enfants nés dans certains pays de l'Union européenne, et de 30 jours dans les autres pays d'Europe et du monde.
Pour les enfants nés au Maghreb, la demande de transcription doit être adressée par courrier au Service Central d'état civil de Nantes (Service centre d'état civil BTM -11 Rue de la Maison Blanche 44941 Nantes cedex 9).
Nous vous conseillons de prendre contact avec les services consulaires ou diplomatiques **avant la naissance** (www.diplomatie.gouv).

La surveillance médicale de l'enfant

De la naissance à 16 ans, **20 examens** assurent le suivi de la santé de l'enfant.

- Au cours de la première année, 11 examens sont pratiqués : dans les 8 jours qui suivent la naissance, au cours de la 2e semaine, avant la fin du 1er mois, 1 fois par mois entre le 2e et le 6e mois (5 examens), au cours des 9e, 12e et 13e mois.
- Au cours de la deuxième année, 2 examens : entre 16 et 18 mois, au cours du 24e ou 25e mois.
- De la 3e à la 6e année, 4 examens (1 par an) jusqu'à l'âge de 6 ans.
- Entre 8 et 9 ans : 1 examen ; entre 11 et 13 ans, 1 examen : entre 15 et 16 ans : 1 examen.

Parallèlement à ces examens, les vaccinations sont mises en route puis poursuivies.
Les examens médicaux du bébé peuvent être effectués par un médecin généraliste, un pédiatre ou dans une consultation de PMI. Ils sont pris en charge à 100 % par l'assurance maladie hors dépassements d'honoraires et sans avance de frais.
Si vous faites suivre votre bébé dans un centre de PMI, il est bon que votre médecin le connaisse, car c'est lui que vous appellerez lorsque l'enfant sera malade : le centre de PMI n'est pas un centre de soins ni de traitement, et il n'est ouvert qu'à certaines heures. Le carnet de santé, s'il est bien rempli, fera le lien entre les différents médecins que vous serez amenés à voir.

Après la naissance

1er mois

Votre santé

- Pour être rapidement en forme, reposez-vous vraiment après la naissance
- Si vous travaillez, vous avez droit au minimum à 8 semaines de repos
- Si vous allaitez, pensez à votre équilibre alimentaire
- Dès les premiers jours, vous pouvez faire quelques exercices

Formalités

- À la sortie de la maternité, déclarez la naissance de votre bébé :

– à l'assurance maladie ;

– à la CAF.

Dans les 5 jours déclarez la naissance à la mairie

- Faites renouveler à la mairie votre carte de priorité
- Si vous désirez prendre un congé sans solde, prévenez votre employeur par lettre recommandée avec A.R
- Pour les couples non mariés : la reconnaissance de l'enfant peut être faite avant ou après la naissance

Votre bébé

- Son carnet de santé vous est remis à la maternité : pensez à le présenter à chaque consultation
- Au cours de la première année, 11 examens médicaux sont pratiqués pour surveiller sa santé
- Il peut être utile de faire établir pour votre enfant une carte d'identité, ou un passeport (indispensable pour voyager à l'étranger).

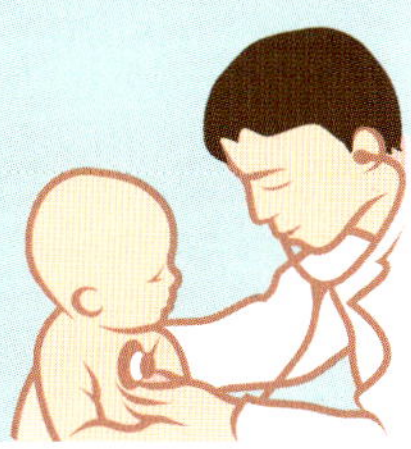

2e mois

Votre santé

- Pour retrouver rapidement votre ligne, ayez une alimentation légère, variée et équilibrée.

Examens

- Examen postnatal : examen général et gynécologique 6 à 8 semaines après l'accouchement.
- Entretien postnatal 4 à 8 semaines après l'accouchement (p. 382).
- Des séances de rééducation périnéale et abdominale peuvent vous être prescrites
- Ainsi que des séances de suivi postnatal (remboursées à 100 % si elles ont lieu au plus tard 12 jours après l'accouchement)

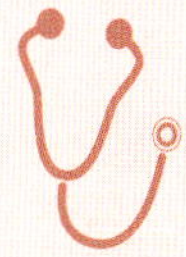

Formalités

- Envoyez à la Sécurité sociale l'attestation de reprise ou de non-reprise de travail

L'examen postnatal

L'examen postnatal obligatoire doit être effectué dans les 6 à 8 semaines qui suivent votre accouchement. Il peut être réalisé par un médecin ou une sage-femme si la grossesse et l'accouchement ont été normaux. S'il y a eu une complication, il doit être fait par un médecin. Si nécessaire, deux **séances de suivi postnatal** peuvent être effectuées par une sage-femme à votre domicile ou dans son cabinet, entre le 8e jour suivant l'accouchement et la consultation postnatale. Elles sont prises en charge à 100 % jusqu'au 12e jour après la naissance et 70 % au-delà.

Le congé de paternité

Le congé de paternité se compose de deux volets.

– **Un congé de naissance de 3 jours**

Il est accordé et financé par l'employeur pour chaque naissance ou adoption survenue au foyer du salarié. Ce congé rémunéré doit être pris à la naissance de l'enfant sur présentation d'un acte de naissance remis à l'employeur.

– **Le congé de paternité et d'accueil de l'enfant**

Le père salarié, quel que soit son contrat (CDI, CDD ou temporaire) et son ancienneté dans l'entreprise, en bénéficie lors de la naissance de l'enfant ; ainsi que la personne salariée et en couple avec la mère de l'enfant. Sont aussi éligibles à ce congé : les demandeurs d'emploi indemnisés par Pôle emploi ; les stagiaires de la formation professionnelle continue ; les pères chef d'entreprise ou d'exploitation ; le conjoint collaborateur s'il se fait remplacer par du personnel salarié. Si la mère vit avec une autre personne salariée, celle-ci peut aussi y prétendre.

- **Durée du congé**

Elle est de **25 jours** (samedis, dimanches et jours fériés compris) ; maximum 32 jours en cas de naissances multiples. Ce congé comprend deux périodes : une période obligatoire de 4 jours prise à la suite des 3 jours ouvrables du congé de naissance ; puis une période de 21 jours. Ce congé doit débuter dans les 6 mois suivant la naissance.

- **Formalités**

Le salarié doit avertir son employeur au moins un mois avant la date choisie et préciser les dates de début et de fin du congé. L'employeur remplit l'attestation de salaire pour le congé qu'il transmet, accompagnée d'une copie d'un extrait d'acte de naissance ou du livret de famille, à la caisse de Sécurité sociale. Le salarié peut aussi transmettre lui-même ces documents.

- **Indemnités**

Ce congé est financé par la Sécurité Sociale.
Pour les **salariés,** le montant des indemnités est calculé de la même manière que celui des indemnités maternité de la salariée (p. 412). Le montant maximum est de 95,22 € par jour.
Les **professionnels libéraux**, entrepreneurs, artisans et commerçants, bénéficient d'une indemnité journalière de 60,25 € par jour, sous condition d'interrompre leur activité professionnelle, pour une durée maximale de 25 jours. Ce montant est de 6 € par jour pour les travailleurs indépendants dont les revenus annuels sont inférieurs à 4 113,60 €.
Ce congé et son indemnisation sont accordés au collaborateur du professionnel libéral.
Les **exploitants agricoles**, leurs **conjoints collaborateurs** ou leurs aidants familiaux ont droit à une indemnité complémentaire de remplacement. Le montant de l'allocation de remplacement est égal aux coûts de remplacement. S'ils n'ont pu être remplacés, ils peuvent bénéficier d'indemnités journalières forfaitaires dont le montant est fixé par décret.

- Il existe le même droit de congé pour l'**enfant adopté**.

À noter

Pendant le congé de paternité et le congé d'adoption, le contrat de travail est suspendu (et non pas rompu) et la protection contre le licenciement est garantie.

- Un congé de paternité de 30 jours consécutifs s'ajoute aux deux congés respectivement de 25 et de 3 jours lorsque le nouveau-né est **hospitalisé** dans une unité de soins spécialisés. Le congé doit être pris pendant la période d'hospitalisation du bébé et dans les 4 mois qui suivent sa naissance. Il est indemnisé selon les mêmes modalités que celles du congé de paternité de 25 jours. Il concerne les salariés du régime général, les travailleurs indépendants et les exploitants agricoles.
- Un congé pour annonce d'un **handicap** : tout salarié a droit à un congé rémunéré de 2 jours en cas d'annonce de survenue d'un handicap chez son enfant.

Le congé parental d'éducation

Le congé parental d'éducation est accordé aux parents naturels ou adoptifs. Il s'adresse à chacun des deux parents. Il peut être pris à temps partiel ou à temps complet. Pendant le congé parental complet, le contrat de travail est suspendu et les droits à la protection sociale sont maintenus. Votre employeur ne vous rémunère plus sauf si votre convention collective le prévoit. Vous devez justifier d'un an d'activité dans l'entreprise à la date de naissance de l'enfant ou de son arrivée dans le foyer en cas d'adoption.

- **La demande de congé parental**

Elle se fait auprès de votre employeur par lettre recommandée en précisant le point de départ et la durée du congé choisi. Le congé est accordé initialement pour une durée maximum d'un an.

La demande de renouvellement doit être faite un mois avant la fin du congé précédent et selon les mêmes modalités.
Le congé peut être renouvelé 2 fois jusqu'aux 3 ans de l'enfant, que vous ayez un, deux ou plus d'enfants.

- **Attention : ce congé est non rémunéré.** Cependant, pour vous garantir un minimum de ressources, vous pouvez soit utiliser votre compte épargne-temps, soit, si vous remplissez les conditions, faire la demande de l'allocation PREPARE (p. 419-420) auprès de votre CAF.

- **Allocation PREPARE et congé parental**

Sachez que la durée du versement de la PREPARE n'est pas obligatoirement identique à celle de la durée du congé parental d'éducation. Ainsi, si vous bénéficiez de la PREPARE :
- avec un enfant, il est possible de bénéficier de la PREPARE jusqu'au1 an de l'enfant sous réserve que chacun des parents suspende séparément son activité durant 6 mois ;
- avec deux enfants et plus, il est possible de percevoir le versement de la PREPARE pendant 24 mois si les parents prennent le congé ensemble, ou jusqu'aux 3 ans de l'enfant s'ils le prennent successivement.

Le congé d'adoption

Les salariés et les travailleurs indépendants, conjoints collaborateurs d'un travailleur indépendant ou d'un praticien ou d'un auxiliaire médical, peuvent bénéficier d'un congé d'adoption.
- **Formalités.** Le salarié doit avertir son employeur et préciser la date à laquelle il entend mettre fin à la suspension de son contrat de travail. Le travailleur indépendant doit se rapprocher de l'assurance maladie pour constituer son dossier.
- **Durée et répartition du congé.** La durée – 16 à 22 semaines pour les salariés, de 12 à 34 semaines pour les travailleurs indépendants – varie en fonction du nombre d'enfants adoptés, du nombre d'enfants déjà à charge et de l'éventuelle répartition du congé entre les parents.
- **Indemnités journalières** ou allocation forfaitaire de repos et indemnités journalières forfaitaires d'interruption d'activité. Les conditions et les montants dépendent du statut professionnel de l'adoptant (p. 413-414).

Qui va garder votre enfant ?

Il existe deux modes d'accueil des enfants auxquels vous pouvez recourir selon vos besoins, votre budget et la disponibilité de l'offre : les services d'accueil familial (assistantes maternelles, garde à domicile, garde partagée, employée polyvalente) ; et les établissements d'accueil collectif (crèches, haltes-garderies, etc.). Nous vous conseillons de vous en préoccuper dès que votre grossesse est confirmée.

L'accueil individuel

L'accueil par une assistante maternelle

Il représente le mode de garde le plus répandu. L'assistante maternelle accueille à son domicile, ou dans une maison d'assistantes maternelles, des enfants âgés de 2 semaines à 6 ans. Elle a pour mission d'assurer les soins d'hygiène, l'alimentation et la sécurité de l'enfant, de contribuer à son développement et à l'apprentissage du langage avant l'entrée à l'école maternelle.
Avant d'accueillir un premier enfant, l'assistante maternelle doit être agréée par le président du conseil départemental de sa résidence, avoir reçu une initiation aux gestes de secours et à la prévention des violences éducatives ordinaires et avoir validé les épreuves de la première partie (soit 80 heures) de la **formation** de 240 heures du CAP *Accompagnant éducatif petite enfance*. La formation devra être complétée de 40 heures dans un délai maximum de 3 ans à compter de l'accueil du premier enfant.
Le **nombre d'enfants** accueillis ne peut dépasser 4, y compris son propre enfant de moins de 3 ans.
L'assistante maternelle peut faire partie d'un relais d'assistantes maternelles, lieu d'information et d'échange de pratiques professionnelles.
Les parents peuvent **recruter** directement l'assistante maternelle (adresses données par la mairie ou la PMI, bouche à oreille, etc.), ou bien ils peuvent avoir recours à une association agréée ou une entreprise habilitée ; les parents sont alors l'employeur.
L'assistante maternelle peut aussi être salariée d'une crèche familiale (p. 429).
Lorsqu'elle est salariée du parent qui l'emploie, sa rémunération est fixée par la convention collective du travail des assistantes maternelles du particulier employeur. Si vous souhaitez trouver des exemples de rémunérations, consultez le site Internet : www.assistantematernelle.biz

Le **contrat de travail** doit être écrit et répond à des normes précises tant dans la présentation que dans son contenu (voyez le modèle annexé à la convention). L'assistante maternelle doit être affiliée à la Sécurité sociale et avoir souscrit une assurance responsabilité civile pour les dommages causés ou subis par les enfants confiés. Lors de la fin de contrat de l'assistante maternelle, les parents devront en effectuer la déclaration à Pajemploi. Les assistantes maternelles bénéficient de nouveaux droits sociaux : l'accès à des activités culturelles et sociales, une assurance prévoyance collective obligatoire financée par les cotisations de la salariée et de son employeur et le droit à la médecine du travail.

La garde à domicile par une auxiliaire familiale

L'auxiliaire se consacre à l'éveil et au bien-être de l'enfant, elle l'accompagne à son rythme et en toute sécurité. L'auxiliaire assure toutes les tâches relatives aux soins courants et à l'hygiène de l'enfant : repas, change, toilette, sieste, rangement et nettoyage du matériel de puériculture.
L'auxiliaire familiale peut être recrutée directement par les parents, ou en ayant recours à une association ou une entreprise agréée. Dans ces derniers cas, l'association doit être agréée par le conseil départemental et l'entreprise par le préfet.

La garde partagée à domicile

Il s'agit de la même forme de garde pour l'enfant mais, dans ce cas, les parents ont fait le choix de partager avec une autre famille l'activité de leur auxiliaire familiale. La garde s'effectue en alternance chez l'une et l'autre famille. Les tâches réalisées sont les mêmes dans chacune des maisons et adaptées à l'âge des enfants. L'avantage pour les familles est le partage par moitié du coût de la garde et, pour les enfants, d'être à deux plutôt que seul. Ce mode de garde exige par contre une entente entre les deux familles, des horaires similaires et une proximité géographique.
Pour toute question sur l'emploi direct à domicile, vous pouvez consulter www.particulieremploi.fr

L'employée polyvalente

La garde de l'enfant est assurée par une employée qui a aussi en charge l'entretien de la maison de la famille.

L'activité de ces trois professionnelles relève de la convention nationale collective du **secteur des particuliers employeurs et de l'emploi à domicile**.
Les questions-réponses les plus fréquentes sur cette convention entrée en vigueur en 2022 (identifiée avec le n°IDCC3239) peuvent être consultées sur www.code.travail.gouv.fr

L'accueil collectif

Les différents modes de garde collectifs ont pour mission de veiller à la santé, à la sécurité, au développement et au bien-être des enfants qui leur sont confiés. La prise en charge des enfants est assurée par une équipe pluridisciplinaire composée notamment d'éducateurs de jeunes enfants, d'auxiliaires de puériculture, sous la direction d'une puéricultrice.
Pour avoir des adresses, renseignez-vous au service petite enfance de la mairie ou auprès du directeur de l'établissement de votre choix. Une **préinscription** est recommandée pendant la grossesse (parfois dès le 3e mois) auprès de plusieurs crèches.

Les crèches collectives

Elles reçoivent un maximum de 60 enfants de 2 mois½ à 3 ans. Elles sont gérées le plus souvent par une collectivité territoriale (mairie ou département). Conçues et aménagées pour recevoir de façon régulière des enfants de moins de 3 ans, elles regroupent les crèches de quartier et de personnel, et les crèches parentales.

- Les **crèches de quartier**, proches du domicile des parents, ont une capacité d'accueil limitée à 60 places. Elles sont ouvertes de 8 à 12 heures par jour, fermées la nuit, le dimanche et les jours fériés.
- **Les crèches d'entreprises** accueillent les enfants du personnel d'une ou de plusieurs entreprises ou établissements publics (mairie, hôpitaux). Elles sont régies par l'employeur. Elles sont implantées sur le lieu de travail ou situées à proximité. Une partie de leurs places peut être ouverte aux enfants du quartier.
- Les **crèches parentales** sont gérées par des parents regroupés en association et qui s'occupent à tour de rôle des enfants avec le soutien d'un personnel qualifié. La capacité d'accueil des crèches est de 20 places (exceptionnellement de 25 places). Leurs locaux doivent être conformes aux règlements de sécurité et permettre une surveillance des enfants. Vous pouvez vous renseigner auprès de l'association des collectifs enfant parents professionnels, tél. : 01 44 73 85 20, ou sur leur site ACEPP.
- Les crèches à vocation d'**insertion professionnelle** : en accueillant leurs enfants, elles permettent aux parents sans emploi d'être accompagnés vers l'emploi ou la formation.

Les haltes-garderies

Elles accueillent ponctuellement les enfants de moins de 3 ans. Elles offrent des temps de rencontre et d'activité communs avec d'autres enfants, les préparant progressivement à l'entrée à l'école maternelle. On distingue les haltes-garderies traditionnelles offrant au maximum 60 places et les haltes-garderies parentales de taille limitée à 20 ou 25 places.

Les jardins d'enfants

Ils reçoivent pendant la journée des enfants âgés entre 2 et 6 ans. Leur fonctionnement se situe à mi-chemin entre la crèche collective et l'école maternelle. Les activités pédagogiques sont réalisées par un personnel qualifié, notamment par des éducateurs de jeunes enfants et des auxiliaires de puériculture. Certains jardins d'enfants accueillent des enfants ayant un handicap. Les enfants âgés de 3 à 6 ans peuvent suivre leur scolarité en jardin d'enfants. Pour trouver des adresses, consultez le site de la CAF.

Les structures « multi-accueil »
Elles proposent différents modes d'accueil des enfants de moins de 6 ans au sein d'une même structure : ce peut être des places d'accueil régulier de type crèche ou jardin d'enfants, des places d'accueil occasionnel de type halte-garderie ou des places d'accueil polyvalent utilisées tantôt pour l'accueil régulier, tantôt pour l'accueil occasionnel. Elles sont gérées soit par les collectivités territoriales, soit par les parents.

Le service d'accueil familial, ou crèche familiale
Il emploie des assistantes maternelles agréées qui gardent à leur domicile jusqu'à 4 enfants âgés de moins de 4 ans.
L'ouverture d'une crèche familiale dépend d'une autorisation délivrée par le président du conseil départemental après avis des services de la PMI.
Ce service peut être géré par une collectivité territoriale, une entreprise, une association ou une mutuelle. Il est dirigé par une puéricultrice, un médecin ou un éducateur de jeunes enfants. Ceux-ci assurent l'encadrement et l'accompagnement professionnel des assistantes maternelles.
En ce qui concerne la participation financière, il faut vous renseigner directement auprès du service d'accueil familial retenu et vous informer sur l'option qu'il a choisie : soit une aide destinée à couvrir une partie des frais de fonctionnement qui lui est versée par la CAF, soit un financement reposant sur le complément du libre choix du mode de garde (vous le percevez et votre participation sera calculée selon des modalités propres au service d'accueil).

Les maisons d'assistantes maternelles
Elles accueillent les enfants dans une maison extérieure à leur domicile. Elles répondent à la demande d'accueil des jeunes enfants en milieu rural et avec des horaires atypiques.

La fiscalisation du salaire de l'assistante maternelle et de l'employé à domicile
Le salaire des assistantes maternelles et employés à domicile est soumis à la retenue à la source de l'impôt sur le revenu. Vous devez, dans le cas d'imposition de leur salaire, soit en confier le paiement à Pajemploi, *via* le service Pajemploi+, soit verser vous-même le salaire net après impôts.

Le tiers payant pour le complément du mode de garde. Le complément du mode de garde peut être versé directement par la CAF à l'assistante maternelle, à condition que la famille, la CAF et l'assistante maternelle signent préalablement une convention dite du CMG tiers payant. Cela réduit d'autant le montant à régler par la famille.

Le coût de l'accueil de la crèche
Le parent paye à la crèche une participation financière qui varie en fonction de ses ressources et de sa situation familiale.

Paiement des frais de garde au moyen de chèques emploi service universel (Cesu)
Quel que soit le mode de garde choisi, vous pouvez payer les frais de garde par virement, en espèces ou avec un chèque emploi service universel. Avec le Cesu, l'employeur n'est pas tenu de délivrer un bulletin de paye. Le Cesu préfinancé permet d'acquitter la rémunération des salariés du particulier employeur ou des assistantes maternelles ainsi que les cotisations et contributions sociales. Pour tout renseignement : www.cesu-urssaf.fr

- Si vous êtes particulier employeur, vous n'êtes pas concerné par l'obligation de souscrire une complémentaire santé collective pour votre employé(e). Vous devez prendre en charge une partie de l'abonnement des transports publics que votre salarié(e) a souscrit pour ses déplacements entre son domicile et le vôtre.
- Un dispositif simplifié des rémunérations permet aux employeurs de déléguer le paiement de leurs salariés à l'organisme de recouvrement mandaté (Pajemploi ou CNCESU), sous réserve de l'accord écrit et préalable du salarié.

Modes d'accueil et informations des parents
www.mon-enfant.fr : ce site, créé par la CAF, regroupe les informations sur les solutions d'accueil du jeune enfant (crèche, micro-crèche, multi-accueil, assistante maternelle, etc.).

Les dépenses pour l'accueil de l'enfant

Les dépenses pour la garde de l'enfant vont dépendre du choix du mode de garde, des ressources et du nombre d'enfants de la famille ; elles vont dépendre également des diverses aides de la CAF, des collectivités locales, de l'État, et éventuellement des employeurs. Quel que soit le mode d'accueil choisi, vous bénéficierez de l'aide de l'État sous la forme d'un avantage fiscal (tableaux page 430).

Les dépenses selon le mode d'accueil

Mode d'accueil	Assistante maternelle	Garde à domicile	Crèche collective et micro crèche
Salaire ou participation financière	Dépend de la convention des assistantes maternelle et maximum 44,02 € net journalier pour bénéficier du complément mode de garde minimum 2,50 € net/heure	Variable et fonction de la convention du particulier employeur. Salaire horaire minimum 9,03 € net avec 10 % congés payés	Variable en fonction des ressources, de la composition de la famille et du quotient familial référé au barème national
Congés payés	Paiement en une fois en juin, ou à la prise des congés principaux, ou à chaque prise de congés	10 % du salaire	
Indemnité d'entretien	Ne peut être inférieure à 3,61 €/jour pour 9 heures d'accueil/jour Minimum 2,65 € en dessous de 7h	Indemnité abonnement transport public	
Coût des repas	Environ 4,85 €/jour		
Cotisations sociales	Pas de cotisation si le salaire ne dépasse pas 44,02 € net/jour	Déduction partielle des cotisations	
Part restant à charge des parents	15 % minimum	15 % minimum	15 % minimum

LES AIDES FINANCIÈRES POUR L'ACCUEIL DE L'ENFANT

Vous pouvez bénéficier pour l'accueil de votre enfant de deux aides financières : celle de la CAF, ou de la MSA ; et celle de l'État sous la forme d'un crédit d'impôt ou d'une réduction d'impôt. Voyez le tableau ci-dessous. Certaines entreprises ou le CCAS (Comité d'action sociale) accordent une aide dont le montant est plafonné à 2 301 € par an et non imposable. Ce montant est doublé si les 2 parents travaillent dans la même entreprise. Des aides financières locales communales ou départementales existent également (1).

Les aides financières selon le mode d'accueil

Nature de l'accueil	Aides de la CAF ou MSA	Aides de l'État (avantage fiscal)
Employeur direct d'une garde au domicile	• Prise en charge partielle du salaire de l'employée (CMG*) • Prise en charge partielle des cotisations sociales : – enfant de - de 3 ans : 50 % dans la limite de 498,34 € par mois ; – enfant entre 3 et 6 ans : 50 % dans la limite de 249,17 € par mois. Abattement des charges sociales de 2 € par heure travaillée : uniquement calculé sur la part des cotisations non prises en charge par votre CAF.	• Crédit ou réduction (2) d'impôt Maximum : 50 % des dépenses engagées avec un plafond de 12 000 € majoré de 1 500 € par enfant à charge, dans la limite de 18 000 € la première année. • Limite de 6 000 € par famille, 9 000 € la première année d'imposition avec cet avantage ou famille avec 2 enfants. • Les aides dont le particulier a bénéficié (aide de son entreprise) doivent être déduites des dépenses engagées.
En ayant recours à une entreprise agréée	Mêmes avantages que ci-dessus mais obligation de 16 heures de garde mensuelle	Même avantage fiscal que ci-dessus
Employeur direct d'une assistante maternelle	– Prise en charge partielle du salaire de l'assistante maternelle (CMG*) avec possibilité de tiers payant – Prise en charge totale des cotisations sociales	Crédit d'impôt (3) : 50 % des dépenses engagées dans la limite d'un plafond de 3 500 € par enfant – Maximum 1 750 € par enfant – Si résidence alternée maximum 875 € par enfant
Crèche collective	Versement d'une aide au gestionnaire (PSU) si l'établissement applique le barème national des participations familiales fixé par la CAF	Crédit d'impôt dans les mêmes conditions que pour l'accueil par une assistante maternelle

* CMG : complément de mode de garde (p. 418)

(1) Pour percevoir ces aides, vous devez répondre à certaines conditions et remplir diverses formalités qui varient en fonction du mode d'accueil choisi. Renseignez-vous auprès de votre entreprise ou de votre CCAS.

(2) Conditions pour bénéficier du crédit d'impôt : exercer une activité professionnelle ou être inscrit comme demandeur d'emploi durant 3 mois au moins au cours de l'année du paiement des dépenses de garde de l'enfant. Si vous n'êtes pas imposable le crédit d'impôt vous est remboursé.

(3) Le taux de prélèvement à la source ne le prend pas en compte. Consultez votre centre des impôts pour les remboursements, soit sous la forme de 2 acomptes ou de l'intégralité à l'été suivant, selon l'année où la garde a débuté.

Des aides particulières pour la garde de l'enfant
Lorsque les parents rencontrent des difficultés liées à la naissance, ils peuvent être aidés.

- Les **techniciennes de l'intervention sociale et familiale à domicile** (TISF) ont pour fonction de relayer ou de seconder la mère de famille dans les tâches quotidiennes du foyer, lorsque celle-ci se trouve dans l'incapacité momentanée de les effectuer (maternité par exemple). En général, l'intervention de ces personnes est limitée (1 ou 2 semaines en moyenne), mais elle peut durer plus longtemps dans des cas particuliers.
- Les **aides ménagères** assurent les travaux ménagers que la mère de famille ne peut assurer momentanément (si la situation ne justifie pas la présence d'une TISF). Elles viennent 1 ou 2 jours par semaine, ou par demi-journée.

Pour ces aides familiales, la **participation financière** de la famille est fixée d'après les revenus de la famille et le nombre d'enfants. En cas de naissance multiple (triplés et plus), ou de jumeaux si la famille compte un enfant de moins de 3 ans, la gratuité est accordée pour un certain nombre d'heures. Votre caisse d'allocations familiales vous donnera tous les renseignements. La mairie, les services de PMI, vous donneront également des adresses d'organismes privés pouvant vous procurer une aide familiale.

La PMI et les réseaux de périnatalité

La PMI (Protection maternelle et infantile)

C'est un service départemental à la disposition des familles. Il exerce des missions variées dans le champ de la prévention.

Les missions de la PMI
En matière de protection maternelle, elle réalise des consultations prénatales et postnatales. Elle concourt à la prévention de la prématurité, elle contribue à la préparation à la naissance et à la parentalité en favorisant la mise en contact avec les maternités.
Concernant la protection infantile, elle assure des consultations médicales et donne des conseils de puériculture pour les enfants de moins de 6 ans ; elle réalise les bilans dans les écoles maternelles.
Elle intervient dans le repérage des troubles du développement le plus tôt possible pour pouvoir proposer un accompagnement adapté.
Elle participe aux missions de protection de l'enfance et prend en charge des mineurs en danger.
En matière de planification familiale, elle assure des consultations de contraception, de dépistage des infections sexuelles transmissibles et des actions d'éducation à la vie affective ; elle participe aux interruptions volontaires de grossesse.

L'équipe des professionnels de la PMI
Pour réaliser ces missions, la PMI s'appuie sur une équipe pluridisciplinaire qui comprend généralement :

- **Un médecin** reçoit en consultation préventive et de dépistage. Il suit et s'assure du bon développement de l'enfant. Il peut réaliser les vaccinations obligatoires.
- **Une sage-femme** prend en compte les besoins en rapport avec la grossesse ; elle peut ainsi assurer l'entretien prénatal, la préparation à la naissance et à la parentalité, la visite post-natale et la rééducation périnéale, etc.
- **Une infirmière puéricultrice** répond aux interrogations des parents sur la vie quotidienne du bébé, son sommeil, son couchage, sa sécurité, l'allaitement. L'infirmière puéricultrice peut les rencontrer à domicile.
- **Une auxiliaire de puériculture** accueille les parents, répond à leurs questions et les oriente si besoin vers le professionnel adapté à leurs demandes.
- **Une psychologue** offre une écoute, un soutien ou un accompagnement psychologique dans la relation avec l'enfant tout au long de son développement. Elle propose aussi son aide dans différents domaines, comme le sommeil, l'alimentation, l'acquisition du langage et de l'autonomie.

Les réseaux de périnatalité

L'ambition d'un réseau périnatal (p. 20) est d'optimiser le suivi des femmes enceintes et de leurs nouveau-nés ainsi que de favoriser un accompagnement global des parents et de l'enfant dès le début de la grossesse ; ceci afin de repérer les fragilités possibles des uns et des autres pour pouvoir les prendre en charge et assurer un suivi.
Ces réseaux regroupent l'ensemble des professionnels de la périnatalité d'un territoire donné, qu'il s'agisse du secteur sanitaire ou médico-social, et ils coordonnent leurs activités : maternités, PMI, praticiens libéraux, associations, etc. Les professionnels participant à ces réseaux partagent leurs compétences.
Le réseau ne se substitue pas au suivi médical exercé par le médecin ou la sage-femme en charge du suivi de sa grossesse. Si la femme le souhaite, ces derniers pourront lui indiquer la marche à suivre pour ouvrir un dossier périnatal partagé.

La famille : quelques informations juridiques

Au cours des siècles, la famille a profondément évolué. De patriarcale, constituée autour du chef de la lignée, elle est devenue nucléaire, rassemblée autour du couple. Cette transformation s'est accélérée avec l'accroissement du nombre de familles monoparentales et recomposées, puis l'émergence des familles homoparentales. En 2020, en France, une famille sur quatre était monoparentale, près d'une sur dix était recomposée (Insee 2021). De ce fait, le droit de la famille, constamment modifié, est devenu de plus en plus complexe.

Quelques manifestations récentes de cette évolution : loi « bioéthique » du 2 août 2021 et décret du 25 août 2022, ouvrant notamment le recours à la PMA (Procréation Médicalement Assistée) à toutes les femmes, mariées ou non, vivant en couple ou non ; loi du 21 février 2022, ordonnance du 5 octobre 2022 et décret du 23 décembre 2022, réformant l'adoption ; loi 21 février 2022 réformant et facilitant l'adoption ; loi du 2 mars 2022 relative au choix du nom issu de la filiation.

Nous ne pouvons énumérer dans ce livre que quelques notions essentielles. Pour chaque cas particulier, une information complète nécessite la consultation d'un professionnel, notaire ou avocat, ou d'une association spécialisée. Des barreaux ont organisé des services de consultations gratuites (se renseigner auprès de l'Ordre des avocats). Il existe des maisons du droit dans de nombreuses communes (se renseigner auprès des mairies). Les assistantes sociales sont à même de vous communiquer les coordonnées d'associations compétentes (adresses, p. 441-442).

La déclaration de naissance

La déclaration de naissance d'un enfant né en France est obligatoire et doit être effectuée dans les cinq jours suivant le jour de l'accouchement. Ce délai est porté à 8 jours pour certaines communes du département de la Guyane. La déclaration sera effectuée auprès de l'officier de l'état civil, c'est-à-dire à la mairie du lieu de naissance, par le père, ou, à défaut du père, par les médecins, sages-femmes, personnels de santé ou autres personnes qui auront assisté à l'accouchement. Dans certains hôpitaux publics, un officier d'état civil assure une permanence au sein du service de maternité pour enregistrer les déclarations de naissance.

La déclaration de naissance d'un enfant français **à l'étranger** obéit à des règles spécifiques (p. 424).

La filiation et la reconnaissance de l'enfant

Le droit de la filiation recouvre l'ensemble des règles qui permettent de déterminer l'ascendance d'une personne, enfant ou adulte. Autrefois, une seule famille existait : la famille légitime, issue du mariage d'un homme et d'une femme. En 1972, la loi a créé la notion de famille naturelle pour prendre en compte les enfants nés hors mariage. Plus récemment, dans un souci d'égalité entre les enfants, les mots « légitime » et « naturel » ont été supprimés du vocabulaire juridique. La loi du 17 mai 2013 a ouvert le mariage et l'adoption aux couples de même sexe. Enfin, la loi du 21 février 2022 facilite l'adoption et l'étend aux couples non mariés..

Il existe trois modes d'établissement de la filiation : par la loi, par la volonté des parents, par un jugement.

La filiation établie par la loi

La mention du nom de la mère sur l'acte de naissance de l'enfant la désigne comme mère de l'enfant et établit la filiation à son égard. Une seule exception : lorsque la mère a demandé à accoucher anonymement (accouchement sous X). La mère pourra lever le secret de son identité à tout moment au cours de sa vie.

L'homme marié est présumé être le père de l'enfant né de son épouse. Cette présomption de paternité s'applique aux enfants conçus ou nés pendant le mariage. Elle disparaît si le nom du mari n'apparaît pas en qualité de père dans l'acte de naissance de l'enfant ou, sous certaines conditions, en cas de divorce ou de séparation de corps.

La filiation établie par la volonté des parents

La reconnaissance : lorsque les parents ne sont pas mariés, le père et la mère peuvent reconnaître leur enfant avant la naissance, ensemble ou séparément. La démarche se fait dans n'importe quelle mairie. Il suffit de présenter une pièce d'identité et de faire une déclaration à l'état civil. L'acte de reconnaissance est rédigé immédiatement par l'officier d'état civil et signé par le parent concerné ou par les deux en cas de reconnaissance conjointe. La reconnaissance peut être également établie par acte notarié. L'acte de reconnaissance devra être présenté lors de la déclaration de naissance.

Si cette reconnaissance prénatale n'a pas été faite par le père, celui-ci doit la faire, selon les mêmes modalités, après la naissance pour établir la filiation paternelle. La mère n'a pas de démarche à faire du moment que son nom figure dans l'acte de naissance.

Le père d'un enfant dont la mère a décidé d'accoucher ou a accouché anonymement peut reconnaître l'enfant avant la naissance ou dans un délai de deux mois suivant la naissance. C'est en effet à l'expiration de ce délai que l'enfant est admis comme pupille de l'État et peut être proposé à l'adoption.

La loi du 2 août 2021 crée un mode spécifique d'établissement de la filiation pour, **dans un couple**

de femmes, consacrer le lien entre celle des femmes qui ne porte pas l'enfant et ce dernier. À l'égard de la femme qui n'a pas accouché, la filiation de l'enfant est établie par une reconnaissance conjointe devant notaire. Cette reconnaissance est recueillie en même temps que le consentement au don de gamètes. Elle sera présentée à l'officier de l'état civil et mentionnée sur l'acte de naissance de l'enfant.

La filiation établie par un jugement

- C'est tout d'abord le cas de l'**adoption plénière** : un jugement donne à l'enfant une filiation qui se substitue à sa filiation d'origine. La loi du 21 février 2022, complétée par l'ordonnance du 5 octobre 2022 et le décret du 23 décembre 2022, facilite l'adoption de l'enfant du conjoint et ouvre le droit d'adopter aux couples non mariés. Désormais, l'adoption peut également être demandée par deux époux non séparés de corps, deux partenaires liés par un pacte civil de solidarité ou deux concubins. Auparavant, seuls les couples mariés et les célibataires pouvaient adopter. Les adoptants doivent être en mesure d'apporter la preuve d'une communauté de vie d'au moins un an ou être âgés l'un et l'autre de plus de 26 ans. C'est aussi le cas de l'**adoption simple**, laquelle confère à l'adopté une filiation qui s'ajoute à sa filiation d'origine. L'adopté conserve ses droits dans sa famille d'origine. À la différence de l'adoption plénière, l'adoption simple ne rompt pas les liens de filiation de l'enfant avec ses parents biologiques ; la filiation avec les parents adoptifs, qui sont seuls titulaires de l'autorité parentale, est ajoutée mais non pas substituée.
- La filiation établie par un jugement concerne également la **recherche de maternité ou de paternité**.

Tout enfant peut rechercher sa **mère** en justice, qu'elle soit mariée ou non. Il doit prouver qu'il est celui dont la mère a accouché, sauf s'il a été placé en vue de son adoption ou s'il a déjà une filiation légalement établie.

Les **pères** ne peuvent pas se soustraire à une action en recherche de paternité. Des expertises génétiques (tests ADN) sont alors ordonnées par la justice. Les tests que l'on peut réaliser soi-même, notamment à l'étranger ou par Internet, sont sans valeur probante en France. Un père ne peut être contraint par la force à se soumettre à une expertise biologique. Toutefois, le juge pourra tirer toutes les conséquences de son refus.

Ce que la loi appelle **« possession d'état »** permet d'établir une filiation, par exemple lorsqu'un homme s'est comporté aux yeux de tous comme un père, en pourvoyant aux besoins de l'enfant, à son entretien, à son éducation. Depuis la loi du 23 mars 2019, c'est à un notaire – et à lui seul – que chacun des parents ou l'enfant peut demander que lui soit délivré un acte de notoriété qui fera foi de la possession d'état jusqu'à preuve contraire.

Le prénom de l'enfant

Tous les prénoms sont-ils admissibles ?

Nous sommes loin de l'époque où seuls étaient autorisés les prénoms du calendrier, et où les prénoms d'origine étrangère n'étaient admis qu'à condition de justifier d'une origine familiale.

Depuis la loi du 8 janvier 1993, les parents choisissent **librement** le ou les prénoms de leur enfant. L'instruction générale relative à l'état civil précise que les seuls signes susceptibles d'être adjoints à certaines lettres de l'alphabet sont les « points, trémas, accents et cédilles ». Dans sa décision du 21 mai 2021, le Conseil constitutionnel a confirmé l'interdiction d'utiliser dans les actes de l'état civil d'autres signes « diacritiques » que ceux employés pour l'écriture de la langue française. Encore récemment envisagée, la prise en compte de l'orthographe de langues régionales dans les actes de l'état civil n'est donc plus à l'ordre du jour. Ainsi, le prénom Artús, donné à un enfant né le 15 décembre 2022, a été refusé au motif que l'alphabet français ne prévoit pas d'accent aigu sur la voyelle u.

Le nombre de prénoms n'est pas limité. Tout prénom inscrit dans l'acte de naissance peut être choisi comme prénom usuel. Le choix est formalisé lors de la déclaration de naissance et l'officier d'état civil rédige immédiatement l'acte de naissance.

Toutefois, si ces prénoms ou l'un d'eux, seul ou associé aux autres prénoms ou au nom, lui paraissent contraires à l'intérêt de l'enfant (prénom ridicule, par exemple) ou au droit des tiers à voir protéger leur patronyme, l'officier de l'état civil en avise le procureur de la République. Celui-ci peut saisir le juge aux affaires familiales. Ce juge peut en ordonner la suppression sur les registres de l'état civil. Il attribue, le cas échéant, à l'enfant un autre prénom qu'il détermine lui-même si les parents ne font pas un nouveau choix.

Quelques exemples

Des prénoms tels que Titeuf, Nutella, Fraise, Mini-Cooper, Prince-William ont été refusés par la justice au motif qu'ils étaient contraires à l'intérêt des enfants et susceptibles de les exposer à des moqueries. En revanche, le prénom Mégane pour un enfant dont les parents portaient le nom Renaud a été accepté au motif que l'inconvénient lié à un modèle de voiture est appelé à disparaître. En 2018, le procureur de la République a fait appel des décisions du juge aux affaires familiales du tribunal de grande instance de Lorient qui avait accepté le prénom Ambre pour un garçon et Liam pour une fille. Le procureur estimait que le choix de ces prénoms pourrait créer un risque de confusion de genres et porter un préjudice à l'enfant dans ses relations sociales. Le 27 janvier 2020, la cour d'appel de Rennes a confirmé les décisions du juge. Ambre et Liam pourront garder leur prénom. Le 16 mars 2019, le juge aux affaires familiales du tribunal de Brive-la Gaillarde a interdit à des parents de prénommer leur enfant des noms de deux footballeurs, Griezmann et Mbappé.

En cas de désaccord entre les parents sur le choix du prénom à donner à l'enfant, le juge aux affaires familiales est compétent pour trancher le litige. Dans les cas litigieux, l'intérêt de l'enfant prime sur la liberté de choix des parents.

Dans toute mesure le concernant jusqu'à sa majorité, c'est l'**intérêt supérieur** de l'enfant que le juge doit rechercher et privilégier.

Peut-on faire modifier son prénom ?

La loi du 9 janvier 1993 offre à toute personne qui justifie d'un intérêt légitime la possibilité de demander à changer de prénom.
Ont été reconnus comme **motifs légitimes** de changement de prénom : le caractère ridicule du prénom dont la suppression est demandée ou de l'association de ce prénom avec le nom, l'usage prolongé d'un autre prénom, la conversion à une religion, le changement de sexe, la simplification d'un prénom étranger, un risque de discrimination, etc.
La francisation du prénom (et du nom) peut également être demandée dans le cadre de l'acquisition de la nationalité française. Elle consiste en la substitution d'un prénom français au prénom étranger ou dans l'attribution complémentaire d'un prénom français ou, en cas de pluralité de prénoms, dans la suppression du prénom étranger pour ne laisser que le prénom français.
Il peut arriver que l'administration de la maternité commette une erreur en inscrivant le prénom de l'enfant à sa naissance. La demande de rectification doit être faite auprès du procureur de la République mais ne nécessite pas d'action judiciaire.
La loi du 18 novembre 2016 a simplifié la procédure de **changement de prénom**. La demande est remise en mairie à l'officier de l'état civil du lieu de résidence ou du lieu où l'acte de naissance a été dressé. S'il s'agit d'un mineur, la demande est remise par son représentant légal. L'adjonction, la suppression ou la modification de l'ordre des prénoms peut également être demandée. Si l'enfant est âgé de plus de 13 ans, son consentement personnel est requis. L'accomplissement de la formalité en mairie est gratuit. Le recours au juge aux affaires familiales n'est plus nécessaire, sauf si l'officier de l'état civil estime que la demande ne revêt pas un intérêt légitime et que le procureur s'oppose au changement.

Le nom de famille

Le nom de famille a maintenant remplacé l'ancien « nom patronymique ». Cette nouvelle dénomination marque l'appartenance de l'enfant à une famille, en remplacement du seul nom du père. À présent, en théorie, il y a égalité entre les parents : le nom de famille peut désormais être transmis par chacun des parents.

Le nom : autrefois et aujourd'hui

Le « autrefois » n'est pas si loin : jusqu'en 2002, et à l'exception des enfants qui n'avaient été reconnus que par leur mère, toute personne portait le nom du père (patronyme).

- En 2002, premier changement, la loi introduit une possibilité de choix : « soit le nom du père, soit le nom de la mère, soit leurs deux noms accolés dans l'ordre choisi par eux dans la limite d'un nom de famille pour chacun d'eux ».
- En 2005, une ordonnance précise qu'en l'absence de déclaration conjointe mentionnant le choix du nom de l'enfant, ce dernier prend le nom de celui de ses parents à l'égard duquel sa filiation est établie en premier ; et il prend le nom de son père si sa filiation est établie simultanément à l'égard de l'un et de l'autre (c'est le cas notamment lorsque les parents sont mariés).
- La loi de 2013 a écarté la priorité par défaut du nom du père en cas de désaccord des parents : si l'un des parents formule un désaccord sur le choix du nom, l'enfant prend les noms de chaque parent, accolés par ordre alphabétique. Désormais, seule la non-intervention des parents (aucun choix commun ni manifestation de désaccord) donne la primauté au nom du père.

Quel nom peut être choisi par les parents ?

À la naissance de leur enfant, les parents peuvent choisir le nom de famille qu'il portera : soit l'un de leurs deux noms, soit les deux noms dans l'ordre de leur choix.
S'il y a déjà d'autres enfants, ce nom ne pourra pas être différent de celui porté par les aînés.
Si les parents n'ont pas fait de choix, l'enfant portera le nom de son père si ses parents sont mariés ou s'il a été reconnu par ses deux parents ; ou bien le nom de celui de ses parents qui l'aura reconnu en premier.
Voici un **exemple** : Émilie Veymont et Laurent Mirari donnent naissance à Nathan. En cas d'accord des parents, celui-ci pourra s'appeler Nathan Veymont ou Nathan Mirari ou Nathan Veymont Mirari ou Nathan Mirari Veymont. En cas de silence des parents, il s'appellera Nathan Mirari. En cas de désaccord des parents sur le choix du nom, il s'appellera Nathan Mirari Veymont.

- Le nom choisi pour le premier enfant de la fratrie devra être retenu pour les suivants. Le non-choix équivaut à un choix et s'impose aux autres enfants.
- Le nom du père est encore très majoritairement donné. Les doubles noms sont composés en

majorité dans l'ordre « nom du père – nom de la mère ».

À quel moment le nom est-il choisi ?

Les parents qui désirent user de cette faculté doivent faire une déclaration de choix de nom, soit au moment de la naissance de l'enfant, soit ultérieurement et pendant toute la minorité de l'enfant lorsque, reconnu par un seul de ses parents au moment de sa naissance, il est ensuite reconnu par l'autre. Le consentement de l'enfant de plus de 13 ans sera nécessaire.
La déclaration est constituée d'un document écrit, notarié ou simple acte sur papier libre. Les parents peuvent utiliser un formulaire qui leur sera remis par l'officier de l'état civil au moment des formalités de reconnaissance de l'enfant ou des démarches préalables au mariage.

Nom de l'enfant dont la filiation n'est établie qu'à l'égard d'un seul des parents

L'enfant prend le nom de ce parent (celui de la mère si elle seule a reconnu l'enfant). Si par la suite, la filiation est établie à l'égard du père, les parents peuvent, à ce moment et pendant toute la minorité de l'enfant, faire une déclaration conjointe de changement de nom, soit en remplaçant le nom initial par celui du second parent, soit en lui donnant les deux noms accolés dans l'ordre choisi par eux. Cependant, s'ils ont déjà un enfant né depuis le 1er janvier 2005 dont la filiation a également été reconnue en deux temps, ou ayant déjà bénéficié d'une déclaration de changement de nom, ils ne pourront donner à ce deuxième enfant que le nom du premier. Si aucune déclaration n'est faite, l'enfant conserve le nom de celui de ses parents qui l'a reconnu le premier.

- Dans tous les cas, le choix de nom effectué par les parents est **irrévocable** et ne peut être exercé qu'une seule fois.
- L'accord de l'enfant âgé de plus de 13 ans est indispensable.

Nom d'usage et nom de famille

Toute personne peut, dans la vie quotidienne, à titre d'usage, **utiliser le nom de ses deux parents**. Il suffit que l'acte de naissance fasse apparaître la double filiation (indication du nom des deux parents). Pour répondre à la préoccupation des mères qui élèvent seules leurs enfants et doivent rapporter la preuve de leur parentalité, la loi du 2 mars 2022 assouplit les règles sur le nom d'usage. Désormais, un parent peut décider seul d'ajouter à titre d'usage son nom de famille au nom de l'enfant. Il devra en informer auparavant l'autre parent. En cas de désaccord, celui-ci pourra saisir le juge aux affaires familiales. Si l'enfant a plus de 13 ans, son accord sera nécessaire.

Après le mariage, chaque époux a la possibilité d'utiliser, à titre d'usage, le nom de l'autre. Cette utilisation est facultative et n'a aucun caractère automatique. Que vous soyez un homme ou une femme, vous pouvez choisir comme nom d'usage soit uniquement le nom de votre conjoint, soit un double nom composé de votre propre nom et du nom de votre conjoint dans l'ordre que vous souhaitez.
Le nom d'usage ne remplace pas le nom de famille qui reste le seul nom mentionné sur les actes d'État civil (acte de naissance ou de mariage, livret de famille…). En revanche, le nom d'usage peut être utilisé dans tous les actes de la vie privée (école par exemple), familiale, sociale ou professionnelle. Dès lors que la demande en est faite, c'est ce nom qui doit être utilisé par l'administration dans les courriers qu'elle adresse.

Il n'est pas possible d'utiliser comme nom d'usage le nom du concubin ou du partenaire de Pacs.

Le changement de nom

La loi du 2 mars 2022 donne la possibilité à toute personne majeure de **choisir le nom de famille** du parent qui ne lui a pas été transmis à sa naissance ou de garder les deux, dans le sens qu'il souhaite. Dans ce cas, la demande est formulée directement à la mairie du domicile ou du lieu de naissance.
Le changement de nom s'étend automatiquement aux enfants du demandeur lorsqu'ils sont âgés de moins de 13 ans et avec leur consentement au-delà de cet âge.
Exceptionnellement, le nom peut être modifié lorsque la personne justifie d'un **intérêt légitime** : par exemple lorsqu'il s'agit d'un nom ridicule ou mal sonnant, ou de la francisation d'un nom étranger, ou encore, sous certaines conditions, pour éviter l'extinction d'un nom.
La demande est présentée par requête au ministre de la Justice. Le changement de nom est autorisé par décret. La mention des décisions de changement de nom est portée en marge des actes de l'état civil de l'intéressé et, le cas échéant, de ceux de son conjoint et de ses enfants. Lorsqu'il s'agit uniquement de mettre en concordance l'état civil français avec le nom retenu à l'état civil étranger, la loi du 18 novembre 2016 a simplifié la procédure en donnant compétence à l'officier de l'état civil pour effectuer le changement de nom.

Voici les sites Internet que vous pourrez consulter utilement sur **la filiation et le nom de famille** :

- www.service-public.fr
- www.vos-droits.justice.gouv.fr
- www.legifrance.gouv.fr
- www.etat-civil.legibase.fr

Mariés ? Non mariés ?

Allons-nous nous marier ? Pouvons-nous nous « pacser » ? Telles sont les questions que se posent certains couples lorsqu'une naissance s'annonce. En 2006, les naissances hors mariage sont devenues majoritaires, franchissant le seuil symbolique des 50 %, et la tendance ne fait que se confirmer : près de 64 % de naissances hors mariage en 2022. Par ailleurs, depuis sa création en 1999, le Pacs (Pacte civil de solidarité) a connu un essor considérable : 60 462 Pacs conclus en 2005 et 192 000 en 2022, dont 10 000 entre personnes de même sexe. En 2022, ce sont 244 000 mariages qui ont été célébrés, dont 7 000 entre personnes de même sexe (Insee). Qu'il s'agisse du nom de famille, de la filiation ou de l'autorité parentale, la loi ne fait plus de différence entre les enfants nés dans le mariage ou hors mariage. Les termes « enfant naturel » et « enfant légitime » ont disparu de notre vocabulaire et de notre Code civil. Des différences subsistent toutefois entre les couples mariés et non mariés. À titre d'exemple :

- le père marié n'a pas de démarche à effectuer pour faire valoir ses droits sur son enfant ;
- le père marié transmet automatiquement son nom à son enfant, sans avoir à accomplir de formalité si aucune autre démarche n'est effectuée pour ajouter ou substituer le nom de la mère.

La loi du 17 mai 2013 n'a pas seulement ouvert le mariage et l'adoption aux couples de personnes de même sexe. Elle a également consacré la notion de « **parent social** » – concrètement, le beau-parent : celui qui a résidé de manière stable avec l'enfant et l'un de ses parents, a pourvu à son éducation, à son entretien ou à son installation, et a noué avec lui des liens affectifs durables, est reconnu par la loi qui lui attribue des droits et des obligations.

Le mariage

Nous n'évoquerons ici que le mariage civil. Pour se marier, il convient d'être majeur, le procureur de la République pouvant toutefois accorder des dispenses d'âge pour des motifs graves.
Il n'y a plus de condition de différence des sexes pour se marier. En revanche, le mariage est interdit lorsqu'il y a un lien de parenté direct, par exemple : entre ascendants et descendants, entre frères et sœurs, entre demi-frères et demi-sœurs, entre un oncle ou une tante et une nièce ou un neveu. Ou lorsqu'il y a un lien d'alliance, par exemple : une personne divorcée ou veuve ne peut épouser un enfant ou un parent de son ex-époux.
Pour plus de détails : www.service-public.fr/particuliers/vosdroits
Le mariage est célébré publiquement par l'officier de l'état civil (le maire ou l'un de ses adjoints) de la commune dans laquelle l'un des époux, ou l'un de leurs parents, aura son domicile ou sa résidence à la date de la publication (« les bans ») prévue par la loi. Avant le mariage civil, il est possible d'établir un **contrat** chez un notaire afin de choisir le régime matrimonial du couple (généralement communauté ou séparation de biens). À défaut de contrat, les époux sont mariés sous le régime de la **communauté réduite aux acquêts** : les biens acquis par les époux pendant le mariage leur appartiennent en commun à l'exception de leurs effets personnels (vêtements, livres, etc.) et professionnels (instruments de travail par exemple). Les époux restent chacun propriétaire des biens qu'ils possédaient avant le mariage et des donations ou legs qu'ils reçoivent individuellement pendant le mariage. Ils seront tenus en commun des dettes contractées dans l'intérêt du ménage et l'entretien des enfants. Sous le régime de la **séparation des biens**, chacun des époux reste propriétaire de ce qu'il possédait avant le mariage et de ce qu'il acquiert séparément pendant le mariage.
Les époux ont l'obligation de nourrir, entretenir et élever leurs enfants. Ils se doivent mutuellement respect, fidélité, secours, assistance. Ils doivent contribuer aux charges du mariage à proportion de leurs facultés respectives et peuvent y être contraints en justice, même en dehors d'une procédure de divorce.
La loi du 17 mai 2013 a supprimé la condition de la différence de sexes pour contracter un mariage et pour adopter l'enfant du conjoint. Le principe est reconnu dès les premiers articles du Code civil : « Le mariage et la filiation adoptive emportent les mêmes effets, droits et obligations reconnus par les lois, que les époux ou les parents soient de sexe différent ou de même sexe. »

Le Pacte civil de solidarité (Pacs)

Un Pacs est un **contrat** conclu par deux personnes physiques majeures, pour organiser leur vie commune. Ce contrat, privé ou notarié, est déclaré devant l'officier de l'état civil (mairie) de la commune dans laquelle elles fixent leur résidence commune ou, en cas d'empêchement grave à la fixation de celle-ci, devant l'officier de l'état civil de la commune où se trouve la résidence de l'une des parties. Les partenaires peuvent utiliser ou non une convention-type (formulaire cerfa 15726*02) disponible sur https://www.service-public.fr. L'officier de l'état civil procède à l'enregistrement de la déclaration et à sa transcription en marge de l'acte de naissance de chaque partenaire, avec indication de l'identité de l'autre partenaire.

- Sur le plan **patrimonial**, le Pacs produit des effets souvent comparables au mariage mais il continue à présenter des différences sensibles en termes de succession et de solidarité pour les dettes courantes. Pour plus de détails, il convient de s'adresser à un notaire ou à un avocat.
- **Allocations sociales et familiales** : les titulaires d'un Pacs sont assimilés aux conjoints et concubins. Les revenus des deux partenaires sont alors cumulés pour calculer leurs droits.

L'union libre
Deux personnes vivent en couple sans formaliser leur union : l'union libre (ou concubinage) est aujourd'hui la situation la plus fréquente. Il n'y a plus de différence entre les enfants nés dans le mariage ou hors mariage, qu'il s'agisse du nom de famille, de la filiation ou de l'autorité parentale. Mais ne pas être mariés a des conséquences sur les formalités à accomplir lors de la naissance d'un enfant : le père doit **reconnaître son enfant** pour faire valoir ses droits ; la mère n'a pas à faire de reconnaissance puisque le simple fait de mettre au monde son enfant consacre la filiation (p. 432). La mère ne reconnaîtra son enfant avant la naissance que si elle souhaite pouvoir lui donner son nom.

En cas de difficultés
C'est le **juge aux affaires familiales** (JAF) qui tranche les difficultés qui peuvent naître de la séparation d'un couple, qu'il soit marié, « pacsé » ou en concubinage.

L'AUTORITÉ PARENTALE

Pendant des siècles nous avons vécu sous le régime de la « puissance paternelle ». Le père avait tous les droits sur son enfant, même s'il avait quitté la mère avant la naissance. Aujourd'hui, les parents exercent ensemble leur autorité : la loi parle désormais d'autorité parentale.

L'autorité parentale et la personne de l'enfant
L'autorité parentale désigne les droits et devoirs des parents ayant pour finalité l'intérêt de l'enfant. Cette autorité est exercée jusqu'à la majorité de l'enfant. La loi donne les mêmes droits à tous les parents, qu'ils soient mariés, non mariés, séparés.
Les parents doivent veiller à la sécurité, la santé, la moralité, l'éducation de l'enfant afin qu'il se développe dans le respect dû à sa personne.
Le 6 mars 2023, l'Assemblée nationale a adopté et amendé en première lecture une proposition de loi renforçant le droit à la vie privée et le droit à l'image de l'enfant notamment lorsqu'il s'agit de la diffusion de **photos et vidéos sur Internet**.
Les parents doivent associer l'enfant aux décisions qui le concernent selon son âge et son degré de maturité.
Les parents peuvent prendre des décisions importantes concernant l'enfant : inscription dans une école, sortie du territoire national, décisions à propos de sa santé, son éducation religieuse, son patrimoine…

- L'autorité parentale est exercée en commun par les deux parents, même s'ils ne sont pas mariés, même s'ils ne vivent pas ensemble ; il suffit qu'ils aient chacun reconnu l'enfant dans la première année suivant sa naissance.
- Si la reconnaissance n'a pas été faite dans ce délai, l'autorité parentale appartient au parent qui a reconnu l'enfant en premier. Il est toutefois possible aux parents d'obtenir par la suite l'exercice partagé de l'autorité parentale.
- Le juge aux affaires familiales peut, à la demande de la mère, du père, du procureur de la République, modifier les conditions de cet exercice, en attribuant par exemple l'autorité parentale à un seul des parents. Lorsque les circonstances l'exigent, l'autorité parentale peut être déléguée à un tiers, membre de la famille, proche digne de confiance, ou partagée avec ce tiers.
- Les parents peuvent se voir **retirer l'autorité parentale** s'ils mettent en danger la sécurité, la santé ou la moralité de l'enfant : mauvais traitements, consommation habituelle et excessive de boissons alcoolisées ou usage de stupéfiants, inconduite notoire ou comportements délictueux.
  Les lois des 14 mars 2016, 28 décembre 2019, 30 juillet 2020 ont renforcé la protection des enfants en prévoyant une possibilité de retrait de l'autorité parentale lorsque l'enfant est **témoin de pressions et de violences**, à caractère physique ou psychologique, exercées par l'un des parents sur la personne de l'autre parent ; la suspension de plein droit de l'autorité parentale et des droits de visite et d'hébergement du parent poursuivi pour un crime envers l'autre parent ; la possibilité de retrait de l'autorité parentale ou de son exercice à l'égard du parent condamné pour un délit, et non plus seulement pour un crime, commis sur son enfant ou sur l'autre parent.
  Enfin l'Assemblée nationale a voté en première lecture, le 9 février 2023, une proposition de loi tendant à rendre obligatoire le retrait de l'autorité parentale en cas de crime, à la suspendre automatiquement pendant des poursuites pénales et créant un nouveau cas de délégation forcée de l'exercice de l'autorité parentale.
- La loi reconnaît à l'enfant le droit d'entretenir des relations personnelles avec ses ascendants (grands-parents) et des tiers (par exemple un beau-parent). En cas de difficulté, c'est le juge aux affaires familiales qui fixera les modalités de ces relations, en attribuant, par exemple, un droit de visite et d'hébergement.
- La séparation d'un parent avec le beau-parent n'a pas, en principe, d'incidence sur l'exercice de l'autorité parentale. Ainsi, il a été jugé au nom de « **l'intérêt supérieur de l'enfant** » que la décision d'une mère de mettre fin à la délégation de l'autorité parentale qu'elle avait partagée avec sa partenaire de Pacs n'était pas justifiée. Les juges ont considéré que l'ex-partenaire avait participé aux choix de vie de l'enfant dès sa naissance, qu'elle avait contribué à son éducation durant ses cinq premières années et qu'elle avait maintenu un lien avec celui-ci depuis la séparation.

- Si un des parents décède, l'autre parent exerce seul l'autorité parentale.

L'autorité parentale et les biens de l'enfant
Dès sa naissance, un enfant peut se trouver, par exemple à la suite d'un héritage ou d'une donation, titulaire d'un patrimoine (bien immobilier, placement financier, livret d'épargne ouvert par un grand-parent, etc.).
L'ordonnance du 15 octobre 2015 a créé, sous l'appellation « autorité parentale relativement aux biens de l'enfant », un régime unique d'administration légale. Celle-ci est exercée en commun par les deux parents lorsqu'ils sont titulaires conjointement de l'autorité parentale ou par un seul des parents dans le cas d'exercice exclusif de l'autorité parentale. Un contrôle ou une autorisation du juge des tutelles (juge aux affaires familiales) restent prévus quand il existe un risque d'atteinte aux intérêts de l'enfant, lorsqu'un acte modifie son patrimoine ou en cas de désaccord entre les parents.

En cas de séparation des parents

Des couples se séparent parfois très tôt, même pendant la grossesse. La future mère se retrouve seule à attendre son enfant. Qu'elle soit mariée ou non, il importe qu'elle **s'entoure de conseils**. Néanmoins, il est bon de savoir succinctement ce que la loi a prévu en cas de mésentente ou de séparation.
Que vous soyez mariés, partenaires de Pacs ou en union libre, c'est le juge aux affaires familiales qui est compétent pour connaître de l'ensemble de votre situation.
Lors d'une séparation, un parent peut faire valoir ses droits non seulement sur ses propres enfants mais également sur ceux de son conjoint, dès l'instant où il a participé à leur éducation et tissé des liens affectifs continus avec eux.
Pour les couples qui ne sont pas mariés, le juge aux affaires familiales peut être saisi des questions relatives à l'autorité parentale, aux mesures concernant les enfants (résidence et droit de visite, pensions alimentaires), et aussi sur l'attribution du logement.

Vous êtes mariés
Quelle que soit l'attitude de votre conjoint, il est et il restera le père légal de l'enfant. S'il se dérobe à ses obligations financières, la loi accorde la possibilité de demander une pension alimentaire, en dehors de toute procédure de divorce : c'est la contribution aux charges du mariage. Pour cela, il faut saisir le juge aux affaires familiales.
Le **divorce** par consentement mutuel est un divorce au cours duquel les époux se mettent d'accord sur la rupture du mariage et ses conséquences. Dans ce cas, depuis le 1er janvier 2017, le recours au juge aux affaires familiales n'est plus nécessaire sauf si un enfant des époux demande à être entendu par le juge. Une convention établie entre les époux et contresignée par leurs avocats respectifs doit être déposée chez un notaire.

Vous n'êtes pas mariés
La situation est différente selon que le père reconnaît ou non l'enfant avant la naissance.
Le père n'a pas reconnu l'enfant
L'autorité parentale est systématiquement attribuée à la mère. Le père conserve néanmoins la possibilité, s'il reconnaît ensuite l'enfant, de demander au juge aux affaires familiales un exercice conjoint de l'autorité parentale, ainsi qu'un droit de visite et d'hébergement, comme dans le cas de parents divorcés.
De votre côté, vous aurez la possibilité, par le biais de l'action aux fins de subsides ou en reconnaissance de paternité, de faire établir la filiation de votre enfant et d'obtenir éventuellement une pension alimentaire (p. 433).
Le père a reconnu l'enfant
Vous aviez reconnu l'enfant tous les deux, alors que vous viviez ensemble, mais maintenant le père est parti. Juridiquement, vous vous retrouvez, vis-à-vis de votre enfant à naître, dans la position de parents divorcés : le père dispose de l'exercice conjoint de l'autorité parentale.
En ce qui concerne le nom de votre enfant, vous pourrez choisir ensemble, lors de la déclaration à l'état civil, le nom qu'il portera : celui de son père, ou de sa mère, ou les deux accolés dans l'ordre qui vous convient (p. 434). À défaut de déclaration conjointe, c'est le nom du père qui sera attribué, sauf si la mère l'a reconnu en premier.
Si vous viviez seule, et que le père s'est finalement décidé à assumer cette naissance qui s'annonce, il serait sans doute prudent que vous reconnaissiez rapidement votre enfant : cette démarche vous permettra de transmettre votre nom même si le père le reconnaît par la suite. Dans ce cas, il sera toujours possible, lors de la naissance, de déclarer ensemble l'enfant et de choisir le nom qu'il portera.
Et si la mère prend l'initiative de la séparation ? Le père, s'il ne l'a déjà fait, aura intérêt à reconnaître son enfant le plus tôt possible afin de faire valoir ses droits dès la naissance. Il lui faudra demander au juge aux affaires familiales l'exercice partagé de l'autorité parentale.

La médiation familiale
La justice a de plus en plus souvent recours à des médiations judiciaires. Celles-ci sont proposées dans des situations de blocage, lorsque le climat conflictuel rend impossible toute communication entre les parents. Les médiateurs sont des professionnels désignés par les juges. La loi du 23 mars 2019 a élargi la possibilité offerte au juge d'ordonner une médiation, quasiment en toutes matières et à tous les stades de la procédure.
Ainsi, le juge aux affaires familiales pourrait,

lorsqu'il statue définitivement sur les modalités d'exercice de l'autorité parentale et afin de favoriser l'exécution de sa décision, ordonner d'office, avec l'accord ou sur demande des parties, une médiation.
N'hésitez pas à solliciter une médiation, ou à accepter celle que l'on vous propose, pour éviter la radicalisation d'un conflit toujours préjudiciable à l'enfant.
À titre expérimental, une tentative de médiation a été rendue obligatoire avant toute demande concernant les modalités de l'exercice de l'autorité parentale dans certains tribunaux. Toutefois, cette obligation ne s'applique pas si des violences ont été commises sur un parent ou sur l'enfant.

Pour des informations sur la médiation familiale :
www.apmf.fr et www.fenamef.asso.fr

Cadre juridique de situations particulières

Pour plus de détails et de précisions sur ces situations, nous vous conseillons de consulter les sites :
www.service-public.fr
www.legifrance.gouv.fr

La procréation médicalement assistée (PMA) ou assistance médicale à la procréation (AMP)
La PMA regroupe l'ensemble des techniques médicales qui peuvent être proposées à des couples ayant des difficultés à avoir un enfant, ou ne pouvant en avoir, ou à des femmes non mariées.
Ces techniques peuvent soit favoriser la fécondation dans le corps de la femme par l'insémination artificielle (IA), soit la remplacer par une fécondation artificielle suivie d'un transfert d'embryon dans l'utérus par fécondation *in vitro* (FIV) avec ou sans micromanipulations (CSI).
Les gamètes (ovocytes et spermatozoïdes) peuvent être ceux du couple ou issus d'un don (p. 125 et suiv.).
La pratique de la PMA est strictement encadrée. La loi impose aux médecins de fournir toutes les informations relatives à la PMA. Elle prévoit une transparence complète sur les chances de succès, les contraintes et les risques de cet acte ainsi que sur les autres possibilités offertes en cas de stérilité.
La loi bioéthique du 2 août 2021 et les décrets des 28 septembre 2021 et 25 août 2022 étendent l'accès à la PMA aux couples de femmes et aux femmes célibataires. Jusqu'à présent, la PMA était réservée, sur indication médicale, aux couples hétérosexuels.

- Conditions d'âge pour bénéficier d'un **prélèvement ou recueil de gamètes** en vue d'une PMA :
  - prélèvement d'ovocytes jusqu'au 43e anniversaire ;
  - recueil de spermatozoïdes jusqu'au 60e anniversaire.
- Conditions d'âge pour bénéficier de **l'autoconservation** de ses gamètes en vue de la réalisation ultérieure d'une PMA :
  - prélèvement d'ovocytes à compter du 29e anniversaire et jusqu'au 37e anniversaire ;
  - recueil de spermatozoïdes à compter du 29e anniversaire et jusqu'au 45e anniversaire.
- Conditions d'âge pour la **réalisation de la PMA** :
  - jusqu'à son 45e anniversaire chez la femme, non mariée ou au sein du couple, qui a vocation à porter l'enfant ;
  - jusqu'à son 60e anniversaire chez le membre du couple qui n'a pas vocation à porter l'enfant.

Les **actes de PMA** sont pris en charge à 100 % par l'Assurance maladie, après accord préalable de la caisse, pour un maximum de 6 inséminations artificielles ou 4 fécondations *in vitro*.
La loi du 2 août 2021 crée un mode de filiation spécifique en établissant un lien entre la mère qui ne porte pas l'enfant et ce dernier (p. 432). Les enfants nés d'une PMA postérieurement au 1er septembre 2022 pourront à leur majorité accéder à des données non identifiantes (âge, motivation, caractères physiques, situation professionnelle, familiale, etc.) ou à l'identité du donneur (qui devra consentir à la communication de ces données avant de procéder au don). Ces informations sur les origines n'établiront pas une filiation.

Le diagnostic prénatal (DPN)
Il comprend l'ensemble des pratiques médicales ayant pour but de détecter *in utero* une affection d'une particulière gravité. Toute femme enceinte reçoit, lors d'une consultation médicale, une information loyale, claire et adaptée à sa situation sur la possibilité de recourir, à sa demande, à des examens de biologie médicale et d'imagerie permettant d'évaluer le risque que l'embryon ou le fœtus présente une affection susceptible de modifier le déroulement ou le suivi de sa grossesse.
Préalablement à ces examens, la femme enceinte reçoit, sauf opposition de sa part dûment mentionnée par le médecin ou la sage-femme dans le dossier médical, une information portant notamment sur les objectifs, les modalités, les risques, les limites et le caractère non obligatoire de ces examens. Le consentement de la femme est recueilli par écrit.
Le médecin ou la sage-femme communique les résultats des examens à la femme enceinte et lui donne toute l'information nécessaire à leur compréhension.
En cas de risque avéré, la femme enceinte et, si elle le souhaite, l'autre membre du couple sont pris en charge par un médecin et, le cas échéant ou à sa

demande, orientés vers un centre pluridisciplinaire de diagnostic prénatal (CPDPN).

L'interruption médicale de grossesse (IMG)
Elle peut être pratiquée à tout moment de la grossesse et elle est réalisée uniquement lorsque la santé de la femme enceinte ou de son enfant est en cause.
Lorsque l'IMG est demandée pour la santé de la femme, l'équipe pluridisciplinaire chargée d'examiner la demande comprend un minimum de quatre personnes, dont un gynécologue-obstétricien, membre d'un centre pluridisciplinaire de diagnostic prénatal (CPDPN), un médecin spécialiste de la pathologie dont souffre la femme enceinte, un médecin choisi par celle-ci, une assistante sociale ou une psychologue.
Lorsqu'elle est demandée pour la santé de l'enfant, l'équipe pluridisciplinaire chargée d'examiner la demande de la femme est celle d'un CPDPN (p. 216). La femme peut demander à un médecin de son choix d'être associé aux réunions de concertation de l'équipe.

L'interruption volontaire de grossesse (IVG)
La femme enceinte qui ne veut pas poursuivre une grossesse peut demander à un médecin ou à une sage-femme l'interruption de sa grossesse.
Deux méthodes existent : **médicamenteuse,** pratiquée dans des établissements de soins, centres de santé, centres de planification ou cabinets de ville ; ou **instrumentale,** effectuée uniquement en établissements de soins et centres de santé. La loi du 2 mars 2022 a pérennisé l'allongement du délai de recours à l'IVG médicamenteuse à 7 semaines de grossesse (au lieu de 5) et porté de 12 à 14 semaines le délai pour pratiquer l'IVG instrumentale.
Deux consultations sont obligatoires avant la réalisation de l'IVG. Un entretien psychosocial sera proposé (il est obligatoire si la personne est mineure). Une visite de contrôle doit intervenir entre le 14e et le 21e jour après l'intervention chirurgicale ou médicamenteuse. Elle permet de s'assurer qu'il n'existe pas de complication.
Les sages-femmes peuvent, sous certaines conditions, pratiquer les IVG médicamenteuses en lien avec un centre d'orthogénie et par voie chirurgicale uniquement dans un établissement de santé.

L'accouchement sous secret
L'accouchement sous secret, ou accouchement sous « X », est une pratique ancienne. Tel qu'organisé par la loi du 8 janvier 1993, il est une spécificité française : la femme dispose du droit d'accoucher sans donner son nom et sans qu'il soit possible à son enfant de l'identifier dans l'avenir. Aucune pièce d'identité ne peut lui être demandée et aucune enquête ne peut être menée. Cette priorité donnée aux droits de la mère prend en considération la détresse de cette dernière lors de son accouchement. La loi du 22 janvier 2002 a voulu tenir compte également du droit de l'enfant à connaître ses origines. Ainsi a été créé le Conseil national pour l'accès aux origines personnelles (CNAOP). Cet organisme est chargé de recevoir les demandes à l'accès à leurs origines des enfants, les déclarations des mères autorisant la levée du secret de leur identité, ou encore celles de mères s'enquérant de leur recherche éventuelle par leurs enfants. Les informations ainsi obtenues n'établissent pas une filiation. En 2021, le CNAOP a enregistré 925 nouvelles demandes.
En pratique. La mère peut accoucher dans l'établissement de son choix, public ou privé.
Au moment de l'accouchement, elle est invitée à laisser des informations non identifiantes (circonstances de la naissance, sa santé, celle du père), ou identifiantes, sous la forme d'une lettre sous pli fermé. Ces informations seront transmises par l'établissement et conservées dans un dossier à destination de l'enfant par le CNAOP. Sur le dossier de naissance figurent les trois prénoms donnés, le sexe, le jour, l'heure, le lieu.
Dès que la mère a manifesté l'intention de demander la préservation du secret de son admission et de son identité, elle est informée de ce qu'elle dispose, à compter de son accouchement, d'un délai de deux mois pour se rétracter et faire valoir ses droits. Ce délai est strict et, au-delà, la filiation maternelle sera effacée et il sera impossible de la reconstituer. Passé ce délai, l'enfant devient pupille de l'État et peut être adopté.
La femme est également informée qu'elle peut à tout moment lever le secret de son identité. Il lui est également indiqué qu'elle peut, à tout moment aussi, donner son identité, sous pli fermé, ou compléter les renseignements qu'elle a donnés au moment de la naissance.
Toutes ces formalités (recueil du pli fermé lors de la naissance de l'enfant, information sur les conséquences juridiques…) sont effectuées par le correspondant du CNAOP.
Le **père** de l'enfant dont la mère a décidé d'accoucher ou a accouché anonymement peut reconnaître l'enfant avant la naissance ou dans un délai de deux mois suivant la naissance. C'est en effet à l'expiration de ce délai que l'enfant est admis comme pupille de l'État et peut être proposé à l'adoption. À supposer qu'il apprenne cette naissance dans le délai légal mais qu'il en ignore la date et le lieu, le père peut saisir le procureur de la République qui recherchera les informations.
www.cnaop.gouv.fr

Quelques sites et adresses utiles

Des informations juridiques et sociales

Vous êtes à la recherche d'informations concernant votre travail, votre santé, la garde de votre enfant, le droit de la famille, des questions sociales, juridiques, etc. Voici quelques sites pour vous renseigner et organismes à votre disposition :

- **Protection pendant la grossesse et informations sur le congé parental**

www.travail.gouv.fr

- **Durée et indemnisation des congés autour de la naissance**

www.ameli.fr et www.msa.fr

- **Prestations familiales et aides aux familles**

www.caf.fr et www.msa.fr

- **Modes d'accueil et d'information des parents**

www.mon-enfant.fr
www.pajemploi.urssaf.fr
www.msa.fr

- **Union nationale des associations familiales (Unaf)**

L'Unaf est une institution nationale chargée de promouvoir, défendre et représenter les intérêts de toutes les familles.
www.unaf.fr

- Pour obtenir des informations juridiques et administratives, trois sites dépendant de la Direction de l'information légale et administrative (Dila) sont incontournables :

www.legifrance.gouv.fr
www.service-public.fr
www.vie-publique.fr
La Dila propose une série de 12 vidéos sous forme de tutoriels permettant de rechercher plus aisément sur le site Internet de Legifrance un Code, une loi, un décret, une ordonnance, une jurisprudence, un texte européen, international, etc.
www.dila.premier-ministre.gouv.fr

- **Le 39 39**

C'est un service de renseignement administratif par téléphone (droit, obligations, démarches). Il n'a pas accès aux dossiers personnels des usagers et ne peut donc pas renseigner sur leur état d'avancement.

- **Fédération nationale des centres d'information et de documentation des femmes et des familles**

(FNCIDFF) 7, rue du Jura, 75013 Paris
Tél. : 01 42 17 12 00
La FNCIDFF relaie l'action des pouvoirs publics en matière d'accès aux droits pour les femmes, de lutte contre les discriminations sexistes et de promotion de l'égalité entre les femmes et les hommes.
www.infofemmes.com

- **Confédération syndicale des familles (CSF)**

Cette organisation agit avec les familles dans tous les domaines du quotidien : consommation, logement, …
www.la-csf.org

- **Fédération syndicale des familles monoparentales**

Tél : 01 44 89 86 81 – www.fsfm.fr

- **Fédération des écoles des parents et des éducateurs**

Les parents en difficulté peuvent appeler le numéro vert : 0 805 382 300
Des psychologues et des professionnels de la parentalité leur répondent.
www.ecoledesparents.org

- **Santé info droits**

Tél : 01 53 62 40 30, lundi mercredi vendredi de 14 heures à 18 heures et mardi jeudi de 14 heures à 20 heures.
Service créé et mis en œuvre par le collectif interassociatif sur la santé. L'équipe d'écoutants est composée d'avocats et de juristes spécialisés, soumis au secret. Leur objectif est de répondre à toute question juridique ou sociale liée à la santé.

- **Handicap**

Voici quelques adresses pouvant être utiles aux parents en situation de handicap :
La maison départementale les personnes handicapées (Mdph)
L'Institut Mutualiste Montsouris :
www.imm.fr onglet Handicap
L'association Handiparentalité :
www.handiparentalité.org
Deux initiatives départementales : SAPPH (Service d'Aide à la Parentalité des Personnes Handicapées) – Paris (75) / Bas-Rhin (67).

- **Violences Femmes Info – 3919**

Appel anonyme et gratuit ne figurant pas sur les factures de telephone.
Cette plateforme d'écoute des victimes de violences conjugales, sexistes et sexuelles est joignable 24 h sur 24, 7 jours sur 7. Elle écoute, informe et oriente les femmes victimes de violences, ainsi que les témoins de violences faites à des femmes. Elle traite les violences physiques, verbales ou psychologiques, à la maison ou au travail, et de toute nature (dont les harcèlements sexuels, les coups et blessures et les viols). Elle ne traite pas les situations d'urgence (ce n'est pas un service de police ou de gendarmerie).
www.arretonslesviolences.gouv.fr
www.stop-violences-femmes.gouv.fr
www.solidaritefemmes.org

- **Le Défenseur des droits**

Il veille au respect des droits et libertés. Il peut intervenir dans différents domaines, comme la défense et la promotion des droits de l'enfant, la lutte contre les discriminations, etc. Vous pouvez le saisir par un formulaire en ligne, un courrier ou en rencontrant un délégué.
www.defenseurdesdroits.fr
Tél. : 09 69 39 00 00

• En ce qui concerne l'autorité parentale, la pension alimentaire, le droit de visite, la résidence de l'enfant, les particuliers peuvent s'adresser directement, par simple courrier, au **juge aux affaires familiales**. Ils peuvent, à cet effet, utiliser un formulaire mis en ligne par le Gouvernement : https://www.formulaires.modernisation.gouv.fr/gf/cerfa_11530.do
L'assistance d'un avocat peut néanmoins s'avérer précieuse surtout lorsque la situation est très conflictuelle. Si vos moyens ne le permettent pas, vous avez peut-être droit à l'aide juridictionnelle.
En cas de maltraitance, assistance éducative, problèmes de délinquance, les particuliers peuvent s'adresser directement, par simple courrier, au **juge des enfants**.
Ces juges siègent au tribunal judiciaire. En cas d'urgence, des procédures particulières sont prévues ; il vaut mieux alors consulter un avocat.
• La plupart des **ordres des avocats** proposent des consultations gratuites. Celles-ci sont souvent organisées dans les tribunaux judiciaires, chambres de proximité, mairies.

Des lieux d'écoute, d'accueil, de rencontre

• **REAAP** (Réseau d'écoute, d'appui et d'accompagnement des parents)
Ce réseau de soutien à la parentalité a pour but de mettre en commun, par le dialogue et l'échange, des actions mettant en valeur les compétences et les capacités des parents. Ce réseau existe en principe dans chaque département : tapez dans votre moteur de recherche « REAAP » suivi du numéro de votre département.
• **La Maison verte** (créée par une équipe avec et autour de Françoise Dolto) est un lieu d'accueil pour les enfants, les parents (et futurs parents). Les enfants y viennent accompagnés d'un adulte (père, mère, personne qui les garde) et sont accueillis dans un lieu convivial, avec la présence sécurisante de leurs parents. Dans chaque région, il y a des lieux d'accueils enfant-parents. Pour en savoir plus, vous pouvez vous adresser à la Maison verte,
13, rue Meilhac 75015 Paris
Tél. : 01 43 06 02 82
www.lamaisonverte.asso.fr
• **La maison de l'École des Parents** (maison ouverte)
164, boulevard Voltaire, 75011 Paris
Tél. : 01 44 93 13 44
parent.epe-idf.com
Ce lieu accueille les enfants de la naissance à 4 ans accompagnés de leurs parents, grands-parents, assistantes maternelles…
• **Allô-parents-bébé**
0800 00 34 56
Un numéro vert, anonyme et gratuit, pour écouter, soutenir et orienter les parents.
www.enfance-et-partage.org
• **Fédération française des espaces de rencontre enfants-parents**
Un espace de rencontre pour le maintien des relations enfants-parents : un lieu d'accès où des enfants et leur père, leur mère, leurs grands-parents ou toute personne titulaire d'un droit de visite viennent se rencontrer.
www.ffer.org
• **Le planning familial**
C'est un lieu d'information et de documentation : contraception, sexualité, conseil conjugal et familial…
www.planning-familial.org

L'environnement de votre enfant

• **WECF France**
WECF France, dans le cadre de son projet « Nesting » *Créez un environnement sain pour votre enfant,* publie des guides et des fiches sur différentes catégories de produits (cosmétiques, produits ménagers, jouets, textiles, produits de décoration, contenants alimentaires…) et sur différents thèmes comme les perturbateurs endocriniens.
www.wecf-france.org/ressources/guides-et-fiches
• Le site ***Mes courses pour la planète*** a édité un guide de la consommation responsable qui regroupe tous les labels de différents secteurs, à la fois biologiques, durables, commerce équitable, etc.
www.mescoursespourlaplanete.com/medias/pdf/mini-guide-des-labels.pdf

Si vous partez habiter à l'étranger

• **Pour préparer votre expatriation**, consultez le site : www.diplomatie.gouv.fr/fr/services-aux-francais/preparer-son-expatriation
Vous trouverez des informations concernant votre pays d'accueil et les démarches administratives à effectuer, avant de partir, auprès des divers organismes français.
• **femmexpat.com**
Vous trouverez des contenus pratiques, des conseils et des témoignages.
• **CFE** (Caisse des Français de l'étranger)
Les personnes ayant adhéré à la Sécurité sociale des expatriés (CFE), sont prises en charge dans la continuité de la Sécurité sociale et de la même manière. Pour s'informer : www.cfe.fr
• **CLEISS**
Le Centre de liaisons européennes et internationales de Sécurité sociale donne de nombreuses informations sur la protection sociale dans divers pays.
www.cleiss.fr

La protection de la maternité dans quelques pays

Belgique

L'Office national de sécurité sociale (ONSS)
En Belgique, l'assurance obligatoire des soins de santé et indemnités couvre : les soins de santé, les indemnités d'incapacité de travail et d'invalidité, l'indemnité maternité, de paternité et d'adoption. Tous les assurés disposent d'une carte d'identité sociale (CIS). Les montants des indemnités varient selon le régime dont dépend la personne : dans le système belge de protection sociale, il existe 3 régimes : salariés, indépendants et fonctionnaires. À côté des régimes légaux des salariés, il existe des assurances complémentaires créées dans le cadre des conventions collectives. Les prestations d'aide sociales comprennent le revenu d'intégration, la garantie de revenu aux personnes âgées, les prestations familiales garanties et les allocations aux personnes handicapées. Elles sont versées sous condition de ressources aux personnes qui n'ont pas ou insuffisamment cotisé pour bénéficier des prestations d'assurance.

- **Bénéficiaires**

Les travailleurs salariés, les travailleurs indépendants, les étudiants, les personnes handicapées, les résidents, les fonctionnaires, ainsi que leurs ayants-droit à charge.

- **Conditions d'ouverture des droits**

Il faut s'être affilié à un organisme assureur, ou s'inscrire à la caisse auxiliaire d'assurance maladie.

- **Le remboursement des soins et produits pharmaceutiques**

L'assuré choisit librement son médecin. Il paie directement les honoraires au médecin et se fait ensuite rembourser par l'organisme assureur qu'il a choisi. Le taux de remboursement est fixé en moyenne à 75 % du tarif de responsabilité belge. Pour les spécialités pharmaceutiques remboursables, la participation de l'assuré est fonction de leur utilité sociale et thérapeutique.

- **Le dossier médical global (DMG)**

Le patient peut demander à son médecin le DMG afin de bénéficier d'un remboursement plus important de ses consultations. Pour acquérir un DMG renouvelable tous les 2 ans, il faut faire l'avance d'une cotisation de 30 € qui sera remboursée par l'assureur. Il lui est également possible de demander le tiers payant.

- **Congé de maternité**

Il donne lieu à une indemnité spécifique attribuée aux personnes salariées, chômeuses et en invalidité, affiliées depuis 6 mois, qui ont exercé leur activité plus de 30 jours entre le dernier jour de travail et le début du repos prénatal.
Le congé de maternité débute au plus tôt 6 semaines et 7 jours (8 semaines en cas de naissance multiple) avant la date présumée de l'accouchement et se termine 9 semaines après l'accouchement, soit 15 semaines (17 semaines en cas de naissance multiple). Lors de la reprise du travail, vous avez le droit à une pause d'allaitement d'une demi-heure jusqu'aux 9 mois de l'enfant.
Montant de l'indemnité maternité pour la salariée du régime général
Elle perçoit durant les 30 premiers jours 82 % de son salaire non plafonné. À partir du 31e jour et en cas de prolongation, le taux se trouve réduit à 75 % de son indemnité plafonnée à 128,02 € par jour.

- **Congé de paternité et de co-parentalité des travailleurs salariés**

Que l'activité soit exercée à temps complet ou à temps partiel, le père ou le coparent bénéficie de 20 jours de congé de naissance ; 3 jours sont financés par l'employeur et les 17 autres par l'assurance maladie (mutualité). Le congé doit être pris dans les 4 mois suivant l'accouchement, de manière continue ou non.

- **Congé d'adoption**

Il peut être pris par le père ou la mère. Il est de 6 semaines pour l'adoption d'un enfant de moins de 3 ans et de 4 semaines pour un enfant entre 3 et 8 ans. Il doit être pris en une fois et par semaine complète. Le salaire est maintenu les 3 premiers jours puis une indemnité correspondant à 82 % de la rémunération brute lui fait suite, soit un maximum de 139,97 € brut par jour. Depuis le 1er janvier 2023, ce congé est augmenté de 3 semaines et peut être partagé entre les parents adoptifs.

- **Organismes belges de Sécurité sociale**

Pour plus d'informations sur le régime d'indemnités :
Institut national d'assurance maladie invalidité (Inami) bib@inami.be
Réglementation et contentieux – indemnités : reglemsidu@riziv-inami.fgov.be
Sécurité sociale Entrepreneurs Indépendants www.inasti.be/fr

Les prestations familiales
La gestion et le paiement des prestations relèvent des Régions et Communautés. C'est l'enfant qui ouvre son droit aux allocations familiales ; il doit répondre à des conditions d'âge et être en principe élevé en Belgique. Pour savoir de quel système (Wallonie, Bruxelles, Flandres ou Communauté germanophone) il reçoit ses allocations ou doit adresser ses demandes, c'est son domicile légal qui est pris en compte.

- **En Wallonie**
  - **Prime** de naissance ou d'adoption de 1 288,87 €, quel que soit le rang de l'enfant.
  - **Allocations familiales.** Le montant de base est de 174,56 € par mois par enfant de 0 à 17 ans.
  - Des **suppléments mensuels** par enfant peuvent s'adjoindre à ce montant de base : pour les ménages à faibles revenus imposables 61,94 € ; pour l'enfant atteint d'un handicap 73,20 € ; famille monoparentale 11,26 € ; famille nombreuse 22,52 € par enfant. D'autres situations – enfant orphelin, ou reconnu par un seul parent, ou placé, supplément si parent en invalidité – sont également prises en compte.
- **Région de Bruxelles-Capitale**
  - **Prime** de 1 288,87 € pour la première naissance et 585,85 € pour la deuxième ; montant identique pour les primes d'adoption.
  - **Allocations familiales.** Le montant varie en fonction des ressources et du nombre d'enfants à charge.
  - Des **suppléments sociaux mensuels** peuvent s'ajouter à ces montants, notamment pour les familles monoparentales, 10,61 € par enfant, à partir de 2 enfants 21,22 €. Pour l'enfant placé en famille d'accueil (65,58 €), enfant atteint de handicap (de 98,44 € à 656,24 €). La prime de scolarité varie selon l'âge de l'enfant (de 23,43 € à 93,74 €). Supplément mensuel pour orphelin : de 153 € à 163,20 €.
  - Caisse d'allocations familiales : www.famiris.brusselswww.iriscare.brussels
- **En Flandre**
  - **Prime de naissance** de 1 190,68 € par enfant, pour une première naissance comme pour les suivantes.
  - **Allocations familiales (Groeipakket). Montant de base :** 173,20 € par enfant et par mois.
  - Allocation de placement dans une famille : 66,89 €.
  - Supplément social basé sur le montant des revenus familiaux annuels et du nombre d'enfants (montants mensuels de 54,12 € à 85,59 €) ; supplément de soins pour un enfant atteint d'une affection/handicap (variable selon le degré de l'affection/handicap de 98,44 € à 656,24 €) ; prime de rentrée scolaire : enfant de 0 à 4 ans : 21,23 € ; allocation d'orphelin d'un parent : 85,59 €, des deux parents : 173,19 € ; réduction d'impôt de 45 % des frais engendrés sur l'année avec un maximum de 14 € par jour sous conditions pour la garde en crèche, étude dans une école reconnue par la communauté flamande. www.groeipakket.be

Dans la Communauté germanophone : une **prime unique** de 1 272,52 € pour une première naissance comme pour les suivantes, ou pour une adoption. Un montant de base (164,36 € par enfant) est complété par un supplément pour les familles nombreuses (141,32 €), un supplément social (78,50 €), et un supplément annuel de 54,33 € pour la rentrée scolaire. Un supplément pour orphelin de 125,62 € pour un parent et 250,18 € pour deux parents. Un supplément de soins pour un enfant atteint d'une affection/handicap (variable selon le degré de l'affection/handicap de 88,97 € à 587,25 €). Il n'y a pas de supplément pour les familles monoparentales. www.ostbelgienfamilie.be

Les parents peuvent obtenir **conseils et informations** auprès de :
- L'Office de la naissance et de l'enfance : ww.one.be
- Le délégué général aux droits de l'enfant : www.dgde.cfwb.be
- La ligue des droits de l'enfant : www.ligue-enfants.be
- La Ligue des familles : www.citoyenparent.be
- Le site de soutien à la parentalité : www.parentalité.cfwb.be
- Le site www.kids.partena.be pour des informations sur les prestations familiales.

Luxembourg

La gestion de l'assurance maladie-maternité et de l'assurance dépendance est assurée par la Caisse nationale de santé (CNS). Elle regroupe l'ensemble des régimes de protection sociale, c'est-à-dire la caisse maladie des salariés du secteur public, la caisse maladie des salariés du secteur privé et la caisse maladie des non-salariés.
Toute personne qui exerce une activité salariée est obligatoirement protégée contre les risques : maladie, maternité, dépendance, vieillesse, invalidité, survie (survivants), accident du travail, maladies professionnelles, chômage. Les étudiants qui ne sont plus bénéficiaires de l'assurance maladie de leur famille, compte tenu de leur âge, sont également assurés. L'affiliation se fait au Centre commun de la sécurité sociale (CCSS).
Il existe, par ailleurs, un droit à l'assistance pour les personnes qui ne disposent pas de ressources. Pour les personnes sans protection sociale, il y a des possibilités d'assurances facultatives.

Assurance maladie

- **Les prestations en nature**

L'assurance maladie prend en charge :
- Les frais de consultation médicale. Le malade a le libre choix de son médecin et dispose de la liberté de consulter un spécialiste. Il participe financièrement à hauteur de 20 % pour une consultation, sauf pour celles en rapport avec une hospitalisation, la chimiothérapie, la radiothérapie ou pour celles liées à la maternité qui sont prises totalement en charge.
- Au-delà d'un montant annuel de 73,76 € intégralement à la charge de l'assurance maladie, les soins dentaires sont pris en charge à 88 % des tarifs conventionnels.
- Les médicaments figurant sur une liste sont pris en charge selon leur classe, à 100, 80 ou 40 %.

- En hospitalisation publique en chambre standard, à l'exception des honoraires médicaux, les frais sont pris en charge intégralement par la CNS. Une participation pour l'hébergement de 24,27 € est redevable au maximum pendant 30 jours et de 12,14 € en hôpital de jour. Cette participation n'est pas due lors d'un accouchement pendant les 12 premiers jours.
- Les actes réalisés par les professionnels paramédicaux inscrits à la nomenclature sont pris en charge à 100 %.

Les prestations sont accordées dès le 1er jour d'affiliation pour le régime d'assurance obligatoire. Le droit est maintenu pour le mois en cours et les 3 mois suivants en cas de cessation d'affiliation, si l'assuré bénéficiait d'une protection pendant les 6 mois immédiatement précédents.

- **Les prestations en espèces**

Elles sont accordées dès le 1er jour à condition de justifier d'une affiliation antérieure de 6 mois. Les indemnités sont égales à 100 % du salaire dans la limite d'un plafond ; elles sont versées pendant un an au plus. En règle générale, le salaire est maintenu pendant 77 jours par l'employeur qui en sollicite 80 % du remboursement auprès de la Mutualité des employeurs.

- **Pension d'orphelin**

En cas de décès, si les parents remplissaient les conditions de 12 mois d'assurance dans les 3 ans qui précédèrent le décès, les enfants reçoivent une pension d'orphelin de père ou de mère jusqu'à l'âge de 18 ans, ou de 27 ans en cas de poursuite des études ou d'invalidité. L'orphelin de père et de mère a droit au cumul des deux pensions. Si pour les deux parents il existe un droit à pension d'orphelin mais d'un montant différent, c'est le montant de la pension la plus élevée qui est doublé. La pension minimum est de 576,59 € mensuel. Elle n'est accordée que sur la demande formelle des intéressés auprès de la Caisse nationale d'assurance pension L-2096 Luxembourg.

Assurance maternité

L'assurance maternité prend à sa charge les soins médicaux et les soins requis par la grossesse et l'accouchement.

Afin de bénéficier des prestations en espèces dites **indemnités pécuniaires de maternité**, la personne assurée doit justifier d'une période d'activité de 6 mois dans les 12 mois qui précèdent le **congé de maternité**. La durée de ce dernier est de 8 semaines avant la date prévue de l'accouchement et de 12 semaines après.

Le **montant** de l'indemnité pour la femme salariée est équivalent au salaire le plus élevé perçu lors des 3 derniers mois qui précèdent le congé, sans toutefois pouvoir dépasser 5 fois le montant du salaire social minimum mensuel.

Par ailleurs, il est accordé à l'assurée dans les mêmes conditions de durée de stage et de montant, une indemnité en cas d'adoption d'un enfant non encore admis à la première année d'études primaires. Si l'assurée renonce à son droit, son conjoint peut faire valoir son droit à sa place.

Les prestations familiales

Elles sont délivrées par la Caisse pour l'avenir des enfants (CAE). Pour les résidents, l'allocation est un droit personnel de l'enfant à charge jusqu'à l'âge de 18 ans et jusqu'à 25 ans s'il poursuit des études secondaires, techniques, enseignement spécial ou apprentissage (attention : il ne s'agit pas d'études supérieures). La première condition à remplir par l'enfant est d'avoir un domicile légal au Luxembourg et d'y résider de manière continue et effective. Les non-résidents doivent travailler et être affiliés au Centre Commun de Sécurité Sociale. Leurs enfants doivent résider dans un pays de l'Union européenne avec lequel le Luxembourg a conclu un accord en matière de sécurité sociale. Ils ont le droit aux prestations familiales exportables.

- **Les allocations familiales**

Le montant des allocations est fixé par enfant.
Il s'agit d'un montant unique de 265 € pour chaque enfant et versé dès le premier ;
pour 2 enfants : 265 € × 2 ;
pour 3 enfants : 265 € × 3, etc.
Les allocations sont majorées pour les enfants de plus de 6 ans de 20,53 €, et pour les enfants de plus de 12 ans de 51,25 €.

- **Allocation spéciale supplémentaire (handicap)**

Tout enfant âgé de moins de 18 ans – si les conditions d'octroi pour les allocations familiales restent remplies – qui présente un taux de handicap d'au moins 50 %, a droit à une allocation supplémentaire d'un montant mensuel de 200 €.

- **Allocation de naissance**

Elle s'élève à 1 740,09 €. Elle est versée sur demande et en trois tranches de 580,03 €. Elle est divisée en trois parties (prénatale, naissance, postnatale), payées individuellement et soumises à des conditions distinctes. Chaque versement est de 580,03 €. Les trois tranches de l'allocation sont indépendantes les unes les autres et si les conditions pour le paiement d'une tranche ne sont pas réunies, cela n'empêche pas le versement des autres allocations. Il est versé autant d'allocations que d'enfants à naître.

Allocation prénatale

L'assurée doit se soumettre durant la grossesse à 5 examens médicaux obligatoires et à un examen dentaire. Le 1er examen doit avoir lieu dans les 3 premiers mois de la grossesse ; un seul des 4 autres examens non passé peut entraîner le non-versement de l'allocation.

Allocation de naissance

L'accouchement doit avoir lieu sur le territoire luxembourgeois ; et la mère doit avoir effectué un examen postnatal dans un délai de 2 à 10 semaines après la naissance.

Allocation postnatale

L'enfant doit être élevé de façon continue sur le territoire et il doit passer les 6 examens médicaux obligatoires avant l'âge de 2 ans. Le respect de la périodicité des examens n'est plus une condition d'attribution de l'allocation. Elle est versée lorsque l'enfant a 2 ans.

- **Allocation de rentrée scolaire**

Elle est versée d'office à la famille. Le montant est de 115 € pour les enfants de plus de 6 ans et de 235 € pour les enfants de plus de 12 ans.

- **Allocation d'adoption**

Les conditions à remplir sont identiques à celles pour un enfant biologique. Cependant, seule l'allocation postnatale sera versée et la condition de résidence en continu au Luxembourg n'est pas exigée s'il s'agit d'un enfant né à l'étranger et adopté par une personne domiciliée au Luxembourg. Son montant est de 580,03 €.

- **Le congé parental**

Il est possible de bénéficier d'un congé parental dès 10 heures de travail par semaine. Les parents ont le droit d'en bénéficier en même temps. Dans le cas contraire, l'autre parent peut en bénéficier jusqu'aux 6 ans de l'enfant.

Il existe 4 modes de congé parental : temps plein (4 ou 6 mois) ; mi-temps (8 ou 12 mois) ; fractionné 1 jour par semaine sur une période de 20 mois ; 4 périodes d'un mois sur une période maximum de 20 mois.

Le salarié ne peut pas demander un congé parental pendant une période d'essai. Pour les frontaliers : informations et formulaires sur www.cae.public.lu/fr/conge-parental.htlm

Attention : tous les modes ne sont pas autorisés car ils dépendent du nombre d'heures travaillées avant le début du congé parental et certains sont soumis à l'approbation de l'employeur. Renseignez-vous auprès de votre caisse.

L'indemnité de congé parental est un revenu de remplacement calculé à partir des revenus déclarés par l'employeur auprès de la caisse d'affiliation de sécurité sociale, et de la moyenne d'heures travaillées au cours des 12 mois précédant le début du congé parental ; il est plafonné. Pour le calcul de votre « revenu congé parental », renseignez-vous : www.cae-public.lu

Suisse

La protection sociale

En Suisse, les assurances sociales obligatoires pour la maladie, la maternité, le chômage, la vieillesse et les survivants, l'invalidité, les accidents professionnels et non professionnels sont élaborées et développées au niveau de l'Office Fédéral des Assurances Sociales (Ofas) et gérées par une pluralité d'assureurs. Les caisses reconnues sont les caisses maladie publiques, les caisses privées, les institutions d'assurance privées soumises à la loi du 17 décembre 2004. Enfin, il existe une institution commune qui assume les coûts afférents aux prestations légales à la place des assureurs insolvables.

- **Affiliation**

Toute personne résidant en Suisse doit contracter une assurance pour les soins ou être assurée par son représentant légal dans les 3 mois qui suivent la naissance ou l'installation en Suisse. L'assurance prend effet immédiatement.

La participation aux frais pour l'assuré est composée d'une franchise annuelle de 300 FS et d'une quote-part des dépenses qui représente 10 % des frais dépassant la franchise, dans la limite de 700 FS pour les adultes et de 350 FS pour les enfants. Il existe aussi des franchises à option. Les primes peuvent alors être réduites.

- **Assurance maternité**

L'assurance maternité comprend l'assurance soins, qui est obligatoire, et l'assurance indemnités journalières, qui est facultative. La personne a le libre choix du médecin, du pharmacien, du laboratoire, de l'hôpital. L'assurance soins comprend, entre autres, la maternité et couvre la grossesse, l'accouchement et la convalescence de la mère. Les prestations spécifiques de la maternité comprennent les examens de contrôle, effectués par un médecin ou une sage-femme (7 examens lors d'une grossesse normale), une contribution aux cours de préparation à l'accouchement, les frais d'accouchement à domicile, dans un hôpital ou dans une institution de soins semi-hospitaliers, ainsi que l'assistance d'un médecin ou d'une sage-femme, les conseils en cas d'allaitement – le remboursement est limité à 3 séances (art. 13 à 16 de l'Ofas). Aucune participation n'est demandée lorsque la grossesse se passe bien.

- **Congé de maternité**

Il commence à la naissance de l'enfant. La durée est de 14 semaines dont au moins 8 semaines après l'accouchement. Une mère dont le nouveau-né doit rester dès la naissance plus de deux semaines hospitalisées a droit aux **Prestations du régime des APG** (Allocations pour perte de gain). Elles sont multiples et comprennent notamment une prolongation de l'allocation de maternité, des allocations de paternité et de prise en charge de l'enfant gravement malade.

- **Allocations de maternité**

Elle est attribuée à toute femme qui a exercé une activité professionnelle pendant au moins 5 mois et qui a été affiliée à l'assurance vieillesse et survivant (AVS) pendant les 9 mois précédant l'accouchement. Le montant s'élève à 80 % du revenu exercé avant le début de l'allocation, avec un maximum de 220 FS par jour durant 14 semaines dès le jour de l'accouchement. Le canton de Genève peut, selon les cas, servir une prestation complémentaire, et le droit aux allocations est prolongé jusqu'à 16 semaines (pour informations : www.ocas.ch).

- **Allocation de paternité**

Les pères assurés pendant les 9 mois précédant la naissance et exerçant une activité lucrative bénéficient d'un congé de paternité indemnisé de 14 jours maximum, de 220 FS au plus par jour, pris dans les 6 mois de la naissance.

- **Allocation de prise en charge de l'enfant gravement malade**

Elle est attribuée aux parents qui doivent interrompre leur activité pour s'occuper de leur enfant. La durée du congé est de 14 semaines à prendre dans un délai de 18 mois sous forme de semaines ou de jours isolés. Son montant s'élève à 80 % du revenu servi avant l'interruption de l'activité, avec un maximum de 220 FS par jour durant 14 semaines.

Adresse utile

Pour une évaluation personnelle, il faut toujours s'adresser à la caisse de compensation compétente cantonale. Vous trouverez la liste complète des caisses de compensation sur le site www.avs-ai.ch

Les prestations familiales

Le régime des allocations familiales est fondé sur le principe « un enfant, une allocation » : chaque enfant donne droit à une allocation indépendamment de la situation personnelle ou professionnelle de ses parents.

Les **bénéficiaires** des allocations sont les salariés, les professionnels agricoles, exploitants et salariés, les professionnels indépendants.

Les personnes au chômage indemnisée ne peuvent y prétendre mais, sous certaines conditions, elles peuvent obtenir de leur caisse de chômage un supplément correspondant aux allocations familiales.

La Confédération prescrit des **montants** minimaux et les cantons peuvent fixer des montants plus élevés et verser en plus une allocation de naissance et une allocation d'adoption.

- **Allocation pour enfant** : 200 FS minimum versés à partir du premier enfant jusqu'à ses16 ans révolus.
- **Allocation de formation professionnelle** : 250 FS minimum pour les enfants de 16 à 25 ans révolus.

Pour les allocations à la discrétion des cantons, la limite d'âge de l'enfant à charge varie de 16 à 18 ans révolus. Dans certains cas, les allocations peuvent être versées lorsque l'enfant ne réside pas en Suisse.

- Pour plus de renseignements
  - Vous pouvez consulter le site Internet de l'Office fédéral des assurances sociales (www.bsv.admin.ch).
  - Le site du Cleiss

www.cleiss.fr

Avant votre départ

Pour un autre pays européen

Les déplacements professionnels sont fréquents à l'intérieur de l'Union européenne et nombreuses sont les familles concernées. Afin de faciliter la circulation des personnes, la législation européenne garantit une continuité de la protection sociale et une égalité de traitement des familles passant d'un État membre à un autre. Les ressortissants des pays tiers, Islande, Lichtenstein, Norvège et Suisse, font l'objet de dispositions spécifiques.

Il existe des prestations familiales pour les enfants dont vous avez la charge dans tous les États européens, quelle que soit votre situation : seul, en couple ou famille monoparentale. Le montant et les conditions d'attribution varient d'un État à l'autre.

Quel est l'État compétent pour verser les prestations ?

- En priorité, c'est l'État dans lequel vous exercez votre activité et où les cotisations sont acquittées.
- Si votre conjoint ou concubin exerce son activité dans un autre État membre, le pays compétent est celui dans lequel résident les enfants.
- Si ni vous ni votre conjoint ou concubin n'exercez d'activité, et si l'un de vous deux bénéficie d'une pension, c'est le pays qui vous alloue cette pension qui est compétent pour vous servir les prestations familiales.
- Si vous n'exercez pas d'activité professionnelle et ne percevez pas de pension, c'est l'État de résidence qui est compétent pour vous verser les prestations familiales.

Il existe d'autres situations : les parents travaillent chacun dans un État différent ; ou l'un des parents est actif dans un pays membre, l'autre ne perçoit pas de pension, est inactif et réside en France avec les enfants ; ou les parents travaillent chacun dans un État membre et les enfants résident dans un troisième État, etc.

À noter

Pour trouver des informations et conseils avant votre départ pour un autre pays européen :

Conseil économique et social européen : www.eesc.europa.eu

Voyez également les adresses indiquées page 442 : *Si vous partez habiter à l'étranger*.

La Carte européenne d'assurance maladie (Ceam)

Lorsque vous séjournez dans un pays de l'Union européenne, de l'espace économique européen et en Suisse, la Ceam vous permet de vous faire soigner pour des soins imprévus ou urgents par un médecin ou dans un hôpital aux mêmes conditions que les ressortissants de ce pays. Vous pourrez parfois être amené à règler vos soins. C'est pourquoi, il vous faut conserver les prescriptions et les factures acquittées. Lors de votre retour, vous adresserez ces documents à votre caisse de sécurité sociale accompagnée du formulaire cerfa 12267*04 (soins reçus à l'étranger). La demande de Ceam doit être faite au moins 15 jours avant votre départ. La durée validité de la carte est de 2 ans.

Québec

Au Canada, en matière de protection sociale, l'administration fédérale intervient sur le plan législatif et financier et gère directement certains programmes.

Assurance maladie

Le gouvernement québécois est responsable de l'exécution des programmes d'assurance maladie. Il est administré par la Régie d'assurance maladie du Québec (RAMQ). L'assurance maladie est financée par l'impôt.

Affiliation

Pour bénéficier des soins de santé, il faut être considéré comme résident au Québec. La personne autorisée par la loi à demeurer au Canada, qui vit au Québec et y est ordinairement présente, est un résident du Québec. Il faut, par ailleurs, être inscrit à la RAMQ. Une fois inscrit, une carte d'assurance maladie est délivrée.

Régime québécois d'assurance parentale (RQAP)

Ce régime a été mis en œuvre afin de permettre aux parents de concilier leur vie professionnelle et leur vie familiale. C'est un régime d'assurance contributif et obligatoire. Les cotisations de l'assurance parentale couvrent les prestations maternité (dont la procréation médicalement assistée), paternité, parentale et d'adoption et sont perçues par le Revenu du Québec.

Affiliation

Vous et votre employeur devez cotiser afin d'assurer le versement des prestations si vous prenez un congé de maternité, de paternité, parental ou d'adoption au cours duquel vous cessez d'être rémunérés. Pour y être admissible, il faut donc percevoir antérieurement un revenu assurable qui sera pris en compte pour le calcul du montant de la prestation demandée.
En 2023 le revenu assurable annuel maximal est de 91 000 $ et la cotisation annuelle maximale pour l'employé est 449,54 $. Si le salaire d'un employé pour une année est inférieur à 2 000 $, il n'a pas à cotiser au RQAP pour cette année.

Bénéficiaires

Les travailleurs salarié(e)s et indépendant(e)s, les agricultrices, les agriculteurs travaillant à la ferme ou à l'extérieur à condition de détenir des parts dans l'entreprise agricole.
Il faut être parent d'un enfant né ou adopté, résider au Québec, avoir cessé de travailler ou avoir connu une diminution d'au moins 40 % de son revenu habituel.

Congé de naissance ou d'adoption

La mère peut opter pour 18 ou 15 semaines, le père pour 5 ou 3 semaines. Le congé comprend également 32 semaines partagées entre les parents.
Les **prestations de paternité** sont versées au père à l'occasion de la naissance d'un enfant. Si le père ne les utilise pas, il ne peut pas les transférer à la mère. En revanche, les **prestations parentales** et les prestations d'adoption peuvent être prises par l'un ou l'autre parent, simultanément ou successivement. Voir le tableau page suivante.

- Les familles **monoparentales** bénéficient de 55 semaines de prestations.

Les prestations familiales

Le Québec a mis en place une très généreuse politique familiale par le biais du régime Retraite Québec. Les familles bénéficient automatiquement de l'allocation famille lorsqu'elles déclarent la naissance de leur enfant à la Direction de l'État Civil. Par la suite, elles devront remplir leur déclaration de revenus annuellement pour continuer de recevoir les paiements.
Les montants sont indexés en janvier de chaque année. Retraite Québec verse 4 fois par an les prestations suivantes : allocation de famille, supplément pour enfant handicapé et supplément si l'enfant nécessite des soins exceptionnels.
Le programme de soutien aux enfants comporte trois volets :

- Le paiement de l'**allocation familiale.** Il s'agit d'une aide gouvernementale universelle de base. Pour pouvoir y prétendre, il faut avoir un enfant à charge de moins de 18 ans, résider au Québec et avoir produit une déclaration de revenus au Québec. Le montant annuel maximum est de 2 782 $ et le minimum 1 040 $ pour une famille biparentale, avec un supplément de 976 $ maximum et de 389 $ minimum pour les familles monoparentales. Le seuil de réduction est fixé pour les revenus annuels des familles biparentales à 55 183 $ et à 40 168 $ pour les familles monoparentales. L'allocation est versée trimestriellement.
- Le supplément pour **enfant handicapé** est versé pour aider les familles ayant un enfant de moins de 18 ans reconnu handicapé. Son montant annuel est de 2 616 $. Ce supplément est complété dans certains cas par un supplément pour enfant handicapé nécessitant des soins exceptionnels ; il comprend deux paliers : le premier d'un montant annuel de 13 224 $, le second de 8 796 $, lorsque les parents assument des responsabilités hors du commun ou assurent une présence constante auprès de leur enfant.
- Le supplément pour l'achat de **fournitures scolaires** est de 108 $ annuel par enfant âgé de 4 à 16 ans.

Rente d'orphelin

La personne qui a la charge d'un enfant mineur de la personne décédée a droit, si cette dernière a suffisamment cotisé au régime de rentes du Québec, à une rente d'orphelin jusqu'à ce que l'enfant atteigne 18 ans. Cette rente est de 281,72 $ par mois pour chaque enfant.

À noter

Des précisions complémentaires peuvent être obtenues sur www.rrq.gouv.qc.ca

Naissance ou adoption au Québec : congés et prestations

	Durée en semaines	% du revenu antérieur	Durée en semaines	% du revenu antérieur
Maternité		70 %	15	75 %
Paternité	5	70 %	3	75 %
Parentale Partagé	32(1)	70 % 55 %	25(1)	75 %
Durée totale	55		43	
Adoption Exclusive	5	70 %	3	75 %
Accueil et soutien	13	70 %	12	75 %
Adoption partageables	32 (2)	70 % 55 %	25 (2)	75 %
Durée totale	55		43	

(1) (2) Selon le régime choisi, les parents ont la possibilité de se partager comme ils le souhaitent les **32** ou les **25** semaines parentales restantes. Si le parent opte pour une durée de 32 semaines, il percevra pendant les 7 premières semaines 70 % de son salaires et 55 % pendant les 22 semaines suivantes. S'il opte pour un congé de 25 semaines, il percevra pendant ces 25 semaines 75 % de son salaire.

Pour plus d'informations ou connaître le montant de vos prestations, vous pouvez à partir de votre dossier en ligne contacter : le centre de service à la clientèle du RQAP au (19 rue Perreault Ouest, 1er étage Rouyn-Noranda (Québec) J9X OA1 ; le site du régime québécois d'assurance parentale htpps://www.rqap.gouv.ca/fr/a-prop ; téléphone : 1 888 610-7727 option 4.

Attention : Chaque parent doit faire sa propre demande de prestations.

Algérie

La protection sociale

Les personnes qui exercent une activité salariée ou non, ou qui sont en formation, quelle que soit leur nationalité, sont obligatoirement affiliées. Pour les salariés, il existe deux caisses : la Caisse nationale des assurances sociales des travailleurs salariés (Cnas) et la Caisse nationale de retraite (CNR) placées sous la tutelle du ministre chargé de la Sécurité sociale. Pour les non salaries : la Caisse de securite sociale des non-salariés (Casnos).

- **Assurance maladie**

Afin de pouvoir prétendre aux prestations en nature, il est exigé du salarié une période d'activité d'au moins 15 jours ou 100 heures au cours des 3 mois précédant la date des soins.

Pour les prestations en espèces, les périodes d'activité exigées varient de 60 jours ou 400 heures s'il s'agit d'un arrêt de travail inférieur à 6 mois, et de 180 jours ou 1 200 heures au cours des 3 années qui ont précédé l'arrêt de travail s'il est supérieur à 6 mois.

Le salarié perçoit du 1er au 15e jour des indemnités d'un montant représentant 50 % de son salaire. Au-delà, il perçoit l'intégralité s'il s'agit d'une maladie de longue durée ou d'hospitalisation.

- **Assurance maternité**

Congé de maternité

Un congé de maternité d'une durée de 14 semaines (6 semaines avant l'accouchement et 8 semaines après) est accordé à l'assurée salariée. Les cotisations sont à la charge pour partie par l'employeur et par le salarié.

Prestations en nature

Pour bénéficier des prestations en nature, les conditions sont les mêmes qu'en maladie. Les frais de la grossesse, de l'accouchement et de ses suites, ainsi que les frais d'hospitalisation pendant une durée de 8 jours de la mère et de l'enfant, sont remboursables à 100 % des tarifs fixés par voie réglementaire.

Prestations en espèces

L'assurée salariée en arrêt de maternité a droit à une indemnité journalière dont le montant est égal à 100 % du salaire soumis à cotisation, après déduction des cotisations de la Sécurité sociale et des impôts.

Les prestations familiales

Pour percevoir les prestations familiales, les enfants doivent être à la charge du travailleur. La limite d'âge est de 17 ans, et de 21 ans en cas de poursuite des études.

- **Allocations familiales**

Pour un allocataire disposant de revenus inférieurs ou égaux à 15 000 dinars algériens :

- du 1er au 5e enfant : 600 DA par mois et par enfant ;
- à partir du 6e enfant : 300 DA par mois.

Pour un allocataire disposant de revenus supérieurs : 300 DA par mois et par enfant, quel que soit son rang.

- **Allocation de scolarité**

Il s'agit d'une allocation annuelle versée en une seule fois pour chaque enfant scolarisé à partir de 6 ans jusqu'à 21 ans.

Pour un allocataire disposant de revenus mensuels inférieurs ou égaux à 15 000 DA :

- par enfant, du 1er au 5e : 800 DA ;
- à partir du 6e enfant : 400 DA.

Pour un allocataire disposant de revenus mensuels supérieurs à 15 000 DA : 400 DA par mois et par enfant quel que soit son rang.

Maroc et Tunisie

La protection sociale

Il existe au Maroc et en Tunisie plusieurs régimes de protection sociale qui se trouvent gérés par des caisses différentes : pour les salariés du secteur privé, public, pour les travailleurs indépendants.

- **Affiliation**

Les employeurs sont dans l'obligation de déclarer leurs employés dans les 30 jours suivant leur embauche. Les contributions sociales sont à la charge de l'employeur et du salarié.

Pour pouvoir prétendre aux prestations en espèces de l'assurance maladie, une période de cotisation d'une durée de 54 jours dans les 6 mois précédant l'arrêt est requise au Maroc et de 50 jours en Tunisie. Il existe un délai de carence de 3 jours au Maroc et de 6 jours en Tunisie. Les indemnités peuvent être versées durant 52 semaines au cours de 2 années consécutives qui suivent l'arrêt de maladie au Maroc et dans la limite de 180 jours en Tunisie.

- **Assurance maternité**

Un droit au congé de maternité existe au Maroc comme en Tunisie. Au Maroc, 14 semaines de congé sont accordées, dont 6 semaines minimum après l'accouchement. En Tunisie, ce congé est de 30 jours sur production d'un certificat médical, et peut-être prolongé par période de 15 jours sur justificatifs des certificats médicaux.

Dans les deux pays, l'assurance prend en charge pendant toute la grossesse l'ensemble des prestations requises par la maternité : visites médicales, radiographies, analyses biologiques mais à des taux différents ; en totalité au Maroc ; à 70 % pour les visites médicales et à 85 % pour les médicaments en Tunisie.

Les prestations en espèces : au Maroc, si l'assurée peut justifier de 54 jours de cotisations pendant les 10 mois précédant la date du début du congé de maternité, elle bénéficie d'indemnités journalières dont le montant ne peut être inférieur au SMIG, soit 2 570 dirhams pour 191 heures mensuelles. En Tunisie, l'assurée doit justifier de 80 jours de travail pendant l'année civile précédant la date d'accouchement.

- **Congé de paternité**

Le père a droit à un congé de naissance de 3 jours qui est remboursé directement par la CNSS à l'employeur. L'indemnité ne peut pas dépasser le montant maximum de 692,30 dirhams.

Les prestations familiales

Pour bénéficier des allocations familiales, le salarié doit justifier de 108 jours de cotisations pendant 6 mois d'immatriculation et percevoir un salaire minimum mensuel, les enfants doivent être à la charge du travailleur et résider à son domicile. Le versement est limité aux 6 premiers enfants.

La **limite d'âge** au Maroc est de 12 ans, 18 ans si les enfants poursuivent des études, et 21 ans s'ils les poursuivent à l'étranger. En Tunisie, la limite est de 14 ans ou de 16 ans pour ceux qui poursuivent des études ou pour les filles remplaçant leur mère au foyer ; sans limite d'âge pour les enfants handicapés. Les travailleurs indépendants n'ont pas droit aux prestations familiales.

À côté des allocations familiales, il existe en Tunisie une **majoration pour salaire unique** pour les familles ayant droit aux allocations familiales et dont un seul membre du couple exerce une activité salariée ; une allocation limitée à un jour financée par l'employeur pour le père sur les 7 jours de congé de paternité. Enfin, une **contribution aux frais de crèche** peut être accordée aux mères actives dont le salaire ne dépasse pas un certain montant. L'âge des enfants doit être compris entre 2 mois et 3 ans et l'enfant doit être inscrit dans une crèche agrée par le ministère chargé de l'enfance.

- **Montant mensuel au Maroc des prestations familiales :**
  - 200 dirhams pour les 3 premiers enfants et pour chacun ;
  - 36 dirhams à partir du 4e enfant et pour chacun.
- **Montant mensuel en Tunisie des prestations familiales :**
  - premier enfant : 7,320 dinars par mois ;
  - deuxième enfant : 6,506 dinars ;
  - troisième enfant : 5,693 dinars.

Adresses utiles :

- CNAS – Caisse Nationale des Assurances Sociales des travailleurs salariés – Algérie www.cnas.dz
- CASNOS – Caisse Nationale de Sécurité sociale des Non-Salariés – Algérie www.casnos.com.dz
- CNSS – Caisse Nationale de Sécurité Sociale – Maroc www.cnss.ma
- CNSS – Caisse Nationale de Sécurité Sociale – Tunisie www.cnss.nat.tn
- Le site du cleiss www.cleiss.fr

Chère lectrice,
Cher lecteur,

Pendant neuf mois, nous avons partagé avec vous cette merveilleuse aventure de la grossesse. Cette période si particulière de la vie d'une femme, d'un homme, est exceptionnelle, surtout lorsqu'il s'agit du premier enfant. Vos lettres, écrites avec chaleur et confiance, nous le disent tous les jours.

Maintenant, votre bébé est né. Nous espérons vous retrouver autour de *J'élève mon enfant*, un livre écrit pour vous accompagner pendant les premières années. Nous évoquerons toutes les questions pratiques qui se posent aussitôt (les tétées, le sommeil, la toilette…). Nous vous raconterons mois après mois, la découverte du monde de votre enfant et ses progrès stupéfiants. Nous essaierons de répondre au mieux à vos interrogations sur l'éducation et sur la façon d'aider votre petit garçon, votre petite fille, à grandir et s'épanouir au mieux.

En attendant, votre bébé va être dépendant de vous dans tous les domaines et pendant de nombreux mois. Cette totale dépendance va vous bouleverser, vous attendrir et vous lier plus vite, plus fort que vous ne l'auriez imaginé. Et dans le même temps, votre enfant va témoigner d'étonnantes possibilités à s'éveiller à vous, à son entourage. Alors, nous vous laissons à votre joie, à votre bébé, à vos découvertes réciproques.

Au revoir et à bientôt !

Votre grossesse mois

Mois de grossesse ou semaines d'aménorrhée (SA)	Votre santé	Consultations et échographies
1er mois : de 2 à 6 ½ SA	• Après quelques jours de retard, un test de grossesse permet de faire le diagnostic.	• La 1re consultation prénatale a lieu dans les 3 premiers mois de la grossesse : – interrogatoire médical et examen général ; – évaluation des facteurs de risques ; – information sur la grossesse et son suivi ; – prescription pour toute la grossesse des examens de laboratoire obligatoires ; – dépistage de l'anémie (NFS) en cas de facteur de risque ; – choix de la maternité dès maintenant en cas de problèmes pendant la grossesse. • La 1re échographie est en général faite entre 11 et 14 SA. Datation de la grossesse. Évaluation du risque de trisomie 21 par la mesure de la clarté nucale et les marqueurs sériques. • Un carnet de santé maternité vous est en général envoyé par votre département.
2e mois : de 6 ½ à 10 ½ SA	• Dès que vous savez que vous êtes enceinte, il est important de cesser de fumer et de boire de l'alcool. • Mettez-vous au régime alimentaire future maman. • Gardez votre activité physique : marche, natation, etc.	
3e mois : de 10 ½ à 15 SA	• Observez un régime alimentaire équilibré. Attention si vous avez un sérodiagnostic négatif de toxoplasmose.	
4e mois : de 15 à 19 ½ SA	• Continuez votre activité physique d'entretien : marche, natation, relaxation musculaire.	• 2e consultation prénatale : – examen général et obstétrical ; – toxoplasmose* ; – albuminurie ; – proposition d'une consultation psycho-sociale dite « entretien prénatal précoce ».
5e mois : de 19 ½ à 23 ½ SA	• Tout au long de votre grossesse, minimisez les expositions aux substances chimiques présentes dans les produits du quotidien (cosmétiques, produits ménagers, etc.)	• 3e consultation prénatale : examen général et obstétrical ; – toxoplasmose* ; – albuminurie. • La 2e échographie est en général faite vers 22 SA.
6e mois : de 23 ½ à 28 SA	• Ayez une alimentation variée et équilibrée, répartie en 4 repas quotidiens. • Ne négligez pas la gymnastique prénatale.	• 4e consultation prénatale – examen général et obstétrical ; – toxoplasmose* ; – albuminurie ; – dépistage de l'antigène HBS de l'hépatite ; – dépistage du diabète ; – recherche d'agglutinines irrégulières chez les femmes rhésus négatif. Une vaccination vous sera proposée si vous êtes rhésus négatif et votre conjoint rhésus positif.
7e mois : de 28 à 32 ½ SA	• Surveillez votre poids, ce qui est fait à chaque consultation mensuelle, et évitez le grignotage.	• 5e consultation prénatale : – examen général et obstétrical ; – toxoplasmose* ; – albuminurie. • La 3e échographie est faite vers 32 SA.
8e mois : de 32 ½ à 36 ½ SA	• Votre congé de maternité commence 6 semaines avant la date prévue pour l'accouchement (parfois plus tôt). Profitez-en pour vous reposer.	• 6e consultation prénatale : Elle est faite en général sur le lieu d'accouchement : – examen du bassin et pronostic de l'accouchement ; – toujours les mêmes examens biologiques (toxoplasmose*, rhésus) ; – contrôle plus fréquent de l'albumine dans les urines (tous les 10 jours) pour dépistage de la prééclampsie ou d'une infection urinaire ; – recherche du streptocoque B par prélèvement vaginal.
9e mois : de 36 ½ à 41 SA	• Le plus important au cours de ce dernier mois est de vous reposer.	• 7e consultation prénatale : – consultation à la maternité et décision du mode d'accouchement notamment si le bébé est en siège ; – consultation avec l'anesthésiste.

* En cas de négativité.

…après mois : l’essentiel

Formalités	Votre bébé	Vos préparatifs
• Déclaration en ligne de la grossesse par le médecin ou la sage-femme. Sinon : – envoyez le feuillet rose à la Sécurité sociale ; – envoyez les 2 feuillets bleus à la CAF avant la fin de la 14e semaine. 	• À la fin de ce 1er mois, il mesure environ 5 mm.	
	• Il mesure environ 30 mm et pèse 11 g. • À 8 SA, l’ébauche de tous les organes est formée. Le cœur est bien visible à l’échographie et l’on peut entendre ses battements cardiaques.	• Pensez à vous inscrire dans une maternité dès la déclaration de grossesse. • Si vous avez l’intention de mettre votre enfant dans une crèche, inscrivez-le dès maintenant, les places sont rares. • Bannissez les pesticides de votre environnement intérieur et du jardin.
	• Le bébé tient tout entier sur l’écran. Tous les organes sont visibles. • Il mesure près de 100 mm et pèse environ 45 g.	
• Si vous n’êtes pas mariés, votre compagnon peut avant la naissance reconnaître l’enfant auprès du service de l’état civil de votre domicile.	• Ses cheveux commencent à pousser. • Il mesure environ 150 mm et pèse autour de 225 g. 	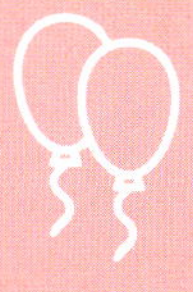
• Dès la déclaration de grossesse, les frais de santé sont pris en charge au tarif habituel jusqu’au 5e mois puis à 100 % à partir du 1er jour du 6e mois et jusqu’au 12e jour après la naissance.	• Ses ongles sont maintenant visibles. • Il mesure 25 cm et pèse environ 500 g. • Au cours de ce mois, ses mouvements deviennent perceptibles.	• Pensez à vous inscrire aux séances de préparation à la naissance. Huit séances sont remboursées à 100 %.
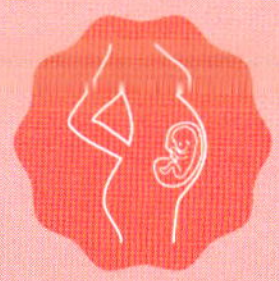	• Il bouge de plus en plus. • Il mesure environ 30 cm et pèse autour de1 000 g. 	• Notez les achats que vous voulez faire : établissez une liste. • Si vous avez choisi de faire garder votre enfant par une assistante maternelle, il est grand temps de commencer votre recherche.
• Si vous êtes suivie à l’extérieur de la maternité, pensez à demander votre dossier médical. Vous le transmettrez à la maternité en cas de consultation en urgence ou lorsqu’elle prendra le relais de votre prise en charge.	• Il entend. • En moyenne, il mesure 40 cm et pèse 1 700 g. • En cas de naissance prématurée, il sera admis ou transféré vers une maternité de type III disposant d’une unité de réanimation néonatale.	• Pensez au lit et à la poussette de votre bébé. • Préparez la chambre. 
• Il est possible de reporter 1, 2 ou 3 semaines du congé prénatal sur le congé postnatal, soit directement les 3 semaines, soit de semaine en semaine. • La déclaration de grossesse à l’employeur doit être faite avant de partir en congé maternité.	• C’est le mois du « fignolage ». • En moyenne, il mesure 45 cm et pèse plus de 2 000 g. • En cas de naissance prématurée, il sera transféré vers une maternité de type II disposant d’une unité de néonatalogie.	• Préparez votre valise et celle de votre bébé. 
	• Votre bébé est prêt à naître : il mesure environ 50 cm et pèse plus de 3 000 g.	

Index

A

B

C

D

E

F

G

H

I

J

K

L

M

N

O

P

Q

R

S

T

U

V

W

Y

Z

Le courrier de *J'attends un enfant*

Avez-vous une suggestion à faire ? Une question à poser ?
Souhaitez-vous faire part de votre expérience ?
N'hésitez pas à nous écrire !

Vous êtes nombreux à nous écrire et nous vous répondons de notre mieux, en toute confidentialité. Un échange constructif et enrichissant s'instaure car vous réagissez souvent à ce que nous vous écrivons, pour ajouter un commentaire, préciser votre demande, ou simplement nous dire que vous avez apprécié notre conseil. Ce courrier nous fait vraiment plaisir. Écrire un livre est un long monologue, recevoir une lettre, un courriel, le transforme en dialogue et montre qu'il a atteint son but.
Ces témoignages nous permettent de tenir compte au mieux des attentes de nos lectrices et lecteurs. Ils sont, pour toute l'équipe de *J'attends un enfant*, un encouragement à poursuivre chaque année notre travail.

Voici notre adresse mail :
courrier@laurencepernoud.com

et notre adresse postale :
Laurence Pernoud
Éditions Albin Michel
22, rue Huyghens 75014 Paris

Ces échanges de courriers et/ou emails ne font l'objet d'aucun traitement de données à caractère personnel de notre part. Pour toute question sur ce sujet, vous pouvez nous contacter via les adresses indiquées ci-dessus.

Votre enfant est né. Vous avez apprécié

J'attends un enfant

Nous vous proposons de lire maintenant la suite

J'élève mon enfant

qui répond à toutes les questions que se posent les parents.

Voici le sommaire :

1. Un enfant entre dans votre vie… et soudain tout change

- Des instants privilégiés
- La toilette : échanges entre les parents et l'enfant
- Les vêtements du bébé
- La chambre du bébé
- Pour sortir votre bébé

2. Bien nourrir votre enfant

- Sein ou biberon ?
- L'allaitement au sein
- L'enfant nourri au biberon
- Vers une alimentation variée
- Lait, légumes, viandes, poissons… ce qu'ils apportent à votre enfant
- Quelques difficultés possibles de l'alimentation

3. La vie quotidienne d'un enfant

- Le sommeil
- Lorsque votre bébé pleure
- Une journée bien remplie
- Les écrans
- Attention danger !
- Voyages et vacances
- La journée d'un enfant lorsque les parents travaillent
- De plus en plus autonome
- Les débuts d'une éco-responsabilité

4. Votre enfant découvre le monde

- De 1 jour à 1 mois : les premiers liens
- Si votre bébé est prématuré
- De 1 à 4 mois : des premiers sourires aux premières vocalises
- De 4 à 8 mois : premiers jeux en famille
- De 8 à 12 mois : couché, assis, bientôt debout
- De 12 à 18 mois : marcher, dire « non »… et bientôt « oui »
- De 18 à 24 mois : la griserie de la découverte
- De 2 ans à 2 ans ½ : l'explosion du langage
- De 2 ans ½ à 3 ans : se sentir une personne
- 3-4 ans : une étape majeure
- L'école maternelle

5. Grandir et s'épanouir : l'éducation

- Devenir parents aujourd'hui
- L'éducation
- L'autorité
- Les punitions
- Les familles
- Les familles recomposées
- L'enfant élevé par un parent seul
- Grandir dans une famille homoparentale
- Émotions et comportement
- La vie quotidienne
- Les caprices
- Quelques situations difficiles
- Deuils et chagrin
- La consultation psychologique

6. La santé de l'enfant

- Le nouveau-né
- La croissance
- La surveillance médicale régulière
- Les vaccinations
- Soigner son enfant
- L'enfant et les médicaments
- Si votre enfant doit aller à l'hôpital
- Si votre enfant a un handicap
- La santé de l'enfant de A à Z : un dictionnaire des symptômes, maladies et troubles du comportement

7. Guide pratique

- Les premières formalités
- La protection sociale
- Les congés après la naissance
- Les remboursements
- Les prestations familiales et sociales
- Crèches, assistantes maternelles, aides familiales…
- Être seul(e) pour élever son enfant
- La famille : quelques informations juridiques
- Les droits de l'enfant
- Quelques sites et adresses utiles
- La protection de la maternité dans quelques pays

Crédits photographiques :

Couverture : © Candice Henin

P. XIII : Shutterstock – p. 2 : Shutterstock – p. 4 : Fotolia.com – p. 7 : Istockphoto.com – p. 9 : Shutterstock – p. 13 : Shutterstock – p. 14 : Shutterstock – p. 16 : B. Boissonet/BSIP – p. 19 : Shutterstock – p. 21 : Shutterstock – p. 24 : Shutterstock – p. 26 : Hero Images – p. 28 : Shutterstock – p. 33 : Fotolia.com – p. 39 : Istockphoto.com – p. 42 : Wavebreak Media Ltd/123RF – p. 42 : BSIP – p. 44 : Shutterstock – p. 45 : Istockphoto.com – p. 48 : Fotolia.com – p. 51 : Shutterstock – p. 51 : Clerkenwell – p. 53 : Monkey BusinesImages/ Istockphoto.com – p. 57 : Monticellllo/Fotolia.com – p. 58 : Chris Tobin/DigitalVision – p. 59 : Shutterstock – p. 60 : Fotolia.com – p. 61 : annebaek – p. 66 : Istockphoto.com – p. 70 : J. Grill/JGI/Getty – p. 74 : Shutterstock – p. 79 : Fotolia.com – p. 81 : Istockphoto.com – p. 84 : Shutterstock – p. 86 : Shutterstock – p. 89 : Shutterstock – p. 91 : Sborisov/123RF – p. 93 : Shutterstock – p. 97 : Shutterstock – p. 99 : Shutterstock – p. 103 : Istockphoto.com – p. 105 : Shutterstock – p. 110 : Phanie – p. 112 : Shutterstock – p : 118 : SPL/Cosmos – p. 123 : Shutterstock – p. 124 : Shutterstock – p. 129 : Shutterstock – p. 131 : monkeybusinessimages – p. 133 : Shutterstock – p. 137 : Shutterstock – p. 139 : Shutterstock – p. 141 : Fotolia.com – p. 145 : Fotolia.com – p. 147 : Shutterstock – p. 148 : Annebaek/Getty – p. 157 : Mango Productions/AgeFotostock – p. 159 : Fotolia.com – p. 163 : Shutterstock – p. 168 : Fotolia.com – p. 169 : Shutterstock – p. 172 : Imagemore/Getty Images – p. 174 : Raith/Studio X – p. 179 : MonasheeAlonso/Getty Images – p. 183 : Plainpicture – p. 185 : Fotolia.com – p. 186 : Shutterstock – p. 188 : Ian Hooton/Phanie – p. 189 : Shutterstock –p. 194 : Fotolia.com – p. 202 : R.Dashinsky/Getty – p. 204 : B. Boissonnet/BSIP/ AgeFotostock – p. 208 : Cathy Yeulet/123 RF – p. 209 : ScienceVu/BSIP – p. 218 : L.Oatey/BlueJeanImages/Getty – p. 221 : Fotolia.com – p. 222 : Fotolia.com – p. 223 : Shutterstock – p. 224 : Shutterstock – p. 226 : Shutterstock – p. 228 : Burger/Phanie – p. 231 : Shutterstock – p. 241 : Shutterstock – p. 243 : WavebreakMediaMicro – p. 244 : Lurii Sokolov/123RF – p. 248 : Garo/Phanie – p. 250 : Shutterstock – p. 266 : Shutterstock – p. 268 : Monkey Business Images/Getty Images – p. 269 : Fotostorm/Istockphoto.com – p. 272 : P.LaRoque/AgeFotostock – p. 274 : Vadim Guzhva/123RF – p. 276 : Ian Hooton/Phanie – p. 277 : Burger/Phanie – p. 283 : Fotolia.com – p. 284 : Shutterstock – p. 285 : Shutterstock – p. 289 : Shutterstock – p. 291 : Shutterstock – p. 292 : Shutterstock – p. 297 : Shutterstock – p. 299 : Shutterstock – p. 300 : Shutterstock – p. 302 : Shutterstock – p. 313 : Shutterstock – p. 314 : R.Jenkinson/Getty Images – p. 315 : Fotolia.com – p. 319 : Shutterstock – p. 324 : Fotolia.com – p. 327 : Istockphoto.com ; Shutterstock ; Istockphoto. com ; Shutterstock, Istockphoto.com – p. 328 : Amelie-Benoist/Bsip – p. 329 : A.Skelley/Getty – p. 330 : Istockphoto.com – p. 331 : Shutterstock – p. 333 : F. Brochoire/Signatures – p. 335 : Getty Images – p. 336 : Shutterstock – p. 343 : Shutterstock – p. 345 : Shutterstock – p. 346 : Blend Images/Getty Images – p. 348 : SPLIanHooton/Getty Images – p. 351 : Getty Images – p. 352 : S. Oppo/Agefotostock – p. 354 : TetraImages/Agefotostock – p. 357 : S.Isaksson/Johner/Plainpicture – p. 363 : markgoddard/Istockphoto.com – p. 365 : Shutterstock – p. 366 : J.Mooney/Plainpicture – p. 370 : Fotolia.com – p. 372 : Shutterstock – p. 373 : Shutterstock – p. 374 : Elena Shchipkova/123RF – p. 378 : Fotolia. com – p. 384 : Sandrinka/Shutterstock – p. 387 : Shutterstock – p. 388 : Istockphoto.com – p. 398 : Shutterstock – p. Courrier : Shutterstock.

Conception couverture :

Johanna Fritz

Mise en pages Nord Compo

Couverture : Johanna Fritz
Composition et mise en pages : Nord Compo

Éditions Albin Michel
22, rue Huyghens, 75014 Paris
www.albin-michel.fr

ISBN : 978-2-226-49036-0
N° d'édition : 25768/01 – N° d'impression : 48117

Impression : décembre 2023
Dépôt légal : janvier 2024
Imprimé en France par Pollina, Luçon